LEGISLAÇÃO PENAL EXTRAVAGANTE

VOLUME II

Alexandre Rocha Almeida de Moraes
Fábio Ianni Goldfinger

Coordenadores

LEGISLAÇÃO PENAL EXTRAVAGANTE

VOLUME II

- **CONTRAVENÇÕES PENAIS (**Decreto-Lei nº 3.688, de 3 de outubro de 1941)
- **CRIMES DE RESPONSABILIDADE DE PREFEITOS** (Decreto-Lei nº 201, de 27 de fevereiro de 1967)
- **CRIMES DE PARCELAMENTO DO SOLO** (Lei nº 6.766, de 19 de dezembro de 1979)
- **CRIMES CONTRA O SISTEMA FINANCEIRO** (Lei nº 7.492, de 16 de junho de 1986)
- **CRIMES CONTRA A RELAÇÃO DE CONSUMO** (Lei nº 8.078, de 11 de setembro de 1990)
- **CRIMES DO CÓDIGO DE TRÂNSITO BRASILEIRO** (Lei nº 9.503, de 23 de setembro de 1997)
- **ESTATUTO DE DEFESA DO TORCEDOR** (Lei nº 10.671, de 15 de maio de 2003)
- **CRIMES FALIMENTARES** (Lei nº 11.101, de 9 de fevereiro de 2005)
- **PATRIMÔNIO GENÉTICO** (Lei nº 11.105, de 24 de março de 2005)
- **VIOLÊNCIA DOMÉSTICA – Lei Maria da Penha** (Lei nº 11.340, de 7 de agosto de 2006)

Belo Horizonte

2022

© 2022 Editora Fórum Ltda.

É proibida a reprodução total ou parcial desta obra, por qualquer meio eletrônico, inclusive por processos xerográficos, sem autorização expressa do Editor.

Conselho Editorial

Adilson Abreu Dallari
Alécia Paolucci Nogueira Bicalho
Alexandre Coutinho Pagliarini
André Ramos Tavares
Carlos Ayres Britto
Carlos Mário da Silva Velloso
Cármen Lúcia Antunes Rocha
Cesar Augusto Guimarães Pereira
Clovis Beznos
Cristiana Fortini
Dinorá Adelaide Musetti Grotti
Diogo de Figueiredo Moreira Neto (*in memoriam*)
Egon Bockmann Moreira
Emerson Gabardo
Fabrício Motta
Fernando Rossi
Flávio Henrique Unes Pereira
Floriano de Azevedo Marques Neto
Gustavo Justino de Oliveira
Inês Virgínia Prado Soares
Jorge Ulisses Jacoby Fernandes
Juarez Freitas
Luciano Ferraz
Lúcio Delfino
Marcia Carla Pereira Ribeiro
Márcio Cammarosano
Marcos Ehrhardt Jr.
Maria Sylvia Zanella Di Pietro
Ney José de Freitas
Oswaldo Othon de Pontes Saraiva Filho
Paulo Modesto
Romeu Felipe Bacellar Filho
Sérgio Guerra
Walber de Moura Agra

Luís Cláudio Rodrigues Ferreira
Presidente e Editor

Apoio: Associação dos Magistrados Brasileiros

Coordenação editorial: Leonardo Eustáquio Siqueira Araújo
Aline Sobreira de Oliveira

Rua Paulo Ribeiro Bastos, 211 – Jardim Atlântico – CEP 31710-430
Belo Horizonte – Minas Gerais – Tel.: (31) 2121.4900
www.editoraforum.com.br – editoraforum@editoraforum.com.br

Técnica. Empenho. Zelo. Esses foram alguns dos cuidados aplicados na edição desta obra. No entanto, podem ocorrer erros de impressão, digitação ou mesmo restar alguma dúvida conceitual. Caso se constate algo assim, solicitamos a gentileza de nos comunicar através do *e-mail* editorial@editoraforum.com.br para que possamos esclarecer, no que couber. A sua contribuição é muito importante para mantermos a excelência editorial. A Editora Fórum agradece a sua contribuição.

Dados Internacionais de Catalogação na Publicação (CIP) de acordo com ISBD

L514	Legislação penal extravagante / coordenado por Alexandre Rocha Almeida de Moraes, Fábio Ianni Goldfinger. - Belo Horizonte : Fórum, 2022.
	390p. ; 17cm x 24cm. – (v. II)]
	Inclui bibliografia. ISBN: 978-65-5518-339-9
	1. Direito Penal. 2. Direito Processual Penal. 3. Legislação Penal. 4. Crime organizado. I. Moraes, Alexandre Rocha Almeida de. II. Goldfinger, Fábio Ianni. III. Título. IV. Série.
2022-405	CDD: 345 CDU: 343

Elaborado por Odilio Hilario Moreira Junior - CRB-8/9949

Informação bibliográfica deste livro, conforme a NBR 6023:2018 da Associação Brasileira de Normas Técnicas (ABNT):

MORAES, Alexandre Rocha Almeida de; GOLDFINGER, Fábio Ianni (coord.). *Legislação penal extravagante*: Volume II. Belo Horizonte: Fórum, 2022. 390p. ISBN 978-65-5518-339-9.

A punição nem há de ser tão rápida que o delinquente virtual considere positiva a relação custo/benefício – se a pena é insuficiente, o risco sempre vale a pena –, nem tão longa que o criminoso potencial nela veja menos uma ameaça a temer e mais um desafio a enfrentar (o peso e a régua).

(DIP, Ricardo; MORAES JR.; Volney Corrêa Leite de. *Crime e castigo*: reflexões politicamente incorretas. Campinas: Millennium, 2002, p. 24)

SUMÁRIO

APRESENTAÇÃO
Alexandre Rocha Almeida de Moraes, Fábio Ianni Goldfinger 13

CONTRAVENÇÕES PENAIS – DECRETO-LEI Nº 3.688, DE 3 DE OUTUBRO DE 1941
Daniel Magalhães Albuquerque Silva 15
1 Introdução 15
2 Análise axiológica da Lei de Contravenções Penais brasileira 19
2.1 Parte geral da Lei de Contravenções Penais brasileira 19
2.2 Parte especial da Lei de Contravenções Penais 23
3 Conclusões 30
 Referências 31

CRIMES DE RESPONSABILIDADE DE PREFEITOS – COMENTÁRIOS AO DECRETO-LEI Nº 201, DE 27 DE FEVEREIRO DE 1967
Alexandre Rocha Almeida de Moraes, Maurício Salvadori 33
1 Introdução histórica 33
2 Tipos penais em espécie 34
2.1 Crimes de alto potencial ofensivo 36
2.2 Crimes de médio potencial ofensivo 39
2.3 Crimes contra as finanças públicas (alterações dadas pela Lei nº 10.028/2000) ... 55
3 Efeitos da condenação e reparação do dano 56
4 Processo penal nos crimes praticados por prefeitos 58
4.1 Aspectos gerais sobre competência para a apuração de crimes praticados por prefeitos municipais 58
4.2 A competência originária dos tribunais para a apuração de crimes praticados por prefeitos municipais 67
4.3 Da ação penal 73

CRIMES DE PARCELAMENTO DO SOLO PARA FINS URBANOS – LEI Nº 6.766, DE 19 DE DEZEMBRO DE 1979
Alexandre Rocha Almeida de Moraes, José Antonio Apparecido Júnior 81
1 O Brasil urbano e o direito ao desenvolvimento 81
1.1 A Lei de Loteamentos no subsistema jurídico-urbanístico 82
1.2 A instrumentação jurídica do desenvolvimento urbano e a política pública urbanística ... 83
1.3 Propriedade, função social da propriedade e propriedade urbanística 84
2 Direito Penal Urbanístico 86
2.1 Conceito e espécies de parcelamento do solo 90
2.2 Norma penal em branco: desdobro, arruamento e condomínios 93
2.3 Tipos penais 96
2.3.1 Art. 50, *caput* 97

2.3.2	Art. 50, parágrafo único	110
2.3.3	Artigo 51	116
2.3.4	Artigo 52	119
3	Questões controvertidas	123
3.1	As penas e institutos despenalizadores	123
3.2	A extinção da punibilidade pela regularização do parcelamento do solo	126
3.3	Aspectos processuais	128

CRIMES CONTRA O SISTEMA FINANCEIRO – LEI Nº 7.492, DE 16 DE JUNHO DE 1986
Tiago Caruso 129

	Introdução	129
1	Contexto: a tutela penal da ordem financeira	130
2	O almejado combate ao crime de "colarinho branco" e a elaboração da Lei nº 7.492/1986	131
3	A lei dos crimes contra o Sistema Financeiro Nacional	132
3.1	Particularidades da lei	133
3.1.1	O Sistema Financeiro Nacional e conceito de instituição financeira	133
3.1.2	Delitos financeiros especiais	134
3.1.3	Obrigação de reporte e assistência do Banco Central e da Comissão de Valores Mobiliários	135
3.2	O(s) bem(ns) jurídico(s) penalmente protegido(s)	136
3.3	Algumas figuras típicas problemáticas	140
3.3.1	Gestão fraudulenta e temerária (artigo 4º da Lei nº 7.492/1986)	140
3.3.2	Apropriação indébita financeira (artigo 5º da Lei nº 7.492/1986)	142
3.3.3	Induzimento de sócio, investidor ou repartição competente em erro (artigo 6º da Lei nº 7.492/1986)	142
3.3.4	Contabilidade paralela (artigo 11 da Lei nº 7.492/1986)	143
3.3.5	Violação de sigilo (artigo 18 da Lei nº 7.492/1986)	144
3.3.6	Evasão de divisas e manutenção de depósitos não declarados no exterior (artigo 22, *caput* e parágrafo único, da Lei nº 7.492/1986)	145
4	Aspectos processuais relevantes	146
5	Mandamento constitucional para a responsabilização penal das pessoas jurídicas por atos praticados contra a ordem financeira?	147
6	Proteção penal (d)eficiente do sistema financeiro?	148
	Conclusões	150
	Referências	150

CRIMES CONTRA A RELAÇÃO DE CONSUMO – COMENTÁRIOS AOS CRIMES DA LEI Nº 8.078, DE 11 DE SETEMBRO DE 1990
Annunziata Alves Iulianello 157

1	A tutela do consumidor: considerações fundamentais	157
1.1	A tutela do consumidor no Brasil	160
1.2	Microssistema de proteção e diálogo das fontes	162
1.3	A vulnerabilidade do consumidor, a necessidade de proteção especial e de intervenção estatal	164
1.4	O consumo na sociedade pós-moderna	167
2	A tutela penal dos bens supraindividuais e a tutela penal das relações de consumo	169

2.1	Da evolução da tutela dos interesses individuais aos interesses coletivos	169
2.2	Da tutela penal dos interesses supraindividuais	172
2.3	Da tutela penal da relação de consumo como tutela de interesses supraindividuais	178
3	Comentários aos artigos 61 a 80 do Código de Defesa do Consumidor	186
	Referências	224

ASPECTOS PENAIS DO CÓDIGO DE TRÂNSITO BRASILEIRO (CTB) – LEI Nº 9.503, DE 23 DE SETEMBRO DE 1997
Fabiola Moran 227

1	Introdução	227
	Referências	284

CRIMES DO ESTATUTO DE DEFESA DO TORCEDOR – LEI Nº 10.671, DE 15 DE MAIO DE 2003
Bruno Nazih Nehme Nassar 287

1	Origem e espírito da tutela jurídica do torcedor	287
2	Tipologias	290
2.1	Corrupção passiva e ativa no âmbito esportivo (arts. 41-C e 41-D)	290
2.2	Fraude esportiva ou estelionato esportivo (art. 41-E)	293
2.3	Cambismo e favorecimento ao cambismo (arts. 41-F e 41-G)	294
2.4	Tumulto e injusto de posse (art. 41-B)	296
2.4.1	Delitos de posse (art. 41-B, §1º, II)	299
2.4.2	Art. 41-B, §§2º a 5º	301
3	O torcedor no manicômio e os rumos da política criminal no esporte	303
	Referências	306

CRIMES FALIMENTARES – ASPECTOS PENAIS DA LEI Nº 11.101, DE 9 DE FEVEREIRO DE 2005
Tallita Juliana Ramos de Oliveira 309

Introdução e precedentes históricos	309
Crime falimentar no direito comparado	310
Bem jurídico e classificação dos crimes	311
Elemento subjetivo do tipo	312
Dos crimes em espécie	312
Fraude a credores	312
Bem jurídico tutelado	312
Sujeitos do crime	312
Conduta	313
Elemento subjetivo do tipo	313
Consumação	313
Aumento da pena	314
Contabilidade paralela e distribuição de lucros ou dividendos a sócios e acionistas até a aprovação do plano de recuperação judicial	315
Concurso de pessoas	315
Redução ou substituição da pena	315
Violação de sigilo empresarial	316
Bem jurídico tutelado	316
Sujeitos do crime	316

Núcleo do tipo 316
Consumação 317
Divulgação de informações falsas 317
Bem jurídico tutelado 317
Sujeitos do tipo 317
Conduta 318
Elemento subjetivo do tipo... 318
Consumação 318
Indução a erro 318
Bem jurídico tutelado 319
Sujeitos do tipo 319
Conduta 319
Elemento subjetivo do tipo... 319
Consumação 319
Favorecimento de credores 319
Bem jurídico tutelado 320
Sujeitos do tipo 320
Conduta 320
Elemento subjetivo do tipo... 320
Consumação 320
Desvio, ocultação ou apropriação de bens 320
Bem jurídico tutelado 321
Sujeitos do tipo 321
Conduta 321
Elemento subjetivo do tipo... 321
Consumação 321
Aquisição, recebimento ou uso ilegal de bens 322
Bem jurídico tutelado 322
Sujeitos do tipo 322
Conduta 322
Elemento normativo do tipo 322
Elemento subjetivo do tipo... 323
Consumação 323
Habilitação ilegal de crédito 323
Bem jurídico tutelado 323
Sujeitos do tipo 324
Conduta 324
Elemento subjetivo do tipo... 324
Consumação 324
Exercício ilegal de atividade 324
Bem jurídico tutelado 325
Sujeitos do tipo 325
Conduta 325
Elemento subjetivo do tipo... 325
Consumação 325
Violação de impedimento 326
Bem jurídico tutelado 326

Sujeitos do crime	326
Conduta	327
Elemento subjetivo do tipo	327
Consumação	327
Omissão dos documentos contábeis obrigatórios	327
Bem jurídico tutelado	328
Sujeitos do tipo	328
Conduta	328
Elemento subjetivo do tipo	328
Consumação	328
Disposições comuns	329
Do procedimento penal	332
O acordo de não persecução penal nos crimes falimentares	335
Considerações finais	335
Referências	336

PATRIMÔNIO GENÉTICO – CRIMES DA LEI Nº 11.105, DE 24 DE MARÇO DE 2005
Eudes Quintino de Oliveira Júnior 339

1	Estrutura organizacional da Lei nº 11.105/2005	339
2	Patrimônio genético	340
3	Clonagem humana	342
4	Clonagem terapêutica e reprodutiva	346
5	Tipos penais previstos na lei de biossegurança	348
5.1	Clonagem humana	348
5.2	Artigo 24 da Lei de Biossegurança	350
5.3	Artigo 25 da Lei de Biossegurança	354
5.4	Artigo 27 da Lei de Biossegurança	357
5.5	Artigo 28 da Lei de Biossegurança	359
5.6	Artigo 29 da Lei de Biossegurança	361

COMENTÁRIOS À LEI MARIA DA PENHA – LEI Nº 11.340, DE 7 DE AGOSTO DE 2006
Alexandre Rocha Almeida de Moraes, Maria Carvalho 363

	Introdução	363
1	Histórico da violência contra a mulher	365
2	Sistema jurídico de proteção da mulher vítima de violência	368
2.1	Comentários à Lei Maria da Penha	369
2.2	Inaplicabilidade da Lei nº 9.099/95 e do ANPP (art. 28-A, CPP)	376
3	Revitimização e despreparo das instâncias formais	384

SOBRE OS AUTORES 389

APRESENTAÇÃO

Este segundo volume de comentários selecionou uma temática pouco comum nas Faculdades de Direito e no estudo cotidiano: contravenções penais, crimes de responsabilidade de prefeitos, crimes de parcelamento do solo urbano, crimes contra o sistema financeiro e contra as relações de consumo, estatuto de defesa do torcedor, crimes falimentares, crimes atrelados ao patrimônio genético e a famosa Lei "Maria da Penha" são objeto de estudo e discussão pelos renomados autores.

Mais uma vez, as leis penais que fazem parte desse volume foram apresentadas em ordem cronológica, escritas sob a forma de artigos científicos, muito além de simples comentários dos textos em vigor, por profissionais que são referências na academia e em suas atuações profissionais.

Apresentamos o segundo volume desta coletânea de Legislação Penal Extravagante com a clara intenção de apresentar uma obra que sirva, simultaneamente, para estudantes e operadores do direito e com o selo de excelência desse projeto de vanguarda da Editora Fórum.

Alexandre Rocha Almeida de Moraes
Fábio Ianni Goldfinger

CONTRAVENÇÕES PENAIS – DECRETO-LEI Nº 3.688, DE 3 DE OUTUBRO DE 1941

Daniel Magalhães Albuquerque Silva

1 Introdução

O presente artigo tem como objetivo principal a análise do Decreto-Lei nº 3.688/1941, a antiga Lei de Contravenções Penais brasileira.

O artigo é pautado pela busca de reflexões em relação ao diploma legal, considerando especialmente as constantes inovações legislativas ocorridas no Brasil, seja no âmbito do Direito Penal, seja em relação à temática processual penal.

Apenas em rápida digressão, o Brasil sofreu uma extensa e profunda alteração legislativa na última década, o que acarretou inúmeras consequências teóricas e práticas.

Somente a título de exemplo, em 2012 entrou em vigor a Lei nº 12.694 – regulamentando o julgamento de feitos por colegiado; em 2013, a Lei nº 12.830 – regulamentando a investigação criminal conduzida pelo Delegado de Polícia; e a Lei nº 12.850 – sobre organizações criminosas; em 2016, a Lei nº 13.260 – acerca do terrorismo.

Em 2019, ano essencial para o âmbito criminal, houve a aprovação da Lei nº 13.804 – alterando dispositivos do Código de Trânsito brasileiro; as Leis nºs 13.827, 13.871, 13.880, 13.882 e 13.894, todas alterando a Lei nº 11.340/2006, a conhecida Maria da Penha; as Leis nºs 13.840 e 13.886, com inovações na Lei nº 11.340/2006; a tão questionada e já criticada Lei nº 13.869 – retratando aspectos sobre o abuso de autoridade; a Lei nº 13.870 – com reflexões na Lei nº 10.826/2003 sobre desarmamento; a Lei nº 13.964 – a que talvez tenha trazido mais alterações após as mudanças ocorridas em 2008 no Código de Processo Penal –, o famoso Pacote Anticrime.

Já no ano de 2020, a Lei nº 13.974 com uma ampla reestruturação no Conselho de Controle de Atividades Financeiras – (COAF) e, por fim, no início de 2021, a Lei nº 14.132 – que criou o tipo penal do *stalking* e revogou dispositivo da Lei de Contravenções Penais brasileira.

Após essa análise sobre alterações legislativas, voltando ao escopo do presente estudo, será retratada em uma perspectiva histórico-jurídica a Lei de Contravenções Penais brasileira, buscando compatibilizá-la aos novos diplomas, aos anseios de uma sociedade pós-trinta anos de Constituição Federal, bem como pautando-a com a criminalidade em sua nova faceta, qual seja, aquela afeta à tutela dos bens transindividuais.

Numa sociedade amplamente estruturada na proteção dos direitos fundamentais e com toda a ótica hermenêutica voltada ao neoconstitucionalismo, urge uma nova estruturação da Lei de Contravenções Penais brasileira.

A simples análise de proteção ao bem jurídico com o legislador pautando-se na necessidade de reprimir e prevenir a ocorrência de novas infrações penais já não mais alcança os anseios de uma vida em sociedade organizada e, especialmente, no país em que vivemos, no qual existe um alto índice de crimes praticados, uma desigualdade social que beira à dos piores países em níveis de desenvolvimento,[1] e, por fim, uma sensação de impunidade em que o criminoso sabe que sua infração não será descoberta, e, caso seja, a morosidade e a burocracia da investigação e justiça criminal acarretarão certamente uma absolvição, ou, na pior das hipóteses, no reconhecimento da prescrição da pretensão punitiva ou da pretensão executória.

Se analisarmos o momento histórico de criação da Lei de Contravenções Penais no Brasil, no ano de 1941, chegaremos à conclusão de que mundo passava por grandes transformações. Em junho daquele ano, a Alemanha nazista invadia a até então União Soviética e a Segunda Guerra Mundial caminhava a todo vapor para uma carnificina.

No Brasil, Getulio Vargas governava com poderes ditatoriais e se instituía mediante o Decreto-Lei nº 3.688, a Lei de Contravenções Penais, e mediante o Decreto-Lei nº 3.689, o Código de Processo Penal, em vigor até os dias atuais, ou seja, com uma duração de oitenta anos.

A influência para criação da legislação supracitada deve ser verificada pelos principais diplomas processuais existentes no mundo àquela época, em especial, o Código Processual Italiano – com viés essencialmente fascista –, amparado por Alfredo Rocco, e o Código de Instrução Criminal Francês de Napoleão Bonaparte.

A propósito, é a lição de José Nereu Giacomolli:

> No período em que foi gestado o Código de 1941, vivia-se a ideologia ditatorial do "Estado Novo", a qual, acompanhada das influências do Código Rocco, inspirou o Código de Processo Penal e se enraizou na doutrina, na jurisprudência, no ensino jurídico e na política criminal brasileira, persistindo até os dias atuais.[2]

Na mesma linha são as lições de Michele Gironda Cabrera[3] pontuando sobre as referências dos comportamentos que influenciaram o Brasil.

A experiência oriunda de um mundo em que o regime totalitário persistia, com a diminuição de garantias e a busca pela perpetuação no poder acabou por gerar um diploma legal que, mesmo analisado com a ótica da década de 1940, já feria alguns direitos fundamentais do cidadão, com notório viés preconceituoso e discriminatório.

---

[1] Disponível em: https://www.correiobraziliense.com.br/brasil/2020/12/4894929-idh-brasil-cai-5-posicoes-e-o-84-no-ranking-global.html. Acesso em: 20 dez 2020. O Brasil caiu mais cinco posições ocupando agora a posição 84º no ranking de desenvolvimento.

[2] GIACOMOLLI, Nereu José. Algumas marcas inquisitoriais do Código de Processo Penal brasileiro e a resistência às reformas. *Revista Brasileira de Direito Processual Penal*, São Paulo, ano I, n. 1, p. 143-165, jan./jun. 2015.

[3] CABRERA, Michele Gironda. A mentalidade inquisitória no processo penal brasileiro. Disponível em: https://canalcienciascriminais.com.br/processo-penal-brasileiro/. Acesso em: 20 dez 2020. "Tanto lá, como aqui, é possível identificar a ideologia inquisitiva que se projetou sobre a confecção dos dois códigos. Em 1941, no Brasil, ano de promulgação do Código de Processo Penal brasileiro ainda hoje vigente, estava em curso o Estado Novo de Vargas. Se Benito Mussolini fora o líder autoritário de lá, aqui tivemos Getúlio Vargas, que, na segunda parte de seu mandato de 15 anos, intentava a criação de normas que garantissem a manutenção do poder".

Finalizando esta análise, importante é a reflexão de Jairo José Genova ao descrever sobre o movimento Lei e Ordem – que representou à época tudo o que acabamos de nos referir.

Em posição antagônica ao Direito Penal fragmentário ou de *ultima ratio*, surgiu o movimento de Lei e Ordem, com a adoção da política denominada tolerância zero, que se funde na ideia de mais tipos penais e são mais severas são indispensáveis à solução dos conflitos sociais.[4]

Em relação às demais legislações de outros países sobre infrações de menor potencial ofensivo e eventuais contravenções, importante tecermos algumas considerações para fim de permitir uma compreensão em âmbito macro.

No Direito Alemão, o Código Penal divide as infrações em infrações penais graves e outras menos graves, sendo que nestas, para penas privativas de liberdade inferiores a um ano ou multas, cabe a suspensão incondicional e a suspensão processual. Em linhas gerais, a suspensão incondicional seria espécie de acordo de não persecução penal como existente nos dias atuais brasileiros e a suspensão condicional seria espécie análoga ao artigo 89 da Lei nº 9.099/1995. Já no Direito Português, especialmente em relação às infrações de menor potencial ofensivo, é permitido desde já que ocorra o arquivamento do processo, especialmente pelo pouco efeito prático de eventual persecução, tornada assim de pouco utilidade, e da intervenção penal. Por sua vez, o Direito Espanhol permite nos crimes com pena de privação de até cinco anos, conhecidos como pequena criminalidade, certos benefícios e um processo penal mais célere. No Direito Polonês, as infrações são divididas entre crimes e delitos, sendo que para estes as penas são menores que três anos, além de benefícios para a conciliação e acordos.[5]

Tratando mais especialmente de Portugal, não podemos nos esquecer dos ilícitos de mera ordenação social previstos no Decreto-Lei nº 433/82. Embora o Código Penal Português somente regulamente crimes, os ilícitos de mera ordenação apresentam grande importância no controle da sociedade e na pacificação das relações com certa divergência acerca da natureza jurídica de norma essencialmente penal, ou até mesmo com caráter eminentemente administrativo.[6]

---

[4] GÊNOVA, Jairo José. *Infrações penais de menor potencial ofensivo à luz dos princípios constitucionais*. 2007. Tese (Doutorado em Direito) Pontifícia Universidade Católica de São Paulo. São Paulo, p. 53. Disponível em: http://dominiopublico.mec.gov.br/download/teste/arqs/cp040561.pdf. Acesso em: 20 dez. 2020.

[5] GÊNOVA, Jairo José. *Infrações penais de menor potencial ofensivo à luz dos princípios constitucionais*. 2007. Tese (Doutorado em Direito) Pontifícia Universidade Católica de São Paulo. São Paulo, p. 53. Disponível em: http://dominiopublico.mec.gov.br/download/teste/arqs/cp040561.pdf. Acesso em: 20 dez. 2020.

[6] SILVA, Germano Marques da. *Direito Processual penal português*: do procedimento: marcha do processo. Lisboa: Universidade Católica Editora, p. 409. "Dada a dificuldade em estabelecer critérios materiais claros e seguros para destrinçar o direito penal de outras formas de direito repressivo, a jurisprudência do Tribunal Europeu dos Direitos do Homem tem vindo a construir o conceito de matéria penal que não se restringe ao Âmbito do direito penal. Partindo da interpretação dos arts. 5º e 6º da Convenção Européia dos Direitos do Homem o Tribunal considera relevar da matéria penal, para efeitos da Convenção, as infracções cujos autores se expõem a penas destinadas, nomeadamente, a exercer um efeito dissuasor e que habitualmente consistem em medidas privativas de liberdade ou em multas. O Tribunal não se opõe em causa a legitimidade dos Estados em estabelecer distinções entre diferentes tipos de infracções e adoptar regimes jurídicos diversos para cada tipo, referindo expressamente que a Convenção não se opõe às tendências para a descriminalização que existem, sob as formas diversas, nos Estados-membros do Conselho da Europa, mas ao adoptar um conceito amplo de matéria penal pretendeu evitar que os Estados contratantes pudessem, segundo o seu critério, ao qualificar uma infracção como administrativa, ao invés de penal, afastar o funcionamento das cláusulas fundamentais dos arts.6º e 7º, porque uma latitude assim entendida implicaria o risco de conduzir a resultados incompatíveis com o objeto e com nos fins da convenção".

Para Germano Marques da Silva:

> A autonomia do ilícito de mera ordenação social face ao ilícito penal é antes de tudo uma autonomia dogmática, autonomia que, porém, a reforma do regime geral do Decreto-lei nº 432/82, de 27 de outubro, pelo Decreto-lei nº 224/95, de 14 de setembro, tende a neutralizar, porventura no pressuposto de que não existe nenhuma distinção essencial entre crimes e contra-ordenções.[7]

Na mesma forma, as lições da professora portuguesa Alexandra Vilela.[8] Sobre a importância das contraordenações em Portugal, a Procuradora da República Portuguesa, Manuela Flores esclarece:

> O Direito das Contra-Ordenações surge assim como produtor de um movimento através do qual se pretende restringir ô âmbito de intervenção do Direito Penal, identificando-o como ultima ratio de qualquer política social, e enquadra-se na política de descriminalização.[9]

Já para Alexandre Vilela, ao trabalhar sobre o direito contra-ordenacional:

> Não temos ecos de que a existência de mera ordenação social mereça contestação por terras alemãs. Bem ao contrário. E por sua vez, o ordenamento jurídico italiano possui no seu seio um diploma, a Lei nº 689/81, cujos princípios que lhe servem de pórtico de entrada beberam inspiração na lei das contra-ordenações alemã.[10]

Feita a análise de alguns diplomas do Direito Comparado, de certo já percebemos inexistir a situação do Brasil nos diplomas de outros países, os quais, em sua grande maioria trabalham com a divisão de crimes de menor e maior potencial ofensivo, não permitindo a divisão entre crimes e contravenções penais como no Brasil.

---

[7] SILVA, Germano Marques da. *Direito Processual penal português*: do procedimento: marcha do processo. Lisboa: Universidade Católica Editora, p. 409.

[8] VILELA, Alexandra. A segunda parte do regime geral do ilícito de mera ordenação social: um direito processual muitas vezes ignorado. Disponível em: file:///D:/Users/danielmsilva/Downloads/4356-Texto%20do%20 artigo-14490-1-10-20140401.pdf. Acesso em: 21 dez. 2020. "Considero, ainda, que a diferenciação do ilícito de mera ordenação social face ao penal não se pode, nem se deve reconduzir a uma questão de quantidade, sendo certo, no entanto, que, segundo a minha opinião, há um conjunto de contra-ordenações que se aproximam muito da ilicitude penal, porquanto protegem bens jurídicos com dignidade penal, relativamente aos quais não há necessidade de sanção penal, mas apenas de sanção contra-ordenacional. Por isso, segundo o meu ponto de vista, as contra-ordenações são uma espécie de infracções que, actualmente em Portugal abarcam, de um lado, as infracções de natureza preventiva, e, do outro, as contra-ordenações que ofendem bens jurídicos portadores de dignidade penal".

[9] FLORES, Manuela. O direito das contra ordenações e o ambiente. *Revista de direito ambiental*, São Paulo, v. 1, n. 1, p. 15-23, jan./mar. 1996. Disponível em: http://200.205.38.50/biblioteca/index.asp?codigo_sophia=31786. Acesso em: em: 18 jan. 2021.

[10] VILELA, Alexandra. O direito contra-ordenacional: um direito sancionatório com futuro?. *Anatomia do crime: revista de ciências jurídico-criminais*, Coimbra, n. 2, p. 149-162, jul./dez.. 2015. Disponível em: http://200.205.38.50/biblioteca/index.asp?codigo_sophia=130930. Acesso em: em: 18 jan. 2021.

2 Análise axiológica da Lei de Contravenções Penais brasileira
2.1 Parte geral da Lei de Contravenções Penais brasileira

Antes da análise proposta, importante preconizar o disposto no artigo 1º da Lei de Introdução ao Código Penal e da Lei das Contravenções Penais[11] que, já em sua primeira regulamentação, de forma expressa define como crime a infração penal a que a lei comina com pena de reclusão ou detenção, quer isoladamente, quer alternativa ou cumulativamente com a pena de multa; já a contravenção penal é definida como a infração penal a qual a lei comina, isoladamente, pena de prisão simples ou multa, ou ambas, alternativa ou cumulativamente.

Feita a conceituação, já se percebe que tal diferenciação atualmente possui apenas caráter teórico, pois, na prática, em face das transformações legislativas, é de pouca valia.

Nessa esteira, a lição de Guilherme de Souza Nucci, "se, ontologicamente, já não se podia falar em diversidade entre crime e contravenção penal, no presente, nem mesmo as diferenças práticas tem surtido efeito".[12]

Na mesma linha, Dámazio de Jesus preconiza que "não há diferença ontológica, de essência, entre crime (ou delito) e contravenção. O mesmo fato pode ser considerado crime ou contravenção pelo legislador, de acordo com a necessidade da prevenção social. Assim, um fato que hoje é contravenção pode no futuro vir a ser definido como crime".[13]

Um dos pontos mais tormentosos da Lei de Contravenções Penais brasileira diz respeito à recepção e por consequência, à constitucionalidade do diploma legal frente ao Estado Democrático de Direito iniciado após a criação da Constituição Federal de 1988.

Por recepção no Direito Constitucional, com maestria Pedro Lenza ensina:

> Pode-se afirmar, então, que, nos casos de normas infraconstitucionais produzidas antes da nova Constituição, incompatíveis com as novas regras, não se observará qualquer situação de inconstitucionalidade, mas, apenas, como vimos, de revogação da lei anterior pela nova Constituição, por falta de recepção.[14]

Em relação à posição dos Tribunais Superiores brasileiros, o Superior Tribunal de Justiça já em diversos julgados entendeu pela total recepção do diploma legal, conforme AgRg no HC nº 435.290/PR, rel. Min. Jorge Mussi, j. 15.03.2018, *Dje* 22.03.2018, da 5ª turma e HC nº 402.334/RJ, rel. Min. Maria Thereza de Assis Moura, j.21.09.2017, *DJe* 04.10.2017, 6ª turma.

Já o Supremo Tribunal Federal, guardião do controle de constitucionalidade, nunca declarou a total inconstitucionalidade da norma bem como sua não recepção, muito embora tenha avançado na análise pontual de algumas contravenções e que serão objeto de análise mais aprofundada ao longo deste trabalho.

Do ponto de vista deste autor, desde já deixamos claro que, no nosso entender, *a Lei de Contravenções Penais brasileira não foi recepcionada pela nova ordem constitucional em decorrência de diversos fatores*: o primeiro, considerando especialmente uma necessidade de interpretação evolutiva e sistêmica, não se coadunando condutas, em tese, ilícitas, com

---

[11] BRASIL. Decreto-lei nº 3.914 de 09 de dezembro de 1941. Disponível em: http://www.planalto.gov.br/ccivil_03/decreto-lei/del3914.htm . Acesso em: 21 dez 2020.

[12] NUCCI, Guilherme de Souza. *Leis penais e processuais penais comentadas*: volume 1. 13. ed. Rio de Janeiro: Forense, 2020, p. 128.

[13] JESUS, Damásio de. *Direito Penal*. volume 1: parte geral. 32. ed. São Paulo: Saraiva, 2011, p. 194.

[14] LENZA, Pedro. *Direito Constitucional esquematizado*. 18. Ed. Saraiva, 2015, p. 230.

o Estado Democrático de Direito; em segundo, inexiste, de ordem prática, interesse para a divisão entre crimes e contravenções penais, tendo em vista os novos rumos da *persecutio* no país em virtude da possibilidade de implementação de mecanismos de justiça negociada, seja em decorrência da própria transação penal e da suspensão condicional do processo, ambos institutos criados na Lei nº 9.099/1995, bem como em virtude do acordo de não persecução penal instituído no Brasil pela Lei nº 13.694/2019; em terceiro, considerando-se o Direito Penal como *ultima ratio* e em face dos princípios da razoabilidade e da proporcionalidade,[15] não se mostra necessária tutela estatal quando houver baixa ou baixíssima reprovabilidade social da conduta e inexpressiva lesão a bens jurídicos; por fim, talvez a mais importante análise a ser feita refere-se à necessidade de o legislador pátrio começar a se preocupar com a criminalidade em âmbito macro, avançando seu olhar e sua tutela para a proteção dos bens transindividuais que, no Brasil, não possuem ainda o necessário respaldo legal.

Aliás, essa alteração de foco que necessita o sistema criminal brasileiro, mormente, as legislações penais e processuais penais, voltando a atenção para a preocupação com bens transindividuais, possibilitará, de alguma forma, eventual retomada da efetividade da proteção penal e uma profunda reestruturação dos diplomas existentes.

No campo da aplicação do Decreto-Lei nº 3.688/1941 em relação ao espaço, o artigo 2º do diploma preconiza que a lei brasileira somente é aplicável à contravenção penal praticada no território nacional. Aqui, há uma contradição da lei desde sua criação no longínquo ano de 1941 e que merece reflexão do leitor. Qual a justificativa de se punir apenas contravenções penais praticadas no país e não adotar a mesma sistemática em relação aos crimes que admitem a extraterritorialidade?

No nosso ponto de vista, justifica-se pela nítida resposta do legislador em não se preocupar com as condutas de baixa reprovação social, como as contravenções penais praticadas fora do território brasileiro. E, nessa linha, entendemos que deveria ter deixado também as condutas ilícitas das contravenções penais brasileiras para outras searas, como o Direito Administrativo e até mesmo o próprio Direito Civil.

Avançando no estudo e na abordagem crítica da Lei de Contravenções Penais brasileira, outro ponto que merece especial abordagem diz respeito ao artigo terceiro com a premissa lá delineada, ou seja, de que para a existência da contravenção basta a ação ou omissão voluntária, devendo-se ter em conta dolo e culpa, se a lei faz depender de um ou de outro, qualquer efeito jurídico.

Referido artigo refletiu a posição adotada à época de sua criação, com influência essencial da teoria causal, e posteriormente da teoria causal neokantista, em que dolo e culpa deveriam ser analisados tão somente na culpabilidade.

O Código Penal brasileiro adota atualmente a teoria finalista de Welzel, sendo que dolo e culpa são deslocados da culpabilidade para o fato típico, passando assim a ser um dos quatro elementos do primeiro substrato do crime, a saber: *conduta, nexo causal, resultado e tipicidade*. Para Rogério Greco:

> A teoria finalista modificou profundamente o sistema causal. A começar pela ação, como vimos, que agora não mais podia dissociar-se da sua finalidade. O dolo não mais

---

[15] GRECO, Rogério. *Curso de Direito Penal*. 14.ed. Rio de Janeiro: Impetus, 2012, p. 138. "Na verdade, se aplicássemos fielmente o princípio da intervenção mínima, que apregoa que o Direito Penal só deve preocupar-se com o bens e interesses mais importantes e necessários ao convívio da sociedade, não deveríamos sequer falar em contravenções, cujos bens por elas tutelados bem poderiam ter sido protegidos satisfatoriamente pelos demais ramos do direito."

podia ser analisado em sede de culpabilidade. Welzel o transportou para o tipo, dele afastando sua carga normativa, isto é a consciência sobre a ilicitude do fato.[16]

Neste ponto, trabalhando de maneira direta com o princípio da culpabilidade, dolo e culpa passam a ser analisados dentro da conduta e, por consequência, esvaziando de maneira categórica o artigo terceiro do Decreto-Lei nº 3.688/1941.

Trazendo a argumentação de maneira clara, são os ensinamentos de Guilherme de Souza Nucci: "não se pode transigir no campo das contravenções penais, abrindo mão do princípio penal da culpabilidade, sob pena de partimos para a consagração do Direito Penal antidemocrático".[17] Já para Cleber Masson:

> Não há assim, diferença entre o tipo subjetivo do crime e o tipo subjetivo da contravenção penal. Nos dois casos exige-se o dolo, ainda que sem apontá-lo expressamente, mas chamando-o apenas de 'ação ou omissão voluntária', consistente na vontade de realizar os elementos do tipo, colocando-se o sujeito consciente e deliberadamente em situação ilícita.[18]

Em relação à punição da contravenção penal na modalidade tentada, especialmente com a norma de extensão prevista no artigo 14, inciso II, do Código Penal, o legislador brasileiro, no artigo 4º da Lei de Contravenções Penais, deixou explicitado sua não criminalização, o que nos leva mais uma vez à conclusão da falta de coerência em relação à manutenção de tal diploma em vigor, e conforme já exposto no início do presente ensaio.

Outro ponto completamente retrógrado e sem qualquer efetividade é preconizado no artigo 5º aquando da regulamentação das penas principais, entre elas a prisão simples e a multa.

No Brasil, atualmente, apenas o regime fechado possui alguma efetividade e restrição de direitos em relação ao apenado. Os regimes semiaberto e aberto, ambos com regulamentação no Código Penal e na Lei nº 7.210/1984, Lei de Execuções Penais, estão completamente falidos, sendo que sequer há vagas nos estabelecimentos específicos para cumprimento, quais sejam, a: *colônia agrícola, industrial ou estabelecimento similar e casas de albergado*.

No mesmo sentido, diversas decisões são produzidas diariamente em relação à progressão de pena para regime semiaberto, especialmente ante a ausência de vagas em referidos estabelecimentos específicos,[19] não podendo assim o apenado esperar de forma mais gravosa em outro regime. Nesse sentido, o julgamento no Supremo Tribunal Federal do RE nº 641.320/RS e, posteriormente a Súmula Vinculante nº 56: "A falta de estabelecimento penal adequado não autoriza a manutenção do condenado em regime prisional mais gravoso".

Já em relação à pena de multa, há muito tempo tornou-se somente um fardo para o sistema criminal brasileiro, considerando especialmente a grande quantidade de processos

---

[16] GRECO, Rogério. *Curso de Direito Penal*. 14. ed. Rio de Janeiro: Impetus, 2012, p. 378.
[17] NUCCI, Guilherme de Souza. *Leis penais e processuais penais comentadas*: volume 1. 13. ed. Rio de Janeiro: Forense, 2020, p. 130.
[18] MASSON, Cleber. *Código Penal Comentado*. 7. ed. Rio de Janeiro: Forense; São Paulo: Método, 2019, p. 151.
[19] NUCCI, Guilherme de Souza. *Leis penais e processuais penais comentadas*: volume 1. 13. ed. Rio de Janeiro: Forense, 2020, p. 132. Cuidou-se de um sonho do legislador a existência, no Brasil, de vários estabelecimentos adequados à espécie de pena estabelecida: reclusão, detenção e prisão simples. Nunca o Poder Executivo, em qualquer nível, sob vários pretextos, investiu efetivamente em estabelecimentos penitenciários. Por isso, a denominada "falência" da pena de prisão não passa de uma decorrência do descaso das autoridades públicas em cuidar, com o devido respeito à lei, do assunto. Antes de anunciarmos a morte de um instituto, parece-nos fundamental que ele realmente exista.

com cobranças, o alto custo para movimentação da máquina jurídica e a pouca efetividade no adimplemento das prestações, acarretando tão somente a ulterior inscrição em dívida ativa – e que, na prática não tem o menor sentido ante à pobreza que assola a maioria dos sujeitos ativos de crimes no país.

Exemplo disso é que a própria Fazenda Pública até pouco tempo atrás não executava penas de multa de até R$10.000,00 (dez mil reais) e, em alguns casos, de até R$20.000,00 (vinte mil reais).[20]

Todavia, após o advento da Lei nº 13.964/2019, em que foi dada nova redação ao artigo 51 do Código Penal, bem como considerando o julgamento na ADI nº 3.150, reconheceu-se de pleno a legitimidade ativa do Ministério Público para o ajuizamento das ações de cobrança, acarretando, assim, profunda transformação no fluxo de tramitação das execuções.

A dúvida que permanece ainda no próprio Ministério Público brasileiro diz respeito ao novo limite mínimo de valor para ajuizamento, sendo que temos visto ações com baixíssimo valor, como casos de R$100,00 (cem reais) ou até menos.

Ultrapassada a análise sobre as multas, devemos tecer considerações sobre o artigo 12 da Lei de Contravenções Penais, especialmente em face do título das "penas acessórias" impostas com a publicação da sentença penal condenatória.

Parte da doutrina salienta que referido artigo foi revogado em face do advento da Lei nº 7.209/1984 que instituiu a nova parte geral do Código Penal e não trouxe nenhum regramento com a rubrica "penas acessórias". Nessa linha, entendemos que o efeito prático no atual regramento penal deve ser considerado como os efeitos da condenação previstos nos artigos 91 e 92, ambos do Código Penal.

Já caminhando para a finalização da parte geral da Lei de Contravenções Penais, talvez aqui o ponto que causa mais conflito em relação à nova sistemática do Código Penal com as reformas ocorridas ao longo dos anos diz respeito ao regramento das medidas de segurança, com previsão nos artigos 13 e seguintes do supracitado diploma.

Como regra geral, e se entendermos em vigor a Lei de Contravenções Penais, caso algum indivíduo pratique um fato e seja reconhecido como inimputável, receberá a medida de segurança como caráter preventivo e essencialmente curativo, aplicando de modo subsidiário a parte geral do Código Penal, em seus artigos 96 e seguintes.

Todavia, não aplicamos mais qualquer presunção de periculosidade conforme delineado no artigo 14 do diploma, sendo tal ponto absolutamente inconstitucional e com ofensa aos princípios da pessoalidade, da personalidade, e, por fim, com o princípio da individualização da pena. Mais à frente, ao longo dos apontamentos em relação às próprias condutas vedadas no Decreto-Lei nº 3.688/1941, abordaremos de maneira mais precisa a fundamentação pela qual entendemos que referida legislação não é mais aplicável no ordenamento jurídico brasileiro.

Fruto ainda da análise das medidas de segurança, e, mais uma vez, em face das mudanças já delineadas na parte geral do Código Penal, não é aplicado o vetusto sistema duplo binário, em que se permitia a aplicação de pena além de medida de segurança para os casos de cometimento de crimes e de contravenções penais. Tratava-se de verdadeira espécie de *bis in idem*, que, de modo correto, o legislador pátrio alterou.

Por fim, e não menos importante, o artigo 17 da Lei de Contravenções Penais previu como sendo de ação penal pública as contravenções penais. Tal regramento refletiu de maneira clara a intenção do legislador quando da criação do diploma e já abordado outrora – revela

---

[20] Resp nº 1.115.275-PR, Quinta Turma, *DJe* 4.11.2011; e RMS nº 21.967-PR, Quinta Turma, *DJe* 2.3.2009, REsp nº 1.275.834-PR, j. 17.03.2015.

nítido viés de intervenção do Estado nas liberdades públicas e influência de período ditatorial –, e que não se coadunam com a nova visão constitucional do Direito Penal.

Nessa linha, Guilherme de Souza Nucci: "O dispositivo é, nitidamente vetusto. Caminha-se, atualmente, na legislação penal, para a ação condicionada ou para a ação privada, quando se trata de interesse eminentemente individual ou restrito".[21]

Já em uma abordagem filosófica/econômica e que reflete o período do interesse individual, são os ensinamentos de André Ramos Tavares:

> No Estado Liberal interventor não há preocupações sociais, mas sim de ordem técnica, com o próprio liberalismo. O Estado passa a intervir para garantir o liberalismo. O intervencionismo estatal aqui, não ocorre pela presença do Estado como garantidor social, de políticas públicas essenciais ao bem-estar da sociedade.[22]

Por sua vez, Nidiane Moraes Silvano de Andrade aponta:

> Em princípio, prevê o artigo 17 da Lei de Contravenções Penais que a ação é pública, o que poderia nos levar à precipitada conclusão de que a vontade da vítima jamais interfere na imperiosa necessidade de promover o ius persequendi. No entanto, uma análise mais profunda e atualizada do tema pode conduzir à conclusão diversa.[23]

A crítica principal que deve ser analisada diz respeito se, no atual patamar das relações sociais do século XXI e na nova visão moderna de proteção de bens transindividuais, caberá a proteção de bens considerados protegidos no *status* de condutas vedadas como contravenção penal, quando o próprio Código Penal – no regramento dos crimes – já privilegia em grande parte ações penais privadas e ações penais públicas condicionadas à representação, e que logicamente acarretariam um contrassenso em caso de manutenção da atual condição.

2.2 Parte especial da Lei de Contravenções Penais

A análise da parte especial da Lei de Contravenções Penais brasileira será realizada de maneira a promover uma reflexão em relação ao que deve ser alterado no atual panorama fático/jurídico.

Dentro do regramento e das tipificações previu o legislador o *Capítulo I – Das Contravenções referentes à pessoa; o Capítulo II – Das Contravenções referentes ao patrimônio; o Capítulo III – Das Contravenções referentes à incolumidade pública; o Capítulo IV – Das Contravenções referente à paz pública; o Capítulo V – Das Contravenções referentes à fé pública; o Capítulo VI – Das Contravenções relativas à organização do trabalho; o Capítulo VII – Das Contravenções relativas à política de costumes e por fim, o Capítulo VIII – Das Contravenções referentes à Administração Pública.*

Tal regulamentação delimitou 53 (cinquenta e três) condutas vedadas e aptas a gerar sanção em caso de subsunção.

---

[21] NUCCI, Guilherme de Souza. *Leis penais e processuais penais comentadas*: volume 1. 13. ed. Rio de Janeiro: Forense, 2020, p. 139.

[22] TAVARES. André Ramos. *Direito Constitucional Econômico*. 3. ed. Rio de Janeiro: Forense; São Paulo: Método, 2011, p. 46.

[23] ANDRADE, Nidiane Moraes Silvano de. A natureza pública incondicionada da ação penal nas contravenções. *Boletim do Instituto de Ciências Penais*, p. 5-7. Disponível em: http://200.205.38.50/biblioteca/index.asp?codigo_sophia=58630. Acesso em: 19 jan. 2021.

Como o objetivo principal do trabalho não é uma abordagem comentada de toda a legislação, trabalharemos, após minuciosa análise de seleção, as principais peculiaridades das condutas vedadas e que despertam maiores reflexões no ordenamento jurídico, e que certamente permitirão ao leitor um avanço crítico em torno da necessidade ou não da permanência em vigor da Lei de Contravenções Penais brasileira.

Assim, pautaremos com as seguintes contravenções penais: *I) porte de arma; II) anúncio de meio abortivo; III) vias de fato; IV) posse não justificada de instrumento usual na prática de furto; V) disparo de arma; VI) falta de habilitação; VII) associação secreta; VIII) jogo de azar; IX) vadiagem; X) mendicância e XI) perturbação de sossego.*

Inicialmente, em uma abordagem sistêmica, a primeira indagação que devemos fazer é se referidas vedações ainda estão em vigor ou foram ab-rogadas ou derrogadas; outro ponto de vista a ser levantado diz respeito a quais condutas merecem ou deveriam merecer uma maior atenção do legislador brasileiro, com eventual ascensão à categoria de crime ou, em já havendo a regulamentação, uma eventual exasperação da sanção; por fim, e finalizando a análise, qual das condutas está em consonância com a tutela dos bens transindividuais e com o dinamismo das relações sociais.

A primeira conduta a ser analisada está prevista no artigo 19[24] da Lei de Contravenções e diz respeito ao *porte de arma.*

Na nossa visão, referido artigo não possui mais aplicação, seja em virtude da Lei nº 9.437/97 ou posteriormente, com o advento da Lei nº 10.826/03 – o Estatuto do Desarmamento –, que regulamentaram de maneira categórica a conduta vedada, muito embora não tenha sido expressa a revogação em relação à contravenção existente.

A intenção do legislador foi clara quando da criação das supracitadas legislações – proteger e coibir o uso de armas de fogo no país –, criando critérios rígidos para a posse e porte de armas, fazendo exceções tão somente para o uso no cotidiano nos casos de colecionadores ou atiradores esportistas.

Todavia, após a vitória do Presidente Jair Messias Bolsonaro nas eleições de 2018, o Brasil tem vivenciado uma nova era no tocante à proteção do uso e aquisição de armas, tendo referido governo editado normas facilitando a aquisição, o cadastro, o registro, o porte e a comercialização de armas e munições, em especial, os Decreto nº 9.847, de 25 de junho de 2019,[25] e os nºs 10.627, 10.628, 10.628 e 10.630, todos do ano de 2021 e que inclusive tiveram disposições suspensas em sede de Ação Direta de Inconstitucionalidade nº 6.675 pela Ministra Rosa Weber.[26]

Também não se mostra mais razoável a aplicabilidade do artigo 19 em relação às chamadas armas brancas, ou seja, aquelas que, por exclusão, não são de fogo.

Aliás, é o entendimento de Guilherme de Souza Nucci:

---

[24] "Art. 19. Trazer consigo arma fora de casa ou de dependência desta, sem licença da autoridade: Pena – prisão simples, de quinze dias a seis meses, ou multa, de duzentos mil réis a três contos de réis, ou ambas cumulativamente. §1º A pena é aumentada de um terço até metade, se o agente já foi condenado, em sentença irrecorrível, por violência contra pessoa. §2º Incorre na pena de prisão simples, de quinze dias a três meses, ou multa, de duzentos mil réis a um conto de réis, quem, possuindo arma ou munição a) deixa de fazer comunicação ou entrega à autoridade, quando a lei o determina b) permite que alienado menor de 18 anos ou pessoa inexperiente no manejo de arma a tenha consigo; c) omite as cautelas necessárias para impedir que dela se apodere facilmente alienado, menor de 18 anos ou pessoa inexperiente em manejá-la."

[25] Disponível em: https://g1.globo.com/sp/sao-paulo/noticia/2020/10/19/registros-de-armas-de-fogo-aumentam-120percent-em-2020-mas-apreensoes-estao-em-queda.ghtml Acesso em: 10 jan. 2021.

[26] Disponível em: https://www.conjur.com.br/2021-abr-12/rosa-suspende-flexibilizacao-posse-armas-feita-bolsonaro Acesso em: 17 abril 2021.

No mais, ao tratarmos das denominadas armas brancas, sejam próprias, sejam impróprias, entendemos que o artigo 19 é inaplicável. Não há lei regulamentado o porte de arma branca de que tipo for. Logo, é impossível conseguir licença de autoridade para carregar consigo uma espada.[27]

A segunda conduta objeto de análise diz respeito ao artigo 20,[28] consistente no *anúncio de meio abortivo*.

Atualmente, a discussão no Brasil referente à legalização ou não do aborto fora das hipóteses já permitidas – crimes contra a dignidade sexual da mulher ou em casos de risco de vida – já tem ocorrido em diversos palcos.

O Supremo Tribunal Federal,[29] o Congresso Nacional e diversas outras entidades já se têm debruçado sobre o tema, visando especialmente um maior esclarecimento dos fatos e uma evolução normativa.

Nessa esteira, o cenário social/jurídico de quando da criação do artigo 20 da Lei de Contravenções Penais é totalmente diferente, razão pela qual entendemos que referido artigo também não tem mais aplicabilidade.

Somente para pontuar o leitor – *e aqui não estamos debatendo argumentos quanto à posição de favorável ou não ao aborto* –, o que estamos dizendo é que o artigo 20 não possui mais aplicabilidade em virtude da regulamentação da matéria no Código Penal.

O Código Penal nos artigos 124, 125 e 126 já é claro o suficiente quanto às vedações, e caso alguém anuncie em propaganda ou publicidade sobre processo, substância ou objeto destinado a causar aborto, entendemos ser caso de aplicação do artigo 286, também do supracitado diploma, estando assim o agente incurso no delito de incitação ao crime.

Sem olvidar dos demais questionamentos sobre o tema, cabe análise acerca da existência ou não de conflito aparente de normas em relação ao artigo 68 da Lei nº 8.078/1990, o Código de Defesa do Consumidor.

A indagação seria: em sendo anunciado eventual mecanismo de aborto, estaríamos diante de crime específico e baseado no princípio da especialidade, apto a ser resolvido pelo Código de Defesa do Consumidor, ou como já elencado acima, no disposto do artigo 286 do Código Penal.

Aqui, e mais uma vez com grande preciosismo, Guilherme de Souza Nucci explica, com o que humildemente aderimos:

> O artigo 20 da Lei das Contravenções Penais não é voltado unicamente ao consumidor, mas a qualquer pessoa. A substância, o processo e objeto poder ser, por vezes, conseguidos sem que haja comércio. O comportamento prejudicial ou perigoso à saúde ou segurança é algo diverso de promover produto que mata embriões ou fetos.[30]

---

[27] NUCCI, Guilherme de Souza. *Leis penais e processuais penais comentadas*: volume 1. 13. ed. Rio de Janeiro: Forense, 2020, p. 142.

[28] Art. 20. Anunciar processo, substância ou objeto destinado a provocar aborto:

[29] Disponível em: http://www.stf.jus.br/portal/cms/verNoticiaDetalhe.asp?idConteudo=385093#:~:text =Nos%20dias%203%20e%206%20de%20agosto%2C%20nos%20per%C3%ADodos%20da,a%2012%C2%AA%20 semana%20de%20gesta%C3%A7%C3%A3o.&text=A%20audi%C3%AAncia%20come%C3%A7a%20%C3%A0s%20 8h20,tarde%2C%20a%20partir%20das%2014h30. Acesso em: 10 jan. 2021. Disponível em: https://www.conjur. com.br/2018-mai-02/audiencia-publica-acao-aborto-500-inscricoes . Acesso em: 10 jan. 2021.

[30] NUCCI, Guilherme de Souza. *Leis penais e processuais penais comentadas*: volume 1. 13. ed. Rio de Janeiro: Forense, 2020, p. 146.

A terceira conduta selecionada para reflexão diz respeito ao artigo 21, consistente na cotidiana contravenção de *vias de fato*.

Referido tipo penal delineia quem realiza ou executa violência física contra alguém e que não resulte lesão corporal, aqui abordando também a violência doméstica e de gênero.

Esse tipo penal talvez seja o mais praticado nos dias atuais no Brasil e acarreta um grande volume de casos nas delegacias de polícia país afora.

No nosso entendimento, mais uma conduta que deveria ter sido extinta do ordenamento jurídico, tendo em vista que outras searas do Direito poderiam regulamentar o tema, especialmente o campo cível em ações indenizatórias.

O legislador deixou evidenciado o respeito ao princípio da intervenção mínima ao criar o crime de lesão corporal previsto no artigo 129 do Código Penal, e agora com o elemento especializante consistente na violência doméstica, abarcada de modo definitivo no §9º do mesmo artigo.

Ora, qual a razão de se punir uma conduta quando não gera lesão, especialmente quando as demais áreas do direito conseguem dar uma melhor e mais eficiente solução para o tema?

Mais uma vez, o tipo penal em questão reflete o período em que foi criado, com forte atuação restritiva estatal nas liberdades públicas e políticas, em verdadeiro movimento controlador e ditatorial e que não se coaduna mais com o Estado Democrático de Direito.

Além disso, outro ponto alvo de questionamentos, e já trabalhado quando da abordagem da parte geral da lei objeto de estudo, diz respeito à natureza da ação penal.

Enquanto o Código Penal trabalha no artigo 129 como regra geral, com a ação penal pública condicionada à representação e, como exceção, com a ação penal estritamente pública, a Lei de Contravenções Penais define a vias de fato como delito de ação penal pública. E aí o grande contrassenso. Se o agente lesionar levemente alguém somente será punido pelo Estado se houver representação; já se ocorrer um entrevero com empurrões e sem lesão, automaticamente caberá ao Estado a promoção da *persecutio*, de maneira imediata, direta e incondicionada.

Todavia, embora compartilhemos do entendimento da desnecessidade do tipo penal e nessa linha também Guilherme de Souza Nucci,[31] a jurisprudência penal dos Tribunais Superiores[32] é amplamente favorável à corrente da constitucionalidade da norma incriminadora e sua atual vigência. Outro possível caminho seria o de criação de um crime de lesão corporal sem vestígios, com pena mais branda do que a lesão corporal em si, mas assim alçada à categoria de crime, e não mais de mera contravenção penal.

A quarta tipificação objeto de análise diz respeito ao artigo 25,[33] consistente na *posse não justificada de instrumento de emprego usual na prática de furto*.

Mais uma vez, a tipificação é dotada de caráter extremamente preconceituoso, inconstitucional e que fere o princípio da dignidade da pessoa humana,[34] em verdadeira alusão aos aspectos do Direito Penal do Autor e ao Direito Penal do Inimigo.

---

[31] NUCCI, Guilherme de Souza. *Leis penais e processuais penais comentadas*: volume 1. 13. ed. Rio de Janeiro: Forense, 2020, p. 146.

[32] STF, RE nº 807.781/SP, Rel. Ministro Luiz Fux, *Dje* de 09.10.2015. Disponível em: http://webcache.googleusercontent.com/search?q=cache:jgsTocNTXzAJ:www.stf.jus.br/portal/processo/verProcessoPeca.asp%3Fid%3D307887743%26tipoApp%3D.pdf+&cd=1&hl=pt-BR&ct=clnk&gl=br. Acesso em: 10 jan. 2021.

[33] "Art. 25. Ter alguem em seu poder, depois de condenado, por crime de furto ou roubo, ou enquanto sujeito à liberdade vigiada ou quando conhecido como vadio ou mendigo, gazuas, chaves falsas ou alteradas ou instrumentos empregados usualmente na prática de crime de furto, desde que não prove destinação legítima:"

[34] STF, RE nº 583.523-RS, Rel. Min. Gilmar Mendes. Disponível em: http://redir.stf.jus.br/paginadorpub/paginador.jsp?docTP=TP&docID=6997511. Acesso em: 10 jan. 2021.

Nesse ponto, André Nascimento Mohamed:

> Não há na doutrina penalista estudiosa da matéria uma definição consensual acerca do conceito de direito penal do autor, que tem no professor Alemão Gunther Jakobs, catedrático emérito de Direito Penal e Filosofia do Direito da Universidade de Bonn sua maior referência. Pode-se afirmar, no entanto, que nesse ramo o que configura o crime é o modo de ser do criminoso, as características da sua personalidade.[35]

Já para Alexandre Rocha Almeida de Moraes:

> O Direito Penal do Inimigo representa uma guerra cujo caráter limitado ou total depende também de quanto se tema o inimigo. Trata-se de um modelo de política criminal que, logicamente, inspira uma dogmática penal e processual penal de combate do ordenamento jurídico contra indivíduos especialmente perigosos, como se o Estado não falasse com cidadãos que eventualmente violaram a lei.[36]

Apontando a total inconstitucionalidade da tipificação é a lição de Guilherme de Souza Nucci: "a contravenção do artigo 25 é discriminatória, pois faz apologia do direito penal do autor e não consagra o direito penal do fato, ou seja, pune-se alguém, na essência, pelo que ele é (vadio, mendigo, condenado) e não pelo que efetivamente fez".[37]

Como exemplo prático é o caso do cidadão que carrega uma faca ou um pé de cabra. Embora tais instrumentos possam ser utilizados em alguma conduta criminosa, não basta por si só o porte ou a posse para a configuração de um ilícito penal. Nem se diga ainda que, pelo próprio grau de abstrativização da tipificação, qualquer instrumento poderia, em tese, ser levado em consideração para possível subsunção à nominada contravenção.

A quinta tipificação a ser debatida diz respeito ao artigo 28[38] da Lei de Contravenções Penais, consistente no *disparo de arma de fogo*.

Embora entendamos que já esteja revogada pelo artigo 10, §1º, inciso III, da Lei nº 9.437/1997 e em consequência pelo próprio artigo 15 da Lei nº 10.826/2003 – o Estatuto do Desarmamento –, em relação ao parágrafo único a doutrina[39] entende que subsiste a tipificação para a *queima de fogos*, o que a nosso ver fere mais uma vez o princípio da intervenção mínima, havendo necessidade de tutela do tema pelos outros subsistemas do Direito, em especial, o Direito Administrativo, no tocante à expedição de licenças, autorização e alvarás. Aliás, para isso, diversos municípios têm, via Poder Legislativo, editado leis ordinárias proibindo o uso de fogos de artifícios em determinados períodos e circunstâncias,

---

[35] MOHAMED, André Nascimento. O direito penal do autor no ordenamento jurídico. https://www.emerj.tjrj.jus.br/paginas/trabalhos_conclusao/1semestre2010/trabalhos_12010/andremohamed.pdf. Acesso em: 10 jan. 2021.

[36] MORAES, Alexandre Rocha Almeida de Moraes. Direito penal do inimigo. Enciclopédia jurídica da PUC-SP. Celso Fernandes Campilongo, Alvaro de Azevedo Gonzaga e André Luiz Freire (coord.). Tomo: Direito Penal. Christiano Jorge Santos (coord. de tomo). São Paulo: Pontifícia Universidade Católica de São Paulo, 2017. Disponível em: https://enciclopediajuridica.pucsp.br/verbete/419/edicao-1/direito-penal-do-inimigo Acesso em: 10 jan. 2021.

[37] NUCCI, Guilherme de Souza. *Leis penais e processuais penais comentadas*: volume 1. 13. ed. Rio de Janeiro: Forense, 2020, p. 154.

[38] "Art. 28. Disparar arma de fogo em lugar habitado ou em suas adjacências, em via pública ou em direção a ela:"

[39] NUCCI, Guilherme de Souza. *Leis penais e processuais penais comentadas*: volume 1. 13. ed. Rio de Janeiro: Forense, 2020, p. 156.

tendo alguns diplomas já até sido analisados em face de controle de constitucionalidade pela Suprema Corte brasileira.[40]

No mesmo sentido é a sexta tipificação que pretendemos analisar e que está prevista no artigo 32,[41] consistente *na falta de habilitação para dirigir veículo*, cuja regulamentação está totalmente inserida no Código de Trânsito brasileiro, no artigo 309.[42]

Alvo dos mesmos questionamentos feitos anteriormente e visando a maximização da segurança jurídica, o Supremo Tribunal Federal entendeu por bem sumular a matéria e criou o entendimento nº 720,[43] havendo assim a derrogação da norma e permanecendo tão somente a proibição em relação à *direção de embarcação a motor em águas públicas* – e que, neste ponto, merece a mesma crítica feita anteriormente, em face da afronta ao princípio da intervenção precoce.

A sétima análise a ser feita diz respeito a uma das tipificações mais bizarras da história do Brasil, consistente no artigo 39 que diz respeito à *associação secreta*.[44]

Mais uma vez, referida tipificação demonstra o caráter inquisitorial e afrontoso que o país vivia na época da criação do Decreto-Lei nº 3.688/1941.

Naquele momento histórico em que as liberdades eram cerceadas sob a premissa de um controle do Estado nas relações sociais, a simples tentativa de associação ou encontro de pessoas já era visto como afrontoso ao sistema; tudo *visando à manutenção do status político e ideológico predominante.*

Andou bem a Constituição Federal de 1988 ao garantir diversos direitos e garantias individuais e sociais, em especial, ao estabelecer no artigo 5º, inciso XVII que *é plena a liberdade de associação para fins lícitos, vedada a de caráter paramilitar, além de outros regramentos como os incisos XVIII, XIX, XX.*

Assim, não vislumbramos nenhuma necessidade de permanência de tal regramento do ordenamento jurídico brasileiro.

O oitavo ponto a ser debatido diz respeito ao artigo 50[45] da Lei de Contravenções Penais brasileira, consistente no famigerado dispositivo que tutela o *jogo de azar* no Brasil.

Como praticamente tudo o que já foi abordado no presente ensaio, referido artigo traz mais um enquadramento retrógrado e que não atende aos anseios da sociedade.

Conforme amplamente percebido no dia a dia, a prática de jogos de azar é algo corriqueiro nas grandes e pequenas cidades, ocorrendo não apenas nos cassinos e casas de jogos clandestinos, mas também nos pequenos bares e estabelecimentos comerciais nos rincões mais distantes.

Trazendo um ponto de reflexão é a lição de Carolina Soares Castelliano Lucena de Castro e Vinícius Bichara Darrieux:

---

[40] Disponível https://www.conjur.com.br/2021-mar-02/stf-julga-constitucional-lei-proibe-fogos-artificio-ruidosos#:~:text=O%20Supremo%20Tribunal%20Federal%20julgou,pirot%C3%A9cnicos%20de%20efeito%20sonoro%20ruidoso. Acesso em: 01 abril 2021.

[41] "Art. 32. Dirigir, sem a devida habilitação, veículo na via pública, ou embarcação a motor em aguas públicas:"

[42] "Art. 309. Dirigir veículo automotor, em via pública, sem a devida Permissão para Dirigir ou Habilitação ou, ainda, se cassado o direito de dirigir, gerando perigo de dano:"

[43] O art. 309 do Código de Trânsito Brasileiro, que reclama decorra do fato perigo de dano, derrogou o art. 32 da Lei das Contravenções Penais no tocante à direção sem habilitação em vias terrestres.

[44] "Art. 39. Participar de associação de mais de cinco pessoas, que se reunam periodicamente, sob compromisso de ocultar à autoridade a existência, objetivo, organização ou administração da associação:"

[45] "Art. 50. Estabelecer ou explorar jogo de azar em lugar público ou acessível ao público, mediante o pagamento de entrada ou sem ele"

Enquanto o trabalho dos órgãos de acusação continuar a ignorar o uso da persecução para atendimento de uma política destoada da realidade, e se liminar a punir o dono do bar, última pessoa de toda uma escala de acontecimentos, não há que se falar em combate ao crime, mas sim em uso indevido da persecução penal como resposta instantânea e desmensurada aos anseios de parte influente do corpo social.[46]

Na nossa visão, o mais razoável seria, pautando-se no princípio da intervenção mínima, o legislador tornar eventuais condutas em infrações administrativas ou, em um viés mais eficiente regulamentar de maneira lícita a atividade, provendo assim novas fontes de receitas para o Estado via tributos.

Em vários países do mundo, a atividade de jogos de azar é legal e gera grandes rendimentos em tributação, permitindo aos entes estatais novos investimentos em segurança, saúde, etc.

O que não se mostra mais razoável é a política do "faz de conta" existente no país, especialmente em que o sistema de justiça finge que coíbe eventuais práticas de jogos de azar e, por sua vez, seus agentes fingem que cessaram as práticas ilícitas.

Nesta linha, é a visão de Guilherme de Souza Nucci: "em primeiro plano, invocando o princípio da intervenção mínima, não há fundamento para o Estado interferir, valendo-se do Direito Penal, na vida privada do cidadão que deseja aventurar-se em jogos de azar".[47]

Outra reflexão que deve ser feita diz respeito às condutas que usualmente já são aceitas pela sociedade, em verdadeira alusão ao princípio da adequação social. Neste ponto: bingos, rifas para entidades filantrópicas, bolões e outros são práticas que ocorrem há anos no país e não merecem a preocupação do Direito Penal, e muito menos da participação do já moroso sistema de justiça do Brasil.

Encerrando o debate sobre jogos, em relação aos *bingos físicos e eletrônicos*, não obstante mais uma vez a usualidade, atualmente continua a ser conduta ilícita e caracterizada como contravenção penal, especialmente em face da revogação de vários artigos da Lei Pelé nº 9.615/1.998 via Lei nº 9.981/2000.

Já encaminhando para o final da análise da parte especial da Lei de Contravenções Penais brasileira, serão analisados os tipos previstos nos artigos 59, 60 e 65, mais precisamente em relação à *vadiagem*,[48] à *mendicância*[49] e à *perturbação do sossego*.[50]

Mais uma vez, andou pessimamente o legislador da época ao querer tutelar forma de comportamento e de conduta social através do Direito Penal, quando outros subsistemas do direito poderiam facilmente pontuar a matéria.

Além disso, trazendo aos dias atuais, em que vige no Brasil uma extrema desigualdade social e econômica, com inúmeras pessoas desabrigadas e famintas, seria mais uma forma de punição daqueles já judiados pelo sistema econômico e político injustos.

Sobre a visão da sociedade à época, importante a lição de José Burle de Figueiredo, juiz da até então 6ª Pretoria Criminal do Distrito Federal:

---

[46] CASTRO, Carolina Soares Castelliano Lucena de; DARRIEUX, Vinícius Bichara. De contraventores a contrabanditas: uma necessária reformulação dos enquadramentos jurídicos nos casos de exploração de máquina caça-níquel. Disponível em: https://bdjur.stj.jus.br/jspui/bitstream/2011/110392/contraventores_contrabandistas_necessaria_castro.pdf. Acesso em: 16 jan. 2021.

[47] NUCCI, Guilherme de Souza. *Leis penais e processuais penais comentadas*: volume 1. 13. ed. Rio de Janeiro: Forense, 2020, p. 186.

[48] "Art. 59. Entregar-se alguem habitualmente à ociosidade, sendo válido para o trabalho, sem ter renda que lhe assegure meios bastantes de subsistência, ou prover à própria subsistência mediante ocupação ilícita."

[49] "Art. 60. Mendigar, por ociosidade ou cupidez."

[50] "Art. 65. Molestar alguém ou pertubar-lhe a tranquilidade, por acinte ou motivo reprovável."

A obrigação de trabalhar é, ao mesmo tempo, natural e social e já que, segundo as leis econômicas brasileiras hodiernas, quem não trabalha ou não dispõe de meios próprios de subsistência, ou não é amparado, deve sem dúvida recorrer a expedientes e artifícios ilícitos, a falta de ocupação torna-se perigosa, quando não tem o indivíduo meios de subsistência.[51]

Tratando sobre o assunto, mais uma vez Guilherme de Souza Nucci ensina:

> O Estado não deve se imiscuir nessa esfera, sob pena de encarnar o totalitarismo e não a promessa de um Estado Democrático de Direito, como consta no art. 1º, *caput*, da Constituição Federal. Além do mais, o tipo penal consagra a desigualdade social, a pretexto de defender bons costumes.[52]

Na mesma esteira do já apontado e que pode ser aqui trazido era a previsão do artigo 60, consagrando assim a *mendicância*.

Através de um momento de lucidez do legislador brasileiro, andou bem o Congresso Nacional ao revogar referido artigo no ano de 2009, mais precisamente em 16 de julho, mediante sanção do Presidente da República à época, Luiz Inácio Lula da Silva.

Por fim, a Lei de Contravenções Penais brasileira criou o dispositivo previsto no artigo 65, consistente na *perturbação da tranquilidade*, visando à possibilidade de tentar controlar os incômodos do dia a dia da sociedade. Nesse sentido, referida contravenção foi utilizada por muitos anos para tutelar as brigas entre vizinhos, o famoso "som alto", as gritarias, as perseguições contra mulheres, etc., escancarando muito mais a falta de diálogo e respeito ao próximo, do que necessariamente a necessidade de uma tutela penal.

Entretanto, no dia 31 de março de 2021, em alteração recentíssima, andou bem o Poder Executivo ao sancionar a Lei nº 14.132, que, em linhas gerais, criou o tipo previsto no artigo 147-A do Código Penal, consistente no crime de perseguição, doutrinariamente conhecido como "crime de *stalking*", dando inclusive maior gravidade caso tal ato seja praticado contra mulher em razão das condições do sexo feminino, *além de revogar expressamente o artigo 65 da Lei de Contravenções Penais brasileira*. Nesse ponto, importante tutela passa a ser feita para as mulheres, que em muitos casos eram vítimas de perseguição e lamentavelmente tinham sua proteção trabalhada de maneira insuficiente pela contravenção penal do artigo 65, em verdadeira proteção deficiente estatal.

Assim, mesmo que paulatinamente, percebemos um avanço do legislador para a total revogação do vetusto Decreto-Lei nº 3.688/41, traçando novo perfil de proteção de bens metaindividuais.

3 Conclusões

Após a reflexão sobre os aspectos gerais, e em sequência, sobre os aspectos especiais da Lei de Contravenções Penais brasileira, *a conclusão mais racional que se chega é a da necessidade de sua revogação pelo parlamento brasileiro.*

---

[51] FIGUEIREDO, José Burle de. *A contranveção de vadiagem:* seu conceito actual e repressão. Rio de Janeiro: Jacintho Ribeiro dos Santos Editor, 1924, p. 46. Disponível em: http://www.stf.jus.br/bibliotecadigital/DominioPublico/49636/PDF/49636.pdf#search='contraven%C3%A7%C3%A3o%20penal%20contravenc%C3%A3o%20contraven%C3%A7%C3%A3o%20penal'. Acesso em: 16 jan. 2021.

[52] NUCCI, Guilherme de Souza. *Leis penais e processuais penais comentadas*: volume 1. 13. ed. Rio de Janeiro: Forense, 2020, p. 191.

Ao longo do avanço das relações sociais bem como ao pautarmos a interpretação do texto constitucional através dos princípios, em especial, os da máxima eficiência, da conformidade funcional e da justeza, não se concebe mais que os operadores estatais do Direito, em especial, autoridades policiais, promotores de justiça e Juízes, continuem aplicando supracitada legislação.

Em um tempo em que a sociedade clama cada vez mais pelo combate às facções criminosas, aos delitos de colarinho branco e de corrupção sistêmica, bem como aos crimes multitudinários e de tutela de bens transindividuais, urge na sociedade brasileira uma nova preocupação, que é a de tornar mais eficiente a Justiça Criminal.

Nesse diapasão, a Lei de Contravenções Penais brasileira já encontra sua tutela praticamente em todo o Código Penal e nas legislações especiais penais posteriores, não havendo a mínima razoabilidade para a manutenção da vigência do arcaico regramento. Para uma proteção completa, bastaria a criação de alguns poucos tipos penais de crime para a devida tutela.

Somente a título de síntese, nos tipos penais que foram abordados ao longo do presente trabalho, as contravenções penais do porte de arma e do disparo encontram total respaldo e correspondência nas premissas da Lei nº 10.826/2003, o Estatuto do Desarmamento brasileiro.

A contravenção do anúncio de meio abortivo pode ser facilmente enquadrada no crime de incitação ou em casos mais graves, já com atos preparatórios ou de execução, nos crimes contra a vida, em especial, naqueles previstos nos artigos 124, 125 e 126, todos do Código Penal.

A contravenção de vias de fato é tratada já com proteção suficiente estatal nos casos de lesão corporal leve, mediante ação penal condicionada à representação e com incidências dos institutos despenalizadores.

Já em relação à contravenção penal da falta de habilitação, a Lei nº 9.503/1997 – Código de Trânsito brasileiro – traz regramento bastante específico e minucioso sobre a questão, bem como mescla o caráter sancionatório com normas de direito administrativo, em consonância total com o princípio da intervenção mínima.

Por fim, em relação ao jogo de azar, defendemos quando da abordagem a real necessidade de sua regulamentação mediante a taxação das atividades, sendo assim futura fonte de receitas para o ente federativo, e por consequência, cessando outras inúmeras consequências da sua prática de maneira ilícita e às escondidas como, por exemplo, o contrabando, o descaminho e os delitos tributários.

Feitas estas considerações, a visão final é então a da total necessidade de revogação da Lei de Contravenções Penais brasileira, resolvendo, consequentemente, todas as divergências de posicionamento existentes em relação ao diploma, eliminando-se assim as inconsistências, antinomias e até mesmo os constantes conflitos aparentes de normas.

Ademais, com a supracitada revogação, urge a necessidade de o legislador pátrio efetivar cada vez mais a tutela dos bens transindividuais e que guardam compatibilidade com os tempos modernos e com a nova forma de sistematização do direito.

Referências

ANDRADE, Nidiane Moraes Silvano de. A natureza pública incondicionada da ação penal nas contravenções. *Boletim do Instituto de Ciências Penais*, p. 5-7. Disponível em: http://200.205.38.50/biblioteca/index.asp?codigo_sophia=58630.

CABRERA, Michele Gironda. A mentalidade inquisitória no processo penal brasileiro. Disponível em: https://canalcienciascriminais.com.br/processo-penal-brasileiro/.

CASTRO, Carolina Soares Castelliano Lucena de; DARRIEUX, Vinícius Bichara. De contraventores a contrabanditas: uma necessária reformulação dos enquadramentos jurídicos nos casos de exploração de máquina caça-níquel.

DAL POZZO, Antonio Araldo Ferraz; DAL POZZO, Augusto Neves; DAL POZZO, Beatriz Neves; FACCHINATTO, Renan Marcondes. *Lei Anticorrupção*. Apontamentos sobre a Lei nº 12.846/13. Belo Horizonte, Fórum, 2014.

DEMERCIAN, Pedro Henrique; MALULY, Jorge Assaf. *Curso de processo penal*. 3. ed. Rio de Janeiro: Forense, 2005.

FLORES, Manuela. O direito das contra ordenações e o ambiente. *Revista de direito ambiental*, São Paulo, v. 1, n. 1, p. 15-23, jan./mar.. 1996. Disponível em: http://200.205.38.50/biblioteca/index.asp?codigo_sophia=31786. Acesso em: 18 jan. 2021.

FIGUEIREDO, José Burle de. *A contravenção de vadiagem*: seu conceito actual e repressão. Rio de Janeiro: Jacintho Ribeiro dos Santos Editor, 1924.

GÊNOVA, Jairo José. *Infrações penais de menor potencial ofensivo à luz dos princípios constitucionais*. 2007. Tese (Doutorado em Direito) Pontifícia Universidade Católica de São Paulo. São Paulo, p.53. Disponível em http://dominiopublico.mec.gov.br/download/teste/arqs/cp040561.pdf. Acesso 20 dez 2020.

GIACOMOLLI, Nereu José. Algumas marcas inquisitoriais do Código de Processo Penal brasileiro e a resistência às reformas. *Revista brasileira de Direito Processual Penal*, São Paulo, ano I, n. 1, p. 143-165, jan./jun. 2015.

GRECO, Rogério. *Curso de Direito Penal*. 14. ed. Rio de Janeiro: Impetus, 2012.

JESUS, Damásio de. *Direito Penal*. volume 1: parte geral. 32. ed. São Paulo: Saraiva, 2011.

LENZA, Pedro. *Direito Constitucional esquematizado*. 18. ed. Saraiva, 2015.

LIMA, Renato brasileiro de. *Legislação criminal especial comentada*: volume único. 8. ed. rev., atual. e ampl. Salvador: Juspodivm, 2020.

LIMA, Renato brasileiro de. *Código de Processo Penal comentado*. 4. ed. rev. ampl. e atual. Salvador: Juspodivm, 2019.

MASSON, Cleber. *Código Penal Comentado*. 7. ed. Rio de Janeiro: Forense; São Paulo: Método, 2019.

MOHAMED, André Nascimento. O direito penal do autor no ordenamento jurídico. https://www.emerj.tjrj.jus.br/paginas/trabalhos_conclusao/1semestre2010/trabalhos_12010/andremohamed.pdf. Acesso em: 10 jan. 2021.

MORAES, Alexandre Rocha Almeida de Moraes. Direito penal do inimigo. Enciclopédia jurídica da PUC-SP. Celso Fernandes Campilongo, Alvaro de Azevedo Gonzaga e André Luiz Freire (coord.). Tomo: Direito Penal. Christiano Jorge Santos (coord. de tomo). 1. ed. São Paulo: Pontifícia Universidade Católica de São Paulo, 2017. Disponível em: https://enciclopediajuridica.pucsp.br/verbete/419/edicao-1/direito-penal-do-inimigo Acesso 10 jan. 2021.

MORAES, Alenxadre; SMANIO, Gianpaolo Poggio. *Legislação Penal Especial*. 6. ed. São Paulo: Atlas, 2002.

NUCCI, Guilherme de Souza. *Leis penais e processuais penais comentadas*: volume 1. 13. ed. Rio de Janeiro: Forense, 2020.

SILVA, Germano Marques da. *Direito processual penal português*: do procedimento: marcha do processo. Lisboa: Universidade Católica Editora.

TAVARES. André Ramos. Direito Constitucional Econômico. 3. ed. Rio de Janeiro: Forense, São Paulo: Método, 2011.

VILELA, Alexandra. A segunda parte do regime geral do ilícito de mera ordenação social: um direito processual muitas vezes ignorado. Disponível em: file:///D:/Users/danielmsilva/Downloads/4356-Texto%20do%20artigo-14490-1-10-20140401.pdf.

VILELA, Alexandra. O direito contra-ordenacional: um direito sancionatório com futuro?. Anatomia do crime: revista de ciências jurídico-criminais, Coimbra, n. 2, p. 149-162, jul./dez. 2015. Disponível em: http://200.205.38.50/biblioteca/index.asp?codigo_sophia=130930. Acesso em: 18 jan. 2021.

CRIMES DE RESPONSABILIDADE DE PREFEITOS – COMENTÁRIOS AO DECRETO-LEI Nº 201, DE 27 DE FEVEREIRO DE 1967

Alexandre Rocha Almeida de Moraes

Maurício Salvadori

1 Introdução histórica

O Decreto-Lei nº 201, de 27 de fevereiro de 1967, recepcionado por nossa Constituição Federal[1] e de autoria do ilustre administrativista Hely Lopes Meirelles, descreve os chamados *crimes de responsabilidade de prefeitos,* expressão que engloba as infrações penais em sentido estrito e as infrações de caráter político-administrativo.

Tobias Barreto criticava a expressão por entendê-la pleonástica: "A nossa legislação penal adotou o conceito do crime comum Quanto ao próprio, ela também o conhece, mas sob o estranho título *crime de responsabilidade*, frase pleonástica e insignificante, que pode com vantagem ser substituída pela de *crime funcional ou de função*".[2]

Não obstante, pela tradição, no que diz respeito às infrações penais, trata-se de diploma que abarca crimes de responsabilidade propriamente ditos, eis que contempla normas penais incriminadoras cominando penas de reclusão e detenção com processamento e julgamento originário no Tribunal de Justiça dos Estados, o que reforça, em rigor, a ideia de que se trata de crimes funcionais com foro de prerrogativa de função.[3]

De outra parte, conforme já salientado, contempla infrações político-administrativas, também denominadas de crimes políticos ou crimes de responsabilidade de caráter impróprio, sujeitando o Prefeito a julgamento pelas Câmaras Municipais e dando, potencialmente, azo ao *impeachment* e à cassação do mandato.

---

[1] STF, HC nº 69.915-BA, 2ª Turma, Rel. Min. Néri da Silveira, j. 09.03.93, V.U., *DJU* de 08.04.94; STF, HC nº 69.850-RS, Pleno, Rel. Min. Francisco Rezek, j. 09.02.94, m.v., *DJU* 27.05.94.

[2] BARRETO, Tobias. Comentário teórico e crítico ao Código Criminal Brasileiro. In: *Obras Completas*, v. 6: Estudos de Direito, v 1, Aracaju: Edição do Estado de Sergipe, 1926, p. 156.

[3] Neste sentido. STF, HC nº 71.991, 1ª Turma, Rel. Min. Sydney Sanches, jl 22.11.94, v.u., *DJU* de 03.03.1995.

O objeto jurídico tutelado é a Administração Pública Municipal, seja no tocante à proteção do Erário, seja quanto à normalidade funcional, probidade e moralidade administrativas.

Historicamente, os diplomas penais que vigoram no país revelam flagrante evolução na proteção suficiente da probidade e na defesa do Erário, ainda que orientado por motivações diversas, conforme os modelos de Estado e orientações de política criminal.

As Ordenações Filipinas que, em rigor, representam a legislação que mais tempo vigorou na história do país, previam "a proibição geral, dirigida a todos os funcionários, de aceitarem, para si, seus filhos ou pessoas debaixo do seu poder ou governança quaisquer peitas e serviços, independentemente de quem os oferecer", e ainda no Livro V, título LXXI: Dos officiaes del Rey que recebem serviços, ou peitas, e das partes, que lhas dão, ou promettem".

Verifica-se, ainda naquela época, em legislação extravagante, a preocupação de proteger os interesses da coroa, conforme se infere do Decreto de 7 de agosto de 1547, que ordenava "que não partam navios para o Brasil sem o saber o Governador da casa do civel, para lhe ordenar os degredados que cada navio devia levar".

Não à toa, a pena de degredo, uma das mais severas sanções penais existentes nesse modelo de política criminal pré-iluminista, era costumeiramente aplicada com o banimento para o Brasil, dentre outros, de crimes perpetrados contra o erário, que, em rigor, era compreendido como patrimônio da monarquia portuguesa.

Já o Código Penal de 1830, especificamente em seu Título V, 2ª parte, contemplava figuras típicas denominadas "Dos crimes contra a bôa ordem e administração pública", enquanto no título VI que tratava "Dos crimes contra o tesouro publico e propriedade publica", tratou de forma específica a figura do peculato (art. 170), fórmula repetida pelo Código Republicano de 1890.

A cultura patrimonialista herdada da colonização dava lugar, gradualmente, à proteção do erário a partir de uma nova perspectiva de Administração Pública.

2 Tipos penais em espécie

Disciplina o art. 1º do Decreto-Lei nº 201/67 os crimes de responsabilidade dos prefeitos municipais, contemplando figuras típicas na forma dolosa.

Nesse aspecto, conforme escólio de Damásio, o dolo do agente deve ser verificado, "apreciando as circunstâncias do fato concreto e não perquirindo a mente do autor. Réu algum vai confessar a previsão do resultado, a consciência da possibilidade ou probabilidade de sua causação e a consciência do consentimento".[4]

Hungria, no mesmo sentido, questionava: "*Como reconhecer-se a voluntas ad necem?* Desde que não é possível pesquisá-lo no 'foro íntimo' do agente, tem-se de inferi-lo dos elementos e circunstâncias do fato externo. O fim do agente se traduz, de regra, no seu ato".[5]

Elementos e circunstâncias estes que Muñoz Conde denomina "indicadores objetivos de uma decisão contra o bem jurídico".[6]

Incluem-se entre os indicadores objetivos quatro de capital importância, segundo lição de Damásio: "1º) risco de perigo para o bem jurídico implícito na conduta (ex.: a vida); 2º)

---

[4] JESUS, Damásio E. *Código Penal Anotado.* São Paulo: Saraiva, 32 ed., 2011, p. 55.
[5] HUNGRIA, Nelson. *Comentários ao Código Penal.* Rio de Janeiro: Forense, 1955, v. 5, p. 49, n. 9.
[6] MUÑOZ CONDE, Francisco. *Derecho Penal.* Em coautoria com Mercedes García Arán, Parte General, Valencia: Tirant Lo Branch, 1996, p. 290.

poder de evitação de eventual resultado pela abstenção da ação; 3º) meios de execução empregados; 4º) desconsideração, falta de respeito ou indiferença para com o bem jurídico".[7]

Jiménez de Asúa, no mesmo sentido, dizia que, "para se saber se um delito é doloso ou preterintencional, analisando a presença ou falta de dolo quanto à morte, a justiça só tem um recurso: examinar o meio que o sujeito empregou".[8]

Esses serão, portanto, os parâmetros para identificação do dolo do agente e, como não admitem forma culposa, em tese, será possível o reconhecimento do erro de tipo justificável que tornaria a conduta penalmente atípica (art. 20 do CP).

Algumas condutas exigem, além do dolo genérico, um elemento subjetivo do tipo, ou seja, um dolo específico, como se infere no peculato no qual o fim "em proveito próprio ou alheio" é elementar do tipo.

Ademais, para a total subsunção típica, alguns crimes possuem elementos normativos de natureza jurídica (v.g., rendas públicas, subvenções, dívida consolidada, operação de crédito, cujos conceitos e conteúdo específicos e exatos encontram-se em normas constitucionais e infraconstitucionais, em especial na Lei de Responsabilidade Fiscal (Lei Complementar nº 101, de 4.5.2000).[9]

Outro ponto interessante é o fato de o Princípio da Bagatela ou Insignificância não se aplicar aos crimes de responsabilidade, ante a natureza pública que norteia a atividade do administrador Público. Assim já se manifestou o Superior Tribunal de Justiça:

> PRINCÍPIO. INSIGNIFICÂNCIA. PREFEITO. O tribunal *a quo* condenou o paciente à pena de reclusão de cinco anos, em regime semiaberto, pela prática da conduta prevista no art. 1º, I, do DL n. 201/1967, porque, no exercício do cargo de prefeito, concordou com a emissão de documento fiscal apto a justificar despesa que, atualmente, seria cerca de R$600, referente a uma festa oferecida a convidados especiais. A Turma, entre outras questões, entendeu ser inaplicável o princípio da insignificância aos crimes praticados por prefeito, em razão de sua responsabilidade na condução dos interesses da coletividade. A conduta esperada de um chefe da Administração municipal é a obediência aos mandamentos legais, com a obrigatoriedade de agir sempre pautado em valores éticos e morais, respeitando os compromissos funcionais firmados quando da aceitação do cargo. Quanto à questão da dosimetria da pena, a Turma verificou que o decreto condenatório carece de motivação apta a justificar a fixação da pena-base no patamar aplicado e, tendo sido reconhecida a inexistência de qualquer característica judicial desfavorável, reformou a sanção-base aplicando o mínimo legal, qual seja, dois anos de reclusão. Não havendo circunstâncias atenuante e agravante ou causas de diminuição e aumento de pena, fixou a pena definitiva naquele patamar. O teor do art. 33, §2º, c, e §3º, do CP fixou o regime aberto para início do cumprimento da sanção reclusiva. Contudo, concedeu *habeas corpus* de ofício para declarar extinta a punibilidade do paciente em razão da prescrição da pretensão punitiva estatal, na modalidade retroativa, nos termos dos arts. 107, IV, e 109, V, do CP. STJ, 5ª Turma, *HC 145.114-GO, Rel. Min. Jorge Mussi, julgado em 17.8.2010.*

No dia 20 de novembro de 2017, o Superior Tribunal de Justiça (STJ) aprovou uma nova Súmula, de nº 599, com o seguinte teor: "O princípio da insignificância é inaplicável aos crimes contra a Administração Pública".

---

[7] MUÑOZ CONDE, Francisco. *Derecho Penal*. Em coautoria com Mercedes García Arán, Parte General, Valencia: Tirant Lo Branch, 1996, p. 56.
[8] ASUÁ, Luís Jiménez. *Princípios de derecho penal, la ley y el delito*. Buenos Aires: Abeledo-Perrot, 1962, p. 385-386.
[9] PAZZAGLINI FILHO, Marino. *Crimes de responsabilidade dos prefeitos*. São Paulo: Atlas, 2009, p. 8.

As penas previstas para os crimes se afiguram em quatro espécies: a) privativa de liberdade, na modalidade reclusão de 02 a 12 anos, no caso dos crimes de peculato previstos nos incisos I e II, e 03 meses a 03 anos nos demais, sendo cabível, em tese, o benefício do art. 89 da Lei nº 8.099/95, que, se aplicável, obstará as demais sanções que exigem o trânsito em julgado da sentença penal condenatória, salvo a reparação do dano; b) restritiva de direitos, na modalidade inabilitação, pelo prazo de 05 anos, para o exercício de cargo ou função pública, a partir de sua condenação irrecorrível, com fundamento no art. 43, V, do Código Penal, com aplicação baseada no art. 12 do mesmo *Codex*; c) sanção de natureza indenizatória, consubstanciada na reparação do dano causado ao erário e, subsidiariamente, particular; d) suspensão dos direitos políticos, enquanto durarem os efeitos da condenação criminal irrecorrível, diante da disciplina do art. 15, inciso III, da Constituição da República.

2.1 Crimes de alto potencial ofensivo

> **DO PECULATO**
> **PECULATO APROPRIAÇÃO E DESVIO**
> I – apropriar-se de bens ou rendas públicas, ou desviá-los em proveito próprio ou alheio;
>
> **PECULATO DE USO**
> II – utilizar-se, indevidamente, em proveito próprio ou alheio, de bens, rendas ou serviços públicos.

O tipo penal trata da apropriação e desvio que pode se dar de forma livre, como em obras, compras, serviços contratados e não realizados, ou parcialmente realizados e, diferentemente do crime genérico de peculato previsto no Código Penal (art. 312), o uso de bens ou serviços públicos é penalmente típico.

Trata-se de evidente lesão à moralidade e probidade administrativas.

Excetuado este específico crime praticado por Prefeitos previsto no inciso II, somente era possível o enquadramento da conduta dos demais servidores no art. 9º, IV, da Lei de Improbidade Administrativa (Lei nº 8.429/92).

Bem é a coisa, móvel ou imóvel, com valor econômico titularizada pelo município, enquanto a renda equivale a dinheiro pertencente à municipalidade.

Para a figura do peculato, exige-se a posse lícita e legítima, tanto na forma material quanto a disponibilidade jurídica, a inversão do ânimo de posse e que ela decorra do cargo de prefeito.

É de se registrar que quando se tratar de apropriação de bem particular, cuja guarda ou custódia estava confiada à Administração, o que na legislação italiana é tratado por "peculato-malversação" (CP italiano, art. 315), poderá configurar o crime do art. 168 do Código Penal.

Ainda em relação ao Código Penal, há de se salientar que os *prefeitos municipais* somente podem responder pelo crime de "peculato-furto" (art. 312, §1º, CP), eis que as figuras do *"peculato-apropriação"* ou *"peculato-desvio"*, pelo princípio da especialidade, já são tratadas no *art. 1º, I, do Decreto-Lei nº 201/67*.

ADMINISTRATIVO. PROCESSUAL CIVIL. RECURSO ESPECIAL. ATOS DE IMPROBIDADE ADMINISTRATIVA. VEREADOR. CRIME DE RESPONSABILIDADE. RECLAMAÇÃO 2.138/DF. EFEITOS INTER PARTES. INEXISTÊNCIA DE BIS IN IDEM. LEGITIMIDADE PASSIVA. RECURSO PROVIDO.
1. Segundo entendimento do Superior Tribunal de Justiça, "as razões de decidir assentadas na Reclamação nº 2.138 não têm o condão de vincular os demais órgãos do Poder Judiciário, porquanto estabelecidas em processo subjetivo, cujos efeitos não transcendem os limites inter partes" (Rcl 2.197/DF). 2. "Não há qualquer antinomia entre o Decreto-Lei 201/1967 e a Lei 8.429/1992, pois a primeira impõe ao prefeito e vereadores um julgamento político, enquanto a segunda submete-os ao julgamento pela via judicial, pela prática do mesmo fato" (REsp 1.034.511/CE). 3. Não há falar em ocorrência de bis in idem e, por consequência, em ilegitimidade passiva do ex-vereador para responder pela prática de atos de improbidade administrativa, de forma a estear a extinção do processo sem julgamento do mérito. 4. Recurso especial provido para restaurar a sentença condenatória. REsp 1196581 / RJ RECURSO ESPECIAL 2010/0099005-7 Relator(a) Ministro ARNALDO ESTEVES LIMA (1128) Órgão Julgador T1 – PRIMEIRA TURMA Data do Julgamento 16.12.2010 Data da Publicação/Fonte DJe 02.02.2011.

Apropriar-se quer dizer tornar próprio, fazer seu, apossar-se, tomar para si; enquanto *desviar* é tirar do caminho, afastar. É possível a tentativa.

A jurisprudência já decidiu que a ausência de localização do numerário não exclui a responsabilidade do prefeito, podendo-se ter por caracterizada, senão a apropriação, com certeza, o desvio de verbas públicas nos termos do artigo 1º, I, do Decreto-Lei nº 201/67, pois os recursos saíram do âmbito municipal, ao serem aplicados no mercado financeiro, sem a prova do retorno aos cofres públicos.[10]

Tratando, ainda, do conflito aparente de normas, no mesmo contexto fático, do mesmo objeto material do crime (mesmo bem, renda ou serviço), o crime será único.

Atentar, ademais, que pela especialidade, na hipótese de dispensa ou inexigibilidade ilegal de certame licitatório praticada por ação ou omissão, é possível, havendo a prova de benefício com o ato ilícito, tipificar o crime específico do art. 89 da Lei nº 8.666/93 e, quando há fraude à licitação por etapa para o peculato, haverá absorção daquela.[11]

É de se ressaltar que sempre que restar comprovada a prática de ato de improbidade que importe em enriquecimento ilícito (art. 9º da Lei nº 8.429/92) restará inequivocamente configurado o crime de peculato, tal qual previsto no inciso I do art. 1º, e vice-versa.

Isso porque disciplina o citado dispositivo que constitui ato de improbidade administrativa importando enriquecimento ilícito auferir qualquer tipo de vantagem patrimonial indevida em razão do exercício de cargo, mandato, função, emprego ou atividade nas entidades mencionadas no art. 1º dessa lei, e notadamente:

> I – receber, para si ou para outrem, dinheiro, bem móvel ou imóvel, ou qualquer outra vantagem econômica, direta ou indireta, a título de comissão, percentagem, gratificação ou presente de quem tenha interesse, direto ou indireto, que possa ser atingido ou amparado por ação ou omissão decorrente das atribuições do agente público;

---

[10] Nesse sentido: TJPE, ACR nº 5082/PE, Relator Desembargador Federal Geraldo Apoliano, DJ 11.07.2011.
[11] STF, HC nº 72.298-SP, 1ª Turma, Rel. Min. Sydney Sanches, j. 21.05.96, v.u., DJ 06.09.96.

II – perceber vantagem econômica, direta ou indireta, para facilitar a aquisição, permuta ou locação de bem móvel ou imóvel, ou a contratação de serviços pelas entidades referidas no art. 1º por preço superior ao valor de mercado;

III – perceber vantagem econômica, direta ou indireta, para facilitar a alienação, permuta ou locação de bem público ou o fornecimento de serviço por ente estatal por preço inferior ao valor de mercado;

IV – utilizar, em obra ou serviço particular, veículos, máquinas, equipamentos ou material de qualquer natureza, de propriedade ou à disposição de qualquer das entidades mencionadas no art. 1º desta lei, bem como o trabalho de servidores públicos, empregados ou terceiros contratados por essas entidades;

V – receber vantagem econômica de qualquer natureza, direta ou indireta, para tolerar a exploração ou a prática de jogos de azar, de lenocínio, de narcotráfico, de contrabando, de usura ou de qualquer outra atividade ilícita, ou aceitar promessa de tal vantagem;

VI – receber vantagem econômica de qualquer natureza, direta ou indireta, para fazer declaração falsa sobre medição ou avaliação em obras públicas ou qualquer outro serviço, ou sobre quantidade, peso, medida, qualidade ou característica de mercadorias ou bens fornecidos a qualquer das entidades mencionadas no art. 1º desta lei;

VII – adquirir, para si ou para outrem, no exercício de mandato, cargo, emprego ou função pública, bens de qualquer natureza cujo valor seja desproporcional à evolução do patrimônio ou à renda do agente público;

VIII – aceitar emprego, comissão ou exercer atividade de consultoria ou assessoramento para pessoa física ou jurídica que tenha interesse suscetível de ser atingido ou amparado por ação ou omissão decorrente das atribuições do agente público, durante a atividade;

IX – perceber vantagem econômica para intermediar a liberação ou aplicação de verba pública de qualquer natureza;

X – receber vantagem econômica de qualquer natureza, direta ou indiretamente, para omitir ato de ofício, providência ou declaração a que esteja obrigado;

XI – incorporar, por qualquer forma, ao seu patrimônio bens, rendas, verbas ou valores integrantes do acervo patrimonial das entidades mencionadas no art. 1º desta lei;

XII – usar, em proveito próprio, bens, rendas, verbas ou valores integrantes do acervo patrimonial das entidades mencionadas no art. 1º desta lei.

Da mesma forma, o crime de peculato de uso ou a utilização indevida, em proveito próprio ou alheio, de bens, rendas ou serviços públicos ou, ainda, o desvio ou aplicação indevida de rendas ou verbas públicas, ainda que não configurem, em determinadas hipóteses, enriquecimento ilícito do agente, fatalmente configuraram ato de improbidade administrativa capitulado no art. 10 da Lei nº 8.429/92, por causarem lesão ao erário, dentre outras, facilitando ou concorrendo por qualquer forma para a incorporação ao patrimônio particular, de pessoa física ou jurídica, de bens, rendas, verbas ou valores integrantes do acervo patrimonial do erário municipal, ou permitindo ou concorrendo para que pessoa física ou jurídica privada utilize bens, rendas, verbas ou valores integrantes do acervo patrimonial das entidades mencionadas no art. 1º dessa lei, sem a observância das formalidades legais ou regulamentares aplicáveis à espécie.

Por fim, há de se consignar que o crime de peculato configura crime de lesão ou dano, sendo, pois, admissível a tentativa, diversamente do crime de peculato de uso somente existente nesse diploma normativo, que, por ser formal, eventual dano tipificaria mero exaurimento.

Entendemos ser difícil, embora possível a tentativa, pois a figura do inciso II configura crime plurissubsistente.

Especificamente no tocante ao tipo do inciso II, é preciso registar que não há que falar para o tipo do inciso II, artigo 1º, do Decreto-Lei nº 201/67 em *animus domini* ou *animus rem sibi habendi*.[12]

Será a hipótese de uso, pelo prefeito, de veículos públicos, em atividade particular, ainda que se devolva ao *serviço público*.

Consigne-se, com arrimo em Ramos, que três teorias disputam a melhor definição de serviço público: a orgânica (serviço público seria aquele prestado pela Administração Pública), a material (seria aquele de interesse geral) e a teoria do regime jurídico (seria aquele submetido a um regime jurídico derrogatório das regras de direito comum.[13]

A Lei de Licitações define serviço público como "toda atividade destinada a obter determinada utilidade de interesse para a Administração, tais como: demolição, conserto, instalação, montagem, operação, conservação, reparação, adaptação, manutenção, transporte, locação de bens, publicidade, seguro ou trabalhos técnico-profissionais" (art. 6, inciso II, da Lei nº 8.666/93).

Assim, toma-se essa acepção para a pertinente subsunção típica.

Tais normas penais incriminadoras contemplam pena privativa de liberdade, na modalidade reclusão de 02 a 12 anos, o que afasta a aplicação de medidas despenalizadoras, embora seja possível, em tese, a aplicação de penas restritivas de direitos.

De igual modo, pela quantidade máxima da pena cominada, é possível a decretação de prisão preventiva, quando presentes os demais requisitos do "*periculum in mora*", assim como seria possível a tipificação de crime de organização criminosa voltada para a prática de crimes de peculato.

2.2 Crimes de médio potencial ofensivo

Todos os tipos penais previstos no Decreto-Lei nº 201/67, excetuados os incisos I e II, são apenados com *pena de detenção, de três meses a três anos*.

Isso implica, para a maioria maciça dos crimes, a possibilidade de aplicação da suspensão condicional do processo (art. 89 da Lei nº 9.099/95), a imposição de regime semiaberto como o mais gravoso, a impossibilidade de reconhecimento para esses crimes da prática conexa de organização criminosa (cf. art. §1º, do art. 1º da Lei nº 12.850/13), assim como a impossibilidade de decretação da prisão preventiva (art. 331, inciso I, do Código de Processo Penal).

DESVIO DE VERBAS PÚBLICAS
III – desviar, ou aplicar indevidamente, rendas ou verbas públicas;

---

[12] ROMANO, Rogério Tadeu. Dos Crimes cometidos por Prefeito Municipal cometidos por Prefeito Municipal. Disponível em: http://jus.com.br/artigos/39808/dos-crimes-cometidos-por-prefeito-municipal, Acesso em: 16 out. 2021.

[13] RAMOS, João Gualberto Garcez. *Crimes funcionais de prefeitos*. Belo Horizonte: Del Rey, 2002, p. 32-33.

Trata-se de crime que protege a adequada gestão das finanças públicas (incluindo-se o "acatamento aos planos administrativos a que devem se jungir os governantes")[14], sendo certo que, diversamente do crime de peculato, aqui não há propriamente enriquecimento ilícito, mas desvio de finalidade, embora possa ocorrer, eventualmente, com a aplicação indevida (elemento normativo do tipo), favorecimento pessoal.

Aplicar significar empregar, investir, despender ou gastar de qualquer forma.

Tal crime só ocorre se o prefeito dá uma destinação indevida à verba pública, dando a uma destinação diversa daquela que é estabelecida em lei ou regulamento.[15]

Para a valoração adequada do elemento normativo do tipo ("indevidamente"), deve o aplicador do direito se socorrer da Lei Complementar nº 101/2000, conhecida como "Lei de Responsabilidade Fiscal" (LRF), assim como nos termos do art. 5º da Lei Orçamentária Anual, que será elaborada de forma compatível com o plano plurianual, com a lei de diretrizes orçamentárias e com as normas da própria LC nº 101/00.

Enquanto a transposição de receita sem autorização legal, ou destinação indevida sem recursos orçamentários podem ser aplicados, por exemplo, com inobservância às regras contidas nos arts. 26 e 27 da LRF; a aplicação indevida ou insuficiente, máxime nos casos vinculados pela Constituição (saúde e educação), configurariam a segunda forma de se praticar a mencionada figura típica.

Ademais, caso o município contribua para o custeio de despesas de competência de outros entes da Federação, sem autorização da lei de diretrizes orçamentárias e na lei orçamentária anual e sem prévio convênio, acordo, ajuste ou congênere, em conformidade com a legislação municipal, também poderá praticar esse delito, nos termos do art. 62 da LRF.

A Lei de Improbidade Administrativa, em seu art. 10 prevê como ato de improbidade administrativa aquele que cause lesão ao erário qualquer ação ou omissão, dolosa ou culposa, que enseje perda patrimonial, desvio, apropriação, malbaratamento ou dilapidação dos bens ou haveres das entidades referidas no art. 1º desta lei, e exemplificativamente, realizar operação financeira sem observância das normas legais e regulamentares ou aceitar garantia insuficiente ou inidônea (inciso VI), ordenar ou permitir a realização de despesas não autorizadas em lei ou regulamento (inciso IX), liberar verba pública sem a estrita observância das normas pertinentes ou influir de qualquer forma para a sua aplicação irregular (inciso XI) etc.

> **EMPREGO IRREGULAR DE SUBVENÇÕES, AUXÍLIOS, EMPRÉSTIMOS OU RECURSOS DE QUALQUER NATUREZA**
>
> IV – empregar subvenções, auxílios, empréstimos ou recursos de qualquer natureza, em desacordo com os planos ou programas a que se destinam.
>
> Trata-se de tipo similar ao anterior, com relação de gênero e espécie. Explica-se: esse tipo penal é mais específico por conta dos objetos materiais inseridos na norma penal incriminadora.

O crime consiste em dar aos fundos públicos uma aplicação diversa da determinada em lei.

---

[14] Nesse sentido: TAMG, Recurso Criminal nº 1.030-Piranga, 1ª Câm. Crim., Rel. Sebastião Maciel, j. 02.12.82, v.u., RT 575/423.
[15] V. TACRIM/SP, RT 440/430.

Subvenções, para efeito da Lei nº 4.320/64, são as transferências destinadas a cobrir despesas de custeio das entidades beneficiadas.

Os auxílios são transferências de capital para investimentos públicos e para inversões financeiras, enquanto os empréstimos consistem em obter, mediante operações de crédito, capitais a prazo para a realização de projetos, obras e serviços municipais.[16]

Já o empréstimo mencionado no citado inciso é o empréstimo público de dinheiro, como recurso necessário à aquisição de planos ou programas de governo.

Recursos de qualquer natureza, expressão que exige maior indagação do intérprete, tipo aberto, abrange e tem por finalidade todos os demais recursos.

Na hipótese de o prefeito ordenar ou autorizar a realização da operação sem observação das prescrições legais (autorização legislativa, observância dos limites traçados pelo Senado Federal na Resolução nº 43/01[17]) e autorização do Senado, na hipótese de operação de crédito externa, incorrerá no crime tipificado no inciso XVII.

Em suma, o crime ocorrerá com o desvio de finalidade,[18] com aplicação de subvenções, auxílios, empréstimos e recursos de qualquer natureza para fim diverso da destinação específica.

Trata-se de crime material, admitindo tentativa, máxime porque o procedimento pode ser fracionado, possibilitando a interrupção do *iter criminis* por circunstâncias alheias à vontade do agente.

A Lei de Improbidade Administrativa, em seu art. 10, prevê como ato de improbidade administrativa aquele que cause lesão ao erário qualquer ação ou omissão, dolosa ou culposa, que enseje perda patrimonial, desvio, apropriação, malbaratamento ou dilapidação dos bens ou haveres das entidades referidas no art. 1º desta lei, e exemplificativamente, realizar operação financeira sem observância das normas legais e regulamentares ou aceitar garantia insuficiente ou inidônea (inciso VI), ordenar ou permitir a realização de despesas não autorizadas em lei ou regulamento (inciso IX), liberar verba pública sem a estrita observância das normas pertinentes ou influir de qualquer forma para a sua aplicação irregular (inciso XI), etc.

ORDENAÇÃO OU REALIZAÇÃO DE DESPESA NÃO AUTORIZADA
V – ordenar ou efetuar despesas não autorizadas por lei, ou realizá-las em desacordo com as normas financeiras pertinentes.

Trata-se a legalidade da aplicação do dinheiro público e devida proteção do erário municipal.

É crime próprio, formal, doloso e de perigo abstrato.

Na jurisprudência se encontra citação ao tipo presente quando se disse que é indispensável que os prefeitos municipais se conscientizem de que o erário há de ser administrado com zelo e cuidado.[19]

---

[16] PAZZAGLINI FILHO, Marino. *Crimes de responsabilidade dos prefeitos*. São Paulo: Atlas, 2009, p. 56.
[17] Dispõe sobre as operações de credito interno e externo dos Estados, do Distrito Federal e dos Municípios, inclusive concessão de garantias, seus limites e condições de autorização, e da outras providências.
[18] Nesse sentido: TJRJ, Ap. Crim. nº 313/90, 1ª Câm. Crim, Rel. Des. Paulo Gomes, j. 29.09.92, m.v., RT 699/344.
[19] Nesse sentido: JUTACRIM 32/186.

Há, de outra parte, resistência para condenação do prefeito nessas condutas, alegando-se desconhecimento de contabilidade, falta de estrutura nas prefeituras municipais, falta de má-fé e dolo.[20]

Trata-se de crime de ação múltipla, sendo certo que a prática de mais de uma conduta (ordenar, efetuar e realizar) configurará crime único, pelo princípio da alternatividade.

Ordenar significa mandar, determinar a realização de operação de crédito sem a existência de autorização legislativa; nessa hipótese, a manifestação do agente público é imperativa: a autoridade pública (agente público) tem legitimidade, isto é, atribuição legal para a prática da conduta-

Em regra, quem realiza a operação de crédito não é o agente que tem atribuição para ordená-la ou autorizá-la. Contudo, é irrelevante aquele que ordena ou autoriza tal operação também a realize, pois se trata de crime de conteúdo variado, conforme já salientado.

Em Direito Administrativo, como é cediço, vigora o princípio da estrita legalidade.[21]

O princípio da legalidade, segundo Bandeira de Melo, "explicita a subordinação da atividade administrativa à lei e surge como decorrência natural da indisponibilidade do interesse público, noção esta que, conforme foi visto, informa o caráter da relação de administração".[22] Ainda, "fora da lei, portanto, não há espaço para atuação regular da Administração. Donde todos os agentes do executivo, desde o que lhe ocupa a cúspide até o mais modesto dos servidores que detenha algum poder decisório, hão de ter perante a lei – para cumprirem seus misteres – a mesma humildade e a mesma obsequiosa reverência para com os desígnios normativos. É que todos exercem função administrativa, a dizer, função subalterna à lei, ancilar – que vem ancilla, serva, escrava".[23]

Na lição de Odete Medauar, tornaram-se clássicos os quatro significados arrolados pelo francês Eisenmann: a) a Administração pode realizar todos os atos e medidas que não sejam contrários à lei; b) a Administração só pode editar atos ou medidas que uma norma autoriza; c) somente são permitidos atos cujo conteúdo seja conforme a um esquema abstrato fixado por norma legislativa; d) a Administração só pode realizar atos ou medidas que a lei ordena fazer.[24]

De sua aplicação decorre, ainda, a certeza de que, no confronto entre o interesse do particular com o interesse da Administração, desde que ambos se encontrem escorados legitimamente, o segundo haverá sempre de imperar. É a supremacia do interesse público sobre o privado.

Assim, como se vê, para a gestão pública exige-se a satisfação de princípios cogentes, que vinculam a atuação do administrador e do particular que, por desejo próprio, resolve firmar negócio jurídico com a Administração.

Vale, ademais, ressaltar que a completa valoração dos elementos do tipo incriminador exige conteúdo de outras normas (CF, arts. 163/169; Lei Complementar nº 101/2000, LRF, Lei nº 4.320/64; Resoluções do Senado nº 40/01 e 43/01), razão pela qual constitui norma penal em branco homogênea ou heterogênea, dependendo do caso concreto.

---

[20] V. RT 448/403.
[21] MELLO, Celso Antônio Bandeira de. *Curso de Direito Administrativo*. 15. ed. São Paulo: Malheiros, 2003, p. 35.
[22] MELLO, Celso Antônio Bandeira de. *Curso de Direito Administrativo*. 15. ed. São Paulo: Malheiros, 2003, p. 62-63.
[23] MELLO, Celso Antônio Bandeira de. *Curso de Direito Administrativo*. 15. ed. São Paulo: Malheiros, 2003, p. 62-63.
[24] MEDAUAR, Odete. *Direito Administrativo Moderno*. 10. ed. São Paulo: Revista dos Tribunais, 2006.

Tratando do objeto material do crime, é preciso consignar que *despesas orçamentárias* são aquelas que dependem de autorização legislativa para serem realizadas e que não podem ser efetivadas sem a existência de crédito orçamentário que as correspondam suficientemente.

Elas se dividem, segundo a Lei nº 4.320/64 (art. 12), em: despesas correntes e despesas de investimento.

As primeiras incluem as despesas de custeio (destinadas à manutenção dos serviços criados anteriormente à Lei Orçamentária Anual, e correspondem, entre outros gastos, aos com pessoal, material de consumo, serviços de terceiros e gastos com obras de conservação e adaptação de bens imóveis) e transferências correntes (despesas que não correspondem a contraprestação direta de bens ou serviços por parte do Estado e que são realizadas à conta de receitas cuja fonte seja transferências correntes, incluindo as subvenções sociais e econômicas).

Já as despesas de capital (ou de investimentos) correspondem às despesas necessárias ao planejamento e execução de obras, aquisição de instalações, equipamentos e material permanente, constituição ou aumento do capital do Estado que não sejam de caráter comercial ou financeiro, incluindo-se as aquisições de imóveis considerados necessários à execução de tais obras.

Inversões financeiras são despesas com aquisição de imóveis, bens de capital já em utilização, títulos representativos de capital de entidades já constituídas (desde que a operação não importe em aumento de capital), constituição ou aumento de capital de entidades comerciais ou financeiras (inclusive operações bancárias e de seguros).

Em outras palavras, são operações que importem a troca de dinheiro por bens, tais quais as transferências de capital (sob a forma de auxílios ou contribuições).

Para a adequada tipificação do delito, será, conforme aludido, fundamental se socorrer das diretrizes, exigências e vedações de outros textos legais, como se infere, por exemplo, dos arts. 15 a 17 da LRF.

A Lei de Improbidade Administrativa, em seu art. 10, prevê como ato de improbidade administrativa aquele que cause lesão ao erário qualquer ação ou omissão, dolosa ou culposa, que enseje perda patrimonial, desvio, apropriação, malbaratamento ou dilapidação dos bens ou haveres das entidades referidas no art. 1º dessa lei, e, exemplificativamente, realizar operação financeira sem observância das normas legais e regulamentares ou aceitar garantia insuficiente ou inidônea (inciso VI), ordenar ou permitir a realização de despesas não autorizadas em lei ou regulamento (inciso IX), liberar verba pública sem a estrita observância das normas pertinentes ou influir de qualquer forma para a sua aplicação irregular (inciso XI), etc.

Assim, além da figura típica penal, haverá evidente prejuízo ao erário por presunção, inclusive, *ex lege*.

O ressarcimento da lesão ao Erário é consequência inevitável, desde que o reconhecimento da inconstitucionalidade atinja o ato *ab origine*, privando-o de qualquer efeito.[25]

É apropriado, ainda, trazer à baila, a pretexto do sistema de interação das vias de tutela do patrimônio público, consagrado pelo art. 21 da Lei Federal nº 7.347/85, que na apreciação de ação popular destinada a repressão de atos lesivos contrários à moralidade e à legalidade administrativas a jurisprudência mostra firmeza na imposição do ressarcimento do dano, seguindo a trilha doutrinária de José Afonso da Silva,[26] mostrando, por exemplo, que

---

[25] Nesse sentido: TJSC, Apelação 21.944-Capital, 2ª Câmara Civil, Relator Desembargador Xavier Vieira, m.v., 01.04.1.986, RT 623/155.

[26] AFONSO DA SILVA, José. *Ação Popular Constitucional*. São Paulo: Revista dos Tribunais, 1968, p. 111 e 148.

"a lesividade decorre da ilegalidade. Está *ela in re ipsa* (...) A ilegalidade do comportamento, por si só, causa o dano. Dispensável a existência de lesão. Se moral está no próprio objeto do ato administrativo ou, no objeto do contrato",[27] e que "comprovada a lesividade, ilegalidade e imoralidade dos atos administrativos que autorizavam e determinavam o pagamento de despesas de viagem ao exterior de Prefeito e sua esposa, correta a condenação deste a ressarcir aos cofres públicos os danos causados à coletividade".[28]

A esse propósito, aliás, relevante destacar o escólio de Sérgio Ferraz e Lúcia Valle Figueiredo:

> Quem gastar em desacordo com a lei, há de fazê-lo por sua conta, risco e perigos. Pois, impugnada a despesa, a quantia gasta irregularmente, terá de retornar ao Erário Público.
>
> Não caberá a invocação, assaz de vezes realizada, de enriquecimento da Administração. Ter-se-ia, consoante essa linha de argumentação, beneficiado com a obra, serviço e fornecimento, e, ainda mais, com o recolhimento do responsável ou responsáveis pela despesa considerada ilegal.[29]

É preciso, finalmente, consignar que tal figura típica é similar ao art. 359-D do Código Penal, introduzido pela Lei nº 10.028/2000.[30]

Parte da doutrina, aliás, entende que toda a matéria estaria regrada pelo Código Penal, por conta de verdadeira sucessão de leis penais no tempo, como nos parece pertinente compreender.

OMISSÃO DE PRESTAÇÃO DE CONTAS ANUAIS DA ADMINISTRAÇÃO FINANCEIRA

VI – deixar de prestar contas anuais da administração financeira do Município a Câmara de Vereadores, ou ao órgão que a Constituição do Estado indicar, nos prazos e condições estabelecidos.

Trata-se de crime omissivo próprio e de mera conduta e, pois, que inadmite tentativa.[31]

Trata-se de crime próprio, formal. É crime omissivo, pois a ação do agente consiste em deixar de fazer alguma coisa que a lei e a Constituição o obrigam a fazer, razão pela qual não admite a tentativa.

---

[27] V. TJSP, Embargos Infringentes nº 121.513-1- Sertãozinho, 8ª Câm. Civil, Relator Des. Régis de Oliveira, m.v., 13.03.1991, RT 692/59.

[28] STJ, RE nº 37.275-5-SP, 1ª Turma, Rel. Min. Garcia Vieira, v.u., 15.09.1993, *DJU* 11.10.93, RT 704/233.

[29] FERRAZ, Sérgio; FIGUEIREDO, Lúcia Valle. *Dispensa e inexigibilidade de licitação*. São Paulo: Malheiros, 1994, p. 93. No mesmo sentido: STF; R Extr. nº 160.381-SP, Rel. Min. Marco Aurélio, 2ª Turma, RTJ 153/1022: "Ação Popular. Procedência. Pressupostos. Na maioria das vezes, a lesividade ao erário público decorre da própria ilegalidade do ato praticado. Assim o é quando se dá a contratação, por município, de serviços que poderiam ser prestados por servidores, sem a feitura de licitação e sem que o ato administrativo tenha sido precedido da necessária justificativa".

[30] Ordenação de despesa não autorizada (Incluído pela Lei nº 10.028, de 2000): "Art. 359-D. Ordenar despesa não autorizada por lei: Pena – reclusão, de 1 (um) a 4 (quatro) anos".

[31] STJ, REsp. nº 416.233-MA, Rel. Min. Félix Fisher, DJ 10.05.2004, p. 328.

Já decidiu, na espécie, o Superior Tribunal de Justiça que o prefeito deve fazer a prestação de contas à Câmara Municipal. O atraso por si só não configura crime. Urge para ta, caracterizar os elementos constitutivos da infração penal.[32]

Em rigor, configura modalidade específica de crime de prevaricação, previsto no art. 319 do Código Penal.

Isso porque a prestação de contas e o controle são instrumentos típicos de respeito aos princípios da transparência e publicidade que devem nortear a atuação do agente público, máxime no contexto de um regime democrático e republicano.

A Declaração dos Direitos do Homem e do Cidadão, de 1789, já continha, no art. 15, o seguinte preceito: "A sociedade tem o direito de pedir conta, a todo agente público, quanto à sua administração". Aí está o significado do controle incidente sobre as atividades da Administração Pública, evidenciando que a preocupação com o controle, além de antiga, privilegia a participação popular.

A palavra controle tem várias acepções ("dominação, direção, limitação, fiscalização, vigilância, verificação e registro"[33]), valendo ressaltar, segundo escólio de Medauar, que no Direito Público o termo controle não está adstrito a uma ou duas concepções, abrindo um "enorme leque de alternativas de fiscalização da Administração Pública", tendo, pois, "caráter multifário".[34]

A prestação de contas do prefeito municipal deve ser enviada ao Tribunal de Contas até o dia 31 de março de cada ano com referência ao exercício financeiro passado, sendo certo que a Corte de Contas emite parecer prévio conclusivo sobre as contas em 60 dias contados do recebimento, salvo previsão constitucional ou legal (CE ou Lei Orgânica) diversas, como se dá nos municípios com população superior a 200 mil habitantes (180 dias), devendo julgá-las regulares, regulares com ressalvas e irregulares. Na segunda hipótese, havendo somente ponderações de caráter de meras irregularidades formais.

Tratando-se de órgão consultivo e auxiliar do Poder Legislativo,[35] o parecer deve ser encaminhado às câmaras de vereadores, a quem cabe exercer a fiscalização, rejeitando o parecer do Tribunal de Contas por 2/3 de seus membros (art. 31, §2º, CF) ou aprovando as cotas, o que logicamente não impede o exercício de ação civil ou penal pelos órgãos competentes.

Registre-se, finalmente, que a aprovação ou rejeição das contas não é condição objetiva de punibilidade nem de procedibilidade.[36]

OMISSÃO DE PRESTAÇÃO TEMPESTIVA DE CONTAS DE RECURSOS RECEBIDOS A QUALQUER TÍTULO

VII – Deixar de prestar contas, no devido tempo, ao órgão competente, da aplicação de recursos, empréstimos subvenções ou auxílios internos ou externos, recebidos a qualquer título.

---

[32] STJ, REsp. nº 140.950/GO, Relator Ministro Luiz Vicente Cernicchiaro, DJ 11.05.1998, p. 164.
[33] MARTINS Jr., Wallace Paiva. *Controle da Administração Pública pelo Ministério Púbico* (Ministério Público Defensor do Povo). São Paulo: Editora Juarez de Oliveira, 2002, p. 3.
[34] MEDAUAR, Odete. *Controle da Administração Pública*. São Paulo: Revista dos Tribunais, 1993, p. 14-15.
[35] STF, RE nº 132.747-DF, Pleno, Rel. Min. Marco Aurélio, j. 17.06.92, m.v., RTJ 157/989.
[36] NORONHA, E. Magalhães. *Direito Penal*. Atualizado por Dirceu de Mello e Eliana Passarelli, 17 ed. São Paulo: Saraiva, 1986, v. 4, p. 214.

Trata-se de crime similar ao anterior, incriminando a conduta omissiva de prestar conta no prazo legal, quando há obrigação nesse sentido de agir.

Enquanto o tipo previsto no inciso VI restringe-se às contas anuais, essa figura diz respeito à prestação de contas, ao órgão competente, da aplicação de recursos, empréstimos subvenções ou auxílios internos ou externos, recebidos a qualquer título.

Trata-se de crime omissivo próprio e de mera conduta (deixar de, abster-se, esquecer) e, pois, que inadmite tentativa; da mesma maneira, configura modalidade específica de crime de prevaricação, previsto no art. 319 do Código Penal.

Decidiu a esse respeito o Tribunal Regional Federal da 5ª Região, no julgamento do ACR nº 7.645/PB, que o crime se aperfeiçoa pelo simples decurso de prazo para a prestação de contas sem que o responsável tenha cumprido a obrigação.[37]

A respeito dos objetos materiais sobre os quais recai a conduta de deixar de prestar contas sobre a aplicação, emprego, gasto, investimento ou despesa, leciona Ramos que: "recursos, no plural, quer significar dinheiro, pecúnia, na mais ampla acepção; empréstimos são, neste contexto, os recursos financeiros resultantes de mútuos feitos para o município; subvenção é toda ajuda oriunda do poder público e fornecida na forma pecuniária; auxílio é toda subvenção oferecida ou obtida interna ou vinda de fora".[38]

ASSUNÇÃO DE OBRIGAÇÕES FINANCEIRAS SEM AUTORIZAÇÃO LEGAL
VIII – Contrair empréstimo, emitir apólices, ou obrigar o Município por títulos de crédito, sem autorização da Câmara, ou em desacordo com a lei.

Contrair significar obter, adquirir, obrigar-se.

Caso o prefeito ordene ou autorize a abertura de crédito em desacordo com os limites estabelecidos pelo Senado Federal, em desacordo com a lei orçamentária ou sem previsão normativa, incorrerá especificamente no crime do art. 1º, XVII, do Decreto-Lei nº 201/67.

Trata-se de tipo penal derrogado parcialmente pelo crime do art. 359-H do Código Penal, com redação dada pela Lei nº 10.028/200 (crime contra as finanças públicas): "Ordenar, autorizar ou promover a oferta pública ou a colocação no mercado financeiro de títulos da dívida pública sem que tenham sido criados por lei ou sem que estejam registrados em sistema centralizado de liquidação e de custódia".

O crime do Código Penal, com penas de reclusão de 1 (um) a 4 (quatro) anos, a nosso sentir, somente não restará configurado quando a assunção financeira se der na modalidade "contrair empréstimo" sem autorização legislativa ou em desconformidade com a lei.

Tem-se entendido possível a aplicação, quando for o caso, de excludente de ilicitude de estado de necessidade ou ainda de exculpante de inexigibilidade de conduta diversa.

---

[37] TJPB, ACR nº 7645/PB, *DJe* de 10 de agosto de 2011; TJPB, ACR nº 6195/PB, Rel. Des. Margarida Cantarelli, DJ 21.05.2009.

[38] RAMOS, João Gualberto Garcez. *Crimes Funcionais de Prefeitos*. Belo Horizonte: Del Rey, 2002, p. 53-54.

CONCESSÃO DE EMPRÉSTIMOS, AUXÍLIO OU SUBVENÇÃO SEM AUTORIZAÇÃO LEGAL

IX – Conceder empréstimo, auxílios ou subvenções sem autorização da Câmara, ou em desacordo com a lei.

A conduta típica consiste em outorgar ou conceder empréstimos, auxílios ou subvenções sem autorização da Câmara Municipal ou em desacordo com a lei. Trata-se de norma penal subsidiária ao tipo previsto no inciso IV, em que a aplicação irregular vem agregada ao elemento normativo "irregular", ou seja, com desvio de finalidade ou inobservância da destinação específica.

A aprovação de contas não basta como óbice para o ajuizamento de denúncia com relação ao ilícito em tese. Não se trata de condição de procedibilidade.

Trata-se de crime formal que, pelos elementos do tipo, não admite tentativa. Além disso, configura crime formal, de perigo abstrato e próprio.

Eventual beneficiário do empréstimo, subvenção ou auxílio indevidos não será autor do delito, nem partícipe, podendo incorrer no crime de corrupção ativa previsto no art. 333 do Código Penal.

Há de se registrar, ainda, que a prática do crime tipificará, ao menos, ato de improbidade previsto no art. 10 da Lei nº 8.429/92, como se infere das hipóteses do inciso VI (realizar operação financeira sem observância das normas legais e regulamentares ou aceitar garantia insuficiente ou inidônea) ou inciso IX (ordenar ou permitir a realização de despesas não autorizadas em lei ou regulamento).

ALIENAÇÃO OU ONERAÇÃO DE BENS MUNICIPAIS EM DESACORDO COM A LEI

X – Alienar ou onerar bens imóveis, ou rendas municipais, sem autorização da Câmara, ou em desacordo com a lei.

Mais uma vez o patrimônio público municipal é protegido, buscando evitar a dilapidação de bens imóveis ou rendas municipais, sem autorização legislativa ou legal.

Alienar significa transferir ou ceder para terceiro o domínio de, fazer ou tornar alheio.

Segundo a legislação civil nacional, as formas de alienação incluem a venda, doação, dação em pagamento, troca etc.

Já onerar, por sua vez, "significa gravar com ônus, impor um gravame, vincular certo bem de propriedade do devedor ao pagamento de uma dívida e não implica sempre a entrega do bem imóvel ao credor".[39]

Em suma, a alienação pode se dar por transferência da propriedade ao particular ou outro ente público, mediante venda, doação, permuta, etc.; enquanto a onerosidade se verifica com o gravame imposto a imóvel ou rendas como garantia de cumprimento de obrigações assumidas pelo município.

---

[39] RAMOS, João Gualberto Garcez. *Crimes Funcionais de Prefeitos*. Belo Horizonte: Del Rey, 2002, p. 64.

Em regra, há a inalienabilidade dos bens públicos, sendo a alienação deles exceção, mas na forma que a lei prescrever. Assim para a alienação dos bens públicos municipais será necessária a prévia autorização legislativa e concorrência.

Não cabe interpretar a expressão imóveis de forma extensiva,[40] razão pela qual há verdadeira lacuna legislativa, proteção jurídica deficiente do bem jurídico que exige alteração ou, até mesmo, o ajuizamento de ação direta de inconstitucionalidade por omissão.

Reza o Código Civil em seu art. 99 que são bens públicos:

> I – os de uso comum do povo, tais como rios, mares, estradas, ruas e praças;
>
> II – os de uso especial, tais como edifícios ou terrenos destinados a serviço ou estabelecimento da administração federal, estadual, territorial ou municipal, inclusive os de suas autarquias;
>
> III – os dominicais, que constituem o patrimônio das pessoas jurídicas de direito público, como objeto de direito pessoal, ou real, de cada uma dessas entidades.
>
> Parágrafo único. Não dispondo a lei em contrário, consideram-se dominicais os bens pertencentes às pessoas jurídicas de direito público a que se tenha dado estrutura de direito privado.

Já o art. 100 preceitua que os bens públicos de uso comum do povo e os de uso especial são inalienáveis, enquanto conservarem a sua qualificação, na forma que a lei determinar; enquanto os bens públicos dominicais podem ser alienados, observadas as exigências da lei (art. 101).

Vale ressaltar que os bens dominicais originários ou derivados pela desafetação podem ser alienados, observando-se os arts. 16 e 17 da Lei nº 8.666/93, a saber:

> Art. 17. A alienação de bens da Administração Pública, subordinada à existência de interesse público devidamente justificado, será precedida de avaliação e obedecerá às seguintes normas:
>
> I – quando imóveis, dependerá de autorização legislativa para órgãos da administração direta e entidades autárquicas e fundacionais, e, para todos, inclusive as entidades paraestatais, dependerá de avaliação prévia e de licitação na modalidade de concorrência, dispensada esta nos seguintes casos:
>
> a) dação em pagamento;
>
> b) doação, permitida exclusivamente para outro órgão ou entidade da administração pública, de qualquer esfera de governo, ressalvado o disposto nas alíneas f, h e i; (Redação dada pela Lei nº 11.952, de 2009)
>
> c) permuta, por outro imóvel que atenda aos requisitos constantes do inciso X do art. 24 desta Lei;
>
> d) investidura;
>
> e) venda a outro órgão ou entidade da administração pública, de qualquer esfera de governo; (Incluída pela Lei nº 8.883, de 1994)
>
> f) alienação gratuita ou onerosa, aforamento, concessão de direito real de uso, locação ou permissão de uso de bens imóveis residenciais construídos, destinados ou efetivamente utilizados no âmbito de programas habitacionais ou de regularização

---

[40] A esse respeito, v. decisão do TRF – 5ª Região, no julgamento da APN nº 205/01, DJ de 6 de maio de 2005, o Relator do Acórdão, Des. Federal Luiz Alberto Gurgel de Faria entendeu que a alienação de bens móveis sem licença da Câmara Municipal é uma conduta atípica.

fundiária de interesse social desenvolvidos por órgãos ou entidades da administração pública; (Redação dada pela Lei nº 11.481, de 2007)

g) procedimentos de legitimação de posse de que trata o art. 29 da Lei nº 6.383, de 7 de dezembro de 1976, mediante iniciativa e deliberação dos órgãos da Administração Pública em cuja competência legal inclua-se tal atribuição; (Incluído pela Lei nº 11.196, de 2005)

h) alienação gratuita ou onerosa, aforamento, concessão de direito real de uso, locação ou permissão de uso de bens imóveis de uso comercial de âmbito local com área de até 250 m² (duzentos e cinquenta metros quadrados) e inseridos no âmbito de programas de regularização fundiária de interesse social desenvolvidos por órgãos ou entidades da administração pública; (Incluído pela Lei nº 11.481, de 2007)

i) alienação e concessão de direito real de uso, gratuita ou onerosa, de terras públicas rurais da União na Amazônia Legal onde incidam ocupações até o limite de 15 (quinze) módulos fiscais ou 1.500ha (mil e quinhentos hectares), para fins de regularização fundiária, atendidos os requisitos legais; (Incluído pela Lei nº 11.952, de 2009)

O delito pelas peculiaridades consuma-se com a assinatura do instrumento público que caracterizaria a alienação de bens municipais, e, sendo plurissubsistente, admite tentativa.

Ademais, é sempre relevante repisar que tipificado o crime, o prefeito incorrerá em ato de improbidade por enriquecimento ilícito (art. 9º, inciso III, da Lei nº 8.429/92) ou por lesão ao erário (art. 10 da mesma lei).

AQUISIÇÃO DE BENS OU REALIZAÇÃO DE SERVIÇOS ILEGAIS
XI – Adquirir bens, ou realizar serviços e obras, sem concorrência ou coleta de preços, nos casos exigidos em lei.

Trata-se de crime revogado pela Lei de Licitações, que em seu art. 89 prevê:

Dispensar ou inexigir licitação fora das hipóteses previstas em lei, ou deixar de observar as formalidades pertinentes à dispensa ou à inexigibilidade:

Pena – detenção, de 3 (três) a 5 (cinco) anos, e multa.

Parágrafo único. Na mesma pena incorre aquele que, tendo comprovadamente concorrido para a consumação da ilegalidade, beneficiou-se da dispensa ou inexigibilidade ilegal, para celebrar contrato com o Poder Público.

Ainda que não seja o foco principal do presente, necessário tecer alguns comentários sobre o mencionado crime da Lei de Licitações, somente punível quando produz resultado danoso ao erário.[41]

---

[41] STJ, AP nº 214/SP, Rel. Min. Luiz Fux, Corte Especial, j. 07.05.2008, *DJE* 01.07.2008; AP nº 226/SP, Rel. Min. Luiz Fux, Corte Especial, j. 01.08.2007, DJ 08.10.2007, p. 187. No julgamento da AP nº 480/MG, Relator Cesar Asfor Rocha, *DJe* de 15 junho de 2012, a Corte Especial do Superior Tribunal de Justiça veio a entender que o crime previsto no artigo 89 da Lei 8.666/1993 exige dolo específico e dano ao erário; TRF, HC nº 3893, Relator Des. Federal Rogério Fialho, *DJe* de 17.5.2010, p. 83; em sentido contrário, entendendo como crime formal: STJ, HC 45.127/MG, Relator Ministro Hamilton Carvalhido, *DJe* de 04.08.2008.

Diversamente dos crimes do Decreto-Lei nº 201/67, ainda que seja crime próprio, não precisa ser, necessariamente, praticado pelo alcaide. Isso porque o sujeito ativo do crime é quem detenha poderes de decidir sobre a dispensa ou a inexigibilidade da licitação, podendo ser responsabilizado, inclusive, o procurador jurídico da municipalidade.[42]

Tal dispositivo, assim como o disposto na redação originária do art. 1º, XI, do Decreto-Lei nº 201/67, é norma penal em branco, devendo o aplicador do direito se socorrer da Lei nº 8.666/93, que é lei geral de licitações.

> **ANTECIPAÇÃO DE PAGAMENTO A CREDORES DO MUNICÍPIO**
> XII – Antecipar ou inverter a ordem de pagamento a credores do Município, sem vantagem para o erário.

A própria Constituição Federal torna obrigatória a inclusão, no orçamento das entidades de direito público, de verba necessária ao pagamento dos seus débitos constantes de precatórios judiciários, apresentados até primeiro de julho (art. 100[43]).

As ordens de pagamento, em decorrência do entendimento do aludido dispositivo, deverão ser efetivadas segundo a sua colocação cronológica na repartição pagadora e somente deverão sofrer antecipação ou inversão quando oferecer o procedimento uma vantagem para o erário.

Caso contrário, não evidenciada vantagem alguma para o erário, qualquer antecipação ou inversão configura ilícito de responsabilidade.

Entende-se como vantagem a redução substancial do débito ou o pagamento parcelado.

O crime existe, no entanto, mesmo que haja vantagem irrisória ao erário municipal, eis que protege o dever de dar tratamento isonômico aos credores, observando-se as discriminações positivas feitas no próprio texto constitucional. Em outras palavras, o elemento normativo "sem vantagem para o erário" deve ser interpretado de forma restritiva, isto é, deve haver substancial vantagem para que o bem jurídico não seja violado e, consequentemente, tipificado o crime.

Trata-se de mais um tipo aberto, que contempla um elemento subjetivo do tipo, qual seja, a consciência que o agente tem de que a despesa não trará benefício para o erário. Por configurar tipo que se consuma com o indevido pagamento antecipado ou em desrespeito à lista cronológica, ou seja, por ser unissubsistente, não admite tentativa.

---

[42] No julgamento do STF, MS nº 24.631, Rel. Min. Joaquim Barbosa, em 9 de agosto de 2007, DJ de 1 de fevereiro de 2008, quando se disse: a) se a consulta é facultativa, o parecer emitido não vincula a autoridade administrativa, restando inalterado o seu poder decisório; b) se a consulta é obrigatória, o parecer jurídico vincula a autoridade administrativa, situação em que o administrador deverá praticar o ato nos termos delineados no parecer ou caso não pretenda praticá-lo de forma diversa, submeter o caso a novo parecer.

[43] "Art. 100. Os pagamentos devidos pelas Fazendas Públicas Federal, Estaduais, Distrital e Municipais, em virtude de sentença judiciária, far-se-ão exclusivamente na ordem cronológica de apresentação dos precatórios e à conta dos créditos respectivos, proibida a designação de casos ou de pessoas nas dotações orçamentárias e nos créditos adicionais abertos para este fim."

NOMEAÇÃO, ADMISSÃO OU DESIGNAÇÃO DE SERVIDOR PÚBLICO CONTRA A LEI
XIII – Nomear, admitir ou designar servidor, contra expressa disposição de lei.

A regra, segundo a própria Constituição da República (art. 37, II), é a investidura em cargo ou emprego público depende de aprovação prévia em concurso público de provas ou de provas e títulos, de acordo com a natureza e a complexidade do cargo ou emprego, na forma prevista em lei, ressalvadas as nomeações para cargo em comissão declarado em lei de livre nomeação e exoneração.

A princípio, manutenção da contratação indevidamente realizada anteriormente, pelo atual prefeito, pode configurar fato penalmente atípico se independente de renovação de nomeação, admissão ou designação.

Destarte, à luz do princípio da simetria, o artigo art. 115, inciso II, segunda parte, da Constituição do Estado de São Paulo, reproduz a norma do inciso II do art. 37 da Constituição Federal – "ressalvadas as nomeações para cargo em comissão declarado em lei de livre nomeação e exoneração" – tendo nítida intenção de regular situações excepcionais, relativas a cargos cuja natureza especial de confiabilidade justifique a dispensa de concurso público.

Assim, tanto as contratações temporárias para emergências e calamidade devidamente justificadas, quanto os cargos em comissionamento, devem constituir a exceção à regra do acesso via concurso público.

A restrição constitui inferência lógica do significado normativo da regra estatuída pelo inciso I e pela primeira parte do inciso II do artigo 115 da Constituição do Estado de São Paulo.

É inafastável concluir-se que o legislador constitucional estabeleceu como princípio geral e obrigatório a aprovação em concurso público de provas e títulos, como condição para a investidura em cargo público. A dispensa somente pode ocorrer diante de situação excepcional, visto que a subtração de cargos ao regime de provimento por concurso há de ser ditada por questões de ordem objetiva, inerentes à respectiva natureza dos cargos, mediante a edição de lei.

Como bem ensina Celso Ribeiro Bastos: "(...) a exceção à exigência do concurso tem-se prestado a abusos manifestamente inconstitucionais. Não é possível haver criação de cargos em comissão sem que estejam presentes as razões profundas que justificam tal sorte de regime. Há que se recriminar aquelas hipóteses em que o cargo em comissão é constituído como burla ao preceito constitucional da exigência do concurso público".[44]

Ademais, cumpre-nos lembrar, que as cláusulas de exceção às regras e princípios gerais estabelecidos na Constituição merecem interpretação restrita. A esse respeito, enfatiza José Afonso da Silva que "o princípio da acessibilidade aos cargos e empregos públicos visa essencialmente realizar o princípio do mérito que se apura mediante investidura por concurso de provas e títulos (art. 37, II)".[45]

De outra parte, consoante preleciona Hely Lopes Meirelles, "o concurso é o meio técnico posto à disposição da Administração para obter-se a moralidade, eficiência e aperfeiçoamento

---

[44] BASTOS, Celso Ribeiro. *Curso de Direito Administrativo*. 2. ed. São Paulo: Saraiva, 1996, p. 281-282.
[45] AFONSO DA SILVA, José. *Curso de Direito Constitucional Positivo*. 35. ed. São Paulo: Revista dos Tribunais, p. 570.

de serviço público, e, ao mesmo tempo, propiciar igual oportunidade a todos os interessados que atendam os requisitos da lei, consoante determina o art. 37, II da CF".[46]

Analisando o inciso II do artigo 37 da Carta Magna – cujo teor é o mesmo do inciso V do artigo 115, da Constituição Paulista –, anota ainda Hely Lopes Meirelles que os cargos declarados em lei de provimento "em comissão" tem como principal característica "a confiabilidade que devem merecer seus ocupantes, por isso mesmo nomeáveis e exoneráveis livremente", alertando sobre pronunciamento do Pretório Excelso no sentido de que "a criação de cargo em comissão, em moldes artificiais e não condizentes com as praxes de nosso ordenamento jurídico e administrativo, só pode ser encarada como inaceitável esvaziamento da exigência constitucional de concurso".[47]

A propósito, ressalta Adilson de Abreu Dallari, de modo incisivo, que "se a administração puder criar todos os cargos com provento em comissão, estará aniquilada a regra de concurso público. Da mesma forma, a simples criação de um único cargo em comissão, sem que isso se justifique, significa uma burla à regra do concurso público", concluindo que "é inconstitucional a lei que criar cargo em comissão para o exercício de funções técnicas, burocráticas ou operacionais, de natureza puramente profissional, fora dos níveis de direção, chefia e assessoramento superior".[48]

Nessa mesma esteira de raciocínio e entendimento jurídico, Márcio Cammarosano ensina que

> Não é qualquer plexo unitário de competência que reclama seja confiado o seu exercício a esta ou aquela pessoa, a dedo escolhida, merecedora da absoluta confiança da autoridade superior, mas apenas aqueles que, dada a natureza das atribuições a serem exercidas pelos seus titulares, justificam exigir-se deles não apenas o dever elementar de lealdade às instituições constitucionais e administrativas a que servirem, comum a todos os funcionários, mas também um comprometimento político, uma fidelidade às diretrizes estabelecidas pelos agentes políticos, uma lealdade pessoal à autoridade superior.[49]

O Supremo Tribunal Federal já teve, aliás, a oportunidade de analisar a questão, ao julgar uma medida cautelar em ação direta de inconstitucionalidade, conforme ementa transcrita:

> CONCURSO PÚBLICO. PLAUSIBILIDADE DA ALEGAÇÃO DE OFENSA DA EXIGÊNCIA CONSTITUCIONAL POR LEI QUE DEFINE CARGOS DE OFICIAL DE JUSTIÇA COMO DE PROVIMENTO EM COMISSÃO E PERMITE A SUBSTITUIÇÃO DO TITULAR MEDIANTE LIVRE DESIGNAÇÃO DE SERVIDOR OU CREDENCIAMENTO DE PARTICULARES. SUSPENSÃO CAUTELAR DEFERIDA".
>
> 1. A exigência constitucional do concurso público não pode ser contornada pela criação arbitrária de cargos em comissão para o exercício de funções que não pressuponham o vínculo de confiança que explica o regime de livre nomeação e exoneração que os caracteriza. Precedentes.
>
> 2. Também não é de admitir-se que, a título de preenchimento provisório de vaga ou substituição do titular do cargo – que deve ser de provimento efetivo, mediante concurso público –, se proceda, *por tempo indeterminado, a livre designação de servidores ou ao*

---

[46] MEIRELLES, Hely Lopes. *Direito Administrativo brasileiro*. Editora Malheiros. 32. ed. São Paulo, 2006, p. 375.
[47] DALLARI, Adilson de Abreu. *Regime Constitucional dos Servidores Públicos*. 2. ed. São Paulo: RT, 1990, p. 41.
[48] DALLARI, Adilson de Abreu. *Regime Constitucional dos Servidores Públicos*. 2. ed. São Paulo: RT, 1990, p. 41
[49] CAMMAROSANO, Márcio. *Provimento de cargos públicos no direito brasileiro*. São Paulo: RT, p. 95.

credenciamento de estranhos ao serviço público. (ADI-MC, de Goiás, nº 1.141, Pleno, Rel. Min. Sepúlveda Pertence, j. 10.10.94, unânime, DJ 4.11.94, pág. 29.829 – grifos nossos)

Destarte, a regra geral que deve nortear as contratações no serviço público é a de que se deve sempre exigir o prévio concurso público.

Nem se comenta o absurdo de dizer que ao Poder Judiciário é vedado o exame da ocorrência ou não de situações que justifiquem a criação de cargos em comissão.

É nesse sentido as pertinentes colocações de Celso Ribeiro Bastos: "Entendemos que esses abusos, ainda que praticados pelo legislador, são controláveis pelo Poder Judiciário. Se a Constituição referiu-se a cargos em comissão, da sua natureza extrai-se um conteúdo mínimo que não pode deixar de ser exigido. O legislador que o fizer, estará agredindo a Lei Maior por costear seus limites, agindo, enfim, sem competência. É matéria do controle da constitucionalidade das leis e, consequentemente, da alçada do Judiciário".[50]

Em suma, a nomeação, admissão ou designação de servidor contra o texto constitucional e legal configura o crime que se perfaz com um ato publicável no Diário Oficial e não admite tentativa, além de configurar o ato de improbidade administrativa atentatório aos princípios constitucionais do art. 37 da Constituição Federal (art. 11, V, da Lei nº 8.429/92)[51].

NEGATIVA DE EXECUÇÃO DE LEI OU ORDEM JUDICIAL

XIV – Negar execução a lei federal, estadual ou municipal, ou deixar de cumprir ordem judicial, sem dar o motivo da recusa ou da impossibilidade, por escrito, à autoridade competente.

Há, no caso, descumprimento de ordem ou decisão emanada de autoridade judicial.

Nos casos de descumprimento a ordem judicial, observam-se exemplos que devem ser levados em conta: tal se dá, por exemplo, caso em que há ordem judicial direcionada à obtenção dos valores salariais de determinado servidor da municipalidade, estampando expressa advertência para o caso de eventual desobediência de tal comando judicial.

Recorda Ramos, em tom crítico, decisão do Tribunal de Justiça de São Paulo que pretendeu transformar esse dispositivo em espécie de cláusula geral, eis que o alcaide foi condenado pelo desmatamento de reserva florestal, que proíbe qualquer tipo de atividade exploratória e extrativa em parques estaduais.[52]

Já decidiu, ademais, o STJ que há crime de responsabilidade deixar o prefeito municipal de atender solicitação de informação para instruir processo judicial.[53]

O núcleo do tipo previsto no artigo 1º, XIV, do Decreto-Lei nº 201/67 é desobedecer.

Assim como não está o prefeito obrigado a cumprir ordem manifestamente ilegal ou ainda norma inconstitucional, pode, eventualmente, não ter condições de cumprir uma ordem

---

[50] BASTOS, Celso Ribeiro. *Curso de Direito Administrativo.* .2 ed. São Paulo: Saraiva, 1996, p. 281-282.
[51] STJ, REsp. nº 113.316-pr, 5ª Turma, Rel. Min. José Arnaldo, v.u., j. 28.04.97; STJ Resp nº 138.397-PE, 5ª Turma, Rel. Min. José Arnaldo, j. 03.02.98, RT 752/561.
[52] TJSP, HC nº 62.512-3-Jacupiranga, Câm. De Férias, Rel. Des. Onei Raphael, j. 07.01.88, RT 627/306, *apud* RAMOS, João Gualberto Garcez. *Crimes funcionais de prefeitos.* Belo Horizonte: Del Rey, 2002, p. 81.
[53] STJ, REsp. nº 546.249 – PB, Relator Ministro Gilson Dipp.

judicial, podendo-se, inclusive, pelos problemas burocráticos isentar-se de cumprir a ordem por possuir justificativa razoável e plausível, que deve ser aquilatada no caso concreto.[54]

Parte da jurisprudência entende que para configuração do delito de desobediência é indispensável que inexista a previsão de sanção específica de natureza civil, processual civil ou administrativa, em caso de descumprimento da ordem judicial, salvo quando a norma admitir expressamente a referida cumulação.[55]

O crime é próprio, formal e exige dolo genérico.

Trata-se de desobediência à lei ou ordem judicial injustificadamente que, pela especialidade, prevalece sobre o tipo genérico do art. 330 do Código Penal. Aliás, não cabe também a imputação de crime do art. 330 do Código Penal ao prefeito, pois, além de *bis in idem*, o agente público somente responde por essa infração quando atua com particular.[56]

O tipo é misto alternativo, pois pode ser praticado de duas formas: negando execução à lei ou deixando de cumprir ordem judicial, mas exige o preenchimento do elemento do tipo "sem dar o motivo da recusa ou da impossibilidade, por escrito, à autoridade competente".

O descumprimento de determinação de Conselheiro do Tribunal de Contas do Estado não configuraria o crime capitulado no art. 1º, XIV, segunda parte, do Decreto-Lei nº 201/67, porque o tipo cuida de desobediência de ordem judicial e, como já assinalado, o Tribunal de Contas não constitui órgão do Poder Judiciário (art. 92, CF/88, e arts. 33, XIII, e 54, da Constituição do Estado de São Paulo).

Do mesmo modo, entendem nossos Tribunais Superiores inexistir crime quando se trata de não pagamento de precatórios.[57]

De outra parte, inexistindo justificativa ao descumprimento à ordem judicial, entende o STF que o crime estaria configurado.[58]

Exige-se o dolo sobre a legalidade da ordem judicial e, por consequência, o dever de cumprimento, sob pena de atipicidade. Caso haja prazo fixado, com o escoamento injustificado é que se consuma a prática do crime que é formal e, na segunda parte, omissivo próprio, não cabendo, a nosso sentir, a tentativa.

DEIXAR DE FORNECER CERTIDÃO NO PRAZO LEGAL
XV – Deixar de fornecer certidões de atos ou contratos municipais, dentro do prazo estabelecido em lei.

A obtenção de certidões em repartições públicas para defesa de direitos e esclarecimentos de interesse pessoal é direito fundamental (art. 5º, inc. XXXXIV, alínea "b", da CF/88).

Caso o prefeito deliberadamente deixe de fornecer certidões de atos ou contratos municipais no prazo fixado em lei, incidirá na figura típica.

---

[54] Nesse sentido: TJMP, Processo de competencia originária nº 13.360-3, 2ª Câm., Rel. Des. Guido de Andrade, j. 13.10.97, RT 756/634.

[55] TJSP, HC nº 22.721/SP, Relator Ministro Félix Fischer, *DJU* de 30 de junho de 2003 e ainda no HC nº 16.940/DF, *DJU* de 18 de novembro de 2002, Relator Ministro Jorge Scartezzini, *DJU* de 18 de novembro de 2002.

[56] STF, HC nº 76.888/PI, 2ª Turma, Min. Carlos Velloso, j. 29.9.98, DJ 20.11.98.

[57] STJ, Resp. 849.348/PR, Rel. Min. Félix Fisher, DJ 27.11.06; STF, Inq. Nº 2.605-SP, Rel. Min Menezes Direito, DJ 25.04.2008).

[58] STF, HC nº 71.875-2-SP, 2ª Turma, Rel. Min. Francisco Rezek, j. 27.06.95, *DJU* 26.04.96; STF, HC nº 76.888-2-PI, 2ª Turma, Rel. Min. Carlos Velloso, j. 29.09.98, v.u., RT 761/525.

Em regra, as Leis Orgânicas Municipais estabelecem prazo, também previsto no art. 1º da Lei Federal nº 9.051, de 18 de maio de 1995 (15 dias), para a expedição de certidões para a defesa de direitos e esclarecimentos de situações.

Para que se configure o crime é necessário a negativa ilegítima de fornecimento de certidões e que essa indevida negativa tenha se verificado.[59]

Trata-se de crime formal, de norma penal em branco e crime omissivo puro que protege a publicidade e transparência no âmbito da Administração Pública municipal. Não é possível, pois, a figura da tentativa.

O crime se consuma também como fim do prazo legal para o fornecimento da certidão, contado da data em que o pedido foi protocolizado, valendo ressaltar que o atraso puro e simples, por excesso de serviço ou burocracia, uma vez justificado, pode excluir o crime.[60]

2.3 Crimes contra as finanças públicas (alterações dadas pela Lei nº 10.028/2000)

Embora aqui a pretensão seja discutir simplesmente o Decreto-Lei nº 201/67, é preciso consignar que esse capítulo foi introduzido no Código Penal pela Lei nº 10.028/2000. Antes da edição dessa lei, essas condutas tidas como atentatórias das finanças públicas eram punidas com base no art. 315 do CP (emprego irregular de verba pública) ou em legislação extravagante (Decreto-Lei nº 201/67).

Os tipos penais que até o ano de 2000 puniam essas condutas não conseguiam abranger todas as situações que causavam gravames às verbas públicas. Outras situações eram punidas como crimes de peculato ou falsidade ideológica.

A Lei nº 10.028/01 passou a tutelar as finanças públicas, tipificando algumas condutas que eram as mais frequentes de forma especializada, criando um capítulo ao último título do Código Penal. Portanto, os bens jurídicos protegidos em todas essas figuras são as finanças públicas.

O sujeito ativo de todos os crimes tipificados nesse novo capítulo do Código Penal é especial, qualificado, qual seja, o funcionário público que tenha como atribuição a destinação de verbas públicas. É absolutamente indispensável que o sujeito ativo de todos os crimes pratique uma das ações típicas descritas com disponibilidade sobre as finanças, as quais serão o objeto material do crime.

Se o sujeito ativo não tiver disponibilidade sobre a verba apesar de delas se apropriar ou desviá-las, a hipótese, a princípio, será a de peculato ou de um outro crime qualquer, até mesmo um crime de particular. O sujeito ativo pode até ser um particular, mas desde que, por força de alguma convenção ou lei, passe a ter disponibilidade jurídica sobre o destino de verbas públicas.

Não se deve confundir, entretanto, essa menção à característica especial do sujeito ativo, porque além dos próprios detentores de mandato eletivo do Poder Executivo (que em regra são os responsáveis pela destinação das verbas), qualquer outro funcionário que exerça alguma espécie de administração de verba em razão de sua função poderá ser sujeito ativo desses crimes, inclusive o presidente do Tribunal de Justiça. A lei tipifica oito condutas diversas – 359-A até 359-H.

---

[59] Nesse sentido: RT 457/364.
[60] TJMT, Ação penal originária nº 66/91-Várzea Grande, Câm. Criminais Reunidas, Rel. Des. Athaide Monteiro da Silva, j. 19.03.92, v.u., RT 692/299.

O bem jurídico protegido nas novas figuras introduzidas no Decreto-Lei nº 201/67 também é a probidade administrativa, relativamente às operações realizadas no âmbito das finanças públicas dos Municípios. Protege-se o princípio da legalidade administrativa, punindo-se criminalmente condutas praticadas sem a observância legal.

3 Efeitos da condenação e reparação do dano

A condenação definitiva em qualquer dos crimes definidos no Decreto-Lei nº 201/67 acarreta a perda do cargo e a inabilitação pelo prazo de cinco anos, para o exercício de cargo ou função pública, eletivo ou de nomeação, sem prejuízo da reparação civil do dano causado ao patrimônio público ou particular.

Conforme mencionado, a pena de inabilitação para cargo ou função pública, por cinco anos, e a perda do cargo público, somente se darão com o trânsito em julgado da condenação.

Já a condenação definitiva em qualquer dos crimes definidos na norma estudada acarreta a perda do cargo e a inabilitação pelo prazo de cinco anos, para o exercício de cargo ou função pública, eletivo ou de nomeação, sem prejuízo da reparação civil do dano causado ao patrimônio público ou particular.

Prescrita a pena principal, logicamente estaria prescrita a pena acessória?

Para Rui Stoco a perda do cargo ou a inabilitação, pelo prazo de cinco anos, para o exercício de cargo ou função, constituem efeitos da condenação definitiva e, pois, a pena acessória também estaria prescrita com a prescrição da pena principal.[61]

Já o Superior Tribunal de Justiça, que se embasa em posição do STF,[62] no AI nº 379.392 QO/SP, Relator Ministro Ilmar Galvão, é no sentido de que as penas previstas no parágrafo segundo do art. 1º são autônomas em relação a pena privativa de liberdade.

Ademais, a pena acessória ou efeito seria automático. Nesse mesmo sentido:

> CRIMINAL. RESP. CRIME DE RESPONSABILIDADE. PREFEITO MUNICIPAL. PENA ACESSÓRIA DE INABILITAÇÃO TEMPORÁRIA PARA O EXERCÍCIO DE CARGO OU FUNÇÃO PÚBLICA. DECORRÊNCIA DA CONDENAÇÃO. RECURSO PROVIDO.
>
> I. A imposição de pena acessória de inabilitação temporária para o exercício de cargo ou função pública, efetivo ou de nomeação, é decorrência da própria condenação. Precedentes... (Recurso Especial nº 239187 – SP, 5ª Turma, Rel. Min. GILSON DIPP, j. 04.12.2001, *DJU* de 04.02.2002, p. 455).

> RECURSO ESPECIAL. PENAL. PREFEITO MUNICIPAL. CRIME DE RESPONSABILIDADE. PERDA DO CARGO E INABILITAÇÃO PARA EXERCÍCIO DE CARGO OU FUNÇÃO PÚBLICA. PENAS AUTÔNOMAS EM RELAÇÃO À PENA PRIVATIVA DE LIBERDADE. PRAZOS PRESCRICIONAIS DISTINTOS. RECURSO PROVIDO. 1. As penas de perda do cargo e de inabilitação para o exercício de cargo ou função pública, previstas no art. 1.º, §2.º, do Decreto-Lei n.º 201/67, são autônomas em relação à pena privativa de liberdade, sendo distintos os prazos prescricionais. Precedentes. 2. Quanto à necessidade de fundamentar a imposição dessa pena, esta Corte entende que a aplicação é automática, decorrente da própria condenação". 3. Recurso provido. Processo REsp 945828 / PR RECURSO ESPECIAL 2007/0092363-5 Relator(a) Ministra LAURITA VAZ (1120) Órgão

---

[61] STOCCO, Ruy. Perda do cargo de Prefeito Municipal e inabilitação para o exercício de qualquer outro cargo ou função pública. *Revista Brasileira de Ciências Criminais*, São pualo, RT/IBCCrim, n. 8, p. 310, out-dez/94.

[62] Supremo Tribunal Federal firmou essa posição ainda no julgamento do AI/QO n. 379.392/SP, DJ de 16 de agosto de 2002, Relatora Ministra Ellen Gracie.

Julgador T5 – QUINTA TURMA Data do Julgamento 28.09.2010 Data da Publicação/Fonte DJe 18.10.2010.

Com razão, segundo o STJ, a imposição da pena de perda e inabilitação para o exercício de cargo ou função pública, no que concerne ao artigo 1º, §2º, do Decreto-Lei nº 201/67, decorre da própria condenação, não ficando a critério do magistrado a sua aplicação ou não.[63]

Assim, em recente julgamento, a Ministra Maria Teresa de Assis Moura, no AgRg no REsp nº 814.145/PE, ressaltou:

> Entendo que a literalidade da norma não deixa espaço para a manutenção apenas da perda do cargo e da inabilitação, pelo prazo de cinco anos, para o exercício de cargo ou função pública, eletivo ou de nomeação, acaso reconhecida a prescrição da pena privativa de liberdade. De fato, ainda que seja considerada como "pena autônoma", com lapso prescricional diverso, ela pressupõe a existência de condenação definitiva, sem a qual, diante do reconhecimento da prescrição da pretensão punitiva, não se verifica a causa legal necessária à sua manutenção.

Seja como for, parece haver da parte do Superior Tribunal de Justiça modificação do entendimento de que a pena de inabilitação para o exercício de cargo ou função, pelo prazo de cinco anos, como prevista no artigo 1º, parágrafo segundo, do Decreto-Lei nº 201/67, é autônoma em relação à pena privativa de liberdade, tendo lapso prescricional distinto desta, como se lê de julgamento no HC nº 155.026, DJe de 23 de maio de 2012. Não bastasse isso, o Código Penal, como diploma genérico quanto ao tema, também prescreve que a condenação leva à obrigação de indenizar o dano e ao confisco dos instrumentos, do produto e dos proveitos do crime (efeitos genéricos e automáticos – art. 91, CP, e art. 779, CPP), e pode levar também à perda da função pública (art. 92, inc. I, CP), à incapacidade para o exercício do poder familiar, tutela ou curatela (art. 92, inc. II, CP) e à inabilitação para dirigir veículo, quando utilizado como meio para a prática de crime doloso (art. 92, inc. II, CP).

Os efeitos previstos no art. 92 do Código Penal são historicamente denominados efeitos específicos, que exigem, para parte da doutrina, pedido expresso do Ministério Público e, para a doutrina dominante, mera exposição explícita na sentença judicial.

Ademais, as sanções para os crimes praticados por prefeitos possuem ainda efeito secundário ou acessório, que são a perda do cargo e a inabilitação, por 05 (cinco) anos, para o exercício de cargo ou função pública, eletivo ou de nomeação, sem prejuízo da reparação civil do dano causado ao patrimônio público ou particular, considerados efeitos também automáticos.

Há de se registrar, ademais, que a reparação do dano ao erário passou a ser requisito para a progressão com o advento da Lei nº 10.763/03, que deu nova redação ao art. 33, §4º, do Código Penal.

Por fim, vale ressaltar, ainda, a respeito do tema que a Lei Complementar nº 135/10 também contempla que todos aqueles que forem condenados, em decisão transitada em julgado ou proferida por órgão judicial colegiado, desde a condenação até o transcurso do prazo de 8 (oito) anos após o cumprimento da pena, pelos crimes contra a economia popular, a fé pública, a administração pública e o patrimônio público; contra o patrimônio privado, o sistema financeiro, o mercado de capitais e os previstos na lei que regula a falência; contra

---

[63] STJ, HC nº 106.203/CE, Rel. Min. Felix Fischer, DJ de 27.04. 2009. No mesmo sentido tem-se o julgamento do Recurso Especial nº 799.350/PR, DJ de 13.10.2009.

o meio ambiente e a saúde pública; eleitorais, para os quais a lei comine pena privativa de liberdade; de abuso de autoridade, nos casos em que houver condenação à perda do cargo ou à inabilitação para o exercício de função pública; de lavagem ou ocultação de bens, direitos e valores; de tráfico de entorpecentes e drogas afins, racismo, tortura, terrorismo e hediondos; de redução à condição análoga à de escravo; contra a vida e a dignidade sexual; e praticados por organização criminosa, quadrilha ou bando; tornam-se inelegíveis, o que inclui também os *crimes praticados por prefeitos*.

4 Processo penal nos crimes praticados por prefeitos

4.1 Aspectos gerais sobre competência para a apuração de crimes praticados por prefeitos municipais

A evolução legislativa acerca do processo penal acerca dos crimes praticados por prefeitos aponta para a existência de uma variabilidade de jurisdições e procedimentos, cuja aplicação deverá ser observada a partir das seguintes condicionantes: a) a imputação de *crime de responsabilidade*, na dicção do Decreto-Lei nº 201/67; b) o exercício do mandato[64] e seu término por extinção ou cassação.[65]

Tempus regit actum. A combinação desses fatores é que determinará o juiz natural e, por conseguinte, o procedimento aplicável, ou seja, se aquele estabelecido na Lei nº 8.038/90, perante o Tribunal respectivo, ou no Decreto-Lei nº 201/67 e aplicação supletiva do Código de Processo Penal ou integral da lei processual penal geral (nossa posição), bem como de outro procedimento especial, a cargo do *juiz singular*. Em qualquer caso, vigorará a regra do *tempus regit actum*.[66]

---

[64] A condição do exercício efetivo do mandato representativo tornou-se relevante após o cancelamento da Súmula nº 394 do Supremo Tribunal Federal e da jurisprudência subsequente que se formou na corte acerca da excepcionalidade do foro por prerrogativa de função.

[65] Hely Lopes Meireles (*Direito municipal brasileiro*, p. 714) distingue as hipóteses de término do mandato do prefeito, quais sejam, a extinção e a cassação. A extinção ocorre nas hipóteses de: a) falecimento; b) renúncia escrita; c) perda ou suspensão dos direitos políticos. A perda (tempo indeterminado) dos direitos políticos, por sua vez, ocorre somente com o cancelamento da naturalização por sentença transitada em julgado em virtude de atividade nociva ao interesse nacional, ou aquisição voluntária de outra nacionalidade, ressalvado os casos de aceitação da nacionalidade brasileira ou imposição da naturalização pela lei estrangeira (artigo 12, §4º, II, da Constituição Federal). A suspensão se dará: a) pela incapacidade civil absoluta; b) pela condenação criminal transitada em julgado; c) pela recusa a cumprir obrigação a todos imposta ou a prestação alternativa; d) em razão da condenação por improbidade administrativa. A cassação de mandato é "a decretação da perda do mandato por ter seu titular incorrido em falta funcional definida em lei e punida com esta sanção" (*id. ib.*).

[66] "DIREITO CONSTITUCIONAL, PENAL E PROCESSUAL PENAL. CRIMES IMPUTADOS A EX-PREFEITO MUNICIPAL: ARTIGOS 319, 314, E 312 DO CÓDIGO PENAL. DENÚNCIA POR PROMOTOR DE JUSTIÇA, RECEBIDA POR JUIZ DE 1 GRAU, ANTES DO ADVENTO DA C.F. DE 1988. COMPETÊNCIA ORIGINÁRIA SUPERVENIENTE DO TRIBUNAL DE JUSTIÇA (ART. 29, X, DA C.F.). Validade dos atos praticados, inclusive a própria denúncia. Inexistência de nulidades absolutas. Inocorrência de prejuízo para o réu. Classificação dos delitos, a ser oportunamente confirmada ou modificada, com observância das formalidades cabíveis. Prescrição regularmente interrompida. Constrangimento ilegal indemonstrado. "H.C." indeferido. (HC 76892, Relator(a): Min. SYDNEY SANCHES, Primeira Turma, julgado em 18.08.1998, DJ 16-04-1999 PP-00003 EMENT VOL-01946-01 PP-001999); HABEAS CORPUS. PROCESSUAL PENAL. COMPETÊNCIA. ELEIÇÃO PARA PREFEITO. MODIFICAÇÃO. VALIDADE DOS ATOS PROCESSUAIS PRATICADOS. NULIDADE. INEXISTÊNCIA. PRESCRIÇÃO. NÃO INCIDÊNCIA. 1. A competência, estabelecida para os diversos órgãos jurisdicionais, quando fixada a partir de regras do sistema, a priori, não se modifica, em obediência ao princípio do juiz natural. Uma das hipóteses em que, todavia, se dá a modificação da competência, sem ofensa ao referido princípio, decorre de fenômeno externo ao processo, a saber, a investidura em cargo, pelo réu, no curso do processo, que reclame a competência originária do tribunal. 2. Assim, iniciada a ação penal perante o juízo comum de primeira instância, com a superveniência de condição que atraia o foro especial por prerrogativa de função, deve o processo ser remetido, no estado em que se encontra, ao Tribunal competente. Nesse caso, devem ser mantidos íntegros todos os atos processuais até então praticados, sob pena de violação ao princípio

Trataremos, inicialmente, das consequências da alteração da competência em função do exercício do mandato que afetam quaisquer processos, sejam da alçada de justiça comum, da eleitoral ou da federal. Mas antes uma digressão necessária quanto ao nosso entendimento em face do ex-prefeito.

Nossa posição quanto ao procedimento aplicável no caso de extinção de mandato. Tratando-se de ex-prefeito (artigo 6º do Decreto-Lei nº 201/67 e artigo 15, inciso III, da Constituição Federal)[67], caberá ao juiz de direito a apreciação do fato e, segundo defendemos, sob o rito comum fixado no Código de Processo Penal ou por meio de outro procedimento especial estabelecido em função da conduta praticada, não se aplicando as disposições do Decreto-Lei nº 201/67, ainda que o crime em apuração seja algum dos tipificados nesse diploma.

As diferenças fundamentais entre o procedimento estabelecido no Decreto-Lei nº 201/67 e o procedimento comum ordinário são as seguintes: a) existência de uma defesa preliminar ao recebimento da denúncia no prazo de 5 (cinco) dias; b) cabimento do recurso em sentido estrito para os casos de afastamento cautelar; c) possibilidade de assistência por parte dos órgãos federais, estaduais ou municipais interessados na responsabilização do prefeito.

Vê-se que, substancialmente, somente o primeiro fator distingue o prefeito – enquanto detentor do foro por prerrogativa de função – ou seja, a possibilidade de – *estando no exercício do mandato representativo* – contar com a defesa preliminar capaz de coarctar o procedimento antes mesmo de a relação jurídico-processual estar tecnicamente formada com a citação. Mas o efetivo exercício do mandato representativo implica a adoção do rito da Lei nº 8.038/90.

Necessário, então, saber se processado perante o juiz singular, cabe a defesa preliminar e, em caso positivo, qual o prazo para a sua apresentação. Noutras palavras, cumpre esclarecer se a *ratio* da disposição teria sobrevivido às alterações do Código de Processo Penal quanto ao procedimento comum ordinário e à copiosa jurisprudência do Supremo Tribunal Federal que afasta a aplicação do artigo 514 do Código de Processo Penal para o ex-funcionário público. Mais: se concorrendo crime não tipificado no Decreto-Lei nº 201/67, haveria a possibilidade de defesa preliminar nele prevista?

"tempus regit actum", uma vez que o juiz era competente antes de tal modificação. 3. No caso dos autos, o paciente foi eleito prefeito no curso de ação penal já deflagrada. Em estrita obediência ao comando inserto no art. 29, X, da Constituição Federal, deve o processo, tal como ocorreu na hipótese, ser remetido ao Tribunal de Justiça respectivo para que lá se dê continuidade ao andamento do feito, em atenção à competência "ope constitutionis" (em razão da Constituição). 4. Inexiste nulidade na simples ratificação de atos processuais realizados antes da causa superveniente de modificação da competência, e o recebimento da denúncia, pelo magistrado de piso, interrompe o prazo prescricional. 5. Habeas corpus não conhecido" (HC nº 238.129/TO, Rel. Ministra MARIA THEREZA DE ASSIS MOURA, Rel. p/ Acórdão Ministro ROGERIO SCHIETTI CRUZ, SEXTA TURMA, julgado em 16.09.2014, DJe 25.02.2015).

[67] A atividade do Presidente da Câmara Municipal quanto à extinção do mandato é *ope judicis*, não lhe cabendo instaurar procedimento próprio ou se negar à execução da ordem judicial, senão determinar, de ofício, as providências para publicação da extinção do mandato e conferir posse ao Vice-Prefeito ou quem o substitua. Nesse sentido: Eleitoral. Recurso contra expedição de diploma. Condenação criminal transitada em julgado após a posse do candidato eleito (CF, art. 15, III). Perda dos direitos políticos: consequência da existência da coisa julgada. A Câmara de vereadores não tem competência para iniciar e decidir sobre a perda de mandato de prefeito eleito. Basta uma comunicação à Câmara de Vereadores, extraída nos autos do processo criminal. Recebida a comunicação, o Presidente da Câmara de Vereadores, de imediato, declarará a extinção do mandato do Prefeito, assumindo o cargo o Vice-Prefeito, salvo se, por outro motivo, não possa exercer a função. Não cabe ao Presidente da Câmara de Vereadores outra conduta senão a declaração da extinção do mandato. Recurso extraordinário conhecido em parte e nessa parte provido. (RE nº 225019, Relator(a): Min. NELSON JOBIM, Tribunal Pleno, julgado em 08.09.1999, DJ 26-11-1999 PP-00133 EMENT VOL-01973-05 PP-00826 RTJ VOL-00171-03 PP-01025).

Tradicionalmente, a doutrina e a jurisprudência não têm se dado conta da situação privilegiada do ex-prefeito, admitindo o procedimento especial do Decreto-Lei nº 201/67, no que toca à defesa preliminar.

Defendemos *rigorosa excepcionalidade* desse *procedimento privilegiado*, que deve remanescer circunscrito ao caso de efetivo exercício do cargo pelo prefeito.

Não se pode perder de vista que o foro por prerrogativa de função recentemente tem recebido interpretação bastante restritiva pelo Supremo Tribunal Federal, com a jurisprudência inaugurada com o cancelamento da Súmula nº 394,[68] passando pela regra da separação de processos e, até mesmo, pelo reconhecimento de abuso de direito na renúncia.

Concomitantemente, a jurisprudência da Suprema Corte orientou-se pela restrição das hipóteses de defesa preliminar para o funcionário público, restringindo a atuação da norma do artigo 514 do Código de Processo Penal para os casos em que o servidor ainda exerça o cargo e, mesmo assim na maioria dos casos, declarando a sua ausência como nulidade relativa.

O que inspirou a defesa preliminar no Decreto-Lei nº 201/67 foi exatamente o paralelo que se fez entre a natureza dos crimes de responsabilidade próprios dos prefeitos e os *crimes funcionais* praticados pelos demais funcionários públicos, de modo a conferir certa isonomia.

A doutrina costuma justificar a existência da defesa preliminar diante da possibilidade de a denúncia não ser precedida de inquérito policial, tanto que, na hipótese de investigação policial que a arrima, a jurisprudência majoritária se orientava pela inexistência da defesa preliminar ou ausência de nulidade absoluta. Ora, a regra geral inscrita no artigo 46, §1º, do Código de Processo Penal desobriga o inquérito policial para o oferecimento da denúncia em qualquer caso, e não há dispositivo que, para além do funcionário público, indique a necessidade de defesa preliminar ao recebimento da denúncia. Portanto, esse fundamento não tem sentido.

Outro argumento que justificaria a defesa preliminar do artigo 514 do Código de Processo Penal é de política criminal. Nesse sentido, Júlio Fabbrini Mirabete afirma que "cuidou a lei de estabelecer um rito especial tendo em vista os elevados interesses da administração pública, resguardando-a no que respeita a probidade, ao decoro, a segurança e outros bens jurídicos que lhe são essenciais ao bom funcionamento com determinadas cautelas (...) também se protege a pessoa do funcionário que, em decorrência do exercício de suas funções, é muitas vezes alvo de acusações infundadas por motivos até políticos". Aqui, igualmente, fere-se o senso comum e o jurídico pelas mesmas razões que já expusemos.

Isso porque "proteger" a administração ou o funcionário de uma investigação ou processo penal, de antemão considerando que a imputação é, por si só, temerária, vai exatamente contra os preceitos fundamentais da própria Administração Pública estabelecidos na Constituição Federal, na medida em que a própria Administração é que tem o interesse primário na apuração do desvio de conduta de seu servidor.

O dispositivo talvez fizesse algum sentido na época em que foi elaborado pela mão de Francisco Campos em plena ditadura Vargas, quando o que se procurava preservar não era a administração republicana, mas uma administração que projetava o ideário fascista do regime e, portanto, não poderia ser contestada.

Desse modo, nem mesmo motivos de política criminal justificam a persistência do dispositivo na legislação, o que demanda interpretação conforme a Constituição para restringi-lo, até que seja definitivamente revogado, aos casos em que o funcionário esteja em exercício da função.

---

[68] STF, Súmula nº 394: "Cometido o crime durante o exercício funcional, prevalece a competência especial por prerrogativa de função, ainda que o inquérito ou a ação penal sejam iniciados após a cessação daquele exercício".

Resta lembrar que *nenhuma das demais autoridades que possuem foro por prerrogativa de função, depois que deixarem seus cargos, estarão blindadas com procedimento especial estabelecido somente* em razão do cargo que ocupavam.[69] Assim, se um desembargador é acusado de crime funcional e se aposenta ou o pratica enquanto aposentado,[70] deverá se submeter à jurisdição e procedimento comuns,[71] mas o ex-prefeito terá direito à defesa antecipada, na dicção do artigo 2º, inciso I, do Decreto-Lei nº 201/67.

Julgados existem, no entanto, em abono à tese que defendemos. Com efeito, a 5ª Turma do Superior Tribunal de Justiça registra precedente no sentido da nossa posição, observando exatamente a condição de ex-prefeito do acusado. Há precedentes também no Tribunal Regional Federal da 1ª Região.[72]

Efeitos da extinção do mandato na tipicidade do delito. Ainda quanto aos efeitos da extinção do mandato do prefeito municipal, a jurisprudência do Supremo Tribunal Federal registrou precedentes nos quais se afirmou a impossibilidade de processamento do ex-prefeito por crimes de responsabilidade, acarretando a atipicidade da conduta.

Tardiamente, a partir do HC nº 69850/RS, sobretudo diante do apontamento feito no voto do Ministro Paulo Brossard de que aquela jurisprudência partiu da revogada Lei nº 3.528/59, que tratava de crimes de responsabilidade à semelhança da Lei nº 1.079/51, fazendo sentido, portanto, que o ex-prefeito não mais fosse processado ao término do mandato. Essa conclusão continua válida quanto às condutas do artigo 4º do Decreto-Lei nº 201/67, mas não em face dos impropriamente denominados *crimes de responsabilidade* tipificados no artigo 1º. O entendimento foi cristalizado na jurisprudência da corte com a edição da Súmula nº 703.[73] Anteriormente e na mesma linha, decidia o Superior Tribunal de Justiça, que também sumulou a matéria.[74]

---

[69] Bastante diversa é a situação em que a lei, bem ou mal, prevê o procedimento especial em função de um critério objetivo, voltado para a espécie criminosa, não para a pessoa do acusado. É o caso, por exemplo, da defesa preliminar estabelecida na Lei nº 11.343/06. Não há como vislumbrar esse critério objetivo, que legitimaria a aplicação do artigo 2º, inciso I, do Decreto-Lei nº 201/67, quando existe imputação exclusiva de *crimes de responsabilidade* (funcionais) nele previstos, uma vez que cessado o mandato representativo, assim como ocorre com o fim da investidura do funcionário público, desaparece o critério válido de *discrímen* justificador do contraditório antecipado quanto à imputação.

[70] Súmula nº 451: "A competência especial por prerrogativa de função não se estende ao crime cometido após a cessação definitiva do exercício funcional".

[71] "EMENTA: – Recurso extraordinário. Processo penal. Competência. 2. Crime de formação de quadrilha e peculato submetido ao Órgão Especial do Tribunal de Justiça em razão do privilégio de foro especial de que gozava o primeiro acusado. Preliminar de incompetência acolhida, em face de o referido réu já se encontrar aposentado. 3. Alegação de contrariedade ao art. 96, III, da CF, propiciando a subtração da competência do TJRJ para julgar Juiz de Direito que tenha se aposentado, mas que anteriormente já teria praticado os ilícitos penais objeto do processo a ser julgado. 4. Com o cancelamento da Súmula 394, pelo Plenário do STF, cessa a competência especial por prerrogativa de função quando encerrado o exercício funcional que a ela deu causa, ainda que se cuide de magistrado. Precedente: Questão de Ordem no Inquérito n.º 687-4. 5. Com a aposentadoria cessa a função judicante que exercia e justificava o foro especial. Decisão do Órgão Especial do TJRJ que não merece reparo. 6. Recurso extraordinário não conhecido" (RE nº 295217, Relator(a): Min. NÉRI DA SILVEIRA, Segunda Turma, julgado em 08.04.2002, DJ 26-04-2002 PP-00090 EMENT VOL-02066-04 PP-00840).

[72] "PROCESSUAL PENAL. EX-PREFEITO. NOTIFICAÇÃO PARA RESPOSTA ESCRITA. DESNECESSIDADE. PROVIMENTO DO RECURSO. 1. A notificação prévia para resposta escrita, prevista no art. 514 do Código de Processo Penal, não se aplica ao ex-servidor público, aí incluído também o ex-prefeito municipal (art. 2º, I – Decreto-lei 201/67), pois a sua *ratio* consiste em evitar que o servidor ou o prefeito, no exercício do cargo, sejam temerariamente processados, em detrimento do desempenho da sua atividade. 2. Provimento do recurso em sentido estrito" (TRF-1 - RSE: 00029762620074013700, Relator: JUIZ FEDERAL MARCUS VINÍCIUS REIS BASTOS (CONV.), Data de Julgamento: 18.08.2015, QUARTA TURMA, Data de Publicação: 10.09.2015).

[73] STF, Súmula nº 703: "A extinção do mandato do prefeito não impede a instauração de processo pela prática dos crimes previstos no art. 1º do Dl. 201/67".

[74] STJ, Súmula nº 164: "O prefeito municipal, após a extinção do mandato, continua sujeito a processo por crime previsto no art. 1º do Decreto-lei nº 201, de 27/02/67".

O Supremo Tribunal Federal também se afastou do entendimento de que a competência originaria não se prorroga com o término do mandato, cancelando a Súmula nº 394. No acordão seminal do cancelamento, constatou-se que os fundamentos jurídicos da Súmula nº 394 foram extraídos de julgamentos vetustos e que foram baseados em legislação revogada, pela qual o foro por prerrogativa de função para os crimes comuns somente se operava depois do impedimento do titular, bem como sob a égide da Constituição de 1946, vigente ao tempo da adoção da súmula, quanto nas subsequentes, os constituintes contemplaram qualquer benesse àqueles que tenham deixado o cargo. Com o cancelamento da súmula, reafirmou-se a tese de que o foro por prerrogativa de função é estabelecido para garantia atrelada ao exercício do mandato ou de alto cargo na Administração.

Dessa forma, por qualquer motivo extinto o mandato do prefeito, cessa o foro por prerrogativa de função, assim como o advento da posse confirmatória da investidura[75] faz surgir a competência originária do respectivo Tribunal.[76]

A *renúncia por escrito,* que é, por excelência, "ato estritamente pessoal, unilateral e irretratável",[77] a qual produz efeitos, desde que inexistente vício de vontade, a partir de sua declaração e que se aperfeiçoa com o recebimento da comunicação pelo Presidente da Câmara Municipal para dar posse ao substituto.

O Pleno do Supremo Tribunal Federal se deparou com renúncia manifestada logo antes do julgamento de mérito de ação penal, com o propósito deliberado de afastar a competência da Corte. Na ocasião, decidiu-se que resultava configurado abuso de direito.[78]

---

[75] Ada Pellegrini Grinover (*O prefeito* perante a Constituição Federal, p. 83), comentando a ordem constitucional anterior, com apoio em Manoel Gonçalves Ferreira Filho, afirma que o prefeito não exerce um mandato propriamente dito – eis que a eleição é uma atribuição de competência sem vinculação das decisões por ele tomadas com a vontade do povo que o elegeu –, havendo, nesse sentido, uma investidura. Hely Lopes Meirelles (*Direito municipal brasileiro,* p. 728-30) explica que a eleição é o ato de investidura no cargo, sendo certo que a diplomação dos prefeitos é ato da Justiça Eleitoral que atesta ter sido aquele eleito, cabendo ao Presidente da Câmara recebê-la e verificar a ausência de impedimentos ou incompatibilidades, para, então, conceder-lhe o termo de posse. Ocorrendo incompatibilidades e impedimentos, a posse pode ser negada ou cancelada, caso tenha se efetivado, cabendo ao presidente da Câmara dar posse ao vice-prefeito.

[76] Com exceção dos parlamentares federais, cuja imunidade processual e o foro por prerrogativa de função vigoram a partir do ato de diplomação, para os demais cargos eletivos, designados e de livre nomeação, a posse marca o início dos deveres e direitos funcionais (STF, 2ª T., RE nº 120.133-MG, rel. Min. Maurício Corrêa, j. 27.09.96). No caso dos prefeitos municipais, a posse ocorre no 1º dia de janeiro do ano subsequente à eleição (CF, artigo 29, inciso III).
Hely Lopes Meirelles (*Direito municipal brasileiro,* p. 728-30) explica que a eleição é o ato de investidura no cargo, sendo certo que a diplomação dos prefeitos é ato da Justiça Eleitoral que atesta ter sido aquele eleito, cabendo ao Presidente da Câmara recebê-la e verificar a ausência de impedimentos ou incompatibilidades, para, então, conceder-lhe o termo de posse. Ocorrendo incompatibilidades e impedimentos, a posse pode ser negada (ou cancelada, caso tenha se efetivado) até que cessem os motivos, cabendo ao Presidente da Câmara dar posse ao vice-prefeito.

[77] COSTA, Antonio Tito. *Responsabilidade de prefeitos e vereadores,* p. 208.

[78] "QUESTÃO DE ORDEM NA AÇÃO PENAL. DEPUTADO FEDERAL. RENÚNCIA AO MANDATO. ABUSO DE DIREITO: RECONHECIMENTO DA COMPETÊNCIA DO SUPREMO TRIBUNAL FEDERAL PARA CONTINUIDADE DO JULGAMENTO DA PRESENTE AÇÃO PENAL. (...) 1. Renúncia de mandato: ato legítimo. Não se presta, porém, a ser utilizada como subterfúgio para deslocamento de competências constitucionalmente definidas, que não podem ser objeto de escolha pessoal. Impossibilidade de ser aproveitada como expediente para impedir o julgamento em tempo à absolvição ou à condenação e, neste caso, à definição de penas. 2. No caso, a renúncia do mandato foi apresentada à Casa Legislativa em 27 de outubro de 2010, véspera do julgamento da presente ação penal pelo Plenário do Supremo Tribunal: pretensões nitidamente incompatíveis com os princípios e as regras constitucionais porque exclui a aplicação da regra de competência deste Supremo Tribunal. 3 (...) 9. Questão de ordem resolvida no sentido de reconhecer a subsistência da competência deste Supremo Tribunal Federal para continuidade do julgamento. 10. Preliminares rejeitadas. 11. Ação penal julgada procedente" (AP nº 396, Relator(a): Min. CÁRMEN LÚCIA, Tribunal Pleno, julgado em 28.10.2010, *DJe*-078 DIVULG 27-04-2011 PUBLIC 28-04-2011 EMENT VOL-02510-01 PP-00001 RTJ VOL-00223-01 PP-00105).

Não parece mesmo desarrazoado afirmar que a abdicação do cargo se converte em ato ineficaz quando se insere em contexto de causar prejuízo sensível à coletividade, por meio de manobra processual. Não está explícito nos votos do julgamento, mas é possível extrair que *ratio decidendi* se conecta com a ideia de ineficácia relativa do ato de renúncia, na perspectiva da chicana que a anima. A renúncia, no caso concreto, foi considerada válida para extinção do mandato, mas é ineficaz perante a competência constitucional do Supremo Tribunal Federal.

O julgamento foi marcado por algumas questões em *obter dictum* sobre como saber se a renúncia teve o propósito de subtrair a competência da Corte. Não se chegou a um consenso quanto aos casos futuros, decidindo-se que naquela ação penal havia suficientes elementos para afirmar a ineficácia do ato abdicativo. É possível, senão desejável, a adoção de um critério objetivo, de maneira que qualquer renúncia deverá ser ineficaz perante o Tribunal, não cabendo procurar a motivação. Esse critério se justifica por se tratar da única hipótese de modificação da competência originária dos tribunais que depende exclusivamente da vontade do acusado, não havendo razoabilidade para que uma norma de ordem pública sucumba a ato de particular.

Esse entendimento é plenamente aplicável à renúncia de quaisquer agentes políticos submetidos à competência originária *ratione muneris*.[79]

Afastamento cautelar e competência. Os afastamentos cautelares determinados em ações civis públicas, ações penais ou ações propostas na Justiça Eleitoral não alteram a competência originária, uma vez que não implicam a extinção do mandato ou cassação, quando se anulam os direitos emergentes da investidura. Já as incompatibilidades e impedimentos[80] suspendem tais direitos, fazendo cessar os efeitos da investidura no cargo.

Outros pontos de interesse quanto à variabilidade da competência em função do efetivo exercício do mandado são os relacionados a certas ocorrências processuais que são capazes até mesmo de modificar a cognição que se exerce na causa e influir no direito de defesa.

Superveniência do mandato representativo. Proposta a ação penal por fato anterior ao mandato, sobrevindo a *posse*, o processo deverá ser, de ofício, remetido ao tribunal respectivo, que o receberá no estado em que se encontra,[81] adaptando-o à respectiva fase prevista na Lei nº 8.038/90 e *ratificando os atos decisórios precedentes.*[82]

---

[79] A tese é uma aproximação do que ocorre em relação à ineficácia do ato de aposentadoria voluntária do magistrado ou membro do Ministério Público para fins de imposição de pena disciplinar por ato praticado no exercício da função. Sobre o assunto, o insuperável magistério de Wallace Paiva Martins Júnior (*Ministério Público: a Constituição e as leis orgânicas*, p. 263): "É razoável a interpretação impeditiva da aposentadoria voluntária se o agente responde a processo capaz de perda do cargo porque atentaria contra a razão concedê-la ao agente público que responde processo de natureza disciplinar se a sua perspectiva é a extinção do vínculo funcional, porquanto se deferida a jubilação o ato respectivo poderá ser cassado, como já decidido".

[80] Assevera COSTA, Antonio Tito (*Responsabilidade de prefeitos e vereadores*, p. 221) que "A diplomação, como se sabe, antecede a poses; e os impedimentos previstos verificam-se, quase sempre, pelo menos em relação aos Prefeitos, a partir da posse. Pode, portanto, um Prefeito em exercício ser diplomado para outro cargo eletivo, sem incorrer no impedimento previsto, este só se verificará, repita-se a partir da posse. E, portanto, antes desta deverá ser providenciada a desincompatibilização".

[81] "DIREITO CONSTITUCIONAL, PENAL E PROCESSUAL PENAL. CRIMES IMPUTADOS A EX-PREFEITO MUNICIPAL: ARTIGOS 319, 314, E 312 DO CÓDIGO PENAL. DENÚNCIA POR PROMOTOR DE JUSTIÇA, RECEBIDA POR JUIZ DE 1 GRAU, ANTES DO ADVENTO DA C.F. DE 1988. COMPETÊNCIA ORIGINÁRIA SUPERVENIENTE DO TRIBUNAL DE JUSTIÇA (ART. 29, X, DA C.F.). Validade dos atos praticados, inclusive a própria denúncia. Inexistência de nulidades absolutas. Inocorrência de prejuízo para o réu. Classificação dos delitos, a ser oportunamente confirmada ou modificada, com observância das formalidades cabíveis. Prescrição regularmente interrompida. Constrangimento ilegal indemonstrado. "H.C." indeferido" (HC nº 76892, Relator(a): Min. SYDNEY SANCHES, Primeira Turma, julgado em 18.08.1998, DJ 16-04-1999 PP-00003 EMENT VOL-01946-01 PP-001999). Vide artigo 230-A do RISTF.

[82] A realização de atos decisórios por juiz absolutamente incompetente, por si só, não anula a ação penal se não for evidenciado prejuízo à defesa. Os atos judiciais, ainda que decisórios, podem ser ratificados pelo

Extinção do mandato no curso de investigação ou ação penal proposta no Tribunal. O inverso também é válido. O *juiz singular* receberá o processo, quando iniciado (ou anteriormente remetido e não finalizado) no Tribunal, passando a processá-lo na forma do Código de Processo Penal ou sob algum procedimento especial cabível na espécie.

Defesa pendente de apreciação e subida dos autos ao Tribunal. Ao receber o processo *no estado em que se encontra*, caberá ao Tribunal examinar as fases precedentes de modo, sobretudo, a não privar o acusado da manifestação de sua ampla defesa, devendo se pronunciar sobre a defesa escrita pendente de apreciação pelo juiz perante o qual foi apresentada.[83] Assim, se no curso da ação penal o acusado assume o cargo de prefeito antes do exame da defesa escrita já apresentada (artigo 397 do Código de Processo Penal) perante o juiz singular, caberá ao Tribunal recebê-la como defesa preliminar, aplicando o disposto nos artigos 5º e 6º da Lei nº 8.038/90[84]

Defesa pendente de apreciação e baixa dos autos ao juiz singular. Se no contexto da competência originária o mandato representativo do acusado é extinto antes da fase do artigo 6º da Lei nº 8.038/90, abrem-se suas alternativas, conforme a corrente que se adote.

---

juízo competente em nome do princípio da instrumentalidade das formas. Nesse sentido: "EMENTA: AGRAVO REGIMENTAL NO RECURSO EXTRAORDINÁRIO. PROCESSUAL PENAL. INCOMPETÊNCIA ABSOLUTA. ATOS DECISÓRIOS. POSSIBILIDADE DE RATIFICAÇÃO. 1. Este Tribunal fixara anteriormente entendimento no sentido de que, nos casos de incompetência absoluta, somente os atos decisórios seriam anulados, sendo possível a ratificação dos atos sem caráter decisório. Posteriormente, passou a admitir a possibilidade de ratificação inclusive dos atos decisórios. Precedentes. Agravo regimental a que se nega seguimento" (RE nº 464894 AgR, Relator(a): Min. EROS GRAU, Segunda Turma, julgado em 24.06.2008, *DJe*-152 DIVULG 14-08-2008 PUBLIC 15-08-2008 EMENT VOL-02328-05 PP-01025).

[83] O Superior Tribunal de Justiça traz um interessante precedente no qual o acusado omitiu no interrogatório a qualidade de prefeito municipal, embora tenha apresentado procuração assim se qualificando. Em razão disso, ajuizou *habeas corpus* requerendo a nulidade do feito, a partir do interrogatório por incompetência absoluta do juízo. No entanto, no curso no processo o acusado deixou o cargo de prefeito. Diante da ausência de boa-fé na referida omissão e da extinção do cargo, entendeu o STJ não haver nulidade: "PROCESSO PENAL. HABEAS CORPUS. CRIMES DE RESPONSABILIDADE DE PREFEITO. (1) IMPETRAÇÃO SUBSTITUTIVA DE RECURSO ORDINÁRIO. IMPROPRIEDADE DA VIA ELEITA. (2) PACIENTE QUE FOI PREFEITO NO PERÍODO DE 01.01.1993 a 31.12.1996. TÉRMINO DO MANDADO. OFERECIMENTO DE DENÚNCIA APÓS TAL INTERREGNO, MAS, EM INSTANTE QUE JÁ HAVIA OBTIDO UM SEGUNDO MANDATO (01.01.2005 a 31.12.2008). DECLINATÓRIA DE COMPETÊNCIA. PRAZO PARA DEFESA PRELIMINAR. TRANSCURSO *IN ALBIS*. APRESENTAÇÃO DE PETIÇÃO COM PROCURAÇÃO, EM CUJA QUALIFICAÇÃO CONSTOU QUE SERIA PREFEITO. INTERROGATÓRIO, NA QUALIFICAÇÃO, SILÊNCIO QUANTO AO CARGO OCUPADO. BOA-FÉ OBJETIVA. VEDAÇÃO DO VENIRE CONTRA FACTUM PROPRIUM. CONSTRANGIMENTO ILEGAL. AUSÊNCIA. (3) ORDEM NÃO CONHECIDA. 1. No contexto de racionalização do emprego do habeas corpus, é inviável o seu emprego como sucedâneo de recurso ordinário. 2. O princípio da boa-fé objetiva ecoa por todo o ordenamento jurídico, não se esgotando no campo do Direito Privado, no qual, originariamente, deita raízes. Dentre os seus subprincípios, destaca-se da vedação do *venire contra factum proprium* (proibição de comportamentos contraditórios). Assim, diante de uma conduta sinuosa, não é dado reconhecer-se a nulidade. Na espécie, o paciente, em tese, teria perpetrado crimes do Decreto-Lei 201/1967, no período em que prefeito municipal, de 01.01.1993 a 31.12.1996. Posteriormente, deixou o cargo, não tendo o Ministério Público tomado ciência de nova diplomação do paciente para o mesmo cargo.
Foi oferecida denúncia perante o Tribunal Regional Federal, com fulcro no então vigente §2º do artigo 84 do Código de Processo Penal. Com a declaração de sua inconstitucionalidade, o aludido Sodalício declinou da competência em favor do juízo de primeiro grau. Intimado para apresentar defesa preliminar, o paciente quedou silente. Deduziu, todavia, petição, acompanhada de procuração, na qual teria constado sua qualificação como prefeito municipal. No interrogatório, ao ser qualificado, omitiu tal condição, seguindo-se o processo. Nesse contexto, não se mostra coerente apontar o Poder Judiciário como descuidado quando, no interrogatório, o paciente atuou de maneira contraditória daquela operada ao fornecer a procuração *ad judicia*. De mais a mais, entendendo a Defesa que haveria nulidade no interrogatório deveria ter, no termo, protestado pela incompetência do juízo de primeiro grau. Na atualidade, o paciente não é mais ocupante de cargo que determinaria o envio dos autos ao segundo grau, inexistindo razão para se declarar a nulidade de qualquer ato processual, sendo que se, alguma irregularidade ocorreu, tributa-se ao comportamento desleal da Defesa. 3. Ordem não conhecida" (HC nº 212.490/PB, Rel. Ministra MARIA THEREZA DE ASSIS MOURA, SEXTA TURMA, julgado em 04.02.2014, *DJe* 18.02.2014).

[84] Vide: STF, AP nº 911/DF-QO. No mesmo sentido: AP nº 630-AgR, AP nº 616-QO, AP nº 679-QO, AP nº 705-QO.

Para aqueles que entendem persistir a sistemática do artigo 2º, inciso I, do Decreto-Lei nº 201/67, ao juiz singular caberá receber a manifestação como defesa preliminar.

Ao revés, para os que, como nós, entendemos inaplicável a sistemática da defesa preliminar ao ex-prefeito – ainda que exista a identidade de conteúdo da defesa apresentada na forma do art. 4º da Lei nº 8.038/90 com aquela estabelecida no artigo 396-A do Código de Processo Penal –, deverá ocorrer a *citação* (nesta fase da competência originária o ato ainda não foi realizado) e a *reabertura de prazo para nova defesa escrita* preconizada na lei processual geral. Não bastará a reiteração da defesa preliminar oferecida no Tribunal, porque nesta não se arrolam testemunhas, que somente serão trazidas pelo defensor na *defesa prévia* (artigo 8º da Lei nº 8.038/90). Do contrário, haveria dois campos de cerceamento de defesa, ou seja, a ausência de citação válida e a impossibilidade de oferecimento do rol de testemunhas. De um lado, afasta-se a superfetação que é a defesa preliminar, de outro garante-se a ampla defesa estabelecida para os que não têm prerrogativa de foro.

Assunção do cargo de prefeito pelo acusado e exame de recurso pendente contra decisão de juiz singular. Quando o processo ocorre sob a competência do *juiz singular* (Juiz de Direito, Juiz Federal ou Juiz Eleitoral), sobrevindo sentença, com pendência de recurso de apelação, o Tribunal a que vinculado o cargo do acusado será competente para recebê-lo (caso não o tenha sido pelo juiz antes da assunção do cargo pelo acusado) e julgá-lo.[85] Esse fenômeno é imperceptível nos Tribunais de Justiça quando não exista em sua composição órgão específico para exercício da competência originária de crimes praticados por prefeitos, diante da distribuição livre às câmaras criminais, mas é relevante quando existe afetação a determinada câmara criminal, grupo de câmaras ou órgão especial, cabendo a estes o julgamento da apelação. Isto também é válido para as ações constitucionais utilizadas como meios de impugnação.

Julgamento de mérito da ação penal em grau de recurso. A competência originária, igualmente, poderá alterar a regra do *tantum devolutum quantum apelatum*, uma vez que diante de uma circunstância concreta poderá ocorrer a redefinição do espectro cognitivo da matéria levada ao Tribunal mediante o respectivo recurso.

No caso de interposição de recurso em sentido estrito, a posse do acusado no cargo de prefeito impede a ocorrência do juízo de retratação ou iteração da decisão recorrida, podendo prejudicar o conhecimento do recurso ou implicar o julgamento do mérito da ação penal (recurso contra a pronúncia).

O fenômeno também ocorrerá no caso de apelação fundada no artigo 416 do Código de Processo Penal quanto à sentença de impronúncia. Impronunciado em primeiro grau o acusado de homicídio, pendente o recurso de julgamento, assumindo o cargo de prefeito, caberá ao órgão designado no Regimento Interno do Tribunal ou na Constituição Estadual julgar o apelo e realizar juízo condenatório se a solução for o provimento, uma vez que não haverá para quem devolver o exame do mérito. Sendo caso de desprovimento do recurso de apelação, o acórdão operará idênticos efeitos da sentença de impronúncia, autorizando outra denúncia em caso de prova nova (artigo 414, parágrafo único, do Código de Processo Penal).

Em sentido análogo, haverá julgamento do mérito quando houver pendência de recurso em sentido estrito que busca a despronúncia. Desprovido o recurso, caberá o julgamento pelo Tribunal. Provido, o acórdão terá o mesmo efeito da sentença de impronúncia.

---

[85] O Supremo Tribunal Federal registra precedente de julgamento de apelação (catalogada como ação penal), em que o apelante foi diplomado Deputado Federal na pendência do julgamento do recurso: (AP nº 595, Relator(a): Min. LUIZ FUX, Primeira Turma, julgado em 25.11.2014, ACÓRDÃO ELETRÔNICO DJe-027 DIVULG 09-02-2015 PUBLIC 10-02-2015).

Pendência de recurso contra a decisão de mérito proferida pelo Tribunal. A pendência de recurso de decisão sobre o mérito da ação penal manifestada pelo Tribunal no exercício da competência originária não alterará a competência do Tribunal Superior que julga o recurso. Condenado o prefeito pelo Tribunal de Justiça, a extinção do mandato ou a assunção de outro cargo com prerrogativa de foro em Tribunal diverso não terá qualquer efeito sobre o recurso especial ou extraordinário eventualmente interposto ou mesmo o julgamento de embargos declaratórios opostos contra o acórdão condenatório. Esgotada estará a jurisdição do órgão que detém a competência originária, não comportando modificação de competência para o julgamento dos recursos.

Necessário frisar que o julgamento perante o Tribunal não significa que o prefeito tenha direito de ser julgado pela composição plenária ou órgão interno que lhe faça as vezes.[86]

Princípio da colegialidade. A opção por determinar o julgamento por Câmara, Turma ou outra forma colegiada interna está nos lindes da independência organizacional das cortes igualmente garantida pela Constituição Federal. O que a Constituição Federal implicitamente exige é a observância do *princípio da colegialidade* quanto ao mérito da imputação.

O Supremo Tribunal Federal alterou o artigo 5º, inciso I, de seu Regimento Interno (Emenda Regimental nº 49/2014) atribuindo às suas Turmas a competência originária para julgar deputados federais, senadores, ministros de Estado, comandantes das Forças Armadas, membros dos tribunais superiores e do Tribunal de Contas da União e chefes de missões diplomáticas, remanescendo no Pleno os processos criminais envolvendo

---

[86] "HABEAS CORPUS – EX-PREFEITO MUNICIPAL – SUPOSTA PRÁTICA DE CRIME DE RESPONSABILIDADE TIPIFICADO NO ART. 1º DO DL Nº 201/67 – INOCORRÊNCIA – DELITO DE PECULATO – COMPETÊNCIA PENAL ORIGINÁRIA DO TRIBUNAL DE JUSTIÇA – POSSIBILIDADE DE O JULGAMENTO SER REALIZADO POR ÓRGÃO FRACCIONÁRIO DESSE TRIBUNAL – ALEGADA OFENSA AO POSTULADO DO JUIZ NATURAL – INOCORRÊNCIA – SÚMULA 394 DO S.T.F. – PEDIDO INDEFERIDO. PRINCÍPIO DO JUIZ NATURAL – EX-PREFEITO MUNICIPAL – SÚMULA 394/STF – RECONHECIMENTO DA COMPETÊNCIA PENAL ORIGINÁRIA DO TRIBUNAL DE JUSTIÇA (CF/88, ART. 29, X, C/C EC Nº 1/92). – O Tribunal de Justiça do Estado dispõe de competência penal originária – ressalvadas as hipóteses que se incluem na esfera de atribuições jurisdicionais da Justiça Federal comum, da Justiça Militar da União e da Justiça Eleitoral – para processar e julgar, além dos Prefeitos Municipais, também os ex-prefeitos do Município, desde que, neste último caso, a persecução penal tenha sido contra eles instaurada em função de delitos praticados durante o período em que exerceram a Chefia do Poder Executivo local. Precedentes: HC 71.429-SC, Rel. Min. CELSO DE MELLO – HC 72.465-SP, Rel. Min. CELSO DE MELLO, v.g.. – A jurisprudência do Supremo Tribunal Federal firmou orientação no sentido de que a submissão de Prefeitos Municipais e de ex-Prefeitos Municipais (estes, na hipótese de infração cometida ao tempo em que exerceram a Chefia do Poder Executivo local) à competência de órgãos fraccionários do Tribunal de Justiça (Câmaras ou Turmas), nas ações penais originárias, não importa em transgressão ao postulado do juiz natural, eis que, em tal situação, a jurisdição penal é exercida originariamente pelo próprio órgão investido, *ope constitutionis*, do poder de julgar aqueles agentes públicos. – O preceito consubstanciado no art. 29, X, da Carta Política não confere, por si só, ao Prefeito Municipal, o direito de ser julgado pelo Plenário do Tribunal de Justiça – ou pelo respectivo Órgão Especial, onde houver – nas ações penais originárias contra ele ajuizadas, podendo o Estado-membro, nos limites de sua competência normativa, indicar, no âmbito dessa Corte judiciária, o órgão fraccionário (Câmara, Turma, Seção, v.g.) investido de atribuição para processar e julgar as referidas causas penais. Precedentes. EX-PREFEITO MUNICIPAL – SUPOSTA PRÁTICA DE CRIME DE RESPONSABILIDADE TIPIFICADO NO ART. 1º DO DL Nº 201/67 – INOCORRÊNCIA – DELITO DE PECULATO – INSTAURAÇÃO DA PERSECUÇÃO PENAL POR INICIATIVA DO MINISTÉRIO PÚBLICO. – Os crimes de responsabilidade do Prefeito Municipal constituem *delicta in officio* cometidos pelo Chefe do Poder Executivo local no desempenho do mandato eletivo que lhe foi outorgado por sufrágio universal e voto popular. Essa modalidade delituosa qualifica-se como ilícito criminal passível de sanção privativa da liberdade e perseguível mediante ação penal pública incondicionada, independentemente de achar-se o agente, quando da instauração do processo penal condenatório, no exercício do mandato executivo. – A cessação do mandato de Prefeito Municipal não tem a virtude de inibir o exercício da ação penal pelo Ministério Público ou de extinguir a punibilidade do acusado pelas infrações penais tipificadas no art. 1º do DL nº 201/67, revelando-se legítima, em consequência, a instauração da persecução penal contra o ex-Chefe do Poder Executivo local, por iniciativa do Ministério Público. Inocorrência, no caso, de crime de responsabilidade. Caracterização típica do delito de peculato (CP, art. 312)" (HC nº 73917, Relator(a): Min. CELSO DE MELLO, Primeira Turma, julgado em 24.09.1996, DJ 05-12-1997 PP-63904 EMENT VOL-01894-01 PP-00117).

presidente e vice-presidente da República, dos presidentes do Senado Federal e da Câmara dos Deputados, dos ministros da Corte e do procurador-geral da República, quando acusados de crimes comuns.[87]

Não só a ação penal deve tramitar no Tribunal de Justiça. As investigações que estejam em curso, quando o investigado assume o cargo de Prefeito Municipal, devem ser submetidas ao controle jurisdicional pelo Tribunal de Justiça e o controle externo da atividade policial pelo Procurador-Geral de Justiça.

Tratando-se de procedimento investigatório criminal instaurado pelo Ministério Público, a atribuição passa ao Procurador-Geral de Justiça.[88]

4.2 A competência originária dos tribunais para a apuração de crimes praticados por prefeitos municipais

Em que pese a Constituição Federal atribuir a competência originária dos Tribunais de Justiça para julgamento dos prefeitos municipais, nem sempre a Corte estadual terá jurisdição sobre o fato apurado, eis que existem exceções que são extraídas da interpretação sistemática do texto constitucional.

O artigo 29, inciso X, da Constituição Federal está mal posicionado em relação ao que prescreve o *caput* do comando constitucional: "O Município reger-se-á por lei orgânica, votada em dois turnos, com o interstício mínimo de dez dias, e aprovada por dois terços dos membros da Câmara Municipal, que a promulgará, atendidos os princípios estabelecidos nesta Constituição, na Constituição do respectivo Estado e os seguintes preceitos: (...) X – julgamento do Prefeito perante o Tribunal de Justiça".

A redação do texto constitucional causa a impressão de que a definição da competência para julgamento do prefeito municipal deve estar consignada na lei orgânica do município. Contudo, a própria Constituição desmente essa conclusão.

A topografia irregular do dispositivo, mais do que conferir estatuto especial aos prefeitos, parece ser fruto do processo legislativo constituinte, porque elaborado por comissão diversa da que estabeleceu a redação dos dispositivos que tratam da justiça dos Estados.

A competência dos Tribunais de Justiça está regrada no artigo 125, §1º, da Constituição Federal,[89] que remete ao poder constituinte decorrente a organização da justiça local e ao próprio tribunal a sua organização interna e da primeira instância.

As limitações da competência do Tribunal de Justiça estão descritas no próprio texto constitucional, de modo que se trata de *competência residual*, o que também se aplica aos prefeitos municipais, ainda que o artigo 29, inciso X, prescreva sem ressalvas o julgamento pelo Tribunal de Justiça. É por essa razão que os prefeitos municipais são julgados originariamente por crimes da competência da Justiça Federal nos Tribunais Regionais Federais e eleitorais nos Tribunais Regionais Eleitorais quanto aos crimes eleitorais e conexos,[90] como veremos adiante.

---

[87] Contra a Emenda Regimental nº 49/2014 a Mesa da Câmara dos Deputados ajuizou a ADI 5175 (pendente de julgamento), sustentando a violação do princípio da isonomia por conta da competência remanescente do Plenário e contrariedade ao princípio da razoabilidade porque a distinção se daria em função da celeridade processual.

[88] Lei nº 8.625/93, artigo 29, inciso V.

[89] "A competência dos tribunais será definida na Constituição do Estado, sendo a lei de organização judiciária de iniciativa do Tribunal de Justiça".

[90] Assim também no Superior Tribunal Militar, quanto às raríssimas hipóteses de crime militar que podem ser praticadas por civil, as quais foram objeto da ADPF nº 289 proposta pelo Procurador-Geral da República, pendente de julgamento pelo Supremo Tribunal Federal.

Com o advento do foro por prerrogativa de função dos prefeitos adstrito ao Tribunal de Justiça, surgiu a dúvida sobre a possibilidade de extensão de competências próprias das *justiças especializadas* ao órgão jurisdicional estadual, na medida em que o texto promulgado não ressalvou essas competências no artigo 29, inciso X, e o artigo 108 não relaciona o julgamento do prefeito entre aquelas autoridades submetidas à competência originária criminal dos Tribunais Regionais Federais.[91]

A jurisdição da Justiça Federal, em razão da matéria, é estrita, conforme dispõe o artigo 109 da Constituição Federal[92] e somente delegável na hipótese do §3º, resguardada a competência recursal para o Tribunal Regional.[93]

Competência dos Tribunais Regionais Federais. No embate entre a competência *ratione muneris* do Tribunal de Justiça em relação aos prefeitos e a competência material da Justiça Federal para a definição do juiz natural, prevaleceu o entendimento no Pleno do Supremo Tribunal Federal de que compete aos Tribunais Regionais Federais o julgamento dos prefeitos por crimes da competência da Justiça Federal. O *leading case* (HC nº 68967/PR) estabeleceu as seguintes guias interpretativas: a) a Constituição quando trata da competência dos Tribunais de Justiça a remete ao poder constituinte decorrente, condicionando-o, todavia, a estabelecer de forma inarredável o julgamento dos prefeitos entre as pessoas que escolher para a submissão à competência originária criminal local; b) esse comprometimento do legislador constituinte estadual é o único comando estabelecido na Constituição Federal que constitui ressalva válida quanto à competência originária criminal em face dos prefeitos; c) nas hipóteses em que a Constituição quis estabelecer competência privativa do Tribunal de Justiça, o fez mediante a expressa ressalva, como ocorre no caso do julgamento dos magistrados e membros do Ministério Público, que somente estão excepcionados da competência privativa do Tribunal de Justiça quando cometerem crimes eleitorais, de modo que a exceção confirma a regra da competência privativa; d) não fazendo a Constituição essa ressalva no artigo 29, inciso X, cabe às *justiças especializadas* julgar os prefeitos por crimes que, em razão da matéria, são inseridos nas suas competências.[94]

O Supremo Tribunal Federal, então, por meio da interpretação conjugada dos artigos 96, inciso III, e 125 da Constituição Federal, divisou que o foro por prerrogativa de função estabelecido no artigo 29, inciso X, se irradia para as competências originárias dos Tribunais

---

[91] CF, artigo 108: "Compete aos Tribunais Regionais Federais: I – processar e julgar originariamente: a) os juízes federais da área de sua jurisdição, incluídos os da Justiça Militar e da Justiça do Trabalho, nos crimes comuns e de responsabilidade, e os membros do Ministério Público da União, ressalvada a competência da Justiça Eleitoral."

[92] CF, artigo 109: "Aos juízes federais compete julgar: (...) IV – os crimes políticos e as infrações penais praticadas em detrimento de bens, serviços ou interesse da União ou de suas entidades autárquicas ou empresas públicas, excluídas as contravenções e ressalvada a competência da Justiça Militar e da Justiça Eleitoral; V – os crimes previstos em tratado ou convenção internacional, quando, iniciada a execução no País, o resultado tenha ou devesse ter ocorrido no estrangeiro, ou reciprocamente; V - A as causas relativas a direitos humanos a que se refere o §5º deste artigo [incidente de federalização]; VI – os crimes contra a organização do trabalho e, nos casos determinados por lei, contra o sistema financeiro e a ordem econômico-financeira".

[93] CF, artigo 109, "§3º: Serão processadas e julgadas na justiça estadual, no foro do domicílio dos segurados ou beneficiários, as causas em que forem parte instituição de previdência social e segurado, sempre que a comarca não seja sede de vara do juízo federal, e, se verificada essa condição, a lei poderá permitir que outras causas sejam também processadas e julgadas pela justiça estadual".

[94] STF, Súmula nº 702: "A competência do Tribunal de Justiça para julgar prefeitos restringe-se aos crimes de competência da Justiça comum estadual; nos demais casos, a competência originária caberá ao respectivo tribunal de segundo grau".

Regionais Federais e Tribunais Regionais Eleitorais, ainda que a hipótese de competência não esteja explícita nos dispositivos constitucionais que regem esses colegiados.[95]

Ocorrendo conexão entre crime de competência material da Justiça Federal ou da Justiça Eleitoral, competirá à *justiça especializada* o julgamento do prefeito também pelo crime da alçada da justiça estadual comum.[96]

A ressalva está quando se trata de crimes eleitorais. Se concorrerem crimes eleitorais com crimes da competência da Justiça Federal, não haverá unidade de processos perante a *justiça especializada*, porque a competência da Justiça Federal é de índole constitucional, inexistindo dispositivo no texto vigente que autorize a atração de competência pela Justiça Eleitoral. Nesse caso, caberá o desmembramento do processo e julgamento pelos respectivos Tribunais Regionais Federal e Eleitoral.[97]

---

[95] Sob este aspecto é necessário frisar que a Constituição Federal não esclareceu a competência originária criminal aos Tribunais Regionais Eleitorais, remetendo a definição para o legislador ordinário, sendo que o artigo 35, inciso II, do Código Eleitoral define a competência originária dos Tribunais Regionais Eleitorais, a *contrario senso* ao disciplinar a competência dos juízes eleitorais (processar e julgar os crimes eleitorais e os comuns que lhe forem conexos, ressalvada a competência originária do Tribunal Superior e dos Tribunais Regionais), enquanto que o artigo 29 traz uma hipótese explícita e direta, qual seja, o julgamento dos juízes eleitorais pela prática de crimes eleitorais.

[96] STJ, Súmula nº 122. A propósito: "Habeas Corpus. Crime previsto no art. 2º, I do Decreto-Lei nº 201/67. Prefeito municipal. Fraude em licitações. Desvio de verbas provenientes do FUNDEF, do FNDE e do FPM. Art. 71, VI da CF. Sujeição de quaisquer recursos repassados pela União a Estados, Distrito Federal e Municípios à fiscalização pelo Congresso Nacional, por intermédio do Tribunal de Contas da União. Presença de interesse da União a ser preservado, evidenciando a Competência da Justiça Federal para processar e julgar os crimes contra esse interesse (art. 109, IV da CF). Havendo concurso de infrações, essa competência também alcança os outros crimes. Precedentes citados: HHCC nºs 68.399, 74.788 e 78.728. "Habeas corpus" deferido parcialmente. (HC 80867, Relator(a): Min. ELLEN GRACIE, Primeira Turma, julgado em 18.12.2001, DJ 12-04-2002 PP-00053 EMENT VOL-02064-03 PP-00531); EMENTA: I. Competência: Justiça Federal: desvio por Prefeito de verbas oriundas da quota federal do produto da arrecadação do salário-educação. A quota federal do produto da arrecadação do salário-educação é receita da União, destinada, embora, em parte, à assistência financeira aos sistemas locais de ensino fundamental, na razão da carência de recursos próprios, do menor desenvolvimento e dos maiores déficits de escolaridade infantil (Dl. 1422/75, art. 2º, §1º, b): não se cuida, assim, de subsídios discricionariamente concedidos pela União aos Municípios, mas de realizar a União uma função que é sua, a que o texto constitucional vigente chama "função redistributiva e supletiva" em matéria de educação, "de forma a garantir equalização de oportunidades educacionais e padrão mínimo de qualidade de ensino": no desvio de recursos dela advindos, ainda que imputável a agentes políticos ou servidores locais, o que se tem é, pelo menos, crime em detrimento de um serviço da União, a ditar a competência repressiva da Justiça Federal. II. Conexão: concurso de crimes, um deles da competência da Justiça Federal: força atrativa desta que cessa quando já exista condenação. É firme na jurisprudência do STF que, na hipótese de concurso de infrações penais, a competência da Justiça Federal para uma delas arrasta por conexão a competência para o processo das demais (v.g., HC 68.399, Pertence, 19.2.91, RTJ, 135/672); não obstante, é de aplicar-se o princípio do art. 82 C. Pr. Penº, quando, embora o único crime da alçada federal e os diversos crimes de competência da Justiça Estadual tenham sido objeto de processo único na Justiça do Estado, neste já se tenha proferido sentença condenatória definitiva: nessa hipótese, a nulidade se restringe à persecução do crime federal: precedência (HC 57.949, 23.8.90, Xavier, DJ 17.10.80)" (HC nº 74788, Relator(a): Min. SEPÚLVEDA PERTENCE, Primeira Turma, julgado em 27.06.1997, DJ 12-09-1997 PP-43714 EMENT VOL-01882-01 PP-00112).

[97] "CONFLITO DE COMPETÊNCIA. CRIME ELEITORAL. CONEXÃO. CRIME FEDERAL. FRAUDE. PREVIDÊNCIA SOCIAL. ART. 78, INCISO IV, DO CPP. NÃO-APLICAÇÃO. NORMAS CONSTITUCIONAIS. COMPETÊNCIA JUSTIÇA ELEITORAL E JUSTIÇA COMUM FEDERAL. 1. Consta dos autos que os Réus realizaram fraude para obter benefício previdenciário em detrimento do INSS, sendo as condutas tipificadas no art. 299 do Código Eleitoral e 171, §3º, do Código Penal, verificando-se a ocorrência da conexão. 2. Contudo, não pode permanecer a força atrativa da jurisdição especial, pois ocorreria conflito entre normas constitucionais, o que não é possível em nosso ordenamento jurídico. 3. Na hipótese vertente, não pode persistir a unidade processual, devendo o crime do art. 299 do Código Eleitoral ser julgado pela Justiça Eleitoral e o crime do art. 171, §3º, do Código Penal pela Justiça Comum Federal. 4. Conflito conhecido para declarar competente o Juízo de Direito da 309ª Zona Eleitoral de Três Marias/MG para o crime de competência eleitoral e competente o Juízo Federal da 9ª Vara da Seção Judiciária do Estado de Minas Gerais para o crime de competência federal" (CC nº 39.357/MG, Rel. Ministra LAURITA VAZ, TERCEIRA SEÇÃO, julgado em 09.06.2004, DJ 02.08.2004, p. 297).

Absolvição ou extinção da punibilidade do crime conexo. Se a apuração do crime é da Justiça Federal e ocorre a absolvição ou a extinção da punibilidade, o crime conexo deve ser julgado pela Justiça Estadual, haja vista que a competência da *justiça especializada* tem matriz constitucional, não atuando o *caput* do artigo 81 do Código de Processo Penal.[98] O mesmo raciocínio deve ser empregado com relação à absolvição ou extinção da punibilidade do crime eleitoral, devendo o crime conexo, incluindo o doloso contra vida, ser julgado pelo órgão da Justiça Estadual comum (tribunal do júri ou Tribunal de Justiça, conforme esteja o prefeito no exercício do cargo).[99]

Quanto ao local do julgamento, o prefeito municipal estará vinculado ao Tribunal de Justiça (Tribunal Regional Federal ou Tribunal Regional Eleitoral) do Estado (ou região judiciária) em que inserido o município que governa, de modo que o cometimento de crime em outro Estado da Federação não proporciona o julgamento no *locus comissi delicti*, prevalecendo a competência *ratione muneris* determinada na Constituição Federal.[100]

---

[98] "PROCESSUAL PENAL. DESCAMINHO E VIOLAÇÃO DE DIREITO AUTORAL. ABSOLVIÇÃO PELO PRIMEIRO DELITO. INTERESSE DA UNIÃO. AUSÊNCIA. COMPETÊNCIA DA JUSTIÇA ESTADUAL. 1. Absolvidos os pacientes do delito de descaminho, pela incidência do princípio da insignificância, a competência para processar e julgar o crime de violação de direito autoral é da Justiça Estadual, pois não há interesse da União a preservar. 2. Não se aplica a Súmula 122 desta Corte, pois esta somente tem razão de ser para as hipóteses em que há conexão probatória entre crimes de competência da Justiça Estadual e da Justiça Federal. Na espécie, o crime de competência desta última não mais existe. Precedentes da Terceira Seção. 3. Ordem concedida para, reconhecendo a incompetência da Justiça Federal, anular a condenação pelo delito do art. 184, §2º do Código Penal, determinando a remessa dos autos principais à Justiça Estadual" (HC nº 163.716/RS, Rel. Ministra MARIA THEREZA DE ASSIS MOURA, SEXTA TURMA, julgado em 03.05.2012, DJe 16.05.2012).

[99] A Terceira Seção do Superior Tribunal de Justiça registra precedente a esse respeito, embora calcado na cancelada Súmula nº 394: "CONFLITO NEGATIVO DE COMPETENCIA ENTRE TRIBUNAL ELEITORAL E TRIBUNAL DE JUSTIÇA. PREFEITOS MUNICIPAIS. CRIME ELEITORAL E COMUM. COMPETENCIA. I – DECIDINDO O TRIBUNAL REGIONAL ELEITORAL INEXISTIR O CRIME CAPITULADO NO CODIGO ELEITORAL E REMANESCENDO A PRATICA DO DELITO DE ESTELIONATO PRATICADO POR PREFEITO NO EXERCICIO DO MANDATO, A COMPETENCIA PARA O JULGAMENTO É DO TRIBUNAL DE JUSTIÇA ESTADUAL, DE CONFORMIDADE COM O ART. 29, INC. VII DA CONSTITUIÇÃO FEDERAL, MESMO QUE TENHA ELE DEIXADO DE EXERCER A FUNÇÃO. II – CONFLITO CONHECIDO E DECLARADO COMPETENTE O SUSCITADO" (CC nº 6.812/AM, Rel. Ministro PEDRO ACIOLI, TERCEIRA SEÇÃO, julgado em 07.04.1994, DJ 25.04.1994, p. 9191).

[100] MAZZILI, Hugo Nigro (Notas sobre foro por prerrogativa de função. *Justitia* 142/71-72, abr./jun. 1988. TOURINHO FILHO, Fernando da Costa (*Manual de processo penal*, p. 341) acrescenta que "(...) da mesma forma que os Tribunais Regionais Federais processam e julgam as pessoas enumeradas no art. 108, I, da CF, 'da área de sua jurisdição', assim deve ocorrer, por aplicação analógica, com os Tribunais de Justiça: processam e julgam as pessoas sujeitas à sua jurisdição onde quer que cometam a infração penal". Nesse sentido: STF Inq nº 1180/DF (decisão monocrática); STJ: "CONFLITO POSITIVO DE COMPETÊNCIA. CONSTITUCIONAL E PROCESSUAL PENAL. ART. 14, DA LEI Nº 10.826/03. CRIME COMUM, SUPOSTAMENTE PRATICADO POR PREFEITO, EM OUTRO ESTADO. COMPETÊNCIA DO TRIBUNAL DE JUSTIÇA DO ESTADO DO MUNICÍPIO GOVERNADO PELO INTERESSADO. ART. 29, INCISO X, DA CONSTITUIÇÃO DA REPÚBLICA. PRERROGATIVA DE FORO CRIADA EM FUNÇÃO DA RELEVÂNCIA DO CARGO DE PREFEITO PARA O RESPECTIVO ESTADO. CONFLITO DE COMPETÊNCIA CONHECIDO, PARA RECONHECER A COMPETÊNCIA DO TRIBUNAL SUSCITADO. 1. No caso, o Interessado, prefeito do Município de Rafael Fernandes/RN, foi autuado em flagrante-delito em ocasião em que portava um revólver calibre 38 sem autorização ou registro, em rodovia no Município de Salgueiro/PE. O Tribunal de Justiça do Estado do Rio Grande do Norte, posteriormente, expediu alvará de soltura. O Tribunal de Justiça do Estado de Pernambuco, então, suscitou o presente conflito, sob o fundamento de que a Corte potiguar não tinha jurisdição sobre crime comum ocorrido em município pernambucano. 2. O Poder Constituinte, ao criar a prerrogativa prevista no art. 29, inciso X, da Constituição da República, previu que o julgamento dos Prefeitos, em razão do cometimento de crimes comuns, ocorre perante o Tribunal de Justiça. 3. A razão teleológica dessa regra é a de que, devido ao relevo da função de um Prefeito, e o interesse que isso gera ao Estado em que localizado o Município, a apreciação da conduta deve se dar pelo Tribunal de Justiça da respectiva unidade da Federação. 4. Ora, a Constituição é clara ao prever como um dos preceitos que regem o Município o "julgamento do Prefeito perante o Tribunal de Justiça". Ressalte-se: está escrito no inciso X do Art. 29 da Carta Magna "perante o Tribunal de Justiça", e não "perante Tribunal de Justiça". O artigo definido que consta na referida redação, conferida pelo Constituinte, determina sentido à norma que não pode ser ignorado pelo aplicador da Lei, impedindo a interpretação de que se utilizou a Corte Suscitante. 5. Outrossim, relembre-se o que já esclareceu o eminente Ministro MARCO AURÉLIO, do Supremo Tribunal Federal: "[a] prerrogativa de foro, prevista em norma a encerrar direito estrito, visa a beneficiar

O concurso de pessoas que determina o litisconsórcio passivo e a competência por conexão (artigo 76 do Código de Processo Penal). Resta saber se, nesse caso, a competência originária atrai também o crime conexo.

O Supremo Tribunal Federal historicamente afirmava a necessidade da reunião de processos, entendimento materializado na Súmula nº 704.[101] Concomitantemente, no entanto, caminhava no sentido da viabilidade da separação do processo nos exatos termos do artigo 80 do Código de Processo Penal. Nesses julgados que se afastavam do próprio entendimento sumulado, verificava-se a inexistência de obrigatoriedade da reunião por força de lei – que por si só impede prosseguir noutras considerações – e na ausência da necessidade legal de simultaneidade processual. Buscava-se a presença de razões de conveniência para a instrução processual.

Diante da ausência de previsão legal para suspensão do prazo prescricional em face do corréu não detentor de foro por prerrogativa de função, sobretudo nos casos de concurso de pessoas envolvendo a imunidade formal assegurada pelo estatuto dos congressistas – que implicava a necessidade de licença da respectiva Casa –, observa-se o temor da possibilidade de prescrição da pretensão punitiva em face daqueles acusados.

Nesse passo, a jurisprudência do Supremo Tribunal Federal voltava-se para a questão da separação, bem como nos casos de litisconsórcio passivo considerado multitudinário. Não raras as vezes, o procedimento na instância originária não passava sequer da fase de recebimento da denúncia porquanto não atingidas as notificações e apresentadas as respectivas defesas.

Há, na cisão do litisconsórcio passivo, inegável coeficiente de risco de decisões contraditórias. Esse temor, todavia, não perfaz razão jurídica suficiente para a manutenção do *simultaneus processus*. Essa circunstância é mesmo natural, a partir do momento em que a própria lei processual não só admite, mas, antes, determina a separação no caso de condutas julgadas em paralelo na justiça castrense e na justiça menorista (artigo 79, incisos I e II, do Código de Processo Penal). Se risco existe, este foi calculado e admitido pelo legislador.

A separação de processos, nessa ordem, ocasiona a cisão da própria jurisdição sobre os fatos criminosos, com absoluta independência funcional do juiz singular e do colegiado a quem compete o exercício da jurisdição especial.

Não se trata de simples delegação para execução dos atos processuais, como faculta o artigo 9º, §1º, da Lei nº 8.038/90. O Tribunal, sem qualquer menoscabo ao princípio do juiz natural, cede a jurisdição sobre os fatos imputados a quem não detém o cargo que justifica o privilégio de foro, cujo estabelecimento é gravado de absoluta excepcionalidade advinda do texto constitucional e mantém inalterada a competência especial.

---

não a pessoa, mas o cargo ocupado" (HC 88.536/GO, 1.ª Turma, Rel. Min. MARCO AURÉLIO, *DJe* de 15.2.2008). 6. Desta feita, não há nenhuma lógica em reconhecer a competência da Corte do local do delito no julgamento do feito, em detrimento do interesse do Tribunal de Justiça do Estado do Rio Grande do Norte em apreciar causa referente a Prefeito – cujo cargo é ocupado em Município daquela unidade da Federação. 7. Nem se diga ainda que, em razão de regra processual existente em legislação infraconstitucional, poderia prevalecer, no caso, a competência em razão do local do cometimento do crime. Isso porque a única interpretação que pode ser dada à hipótese é a de que qualquer regra de hierarquia inferior sobre processo não pode sobrepor-se a determinação da Carta Magna, como por diversas vezes já esclarecido pelo Supremo Tribunal Federal e por esta Corte. 8. Conflito de competência conhecido, para declarar como competente o Tribunal de Justiça do Estado do Rio Grande do Norte" (CC nº 120.848/PE, Rel. Ministra LAURITA VAZ, TERCEIRA SEÇÃO, julgado em 14.03.2012, *DJe* 27.03.2012).

[101] STF, Súmula nº 704: "Não viola as garantias do juiz natural, da ampla defesa e do devido processo legal a atração por continência ou conexão do processo do corréu ao foro por prerrogativa de função de um dos denunciados".

Na mesma linha de intelecção, quando se trata de investigação criminal a cargo do Procurador-Geral de Justiça, é viável o desmembramento, permanecendo intacta a atribuição originária, posto que voltada à pessoa detentora do foro por prerrogativa de função.

Em se tratando de acusado que exerce mandato de prefeito municipal, é corriqueiro que em razão do feixe de atribuições administrativas que partilha com inúmeros servidores e *extraneus* não realize a conduta típica solitariamente. Apenas por essa razão, já haveria justificativa suficiente para a separação de processos, dada a exorbitante quantidade de acólitos que formariam o litisconsórcio passivo.

A Corte Suprema, então, firmou a posição de que, ao invés de configurar faculdade, a separação é naturalmente obrigatória. O contrário, a manutenção do litisconsórcio passivo (artigo 76, incisos I e III, e artigo 77, inciso I do Código de Processo Penal), ou a hipótese de avocação prevista no artigo 82 do mesmo diploma, é que se demandará convincente e exaustiva fundamentação sobre as implicações de ordem prática e jurídica que recomendem a permanência do cúmulo subjetivo processual.

O *leading case*, que cristaliza esse entendimento, o qual também contribui para conferir efetividade à investigação sob o ponto de vista da garantia constitucional da duração razoável do processo, está retratado no Inquérito nº 3.515 AgR/SP, relatado pelo eminente Ministro Marco Aurélio.

É necessário lembrar, ainda, que não vigora na ação penal pública o princípio da indivisibilidade, de modo que o corréu não tem direito à competência originária do Tribunal.

Em síntese, a excepcionalidade do foro por prerrogativa de função determina, como regra, a separação de processos. A suficiente motivação será exigida para a reunião de processos, como, por exemplo, a proximidade da prescrição[102] ou outra razão de ordem prática que permita o julgamento conjunto.

Nos casos em que para a conveniência do processo houver fundamentação suficiente para a manutenção da competência originária do Tribunal para o corréu, a rejeição da denúncia ou o trancamento da ação penal em relação ao detentor de foro por prerrogativa de função não aproveitam a este e implicarão a remessa dos autos ao juízo originariamente competente para julgá-lo.[103]

---

[102] "(...) 4. Denunciados sem foro originário no STF. Cisão. Juízo de conveniência do Tribunal. Fatos intimamente ligados. Proximidade da prescrição. Análise da denúncia quanto a todos os denunciados" (Inq nº 3204, Relator(a): Min. GILMAR MENDES, Segunda Turma, julgado em 23.06.2015, ACÓRDÃO ELETRÔNICO DJe-151 DIVULG 31-07-2015 PUBLIC 03-08-2015).

[103] "Penal e Processual Penal. Inquérito. Parlamentar. Deputado federal. Primeira preliminar relativa ao desmembramento do feito. Existência, no polo passivo da ação, de indiciados que não detêm foro por prerrogativa de função. Rejeição. Inteligência dos arts. 76 a 78 do Código de Processo Penal. Incidência, na espécie, da Súmula nº 704/STF. Precedente. Segunda preliminar relativa à arguição de nulidade por vício na citação de um dos denunciados. Ocorrência. Acolhimento. No mérito, apura-se a eventual prática do crime de corrupção eleitoral. Art. 299 do Código Eleitoral. Ausência de correlação entre os fatos narrados e os elementos configuradores do tipo em questão. Falta de justa causa para o exercício da ação penal. Rejeição da denúncia em relação ao indiciado detentor do foro por prerrogativa de função. Art. 395, inciso III, do Código de Processo Penal. Envio imediato de cópia da íntegra dos autos ao Juízo de primeiro grau para o prosseguimento do feito em relação aos demais indiciados, em face do exaurimento da competência da Corte. 1. Ressalvado o entendimento pessoal do redator do acórdão quanto ao ponto, a rejeição da preliminar relativa ao desmembramento do feito – concernente aos que não detêm foro por prerrogativa de função – está embasada na jurisprudência da Corte, segundo a qual, "não viola as garantias do juiz natural e da ampla defesa, elementares do devido processo legal, a atração, por conexão ou continência, do processo do co-réu ao foro por prerrogativa de função de um dos denunciados, a qual é irrenunciável" (INQ nº 2.424/RJ, Tribunal Pleno, Relator o Ministro Cezar Peluso, DJe de 26.3.10). Incidência, na espécie, da Súmula nº 704/STF. 2. Quanto à nulidade por vício na citação de um dos denunciados, Carlos Eduardo Azevedo Miranda, essa se deu em razão de a contrafé do mandado de citação expedido ter sido assinada por interposta pessoa, sem qualquer relação devidamente esclarecida com o indiciado. 3. A citação no direito processual penal, por consistir em ato pessoal, deve ser executada na pessoa do acusado. Nesse sentido, o HC nº 73.269/SP,

4.3 Da ação penal

No Decreto-Lei nº 201/67, a ação penal referente aos crimes nele tipificados é pública incondicionada.

De modo geral, a Lei nº 8.038/90 não cuida propriamente da ação penal, senão nas disposições específicas relacionadas à ação penal privada, sendo certo que o procedimento especial nela previsto se aplica a qualquer infração penal, independentemente da legitimidade de iniciativa da persecução criminal ou espécie delitiva, incluindo as contravenções penais.[104]

Autorização legislativa. Nesse sentido, tal como já afirmava o Decreto-Lei nº 201/67, a ação penal prescindirá de qualquer espécie de licença legislativa,[105] prerrogativa exclusiva do estatuto jurídico dos congressistas.

João Gualberto Garcez Ramos (*Crimes funcionais de prefeitos*, p. 120) lembra que também é inócuo o prévio pronunciamento da Câmara de Vereadores sobre as contas, não constituindo condição de procedibilidade ou de prosseguibilidade (reservada aos parlamentares), de modo que não impede a investigação ou a ação penal.[106]

Primeira Turma, Relator o Ministro Sydney Sanches, *DJe* de 1º.3.96. 4. Quanto ao mérito da denúncia, há de se ressaltar que as condutas nela narradas e o tipo penal incriminador descrito no art. 299 do Código Eleitoral não se correlacionam, razão pela qual se evidencia a ausência de justa causa para o exercício da ação penal, o que redunda na sua rejeição, nos moldes do art. 395, inciso III, do Código de Processo Penal. 5. Denúncia rejeitada em relação ao indiciado detentor do foro por prerrogativa de função. 6. Exaurida a competência desta Suprema Corte com a rejeição da denúncia em relação ao corréu detentor de foro por prerrogativa de função, encaminhe-se imediatamente cópia da íntegra dos autos ao juízo de primeiro grau competente para dar prosseguimento ao feito em relação aos demais indiciados, decidindo como entender de direito" (Inq 2704, Relator(a): Min. ROSA WEBER, Relator(a) p/ Acórdão: Min. DIAS TOFFOLI, Tribunal Pleno, julgado em 17.10.2012, ACÓRDÃO ELETRÔNICO DJe-038 DIVULG 26-02-2013 PUBLIC 27.02.2013).

[104] A propósito das contravenções penais, o Superior Tribunal de Justiça firmou entendimento de que estão abrangidas na competência originária (Rp nº 179/DF, Rel. Ministro MILTON LUIZ PEREIRA, CORTE ESPECIAL, julgado em 07.02.2001, DJ 10.06.2002, p. 125). Em artigo doutrinário sobre o julgado, que tratava da competência do Superior Tribunal de Justiça (*Foro privilegiado: contravenções penais*, p. 63) reafirma que a ausência de especificação, ou menção a *crimes comuns* ao invés de infrações penais, também engloba as contravenções penais no feixe de competência originária, de modo que a competência *ratione materiae* se submete à competência *ratione muneris*: "Por essas guias, como dito, derivando o assuntado 'foro privilegiado' de motivação político-criminal do Estado, voltada à proteção dos valores institucionais do cargo em função pública, a integralidade do direito protegido não pode ser abalada com o infortúnio de interpretação restritiva, embaraçando o suprimento de lacuna do texto constitucional". A *ratio decidendi* serve também aos crimes praticados por prefeitos, na medida em que a Constituição Federal não faz qualquer distinção entre as infrações penais que serão objeto de julgamento pelo Tribunal, prevalecendo sempre a competência *ratione muneris*, sendo que a matéria apenas modulará a "competência de Justiça" conforme o interesse subjacente protegido pela norma penal violada.

[105] "HABEAS CORPUS". AÇÃO PENAL MOVIDA PELO MP CONTRA PREFEITO MUNICIPAL, TENDO-O COMO INCURSO NO ART. 1., INCISOS I, II E V, DO DECRETO-LEI Nº 201, DE 27.2.1967, COM BASE EM PARECER DO TRIBUNAL DE CONTAS DOS MUNICÍPIOS DO ESTADO DA BAHIA. PREFEITO AFASTADO DO EXERCÍCIO DO CARGO, POR DESPACHO DO RELATOR, APÓS RECEBER A DENUNCIA. DECISÃO CONFIRMADA PELO TRIBUNAL ESTADUAL, AO DESPROVER AGRAVO REGIMENTAL. O DECRETO-LEI Nº 201/1967 NÃO FOI REVOGADO PELA CONSTITUIÇÃO DE 1988, ESTABELECENDO-SE, APENAS, NO ART. 29, VIII, O JULGAMENTO DO PREFEITO PERANTE O TRIBUNAL DE JUSTIÇA. PRECEDENTE DO STF. NAS HIPÓTESES DO ART. 1. DO DECRETO-LEI Nº 201/1967, A AÇÃO PENAL NÃO DEPENDE DE LICENÇA DA CÂMARA MUNICIPAL. CASO EM QUE A DENUNCIA FOI OFERECIDA POR PROVOCAÇÃO DO TRIBUNAL DE CONTAS. E IRRELEVANTE, PARA A ADMISSIBILIDADE DA AÇÃO PENAL, NA ESPÉCIE, O FATO DE A CÂMARA MUNICIPAL, APÓS REJEITAR PARECER CONTRARIO DO TRIBUNAL DE CONTAS COMPETENTE, HAVER APROVADO AS CONTAS DO PREFEITO. NÃO HÁ FALAR, ASSIM, EM FALTA DE JUSTA CAUSA PARA A AÇÃO PENAL. CONHECE-SE DO "HABEAS CORPUS", COMO PEDIDO ORIGINÁRIO, POR ESTAR EM CAUSA DECISÃO DE TRIBUNAL. JULGA-SE PREJUDICADO O PEDIDO, QUANTO AO RETORNO DO PREFEITO AFASTADO AO EXERCÍCIO DE SUAS FUNÇÕES, EM FACE DO TERMINO DO MANDATO. INDEFERE-SE O "HABEAS CORPUS", QUANTO AO RESTANTE DO PEDIDO, PARA QUE PROSSIGA A AÇÃO PENAL" (HC nº 69915, Relator(a): Min. NÉRI DA SILVEIRA, Segunda Turma, julgado em 09.03.1993, DJ 08-04-1994 PP-07242 EMENT VOL-01739-04 PP-00752).

[106] Nesse sentido: "I. Denúncia: cabimento, com base em elementos de informação colhidos em auditoria do Tribunal de Contas, sem que a estes – como também sucede com os colhidos em inquérito policial – caiba opor, para esse fim, a inobservância da garantia ao contraditório. II. Aprovação de contas e responsabilidade penal: a aprovação

Independência das esferas de apuração de ilícitos. Na mesma toada, o parecer dos Tribunais de Contas[107] e o arquivamento de inquérito civil sobre os mesmos fatos não produz efeitos diretos na ação penal, havendo absoluta independência das instâncias penal, civil e administrativa.

Assim, as condições de procedibilidade e objetivas de punibilidade serão as comuns a todas as ações penais, quer se desenvolvam na primeira instância ou na competência originária dos tribunais, não havendo situação especial a considerar.

A ação penal de iniciativa exclusivamente privada também não prescindirá de seus requisitos próprios, sendo certo que o Ministério Público deverá velar pela indivisibilidade,

---

pela Câmara Municipal de contas de Prefeito não elide a responsabilidade deste por atos de gestão. III. Recurso especial: art. 105, III, c: a ementa do acórdão paradigma pode servir de demonstração da divergência, quando nela se expresse inequivocamente a dissonância acerca da questão federal objeto do recurso" (Inq nº 1070, Relator(a): Min. SEPÚLVEDA PERTENCE, Tribunal Pleno, julgado em 24.11.2004, DJ 01.07.2005 PP-00006 EMENT VOL-02198-01 PP-00142 RTJ VOL-00194-02 PP-00445).

[107] "EMENTA: AÇÃO PENAL. CRIMES DE FRAUDE A LICITAÇÃO E DE QUADRILHA. CONCURSO DE PESSOAS. QUESTÃO DE ORDEM: SOBRESTAMENTO DA AÇÃO ATÉ DECISÃO DO TRIBUNAL DE CONTAS DA UNIÃO. INDEPENDÊNCIA DAS INSTÂNCIAS. IMPROCEDÊNCIA. PRELIMINARES: ARGUIÇÃO DE INCOMPETÊNCIA DO SUPREMO TRIBUNAL FEDERAL PARA JULGAMENTO DE RÉUS SEM PRERROGATIVA DE FORO: DESMEMBRAMENTO DO PROCESSO. ALEGAÇÕES DE INÉPCIA DA DENÚNCIA, DE NULIDADE DE INVESTIGAÇÃO CRIMINAL PELO MINISTÉRIO PÚBLICO, NULIDADE DA QUEBRA DE SIGILO BANCÁRIO E FISCAL AUTORIZADA PELO STJ, VÍCIO NA PRODUÇÃO DE PROVA PERICIAL E AUSÊNCIA DE CONDIÇÃO DE PUNIBILIDADE E DE JUSTA CAUSA PARA A AÇÃO PENAL. PRELIMINARES REJEITADAS. ALEGAÇÃO DE PRESCRIÇÃO DA PRETENSÃO PUNITIVA ESTATAL. PREJUDICIAL DE MÉRITO REJEITADA. AÇÃO PENAL JULGADA PARCIALMENTE PROCEDENTE. 1. Decisão do Tribunal de Contas da União não constitui condição de procedibilidade de crimes de fraude à licitação e quadrilha. Pelo princípio da independência das instâncias, é possível que a existência do fato alegadamente delituoso e a identificação da respectiva autoria se definam na esfera penal sem vinculação com a instância de controle exercida pelos Tribunais de Contas. Questão de ordem resolvida no sentido de não condicionar a procedibilidade dos delitos imputados aos Réus a futura decisão do Tribunal de Contas da União. 2. Não viola as garantias do juiz natural e da ampla defesa, elementares do devido processo legal, a atração, por conexão ou continência, do processo do corréu ao foro por prerrogativa de função de um dos denunciados. Precedentes. 3. É apta a denúncia que especifica a conduta dos réus, expondo de forma pormenorizada o fato criminoso, preenchendo os requisitos do art. 41 do Código de Processo Penal. Da leitura da peça acusatória devem poder se esclarecer todos os elementos indispensáveis à existência de crime em tese, com autoria definida, de modo a permitir o pleno exercício do contraditório e da ampla defesa. 4. A jurisprudência do Supremo Tribunal é firme no sentido de que o Ministério Público pode oferecer denúncia com base em elementos de informação obtidos em inquéritos civis, instaurados para a apuração de ilícitos civis e administrativos, no curso dos quais se vislumbre suposta prática de ilícitos penais. Precedentes. 5. A questão relativa à nulidade da quebra de sigilo bancário e fiscal realizada pela usurpação de competência do Superior Tribunal de Justiça foi objeto de apreciação judicial definitiva nos autos da Reclamação 2217-RO, do Superior Tribunal de Justiça, e Recurso Extraordinário 562744-RO, deste Supremo Tribunal. 6. Laudos técnicos elaborados no curso de investigação preliminar não representam prova pericial, mas documental, constituída de forma unilateral pelo órgão acusatório e assim foi valorada, não incidindo, no caso, o disposto no art. 280 c/c art. 254, inc. I, do Código de Processo Penal, aplicável às perícias, realizadas no curso da ação ou mesmo antecipadamente, sempre sob o crivo do contraditório, ainda que diferido. 7. A circunstância de o Tribunal de Contas aprovar contas a ele submetidas não obsta a persecução penal promovida pelo Ministério Público e a responsabilização penal dos agentes envolvidos em delitos de malversação de dinheiro público. Admitir-se o contrário, importaria em subtrair à jurisdição do Poder Judiciário o julgamento de crimes, ficando essa atribuição afeta a órgãos que apenas detêm competência político-administrativa. 8. A questão relativa à falta de justa causa para a ação penal foi tratada no momento do recebimento da denúncia e a sua reiteração confunde-se com o mérito da ação penal, relacionando-se diretamente com o conjunto probatório produzido durante a instrução processual. 9. A escolha de modalidade licitatória diversa daquela exigida pela lei, com o fracionamento de despesa, constitui fraude ao caráter competitivo inerente à licitação. Condenação de Ivo Narciso Cassol, Salomão da Silveira e Erodi Antonio Matt pela prática, por doze vezes, do crime previsto no art. 90 da Lei 8.666/93. 10. Ausência de prova da participação de Aníbal de Jesus Rodrigues, Neilton Soares dos Santos, Izalino Mezzomo, Ivalino Mezzono, Josué Crisostomo e Ilva Mezzono Crisostomo nos crimes de fraude à licitação narrados na inicial. 11. Ausência do elemento relativo ao número mínimo de quatro pessoas para configuração do crime do art. 288 do Código Penal. 12. Ação penal julgada parcialmente procedente" (AP nº 565, Relator(a): Min. CÁRMEN LÚCIA, Tribunal Pleno, julgado em 08.08.2013, ACÓRDÃO ELETRÔNICO DJe-098 DIVULG 22-05-2014 PUBLIC 23-05-2014).

apontando a ocorrência, bem como poderá aditar a queixa para inclusão de dados relevantes, desde que não se trate de inserção de outros querelados.

Caberá também a ação penal privada subsidiária da pública por parte do ofendido (artigo 5º, LIX, da Constituição Federal, e 29 c/c 30 do Código de Processo Penal).[108] Nesse caso, o Ministério Público também poderá realizar o aditamento, sem estar limitado a não acrescentar outros legitimados passivos, uma vez que a ação embora, de iniciativa privada, é essencialmente pública, não vigorando o princípio da indivisibilidade.

Há no artigo 6º da Lei nº 8.038/90[109] uma confusão entre a rejeição de denúncia e, colocada na mesma linha de cognição, a chamada "improcedência da acusação", que se aproxima (mas não se identifica) da *absolvição sumária*, instituto inexistente à época da promulgação da normativa, senão no procedimento do júri.

A ideia do dispositivo não é propriamente uma inovação. Além de historicamente constar do Regimento Interno do Supremo Tribunal Federal, era a letra do revogado artigo 559 do Código de Processo Penal,[110] que, entretanto, previa a esdrúxula possibilidade de *proposta de arquivamento pelo relator*.

Como aponta Júlio Fabbrini Mirabete *(Processo penal*, p. 577), a "improcedência da acusação" prevista no artigo 6º da Lei nº 8.038/90 está acompanhada da expressão "se a decisão não depender de outras provas".

Quer significar que a *improcedência da acusação* demanda prova irrefutável nos autos de alguma das causas de absolvição contidas no artigo 386 do Código de Processo Penal (não nas matérias referidas no artigo 397), que a instrução processual não será capaz de suprir sem violação do devido processo legal, a saber: estar provada a inexistência do fato,[111]

---

[108] O Supremo Tribunal Federal julgou, com repercussão geral, o ARE 859251/DF RG, estabelecendo que a ação penal privada subsidiária da pública é direito potestativo do ofendido que surge pelo simples escoamento do prazo para oferecimento da denúncia, não importando a tramitação interna da investigação no Ministério Público. O acórdão, todavia, olvidou o disposto no artigo 47 do Código de Processo Penal, que faculta ao membro do Ministério Público a realização pessoal de diligências (Art. 47. Se o Ministério Público julgar necessários maiores esclarecimentos e documentos complementares ou novos elementos de convicção, deverá requisitá-los, diretamente, de quaisquer autoridades ou funcionários que devam ou possam fornecê-los). Na pendência dessas diligências requisitas diretamente para a formação do *opinio delicti*, que muitas vezes ultrapassam os prazos do artigo 46 do Código de Processo Penal, não seria razoável afirmar que existiu inércia ministerial. De qualquer forma, havendo inquérito policial instaurado, para que não paire dúvidas quanto à atividade do Ministério Público, cabe ao membro encarregado da investigação realizar a diligência, justificá-la nos autos e requerer que seja aguardado em cartório a conclusão das requisições que a norma processual penal lhe faculta realizar diretamente. O mesmo princípio vale para as investigações criminais próprias do Ministério Público, nas quais as diligências devem ser discriminadas nos autos, com o controle dos prazos de cumprimento (Vide: Resolução CNMP nº 13/2006).

[109] Lei nº 8.038/90. "Art. 6º – A seguir, o relator pedirá dia para que o Tribunal delibere sobre o recebimento, a rejeição da denúncia ou da queixa, ou a improcedência da acusação, se a decisão não depender de outras provas".

[110] "Art. 559. Se a resposta ou defesa prévia do acusado convencer da improcedência da acusação, o relator proporá ao tribunal o arquivamento do processo."

[111] "Ementa: AÇÃO PENAL. EX-PREFEITO E ATUAL DEPUTADO FEDERAL. DENÚNCIA DE INFRAÇÃO AO DECRETO-LEI 201/1967, ART. 1º, III E IX. APROPRIAÇÃO INDÉBITA PREVIDENCIÁRIA. EMENDATIO LIBELLI. ABSOLVIÇÃO EM RELAÇÃO A PARCELA DA APROPRIAÇÃO, EXTINÇÃO DA PUNIBILIDADE PELO PAGAMENTO, EM RELAÇÃO AO MAIS. 1. A apropriação indébita previdenciária (art. 168-A do Código Penal) prevalece sobre o tipo previsto no art. 1º, XIV, do Decreto-Lei 201/1967, quando a hipótese versa descumprimento de lei municipal atinente a recolhimento a autarquia previdenciária. 2. Ausência de descrição própria de desvio de renda pública, independente da suposta apropriação indébita, leva à absolvição, sobretudo quando a prova dos autos evidencia não ter havido o suposto fato. Improcedência da denúncia, no ponto. 3. Incide, no caso, o entendimento de que o pagamento do tributo, a qualquer tempo, extingue a punibilidade do crime tributário. Precedente" (AP nº 450, Relator(a): Min. TEORI ZAVASCKI, Segunda Turma, julgado em 18.11.2014, ACÓRDÃO ELETRÔNICO *DJe*-028 DIVULG 10-02-2015 PUBLIC 11-02-2015).

tratar-se de fato atípico,[112] estar provado que o réu não concorreu de qualquer forma para a infração,[113] ou a presença de alguma excludente de ilicitude ou de culpabilidade.[114]

In dubio pro societate. Qualquer dúvida razoável sobre essas circunstâncias impede o exame antecipado do mérito, militando em favor da sociedade. Da mesma forma, as hipóteses de deficiência de prova da existência do fato, de participação do réu ou de ausência de prova suficiente para a condenação, não se prestam a justificar o juízo de inadmissibilidade da acusação, pois demandam a produção de prova em regular contraditório.

Extinção da punibilidade. Devemos acrescentar a extinção da punibilidade do agente, matéria de ordem pública cognoscível em qualquer fase processual ou grau de jurisdição, dada a regra geral do artigo 61 do Código de Processo Penal. Essa era uma das causas de rejeição da denúncia prevista no revogado artigo 43.

Conteúdo do juízo de admissibilidade. Em suma: a cognição no juízo de admissibilidade da acusação nos procedimentos de competência originária dos Tribunais se desenvolve de modo a analisar, no horizonte das alegações e documentos trazidos na resposta preliminar: a) a presença dos requisitos do artigo 41 do Código de Processo Penal; b) a ausência das causas do artigo 395; c) a ausência das causas de improcedência antecipada da acusação contidas no artigo 386, incisos, I, III, IV e VI.

Fundamentação da decisão que recebe a denúncia ou a queixa. Havendo a necessidade de uma deliberação colegiada acerca da imputação, cumpre indagar qual o limite de cognição expendida no exame da admissibilidade da denúncia ou da queixa, de modo aquilatar o cumprimento do disposto no artigo 93, inciso IX, da Constituição Federal quanto à fundamentação das decisões judiciais.

É cediço que o recebimento da denúncia pelo juiz singular (aqui adotando a posição de não aplicação do artigo 2º, inciso I, primeira parte, do Decreto-Lei nº 201/67) prescinde da cognição e da avaliação exaustiva da prova ou da apreciação exauriente dos argumentos das partes, bastando o exame da validade formal da peça e a verificação da presença de indícios suficientes de autoria e de materialidade.[115]

No juízo de admissibilidade operado na competência originária, há, como vimos, uma antecipação do conteúdo parcial da resposta escrita previsto no artigo 396-A do Código de Processo Penal, de modo que além da higidez da denúncia ou queixa sob os aspectos do artigo 365, o Tribunal deverá se manifestar sobre as alegações contidas naquela peça, a ponto de antecipar o mérito e julgar improcedente a ação penal por falta de provas.

Mesmo nessa contingência, o recebimento da denúncia ou queixa não necessitará de fundamentação exauriente, bastando que sejam apontadas concretamente a presença

---

[112] "EMENTA: I. STF: ação penal originária: declaração liminar de improcedência da denúncia, quando verificada desde logo, sem necessidade de instrução (L. 8038/90, art. 6º, in fine). II. Estelionato: inexistência na hipótese de não aplicação no objeto do convênio de subsídio federal concedido a fundação privada para construção de um centro comunitário, quando obtida sem indução ou manutenção do erro de outrem e demonstrado que a verba, depositada em conta bancária especial, lá se manteve intocada, até o seu emprego na edificação de outra obra de interesse social – um posto de saúde – de modo a desmentir a assertiva da denúncia de que o acusado se teria apropriado da quantia, em benefício próprio. III. Atipicidade penal do fato que também se verifica à luz de outras normas incriminadoras aventadas, mas a ele inaplicáveis (v.g., CP, arts 168 e 315; L. 7314/83 e L. 7492/86, art. 20)" (Inq nº 933, Relator(a): Min. SEPÚLVEDA PERTENCE, Tribunal Pleno, julgado em 29.05.2002, DJ 28.06.2002 PP-00088 EMENT VOL-02075-01 PP-00151).

[113] A *contrario sensu*. Inq nº 2952/RR (denúncia recebida, afastada a tese de não descrição de como o acusado teria concorrido para o crime).

[114] A *contrario sensu*. AP 516/DF (denúncia recebida, afastada a excludente).

[115] STF RHC nº 129774, Relator(a): Min. ROSA WEBER, Primeira Turma, julgado em 10.11.2015, ACÓRDÃO ELETRÔNICO DJe-035 DIVULG 24-02-2016 PUBLIC 25.02.2016.

dos requisitos formais e de justa causa para ação penal, bem como afastando preliminares levantadas, de modo a não adentrar ao mérito da imputação.[116]

Consequências da rejeição e da improcedência. Consoante a forma de extinção da ação penal, por rejeição ou julgamento antecipado do mérito, ocorrerão distintas consequências quanto à coisa julgada.

A rejeição de denúncia ligada à falta de justa causa não impede, por si só, a renovação da investigação no caso de novas provas para a propositura de uma nova denúncia[117] ou aditamento da existente,[118] sendo que o efeito da decisão de rejeição será essencialmente declaratório.

---

[116] "DIREITO PROCESSUAL PENAL. HABEAS CORPUS. ALEGAÇÃO DE NULIDADE DO ACÓRDÃO DE RECEBIMENTO DA DENÚNCIA. AÇÃO PENAL DE COMPETÊNCIA ORIGINÁRIA DE TRIBUNAL DE JUSTIÇA. FUNDAMENTAÇÃO IDÔNEA E SUFICIENTE. EMBARGOS DE DECLARAÇÃO NÃO RECEBIDOS. DECISÃO FUNDAMENTADA. ORDEM DENEGADA. 1. A tese tratada nestes autos diz respeito à eventual nulidade do ato de recebimento da denúncia por ausência de fundamentação adequada e suficiente, tendo sido apresentada tese subsidiária consistente na possível nulidade do acórdão do Tribunal de Justiça que negou provimento ao agravo regimental interposto contra decisão que negou seguimento aos embargos de declaração. 2. O acórdão de recebimento da denúncia preencheu os requisitos do art. 93, IX, da Constituição Federal, apresentando as razões hábeis ao juízo positivo de admissibilidade da denúncia devido à presença da prova da materialidade do fato supostamente delituoso e indícios suficientes de autoria. 3. As alegações de inépcia da denúncia e de atipicidade da conduta foram adequadamente rejeitadas pela Corte estadual, sob o fundamento expresso na existência de procedimento administrativo contendo sinais de adulterações e indícios de que ele não teria seguido, em determinados momentos, uma seqüência lógica. 4. Há questões que merecerão análise muito mais detida por ocasião do julgamento da pretensão punitiva deduzida pelo Ministério Público no momento da prolação do julgamento do mérito da pretensão deduzida na denúncia, mas houve substrato fático-probatório mínimo e suficiente para o recebimento da denúncia, a afastar a alegação de inépcia da denúncia e de atipicidade da conduta imputada aos pacientes. 5. Houve, pois, atendimento às exigências formais e materiais contidas no art. 41, do Código de Processo Penal. 6. Quanto à segunda tese apresentada na petição inicial deste writ – nulidade do acórdão que manteve a decisão monocrática que negou seguimento aos embargos de declaração –, não houve qualquer flagrante ilegalidade ou julgamento teratológico no improvimento do agravo regimental. 7. Habeas corpus denegado" (HC nº 92907, Relator(a): Min. ELLEN GRACIE, Segunda Turma, julgado em 02.09.2008, *DJe*-182 DIVULG 25.09.2008 PUBLIC 26-09-2008 EMENT VOL-02334-02 PP-00428).

[117] A queixa dificilmente escapará do lapso decadencial.

[118] "HABEAS CORPUS. CRIMES CONTRA A ORDEM TRIBUTÁRIA E FORMAÇÃO DE QUADRILHA. TRANCAMENTO DA AÇÃO PENAL. ALEGADA FALTA DE JUSTA CAUSA PARA A PERSECUÇÃO PENAL, AO ARGUMENTO DE ILEGALIDADE DO PROCEDIMENTO ADMINISTRATIVO INVESTIGATÓRIO PROCEDIDO PELO MINISTÉRIO PÚBLICO, AUSÊNCIA DE CONSTITUIÇÃO DEFINITIVA DO CRÉDITO TRIBUTÁRIO E INÉPCIA DA DENÚNCIA. ORDEM PARCIALMENTE CONCEDIDA. 1. Alegação de ilegalidade nas investigações realizadas diretamente pelo Ministério Público e inobservância de condição objetiva de punibilidade – no caso, a constituição definitiva do crédito tributário. Matérias discutidas no HC 84.965/MG. 2. Inépcia da denúncia. Ocorrência, em parte. 3. Prisão. Efeitos deletérios que o tempo impõe ao processo. Decisão que decreta a prisão de quem quer que seja deve demonstrar, ao tempo da constrição, sólidas evidências do real perigo que a liberdade do agente causaria à sociedade. Writ prejudicado nesta parte, sem prejuízo dos efeitos do alvará de soltura expedido em favor do paciente, bem como da extensão da liminar deferida pela Min. Ellen Gracie aos demais corréus, e de eventual reexame por parte do magistrado de primeiro grau de fatos novos que justifiquem a restrição à liberdade ou a adoção de medidas cautelares, nos termos do que disposto na Lei 12.403/2011. 4. Ordem parcialmente concedida para trancar a ação penal em relação ao paciente somente quanto às condutadas previstas no art. 1º, II, e art. 3º, IV, ambos da Lei 8.137/90, ressalvando a possibilidade de o Parquet, em ambos os delitos, se entender cabível, oferecer nova denúncia. (HC 85000, Relator(a): Min. GILMAR MENDES, Segunda Turma, julgado em 13.03.2012, ACÓRDÃO ELETRÔNICO *DJe*-063 DIVULG 27-03-2012 PUBLIC 28-03-2012); EMENTA: HABEAS CORPUS. PACIENTE DENUNCIADO POR INFRAÇÃO AO ART. 1º, INCISO II, DA LEI Nº 8.137/90 E ART. 288 DO CP. ALEGADA NECESSIDADE DE EXAURIMENTO DA VIA ADMINISTRATIVA PARA INSTAURAÇÃO DA AÇÃO PENAL, SEM O QUE NÃO ESTARIA COMPROVADA A REDUÇÃO OU SUPRESSÃO DO TRIBUTO E, POR CONSEGUINTE, TAMBÉM REVELARIA A INSUBSISTÊNCIA DO DELITO DE QUADRILHA. PEDIDO DE TRANCAMENTO DO PROCESSO. A necessidade do exaurimento da via administrativa para a validade da ação penal por infração ao art. 1º da Lei nº 8.137/90 já foi assentada pelo Supremo Tribunal Federal (HC 81.611). Embora a Administração já tenha proclamado a existência de créditos, em face da pendência do trânsito em julgado das decisões, não é possível falar-se tecnicamente de lançamento definitivo. Assim, é de se aplicar o entendimento do Plenário, trancando-se a ação penal no tocante ao delito do art. 1º da Lei nº 8.137/90, por falta de justa causa, sem prejuízo do oferecimento de nova denúncia (ou aditamento da já existente) após o exaurimento da via administrativa. Ficando, naturalmente, suspenso o curso da prescrição. Denúncia, entretanto,

Fará coisa julgada material a rejeição que se fundar na atipicidade da conduta por ausência de dolo ou elemento normativo do tipo.[119]

Sustentação oral. Uma das características dos julgamentos colegiados é a admissão da sustentação oral pelas partes, sobretudo nos recursos e ações que não dispõem de previsão de revisor.

Na fase de juízo de admissibilidade da ação penal originária é facultado às partes realizar a sustentação oral, primeiro pela acusação (Ministério Público ou querelante), depois pela defesa, pelo prazo de 15 (quinze) minutos. Este é o prazo mínimo, podendo o regimento interno da Corte estabelecer tempo maior.

Prazo em dobro no litisconsórcio. Os regimentos internos do Supremo Tribunal Federal e do Superior Tribunal de Justiça[120] contemplam que o prazo para sustentação oral, no caso de litisconsórcio com advogados diversos, deve ser contado em dobro e dividido o tempo entre os grupos de causídicos.

A Corte Especial do Superior Tribunal de Justiça estabeleceu que nos casos de competência originária daquele Tribunal, havendo mais de um advogado, o prazo para a sustentação oral deve ser contado em dobro, a não observância do prazo em dobro, em qualquer caso, é nulidade relativa, dependendo de prova consistente do prejuízo para a defesa.

Sustentação oral por videoconferência. O novo Código de Processo Civil (artigo 937, §4º) estabeleceu a possibilidade de sustentação oral por meio de videoconferência ou outro recurso tecnológico de transmissão de sons e imagens em tempo real, quando o advogado tiver domicílio profissional em cidade diversa daquela onde está sediado o tribunal, desde que o requeira até o dia anterior ao da sessão. A disposição parece ser perfeitamente aplicável ao processo penal, tanto que Tribunais, como o Tribunal Regional Federal da 4ª Região[121] já

---

que não se limita à hipótese comum de crime contra a ordem tributária, imputando aos denunciados a criação de uma organização, especificamente voltada para a sonegação fiscal, narrando fatos outros como a criação de empresas fantasmas, utilização de "laranjas", declaração de endereços inexistentes ou indicação de endereços iguais para firmas diversas, alterações freqüentes na constituição social das empresas, inclusive com sucessões em firmas estrangeiras, nos chamados "paraísos fiscais" (supostamente para dificultar a localização de seus responsáveis legais), emissão de notas fiscais e faturas para fornecer aparência de legalidade, entre outras coisas. Fatos que, se comprovados, configuram, entre outras, a conduta descrita no delito de quadrilha, que aí não poderia ser considerada meio necessário para a prática do crime tributário, a ponto de estar absorvida por ele, mesmo porque a consumação daquele delito independe da prática dos crimes que levaram os agentes a se associarem. Impossibilidade de trancamento da ação penal quanto ao crime tipificado no art. 288 do CP, tampouco quanto a outros delitos formais e autônomos que eventualmente se possa extrair dos fatos narrados na denúncia, dos quais foi possível aos acusados se defenderem. Habeas corpus deferido em parte" (HC nº 84423, Relator(a): Min. CARLOS BRITTO, Primeira Turma, julgado em 24.08.2004, DJ 24.09.2004 PP-00042 EMENT VOL-02165-01 PP-00116 RTJ VOL-00193-01 PP-00395).

[119] Ementa: "HABEAS CORPUS. DENÚNCIA OFERECIDA E RECEBIDA ANTES DE ENCERRADAS INVESTIGAÇÕES EM INQUÉRITO JUDICIAL INSTAURADO PARA APURAR OS MESMOS FATOS OBJETO DA DENÚNCIA. POSTERIOR ARQUIVAMENTO DO INQUÉRITO POR ATIPICIDADE DE CONDUTA DO PACIENTE. AUSÊNCIA DE JUSTA CAUSA SUPERVENIENTE. TRANCAMENTO DE AÇÃO PENAL. POSSIBILIDADE. ORDEM CONCEDIDA. I – Falta de justa causa à ação penal iniciada antes de encerradas as investigações em sede de inquérito instaurado para apurar os mesmos fatos e arquivado por decisão judicial, ante a constatação de atipicidade da conduta do paciente. II – O trancamento da ação penal, em habeas corpus, constitui medida excepcional que só deve ser aplicada nos casos de manifesta atipicidade de conduta, presença de causa de extinção da punibilidade ou ausência de indícios mínimos de autoria e materialidade delitivas. III – Na situação sob exame, verifica-se a atipicidade da conduta do paciente, constatada no Inquérito 333, que tramitou o Superior Tribunal de Justiça. IV – Ordem concedida para trancar a ação penal" (HC nº 108748, Relator(a): Min. RICARDO LEWANDOWSKI, Segunda Turma, julgado em 10.12.2013, PROCESSO ELETRÔNICO *DJe*-100 DIVULG 26.05.2014 PUBLIC 27.05.2014).

[120] RISTJ, artigo 160, §2º: "§2º Se houver litisconsortes não representados pelo mesmo advogado, o prazo será contado em dobro e dividido igualmente entre os do mesmo grupo, se diversamente não o convencionarem".

[121] Resolução nº 133/2013.

a praticam mesmo antes da vigência do novo Código, abrangendo todas as Turmas, Seções, Corte Especial e Plenário daquela Corte.

Sustentação oral pelo ofendido. Na fase de admissibilidade da acusação não há espaço para a sustentação oral pelo ofendido na condição de assistente de acusação, uma vez que a assistência presume a existência da ação penal, que somente se instaura a partir do recebimento da denúncia.

Ausência de sustentação oral. A sustentação oral, denominada *debate* no Código de Processo Penal, é uma das expressões do direito de defesa e, como tal, deve ser integralmente *proporcionada* ao denunciado e ao acusado nos procedimentos de competência originária. No entanto, embora seja um dos meios inerentes à ampla defesa, representa uma faculdade da defesa técnica, que poderá, legitimamente, dispensá-la, deixando de requerê-la no início da sessão de julgamento, quando anunciada a pauta e apregoada as partes (artigo 610, parágrafo único, do Código de Processo Penal c.c. artigo 937, §2º, do Código de Processo Civil) ou com a antecedência prevista, no caso de videoconferência.

Obrigatória é a oportunidade de sustentação oral, mediante a intimação, quanto à sessão de julgamento, do advogado constituído pela imprensa oficial ou intimação pessoal do defensor público ou nomeado. Também deverá ser intimado pessoalmente o Ministério Público, em respeito à prerrogativa funcional e ao contraditório.

O Superior Tribunal de Justiça se deparou com a situação de ausência de apresentação da resposta preliminar à acusação e decidiu pela nulidade do processo, a partir da sessão de julgamento do recebimento da denúncia, porque o artigo 6º, §1º, da Lei nº 8.038/90 prevê a possibilidade de sustentação oral, pelo prazo de 15 (quinze) minutos, para a acusação e para a defesa. Não resulta claro se a acusação se manifestou oralmente naquela sessão declarada nula, mas o Superior Tribunal de Justiça a anulou porque não foi nomeado defensor *ad hoc*.[122] Não partilhamos do mesmo entendimento.

Restrição da publicidade. Prevê a Lei nº 8.038/90 (artigos 6º, §2º e 12, inciso II) que tanto no julgamento de recebimento da denúncia ou queixa, quanto na sessão de deliberação sobre o mérito da imputação, poderá o presidente[123] limitar a publicidade da sessão, depois de realizada a sustentação oral (ou debates), restringindo a presença no recinto às partes e seus advogados, ou somente a estes, se o interesse público exigir. Trata-se de mitigação da regra do revogado artigo 561, inciso IV, do Código de Processo Penal, que previa o julgamento

---

[122] 'PROCESSUAL PENAL. HABEAS CORPUS. PREFEITO. CRIME DE RESPONSABILIDADE. ARTIGO 1º, INCISO I, DO DECRETO-LEI N.º 201/67. 1. AÇÃO PENAL. DEFESA PRELIMINAR. CONTRADITÓRIO ANTECIPADO. ACUSADO INTIMADO PESSOALMENTE. INÉRCIA. PRAZO TRANSCURSO IN ALBIS. PECHA. INEXISTÊNCIA. 2. POSSIBILIDADE DE EXPOSIÇÃO DAS TESES DEFENSIVAS NA DEFESA PRÉVIA. 3. SESSÃO PARA DELIBERAÇÃO SOBRE O RECEBIMENTO DA INICIAL ACUSATÓRIA. AUSÊNCIA DE INTIMAÇÃO PRÉVIA DE CAUSÍDICO. NOMEAÇÃO DE DEFENSOR AD HOC. INEXISTÊNCIA. SUSTENTAÇÃO ORAL. FRUSTRADA. 4. RECONHECIMENTO DE NULIDADE. DEMAIS TESES DEFENSIVAS SUPERADAS. 5. ORDEM CONCEDIDA. 1. Não obstante a intimação pessoal do acusado para apresentar sua defesa preliminar, no exercício do contraditório antecipado previsto na Lei n.º 8.038/90, sobressai a inércia defensiva, ante o decurso in albis do prazo, inexistindo pecha diante da evidente omissão. 2. Acaso admitida a peça acusatória, possível se apresenta a exposição das teses defensivas agora em defesa prévia, no transcurso da instrução criminal, em exercício regular do contraditório. 3. Não se verificou a intimação de causídico, ou mesmo a nomeação de defensor ad hoc, para a assentada na qual restou recebida a denúncia, embora publicada a pauta da sessão de julgamento, não se facultando a defesa a sustentação oral, portanto. 4. Diante do reconhecimento da nulidade por ocasião do recebimento da incoativa, restam superadas as demais teses defensivas. 5. Ordem concedida a fim de reconhecer a nulidade da sessão de julgamento que recebeu a denúncia em desfavor do paciente, para que seja deliberado novamente o seu eventual recebimento, com prévia obediência aos parâmetros legais" (HC nº 233.639/MT, Rel. Ministra MARIA THEREZA DE ASSIS MOURA, SEXTA TURMA, julgado em 16.09.2014, *DJe* 26.09.2014). Precedente citado no acórdão: HC nº 205.404/RO, Rel. Ministro JORGE MUSSI, QUINTA TURMA, julgado em 06/03/2012, *DJe* 20/03/2012.

[123] O *presidente* a que lei se refere não é aquele que exerce a chefia administrativa do Tribunal, mas o magistrado que conduz o órgão fracionário ou plenário a que o julgamento está submetido.

em sessão secreta após as sustentações orais, algo parecido com a deliberação dos jurados, porém com votos fundamentados. A disposição não tem muito sentido, uma vez que o sigilo em favor do interesse público deve vigorar durante todo o processo, não só nos instantes deliberativos, cujo segredo seria instaurado depois do relatório e das sustentações orais públicas.

Empate na votação. Quando, circunstancialmente, o órgão designado no regimento interno ou na lei de organização judiciária para julgamento do prefeito for composto por número par, o empate na votação do recebimento da denúncia ou queixa, bem como no juízo de mérito sobre a imputação deverá favorecer o acusado, por analogia do artigo 615, §1º, do Código de Processo Penal.[124]

---

[124] "Inquérito. 2. Competência originária. 3. Penal e Processual Penal. 4. Empate na votação quanto à admissibilidade de parte da denúncia. Prevalência da rejeição, por mais favorável ao denunciado. 5. Crime de dano ao patrimônio da União. As terras tradicionalmente ocupadas pelos índios são propriedade da União – art. 20, XI, da Constituição Federal. As plantações e edificações incorporam-se ao terreno, tornando-se propriedade da União, que deverá indenizar o ocupante de boa-fé – art. 231, §6º, da Constituição Federal e art. 1.255 do Código Civil. A propriedade das plantações e edificações é adquirida pela União por acessão – art. 1.248, V, do Código Civil –, ou seja, a plantação ou construção incorpora-se ao patrimônio da proprietária pela simples incorporação ao solo, sendo irrelevante a transferência da posse. São irrelevantes a tradição ou o ato administrativo de inventário ou tombamento dos bens no patrimônio público. Os particulares ocupantes não são proprietários das terras ou das acessões, pelo que não podem legitimamente destruí-los. Tipicidade, em tese, da destruição pelo art. 163, parágrafo único, III, do CP. 6. Denúncia recebida em relação aos danos alegadamente praticados contra as acessões da Fazenda Depósito descritas na Tabela 1 do Laudo de Exame de Local 155/10 (fls. 188-189 do Anexo), vencido o relator" (Inq nº 3670, Relator(a): Min. GILMAR MENDES, Segunda Turma, julgado em 23.09.2014, ACÓRDÃO ELETRÔNICO DJe-241 DIVULG 09-12-2014 PUBLIC 10.12.2014).

CRIMES DE PARCELAMENTO DO SOLO PARA FINS URBANOS – LEI Nº 6.766, DE 19 DE DEZEMBRO DE 1979

Alexandre Rocha Almeida de Moraes

José Antonio Apparecido Júnior

1   O Brasil urbano e o direito ao desenvolvimento

A Constituição Federal de 1988 foi a primeira Carta brasileira a tratar especificamente de direito urbanístico. Tal medida representou uma espécie de reação da ordem jurídica estatal ao fenômeno da urbanização em nosso país, que se tornou agudo a partir da metade do século XX. Em 1940, o Brasil contava com uma população de 41.169.321 pessoas, com 12.880.790 de habitantes das cidades (31,28% do total) e 28.288.531 (68,72% do total) vivendo no campo.[1] No ano 2015, segundo estimativas do Instituto Brasileiro de Geografia e Estatística, 84,72% da população brasileira (cerca de 211 milhões de pessoas) vive em áreas urbanas, e cerca de 15,28% dos brasileiros habitando áreas rurais. São, em números aproximados, quase 180 milhões de pessoas vivendo nas cidades.[2] A necessidade de produzir um mínimo de regulamentação jurídica a tal situação explica a preocupação do legislador constituinte com o tema, anteriormente tratado de maneira tímida pelo ordenamento constitucional e de forma bastante incipiente pela legislação.

Fenômenos urbanísticos típicos dessa condição de inchaço exponencial dos grandes e médios centros urbanos são as cidades-dormitório, os centros desocupados e degradados, a expansão urbana desordenada e sem infraestrutura mínima de serviços urbanos etc. Tais

---

[1] INSTITUTO BRASILEIRO DE GEOGRAFIA E ESTATÍSTICA (IBGE). Tendências Demográficas: uma análise da população com base nos censos demográficos de 1940 e 2000. Disponível em: http://www.ibge.gov.br/home/estatistica/populacao/tendencia_demografica/analise_populacao/1940_2000/analise_populacao.pdf. Acesso em: 25 abr. 2021.

[2] INSTITUTO BRASILEIRO DE GEOGRAFIA E ESTATÍSTICA (IBGE). Conheça o Brasil – População. POPULAÇÃO RURAL E URBANA. Disponível em: https://educa.ibge.gov.br/jovens/conheca-o-brasil/populacao/18313-populacao-rural-e-urbana.html. Acesso em: 25 abr. 2021.

formas de consolidação do tecido urbano, por sua vez, favorecem ou mesmo estimulam a instalação de uma criminalidade que se aproveita da pouca capacidade estatal de regular eficazmente o espaço urbano e seu desenvolvimento.

Na Constituição Federal, o tema do desenvolvimento é especialmente tratado em seu Título VII, dedicado à Ordem Econômica e Financeira. No art. 174, após determinar que o Estado, na qualidade de agente normativo e regulador da atividade econômica, exercerá, na forma da lei, as funções de fiscalização, incentivo e planejamento (sendo este determinante para o setor público e indicativo para o setor privado), a Carta Magna esclarece que a lei estabelecerá as diretrizes e bases do planejamento do desenvolvimento nacional equilibrado, o qual incorporará e compatibilizará os planos nacionais e regionais de desenvolvimento. (§1º). Nesta linha de ideias, é possível sugerir até mesmo um "direito fundamental ao desenvolvimento", que toma por pressuposto o fato de que o Estado somente cumprirá sua tarefa constitucional de efetivação dos direitos sociais se impulsionar o crescimento econômico, desde que tal seja o suporte para a promoção do desenvolvimento em todas as dimensões socioambientais.

O *caput* do art. 182 da Constituição Federal, por sua vez, determina que o município execute uma certa "política de desenvolvimento urbano", conforme diretrizes gerais fixadas em lei e que têm por objetivo ordenar o pleno desenvolvimento das funções sociais da cidade[3] e garantir o bem-estar de seus habitantes. A missão do arcabouço jurídico-urbanístico, portanto, deve partir de um claro pressuposto: deve ser cumprido o mandamento constitucional de realizar o desenvolvimento das cidades, proporcionando aos seus habitantes os benefícios de tal medida decorrentes.

O planejamento urbano deve produzir resultados efetivos, de transformação ou qualificação do território, de maneira que seja possível detectar, ao final de seus ciclos, relação entre o que foi idealizado, debatido e estipulado e a realidade físico-territorial e social da cidade, incluindo-se, de forma relevante, a expansão urbana em tal contexto. Os efetivos resultados obtidos a partir da implantação da política de desenvolvimento urbano são, em última análise, a razão de existir uma regulação jurídico-urbanística, cumprindo à Lei de Loteamentos (Lei Federal nº 6.766/1979) um protagonismo incontestável nessa tarefa.

1.1 A Lei de Loteamentos no subsistema jurídico-urbanístico

A estruturação do Direito Urbanístico em nosso país, como já exposto, ocorre a partir das disposições fundamentais da Constituição Federal acerca do tema, especialmente as constantes no art. 30, incisos I e VIII, e no art. 182. As condições em que o dever do município de implantar a política de desenvolvimento urbano nos termos das premissas expostas no texto constitucional, por sua vez, são expostas na legislação infraconstitucional, especialmente no Estatuto da Cidade (Lei Federal nº 10.257/2001) e na Lei de Loteamentos (Lei Federal nº 6.766/1979). A partir desses marcos normativos, a tarefa de efetivar a função social

---

[3] No ano de 1931 realizou-se, em Atenas, o IV Congresso Internacional de Arquitetura Moderna. As discussões havidas em tal evento subsidiaram a edição, no ano de 1.933, de um documento histórico para o Urbanismo, a chamada "Carta de Atenas". Em tal epístola, os seus subscritores, após análise das condições de desenvolvimento de 33 cidades de diferentes latitudes e climas do mundo, com o desiderato de responder aos problemas causados pelo rápido crescimento dos centros urbanos, declararam as quatro funções básicas na cidade: habitação, trabalho, diversão e circulação. A Carta de Atenas propunha, em termos sociais, que cada indivíduo tivesse acesso às comodidades fundamentais da vida, ao bem-estar do lar e à beleza da cidade. Em 1.988 editou-se a denominada "Nova Carta de Atenas", que propõe novos sistemas de governança e métodos de atuação que permitam o envolvimento dos cidadãos nos processos de tomada de decisão, utilizando as vantagens das novas formas de comunicação e as tecnologias de informação.

da propriedade e garantir o bem-estar dos habitantes das cidades, sob princípios jurídicos, diretrizes de política urbana e institutos próprios, é realizada pelos planos diretores municipais e pela legislação deste decorrente.

Cuida-se, dessa forma, da formação do que pode ser definido como ordem urbanística, que pode ser entendida como "o conjunto de normas de ordem pública e de interesse social que regulam o uso da propriedade urbana em prol do bem coletivo, da segurança, do equilíbrio ambiental e do bem-estar dos cidadãos",[4] expressamente incorporada ao rol de bens jurídicos a serem defendidos pela ação civil pública (art. 1º, inc. VI, da Lei nº 7.347/1985) e objeto (em sentido amplo) da tutela criminal prevista na Lei de Loteamentos.

Para identificar se esse conjunto de normas é, de fato, um subsistema jurídico, cumpre relembrar o exposto por Canaris, que afirma ser o ato de ordenar sistematicamente um fenômeno jurídico uma afirmação sobre seu conteúdo teleológico.[5] A sistematização de um fenômeno jurídico integra a discussão sobre a sua "essência", auxiliando a identificação do real significado de um dispositivo jurídico, e auxiliando também, por fim, na tutela sobre os bens que regula e disciplina. Bobbio também identifica essa função do ordenamento jurídico, que vai além do mero estabelecimento de regras de conduta. Para o autor, a "função de um ordenamento jurídico não é somente controlar o comportamento dos indivíduos, o que pode ser obtido por meio da técnica e das sanções negativas, mas também direcionar os comportamentos para certos objetivos preestabelecidos".[6]

A Lei de Loteamentos, destarte, evidencia-se como um complexo de regras com o objetivo de proporcionar o urbanismo sustentável, inserindo-se no subsistema de direito urbanístico e, por tal razão, devendo ser interpretada a partir de seus princípios e diretrizes. Essa condição, por sua vez, não é meramente acidental.

1.2 A instrumentação jurídica do desenvolvimento urbano e a política pública urbanística

É preciso relembrar, neste passo, que as funções estatais representam os modos pelos quais o Estado distribui, em sua estrutura, as competências para o exercício de suas tarefas básicas (produzir leis, executar leis e julgar as questões advindas da execução das leis) – representam, como se observa, o exercício de ações ou condutas voltadas a finalidades determinadas *a priori*, tendo em vista o interesse público, em sentido amplo.

A instrumentação jurídica dos mecanismos que têm por objeto promover o desenvolvimento urbano se realizará tanto por normas de direito público quanto de direito privado. Com efeito, além de regras de conformação da propriedade imobiliária urbana, os planos e projetos urbanísticos detêm, em sua dinâmica de implantação, a previsão de realização de atos administrativos com elementos de imperatividade, exigibilidade e autoexecutoriedade, típicos de direito público[7] e que impõem aos particulares deveres inescusáveis. A par de

---

[4] MACHADO, Paulo Affonso Leme. *Direito Ambiental brasileiro*. 17. ed. rev. atual. e ampl. São Paulo: Malheiros, 2009, p. 392.

[5] No mesmo sentido, GRAU, Eros Roberto. *O direito posto e o direito pressuposto*. 9. ed. rev. e ampl. São Paulo: Malheiros, 2014, p. 24. Esclarece o autor que não se trata de ordem de normas, conceitos, institutos, valores ou axiomas, mas de ordem de princípios gerais, que são a conexão aglutinadora de cada sistema jurídico.

[6] BOBBIO, Norberto. *Da estrutura à função: novos estudos de teoria do Direito*. Barueri: Manole, 2007, p. 79.

[7] Numa visão esquemática, a distinção entre direito público e direito privado tem como um dos seus elementos de distinção a natureza das relações jurídicas que regula: se a posição dos sujeitos se articular em termos de igualdade jurídica e coordenação, teremos o direito privado; caso contrário, se a posição dos sujeitos se articular em termos de superioridade jurídica e subordinação, teremos uma relação de direito público. Também haverá relação de direito público se ambos sujeitos da relação jurídica, bem como se o objeto da relação jurídica disser

tais comandos, contudo, e sem que essa constatação altere a natureza de direito público do subsistema, haverá dispositivos que preveem atividades eminentemente negociais envolvendo a Administração Pública e os particulares, sem que seja possível apontar qualquer relação vertical, de exercício de poder extroverso por parte do Poder Público, bem como disposições que atuam somente entre atores privados.

No campo do urbanismo e Direito Urbanístico, respeitado o paradigma da dignidade da pessoa humana – e, portanto, a necessidade de prover-se uma cidade social e ambientalmente justa e apta a desenvolver-se de forma sustentável –, o fator preponderante na ponderação a ser realizada para a definição do interesse público primário é o da sua adequação dos processos urbanísticos (de urbanização ou reurbanização) ao planejamento urbano vigente para o território. A política pública a ser desenvolvida pelo município nesse campo, em outros termos, deve ter essa orientação.

De fato, considerando "política pública" tanto "o processo de escolha dos meios para a realização dos objetivos do governo com a participação dos agentes públicos e privados", como os "programas de ação do governo para a realização de objetivos determinados num espaço de tempo certo",[8] a instrumentação jurídica da política pública de desenvolvimento urbano, a partir da homenagem à primordial função estatal de garantia do bem comum, deve ser realizada de forma a viabilizar o desenvolvimento urbano e a cidade saudável e sustentável. A Lei de Loteamentos cumpre essa finalidade, conformando o que pode ser entendido como a propriedade urbanística, nascida e identificada a partir da função social da propriedade imobiliária urbana.

1.3 Propriedade, função social da propriedade e propriedade urbanística

Para Silva, a Constituição Federal consagrou tese segundo a qual a propriedade não constitui uma instituição única, mas várias instituições diferenciadas, em correlação com os diversos tipos de bens e titulares. É adequado, assim, falar não em "propriedade", mas em "propriedades", pois há distinções claras entre a propriedade privada e a propriedade pública, assim como entre a propriedade social e a privada; ou a propriedade agrícola e a industrial; a propriedade rural e a urbana; a propriedade de bens de consumo e a de bens de produção, etc. Segundo o autor,[9]

> 'no estado das concepções atuais e da disciplina positiva do instituto, não se pode falar de um só *tipo*, mas se deve falar de *tipos* diversos de propriedade, cada um dos quais assume um aspecto característico'. Cada qual destes tipos pode estar sujeito, e por regra estará, a uma disciplina particular, especialmente porque, em relação a eles, o princípio da função social atua diversamente, tendo em vista a destinação do bem objeto da propriedade.

---

respeito a interesse predominantemente de natureza geral, da sociedade como um todo (BARROSO, Luís Roberto. *Curso de Direito Constitucional Contemporâneo*: os conceitos fundamentais e a construção do novo modelo. 5. ed. São Paulo: Saraiva, 2015, p. 79-80).

[8] BUCCI, Maria Paula Dallari. *Políticas públicas e Direito Administrativo*. Brasília: Revista de Informação Legislativa, 1997, p. 95.

[9] SILVA, José Afonso da. *Curso de Direito Constitucional positivo*. 25. ed. rev. e atual. São Paulo: Malheiros, 2005, p. 274.

Complementa Silva seu raciocínio, por sua vez, afirmando que é preciso ter em mente que o regime jurídico da propriedade não é uma função do Direito Civil, mas de um complexo de normas administrativas, urbanísticas, empresariais e civis, sob fundamento, isto é, diretamente referenciadas às normas constitucionais.[10] Os crimes da Lei de Parcelamento integram esse conjunto de normas no que tange a propriedade imobiliária urbana.

Nessa linha de ideias, dos principais elementos de identificação da propriedade imobiliária no contexto constitucional refere-se à sua função social. Para Loureiro, a função social da propriedade é o concreto modo de funcionar a propriedade, seja como exercício do direito de propriedade ou não, exigido pelo ordenamento jurídico, direta ou indiretamente, por meio de imposições de obrigações, encargos limitações, restrições, estímulos ou ameaças, para satisfação de uma necessidade social, temporal e especialmente considerada. Em sua dicção:

> Disso decorre que a função social não pode ser encarada como algo exterior à propriedade, mas sim como um elemento integrante de sua própria estrutura. Os limites legais são intrínsecos à propriedade. Fala-se não mais em atividade limitativa, mas sim conformativa do legislador. São, em última análise, características do próprio direito e de seu exercício, que, de tão realçadas, compõe o próprio conteúdo da relação.[11]

O subsistema jurídico-urbanístico veicula um regramento jurídico que põe em evidência a ideia de conformação da propriedade em virtude de sua função social e da necessidade de seu aproveitamento não só pelo proprietário, mas por toda a coletividade. A propriedade urbana é, assim, formada e condicionada pelo Direito Urbanístico a fim de cumprir o exigido pelo texto constitucional: realizar as funções sociais da cidade.[12] Nessa linha de raciocínio, afirma Silva, a determinação do direito de propriedade urbana é o fruto dos planos urbanísticos e de outros procedimentos e normas legais que definem a qualificação urbanística para cada parcela de terreno, determinando-se, assim, o objetivo da propriedade.[13]

O Supremo Tribunal Federal já decidiu sobre o tema:[14]

> O direito de propriedade não se reveste de caráter absoluto, eis que, sobre ele, pesa grave hipoteca social, a significar que, descumprida a função social que lhe é inerente (CF, art. 5º, XXIII), legitimar-se-á a intervenção estatal na esfera dominial privada, observados, contudo, para esse efeito, os limites, as formas e os procedimentos fixados na própria Constituição da República. O acesso à terra, a solução dos conflitos sociais, o aproveitamento racional e adequado do imóvel rural, a utilização apropriada dos recursos naturais disponíveis e a preservação do meio ambiente constituem elementos de realização da função social da propriedade.

---

[10] SILVA, José Afonso da. *Curso de Direito Constitucional positivo*. 25. ed. rev. e atual. São Paulo: Malheiros, 2005, p. 276.

[11] LOUREIRO, Francisco Eduardo. *A propriedade como relação jurídica complexa*. Rio de Janeiro: Renovar, 2003, p. 123.

[12] Não por outra razão, LIBÓRIO afirma que o proprietário do imóvel é "figura ativa" na realização dos objetivos urbanísticos, vinculando sua condição a assunção de obrigações que tornem a utilização do bem "adequada e conveniente" à localidade em que se insere. (LIBÓRIO, Daniela Campos. *Elementos de Direito Urbanístico*. São Paulo: Manole, 2004, p. 41).

[13] SILVA, José Afonso da. *Direito Urbanístico Brasileiro*. 7. ed. São Paulo: Malheiros, 2012, p. 77.

[14] ADI nº 2.213-MC, Rel. Min. Celso de Mello, julgamento em 4-4-2002, Plenário, DJ de 23-4-2004. No mesmo sentido: MS 25.284, Rel. Min. Marco Aurélio, julgamento em 17-6-2010, Plenário, *DJe* de 13.8.2010. Fonte: "A Constituição e o Supremo", compilação realizada pelo Supremo Tribunal Federal sobre o tema. Disponível em: http://www.stf.jus.br/portal/constituicao/sumariobd.asp. Acesso em: 25 abr. 2021.

O tema "função social da propriedade" reflete uma específica mudança na noção de propriedade: a passagem do seu conceito de subordinação completa de terceiros frente ao proprietário do bem ao de elemento de construção de harmonia e coesão das relações sociais, com direitos da coletividade oponíveis aos do proprietário. Tal noção implica diretamente na leitura e compreensão da legislação federal sobre loteamentos.

De fato, a partir do anúncio de proteção ao direito individual da propriedade nas condições que veicula, com a determinação de que tal atenderá à sua função social (art. 5º, incisos XXII e XXIII), a Constituição Federal claramente dispõe que o regimento do instituto se dará nos termos das características fundamentais expostas em seu texto. Em outros termos, a conformação do direito individual da propriedade guarda relação direta com o direito difuso à sua utilização social. Há, por sua vez, uma grande repercussão prática na adoção de tais premissas: a conformação da propriedade imobiliária urbana – a propriedade urbanística – por intermédio de lei, não enseja a possibilidade de indenização aos particulares afetados em razão de não acarretar nenhum sacrifício de direito. Tal ocorre porque a definição dos caracteres da propriedade urbanística representa a própria consubstanciação do direito de propriedade urbanística – dessa forma, o que poderia parecer uma limitação administrativa (como o dever de destinar áreas públicas em um projeto de loteamento, transferindo à municipalidade percentuais elevados da área da gleba) na realidade não detém essa característica, pois, na realidade, nunca integrou o direito.

É nesse ambiente que a Lei de Loteamentos deve ser compreendida e interpretada, inclusive e especialmente em seu aspecto criminal. As infrações penais previstas nesse diploma legal, assim, têm por suporte axiológico não somente a regular implantação de parcelamentos do solo em áreas urbanas e de expansão urbana – resguardam, isto sim, uma política pública cada vez mais importante, orientada com finalidades transindividuais e pertinente ao destino das cidades como um todo.

2 Direito Penal Urbanístico

O Direito é o raio-x da ética social.

A lei certamente "não é entidade espontaneamente gerada ou *sine matre creata*". Sem o conhecimento desse *processus* histórico, dizia Hungria, o intérprete pode incorrer em sérios anacronismos ou equívocos.[15]

O tempo atual reforça a ideia de que o Direito Penal é fruto da incerteza do seu contexto histórico e de patologias legislativas, que impedem uma adequada visão dos seus fundamentos e das suas vicissitudes no tempo e no espaço.

A revolução mercantil e o colonialismo (séculos XV e XVI), a revolução industrial e o neocolonialismo (séculos XVIII e XIX) e, atualmente, a revolução tecnológica e a globalização (séculos XX e XXI) formam três momentos diferentes do poder planetário. Os períodos de inquisição (século XV), os períodos derivados do iluminismo penal (séculos XVIII e XIX) e os períodos do positivismo *peligrosista* dão lugar, agora, a um período de incerteza no Direito Penal.

O tempo, dizia Sebastião Carlos Garcia, "é o árbitro supremo das épocas e das quadras históricas da sociedade humana".[16] E qual o retrato da projeção humana nos tempos

---

[15] HUNGRIA Hoffbauer, Nélson. *Comentários ao Código Penal*. 3. ed. Rio de Janeiro: Forense, v. I, Tomo 1º, 1955, p. 72-73.

[16] DIP, Ricardo; MORAES Jr., Volney Corrêa Leite de. *Crime e castigo:* reflexões politicamente incorretas. Campinas: Millennium, 2002, apêndice da obra, p. 252.

modernos? Que configuração social e que direito penal estão sendo projetados e criados e que, paradoxalmente, despertam tanto questionamento e demandam do Ministério Público uma postura diferenciada?

As novas demandas sociais decorrentes da aceleração do processo comunicativo e tecnológico passaram a exigir uma particular flexibilização na redação e formulação dos tipos penais já logo após a metade do século XX com os problemas e as novas formas jurídicas resultantes da chamada 'economia de guerra'.[17]

Nesse diapasão, as leis penais em branco, 'cegas' ou 'abertas' (idealizadas por Binding), cuja exequibilidade depende do complemento de outras normas jurídicas ou da futura expedição de certos atos administrativos (regulamentos, portarias, editais), têm marcado a moderna dogmática penal. [18]

O direito, como produto da cultura humana para a tutela de interesses particulares,[19] elevou-se à defesa e à conservação da sociedade. Agora, além de interesses individuais e coletivos, tutela também interesses difusos e transindividuais. E, mais recentemente, fala-se nos direitos fundamentais de quarta geração, cujo escopo abarca o direito à democracia, à informação e ao pluralismo, na tentativa de englobar todos os direitos fundamentais desenvolvidos anteriormente para a sedimentação de uma verdadeira globalização política, ao lado das globalizações econômica e cultural. [20]

Russell advertiu que qualquer tentativa de enquadrar a história em compartimentos estanques é altamente artificial, por uma única razão: as tradições clássicas do passado sobreviveram em certa medida, ainda que a sua influência contínua fosse um tanto precária e restrita.[21]

De qualquer forma, é inegável que houve contundente transformação subjetiva e objetiva na política criminal.

Subjetivamente, novos gestores da moral, novas demandas e a incessante preocupação de tutelar bens transindividuais (segurança viária, saúde pública, moralidade administrativa, criminalidade organizada e de massa, meio ambiente, patrimônio histórico, urbanismo, relações de consumo, ordem econômica, etc.); sob o aspecto objetivo, pode-se constatar a mudança de tempo e espaço.

A Constituição Federal de 1988, com índole comunitarista e analítica, buscou conferir um matiz constitucional ao Direito Penal. Mais que isso, procurou demonstrar a necessidade de tutela e proteção de outros interesses que já vinham demonstrando ser demandas da sociedade contemporânea.

Segundo Von Liszt "é a vida, e não o Direito, que produz o interesse; mas só a proteção jurídica converte o interesse em bem jurídico"; argumentando ainda que "a necessidade origina a proteção, e, variando os interesses, variam também os bens jurídicos quanto ao número e quanto ao gênero".[22]

Em suma, muda a sociedade, muda o direito. O direito penal pátrio passa pela transição do modelo de delito de lesão de bens individuais para o delito de perigo de bens

---

[17] ALFLEN DA SILVA, Pablo Rodrigo. *Leis penais em branco e o direito penal do risco*: aspectos críticos e fundamentais. Rio de Janeiro: Lumen Juris, 2004, p. XXII.

[18] HUNGRIA Hoffbauer, Nélson. *Comentários ao Código Penal*. 3. ed. Rio de Janeiro: Forense, v. I, Tomo 1º, 1955, p. 96.

[19] BARRETO. *Introdução ao estudo do direito*: política brasileira. São Paulo: Landy, 2001, p. 31.

[20] CAVALCANTI, Eduardo Medeiros. *Crime e sociedade complexa*. Campinas: LZN, 2005, p. 115.

[21] RUSSELL, Bertrand. *História do pensamento ocidental*. 6. ed. Rio de Janeiro: Ediouro, 2001, p. 195.

[22] VON LISZT, Franz. *Tratado de Direito Penal allemão*. Trad. José Hygino Duarte Pereira. Rio de Janeiro: F. Briguet & C., 1899, Tomo I, p. 94.

supraindividuais: meio ambiente, patrimônio histórico e cultural, sistema urbanístico, sistema econômico e financeiro, ordem tributária, sistema previdenciário, saúde pública, incolumidade pública, bioética e biossegurança, educação, relações de consumo, probidade administrativa e segurança do trânsito são exemplos dessas novas demandas e interesses.

Ocorre que diante desse fenômeno de constitucionalização do ordenamento jurídico, houve evidente transformação da sistemática da teoria do bem jurídico penal. A Constituição, legitimamente, é o indicador primário do bem que enseja tutela, máxime porque é, presumidamente, em termos de política criminal, em que o intérprete se socorrerá para aferir quais bens ou interesses representam maior "danosidade social".

Paulatinamente e acompanhando a evolução da humanidade, cada bem jurídico vem tendo seu grau de importância reconhecido e estabelecido dentro das diversas sociedades, sendo certo que cada vez mais tem-se em vista de consideração a necessidade de que a proteção dada pelo direito seja capaz de abraçar um espectro maior e diferenciado de bens, não se circunscrevendo apenas àqueles mais fundamentais.[23]

O conceito de bem jurídico na esfera penal vem ganhando importância, uma vez que sua principal função é a de legitimar e dar validade às normas penais.[24] Daí decorre o princípio da exclusiva proteção do bem jurídico em que não pode haver norma sem proteção ao bem jurídico, tendo, pois, como função embasar a seleção de tipos penais essenciais a uma comunidade; o proibido servirá a tutelar algum valor que seja significativo para a sociedade. Assim, surgiu a evolução do Direito Penal clássico de proteção de bens individuais para a proteção de bens difusos e coletivos:

> É certo, porém, que a valorização dos bens, pelo ângulo jurídico, apresenta-se de modo bastante inconstante na linha do tempo, porquanto o juízo de valor que se estabelece em relação a determinado bem jurídico, como corolário do propor dinamismo de valores e interesses que se verificam nas sociedades, é encontrado de maneira acentuadamente variável na sucessão dos anos.
>
> Nesse diapasão, observa-se que certos bens jurídicos que, no passam não recebiam a proteção maior do direito, imposta por meio da pena, passaram a merecê-los na sociedade atual, como, v. g., a ordem tributária, o sistema financeiro, o uso adequado da liberdade de imprensa, os procedimentos licitatórios etc.
>
> Por outro lado, bens jurídicos que atualmente numa escala de valores não se situam em um patamar de importância que justifique a tutela penal, nas sociedades do passado, guardaram importância ímpar no equilíbrio social. É o caso de diversas espécies de delitos que eram severamente apenados nas sistemáticas das ordenações reinóis,

---

[23] BUENO, Paulo Amador Thomaz Alves da Cunha. *Crimes na lei do parcelamento do solo urbano:* Lei n. 6.766, de 19 de dezembro de 1979. São Paulo: Lex Editora, 2006, p. 13.

[24] A doutrina estrangeira assim conceitua "bem jurídico": São elas as seguintes: "interesse juridicamente protegido" (Franz Von Liszt); "valor objetivo que a lei reconhece como necessitado de proteção" (Edmund Mezger, Francisco Muñoz Conde e Cezar Roberto Bitencourt); "valor elementar da vida em comunidade" (Hans Welzel); "unidade funcional social" (Hans-Joachim Rudlophi); "pretensão de respeito" (Eberhard Schmidhauser); "condições necessárias para el desarrollo de la vida de la persona, (...), objetos, materiales o inmateriales, relaciones, intereses, o derechos" (Enrique Sanz Delgado), "relação real da pessoa com um valor concreto reconhecido pela comunidade" (Harro Otto); "bens jurídicos englobam o cumprimento das obrigações estatais, ou seja, a proteção dos indivíduos pelo Estado" (Roxin); "corresponde à relação de disponibilidade de uma pessoa com um objeto protegido pelo Estado" (Zaffaroni); "há a preocupação com a eficácia da norma com o sistema; essa seria , então, a proteção dada ao bem jurídico" (Jakobs).

notadamente quando estivessem sedimentados na preservação de valores religiosos ou da própria coroa.[25]

Essa transformação e esse novo dinamismo do direto penal, como produto cultural da humanidade, nada mais é do que um retrato do processo evolucionário das sociedades que dia a dia multiplicam seus interesses e, por via de consequência, da proteção jurídica desses acabou por surgir a necessidade de ordenar, promover, disciplinar e proteger tudo aquilo que estivesse relacionado com as atividades fundamentais da vida urbana nos diversos aspectos a ela pertinentes, de forma a garantir o bem-estar coletivo de tantos quantos venham a se estabelecer nas regiões urbanas.[26]

O urbanismo, então, passa a exercer uma função de capital importância nas cidades, principalmente nas sociedades modernas em que a concentração da população nas regiões urbanas aumenta a cada dia. Nessa quadra, releva notar que atualmente 83% da população brasileira reside em áreas urbanas. Nesse sentido, leciona Meirelles que "(...) o urbanismo prescreve e impes normas de desenvolvimento, de funcionalidade, de conforto, e de estética da cidade, e planifica suas adjacências, racionalizando o uso do solo, ordenando a traçado urbano, coordenando o sistema viário, e controlando as construções que vão compor o agregado humano – a *urbs*".[27]

A disciplina sobre esses diversos pontos que compõem a atividade urbanística de desenvolvimento das cidades é exercida pela Administração Pública através das chamadas limitações urbanísticas, que, muitas vezes, "considerando-se a importância daquilo que visam preservar, chegam mesmo a condicionar o uso da propriedade, reverenciando o que se costuma chamar de função social e propriedade".[28]

Ao lado das limitações urbanísticas, de natureza eminentemente administrativa, surgiu a necessidade de, em determinados casos, estabelecerem-se sanções de natureza penal, com o fim de coibir a violação daquelas limitações referentes a aspectos urbanísticos de maior importância que implicariam verdadeira afronta à Administração Pública e, em especial, à ordem urbanística.

Não obstante a previsão explícita na Carta Constitucional sobre a competência concorrente dos entes federativos em legislar sobre Direito Urbanístico (art. 24, I, CF), no que toca ao Direito brasileiro, vê-se que a nota da ilicitude penal pairando sobre violações ao ordenamento urbano mostra-se bastante tímida, podendo ser reduzida a uns poucos dispositivos esparsos que revelam preocupação nesse sentido.

Do mesmo modo, não obstante ser conferida ao município competência local para promover, no que couber, adequado ordenamento territorial, mediante planejamento e controle do uso, do parcelamento e da ocupação do solo urbano (art. 30, VIII, CF), foi uma lei anterior, recepcionada pela nova ordem constitucional, que definiu os crimes de parcelamento irregular e ilegal do solo.

---

[25] BUENO, Paulo Amador Thomaz Alves da Cunha. *Crimes na Lei do Parcelamento do Solo Urbano:* Lei n. 6.766, de 19 de dezembro de 1979. São Paulo: Lex Editora, 2006, p. 13-14.

[26] BUENO, Paulo Amador Thomaz Alves da Cunha. *Crimes na Lei do Parcelamento do Solo Urbano:* Lei n. 6.766, de 19 de dezembro de 1979. São Paulo: Lex Editora, 2006, p. 15.

[27] MEIRELLES, Hely Lopes. *Direito Municipal brasileiro*. São Paulo: Malheiros, 16. ed., 2008, p. 308.

[28] BUENO, Paulo Amador Thomaz Alves da Cunha. *Crimes na Lei do Parcelamento do Solo Urbano:* Lei n. 6.766, de 19 de dezembro de 1979. São Paulo: Lex Editora, 2006, p. 16.

2.1 Conceito e espécies de parcelamento do solo

O parcelamento do solo para fins urbanos é tratado pela Lei nº 6.766/79. Segundo Freitas, "o parcelamento urbanístico visa à formação de lotes vocacionados à edificação para moradia, lazer, comércio, indústria ou para fins institucionais, dotados de equipamentos urbanos (redes de água, esgoto, sistema de captação e drenagem, das águas pluviais, energia domiciliar, iluminação pública, telefonia etc.) e comunitários (áreas de lazer e recreio, educação e cultura, saúde, etc.)".[29]

Jacinto da Silva define o parcelamento do solo urbano como "(...) o processo urbanístico, cuja finalidade é proceder a divisão de gleba, para fins de ocupação, compreendendo o parcelamento, o loteamento e o desmembramento".[30]

Ademais, a própria Lei nº 6.766/79 em seu art. 2º apresenta os parâmetros para a conceituação:

> Art. 2º. O parcelamento do solo urbano poderá ser feiro mediante loteamento ou desmembramento, observadas as disposições desta Lei e as das legislações desta Lei e as das legislações Estaduais e Municipais pertinentes.

Em interpretação autêntica, o legislador, sem conceituar, colocou o parcelamento do solo como espécie da qual aponta como gêneros o loteamento e o desmembramento, vindo nos parágrafos seguintes do mesmo artigo descrever as características fundamentais de um e de outro, assim dispondo:

> §1º – Considera-se loteamento a subdivisão de gleba em lotes destinados a edificação, com abertura de novas vias de circulação, de logradouros públicos ou prolongamento, modificação ou ampliação das vias existentes.
>
> §2º – Considera-se desmembramento a subdivisão de gleba em lotes destinados à edificação, com aproveitamento do sistema viário existente, desde que não implique na abertura de novas vias e logradouros públicos, nem no prolongamento, modificação ou ampliação dos já existentes.

Meirelles distingue de forma mais abrangente as duas situações:

> (...) o loteamento é meio de urbanização e só se efetiva por procedimento voluntário e formal do proprietário da gleba, que planeja a sus divisão e a submete à aprovação da Prefeitura, para subsequente inscrição no Registro Imobiliário, transferência gratuita das áreas das vias públicas e espaços livres ao Município e a alienação dos lotes aos interessados; o desmembramento é apenas a repartição da gleba, sem atos de urbanização, e tanto pode ocorrer pela vontade do proprietário (venda, doação etc.), em ambos os casos sem qualquer transferência de área ao domínio público.[31]

Bem leciona Bueno, no que se refere aos delitos da mencionada lei, os conceitos são de capital importância, porquanto os dispositivos de natureza penal a todo tempo estampam

---

[29] FREITAS, José Carlos de. Loteamentos clandestinos: uma proposta de prevenção e repressão. *In: Temas de Direito Urbanístico* 2, p. 331-350.

[30] SILVA, Edson Jacinto da. *Parcelamento e desmembramento do solo urbano*. Leme: Editora de Direito, 1999, p. 45.

[31] MEIRELLES, Hely Lopes. *Direito de construir*. São Paulo: Malheiros, 8 ed., 2000, p. 129.

as expressões "loteamento" e "desmembramento" em seus enunciados, sendo mister que, como já dito, se tenham os contornos característicos de ambas as situações ou, de outra sorte, tornar-se-iam absolutamente inaplicáveis as disposições, principalmente as penais, que em torno destas situações se criassem.[32]

Aliás, bem ressalta o mencionado autor, que outro aspecto que causou grande controvérsia em relação aos delitos do parcelamento do solo diz respeito à localização da área a ser parcelada:

> A polêmica decorre notadamente me função de aparentes contrariedades advindas da própria redação de alguns dispositivos da Lei nº 6.766/79, que acabaram ensejando a possibilidade de argumentos acerca da extensão dos limites de aplicação do diploma.
>
> Com efeito, não faltaram oportunidades em que se alegou que a Lei do Parcelamento do Solo seria aplicável somente nas hipóteses em que a área parcelada estivesse situada em zona urbana, ficando, por via de efeito, excluída a incidência do diploma no que tange a imóveis registrados em zona rural. Consoante se observa, a maioria dos argumentos alinhados no sentido de afastar-se a aplicação dos tipos penais aos parcelamentos do solo executados em áreas rurais, são sustentados em função das disposições estampadas – principalmente até o advento da Lei nº 9.785, de 29 de janeiro de 1999- no art. 53, cuja interpretação dada a sua redação estaria, por alguns, a excluir o ilícito de natureza penal nesta circunstância geográfica específica.[33]

No entanto, o art. 53, em rigor, não afasta a ilicitude penal, no que se refere às áreas rurais que venham a ser objeto de parcelamento do solo, como já se pretendeu sustentar, razão pela qual impõe-se que sejam afastados os argumentos que ensejaram as teses que nesse sentido se formaram.

Em primeiro lugar, porque o dispositivo legal integra o capítulo referente aos tipos penais. Essa imprecisão, de certa forma, deu ensejo à tese levantada por quantos quiserem ver excluída a incidência dos dispositivos penais às áreas rurais, conquanto pudesse sugerir uma forma de disposição complementar às figuras delituosas.[34]

Por outro lado, sustentava a doutrina minoritária que, ao abordar a questão relacionada às áreas rurais, o legislador teria aglutinado todas as disposições pertinentes ao parcelamento nessa circunstância específica do art. 53, que, por seu turno, não estabelece qualquer sanção de ordem penal, tendo estas permanecido reservadas somente aos parcelamentos em áreas urbanas. Daí surgiu o argumento de que a inobservância do art. 53 implicaria apenas em ilícito administrativo, esvaziando-se a ilicitude penal dos parcelamentos ilegais em áreas rurais.

A tese, entretanto, foi refutada. Registre-se, nesse sentido, julgado do Tribunal de Justiça de São Paulo:

> A lei de loteamento não incide apenas e especificamente sobre os loteamentos urbanos. Se assim fosse, não constaria de vários de seus dispositivos a expressão 'para fins urbanos', constando, para que dúvida não pairasse, 'para solo estritamente urbano'. Assim sendo, para configuração do crime contra a Administração Pública consistente

---

[32] BUENO, Paulo Amador Thomaz Alves da Cunha. *Crimes na Lei do Parcelamento do Solo Urbano:* Lei n. 6.766, de 19 de dezembro de 1979. São Paulo: Lex Editora, 2006, p. 41.

[33] BUENO, Paulo Amador Thomaz Alves da Cunha. *Crimes na Lei do Parcelamento do Solo Urbano:* Lei n. 6.766, de 19 de dezembro de 1979. São Paulo: Lex Editora, 2006, p. 49.

[34] BUENO, Paulo Amador Thomaz Alves da Cunha. *Crimes na Lei do Parcelamento do Solo Urbano:* Lei n. 6.766, de 19 de dezembro de 1979. São Paulo: Lex Editora, 2006, p. 50.

em parcelamento do solo urbano com infração à Lei nº 6.766/79 o que importa é sua destinação para fins urbanos, inobstante a localização em zona rural e não urbana.[35]

Ora, se a intenção do legislador fosse a de manter a ilicitude penal apenas para as hipóteses de parcelamentos efetuados em áreas urbanas, teria feito uso de expressão "solo urbano", menos ampla do que "solo para fins urbanos", que veio efetivamente a adotar.[36]

Nesse sentido, não é vedado o parcelamento do solo em área rural, que permanece regulado pelo Decreto-Lei nº 58/37, porém, se tiver *finalidade urbana* restará configurado ilícito penal na conformidade da Lei de Parcelamento. No mesmo esteio:

> O parcelamento de imóvel rural, por sua vez, reger-se-á pelo Decreto-Lei nº 58/37 (Parecer Normativo de 05/02/1980, DOJ, 08/02/1980, Proc. CG Nº 53.995/80) e também deverá ser levado a assento (Lei nº 6.015/73, art. 167, i, nº 19), mas o parcelamento de imóvel rural para fins urbanos terá seu registro subordinado à Lei nº 6.766/79, desde que situado em zona de expansão urbana, assim definida por Lei Municipal. A propriedade imóvel recebe, como se vê, tratamento legal diferenciado, conforme seja rural ou urbana.[37]

É evidente que com as alterações trazidas pela Lei nº 9.785/99 esvaziou-se a polêmica que no passado gravitou de forma acentuada em torno do assunto, devendo-se, para a análise da ocorrência ou não dos delitos da Lei de Parcelamento, na sistemática atual, verificar-se cuidadosamente a espécie de área em que o parcelamento se realiza e, depois, se ele tem finalidade urbana ou rural.

Oportuno enfatizar que a finalidade urbanística dos parcelamentos em área rural é questão a ser, em concreto, dirimida por meio de cuidadosa prova, notadamente porque, como dito, o parcelamento do solo rural não é vedado, salvo desvio de sua finalidade, de sorte que se não restar fielmente comprovada a intenção de urbanização da área, não se poderá dizer da existência de ilícito penal.[38] Nesse sentido:

> CRIME CONTRA A ADMINISTRAÇÃO PÚBLICA – Loteamento irregular – Réus condenados como incursos no art. 50, I, c.c. parágrafo único do mesmo artigo da Lei nº 6.766/79 – Alegação de não se referir a hipótese para fins urbanos – Referências testemunhais a indicar a destinação dos lotes para fins rurais – Existência de dúvida a respeito das

---

[35] RT 66/286. Neste mesmo sentido, registre-se: TJSP, AP. Crim. nº 137.874-3/3 – Comarca de São José do Rio Preto, 2ª Câmara Criminal, Rel. Des. Silva Pinto; TJSP, Ap. Crim. nº 177.958-3/0 – Comarca de São Paulo, 6ª Câmara Criminal, Rel. Des Gentil Leite; TJSP, Ap. Crim. nº 191.688-3/0 – Comarca de São José dos Campos, 5ª Câmara Criminal, Rel. Des. Rocha de Souza; TJSP, Ap. Crim. nº 153.003-3 – Comarca de São Paulo, 1ª Câmara Criminal. Rel. Des. Cyro Bonilha; TJSP, Ap. Crim. nº 155.340-3 – Comarca de São José do Rio Preto, 1ª Câmara Criminal, Rel. Des. Cyro Bonilha; TJSP, Ap. Crim. nº 145.566-3 – Comarca de São José do Rio Preto, 6ª Câmara Criminal, Rel. Des. Nelson Fonseca; TJSP, Ap. Crim. nº 191.688-3 – Comarca de São José dos Campos, 5ª Câmara Criminal, Rel. Des. Rocha de Souza; TJSP, Ap. Crim. nº 163.130-3 – Comarca de São Paulo, 2ª Câmara Criminal, Rel. Des. Silva Pinto; TJSP, Ap. Crim. n º 173.667-3 – Comarca de Nova Granada, 1ª Câmara Criminal, Rel. Des. Almeida Sampaio.

[36] BUENO, Paulo Amador Thomaz Alves da Cunha. *Crimes na Lei do Parcelamento do Solo Urbano:* Lei n. 6.766, de 19 de dezembro de 1979. São Paulo: Lex Editora, 2006, p. 54.

[37] DINIZ, Maria Helena. *Sistemas de Registros de Imóveis.* 3. ed. São Paulo: Saraiva. 2000, p. 118.

[38] BUENO, Paulo Amador Thomaz Alves da Cunha. *Crimes na Lei do Parcelamento do Solo Urbano:* Lei n. 6.766, de 19 de dezembro de 1979. São Paulo: Lex Editora, 2006, p. 54.

reais circunstâncias e características que envolveram o loteamento – Absolvição baseada no art. 386, VI do Código de Processo Penal – Embargos recebidos.[39]

A questão da prova, em suma, estará sempre pautada pela finalidade da utilização da área, consoante reclamam os principais tipos penais.

2.2 Norma penal em branco: desdobro, arruamento e condomínios

Os tipos penais previstos na lei são, evidentemente, normas penais em branco, como se infere, por exemplo, do art. 50, I, *in fine,* e II, eis que se caracterizam pelo fato de não determinarem, no preceito primário, o comando de ação ou de omissão que delegam, em parte, à elaboração de outra autoridade de categoria inferior. A norma somente se torna completa (preceito e sanção) quando conjugada com outra que deve ser buscada alhures.

Assim, conceitos como desdobro, arruamento e até mesmo a distinção entre loteamentos e condomínios serão cruciais para o enquadramento típico.

O *desdobro* e o *arruamento* constituem duas situações diferentes em relação ao solo que convêm serem observadas, em que pese não terem sido previstas na Lei nº 6.766/79 como modalidades de parcelamento do solo.

De forma sintética, conforme escólio de Silva, o desdobro deve ser considerado como o fracionamento de um lote já existente ou a divisão de um lote maior em dois menores.[40]

Já o arruamento igualmente não se reveste da condição legal de parcelamento do solo. Assim o sintetiza Meirelles como sendo "unicamente a abertura de vias de circulação na gleba, como início de urbanização, mas que, por si só não caracteriza loteamento ou desmembramento".[41] Dessa forma, seria possível o arruamento sem loteamento ou desmembramento, sendo, porém, inviável o contrário.

Considerando-se que a lei justamente conceitua o loteamento em função do sistema viário, convém distingui-lo do arruamento, posto que as duas situações se exteriorizam de modo bastante semelhante, não podendo, contudo, serem confundidas, principalmente em sede penal.[42] Silva distingue as duas circunstâncias:

> Loteamento é a divisão das quadras em lotes com frente para logradouro público, enquanto o arruamento, como visto, consiste no enquadramento da gleba por sua divisão em quadras. Se se traçarem quatro ruas formando uma quadra, já se pode dizer que houve arruamento; mas a formação de um lote já não basta para caracterizar o loteamento. Este é um tipo de parcelamento do solo que se configura no retalhamento de quadras para formação de unidades edificáveis (lotes) com frente para via oficial de circulação de veículos. O termo refere-se tanto à operação de lotear como ao seu resultado (área loteada).[43]

Firmadas tais premissas, seja em relação ao arruamento, seja em relação ao desdobro, não se aplica a Lei de Parcelamento, dada a ausência de finalidade urbanística.

---

[39] TJSP, Embargos Infringentes nº 137.874-3 – Comarca de São José do Rio Preto, 2ª Câmara Criminal, Rel. Des. Canguçu de Almeida.
[40] SILVA, José Afonso da. *Direito Urbanístico brasileiro.* 7. ed. São Paulo: Malheiros, 2012, p. 318.
[41] MEIRELLES, Hely Lopes. *Direito de construir.* 8 ed. São Paulo: Malheiros, 2000, p. 129.
[42] BUENO, Paulo Amador Thomaz Alves da Cunha. *Crimes na Lei do Parcelamento do Solo Urbano:* Lei n. 6.766, de 19 de dezembro de 1979. São Paulo: Lex Editora, 2006, p. 58.
[43] MEIRELLES, Hely Lopes. *Direito de construir.* 8. ed. São Paulo: Malheiros, 2000, p. 129.

Será preciso, no entanto, cautela para a dissimulação, como ressalta Loureiro, eis que "(...) a imaginação dos falsos loteadores era inesgotável, sempre com o propósito de criar novas fórmulas jurídicas que contornassem as rigorosas exigências da Lei nº 6.766/79".[44]

Com efeito, a tênue diferença que se estabelece entre essas situações favorece a dissimulação de um empreendimento ilegal, notadamente porque tanto o parcelamento do solo quanto os desdobramentos e arruamentos ensejam, geralmente, a execução de atos comuns, ficando sua licitude ou ilicitude limitada somente em sua finalidade.[45]

No mesmo diapasão, Samburgo, Tamiso e Freitas registram que

> já se verificaram situações em concreto em que, aprovado um loteamento com um determinado número de lotes, estes vêm a ser objetos de sucessivos desdobros que, na prática, visam o aumento do número de unidades além do autorizado, tratando-se de verdadeiro estratagema para burlar a Lei, com as mesmas consequências urbanísticas que um loteamento ilegal traria, como consequência, tem-se um adensamento desmedido e não planejado. Loteamentos aprovados com 300 lotes são posteriormente objeto de desdobros sucessivos dos lotes originários ou de desmembramento de quadras, alcançando a cifra de 600 (seiscentos) lotes, sem a mínima preocupação com a proporção entre o volume de áreas públicas e o adensamento no local.[46]

No mesmo esteio, situações de tentativa de dissimulação de parcelamentos ilegais, mascaradas em desdobros sucessivos de lotes, já foram reconhecidas pelo Tribunal de Justiça de São Paulo, que considerou, inclusive, configurando o delito:

> A redivisão de área já loteada com alteração substancial do antigo loteamento, importando desmembramento com infração à Lei nº 6.766/79, caracteriza crime contra a Administração Pública. O desdobro pelo qual se desinteressam as normas da Lei nº 6.766/79 é aquele sem finalidade de criar novo núcleo urbano comum, p. ex., o decorrente de divisão destinada a pôr fim a um condomínio ou a consequente, a doação de um pai a dois filhos etc. Mas alterar substancialmente antigo loteamento, com a clara finalidade de vender a prestações as novas propriedades, evidentemente, cai sob a incidência da lei própria.[47]

Já no que diz respeito aos *loteamentos fechados*, conhecidos por "condomínios fechados", também estão sujeitos à lei, eis que a municipalidade pode editar normas urbanísticas e reguladoras da espécie.[48]

Por outro lado, muito embora tenham toda característica de um loteamento, Meirelles entende que "para esses loteamentos não há, ainda, legislação superior específica que oriente a sua formação, mas nada impede que os Municípios editem normas urbanísticas adequadas a essas urbanizações. E, tais são os denominados 'loteamentos fechados',

---

[44] LOUREIRO, Francisco Eduardo. Loteamentos clandestinos: prevenção e repressão. *Revista de Direito Imobiliário*, n. 48, p. 29-46.
[45] BUENO, Paulo Amador Thomaz Alves da Cunha. *Crimes na Lei do Parcelamento do Solo Urbano:* Lei n. 6.766, de 19 de dezembro de 1979. São Paulo: Lex Editora, 2006, p. 59.
[46] SAMBURGO, Beatriz Augusta Pinheiro; TAMISO, Cláudia Helena; e FREITAS, José Carlos de. Comentários à Lei nº 9.785, de 20.01.1999, sobre as alterações introduzidas na Lei nº 6.766/79. *Revista de Direito Imobiliário*, n. 46, p. 9-29.
[47] TJSP, Apelação Criminal nº 63.982-3 – 4ª Câmara Criminal, Rel. Des. Dante Busana. *In*: *RT* 637/243.
[48] OLIVEIRA E COSTA, Roberto de. Aspectos penais da Lei de Parcelamento do Solo Urbano: Lei n. 6.766, de 18 de dezembro de 1979. São Paulo, Revista *Justitia*, n. 44 (118): 51-59, p. 22, jul./set. 1982.

'loteamentos integrados', 'loteamentos em condomínio', com ingresso só permitido aos moradores e pessoas autorizadas e com equipamentos e serviços urbanos próprios, para auto-suficiente da comunidade".[49]

Porém, dispõe o artigo 22 da Lei de Parcelamento que, "desde a data de registro do loteamento, passam a integrar o domínio do Município as vias e praças, os espaços livres e as áreas destinadas a edifícios públicos e outros equipamentos urbanos, constantes do projeto e do memorial descritivo".

Defendemos que não se aplica a Lei nº 4.591/64 aos loteamentos fechados ou especiais, uma vez que a referida lei tem por finalidade regular os condomínios em edificações e não o condomínio do solo. Todavia, Mukai admite o loteamento fechado, entendendo que deva ser regido pelo Código Civil.[50]

Diante disso, ao que nos parece, se aplicam aos loteamentos fechados ou condomínio horizontal as disposições da vigente Lei de Loteamentos.

O condomínio reclama – de forma absoluta e necessária – a edificação de casas ou de edifícios, sendo certo que o terreno fica obrigatoriamente vinculado à construção, sem a qual não se há falar em condomínio, conforme disciplinado na Lei nº 4.591/64.

Nesse sentido, de forma taxativa, dispõe o art. 8º, alínea "a" da mencionada lei: "Em relação às unidades autônomas que se constituírem em casas térreas ou assobradadas, será discriminada a parte do terreno ocupada pela edificação e também aquela eventualmente reservada como de utilização exclusiva dessas casas, como jardim e quintal, bem assim a fração ideal do todo do terreno e de partes comuns, que corresponderá às unidades".

Freitas, de forma precisa, afasta qualquer confusão que do condomínio especial se faça com o loteamento, ao afirmar:

> Esse expediente também não se equipara ao condômino de casas da Lei nº 4.591/64 (art. 8º), que reclama a discriminação da parte do terreno ocupada pela edificação (cujo projeto de construção deve ser previamente aprovado e conhecido do adquirente) e a indicação da fração ideal do terreno e das partes comuns. No condomínio especial o empreendedor entrega a casas pronta, ainda que a venda tenha se processado 'na planta'.[51]

A diferença, em que pese singela, "é palmar, na medida em que as consequências jurídicas numa e noutra hipótese são distintas, justamente por conta da incidência legal diversa a disciplinar cada situação. Implicando, inclusive, em situação registral completamente diferente".[52]

Assim, uma vez caracterizada a simulação, no intuito de realizar-se parcelamento do solo sob a aparência de condomínio especial, terá havido a burla à Lei de Parcelamento, sendo de rigor a aplicação das sanções penais previstas nesse diploma legal.

---

[49] MEIRELLES, Hely Lopes. *Direito de construir*. 8. ed. São Paulo: Malheiros, 2000, p. 124.

[50] MUKAI, Toshio; ALVES, Alaôr Caffé; e LOMAR, Paulo José Villela. *Loteamentos e desmembramentos urbanos*: comentários à lei de parcelamento do solo urbano. 2. ed. São Paulo: Sugestões Literárias, 1987, p. 266.

[51] FREITAS, José Carlos de Loteamentos clandestinos e suas modalidades fraudulentas: atuação preventiva dos agentes públicos. *Revista de Direito Imobiliário*, n. 48, p. 11-28. Loureiro também é taxativo no mesmo diapasão: "Não há, porém, possibilidade de registro e implementação de condomínio especial sem construção". (Francisco Eduardo Loureiro, *op. cit., idem*.)

[52] BUENO, Paulo Amador Thomaz Alves da Cunha. *Crimes na Lei do Parcelamento do Solo Urbano*: Lei n. 6.766, de 19 de dezembro de 1979. São Paulo: Lex Editora, 2006, p. 63.

2.3 Tipos penais

No Capítulo IX da Lei nº 6.766/79 estão contempladas as Disposições Penais ligadas ao parcelamento ilegal e irregular do solo, sendo certo que no art. 50 encontra-se concentrada a grande maioria das condutas típicas da Lei nº 6.766/79, visto que o art. 51 trata apenas da questão relativa ao concurso de agentes, enquanto o art. 52 limita-se a trazer um crime próprio relacionado ao Oficial do Registro de Imóveis.

Afirma-se que loteamentos e desmembramentos clandestinos irregulares são ilegais, uma vez que o primeiro é aquele efetuado às escondidas (às ocultas) sem que a prefeitura municipal ou o Poder Público competente tenham conhecimento oficial, enquanto que o segundo é aquele que não foi aprovado pela autoridade competente e tampouco registrado pelo Registro de Imóveis, e que, apesar disso foi efetuado e executado pelo loteador ou desmembrador (entre outros, pode-se apontar o artigo 38 e parágrafos da Lei nº 6.766, de 1979, que prevê o loteamento ou desmembramento irregular).[53]

Parte da doutrina defende se tratar de crimes de mera conduta, enquanto defendemos que se trata de crimes formais e de perigo abstrato.

Por serem todos crimes contra a Administração Pública, o agente passivo do delito é o próprio Estado. Nada obsta, todavia, que a ação também atinja o particular lesado pela ação do loteador desonesto.

O sujeito ativo da figura típica, por seu turno, pode ser qualquer pessoa, proprietária ou não da gleba objeto do parcelamento, eis que não se trata de crimes próprios, salvo quanto à figura do art. 52.

Os crimes em comento podem ser *classificados* ainda como instantâneos com efeitos permanentes, para a doutrina e jurisprudência majoritárias.

Com relação à *prescrição* dos delitos previstos no artigo 50 da Lei Federal nº 6.766/79, é sabido que há dois posicionamentos a respeito do tema.

O Superior Tribunal de Justiça já se manifestou no sentido de que o crime do artigo 50, parágrafo único, inciso I, da Lei nº 6.766/79 seria hipótese de crime permanente.[54] Contudo, a orientação mais recente do mesmo órgão fracionário daquela Corte é no sentido de que os crimes de parcelamento do solo urbano são crimes instantâneos de efeitos permanentes: "O delito previsto no art. 50 da Lei nº 6.766/79 é instantâneo de efeitos permanentes. O prazo prescricional, portanto, tem início na data em que se consumou e não da cessação dos seus desdobramentos. Recurso provido."[55]

Os crimes previstos somente admitem a modalidade dolosa. O dolo é genérico, bastando "a vontade livre e consciente de realizar ou contribuir para a realização de um loteamento ou desmembramento do solo para fins urbanos".

Da análise das figuras delituosas, em diversos momentos, constata-se a presença, como elemento de tipo, da expressão "loteamento ou desmembramento do solo para fins urbanos" (art. 50, incisos I, II e III), na mesma esteira do quanto fala o art. 53.

Dessume-se, então, a partir da própria redação utilizada na construção dos tipos penais, que o legislador teve o cuidado de valer-se de expressão presa à finalidade do parcelamento

---

[53] OLIVEIRA E COSTA, Roberto de. Aspectos penais da Lei de Parcelamento do Solo Urbano: Lei n. 6.766, de 18 de dezembro de 1979. *In* São Paulo: Revista *Justitia*, n. 44 (118): 51-59, jul./set. 1982, p. 23.
[54] STJ, 5ª Turma, REsp nº 5410/SP, rel. Ministro Cid. Flaquer Scartezzini, julgado em 13.05.96.
[55] STJ, 5ª Turma, REsp nº 566076/DF, j. em 04.12.2003, rel. Ministro Felix Fischer. No mesmo sentido: STJ, 6ª Turma, Habeas Corpus nº 13203/SP, rel. Ministro Fernando Gonçalves, j. em 13.02.2001.

e não à situação eminentemente geográfica do imóvel a ser parcelado, em congruência, portanto, com o explanado na justificação.[56]

2.3.1 **Art. 50, *caput***

> **Art. 50.** Constitui crime contra a Administração Pública.
>
> I – dar início, de qualquer modo, ou efetuar loteamento ou desmembramento do solo para fins urbanos, sem autorização do órgão público competente, ou em desacordo com as disposições desta Lei ou das normas pertinentes do Distrito Federal, Estados e Municípios;
>
> II – dar início, de qualquer modo, ou efetuar loteamento ou desmembramento do solo para fins urbanos sem observância das determinações constantes do ato administrativo de licença;
>
> III – fazer ou veicular em proposta, contrato, prospecto ou comunicação ao público ou a interessados, afirmação falsa sobre a legalidade de loteamento ou desmembramento do solo para fins urbanos, ou ocultar fraudulentamente fato a ele relativo.
>
> Pena: Reclusão, de 1(um) a 4 (quatro) anos, e multa de 5 (cinco) a 50 (cinqüenta) vezes o maior salário mínimo vigente no País.

O *caput* deixa claro que a defesa da ordem jurídica constitui uma espécie de "crime contra a Administração Pública". Segundo o escólio de Aguiar Júnior, "no caso do direito urbano, o interesse público protegido é o regular desempenho do seu 'poder de polícia urbanística', pois é deste que 'se vale o Estado para exercer sua atividade regulamentar do ordenamento das cidades'".[57]

Administração pública, consoante a noção adotada pelo Código Penal, tem acepção ampla, não ficando preso aos limites estritos de outros ramos do direito, que a situam apenas como o exercício de uma das atividades estatais.

Muito além da concepção funcional (fomento, polícia administrativa, serviço público e intervenção), adota-se uma concepção orgânica, integrando todos os órgãos das pessoas jurídicas de direito público interno/administração direta) e também da indireta.

O Decreto-Lei nº 200, de 25.02.1967, em seu artigo 4º, com a redação dada pela Lei federal nº 7.596, de 10.04.1987, enumera os entes que compõem a Administração Pública (simetria aos demais entes federativos): I – a administração direta, que se constitui dos serviços integrados na estrutura administrativa da Presidência da República e dos Ministérios; II – a administração indireta, que compreende as seguintes categorias de entidades, dotadas de personalidade jurídica própria: a) autarquias; b) empresas públicas; c) sociedades de economia mista; d) fundações públicas.

Foram introduzidas, ainda, pela Emenda Constitucional nº 19/1998 outras figuras jurídicas que mantêm vínculo com a Administração: organizações sociais que não compõem a administração indireta e as agências executivas que têm natureza autárquica ou fundacional.

---

[56] BUENO, Paulo Amador Thomaz Alves da Cunha. *Crimes na Lei do Parcelamento do Solo Urbano:* Lei n. 6.766, de 19 de dezembro de 1979. São Paulo: Lex Editora, 2006, p. 69-

[57] AFUIAR JÚNIOR, Ruy Rosado de. Normas Penais sobre o parcelamento do Solo Urbano. *In: Direito do urbanismo:* uma visão sociojurídica, p. 203-227.

Hungria aponta a objetividade jurídica nos crimes contra a administração pública, como visando proteger "(...) o interesse da normalidade funcional, probidade, prestígio, incolumidade e decoro da Administração Pública".[58]

Assim, para o Direito penal, a noção ganha foro mais abrangente, alcançando todas as atividades relacionadas ao Estado, não se limitando apenas às funções meramente administrativas, sendo essas apenas uma parcela dessa conotação ampla, que é completada pela função legislativa e jurisdicional.

Com efeito, o direito urbanístico, do ângulo prático, tem seus interesses levados a efeito através das chamadas limitações urbanísticas, ou seja, de mecanismos por meio dos quais há o regramento na exploração e na utilização da propriedade, em função do interesse público, e que constituem manifestação do poder de polícia administrativa.[59]

As limitações urbanísticas são, segundo a consideração de Meirelles: "(...) uma das espécies do gênero 'limitação administrativa', sujeita às regras peculiares do Direito Administrativo e do Direito Municipal, e aos princípios mais amplos do Direito Constitucional que autoriza o condicionamento do uso da propriedade ao bem-estar social".[60]

O Direito Urbanístico, em função justamente da relação de espécie para gênero que suas limitações têm para com as limitações administrativas, faz com que conclua de forma genérica pela sua inserção no ramo mais amplo – o direito administrativo e, por via de efeito, da subordinação a seus imperativos.[61]

Estabelecida essa relação de subordinação do Direito Urbanístico para com o Direito Administrativo, já se começa a ter um panorama mais definido, dentro da sistemática jurídica, das razões de ordem dogmática que originaram a cabeça do art. 50 da Lei de Parcelamento.

Não obstante a inequívoca necessidade de reparação patrimonial, a verdade é que em se tratando de crime contra Administração Pública, o particular lesado poderá ter sérias dificuldades para poder pleitear seus interesses junto ao processo criminal que a Justiça Pública venha a promover em face de parcelador ilegal. Isso porque, "como se sabe, a possibilidade de o particular intervir em processo por crimes contra a administração pública na condição de assistente de acusação é, até hoje, controvertida, ainda que o delito em questão haja, por via reflexa, vulnerado seu interesse individual".[62]

Embora haja interesses que dizem respeito à economia popular e relações e consumo, a lei apresenta, em relação à questão do bem jurídico, sensível evolução em comparação ao Decreto-Lei nº 271/67, principalmente no que se refere à efetividade dos resultados alcançados.

Na primeira das figuras típicas (art. 50, inciso I) repousa o maior número de violações ao parcelamento do solo que, segundo a doutrina majoritária, pecam por se confundirem com normas de direito administrativo sancionador, muitas vezes de forma vaga e imprecisa.

---

[58] HUNGRIA, Nelson. *Comentários ao Código Penal*, v. 9, p. 311. Pormenoriza, ainda, Gavazzi: "L' obiettività giuruduca dei delitti contro la Pubblica Amministraione si sostanzia nel turbamento dele molteplici funzioni che lo Stato esplica pel reggiungimento dei propri fini, la cerchia dei quali va ogni di più allargandosi per il fato che l' attività statuale non mira omai soltando ala tutel dell' ordine giuridico dela Società, ma si sostituisce all 'attività dei pravati per consiguere quelle utilità sociali che costoro i non vogliono o non possono con le loro sole forze raggiungere". (GAVAZZI, Ugo. *Trattato di Direitto Penale*: dei delitti contro la pubblica Amministrazione, v. IV, p. 1.)

[59] BUENO, Paulo Amador Thomaz Alves da Cunha. *Crimes na Lei do Parcelamento do Solo Urbano*: Lei n. 6.766, de 19 de dezembro de 1979. São Paulo: Lex Editora, 2006, p. 73.

[60] MEIRELLES, Hely Lopes. *Direito Municipal brasileiro*. 16. ed. São Paulo: Malheiros, 2008, p. 310.

[61] BUENO, Paulo Amador Thomaz Alves da Cunha. *Crimes na Lei do Parcelamento do Solo Urbano*: Lei n. 6.766, de 19 de dezembro de 1979. São Paulo: Lex Editora, 2006, p. 73.

[62] BUENO, Paulo Amador Thomaz Alves da Cunha. *Crimes na Lei do Parcelamento do Solo Urbano*: Lei n. 6.766, de 19 de dezembro de 1979. São Paulo: Lex Editora, 2006, p. 80.

Mello, nesse sentido, salienta que "os dispositivos dessa lei são excessivamente exaustivos. Não são singelos, não são objetivos, não são diretos. Se isso se pode justificar, se pode perdoar, quando a matéria tratada é de natureza administrativa, a mim me parece que essa orientação é absolutamente indesculpável quando nós estamos considerando as normas de caráter penal".[63]

Com efeito, o núcleo "dar início, de qualquer modo" claramente é muito amplo, aberto e viola a taxatividade, decorrência da legalidade estrita.

Considerando que o inciso em apreço destacou como típicas em relação à execução de parcelamentos ilegais as condutas de "dar início" e "efetuar", sem, contudo, destacar que atos podem ser considerados iniciais e sem definir o que caracteriza um parcelamento acabado, impõe-se analisar primeiramente como podem se exteriorizar os atos dirigidos à realização do parcelamento do solo.

Isso porque o parcelamento do solo é atividade que se desenvolve por meio de atos passíveis de serem praticados por duas formas de contornos distintos: a jurídica e a material.

No que se refere aos atos jurídicos, "deve-se ter em conta aqueles que estejam propriamente ligados com a comercialização do solo parcelado, e que, neste sentido, geralmente se desenvolvem desde a oferta de lotes até sua efetiva negociação aos eventuais compradores, ou na regularidade da documentação relativa à área".[64]

De igual sorte, o parcelamento do solo é atividade que se inicia ou se efetua mediante ações que incidam sobre as características físicas propriamente ditas do imóvel: "sob a ótica do parcelamento material, as ações de efetuar loteamento/desmembramento são as relacionadas aos atos de modificação física da gleba, características de uma divisão, de fragmentação, de formação de unidades autônomas e independentes, como o arruamento, a demarcação de lotes, a implantação de infraestrutura etc.".[65]

Tanto o loteamento quanto o desmembramento são modalidades de parcelamento que se caracterizam pelo retalhamento do solo, com ou sem alteração do sistema viário, para fins edilícios, na conformidade das características estabelecidas no art. 2º, §§1º e 2º da lei.

A fragmentação de uma área para fins de parcelamento, então, envolve a necessária realização de determinadas obras com particularidades absolutamente próprias dessa atividade e incapazes de suscitarem dúvidas quanto à finalidade do empreendimento a que se destinam.

Com efeito, o parcelamento do solo em seus aspectos físicos é passível de ter início por meio de variadas atividades modificativas da estrutura física da área, as quais, entrementes, tanto podem estar destinadas à implantação de um loteamento ou desmembramento, quanto podem ser realizadas para atender objetivos diversos, estremes de qualquer relação com o fracionamento da área, como os serviços de terraplanagem, desmatamento, cerceamento da área, obras de infraestrutura, etc. [66]

Vale ressaltar a advertência de Azevedo no tocante à necessidade da certeza acerca da finalidade das obras executadas:

---

[63] MELLO, Dirceu de. Crimes no parcelamento irregular do solo urbano e nas vendas de loteamentos irregulares. *Revista do Advogado*, n. 24, p. 17-25.
[64] BUENO, Paulo Amador Thomaz Alves da Cunha. *Crimes na Lei do Parcelamento do Solo Urbano:* Lei n. 6.766, de 19 de dezembro de 1979. São Paulo: Lex Editora, 2006, p. 86.
[65] SAMBURGO, Beatriz Augusta Pinheiro. Dos crimes da lei de parcelamento do solo para fins urbanos. In: *Temas de Direito Urbanístico*, p. 327-343.
[66] BUENO, Paulo Amador Thomaz Alves da Cunha. *Crimes na Lei do Parcelamento do Solo Urbano:* Lei n. 6.766, de 19 de dezembro de 1979. São Paulo: Lex Editora, 2006, p. 86.

Segundo a dicção típica, não é necessário que se efetue de fato o loteamento, bastando, p.e., realizar a demarcação, limpeza e terraplanagem, aterro, desmatamento ou canalização de córregos, desde, é certo, que se coordenem univocamente tais atos na direção de realização de loteamento. Esses atos, assim encaminhados como início da execução de um loteamento hão de ser unívocos, reveladores da intencionalidade e materialmente mesmo capazes de corporificar ações hábeis à feitura do loteamento.[67]

Em circunstâncias dessa ordem, a indeterminação típica irá fatalmente reclamar a convergência de outros elementos de convicção, como a apreciação do elemento volitivo, que deverá ser perquirido com elementos de convicção anteriores e simultâneos que demonstrem o dolo do agente.

Tanto o inciso I quanto o inciso II estão a dar tipicidade apenas àqueles atos materiais de parcelamento, exteriorizados, conforme dito, nas obras destinadas à modificação física do solo.

Tal conclusão decorre notadamente ao considerar que, tratando-se de crime contra a administração pública, as características e o ordenamento urbano que se pretende proteger não chegam a ser atingidos se a área não sofrer ao menos um início de atuação em sua estrutura física.

Nesse sentido lecionam Mukai, Caffé Alves e Lomar:

> Entende-se, neste caso, por se tratar de uma norma penal, que a expressão 'dar início' exige uma configuração objetiva e fática diretamente ligada ao ato de parcelar o solo. Mais precisamente, a consubstancia a ideia de 'início de execução' do parcelamento, no seu aspecto modificativo da realidade física, representando já um ataque direto ao bem jurídico protegido pela norma penal, conforme a teoria da hostilidade ao bem jurídico de Mayer. Em decorrência, o início da atividade delituosa se dá com um ato executivo qualquer que ataque efetiva e imediatamente o bem jurídico protegido, ficando de fora da tipificação penal os atos preparatórios, que ainda não alteram em nada o bem jurídico protegido. [68]

O Tribunal de Justiça do Estado de São Paulo, aliás, já decidiu que resta configurado o crime de parcelamento do solo urbano com infração à Lei nº 6.766/79, se o parcelador inicia os atos físicos sem autorização do Poder Público, ou desatende as disposições da lei respectiva, ou desobedece a licença ou autorização concedido pelo Poder Público, ou finalmente, quando desatende as disposições das legislações específicas dos Municípios, Estados-Membros ou Distrito Federal.[69]

Sendo o início de parcelamento, para fins de configuração do inciso I, considerado pelas alterações físicas que se realizem na área, deve-se ter em vista que se tornou tarefa mais simples identificar os atos que exteriorizem mera cogitação e, ainda, aqueles que constituem mera preparação impunível.

Evidente que tanto a cogitação como os atos preparatórios, como, *v.g.*, os trabalhos de agrimensura, a elaboração de estudos de engenharia de viabilidade de futuro empreendimento, a contratação de pessoal para a realização da obra, a compra de material e inclusive os atos

---

[67] AZVEDO, David Teixeira de. O crime de loteamento clandestino. In: *Atualidades no Direito e Processo Penal*, p. 15-24.
[68] MUKAI, Toshio; ALVES, Alaôr Caffé; e LOMAR, Paulo José Villela. *Loteamentos e desmembramentos urbanos*: comentários à lei de parcelamento do solo urbano. 2. ed. São Paulo: Sugestões Literárias, 1987, p. 266.
[69] *RT* 677/349.

necessários para a obtenção e licença administrativa, por si sós, não configuram a aberta elementar "de qualquer modo".

Outrossim, não obstante se tratar de crimes plurissubsistentes, passíveis de fracionamento, a tentativa, embora possível, é inofensiva, eis que um ato parcial já configuraria, por si só, o núcleo aberto "dar início".

Nesse sentido, observa Bueno,

> Diga-se, contudo, que tal impossibilidade não nasce por disposição expressa equiparando as penas da fora consumada com a tentada, mas decorre da interpretação lógica das condutas nucleares apontas no tipo. É de clareza meridiana, e consequência do próprio caráter plurissubsistente do delito, que o ato final de "efetuar", somente pode ser atingido se antecedido por outros, os quais se não estivessem alcançados pelo outro núcleo do tipo, "dar início", dariam ensejo ao surgimento da forma tentada.[70]

No mesmo diapasão, Aguiar Júnior descreve o alcance dos núcleos típicos:

> Tendo a lei equipara a ação de iniciar com a de efetuar (efetua quem obtém uma modificação física ou jurídica em relação à gleba), todo o ato realizado na fase executiva, tendente a efetuar ou efetuando o loteamento ou desmembramento, já provoca a situação de consumação do delito. Não se admite a figura da tentativa em ambas as modalidades, de iniciar ou efetuar: quem tenta efetuar está iniciando, e isso é consumação; de sua vez, iniciar é tentar efetuar, e como não se admite tentativa de tentativa, não é possível o reconhecimento da tentativa de dar início. Ou o ato é preparatório e irrelevante ou é a consumação.[71]

Diante disso, como será oportunamente assinado no que diz respeito à extinção da punibilidade, a Lei do Parcelamento não revelou qualquer preocupação no sentido de desestimular aqueles que pretendessem efetuar parcelamentos ilegais, porquanto, uma vez que o primeiro ato de execução se verifique, as consequências jurídico-penais serão abstratamente as mesmas se o parcelamento for levado até o final, não havendo, portanto, razões que estimulassem o agente a retroceder em seu projeto.

Haverá, por força da legislação posterior, o cabimento de institutos despenalizadores que exigem a reparação do dano como pressuposto, mas não se trata de uma política criminal específica da Lei de Parcelamento, que, aliás, teve vetado, na tramitação da Lei nº 9.785 de 29 de janeiro de 1999, o parágrafo único no art. 51, que contemplava hipótese de extinção da punibilidade com a regularização do parcelamento do solo antes do recebimento da denúncia.

O **inciso I** estabelece para a consumação do delito a necessidade de que o parcelamento do solo seja ao menos iniciado, à ausência completa de autorização ou com inobservância das leis municipais, estaduais e federais pertinentes. Essa autorização do Poder Político a que se refere o inciso é aquela que deve ser concedida pelo Município ou pelo Distrito Federal.

Mas o delito em questão configura-se não apenas pela ausência de autorização, a qual ainda que existente possibilita sua caracterização pela inobservância a uma ampla e incerta gama de normas. Nesse sentido, Costa destaca três hipóteses de ocorrência do inciso I: a) parcelamento não autorizado pelo Poder Público; b) parcelamento autorizado,

---

[70] BUENO, Paulo Amador Thomaz Alves da Cunha. *Crimes na Lei do Parcelamento do Solo Urbano:* Lei n. 6.766, de 19 de dezembro de 1979. São Paulo: Lex Editora, 2006, p. 95.

[71] AGUIAR JÚNIOR, Ruy Rosado de. Normas penais sobre o parcelamento do solo urbano. In: *Direito do urbanismo:* uma visão sociojurídica, p. 203-227.

porém realizado sem observância de norma municipal, estadual ou do Distrito Federal; c) parcelamento autorizado, porém em desconformidade com a própria lei.[72]

Essas disposições confirmam que se trata de norma penal em branco, ou seja, aquelas de conteúdo incompleto, vago, exigindo complementação por outra norma para que possam ser aplicadas ao fato concreto.

Aguiar Júnior, com acerto, ressalta a amplitude do tratamento dessa forma, embora inevitável, aduzindo que "esta é uma das normas penais mais em branco do nosso ordenamento, criadora de tipo extremamente aberto, o qual permite o enquadramento penal de todas as condutas contrárias às prescrições, não só da Lei nº 6.766/79, como das 'normas pertinente' dos Estados, Municípios e Distrito Federal, sabendo-se que existe 'uma profusa e difusa distribuição da competência para legislar' sobre Urbanismo".[73]

O parcelamento do solo urbano, realizado nas circunstâncias estampadas no inciso, consiste, sem dúvida, na forma mais nociva de se promover empreendimentos imobiliários ilegais. Isto à vista de que o parcelador, nestes casos, deixou claro seu desrespeito para com a legislação e, via de efeito, para com a administração pública, uma vez que pôs em prática seu projeto imobiliário fazendo tábula rasa de todos os pressupostos e condições reclamadas.[74]

Essas hipóteses de completa ausência de supedâneo legal, notadamente em relação aos loteamentos, são frequentemente cognominadas na doutrina como "loteamentos clandestinos", os quais, segundo Loureiro, "seriam aqueles que ano obtiveram a aprovação ou autorização administrativa dos órgãos competentes, incluídos aí não só a Prefeitura, como também entes Estaduais e Federais, quando necessário".[75]

Os loteamentos clandestinos e os loteamentos irregulares constituem espécies com características distintas, porém, bastante próximas, das quais é gênero o loteamento ilegal.

Trata-se, na verdade, de uma adequada classificação estabelecida em função do grau de comprometimento que o loteamento apresenta perante as obrigações legais.

Dentro dessa classificação, as condutas do inciso I estariam, então, compreendidas na espécie do loteamento clandestino, descrevendo Afonso da Silva algumas razões pelas quais se caracteriza como a forma mais gravosa de parcelamento ilegal:

> O loteamento clandestino constitui ainda, uma das pragas mais daninhas do urbanismo brasileiro. Loteadores, parcelam terrenos de que, não raro, não tem título de domínio, por isso não conseguem aprovação do plano, quando se dignam a apresentá-lo à Prefeitura, pois o comum é que sequer se preocupem com essa providência, que é onerosa inclusive porque demanda a transferência de áreas dos logradouros públicos e outras ao domínio público.[76]

A diferenciação, embora adequada, é meramente acadêmica, não chegando a implicar algum efeito prático, visto que os limites máximo e mínimo da pena são os mesmos tanto

---

[72] COSTA, Roberto de Oliveira e. Aspectos penais da Lei do Parcelamento do Solo Urbano – Lei nº 6.766, de 18 de dezembro de 1979. *Justitia*, v. 118, p. 20-50.
[73] AGUIAR JÚNIOR, Ruy Rosado de. Normas Penais sobre o Parcelamento do Solo Urbano. In: *Direito do urbanismo: uma visão sociojurídica*, p. 203-227.
[74] BUENO, Paulo Amador Thomaz Alves da Cunha. *Crimes na Lei do Parcelamento do Solo Urbano:* Lei n. 6.766, de 19 de dezembro de 1979. São Paulo: Lex Editora, 2006, p. 104.
[75] LOUREIRO, Francisco Eduardo. Loteamentos clandestinos: prevenção e repressão. *Revista de Direito Imobiliário*, nº 48, p. 29-46.
[76] SILVA, José Afonso da. *Direito Urbanístico brasileiro.* 7. ed. São Paulo: Malheiros, 2012, p. 330.

para o loteamento clandestino quanto para o irregular, este último se encontrando descrito no inciso seguinte.

Tendo em vista que o tipo penal não reclama a necessidade de ocorrência de qualquer resultado naturalístico, consistente numa alteração da realidade, conclui-se, então, que se trata de hipótese de delito formal ou de mera conduta, os quais, segundo Pimentel: "(...) são aqueles em que o dano ou o perigo constitutivos do crime se tornam realidade com o desencadear da conduta. O resultado que a lei considerava relevante para a perfeição da figura delituosa já se completa com a própria conduta".[77]

Realmente, a doutrina predominante é no sentido de reconhecer o delito do inciso I como sendo formal,[78] porquanto não haja no tipo a previsão de exteriorização de determinado resultado naturalístico, punindo-se simplesmente qualquer conduta que dê início a parcelamento físico de uma área para fins urbanos, sem a observância da legislação pertinente ou com a falta de licença.

No caso da figura do **inciso I**, está-se diante de uma hipótese de delito instantâneo de efeitos permanentes, conclusão a que se chega também em razão da conduta nuclear de "dar início", a qual consuma o delito no primeiro ato de execução do parcelamento. Não obstante haja a grande possibilidade de efeitos permanentes da conduta de início de parcelamento do solo, não há permanência de estado de ilicitude determinado pela conduta agente, como ocorre, *v.g.*, no delito de cárcere privado. Praticado qualquer ato material, voltado ao parcelamento do solo para fins urbanos, consumado estará o delito.

Nesse particular é de se consignar que já houve acentuada discussão doutrinária, encontrando-se entendimentos no sentido de que se tratava de delito permanente,[79] como já brevemente consignado. Todavia, a grande maioria de julgados abordando a questão abraça a tese de que se trata de delito instantâneo de efeito permanentes,[80] destacando-se que o Pretório Excelso já teve oportunidade de se manifestar a esse respeito, firmando seu entendimento na mesma direção,[81] por conta do que hodiernamente a discussão parece já haver perdido lugar.

Nos crimes instantâneos e instantâneos de efeitos permanentes, o delito se consuma com a conduta, sendo certo que o termo inicial da prescrição é contado daí. Isso posto, o prazo prescricional terá por termo inicial o momento em que o agente realizar o primeiro ato no sentido de dar início a parcelamento do solo, consoante já entendeu o colendo Supremo Tribunal Federal: "Descabe confundir crime instantâneo de efeitos permanentes com crimes permanentes. O previsto no art. 50 da referida Lei encerra a primeira categoria, razão pela

---

[77] PIMENTEL, Manoel Pedro. *Crimes de mera conduta*. 2. ed. São Paulo: Revista dos Tribunais, 1968, p. 41.

[78] Neste sentido: MELLO, Dirceu de. Crimes no parcelamento irregular do solo urbano e nas vendas de loteamentos irregulares. *Revista do Advogado*, n. 24, p. 17-25.

[79] Entendendo que se trata de delito permanente: SAMBURGO, Beatriz Augusta Pinheiro. Dos crimes da Lei de Parcelamento do Solo para Fins Urbanos. *In: Temas de Direito Urbanístico*, p. 327-343.

[80] Neste sentido: *RT* 614/300, 743/610; TJSP, Apelação criminal nº 134.184-3; TJSP, Apelação criminal nº 151.228-3 TJSP, Apelação criminal nº 151.228-3/9 – 5ª Câmara criminal – Rel. Des. Poças Leitão; TJSP, Apelação criminal nº 134.184-3/2 – 4ª Câmara criminal de férias (Julho/94) – Rel. Des. Celso Limongi; TJSP, HC nº 251.223-3 – 6ª Câmara criminal – Rel. Des. Gentil Leite; TJSP, HC nº 307.780-3/8 – 5ª Câmara criminal – Rel. Des. TJSP, HC nº 342.363-3/1-00 – 1ª Câmara extraordinária criminal – Rel. Des. Xavier de Souza; TJSP, Apelação criminal nº 223-334-3 – 5ª Câmara criminal de férias (Julho/98) – Rel. Des. Marcos Zanuzzi; TJSP, HC nº 305.274-3 – 6ª Câmara criminal – Rel. Barbosa Pereira; TJSP, Recurso em sentido estrito nº 222.346-3 – 4ª Câmara criminal – Rel. Des. Bittencourt Rodrigues; TJSP, HC nº 342.363-3 – 1ª Câmara Extraordinária Criminal – Rel. Des. Xavier de Souza.

[81] Neste sentido: STF – HC Nº 76.501-1/SE – 1ª Turma – Rel. Min. Octávio Gallotti. No mesmo sentido: TJSP, HC nº 307.780-3/8 – 5ª Câmara criminal – Rel. Des. Dante Busana.

qual a prescrição tem início no dia em que o crime se consumou, não se podendo aplicar a regra do inciso III do art. II do Código Penal".[82]

Note que este aspecto também reforça a impossibilidade de reconhecer-se o inciso como hipótese de delito permanente, visto que o termo inicial da prescrição, a pensar-se assim, seria verdadeiramente indeterminável. De fato, não há como saber-se qual seria o acontecimento que estaria a determinar que houve a cessação do estado de ilicitude.

No que toca à questão da antijuridicidade, deve-se ter novamente em conta que a lei determina, em seu art. 18, inciso V,[83] que as obras de infraestrutura do parcelamento sejam realizadas num prazo de quatro anos,[84] estabelecendo um cronograma de obras dentro desse intervalo. De fato, se tal prazo não for cumprido ou o referido cronograma.

O tipo penal não exige apenas o dolo genérico consistente unicamente no retalhamento da área; reclama, ainda, o chamado dolo específico, consistente na finalidade direta de urbanização do local, exteriorizado na expressão "para fins urbanos".[85]

Já as disposições do **inciso II** guardam nítida relação de similitude com as de seu antecessor, notadamente por conta de seus núcleos que descrevem, por idênticos verbos, as condutas típicas.

Inegável, nesse particular, a proximidade que os dois incisos têm entre si, razão pela qual algumas considerações feitas na análise do inciso I devem ser aproveitadas em relação ao inciso II, visto que repeti-las seria despicienda redundância.

Realmente, as observações ventiladas em relação à falta de certeza dos tipos, a equiparação entre o parcelamento efetuado ao apenas iniciado, inviabilizando a possibilidade da prática do delito na forma tentada, são aspectos que, em decorrência da igualdade dos núcleos, devem ser considerados pertinentes aos incisos I e II.[86]

A distinção entre ambos, é certo, ficou estabelecida em função dos elementos que integram a parcela final do texto, sendo que na hipótese em apreço a conduta punível não se dá, como nos casos do inciso I, em face da ausência de autorização ou da inobservância da legislação pertinente, *mas em razão de o agente, malgrado possuidor de licença, deixar de cumprir as determinações administrativas impostas àquele parcelamento do solo*.

Licença, no caso em rela, tem sentido estritamente jurídico, constituindo espécie da qual é gênero o ato administrativo, sendo conceituada por Di Pietro como "(...) o ato administrativo unilateral e vinculado pela qual a Administração faculta àquele que preencha os requisitos legais o exercício de uma atividade".[87]

---

[82] STF – HC nº 71.259-2 – 2ª Turma – Rel. Min. Marco Aurélio.

[83] "Art. 18 (...). V – cópia do ato de aprovação do loteamento e comprovante do termo de verificação pela Prefeitura Municipal ou pelo Distrito Federal, da execução das obras exigidas por legislação municipal, que incluirão, no mínimo, a execução, das vias de circulação do loteamento, demarcação dos lotes, quadras e logradouros e das obras de escoamento das águas pluviais ou da aprovação de um cronograma, com a duração máxima de quatro anos, acompanhado de competente instrumento de garantia para a execução das obras (inciso com redação dada pela Lei nº 9.785, de 29 de janeiro de 1999)."

[84] No texto original da Lei nº 6.766/79, o prazo era de dois anos. Com o advento da Lei nº 9.785/99 houve, então, a duplicação do prazo.

[85] Cf. David Teixeira de Azevedo: "De outro lado, o crime de realização de loteamento clandestino exige o dolo direto de iniciar ou efetuar o loteamento clandestino, com um elemento anímico especial, qual seja o de que o parcelamento do solo se destine à finalidade urbana, com o conhecimento do agente da ausência de autorização do órgão público para efetuar a divisão da terra com esse propósito". (O Crime de Loteamento Clandestino. *In: Atualidades no Direito e Processo Penal*, p. 15-24).

[86] BUENO, Paulo Amador Thomaz Alves da Cunha. *Crimes na Lei do Parcelamento do Solo Urbano:* Lei n. 6.766, de 19 de dezembro de 1979. São Paulo: Lex Editora, 2006, p. 113.

[87] DI PIETRO, Maria Sylvia Zanella. *Direito administrativo*. São Paulo: Atlas, 2006, p. 189.

Na hipótese, licença referida é aquela decorrente da aprovação do loteamento ou desmembramento pela prefeitura do município, ou pelo Distrito Federal, conforme as diretrizes estampadas no Capítulo V da própria Lei nº 6.766/79, que ordinariamente atribui a tais organismos públicos a competência para tanto (arts. 12 e seguintes).

Essa licença é concedida tendo-se em vista de consideração a observância a aspectos vinculados ao planejamento urbanístico do local, os quais constituem os requisitos legais específicos para o exercício regular do parcelamento.[88]

Nesse sentido, a parcela final do art. 12 do mesmo diploma legal é taxativa ao determinar ao Poder Público, para a concessão da licença, a "(...) fixação das diretrizes a que aludem os arts. 6º e 7º desta Lei (...)", os quais justamente apontam critérios genéricos a serem observados para o uso do solo, como, *v.g.*, o traçado dos lotes, traçado do sistema viário, faixas sanitárias da área, etc.

Registre-se que a Lei nº 6.766/79 apenas fixa diretrizes de forma genérica, que no caso em concreto devem ser apontadas de maneira específica e individualizada pelo Poder Público para a concessão da licença, constituindo, portanto, as "determinações" a que se refere o inciso II do art. 50.

Em síntese, as determinações do ato administrativo da licença são, na prática, aqueles requisitos urbanísticos que genericamente a Lei nº 6.766/79 determinou ao Poder Público que estabelecesse previamente segundo as exigências do caso concreto, e observada a legislação complementar, para a concessão da licença.

Novamente está-se diante de uma norma penal em branco, no caso, a ser complementada pelo ato administrativo da licença que irá individualizadamente prescrever os parâmetros urbanísticos a serem observados na execução do parcelamento.

Na hipótese do inciso II, não obstante a igual amplitude dos núcleos e tratar-se também de uma norma penal em branco, ao menos em relação ao complemento do tipo, não se verifica a acentuada indeterminação que notabilizou tão negativamente o inciso I.

Saliente-se, ademais, que ninguém melhor do que o próprio parcelador estará apto a conhecer e ter a noção certa dos termos da licença, porquanto teve participação direta no procedimento administrativo para obtenção desta, concedida, aliás, com base em projeto seu, tendo, portanto, obrigatoriamente a ciência das determinações que deve observar para a execução de seu empreendimento. Como desdobramento disso, observe-se que alguns autores sustentam que o inciso II é verdadeiramente despiciendo, porquanto a conduta típica estaria abraçada pela do inciso I, de inegável maior amplitude.[89]

É certo, ainda, que se as disposições do inciso II fossem suprimidas do texto legal, as transgressões às licenças estariam sujeitas, com razoável possibilidade, a serem entendidas como delito de desobediência (art. 330, CP).

A obtenção da licença não importa numa autorização para o retalhamento do solo conforme bem entenda o agente, que, amparado legalmente pelo ato administrativo, decide dar configuração ao solo diversa daquela que requereu ao Poder Público. De fato, ter a licença e não observar suas limitações implica igualmente em ofensa aos interesses urbanísticos, os quais não ficam mais bem preservados se o agente extrapola o quanto lhe foi autorizado.

---

[88] BUENO, Paulo Amador Thomaz Alves da Cunha. *Crimes na Lei do Parcelamento do Solo Urbano:* Lei n. 6.766, de 19 de dezembro de 1979. São Paulo: Lex Editora, 2006, p. 114.

[89] Neste entendimento Ruy Rosado Aguiar Júnior: "(...) a eventual desatenção às regras individualizadas no ato de licença já constitui a infração de parcelar em desacordo com disposição da Lei nº 6.766, figura típica prevista no inciso I do art. 50. Portanto, dispensável a norma do inciso II, cuja valia reside apenas na explicação da conduta". (Normas Penais sobre o Parcelamento do Solo Urbano. *In: Direito do urbanismo:* uma visão sociojurídica, p. 203-227)

Realmente, fazer de forma diversa da que se está autorizado equivale, do ângulo objetivo, a fazer o que está desautorizado.[90]

O inciso, com efeito, visa a impedir situações análogas à que Delmanto exemplificativamente descreveu, ainda na vigência do Decreto-Lei nº 271/67, em que "(...) as vias públicas previstas para o loteamento são diminuídas, transformando-as as planejadas avenidas em vielas de três a quatro metros de largura".[91]

Modificações de ordem física, como as citadas, em desconformidade com a licença previamente obtida, efetivamente esvaziam a utilidade desta, podendo trazer, por via de efeito, os mesmos riscos aos interesses urbanísticos no parcelamento do solo que a ausência completa de licença.

Em relação ao parcelamento concluído com desrespeito à licença, não parece haver a possibilidade de ensejo a grandes dúvidas quanto à conduta do agente, sendo bastante a verificação da área e das limitações lançadas na licença para que se preceda da adequação da conduta ao tipo.

Todavia, em relação ao parcelamento meramente iniciado, certamente na prática haverá maiores dificuldades de identificar-se o desrespeito às limitações urbanísticas da licença e proceder-se a adequação típica da conduta.

Isso porque, se a área se encontra em processo de parcelamento com a movimentação e consequente alteração física, o juízo de certeza sobre a desconformidade da conduta do agente para com o que foi autorizado corre o risco de esbarrar em entraves decorrentes da própria obra que ainda se encontra em andamento, ensejando dúvidas quanto ao que ali se pretende realizar.[92]

Realmente, ao observar, *v.g.*, um loteamento cujas obras de abertura das ruas ainda se encontram em andamento, nem sempre será possível afirmar que as medidas estão em desconformidade com o projeto autorizado e que o loteamento está irregular, fazendo surgir a hipótese do inciso em tela.

Problemas dessa ordem, os quais acabam tendo de ser dirimidos em sede de processo, com maiores dificuldades para a prova, decorrem sem dúvida do tipo penal aberto, cujo núcleo descreve menos do que deveria.

Dentro da classificação anotada no capítulo anterior, em que os parcelamentos ilegais constituem o gênero do qual são espécies o clandestino e o irregular, importa notar que, diferentemente do inciso I, está-se diante de uma hipótese de loteamento irregular, porquanto sua ilegalidade se caracteriza após a obtenção da licença, ou consoante descreve Silva:

> Os loteadores nesse caso, providenciam junto à Prefeitura a aprovação de seu loteamento e, depois de consegui-lo, abandonam o caminho da legalidade e enveredam pela ilegalidade, quer executando o loteamento como foi aprovado mas sem inscrição no Registro de Imóveis, quer desrespeitando o plano aprovado e mesmo inscrito, modificando-o à sua conveniência (....).[93]

---

[90] BUENO, Paulo Amador Thomaz Alves da Cunha. *Crimes na Lei do Parcelamento do Solo Urbano:* Lei n. 6.766, de 19 de dezembro de 1979. São Paulo: Lex Editora, 2006, p. 116.

[91] DELMANTO, Celso. *Infrações penais na incorporação, loteamento e corretagem de imóveis*. São Paulo: Saraiva, 1976, p. 148.

[92] BUENO, Paulo Amador Thomaz Alves da Cunha. *Crimes na Lei do Parcelamento do Solo Urbano:* Lei n. 6.766, de 19 de dezembro de 1979. São Paulo: Lex Editora, 2006, p. 118.

[93] SILVA, José Afonso da. *Direito Urbanístico brasileiro*. 7. ed. São Paulo: Malheiros, 2012, p. 330.

Retomada essa classificação, a partir do conceito dado pelo autor, pode-se chegar à conclusão de que a conduta do inciso I se reveste de maior gravidade do que a do inciso II, na medida em que aqui o agente já possuía a licença para proceder ao parcelamento do solo, enquanto lá a figura típica vem caracterizada pela ausência efetiva de autorização ou então pela infração à legislação. No primeiro caso, verifica-se um acentuado desrespeito ao bem jurídico e à lei, enquanto no segundo o agente revelou – ao menos inicialmente – a preocupação em agir conforme as determinações legais impostas aos empreendimentos relacionados ao parcelamento do solo, tanto que diligenciou pela licença.

Vê-se que num primeiro momento o agente procurou agir, e agiu, dentro da legalidade, somente posteriormente vindo a se desviar de seu projeto original, após obter a licença do Poder Público.

O tipo não reclama a necessidade de produção de nenhum dano, tampouco exige uma situação concreta de perigo para a administração pública, ficando este, em verdade, presumido. Trata-se de delito formal, visto que se dá apenas pela violação da norma, sem que haja necessidade de ocorrência de qualquer resultado naturalístico. Cuida-se, ainda, de delito instantâneo de efeitos permanentes, sendo que o termo inicial para a contagem do prazo prescricional também deve ser tomado a partir do dia em que se consumou.

Por fim, no **inciso III** está-se diante de modalidade de parcelamento jurídico do solo, diferenciando-se, neste particular, dos incisos anteriores que cuidaram somente do parcelamento físico.

Isso porque, o tipo descreve condutas referentes ao comércio de áreas objeto de parcelamento ilegal, atividade que se desenvolve exclusivamente na esfera das relações jurídicas e não em atos propriamente de alteração física do solo.

Ao abordar aspectos diretamente relacionados com a comercialização do solo parcelado, está-se a ver que o inciso deita suas raízes no anteprojeto do ministro Roberto Campos, que já na fase embrionária dos crimes relacionados ao parcelamento do solo mostrava atenção para com o comércio fraudulento de loteamentos.

Na vigência do Decreto nº 271/67, a atenção à comercialização dos lotes também não foi olvidada, observando-se que o art. 65 da Lei nº 4.591/64, para a qual era remetida a questão dos loteamentos, descrevia conduta bastante próxima à do inciso III da lei, desta apenas se diferenciando pelo fato de haver se olvidado da previsão dos delitos praticados mediante omissão fraudulenta.

O tipo penal contém inicialmente dois núcleos, que se encontram nas expressões "fazer ou veicular", ambas as condutas praticadas mediante uma ação, tratando-se, portanto, em relação a esses núcleos, de delitos comissivos.

Em relação aos atos de comércio, aponta pra uma conduta próxima do segmento do público ao qual se pretende atingir com a oferta do empreendimento, feita sem intermédio de meios de *marketing*.

Veicular, por outro lado, é a oferta transmitida, propagada ou difundida de forma genérica e impessoal, levada a efeito notadamente através de variados meios de comunicação.

O núcleo, de fato, visa a alcançar os atos de comércio exteriorizados pelas condutas de agentes que praticam o *marketing* para a comercialização de parcelamento do solo, com riscos para os futuros interessados em função da ideia deturpada acerca da legalidade do parcelamento.

Ainda no que se refere aos núcleos típicos, a parcela final do inciso III descreve uma conduta omissiva determinada pela ocultação fraudulenta de fato relacionado ao parcelamento do solo.

Cuida-se de conduta típica exteriorizada mediante uma abstenção, razão pela qual, neste caso, trata-se de delito propriamente omissivo.

Adequada a previsão do delito tanto na forma ativa quanto na passiva, visto que assim colocado ficam afastadas possíveis brechas para que a comercialização de parcelamento do solo, mediante a ideia distorcida acerca de sua legalidade, ficasse a descoberto pela falta de previsão típica de alguma modalidade de conduta, fato que ocorreu na sistemática que antecedeu a Lei de Parcelamento, que não previa conduta omissiva.[94]

Consigne-se, desde já, que ao se falar em comercialização, não se deve ter em vista apenas a compra e venda – à qual, aliás, poderá ser atribuído tratamento diferenciado na hipótese do parágrafo único, inciso I –, que, sem dúvida, é a prática que, via de regra, se pretende num parcelamento do solo, mas também quaisquer atos relacionados ao comércio, como, *v.g.*, a locação.

O tipo penal descreve, ainda, os meios pelos quais as condutas nucleares pedem ser levadas a efeito: proposta, contrato, prospecto ou comunicação.

Proposta tem sentido bastante amplo, sendo conceituada por Rodrigues, como "(...) a oferta dos termos de um negócio, convidando a outra parte a com eles concordar. Constitui ato jurídico unilateral, por intermédio do qual o policitante convida o oblato a contratar, apresentado desde logo os termos em que se dispõe a fazê-lo".[95]

Contrato, consoante clássico conceito de Bevilaqua, é modalidade de ato jurídico "(...) por meio dos quaes 'sic' os homens combinam os seus interesses, constituindo, modificando ou solvendo em vínculo jurídico".[96]

No caso específico de contrato de compra e venda, registre-se que o tipo penal aplicável poderá ainda ser qualificado, conforme dispõe o parágrafo único, inciso I, do mesmo artigo, caso não haja o registro imobiliário da área.

Prospectos são os impressos que se produzem para fins de anúncio ou propaganda a respeito do empreendimento. São os comumente chamados panfletos, que, via de regra, são despejados em grande quantidade junto ao público-alvo, fazendo propaganda enganosa sobre o empreendimento.

Comunicação é expressão bastante ampla, abraçando genericamente os meios de participação ao público ou interessados sobre o parcelamento do solo. A expressão alcança, *v.g.*, os anúncios de jornal, *outdoors*, faixas, cartazes, *e-mails*, *homepages*, os próprios prospectos, que não constituem mais do que uma espécie de comunicação etc.

A comunicação, está-se a ver, tem em mira que o trabalho publicitário se desenvolva em relação aos parcelamentos do solo, não ficando afastada também a comunicação verbal que falsamente se faça, muito frequentemente levada a efeito por meio de corretores de imóveis que falaciosamente aliciam o público.

Esses quatro meios de se exteriorizarem as condutas devem ser observados de maneira restrita, visto que o legislador não adotou uma fórmula exemplificativa arrematada por uma expressão de conteúdo genérico, o que ensejaria a interpretação analógica.

Bem de ser ver, no entanto, que esta postura não implicou prejuízo, uma vez que os meio apontados têm um espectro de alcance bastante amplo, capaz de buscar a grande maioria dos atos de comércio, tornando-se tarefa difícil a burla ao dispositivo.

---

[94] BUENO, Paulo Amador Thomaz Alves da Cunha. *Crimes na Lei do Parcelamento do Solo Urbano:* Lei n. 6.766, de 19 de dezembro de 1979. São Paulo: Lex Editora, 2006, p. 122.

[95] RODRIGUES, Silvio. *Direito Civil.* v. São Paulo: Saraiva, 1997, 24 ed., p. 61.

[96] BEVILAQUA, Clóvis. *Direito das obrigações.* Bahia: Magalhães, 1910, 2 ed., p. 200.

Como bem acentua Bueno,

> Esses atos de comercialização, entretanto, somente se revestem de ilicitude quando houver "afirmação falsa sobre a legalidade do loteamento ou desmembramento" ou, na modalidade omissiva, quando ocorrer ocultação fraudulenta. Realmente, é no exercício da atividade comercial, mediante a oferta ao público-alvo em desacordo com a realidade legal do parcelamento, que repousa o ponto nevrálgico do dispositivo. [97]

O termo deve ser entendido de maneira restritiva, compreendendo somente a falsidade em relação àqueles aspectos decorrentes da inobservância das regras relacionadas aos requisitos e procedimentos legais para a realização do parcelamento do solo.

Assim, observar-se-á a prática do delito do inciso III, para a hipótese do agente que afirma falsamente, pelos meios expostos, ter obtido a licença municipal, quando de fato ainda não a tem ou sequer a requereu.

No que se refere à omissão fraudulenta, impende consignar que a redação dada ao tipo é muito insuficiente, porquanto não definiu qual seria a natureza do "fato a ele relativo" que deveria ter sido declarado.

Assim, pratica o delito mediante conduta omissiva o agente que, *v.g.*, inicia campanha publicitária em torno de um loteamento ou desmembramento sem, contudo, informar que ainda se encontram em fase de aprovação pelo município.

De fato, tanto afirmar falsamente quanto omitir fraudulentamente são condutas aptas a gerarem consequências práticas absolutamente idênticas, porquanto capazes de fazerem nascer nos interessados a certeza inverídica da legalidade do parcelamento, que é efetivamente a essência da figura delituosa. Nesse diapasão, o inciso em espécie se trata de modalidade de falsidade ideológica.

O tipo determina que a conduta delituosa do agente, quer comissiva quer omissiva, seja dirigida ao público ou a interessados, expressão de certa forma pleonástica, haja vista que a expressão "público" alcança os interessados, que, sem sombra de dúvidas, também fazem parte do público.

Tenha-se em conta que a adoção de tais expressões determinam a necessidade de que a divulgação não seja dirigida a uma só pessoa. Isso à vista de que, "público" é termo bastante amplo, trazendo a ideia de coletividade, de povo em geral. "Interessados", por outro lado, vem colocada no plural, não se admitindo, num ou noutro caso, a configuração do delito em razão de conduta endereçada e recebida individualmente.

A configuração do tipo reclama, ainda, que em qualquer das hipóteses, o delito só chegará a se consumar no momento em que a terceiros – segundo a redação do tipo, o público ou interessado – chegue o conhecimento deturpado acerca de loteamento ou desmembramento, concluindo-se disso que a mera elaboração de proposta, contrato, prospecto ou comunicado, sem que estes venham a sair da esfera de conhecimento do agente, implicará atipicidade da conduta, ressalvadas as circunstâncias em que os atos preparatórios evoluam para atos de execução, operando-se a tipicidade indireta decorrente da tentativa.

No que se refere à questão da tentativa, embora a observação dos dois núcleos possa sugerir uma equiparação lógica entre delito tentado e delito consumado, à guisa da fórmula adotada nos incisos anteriores, é bem de se ver que, em verdade, a figura do *conatus* é perfeitamente viável na espécie.

---

[97] BUENO, Paulo Amador Thomaz Alves da Cunha. *Crimes na Lei do Parcelamento do Solo Urbano:* Lei n. 6.766, de 19 de dezembro de 1979. São Paulo: Lex Editora, 2006, p. 125.

O inciso é, em sua essência, um chamado crime-obstáculo, vez que busca impedir que um resultado mais gravoso ao patrimônio de terceiros interessados no empreendimento imobiliário venha a ocorrer. Por isso, pune-se, desde logo, a comercialização por meio de fraude. Embora também colocado como crime contra a administração pública, uma perfunctória observação do texto do inciso deixa claro que o dispositivo não buscou, de fato, a proteção de aspectos urbanísticos, ficando, de outro lado, assente a preocupação com a proteção de terceiros que estariam sujeitos a serem vítimas de engodo.[98]

Essa a mesma conclusão de Rizzardo: "o objeto jurídico é de relevância prática bem superior às outras figuras, pois abarca mais diretamente os interesses dos particulares. Com razão, volta-se a lei a proteger os adquirentes, na tentativa de evitar caiam na cilada dos especuladores, deixando-se iludir por afirmações e promessas enganadoras".[99]

Por fim, sendo delitos formais, consumar-se-iam com a comunicação de falsa asseveração a respeito da constituição do loteamento, da venda de lotes, ou sobre as obras de infraestrutura da loteação, sem depender da ocorrência de prejuízo efetivo para os compradores, nem da positiva obtenção de lucro pelo agente.[100]

No que se refere à culpabilidade, também se está diante de delito exclusivamente doloso, sendo certo que o agente que age conforme as condutas estabelecidas no tipo deve ter prévio conhecimento da situação ilícita do parcelamento do solo, a fim de que o delito possa ser-lhe subjetivamente atribuído.

2.3.2 Art. 50, parágrafo único

> Parágrafo único – O crime definido neste artigo é qualificado, se cometido.
>
> I – por meio de venda, promessa de venda, reserva de lote ou quaisquer outros instrumentos que manifestem a intenção de vender lote em loteamento ou desmembramento não registrado no Registro de Imóveis competente.
>
> II – com inexistência de título legítimo de propriedade do imóvel loteado ou desmembrado, ressalvado o disposto no art. 18, §§4º e 5º, desta Lei, ou com omissão fraudulenta de fato a ele relativo, se o fato não constituir crime mais grave. (Redação dada pela Lei nº 9.785, de 1999)
>
> Pena: Reclusão, de 1 (um) a 5 (cinco) anos, e multa de 10 (dez) a 100 (cem) vezes o maior salário mínimo vigente no País.

Tanto os delitos qualificados quanto os privilegiados constituem espécies de tipos derivados, os quais surgem em função de circunstâncias especiais relacionadas aos tipos básicos e implicam diferentes penas mínimas e máximas em abstrato que serão consideradas na fixação da pena-base.

As hipóteses dos incisos I e II do parágrafo único são circunstâncias que qualificam as condutas previstas no tipo básico do art. 50 em seus três incisos, estabelecendo, como

---

[98] BUENO, Paulo Amador Thomaz Alves da Cunha. *Crimes na Lei do Parcelamento do Solo Urbano:* Lei n. 6.766, de 19 de dezembro de 1979. São Paulo: Lex Editora, 2006, p. 128.
[99] RIZZARDO, Arnaldo. *Promessa de compra e venda e parcelamento do solo urbano.* 7. ed. São Paulo: Revista dos Tribunais, 2008, p. 224.
[100] DELMANTO, Celso. *Infrações penais na incorporação, loteamento e corretagem de imóveis.* São Paulo: Saraiva, 1976, p. 153.

consequência, limites maiores de aplicação de pena. Essas figuras qualificadas não constituem tipos penais autônomos, de sorte que os incisos I e II do parágrafo único não podem ser aplicados por si sós, devendo necessariamente estar ligados a alguma das condutas do tipo básico.

Oportuno registrar, a título de observação comum às duas qualificadoras, que ambas as hipóteses descrevem circunstâncias que em sua essência estão, em verdade, ligadas à proteção dos interesses dos particulares que venham a ser vítimas do comércio de solo parcelado ilegalmente, na conformidade do que ocorreu no tipo do inciso III, como se fora uma reminiscência histórica do trato do tema como crimes contra a violência a economia popular e as relações de consumo.

A **primeira forma qualificada** do delito também descreve em seu enunciado mais de uma conduta, todas praticadas mediante ação, tratando-se de modalidade de delito comissivo. Nesse inciso I, a conduta do agente é qualificada quando, além de realizar o parcelamento do solo, sem observar as prescrições legais, atua de modo efetivo, objetivando a comercialização dos lotes, através dos diversos mecanismos relacionados ao instituto da compra e venda, malgrado a falta de registro imobiliário.

A justificativa é encontrada na própria lei que estabelece em seu art. 37 ser vedado *vender ou prometer vender parcela de loteamento ou desmembramento não registrado.*

A primeira conduta descrita é a venda de solo parcelado. A compra e venda, com efeito, vem definida no art. 481 do novo Código Civil, sendo certo que, além da compra e venda efetivada, o legislador cuidou de alcançar outras formas de comercialização de lotes, cujo escopo final seja também a transferência de domínio.

Promessa de venda tem sentido jurídico assentado no campo do direito das obrigações, sendo expressão sinônima do instituto do compromisso de compra e venda. Distingue-se da compra e venda porque o promitente vendedor apenas promete que, no futuro, e se receber o preço, venderá o imóvel prometido.[101]

Trata-se, portanto, de uma prática bastante usual, igualmente voltada à transferência de domínio, que, no entanto, só ocorrerá após o pagamento integral do preço.

Já a reserva de lote é ato que não tem forma jurídica definida, sendo, no entanto, na prática bastante comum no comércio imobiliário, razão pela qual foi inserida no tipo. É a circunstância em que o agente retira de venda determinado lote, em razão de manifestação de interessado na sua aquisição, a qual será decidida posteriormente.[102]

Via de regra, no caso de imóveis, é frequente exigir-se para a reserva a sinalização de um valor, ainda que pequeno.

Após, de forma estrita, apontar essas três modalidades de conduta, o legislador fez uso da expressão de conteúdo genérico "ou quaisquer outros instrumentos que manifestem a intenção de vender", permitindo, pois, a interpretação analógica.

No pôr-se na espécie, ao fazer uso da expressão "instrumento", o legislador colocou como típica somente a intenção de vender exteriorizada de forma objetiva e materialmente identificável, ficando subentendida a necessidade de escrito onde venha vertida referida intenção, à guisa do que ocorre com os instrumentos de compra e venda ou promessas.[103]

---

[101] RODRIGUES, Silvio. *Direito Civil*. 24. ed. São Paulo: Saraiva, 1997, p. 160.
[102] BUENO, Paulo Amador Thomaz Alves da Cunha. *Crimes na Lei do Parcelamento do Solo Urbano:* Lei n. 6.766, de 19 de dezembro de 1979. São Paulo: Lex Editora, 2006, p. 131.
[103] BUENO, Paulo Amador Thomaz Alves da Cunha. *Crimes na Lei do Parcelamento do Solo Urbano:* Lei n. 6.766, de 19 de dezembro de 1979. São Paulo: Lex Editora, 2006, p. 133.

Em vista disso, a intenção de vender manifestada verbalmente não pode ser alcançada pela qualificadora, conquanto a oferta verbal não possa ser considerada, de maneira alguma, como instrumento.[104]

De qualquer modo, seja qual for o instrumento de que o agente venha a se utilizar é mister, para que haja a extensão da norma, que fique consignada materialmente de forma clara e definida a intenção de venda. Não se incluem, portanto, na qualificadora quaisquer outros contratos que tenham objeto diverso, como, *v.g.*, a locação, o comodato, etc.[105]

Pratica o delito na forma qualificada o agente que dá início ao parcelamento do solo não autorizado ou em desacordo com a legislação (art. 50, *caput*, inciso I) e ao menos manifesta a intenção de venda. No que se refere ainda ao inciso I, dúvidas podem surgir em relação ao agente que inicia as vendas sem que sequer haja dado início ao retalhamento físico da área. Com efeito, não seria de se pensar que a conduta do agente fosse ficar impune sob o argumento de que ausente a conduta do próprio tipo básico.

A resposta deve ser buscada na própria redação do inciso em tela, o qual, agregado ao tipo básico, descreve um específico a ser considerado o início de loteamento ou desmembramento.

Assim, por força da qualificadora, só o fato de se manifestar a intenção de venda de lotes em parcelamento não registrado deve ser considerado modo excepcional de início de loteamento ou desmembramento, conduta punida na forma qualificada do inciso em questão.[106]

As mesmas circunstâncias ora descritas podem ser igualmente aplicadas em relação ao tipo básico do **inciso II**, destacando-se unicamente que nesse caso deve haver desconformidade com a licença, que poderá, inclusive, se exteriorizar no próprio instrumento de que se faça uso na comercialização.

Em relação ao tipo básico do **inciso III**, a casuística necessariamente irá se desenvolver no campo das relações meramente jurídicas. Assim, haverá a qualificadora sempre que se fizer afirmação falsa sobre a legalidade do empreendimento, que também não está registrado, em um dos instrumentos relacionados ao propósito de compra e venda de lotes.[107]

Situação interessante é a do parcelamento iniciado, não autorizado, porém havendo sido obtido o registro imobiliário. Nesse caso haverá para o agente a incidência apenas do tipo básico, sendo certo, no entanto, que o Oficial do Registro de Imóveis, que efetuou o registro irregular responderá pelo delito do art. 52.

No que se refere ao resultado, trata-se de crime instantâneo que se consuma no ato da formalização bilateral de instrumento relacionado à compra e venda.

Impende observar, ainda, que é bastante a realização de um único instrumento para configurar o delito, pouco importando se outros vierem a ser feitos nas mesmas circunstâncias, visto que daí em diante ter-se-á o exaurimento do delito – e não continuação delitiva –, consoante já reconheceu o colendo Tribunal de Justiça de São Paulo: "a promessa de venda de diversos lotes com infração à Lei nº 6.766/79 não configura mais de um crime em continuação. Com

---

[104] BUENO, Paulo Amador Thomaz Alves da Cunha. *Crimes na Lei do Parcelamento do Solo Urbano:* Lei n. 6.766, de 19 de dezembro de 1979. São Paulo: Lex Editora, 2006, p. 133.
[105] AGUIAR JÚNIOR, Ruy Rosado de. Normas Penais sobre o Parcelamento do Solo Urbano. *In: Direito do urbanismo:* uma visão sociojurídica, p. 203-227.
[106] BUENO, Paulo Amador Thomaz Alves da Cunha. *Crimes na Lei do Parcelamento do Solo Urbano:* Lei n. 6.766, de 19 de dezembro de 1979. São Paulo: Lex Editora, 2006, p. 135.
[107] BUENO, Paulo Amador Thomaz Alves da Cunha. *Crimes na Lei do Parcelamento do Solo Urbano:* Lei n. 6.766, de 19 de dezembro de 1979. São Paulo: Lex Editora, 2006, p. 136.

a assinatura do primeiro instrumento consuma-se o delito do art. 50, parágrafo único, I, que é de perigo abstrato, constituindo os demais simples exaurimento de delito consumado".[108]

É também delito formal, porquanto não se conjuga à conduta nenhum resultado naturalístico, realizando-se o delito naquela.[109]

O tipo também não descreve nenhum dano, outrossim não aponta nenhum perigo, o que força concluir que, a exemplo dos demais artigos, a qualificadora é de perigo presumido.

Nada impede que, muito embora o título esteja formalmente perfeito e registrado, pese sobre ele algum ônus, que por qualquer circunstância ainda não foi dada a publicidade devida.[110]

Com efeito, essa qualificadora muito se assemelha à figura prevista no artigo 171, §2º, inciso II, do Código Penal, que trata da alienação ou oneração fraudulenta de coisa própria, ao dispor que: "Nas mesmas penas incorre quem vende, permuta, dá em pagamento ou em garantia coisa própria inalienável, gravada com ônus ou litigiosa, ou imóvel que prometeu vender a terceiro mediante pagamento em prestações, silenciando sobre qualquer desta circunstância".[111]

Tanto aqui, como no inciso I, a publicidade do registro, a presunção civil de conhecimento de terceiros, não nos parece que, aqui, o Direito penal aceite essa presunção, visto falar no silêncio do agente.[112]

Para o crime é suficiente, pois, o ato, escritura ou instrumento particular, com a ocorrência da vantagem indevida para o sujeito ativo e dano patrimonial para a vítima, silenciando o primeiro sobre a circunstância de que a coisa não está livre ou desembaraçada. Esse silêncio criminoso, segundo Oliveira e Costa, "só se pode relacionar ao ato constitutivo da obrigação, pois quando o instrumento for levado ao registro, é que se dará pela fraude. Fosse a presunção de publicidade absoluta, e não haveria lugar à exigência do silêncio do agente. A publicidade do registro não produz, dessarte, perante a lei penal, os efeitos gerados no Direito Civil".[113]

Por derradeiro, ainda com relação à qualificadora prevista no inciso II do parágrafo único do artigo 50, cumpre ressaltar que ela somente será aplicada no caso de o fato não constituir crime mais grave. Este poderia ocorrer se o crime fosse cometido pela falsificação ou utilização de um título, como, por exemplo, de uma escritura pública de compra e venda de imóvel loteado ou desmembrado.

Quanto às figuras de diretor ou gerente de sociedade, também previstas nesse artigo, leciona Delmanto, ao comentar idêntico dispositivo da Lei nº 4.591/64, que "segundo a interpretação que nos traz o próprio autor da lei, a preocupação que se teve foi a de evitar que, em casos de pessoas jurídicas, a responsabilidade criminal se esvaísse".[114]

---

[108] TJSP – Ap. Crim. – Rel. Dante Busana – RT 637/243. In: FRANCO, Alberto Silva. Leis Penais Especiais e sua Interpretação Jurisprudencial, p. 1.347. Neste mesmo sentido, ainda: TJSP, HC nº 342.363-3 – 1ª Câmara Extraordinária Criminal – Rel. Des. Xavier de Souza.

[109] TJSP – RT 662/269.

[110] OLIVEIRA E COSTA, Roberto de. Aspectos penais da Lei de Parcelamento do Solo Urbano: Lei n. 6.766, de 18 de dezembro de 1979. In São Paulo: Revista Justitia, n. 44 (118): 51-59, jul./set. 1982, p. 34.

[111] OLIVEIRA E COSTA, Roberto de. Aspectos penais da Lei de Parcelamento do Solo Urbano: Lei n. 6.766, de 18 de dezembro de 1979. In São Paulo: Revista Justitia, n. 44 (118): 51-59, jul./set. 1982, p. 35.

[112] OLIVEIRA E COSTA, Roberto de. Aspectos penais da Lei de Parcelamento do Solo Urbano: Lei n. 6.766, de 18 de dezembro de 1979. In São Paulo: Revista Justitia, n. 44 (118): 51-59, jul./set. 1982, p. 35.

[113] OLIVEIRA E COSTA, Roberto de. Aspectos penais da Lei de Parcelamento do Solo Urbano: Lei n. 6.766, de 18 de dezembro de 1979. In São Paulo: Revista Justitia, n. 44 (118): 51-59, jul./set. 1982, p. 35.

[114] DELMANTO, Celso. Infrações penais na incorporação, loteamento e corretagem de imóveis. São Paulo: Saraiva, 1976, p. 25.

O tipo do inciso II pôs em destaque duas situações relacionadas ao título de propriedade: sua total inexistência ou sua legitimidade. Com efeito, o legislador, ao adentrar na legitimidade dos títulos de propriedade, colimou prevenir situações frequentemente chamadas no Sudeste do país de "grilo", ou seja, de terrenos em que o título de propriedade ou não existe ou é efetivamente falso.

Observe-se, por oportuno, que o tipo fala apenas em título de propriedade, não reclamando, no entanto, a necessidade de que referido título já esteja registrado, não obstante antes disso não se ter ainda o domínio do imóvel (art. 1.245 do Código Civil).

Duas condutas bastante próximas são descritas, ambas relacionadas à questão da legalidade da propriedade da área parcelada, sendo a primeira comissiva e a segunda omissiva.

Em primeiro, a qualificação dos tipos básicos se dá diante da prática de quaisquer das condutas descritas nos incisos do *caput*, somadas à circunstância de o agente não possuir título legítimo de propriedade.

A casuística, nessa hipótese, se afigura menos complexa do que na qualificadora anterior, porém, certamente de grande importância na medida em que estabelece um tipo penal apto a ir buscar a conduta dos "grileiros", os quais, além de apropriarem-se indevidamente de imóvel alheio, ainda lançam empreendimento imobiliário clandestino, certamente pretendendo levantar numerário em vendas à população, que, via de regra, tem baixos recursos.[115]

Por outro lado, sem se pensar numa hipótese em concreto, a verdade é que a falta de título de propriedade, mesmo que este ainda não existia em função das relações comerciais do agente, viando posteriormente a regularizar a situação sem ocorrência de prejuízos. É circunstância que convém ser enfatizada, visto que sua regular existência dá maior consistência e segurança aos empreendimentos imobiliários que se venham a fazer, enquanto, por outro lado, sua falta pode dar azo a sérios transtornos, como se infere do exemplo acima.

Assim, pratica o delito na modalidade comissiva o agente que ao menos inicia parcelamento do solo sem autorização ou em desconformidade com esta, ou, ainda, com inobservância da legislação (art. 50, incisos I e II), adicionando-se a isso a ausência de título lídimo.

A Lei nº 9.785, de 29 de janeiro de 1999, acrescentou à redação original do inciso a exceção feita em relação às circunstâncias abrigadas no art. 18, §§4º e 5º, por sinal, também estabelecidos pelo mesmo diploma legal, que, diga-se, alterou substancialmente diversos dispositivos da Lei de Parcelamento.

Com efeito, referido diploma veio principalmente no interesse de tornar menos burocrático o procedimento legal de parcelamento popular, promovido pelo poder público e destinado a atender as camadas mais carentes da população.

No que se refere às situações descritas nos parágrafos em questão, o legislador afastou, com razão, a incidência do ilícito penal no caso de área destinada a esses fins, desde que esta haja sido declarada de utilidade pública e objeto de processo de desapropriação em que exista ordem de imissão provisória na posse.

Além da conduta comissiva observada, o legislador previu, à guisa do enunciado do tipo básico do **inciso III**, a mesma forma delituosa praticada mediante conduta omissiva.

A omissão punível no caso, embora o tipo não a especifique de forma taxativa, como seria de melhor técnica, fica, com efeito, delimitada também no que se refere à questão do título de propriedade.

---

[115] BUENO, Paulo Amador Thomaz Alves da Cunha. *Crimes na Lei do Parcelamento do Solo Urbano:* Lei n. 6.766, de 19 de dezembro de 1979. São Paulo: Lex Editora, 2006, p. 138.

Em primeiro, somente aquela omissão capaz de importar, a menos que em tese, em transtornos à segurança nas relações comerciais com terceiros, com nítida possiblidade de gravames de ordem patrimonial a estes, é que poderá ser considerada para fins da qualificadora, elemento que, aliás, deverá ser apreciado na prática, tendo-se em vista de consideração sua real importância sob esse aspecto.[116]

Entretanto, existem fatos que em nenhum caso podem ser omitidos, como, v.g., a cessão de direitos, a hipoteca pesando sobre o imóvel, a dúvida suscitada no ato do registro e ainda pendente de julgamento, etc.

O segundo elemento a ser considerado, que por sinal completa o primeiro, é de enfoque eminentemente subjetivo, consubstanciado na intenção de fraude da parte do agente ao omitir aspecto relevante acerca da propriedade da área.

Com efeito, a noção de fraude pressupõe a ação praticada movida pela má-fé do agente, que deixa de comunicar fato relevante a terceiro em relação à área.

Aguiar Júnior sintetiza e destaca a necessidade de convergência destes dois elementos: "(...) o caso do loteador que, nos atos de venda, promessa ou cessão, deixar de consignar a existência de ônus real sobre o imóvel, penhora, ações de reivindicação, possessória, anulatória da escritura ou de registro atual ou anterior, ou outro processo que caracterize o litígio sobre a coisa".[117]

Essa modalidade de conduta, diferentemente da primeira, reclama, como necessidade lógica, a presença de um terceiro a quem se fala a omissão fraudulenta, de sorte que nessas circunstâncias é conduta passível de verificar-se mais no campo das relações comerciais, em que pese o enunciado não fazer referência e nenhum ato propriamente de comércio como o fez na qualificadora precedente.

Em vista disso é razoável concluir-se que a qualificadora praticada mediante omissão certamente encontrará possibilidades maiores de ser realizar acompanhando o tipo básico do inciso III, visto que este também descreve situações que se referem a atos de parcelamento jurídico, desenvolvidos notadamente no campo da dinâmica comercial de lotes.

Por outro lado, os incisos I e II, *caput*, se limitam a punir o parcelamento ilegal em seu aspecto propriamente físico, não adentrando em variáveis pertinentes ao comércio e, via de efeito, não sendo mister a presença de terceiros em prejuízo de quem se emita a fraude.

Ao cabo do inciso, o legislador fez a ressalva de que a figura só teria aplicação se a conduta não constituir infração mais grave. Trata-se da previsão expressa da incidência do princípio da subsidiariedade no concurso aparente de normas.[118]

Com efeito, está-se a ver que os delitos de parcelamento do solo, sobretudo quando praticados mediante atos jurídicos, guardam notória semelhança com outras figuras típicas, notadamente com a do delito de estelionato, ensejando a possibilidade de conflito aparente de normas.

---

[116] BUENO, Paulo Amador Thomaz Alves da Cunha. *Crimes na Lei do Parcelamento do Solo Urbano:* Lei n. 6.766, de 19 de dezembro de 1979. São Paulo: Lex Editora, 2006, p. 140.

[117] AGUIAR JÚNIOR, Ruy Rosado de. Normas Penais sobre o Parcelamento do Solo Urbano. *In: Direito do urbanismo:* uma visão sociojurídica, p. 203-227.

[118] TOLEDO, Francisco de Assis. *Princípios Básicos de Direito Penal*, p. 51. Acerca dos crimes subsidiários registre-se, ainda, o magistério de Costa Júnior. "A subsidiariedade, no Direito Penal, poderá ser implícita ou explícita. Será explícita quando o próprio legislador declarar, no tipo penal, que só será ele aplicável se o fato não configurar crime mais grave. Haverá subsidiariedade implícita quando uma norma penal, de maior gravidade, contiver outra, de menor gravidade. A norma compreendida será subsidiária daquela que prevê crime mais grave, ainda que o legislador não tenha disposto expressamente" (COSTA JÚNIOR, Paulo José da. *Curso de Direito Penal*, v. 1, p. 8.).

Em relação ao inciso em tela o legislador já fez a ressalva expressa de aplicação subsidiária de figura mais grave, o que facilmente poderá ocorrer consideradas as características dos dois tipos.

Se, *v.g.*, o agente efetuar a venda de lote inalienável, auferindo com isso lucro em prejuízo da Administração Pública, verificar-se-á a figura do art. 171, inciso 2º, §3º, do CP, que é certamente delito mais grave, com apenação maior, não se aplicando, por conseguinte, a lei.[119] Também se deve estar atento que a casuística da figura propicia a possibilidade de ocorrência de algumas modalidades de falso, previstas no direito comum, como aquelas dos arts. 297 e 304 do CP.

2.3.3 Artigo 51

> **Art. 51.** Quem, de qualquer modo, concorra para a prática dos crimes previstos no artigo anterior desta Lei incide nas penas a estes cominadas, considerados em especial os atos praticados na qualidade de mandatário de loteador, diretor ou gerente de sociedade.
>
> Parágrafo único. (VETADO) (Incluído pela Lei nº 9.785, de 1999)

O artigo 51 da lei, abordando o concurso de agentes, adentra em tema sempre lembrado como delicado e importante dentro da dogmática criminal, visto que constantemente é o fio da meada que faz puxar uma série de outros temas de igual relevo, sempre acompanhados de uma clássica gama de problemas relativos ao próprio concurso de agentes.[120]

Em regra, qualquer infração pode ser praticada por uma única pessoa. Contudo, nem sempre a infração penal é obra de um só homem.

Nos crimes unissubjetivos, o autor do crime poderá contar com a contribuição, cooperação, auxílio e participação de terceiros, que, pela regra de extensão do art. 29 CP que será estudada no capítulo "concurso de agentes", responderão na medida de sua contribuição e responsabilidade.

Por diferentes razões, seja para a execução ou impunidade, seja para assegurar diferentes interesses, por vezes várias pessoas se reúnem, com o mesmo propósito, dividindo tarefas e papéis que integram o tipo penal.

Justamente quando várias pessoas concorrem para a realização da infração penal, fala-se em codelinquência, concurso de agentes, coautoria, participação, coparticipação ou concurso de delinquentes (*concursus delinquentium*).

Como regra que se depreende da redação do *caput* do art. 29 do Código Penal, o nosso ordenamento adotou a chamada teoria unitária (monista ou monística), segundo a qual todos que concorrem para a prática da infração respondem pelo mesmo crime.

Para restar configurado o concurso de pessoas, basta a presença de quatro requisitos: 1º) pluralidade de agentes e condutas; 2º) relevância causal de cada uma delas; 3º) liame

---

[119] BUENO, Paulo Amador Thomaz Alves da Cunha. *Crimes na Lei do Parcelamento do Solo Urbano:* Lei n. 6.766, de 19 de dezembro de 1979. São Paulo: Lex Editora, 2006, p. 143.

[120] BUENO, Paulo Amador Thomaz Alves da Cunha. *Crimes na Lei do Parcelamento do Solo Urbano:* Lei n. 6.766, de 19 de dezembro de 1979. São Paulo: Lex Editora, 2006, p. 145.

subjetivo (psicológico) entre os agentes (consciência de que cooperam numa ação comum); 4º) identidade de infração para todos os participantes (todos contribuem para o mesmo crime).

A título de advertência inicial, impõe consignar que tudo quanto se fale a respeito do concurso de pessoas, previsto no artigo em comento, deve ser levado em consideração em relação somente aos tipos previstos no art. 50, consoante se infere da própria redação do artigo em tela, não se aplicando, portanto, ao delito do art. 52, que a esse respeito será objeto de comentário próprio.

Do ponto de vista histórico, é de se ver que a sistemática adotada pela Lei nº 6.766/79 nada mais é do que o reflexo exato daquela que então se encontrava em vigor, estabelecida no art. 29 da parte geral do Código Penal, que adotou, como regra, a teoria monista.

Assim, o dispositivo, mesmo antes da reforma da parte geral de 1984, já denotava ter previsão absolutamente desnecessária, inclusive porque o legislador deveria ter em conta que a aplicabilidade das disposições genéricas da norma comum às leis penais especiais, salvo disposição em contrário das últimas,[121] por si só seria bastante para não deixar a descoberto quaisquer condutas de terceiros que viessem a participar da realização dos tipos do art. 50.

Não obstante se pudesse argumentar que, mais do que reiterar a regra geral sobre a coautoria, o art. 51 da Lei nº 6.766/79 tivesse por escopo dar ênfase, como de fato deu, em seu trecho final, às figuras dos mandatários de loteadores e aos diretores e gerentes de sociedades, é inegável, adiantando-se o que mais à frente se tratará com mais profundidade, que este *plus* estampado no trecho final é, numa visão bastante otimista, para fins de responsabilização, verdadeiramente de nenhuma utilidade, prestando-se unicamente para que o julgador, ao se deparar com um caso concreto, se mantenha atento à atuação desses elementos, notadamente quando as condutas ilícitas forem praticadas por meio de pessoa jurídica.[122]

Feitas essas considerações acerca das disposições contidas na primeira parte do art. 51 e dando continuidade em sua análise, passa-se, então, a sua parcela derradeira, em que é enfatizada, na dinâmica do concurso de agentes, a condição do mandatário, loteador, gerente ou diretor de sociedades, por meio das quais se venham a praticar as condutas descritas no artigo precedente.

Registre-se, de início, tratar-se de disposição que, sem dúvida, ensejou e ainda enseja um sem-número de críticas, na medida em que inevitavelmente traz a baile outras indagações paralelas, por si sós polêmicas no campo da dogmática penal como, *v.g.*, a responsabilidade penal objetiva e a repressão dos delitos praticados através de pessoas jurídicas.[123]

Mandatário é conceito oriundo do direito civil, sendo, consoante Maria Helena Diniz o "Representante do mandante que fala e age em seu nome e por conta deste. Também chamado de procurador ou executor do mandato".[124] Loteador é expressão que não define uma figura jurídica propriamente dita, podendo ser entendia como aquele que tem sua atividade dedicada a realizar empreendimentos imobiliários com as características definidas no art. 2º, §1º, da Lei de Parcelamento, o que, via de regra, é feito por meio de pessoa jurídica.

---

[121] "Art. 1 – no texto do Decreto-Lei nº 2.848/40; com a reforma havida em 1984, a mesma diretriz passou para o art. 12."

[122] BUENO, Paulo Amador Thomaz Alves da Cunha. *Crimes na Lei do Parcelamento do Solo Urbano:* Lei n. 6.766, de 19 de dezembro de 1979. São Paulo: Lex Editora, 2006, p. 147.

[123] BUENO, Paulo Amador Thomaz Alves da Cunha. *Crimes na Lei do Parcelamento do Solo Urbano:* Lei n. 6.766, de 19 de dezembro de 1979. São Paulo: Lex Editora, 2006, p. 156.

[124] DINIZ, Maria Helena. *Dicionário jurídico.* São Paulo: Saraiva, v. 3, 1998, p. 196.

Já o gerente de sociedade, segundo Coelho, "(...) é o sócio (ou sócios) nomeado no contrato social para essa função".[125] Diretor de sociedade, por sua vez, leciona Diniz, é o "administrador de um estabelecimento mercantil ou empresarial, que o representa em juízo ou fora dele, praticando atos jurídicos que lhe são próprios".[126]

As quatro figuras colocadas no artigo fazem sugerir a responsabilização automática pelo só fato de exercício dessas funções dentro de pessoas jurídicas e por meio das quais se preceda ao parcelamento irregular do solo.

A parcela final do art. 51, ao alcançar quatro situações particulares, fez uso de técnica que, em verdade, caminha na trilha da malsinada *versari in re ilicita*, porquanto pela só previsão nestes termos dá azo a pensar-se em tratamento diferenciado em razão somente do exercício de uma função, implicando, se assim fosse, a adoção de responsabilidade penal objetiva.

De fato, tendo-se em vista o princípio da culpabilidade, seria impensável, *v.g.*, punir-se o mandatário do loteador, tão só por essa condição, sem que aquele tivesse a mínima ciência e, portanto, nexo psicológico com o ato ilícito.

Em razão disso, nessa parte o art. 51 deve ser interpretado dentro da mesma sistemática de apreciação e qualquer outro delito, punindo-se os agentes unicamente em face da constatação de uma conduta dolosa, porquanto não haja previsão de nenhuma forma de delito culposo na lei.

Nessa conformidade, a parcela final do art. 51 presta-se apenas como advertência para as hipóteses de delitos praticados por meio de pessoas jurídicas, através das quais se venha a realizar parcelamento ilegal do solo.[127]

Num ângulo mais otimista, reiteradas, porém, as reservas acerca de sua necessidade e até mesmo quanto a seu enunciado, é de se dizer que o art. 51 pode, por outro lado, ser compreendido nesse sentido mediante análise mais ampla, tornando-se a lei enquanto todo.

Bastante reveladora, nesse sentido, é a diretriz estampada no art. 47,[128] estabelecendo a responsabilidade solidária dos demais membros de grupos econômicos ou financeiros que fossem beneficiados por parcelamento irregular do solo, promovido por loteador integrante do mesmo grupo, ficando, assim, os compradores de lotes e o Poder Público amparados pela possibilidade mais ampla de buscar a reparação pelos prejuízos suportados.[129]

A preocupação do legislador, embora coloque à mostra de maneira manifestamente defeituosa, se revelou procedente, haja vista que sói cada vez mais verificar-se em nossos pretórios feitos em que o parcelamento irregular do solo se deu ao abrigo de pessoas jurídicas, como modo de dissipar-se a responsabilidade penal dos delinquentes dentro da própria estrutura dessa *fictio juris*, muitas vezes estabelecida de forma complexa, justamente no intuito de se encobrir interesses e atos ilícitos.

Prática que repetidas vezes se tem verificado, cuja exposição vem situada no presente capítulo, é a constituição de associações ou cooperativas habitacionais para o fim de realizar parcelamento ilegal do solo urbano, notadamente na modalidade do loteamento.

---

[125] COELHO, Fábio Ulhoa. *Manual de Direito Comercial*. São Paulo: Saraiva, 1997, p. 147.
[126] DINIZ, Maria Helena. *Dicionário jurídico*. São Paulo: Saraiva, v. 3, 1998, p. 185.
[127] BUENO, Paulo Amador Thomaz Alves da Cunha. *Crimes na Lei do Parcelamento do Solo Urbano:* Lei n. 6.766, de 19 de dezembro de 1979. São Paulo: Lex Editora, 2006, p. 158.
[128] "Art. 47 – Se o loteador integrar grupo econômico ou financeiro, qualquer pessoa física ou jurídica desse grupo, beneficiária de qualquer forma do loteamento ou desmembramento irregular, será solidariamente responsável pelos prejuízos por ele causados aos compradores de lotes e ao Poder Público."
[129] BUENO, Paulo Amador Thomaz Alves da Cunha. *Crimes na Lei do Parcelamento do Solo Urbano:* Lei n. 6.766, de 19 de dezembro de 1979. São Paulo: Lex Editora, 2006, p. 159.

Destaca Atahualpa Pinto, em estudo específico das situações que se fala, as principais circunstâncias que envolvem esses casos:

> Medram no Estado de São Paulo grupos de pessoas que, pretendendo explorar comercialmente o ramo de loteamentos, em vez de fazê-lo regularmente através de uma sociedade comercial, procuram fraudar a lei travestindo a empresa como sociedade filantrópica que denominam associação habitacional, elaborando o respectivo estatuto e inscrevendo-o no registro público. A partir daí, passam a perpetrar vasta quantidade de atos ilícitos e criminosos em nome de tal personalidade jurídica, quiçá na vã suposição de subtraírem às responsabilidades civis, criminais e fiscais.[130]

2.3.4 Artigo 52

Art. 52. Registrar loteamento ou desmembramento não aprovado pelos órgãos competentes, registrar o compromisso de compra e venda, a cessão ou promessa de cessão de direitos, ou efetuar registro de contrato de venda de loteamento ou desmembramento não registrado.

Pena: Detenção, de 1 (um) a 2 (dois) anos, e multa de 5 (cinco) a 50 (cinqüenta) vezes o maior salário mínimo vigente no País, sem prejuízo das sanções administrativas cabíveis.

O dispositivo em apreço incrimina o Oficial do Registro de Imóveis ou seus funcionários autorizados que procedam ao registro de loteamento ou desmembramento quando estes não estiverem aprovados pelos órgãos competentes, ou alguns dos atos jurídicos ali descritos, sem que estejam registrados o loteamento ou o desmembramento.

Aqui, ao que nos parece, procurou o legislador dar maior responsabilidade ao Oficial do Registro de Imóveis, para que no exercício de suas funções, cumpra rigorosamente as determinações legais, evitando, consequentemente, o registro de loteamento ou desmembramento que não estejam formalmente perfeitos (aliás, se o oficial tiver alguma dúvida a respeito da documentação exibida para registro, deverá usar da faculdade prevista na parte final do §2º do artigo 18, suscitando dúvida perante o juiz competente).

Ressalte-se, inicialmente, que, uma vez que o ato de registrar só pode ser praticado pelo Oficial do Cartório do Registro de Imóveis, ou por funcionários devidamente autorizados de acordo com a lei de organização judiciária, somente os mesmos podem ser sujeitos ativos do crime.[131]

Trata-se de crime funcional, ou seja, aqueles que, na lição de Damásio, "só podem ser praticados por pessoas que exercem funções públicas. São também denominados *delicta inofficio*, isto é, *delicta* própria dos que participam da atividade estatal".[132]

---

[130] PINTO, Yves Atahualpa. Constituições Fraudulentas de Associações Habitacionais para Promoção de Loteamentos Ilegais. *In: Temas de Direito Urbanístico*, p. 157-174.

[131] OLIVEIRA E COSTA, Roberto de. Aspectos penais da Lei de Parcelamento do Solo Urbano: Lei n. 6.766, de 18 de dezembro de 1979. *In* São Paulo: Revista *Justitia*, n. 44 (118): 51-59, jul./set. 1982, p. 38.

[132] JESUS, Damásio Evangelista de. Direito Penal: Parte Geral. 16. ed. São Paulo: Saraiva, 1992, p. 208.

Entretanto nada impede que participe do crime uma pessoa que não seja funcionário.

O artigo em estudo contém três modalidades delituosas: uma referente ao registro de loteamento ou desmembramento não aprovado pelas autoridades competentes, outra relativa ao desmembramento não registrado, e a terceira, efetuar registro de venda de loteamento ou desmembramento não registrado. Em todos os casos a área é sempre considerada como um todo, conforme o artigo 29 da Lei nº 6.766/79, uma vez que se não é possível registrar o todo, não se podem registrar as frações ou os lotes adquiridos individualmente.

No primeiro aspecto, o sujeito ativo procede ao registro do loteamento ou desmembramento do solo sem estarem os mesmos aprovados pelos órgãos competentes.

O art. 50, inciso I trata de "órgão competente", enquanto o dispositivo sob análise se refere às "autoridades competentes".

Portanto, para o registro, além da obrigatória aprovação pela prefeitura municipal ou pelo Distrito Federal, como ocorre no inciso I do artigo 50, é necessária a apreciação pelos demais órgãos competentes.

As autoridades competentes cuja anuência é necessária ao loteamento ou desmembramento são os órgãos federais e estaduais, com incumbência legal de apreciar os respectivos projetos; e, para a aprovação, as autoridades competentes serão o município e o Distrito Federal, se for o caso.

A questão já deu margem a discussões.

Entretanto, em judicioso parecer na Fundação Prefeito Faria Lima (CEPAM), o ilustre advogado, Dr. Diogenes Gasparini, disse:

> Agregue-se que a manifestação da Prefeitura é ato final. De sorte que só deve ser exercitado após a prévia manifestação das autoridades envolvidas no processo de aprovação. A esse respeito, é precisa a orientação de Hely Lopes Meirelles, "Direito Municipal Brasileiro", Revista dos Tribunais, 3.ª ed. refundida, São Paulo, 1977, pág. 641, ao manifestar-se, nestes termos: 'A aprovação de loteamento é ato da alçada privativa da Prefeitura, atendidas as prescrições civis da União, os preceitos sanitários do Estado e as imposições urbanísticas do Município, ouvidas, previamente, quando for o caso, as autoridades militares e as florestais com jurisdição na área e o INCRA'. Com tais considerações, podemos responder que a locução 'Poder Público competente', significa, no texto do §2°, do artigo 5°, da lei básica das desapropriações, nos termos da alteração trazida pela Lei Federal n. 6.602, de 1978, os órgãos públicos (federais, estaduais e municipais) que, no exercício do poder de polícia, devam analisar e aprovar os planos de loteamento. (Processo FPFL 704/79, em 28-08-79).[133]

A origem do art. 52, a exemplo de alguns incisos do art. 50, deve ser buscada no projeto do Ministro Roberto Campos, o qual já fazia previsão da conduta do Oficial do Registro ou do escrevente, que realizasse inscrição ou averbação irregular, ao que, caso o projeto houvesse chegado a vigorar, se puniria com as penas do delito de estelionato.

As condutas aqui descritas, com efeito, são menos frequentes de se verificarem em comparação com aqueloutras até aqui analisadas, notadamente as descritas no art. 50 e incisos.

Em que pese não haver o legislador situado o artigo em tela junto aos delitos contra a administração pública, consoante o fez no *caput* do art. 50, é bem de se ver que em sua

---

[133] MEIRELLES, Hely Lopes. *Direito Municipal brasileiro*. 16. ed. São Paulo: Malheiros, 2008, p. 641.

essência ele guarda efetivamente a mesma objetividade jurídica, visto tratar-se de uma modalidade de crime praticado por funcionário público.[134]

Aliás, a característica de crime contra a administração pública não decorre somente de disposição expressa da lei nesse sentido, conforme adverte Nelson Hungria: "(...) são também crimes funcionais típicos (para todos os efeitos) aqueles que, embora não classificados no tít. XI do Livro II do Código, são cometidos por funcionário público ou qualificados pela circunstância de ser tal o agente (procedendo este com abuso de cargo ou função)".[135]

Isso à vista de que se trata de norma penal cujo destinatário é o Oficial do Registro de Imóveis ou seus funcionários que venha a praticar uma das condutas descritas no tipo penal, todas, diga-se desde já, diretamente ligadas às atividades por ele desenvolvidas nos procedimentos registrais de parcelamento do solo.

Cumpre salientar, por oportuno, que dentro da sistemática da Lei nº 6.766/79, em que após a aprovação municipal deve-se proceder ao registro do loteamento ou desmembramento, no Registro de Imóveis da Comarca, a figura do oficial do referido registro desenvolve atividade de notória relevância, sendo certo que graves efeitos jurídicos são passíveis de advir em face da prática de quaisquer das condutas descritas no artigo em tela.

A importância da tal previsão decorre do fato de que quaisquer das condutas típicas são hábeis a favorecer a situação de parcelamentos ilegais, o que se conclui, de forma bastante óbvia, na medida em que todos os ilícitos apontados no artigo conduzem a uma grave situação de aparente legalidade em torno de um parcelamento e seus desdobramentos jurídicos, que de fato não se revestira de tal característica.

A doutrina, então, se mostra pacífica ao situar o art. 52 como crime próprio do Oficial do Registro de Imóveis, vez que as condutas tipicamente descritas somente podem se realizar mediante a ação deste e na esfera de atividades desenvolvidas no referido cartório.

Nessas circunstâncias, o legislador cuidou de identificar no tipo penal aquelas condutas funcionais do Oficial do Registro de Imóveis passíveis de trazerem gravames no desenvolvimento regular do parcelamento do solo, agrupando no mesmo enunciado condutas puníveis de duas ordens, todas praticadas de forma comissiva.[136]

A primeira conduta delituosa prevista é a de registrar quaisquer das duas modalidades de parcelamento do solo sem que haja dado a prévia aprovação por parte dos órgãos competentes.

A conduta punível, de fato, ficou situada na fase final do itinerário legal para a realização do parcelamento do solo. Advirta-se, porém, que não se está a afirmar que para a prática do delito devam ter sido cumpridas as etapas antecedentes, mas apenas que no registro do parcelamento se situa a etapa final estabelecida na conformidade da lei.

Cumpre, porém, advertir que, malgrado a lei exija apenas a aprovação do projeto para fins de registro imobiliário, outros diplomas legais poderão impor a necessidade de prévia aprovação por outros órgãos. É o caso, *v.g.*, do Decreto Estadual nº 33.499/91, que no âmbito do Estado de São Paulo determina a aprovação dos órgãos estaduais aglutinados pelo Grupo de Análise e Aprovação de Projetos Habitacionais (GRAPOHAB).[137]

---

[134] BUENO, Paulo Amador Thomaz Alves da Cunha. *Crimes na Lei do Parcelamento do Solo Urbano:* Lei n. 6.766, de 19 de dezembro de 1979. São Paulo: Lex Editora, 2006, p. 163.

[135] HUNGRIA Hoffbauer, Nélson. *Comentários ao Código Penal.* 3. ed. Rio de Janeiro: Forense, 1955, v. 9, p. 315.

[136] BUENO, Paulo Amador Thomaz Alves da Cunha. *Crimes na Lei do Parcelamento do Solo Urbano:* Lei n. 6.766, de 19 de dezembro de 1979. São Paulo: Lex Editora, 2006, p. 165.

[137] BUENO, Paulo Amador Thomaz Alves da Cunha. *Crimes na Lei do Parcelamento do Solo Urbano:* Lei n. 6.766, de 19 de dezembro de 1979. São Paulo: Lex Editora, 2006, p. 166.

Nessas circunstâncias caberá igualmente ao Oficial do Registro verificar se essas outras licenças foram colacionadas ao pedido de registro, visto ainda que o tipo penal coloca no plural a aprovação dos "órgãos competentes".

Impende observar que ao Oficial do Registro, a quem é levado o pedido de registro de parcelamento, cumpre apenas verificar se houve ou não a autorização municipal ou outras que se fizerem necessárias, não lhe incumbindo, no entanto, analisar a legalidade dos termos e circunstâncias em que estas foram concedidas.

O registro procedido com a falta de algum documento ou condição exigida, consoante o vasto rol trazido no Capítulo VI da lei, não importa na prática do delito do art. 52, podendo constituir mera irregularidade administrativa, em especial aquela prevista no art. 19, §4º, porquanto o tipo faça referência somente à aprovação dos órgãos competentes.

A segunda forma de registro ilegal agrupa compromisso ou o contrato de compra e venda, a promessa de cessão ou a cessão de direitos de loteamento ou desmembramento ainda não registrado.

Não obstante não gerar inconvenientes práticos, pode-se dizer que a redação dada ao enunciado é redundante, porquanto "registrar" e "efetuar registro" têm idêntico significado.

O compromisso de compra e venda nesse caso deve ser observado enquanto contrato preliminar de um futuro contrato de compra e venda, sendo de rigor lembrar suas características já consignadas na análise do art. 50, inciso I.

Nessa segunda situação descrita o tipo penal mostra-se também como desdobramento do art. 37, já que, se para a venda de lotes reclama-se o prévio registro do parcelamento. A conclusão lógica é que os instrumentos relacionados a essa modalidade de comércio também só possam ser admitidos em registro depois de satisfeita a mesma condição.

A lei revestiu o comércio de lotes de uma série de garantias, sobretudo da parte dos adquirentes.

Com efeito, consoante reiteradas vezes destacado, a lei elaborou seus dispositivos tendo em consideração não apenas os danos ao meio ambiente artificial ocasionados pelos parcelamentos ilegais, mas paralelamente observou a dinâmica de comercialização de lotes nessas circunstâncias, de sorte que procurou cercar os futuros adquirentes de uma série de garantias capazes de minimizar os possíveis prejuízos patrimoniais decorrentes da ação de comerciantes inescrupulosos.

Expressão ainda maior do quanto se fala é a diretriz do art. 30,[138] em que o legislador salvaguardou o cumprimento das obrigações relacionadas ao comércio de lotes mesmo em caso de falência.

Assim, o art. 52 na essência colima os mesmos objetivos do art. 50, parágrafo único, inciso I, haja vista que ambos procuram garantir a transparência das relações de compra e venda de lotes, distinguindo-se apenas no que se refere ao sujeito ativo de delito que aqui é próprio e lá comum. Bem por isso, dessume-se tamanha foi a preocupação do legislador com situações dessa ordem e suas consequências, tanto urbanísticas quando sociais – visto que muitas vezes uma verdadeira comunidade pode ser atingida – que houve por bem prevenir

---

[138] "Art. 30 – A sentença declaratória de falência ou da insolvência de qualquer das partes não rescindirá os contratos de compromisso de compra e venda ou de promessa de cessão que tenham por objeto a área loteada ou lotes da mesma. Se a falência ou insolvência foi do proprietário da área loteada ou do titular de direito sobre ela, incumbirá ao síndico ou ao administrador dar cumprimento aos referidos contratos; se do adquirente do lote, seus direitos serão levados à praça."

essas condutas estabelecendo os tipos penais, que orientados em direções diversas, acautelam de dois lados a mesma conduta.[139]

Nessa conformidade, os delitos da lei estão indiretamente a garantir a honestidade nas relações comerciais nos parcelamentos, colimando a proteção mais efetiva de terceiros, em que pese de forma direta proteger a administração pública.

Ademais, pela redação dada ao tipo, restará configurado o delito tanto na hipótese do registro dos instrumentos referentes à área aprovada, mas não registrada, quanto no caso de registrar-se uma área não aprovada. Em que pese a segunda hipótese demonstrar uma circunstância mais grave, é bem de se ver que em relação à conduta ilícita do Oficial de Registro que escapa aos seus deveres funcionais esta circunstância será indiferente.

É bem de se ver que situações nesse sentido mostram razoável dificuldade de ocorrência, em função da própria dinâmica e logística dos registros de loteamentos e desmembramentos. Dirceu de Mello, com razão, chega mesmo a colocar em dúvida a possibilidade de ocorrência de delito nessas circunstâncias, indagando: "Como é que o próprio cartório, se nem registrou ainda o loteamento ou desmembramento, vai ter condições de registrar um contrato de venda ou de promessa de venda?"[140]

Em ambas as modalidades de condutas descritas no tipo, desde que a ação possa ser fracionada em diversos atos (delitos plurissubsistentes), as figuras do art. 52 admitem tentativa. É a hipótese, embora remota, do oficial que é surpreendido no ato da lavratura do registro ilegal.

No que se refere ao resultado, está-se a ver que, a exemplo dos outros delitos, trata-se de crime do perigo presumido, já que não há lesão ou perigo especificamente reclamados no enunciado do tipo que permanecem como abstração.

É também delito formal, já que há apenas a descrição das condutas típicas, sem que haja de resultado, sendo bastante, portanto, a ação de efetuar-se o registro em quaisquer das hipóteses elencadas. Todas as modalidades são de delitos instantâneos, consumando-se mediante a simples realização de qualquer das condutas de registro ilegal.[141]

3 Questões controvertidas

3.1 As penas e institutos despenalizadores

No que se refere à aplicação das penas privativas de liberdade, convêm destacar que, desde que preenchidos os requisitos específicos, tem aplicação os benefícios previstos na lei comum, como a substituição da pena (art. 44 do Código Penal, com a redação dada pela Lei nº 9.714/98), livramento condicional (art. 83 e seguintes do Código Penal), bem como a suspensão condicional do processo previsto no art. 89 da Lei nº 9.099, de 26 de setembro de 1995.

Aliás, as penas mais graves previstas no art. 50 possibilitam tanto o *sursis* processual (art. 89 da Lei nº 9.099/95), por conta de sua pena mínima, quanto o acordo de não persecução penal (art. 28-A, CPP), sendo de rigor lembrar que, em ambos os casos, (tanto às vítimas diretas que, por exemplo, adquiriram lotes, quanto ao Estado e a toda sociedade,

---

[139] BUENO, Paulo Amador Thomaz Alves da Cunha. *Crimes na Lei do Parcelamento do Solo Urbano:* Lei n. 6.766, de 19 de dezembro de 1979. São Paulo: Lex Editora, 2006, p. 170.

[140] MELLO, Dirceu de Crimes no parcelamento irregular do solo urbano e nas vendas de loteamentos irregulares. *Revista do Advogado*, n. 24, p. 17-25.

[141] BUENO, Paulo Amador Thomaz Alves da Cunha. *Crimes na Lei do Parcelamento do Solo Urbano:* Lei n. 6.766, de 19 de dezembro de 1979. São Paulo: Lex Editora, 2006, p. 171.

por conta da lesão ao bem difuso), demanda e pressupõe a reparação do dano, o que pode ser interpretado, para se evitar a prescrição, com a celebração de termo de ajustamento de conduta com um dos colegitimados para a defesa da ordem urbanística (art. 5º da Lei nº 7.347/85).

No que tange ao concurso de crimes, como bem acentua Bueno, é frequente levantar-se equivocadamente a hipótese de concurso material diante da prática de variadas condutas tipificadas na própria Lei nº 6.766/79 – em um mesmo parcelamento –, como, aliás, sói ocorrer em relação ao art. 50, que em cinco incisos, entre formas simples e qualificadas, prevê uma grande e variada gama de condutas puníveis.[142]

Pode ocorrer, por exemplo, de o agente iniciar atos de alteração física em uma gleba, para fins de parcelamento do solo e, de outro lado, faz publicidade fraudulenta acerca da legalidade do empreendimento. Nessa hipótese, é evidente que haverá crime único, pois se trata de unidade fática e fungibilidade de lesão ao bem jurídico, funcionando os atos posteriores de divulgação, a princípio, em *post factum* impuníveis por conta do exaurimento. Contudo, caso haja a venda fraudulenta gerando dano patrimonial a terceiros, será possível, eventualmente, o concurso do crime do art. 50 com os crimes de estelionato. Parte da doutrina, contudo, entende que o dano a terceiros é, em relação ao delito do art. 50, parágrafo único, inciso I, da lei, mero exaurimento do delito,[143] que já se encontraria consumado antes mesmo do prejuízo efetivo.[144]

Como regra, de qualquer sorte, as condutas do agente, enquadráveis em mais de um tipo penal da Lei de Parcelamento, porém praticadas em relação ao mesmo empreendimento, não podem ser caracterizadas como pluralidade de delitos, visto que a finalidade redunda na mesma situação fática ou no mesmo parcelamento do solo, podendo, quando muito, influenciar na dosimetria da pena.

Nesse sentido, leciona Aguiar Júnior:

> O parcelamento é, como já se disse, operação complexa, realizada através de inúmeros atos, em mais de uma fase. O loteador irregular certamente praticará mais de uma vez a mesma conduta ilícita ou mais de uma modalidade delituosa. Põe-se, então, a questão sobre o concurso de ações. Deve-se reconhecer que o art. 50, em sua essência, procurou expressar a ideia de que é crime parcelar contra os ditames da lei ou do ato administrativo; mas a tipificação das diversas condutas através das quais o agente pode praticar o delito não significa que a cada ação corresponderá um crime, pois a multiplicidade de fatos está dirigida a uma única violação do interesse do poder público.

---

[142] BUENO, Paulo Amador Thomaz Alves da Cunha. *Crimes na Lei do Parcelamento do Solo Urbano:* Lei n. 6.766, de 19 de dezembro de 1979. São Paulo: Lex Editora, 2006, p. 173.

[143] Segundo Mirabete: "Diz-se crime exaurido quando, após a consumação, que ocorre quando estiverem preenchidos no fato concreto o tipo objetivo, o agente o leva a consequências mais lesivas. O recebimento do resgate no crime de extorsão mediante sequestro (art. 159) exaure o delito que se consumara com o arrebatamento da vítima; a efetiva posse da terra no crime de alteração de limites (art. 161) exaure o crime que se consumara com a supressão ou o deslocamento do sinal indicativo da linha divisória etc." (MIRABETE, Júlio Fabbrini. *Manual de Direito Penal*, v. 1, p. 133). Salienta, ainda, o v. acórdão: "Ocorre, porém, que, no caso, os estelionatos (promessa de venda de lotes em loteamento irregular), por força da própria lei, ficou absorvido pelo crime especial do art. 50 da Lei nº 6.766. As promessas de venda e compra não constituíram delitos autônomos, porquanto, na realidade, constituem mero exaurimento do delito de loteamento irregular." (TJSP – 2ª Câm. Criminal/ Ap. Crim. nº 201.258-3- Itanhaém; Rel. Des. Silva Pinto; j. 18/11;1996; v.u.) *JTJ* 192/274; BAASP, 2109/96-m, de 31.05.1999.

[144] Remansosa é a jurisprudência neste sentido: "Dar início a loteamento para fins urbanos sem autorização do Órgão Público competente, constitui crime que independe da ocorrência de prejuízo para particulares." (TJSP, Acr. nº 125.645-3, Atibaia, 06.12.1993, Rel. Des Barreto Fonseca). No mesmo sentido: TJSP, RT 666/286; TJSP, Acr. Nº 145.566-3, São José do Rio Preto, v.u., 20.04.1995, Rel. Des. Nélson Fonseca; *JTJ* 137/567.

Portanto, a multiplicidade de condutas relativas ao mesmo parcelamento constitui um único delito, e não crimes em concurso ou em continuidade delitiva.[145]

Releva notar que o entendimento aqui esposado, em que pesem algumas denúncias e mesmo julgados isolados manifestarem pensamento diverso, pugnando pelo concurso material, prevalece na jurisprudência a regra do crime único, ainda que isso implique uma proteção jurídica deficiente.[146]

É preciso, ademais, ressaltar que o delito é de perigo abstrato, tendo sua objetividade jurídica volta à proteção dos interesses da administração pública, de sorte que ainda que diversos adquirentes venham a ser prejudicados por aquele que age conforme a figura do art. 50, parágrafo único, inciso I, não se pode olvidar que o sujeito passivo imediato é a administração pública, que já foi colocada em perigo na primeira alienação, situação já consumada que não se modificaria, ou se amplia, pela ocorrência de novas alienações.[147]

Por fim, a possibilidade de ocorrência de crime continuado em relação aos delitos da Lei de Parcelamento, aliás, não tem se mostrado rara, visto que com lamentável frequência verifica-se a realização, ou início de realização, de vários parcelamentos clandestinos, pelo(s) mesmo(s) agente(s) que, no mais das vezes, sob o manto de uma pessoa jurídica, inicia(m) empreendimentos em áreas próximas, sendo certo, portanto, que os diferentes e sucessivos parcelamentos ilegais dão azo à aplicação da fórmula do art. 71 do CP.[148]

Questão relevante e interessante levantada por Miranda diz respeito à *responsabilização criminal de pessoa jurídica* que implemente ilegalmente um loteamento, com fulcro no art. 3º da Lei nº 9.605/98. Segundo o autor,

> O fato de a conduta encontrar adequação típica em um outro diploma legal, a exemplo da Lei de Parcelamento do Solo, não se mostra como óbice à imputação de responsabilidade à pessoa jurídica, pois o artigo 3º da Lei 9.605/98 em momento algum disse que a possibilidade de penalização se restringiria aos crimes previstos naquela lei, mas, sim, que a responsabilização penal (o que é coisa sabidamente diversa) se daria conforme aquela norma.
>
> Dessa forma, o raciocínio acima exposto não implica, evidentemente, em interpretação extensiva de norma penal incriminadora, até porque o artigo 3º acima transcrito, repise-se, não trata de hipótese de criminalização (a respeito do que a Constituição Federal foi expressa e abrangente), mas de mero sistema de responsabilização penal, viabilizando a aplicação do sistema repressivo pelo qual optou soberanamente o constituinte brasileiro.[149]

---

[145] AGUIAR JÚNIOR, Ruy Rosado de. Normas Penais sobre o Parcelamento do Solo Urbano. *In: Direito do urbanismo: uma visão sociojurídica*, p. 203-227.

[146] No mesmo sentido, TJSP, HC nº 307.780-3 – Guarujá – 5ª Câmara Criminal – Rel. Des. Dante Busana – 23.03.2000.

[147] Ver nesse sentido: RT 637/243.

[148] BUENO, Paulo Amador Thomaz Alves da Cunha. *Crimes na Lei do Parcelamento do Solo Urbano:* Lei n. 6.766, de 19 de dezembro de 1979. São Paulo: Lex Editora, 2006, p. 199. Aliás, assim já se posicionaram nossos tribunais: STF, 1ª T, HC nº 74.757-SP – Rel. Ministro Octávio Gallotti – j. 09.09.1997 – SJU 17.09.1997. No mesmo sentido o Tribunal de Justiça de São Paulo: "Não caracteriza crime continuado a promessa de venda de diversos lotes irregulares, cuja consumação ocorre com a assinatura do primeiro instrumento, constituindo os demais simples exaurimento do delito consumado." (*RT* 637/243.)

[149] MIRANDA, Marcos Paulo de Souza. A lei de parcelamento do solo urbano e a responsabilização de pessoas jurídicas. Disponível em: https://www.conjur.com.br/2017-jul-22/ambiente-juridico-lei-parcelamento-solo-responsabilizacao-pessoas-juridicas. Acesso em: 13 jul 2021.

Aliás, recente decisão do TJ-RO, em recurso julgado em 11 de novembro de 2015, condenou a Agropecuária e Reflorestamento Porto Franco Ltda. nas penas do art. 15 da Lei nº 7.802/89 (Lei de Agrotóxicos), ou seja, norma penal incriminadora diversa da Lei de Crimes Ambientais.[150]

3.2 A extinção da punibilidade pela regularização do parcelamento do solo

Historicamente se discute uma causa supralegal de extinção de punibilidade consubstanciada na regularização do parcelamento irregular ou ilegal. Tratar-se-ia de hipótese de política criminal pautada na falta de justa causa para a ação penal.[151]

Há de se salientar, inicialmente, que os crimes da Lei de Parcelamento são crimes formais, ou seja, independem da produção do resultado naturalístico para sua consumação ou, especificamente, independeriam de qualquer prejuízo para estarem consumados.[152]

Nesse sentido, pondera Dirceu de Mello que quando o Ministério Público se dispõe a iniciar o processo, o loteamento está regularizado, não existindo a menor possibilidade de um prejuízo a quem quer que seja.[153]

A lesão ao bem "ordem urbanística" nada mais representa que uma lesão à Administração Pública, sendo certo, segundo a visão de Costa Júnior, que "se o próprio poder público entender posteriormente pela viabilidade do parcelamento, regularizando-o, não há que se falar em prejuízo para a administração pública".[154]

Em outras palavras, se a Administração Pública, por meio de seus órgãos competentes, entender como viável a regularização do parcelamento do solo, não resta dúvida de que o perigo hipotético que esta teria corrido, de fato, fenece.[155]

Por se tratar de crimes formais e de perigo abstrato, inexistiria justa causa para agir quando, por exemplo, o Poder Público reconhece a viabilidade legal do parcelamento do solo.

"No caso, com a regularização do parcelamento do solo desaparece o ilícito administrativo, impondo-se, por via de consequência, a extinção da punibilidade no âmbito penal, como corolário de seu próprio caráter subsidiário", afirma Bueno.[156] No mesmo esteio, acentua Macedo:

> Se, apesar do mal causado pelo crime, ocorrem circunstâncias que evidenciam a desnecessidade da punição, que não poderia produzir mais quaisquer efeitos úteis à coletividade, desaparece a razão de ser da pena, que, de então em diante, passaria a se considerar um mal injustificado a um membro da comunhão social, nela reintegrado

---

[150] TJRO, Apelação 0003327-18.2011.8.22.0021 – Rel. Des. Miguel Monico Neto.
[151] Nesse sentido: TJSP – RCH – Rel. Des. Cunha Bueno – RT 597/292; TJSP – HC 92.707-3 – Rel. Des. Djalma Lofrano – j. 25.04.2990 TJSP – RCH – Rel. Des. Cunha Bueno – RT 597/292; TJSP – HC 92.707-3 – Rel. Des. Djalma Lofrano – j. 25.04.2990; RT 536/320; RT 610/336; RT 617/282; RT 647/277.
[152] Neste sentido: "Dar início o loteamento para fins urbanos sem autorização do Órgão Público competente, constitui crime que independe da ocorrência de prejuízo para particulares". (TJSP, Ap. Crim. nº 125.645-3, Atibaia, 06.12.1993. Rel. Des. Barreto Fonseca.)
[153] MELLO, Dirceu de. Crimes no parcelamento irregular do solo urbano e nas vendas de loteamentos irregulares. In: Revista do advogado, n. 24, p. 17-25.
[154] COSTA JÚNIOR, Paulo José da. Curso de Direito Penal. 2. ed. São Paulo: Saraiva, 1992, v.1, p. 60.
[155] BUENO, Paulo Amador Thomaz Alves da Cunha. Crimes na Lei do Parcelamento do Solo Urbano: Lei n. 6.766, de 19 de dezembro de 1979. São Paulo: Lex Editora, 2006, p. 204.
[156] BUENO, Paulo Amador Thomaz Alves da Cunha. Crimes na Lei do Parcelamento do Solo Urbano: Lei n. 6.766, de 19 de dezembro de 1979. São Paulo: Lex Editora, 2006, p. 204.

pela ocorrência de uma daquelas circunstâncias, que fazem cessar o direito de punir do Estado, ou, na linguagem do nosso Cód. Penal, extinguem a punibilidade.[157]

Para esse entendimento doutrinário, para que haja a possibilidade de reconhecimento da extinção da punibilidade é crucial que o empreendimento tenha sido efetivamente regularizado por todos os órgãos da Administração Pública que devam funcionar neste processo, isto é, será fundamental que a regularização administrativa tenha se operado com absoluto sucesso, o que nem sempre será viável.[158]

De fato, quer irregular, quer clandestino, consideradas as diferenças já estabelecidas entre uma hipótese e outra, é de se ver que poderá ocorrer a circunstância de o empreendimento, já iniciado, não possuir viabilidade de regularização em função de sua realidade fática ser absolutamente inviável de adequação com as limitações urbanísticas do local, como adverte Loureiro:

> Muitas vezes, porém, a irregularidade fática não guarda exata simetria a irregularidade jurídica. Pode perfeitamente ocorrer de o loteamento clandestino ser passível de regularização, ao contrário do loteamento meramente irregular. Basta pensar na hipótese do loteamento que, embora clandestino, respeitem, fisicamente, regras de caráter urbanístico, tais como largura das ruas, tamanhos dos lotes, índice de ocupação e reserva de espaço para a implantação de equipamentos públicos. Ao revés, pode ocorrer de loteamento meramente irregular ser implantado em total desacordo com o projeto e o registro, de tal modo que sua regularização implique profunda mutação (muitas vezes impossível de ser obtida) da realidade física existente.[159]

Ousamos discordar desse entendimento.

Primeiramente, porque sendo um crime formal e de perigo abstrato, qualquer regularização posterior poderia, quando muito, funcionar como uma espécie de arrependimento posterior e causa de diminuição de pena, nos termos da regra geral do art. 16 do Código Penal ou, no que toca à Administração Pública, na hipótese taxativamente prevista para o peculato culposo (art. 312, §3º, CP).[160]

O legislador não contemplou essa hipótese e, diga-se de passagem, na tramitação da Lei nº 9.785, de 29 de janeiro de 1999, havia, originariamente, a previsão da inclusão de um parágrafo único no art. 51 da Lei de Parcelamento, justamente expressando, no corpo da lei, a hipótese supralegal de extinção da punibilidade que maciçamente os julgados vinham reconhecendo, com a regularização do parcelamento do solo antes do recebimento da denúncia. O instituto foi vetado, carecendo de legalidade e respeito ao princípio republicano e democrático a insistência em manter o posicionamento anterior de extinção da punibilidade à revelia do legislador.

Repita-se: além das hipóteses de regularização por força de institutos despenalizadores (art. 89 da Lei nº 9.099/95 e art. 28-A, CPP), o que tornaria inócua a discussão, a Administração

---

[157] MACEDO, Raimundo Ferreira de. *Da extinção da punibilidade*. Rio de Janeiro: Forense, 1946, p. 17.
[158] BUENO, Paulo Amador Thomaz Alves da Cunha. *Crimes na Lei do Parcelamento do Solo Urbano*: Lei n. 6.766, de 19 de dezembro de 1979. São Paulo: Lex Editora, 2006, p. 205.
[159] LOUREIRO, Francisco Eduardo. Loteamento clandestinos: prevenção e repressão. *Revista de Direito Imobiliário*, nº 48, p. 29-46.
[160] Nesse sentido: RT 660/271; RT 662/269; TJ/RS, 4ª Câmara Criminal, Apelação Crime nº 70.007.103.302, rel. Des. Constantino Lisbôa de Azevedo, j. em 23.10.03.

Pública já foi presumidamente lesada com a as figuras típicas, independentemente do momento de entender, por conveniência e oportunidade, por regularizar o loteamento.

Aliás, essa a lógica de se impedir o reconhecimento da insignificância em crimes contra o erário (Súmula nº 599, STJ), pautada na tese dos delitos de cumulação (Kuhlen, Wohlers e Hefendehl), ou seja, em política criminal que reafirma a ideia de bem jurídico universal dando relevância de casos pequenos considerados cumulativamente. O custo-benefício sempre compensará e incentivará o crime diante da possiblidade de ulterior extinção de punibilidade pela regularização do loteamento. Mas é preciso saber, a questão envolve inúmeros outros bens da vida relevantes, diante das consequências e mazelas trazidas como efeitos latentes de um loteamento clandestino e irregular.

3.3 Aspectos processuais

É preciso lembrar que o crime previsto no artigo 52, uma vez que se trata de crime de responsabilidade do funcionário público, deve respeitar o rito dos artigos 513 e segs., do mesmo código.[161]

No que diz respeito à competência, dúvidas podem ocorrer com relação à figura do inciso III do artigo 50. O foro competente seria o do lugar do loteamento ou desmembramento, ou onde é feito o contrato, distribuído o prospecto, a comunicação ao público? E no caso de tal ato ser feito pela imprensa falada ou escrita?

Face ao que dispõem os artigos 69, inciso I, e 70, ambos do Código de Processo Penal, a competência é determinada pelo lugar onde o crime consuma-se (*locum delicti comissi*).

Portanto, como bem acentua Oliveira e Costa, no local em que tais atos forem praticados é que se firmará a competência, independentemente de estar o loteamento ou desmembramento localizado em outro local.[162]

Por fim, diante do evidente interesse da Administração Pública, é preciso consignar que a Prefeitura Municipal, sujeito passivo constante, poderá intervir como assistente de acusação do Ministério Público, nos termos do artigo 268 do Código de Processo Penal,[163] sendo hoje esse entendimento pacífico.[164]

---

[161] OLIVEIRA E COSTA, Roberto de. Aspectos penais da Lei de Parcelamento do Solo Urbano: Lei n. 6.766, de 18 de dezembro de 1979. Revista *Justitia*, n. 44 (118): 51-59, jul./set. 1982, p. 46.

[162] OLIVEIRA E COSTA, Roberto de. Aspectos penais da Lei de Parcelamento do Solo Urbano: Lei n. 6.766, de 18 de dezembro de 1979. *In* São Paulo: Revista *Justitia*, n. 44 (118): 51-59, jul./set. 1982, p. 46.

[163] OLIVEIRA E COSTA, Roberto de. Aspectos penais da Lei de Parcelamento do Solo Urbano: Lei n. 6.766, de 18 de dezembro de 1979. *In* São Paulo: Revista *Justitia*, n. 44 (118): 51-59, jul./set. 1982, p. 46.

[164] *Revista dos Tribunais*, 412/99-TJSP e *Revista dos Tribunais*, 454/399.

CRIMES CONTRA O SISTEMA FINANCEIRO – LEI Nº 7.492, DE 16 DE JUNHO DE 1986

Tiago Caruso

Introdução

Apresentada[1] com a advertência de que "a proposição segue a linha tradicional do Direito Penal vigente entre nós, não ensejando observações adicionais",[2] a Lei dos Crimes contra o Sistema Financeiro Nacional (Lei nº 7.492/1986) sobrevive, sob a pecha de ser "anacrônica, confusa e deficitária",[3] há 35 (trinta e cinco) anos praticamente sem reformas, a indicar que ainda há muito o que se observar.

Este artigo não é um comentário exauriente da Lei nº 7.492/1986. Trata-se de um conjunto de apontamentos críticos sobre alguns aspectos penais e processuais penais da referida lei, com o objetivo de avaliar se esse instrumento normativo viabiliza um efetivo meio para combater os crimes contra o sistema financeiro.

Para alcançar esse objetivo, parte-se do contexto histórico no qual a Lei nº 7.492/1986 foi gerada. Depois, são tratadas algumas particularidades desse diploma, passando para análise do bem jurídico que essa lei visa a proteger, de alguns tipos penais nela previstos e dois aspectos processuais que ela disciplina (competência e delação premiada). Chega-se, então, a duas reflexões importantes: a primeira, a respeito da responsabilidade penal da pessoa jurídica por crime financeiro e, a segunda, sobre a (d)eficiência da tutela penal do sistema financeiro.

Como todo comentário a respeito de uma lei penal pressupõe o estabelecimento do referencial histórico e dos pressupostos de análise adotados pelo comentarista, algumas premissas precisam ser, desde logo, fixadas.

---

[1] Agradeço aos amigos professores Beatriz Corrêa Camargo, Heloisa Estellita, Humberto Souza Santos e Janice Santin, por lerem atentamente as primeiras versões deste texto, discutirem comigo as ideias aqui expostas e contribuírem com sugestões importantes para este trabalho.

[2] Justificativa do Deputado Federal João Herculino ao texto substitutivo dado PL nº 273/1983, convertido na lei em comento, v. *Diário do Congresso Nacional*, Seção I, de 25 de março de 1983, p. 1019.

[3] CRUZ, Flávio Antônio da. Gestão temerária, evasão de divisas e aporias. *Revista Brasileira de Ciências Criminais*, v. 18, n. 86, set./out. 2010, p. 100.

A lei em comento foi sancionada no ano seguinte ao fim do período da ditadura militar no Brasil, antes da promulgação da Constituição da República de 1988, quando as regulamentações financeiras, bancárias e cambiais eram outras, voltadas para o cenário econômico brasileiro da época.

As observações que, aqui, são feitas sobre a Lei nº 7.492/1986 partem das regras constitucionais, penais e processuais vigentes, entendendo caber ao Estado regular de forma clara e eficiente as atividades econômica e financeira, como forma de também cumprir com os seus objetivos fundamentais (artigo 3º da Constituição da República).

Considerando tais premissas, uma análise crítica da Lei nº 7.492/1986 é necessária porque essa lei sofreu, do ponto de vista hierárquico-normativo, alterações *de cima para baixo*, a partir da promulgação da Constituição da República em 1988, e *de baixo para cima*, com a renovação (constante) do conteúdo dos elementos de remissão que preenchem diversos dos seus tipos penais.[4]

1 Contexto: a tutela penal da ordem financeira

A tutela penal da ordem econômica, financeira, tributária e fiscal se iniciou a partir da segunda metade do século XX.[5]

Em razão do aumento da complexidade das relações comerciais e da própria dinâmica das atividades empresariais, o Estado, buscando atender à eficiência esperada,[6] transferiu a prestação de alguns serviços aos particulares,[7] o que acarretou o aumento de regulamentações específicas e de agências reguladoras e de fiscalização (nas searas econômica, financeira, societária, fiscal, ambiental, etc.).[8]

O legislador brasileiro, assim como outros legisladores estrangeiros, optou por controlar as atividades econômica, financeira, tributária, fiscal e ambiental também pela via do Direito Penal.[9] Nessas atividades, em geral, os processos produtivos contam com a participação de diversos sujeitos, no mais das vezes organizados em estruturas verticais e horizontais com diferentes hierarquias e funções, de modo que, quando ocorre um resultado lesivo, não raro ferem bens jurídicos coletivos e agridem um grande número de vítimas ou até vítimas difusas.[10]

Casos como esses deságuam no tormentoso mar do Direito Penal Econômico e apresentam, ao menos, três desafios: superação de um difícil processo de tipificação de

---

[4] CAVALI, Marcelo Costenaro. O crime de manutenção de depósitos não declarados no exterior (artigo 22, parágrafo único, in fine, da lei nº 7.492/86): análise do tipo penal a partir do bem jurídico tutelado. *Revista TRF 3ª Região*, n. 110, p. 43, nov./dez. 2011.

[5] Até a primeira metade do século XX, havia um Estado gestor intervencionista que fracassou. Nesse sentido, SCHMIDT, Andrei Zenkner. *Direito penal econômico: parte geral*. Porto Alegre, Livraria do Advogado, 2015, p. 36 e ss.

[6] Tempos depois cristalizada no artigo 37, *caput*, da Constituição da República.

[7] A chamada "onda de privatizações", que marcou o final do século XX, é exemplo desse fenômeno. Sobre o tema, v. DULCI, Otávio Soares. Itinerário do capital e seu impacto inter-regional. *Revista Brasileira de Ciências Sociais*, v. 17, n. 50, p. 57-59, out. 2012.

[8] SUNDFELD, Carlos Ari. *Direito Econômico brasileiro*. São Paulo: Malheiros, 2015, p. 18.

[9] No Brasil, são exemplos, a Lei nº 1.521/1951, a Lei nº 6.386/1976, a Lei nº 7.492/1986, a Lei nº 8.137/1990, a Lei nº 8.666/1993, a Lei nº 9.605/1998, a Lei nº 9.613/1998, a Lei nº 10.028/2000 e a Lei nº 12.850/2013.

[10] FELDENS, Luciano. *Tutela penal de interesses difusos e crimes do colarinho branco*. Porto Alegre: Livraria do Advogado, 2002, p. 22-23.

novas condutas,[11] reivindicação de adaptações ao paradigma clássico da teoria do delito[12] e solução para as dificuldades de investigação e produção de provas no caso concreto.[13]

A tutela penal da *ordem* financeira, ou a pretendida proteção penal da *higidez*, *credibilidade* ou *confiança* do/no sistema financeiro nacional abarcam os conturbados casos de Direito Penal Econômico, demandando a superação desses desafios.

2 O almejado combate ao crime de "colarinho branco" e a elaboração da Lei nº 7.492/1986

Até 1950, inexistia lei penal brasileira que tratasse de crimes financeiros, o que se explica pela tardia evolução do mercado nacional, que viveu a escravidão até o final do século XIX e a ausência de instituições financeiras e de empresas na forma como hoje se apresentam.[14]

A partir de meados do século XX, a preocupação com uma boa gestão da política econômico-financeira do país demandou a criação de medidas que coibissem tais práticas. Surgiu, então, a Lei de Crimes contra a Economia Popular (Lei nº 1.521/1951), a Lei da Reforma Bancária (Lei nº 4.595/1964), a Lei do Mercado de Capitais (Lei nº 4.278/1965) e, posteriormente, a Lei dos Crimes Contra o Sistema Financeiro Nacional (Lei nº 7.492, de 16 de junho de 1986). Em compasso com essas mudanças, a Constituição da República de 1988 tratou especificamente do Sistema Financeiro Nacional no âmbito da Ordem Econômica e Financeira (Capítulo IV do Título VII).[15]

A Lei nº 7.492/1986 foi apelidada de "Lei do Colarinho Branco", expressão criada pela teoria criminológica das associações diferenciais, proposta por Edwin H. Sutherland, para tratar dos crimes praticados por respeitados empresários e profissionais liberais de elevado *status* social, no exercício das suas profissões e em contextos empresariais.[16]

Essa designação se explica na medida em que são proibidas condutas consideradas indevidas que estejam ligadas à captação, gestão, intermediação e aplicação de recursos pelas instituições financeiras, bem como às operações, tidas por ilícitas, com títulos e valores mobiliários.

Contudo, o apelido dado à lei é bastante criticável. A criminalidade de "colarinho branco" é expressão da criminologia para identificar uma *classe de delinquentes.*[17] Daí por que apelidar uma lei com essa expressão ou declarar que essa sua finalidade indica não

---

[11] FRANCO, Alberto Silva. Um difícil processo de tipificação. *Boletim IBCCRIM*, n. 21, p. 05, set. 1994.

[12] A teoria clássica do delito foi pensada para resolver a punibilidade da conduta de um sujeito que, podendo agir de outro modo, pratica, com as próprias mãos e com dolo direto de primeiro grau, o resultado lesivo, cf. SILVA SÁNCHEZ, Jesús-María. *Fundamentos del Derecho Penal de la Empresa*. Buenos Aires: B de F, 2016, p. 7.

[13] COSTA, José de Faria. O fenômeno da globalização e o direito penal econômico. *Revista Brasileira de Ciências Criminais*, n. 34, abr./jun. 2001, p. 9 e ss.

[14] Os Códigos Criminais de 1830, 1890 e 1940 não conheciam como delito as condutas praticadas contra o sistema financeiro. Nesse sentido, cf. PIERANGELI, José Henrique. *Códigos Criminais do Brasil: evolução histórica*. São Paulo: RT, 2004, p. 235 e ss. Alguns apontamentos históricos podem ser encontrados em PIMENTEL, Manuel Pedro. *Crimes contra o Sistema Financeiro Nacional*. São Paulo: RT, 1987, p. 21 e ss.

[15] PRADO, Luiz Regis. *Direito Penal Econômico*. São Paulo: RT, 2011, p. 152-153.

[16] SUTHERLAND, Edwin. *White Collar Crime: The Uncut Version*. New Haven: Yale University Press, 1983, p. 7 e ss.

[17] Em contraposição à chamada "criminalidade pobre", cuja razão a criminologia aponta como sendo a falta de oportunidades e a desigualdade social de quem usa "colarinho azul".

só um flerte com o Direito Penal do autor,[18] como também descortina um cortejo com a responsabilidade penal objetiva.[19]

Além disso, essas proibições sofrem duras críticas por representarem mero capricho do legislador, revelarem uma administrativização do Direito Penal, destruírem o conceito limitativo de bem jurídico, aprofundarem a ficção do conhecimento da lei, desrespeitarem o princípio da taxatividade, punirem a mera violação formal de normas extrapenais e colocarem em crise o conceito de dolo.[20]

As reprovações foram tantas que a Lei nº 7.492/1986 foi *sancionada com a promessa de ser substituída*.[21] Percebendo as imperfeições, o Presidente José Sarney ressaltou, em sua mensagem de veto, que as críticas feitas ao texto legal "estão em fase final de catalogação e avaliação, para eventual incorporação ao anteprojeto, o qual, tão logo esteja em condições de ser apreciado pelo Congresso Nacional, encaminharei como projeto de lei à apreciação de Vossas Excelências".[22]

Esse apanhado revela que a Lei de Crimes contra o Sistema Financeiro nasceu para ser alterada, recebeu um apelido de duvidosa valia e aprendeu pouco com suas antecessoras.[23] Apesar disso, apenas duas reformas legais foram realizadas, as quais não sanaram as objeções dirigidas logo no início da sua vigência,[24] de modo que dois projetos de lei estão, atualmente, em andamento para alterá-la, um deles de forma substancial.[25]

3 A lei dos crimes contra o Sistema Financeiro Nacional

A Lei nº 7.492/1986 define, para fins penais, o significado de instituição financeira (artigo 1º), prevê vinte e duas figuras típicas (artigos 2º a 23), estabelece qualidades necessárias ao sujeito ativo dos crimes que tipifica (artigo 25) e disciplina aspectos processuais como

---

[18] Note-se que no PL nº 273/1983 já se justificava que era preciso "desviar os olhos dos ladrões de galinhas e focar nos colarinhos brancos", cf. Diário do Congresso Nacional, Seção I, de 25 de março de 1983, p. 1018.

[19] Nilo Batista é ainda mais incisivo: "A lei dos crimes contra o sistema financeiro atua político-criminalmente no plano da alucinação (que muitos estudiosos de vestido de noiva chamavam de plano da fantasia) produzindo acusados brancos e ricos [...]. O branco-rico algemado da primeira página esconde os milhares de algemados negros-pobres de uma página política que tende, no empreendimento comunicacional neoliberal, a substituir a página política". V. Apresentação de Nilo Batista ao livro de TÓRTIMA, José Carlos. *Crimes contra o Sistema Financeiro Nacional*: uma contribuição ao estudo da Lei 7.492/1986. Rio de Janeiro: Lumen Juris, 2002.

[20] ZAFFARONI, Eugenio Raul. *Direito Penal Brasileiro*. v. 1. Rio de Janeiro: Revan, 2003, p. 50; MALHEIROS FILHO, Arnaldo. Crimes contra o sistema financeiro na virada do milênio. *Boletim IBCCRIM*, n. 83, out. 1999, p. 5; CRUZ, Flávio Antônio da. Direito penal, evasão de divisas e o chapéu de Gessler. *Boletim IBDPE*, n. 1, nov. 2009, p. 13. Há diversos outros autores que dirigem críticas a tipos penais específicos e serão tratados adiante.

[21] ARAÚJO, Marina Pinhão Coelho. Crimes contra o sistema financeiro nacional. *In*: SOUZA, Luciano Anderson de; ARAÚJO, Marina Pinhão Coelho (coord.). *Direito Penal Econômico*: leis penais especiais. v. 1. São Paulo: RT, 2019, p. 109.

[22] Disponível em: https://www2.camara.leg.br/legin/fed/lei/1980-1987/lei-7492-16-junho-1986-367988-veto-28247-pl.html. Acesso em: 12 jan. 2021.

[23] A Lei nº 1.521/1951 criminalizava a gestão temerária e fraudulenta com um ponto de apoio em um resultado (levar as instituições financeiras à insolvência, à falência ou ao inadimplemento contratual com prejuízo aos interessados), que restringia o alcance das figuras típicas, ausência altamente criticada nas atuais incriminações de gestão na atual Lei de Crimes contra o Sistema Financeiro.

[24] Mais precisamente, houve reforma no que toca ao reconhecimento da delação premiada (inclusão do §2º ao artigo 25 da Lei nº 7.492/1986 pela Lei nº 9.080/1995) e delimitação do alcance do tipo que proíbe tomar, receber ou deferir operações de crédito vedado (artigo 17 da Lei nº 7.492/1986 foi alterado pela Lei nº 13. 506/2017).

[25] Ambos na Câmara dos Deputados, o PL 5546/2019, que visa aplicar a Lei nº 7.492/1986 às instituições previdenciárias e propõe nova redação aos crimes de gestão fraudulenta e temerária, e o PL 586/2020, que propõe a supressão de artigos, a inclusão de outros e a reforma na redação de quase todos os dispositivos, buscando, com a reformulação da Lei nº 7.492/1986, sanar problemas identificados desde a sanção legal e confirmados na prática forense.

competência, assistência de órgãos de fiscalização e controle, delação premiada e pena de multa (artigos 26 a 33).

3.1 Particularidades da lei

3.1.1 O Sistema Financeiro Nacional e conceito de instituição financeira

O Sistema Financeiro Nacional visa a promover o desenvolvimento equilibrado do país e a servir aos interesses da coletividade,[26] sendo formado por um conjunto de entidades e instituições que realizam intermediação financeira entre credores e tomadores de recursos.

Esse sistema é composto por órgãos normativos (Conselho Monetário Nacional, Conselho Nacional de Seguros Privados e Conselho Nacional de Previdência Complementar), entidades supervisoras de fiscalização (Banco Central do Brasil, Comissão de Valores Mobiliários, Superintendência de Seguros Privados e Superintendência Nacional de Previdência Complementar) e operadores que ofertam os serviços de intermediação (bancos, corretoras, seguradoras, cooperativas de crédito, entidades de previdência etc.).[27]

De acordo com o artigo 1º da Lei nº 7.492/1986, considera-se instituição financeira, para fins penais, toda instituição, pública ou privada,[28] na qual, entre as suas atividades, haja o manejo de valores de terceiros, em moeda ou como valores mobiliários,[29] para qualquer finalidade.

Trata-se de um conceito amplo[30] que abarca custódia, emissão, distribuição, negociação ou administração de valores mobiliários[31] ou, ainda, intermediação, captação ou aplicação de recursos de terceiros, mas não se confunde com os investimentos em empresas, nem com a utilização dos valores para a produção de bens e outros produtos. Para ser legalmente considerada instituição financeira é necessária a utilização de valores para estruturação e ampliação de mais valores.[32]

Na tentativa de escapar da vagueza dessa definição legal, há quem sustente que são o artigo 1º, §1º, da Lei Complementar nº 105/2001 e o artigo 2º da Lei nº 6.385/1976 que

---

[26] Artigo 192, da Constituição da República.

[27] Cf. em https://www.bcb.gov.br/estabilidadefinanceira/sfn. Acesso em: 14 jan. 2021.

[28] Embora o PL nº 5193/2016, que tramita na Câmara dos Deputados, tenha mesmo escopo, o Superior Tribunal de Justiça já decidiu equiparar à instituição financeira a entidade fechada de previdência privada (STJ, HC nº 64.100-RJ, Rel. Min. Napoleão Nunes Maia Filho, 5ª Turma, julgado em 23.08.2007).

[29] Quando se trata de criptomoedas, é preciso observar que não são juridicamente consideradas moedas, valores mobiliários ou ativos financeiros, nem estão sujeitas ao controle do Banco Central, o que, de início, as excluiria do âmbito de alcance do crime de evasão de divisas, em quaisquer das suas condutas típicas (artigo 22, *caput* e parágrafo único, da Lei nº 7.492/1986). Nesse sentido, SANTIN, Janice; LOBATO, José Danilo Tavares. Criptomoedas e direito penal: um estudo sobre as perspectivas criminais do uso de moedas criptográficas. *Revista de Estudos Criminais*, n. 78, p. 157 e ss, jul./set. 2020. Entendo que o uso de criptomoedas pode ser subsumido ao crime de evasão de divisas em algumas hipóteses de operações *blue chip swap* e dólar-cabo, ESTELLITA, Heloisa; PRADO, Viviane Muller *et al*. Regulando Criptoativos. E-book. São Paulo: FGV DIREITO SP, 2020, p. 94 e ss.

[30] STOCO, Rui. *Crimes contra o sistema financeiro nacional*. São Paulo: RT, 2017, p. 196. Embora em âmbito extrapenal, o Superior Tribunal de Justiça equiparou as agências de turismo que efetuam operações de câmbio às instituições financeiras, sujeitas à fiscalização do Banco Central (cf. STJ, REsp nº 1434625/CE, Rel. Ministro SÉRGIO KUKINA, PRIMEIRA TURMA, julgado em 09.04.2019).

[31] PRADO, Luiz Regis. *Direito Penal Econômico*. São Paulo: RT, 2011, p. 154.

[32] ARAÚJO, Marina Pinhão Coelho. Crimes contra o sistema financeiro nacional. *In*: SOUZA, Luciano Anderson de; ARAÚJO, Marina Pinhão Coelho (coord.). *Direito Penal Econômico*: leis penais especiais. v. 1. São Paulo: RT, 2019, p. 112.

conferem interpretação autêntica ao artigo 1º da Lei nº 7.492/1986, delimitando quais são as instituições financeiras e definindo os valores mobiliários, respectivamente.[33]

A Lei nº 7.492/1986 também equipara à instituição financeira a pessoa jurídica que capta ou administra seguros, câmbio, consórcio, capitalização ou poupança (artigo 1º, inciso I), bem como a pessoa física que exerça quaisquer das atividades mencionadas no referido artigo, ainda que de forma eventual (artigo 1º, inciso II).

Essa última hipótese revela reflexos concretos da precária redação do texto legal.

A amplitude do conceito que o legislador concedeu à instituição financeira turvou a certeza necessária que o princípio da legalidade (na sua vertente da taxatividade) demanda ao Direito Penal.[34] A leitura do artigo 1º, inciso II, da Lei nº 7.492/1986 permite equiparar à instituição financeira, tal como um banco múltiplo, o sujeito que capta recursos de dois amigos com a promessa de aplicá-los no sistema financeiro, sujeitando a sua conduta a todos os deveres extrapenais e aos riscos penais incidentes.[35]

Além disso, há contradição entre a norma que estabelece essa equiparação e a proibição penal da prática não autorizada de atividades privativas de instituição financeira, tipificada no artigo 16 do mesmo diploma.[36]

Diante dessa antinomia, a equiparação seria desnecessária, pois a prática a inviabiliza.[37] Ainda que a razão para essa equiparação tenha sido alcançar "doleiros"[38] ou "cambistas",[39] a maior abrangência do tipo do artigo 16 da Lei nº 7.492/1986, em geral, já alcança as condutas dessas pessoas, tornando questionável, por exemplo, se tais pessoas físicas poderiam praticar o crime de gestão fraudulenta ou temerária, previsto no artigo 4º da referida lei, porque a clandestinidade das suas atividades as mantém fora do sistema financeiro nacional (o sistema não as reconhece como operadores) e, consequentemente, sobre elas não incidiriam os deveres de gestão com correção e lisura.[40]

3.1.2 Delitos financeiros especiais

O artigo 25 da Lei nº 7.492/1986 estabelece que são penalmente responsáveis pelos crimes financeiros nela definidos aqueles que têm a gestão e o controle sobre a instituição financeira: controlador, administrador, diretor, gerente, interventor liquidante e síndico. Essa

---

[33] Seriam, então, instituições financeiras os bancos, distribuidoras, corretoras, sociedades de crédito, bolsas de valores, dentre outros. Valores mobiliários seriam, assim, ações, debêntures, bônus de subscrição, cupons, notas comerciais, entre outros. Nesse sentido, BRITO, Alexis Couto de. Crimes contra o sistema financeiro. JUNQUEIRA, Gustavo O. D. et al. (coord.). *Legislação Penal Especial*. v. 2. São Paulo: Saraiva: 2010, p. 190-191. Entretanto, a Lei Complementar nº 105/2001 inclui as administradoras de cartões de crédito, que não instituições financeiras nos termos do artigo 1º da Lei nº 7.492/1986, o que ampliaria, de forma indevida, o alcance do tipo penal.

[34] COSTA JR, Paulo José. *Crimes do colarinho branco*. São Paulo: Saraiva, 2000, p. 65.

[35] BITENCOURT, Cezar Roberto. *Tratado de Direito Penal Econômico*. v. 1. São Paulo: Saraiva, 2016, p. 230.

[36] "Art. 16. Fazer operar, sem a devida autorização, ou com autorização obtida mediante declaração (Vetado) falsa, instituição financeira, inclusive de distribuição de valores mobiliários ou de câmbio: pena – Reclusão, de 1 (um) a 4 (quatro) anos, e multa."

[37] BITENCOURT, Cezar Roberto. *Tratado de Direito Penal Econômico*. v. 1. São Paulo: Saraiva, 2016, p. 230.

[38] A exemplo do entendimento do STJ, HC 221.233/PR, Rel. Ministro JORGE MUSSI, QUINTA TURMA, julgado em 20.11.2012.

[39] BALTAZAR JR, José Paulo. *Crimes Federais*. Porto Alegre: Livraria do Advogado, 2007, p. 330.

[40] SARTI, Saulo; DARIVA, Paulo. A lei dos crimes contra o sistema financeiro nacional: problemas e conflitos. In: FELDENS, Luciando et al. (org.). *Direito Penal Econômico e Empresarial*: estudos dos grupos de pesquisa em direito penal econômico e empresarial da PUCRS e da FGV DIREITO SP. Rio de Janeiro: Lumen Juris, 2016, p. 162-164.

previsão não significa presunção de responsabilidade, vedada em matéria penal, mas indica que há crimes financeiros considerados próprios ou especiais.[41]

Delitos especiais existem para restringir a autoria ao sujeito que possui certas qualidades pessoais que lhe conferem acesso privilegiado a determinado bem jurídico, fazendo com que lhe seja mais fácil vulnerá-lo (ser diretor de instituição financeira é uma dessas qualidades), chamado de *intraneus*, que está apto a praticar individualmente o crime próprio.[42]

São crimes financeiros próprios, por exemplo, aqueles previstos nos artigos 4º, 5º 6º, 11 e 12 do referido diploma, exigindo do sujeito ativo poderes de controle suficientes para gerir a instituição de forma temerária ou fraudulenta, induzir um investidor em erro, manter contabilidade paralela ou ser ex-administrador e não apresentar documentos ao interventor, liquidante ou síndico.

O artigo 25, todavia, não afasta que outros sujeitos sejam responsabilizados,[43] qualificados ou não, em concurso ou não, porque há crimes comuns, de autoria livre, os quais, aliás, são a regra (v. artigos 3º, 9º, 19 e 20, todos da Lei nº 7.492/1986). O que deve ser observado é se o sujeito praticou uma conduta penalmente proibida e, quando exigido, se reunia as condições pessoais para a prática considerada criminosa.[44]

Problema maior aparece, na verdade, na imputação de responsabilidade penal, por ação ou por omissão, nos casos que envolvam a prática de algum crime financeiro. São casos complexos que conformam crimes chamados *mala quia prohibita*,[45] ocorrem em âmbito altamente regulado (inclusive, por normas extrapenais do BACEN, CVM, SUSEP etc.), em geral envolvendo a participação de diversas pessoas em diferentes hierarquias e com diferentes funções que aportam contribuições, por vezes, sem correspondência direta ao tipo penal, circunstâncias que, de saída, tornam difícil a captura do desvalor de determinada conduta violadora da norma penal.

3.1.3 Obrigação de reporte e assistência do Banco Central e da Comissão de Valores Mobiliários

O Banco Central do Brasil e a Comissão de Valores Mobiliários são dois órgãos de fiscalização e controle das atividades de intermediação financeira realizada pelos operadores do Sistema Financeiro Nacional (bancos, corretoras, distribuidoras, administradoras de consórcio, cooperativas de crédito, etc.).

O legislador quis mantê-los próximos dos casos criminais. Assim, não só os obrigou a informar o Ministério Público Federal sobre a possível ocorrência dos delitos previstos na Lei nº 7.492/1986 (artigo 28), como também viabilizou a assistência deles quando o crime for praticado no âmbito de atividade sujeita à disciplina e à fiscalização desses órgãos (artigo 26).

---

[41] BRITO, Alexis Couto de. Crimes contra o sistema financeiro. JUNQUEIRA, Gustavo O. D. et al. (coord.). *Legislação Penal Especial*. v. 2. São Paulo: Saraiva: 2010, p. 193-194.

[42] ROXIN, Claus. *Autoría y dominio del hecho en derecho penal*. Marcial Pons: Madrid, 2016, p. 344-345; ORTIZ, Mariana Tranchesi. *Concurso de agentes nos delitos especiais*. São Paulo: IBCCRIM, 2011, p. 84 e ss; 140 e ss., com especial observação de que o maior acesso ao bem jurídico também onera o *intraneus* com maior dever de proteção sobre esse bem.

[43] Por consequência, o artigo 25 da Lei nº 7.492/1986 parece ter apenas um caráter declaratório, ou seja, não restringe o círculo de autores para todos os crimes financeiros, mas reafirma que aqueles sujeitos mencionados têm responsabilidade por tais crimes que ocorrem no âmbito da instituição financeira.

[44] BITENCOURT, Cezar Roberto. *Tratado de Direito Penal Econômico*. v. 1. São Paulo: Saraiva, 2016, p. 494-495.

[45] Veja-se o artigo 17 da Lei nº 7.492/1986 que veda a concessão de empréstimos ou adiamentos ilegais, porque realizado com partes relacionadas à instituição financeira. A proibição penal não é percebida *in se* e o uso excessivo de elementos normativos nesse delito (empréstimo, adiantamento, controlador, remuneração, distribuição, lucros de instituição, entre outros) que é doloso, impacta, inclusive, na configuração da tipicidade subjetiva.

Essa proximidade é justificada tal como ocorre nos crimes contra a ordem tributária. É que nessas situações, o crime depende da violação prévia ao ramo primário de proibição, extrapenal (tributário, financeiro, administrativo, etc.).[46] Assim, nos casos de Direito Penal Econômico, estabelece-se, comumente, uma assessoriedade desses outros ramos ao Direito Penal,[47] a qual, por um lado, confere dinamicidade a uma ciência essencialmente estática, facilitando a modificação da matéria de proibição penal, mas, por outro, traz dificuldades para a configuração da tipicidade subjetiva e da culpabilidade (teoria do erro).[48]

3.2 O(s) bem(ns) jurídico(s) penalmente protegido(s)

A doutrina brasileira, aparentemente com certa liberdade e conforto, indica que os crimes previstos na Lei nº 7.492/1986 visam a proteger bens jurídicos supraindividuais ou coletivos como a *higidez* do sistema financeiro nacional,[49] a *credibilidade* e *estabilidade* do sistema financeiro nacional,[50] a *confiança*[51] ou *credibilidade*[52] do mercado financeiro, a *ordem jurídica no plano financeiro* com *segurança econômica e jurídica* dos aportes alocados à guarda das instituições financeiras,[53] o *direito de propriedade da coletividade* não individualizada,[54] tudo buscando assegurar uma *boa gestão* da política econômico-financeira, inclusive a cambial, do Estado.[55]

A liberdade e o conforto da doutrina brasileira na eleição desses refinados bens jurídicos anunciam três problemas possíveis (cumulativos ou alternativos): (i) desconhecimento do conceito de bem jurídico-penal e dos limites para o seu reconhecimento legítimo, (ii) falta de clareza do legislador na redação dos tipos penais da Lei nº 7.492/1986, e (iii) impossibilidade de se reconhecer apenas um bem jurídico tutelado pela Lei dos Crimes contra o Sistema Financeiro Nacional.

O problema (iii) parece evidente. São vinte e duas figuras típicas previstas na Lei nº 7.492/1986, com conteúdos de proibição próprios, o que, de saída, aponta ser impossível

---

[46] AFLEN, Pablo. *O risco da técnica de remissão das leis penais em branco no direito penal da sociedade do risco*. In: Política Criminal, n. 3, A7, 2007, p. 4-7.

[47] O termo *assessoriedade* parece mais acertado do que *acessoriedade* para descrever o fenômeno de auxílio, complementação e assessoria de outros ramos do Direito (como o ambiental, o tributário e o financeiro, por exemplo) ao Direito Penal, principalmente nos casos de Direito Penal Econômico. Sobre essa terminologia, cf. COSTA, Regina Helena Lobo da. *Proteção penal ambiental*: viabilidade, efetividade, tutela por outros ramos do direito. São Paulo: Saraiva, 2010, p. 66-67.

[48] Escapa ao objetivo desse artigo aprofundamento desse tema. Sobre isso, ver, por todos, HORTA, Frederico. *Elementos normativos das leis penais e conteúdo intelectual do dolo*: da natureza do erro sobre o dever extrapenal em branco. São Paulo: Marcial Pons, 2016, p. 223.

[49] ARAÚJO, Marina Pinhão Coelho. Crimes contra o sistema financeiro nacional. *In:* SOUZA, Luciano Anderson de; ARAÚJO, Marina Pinhão Coelho (coord.). *Direito Penal Econômico*: leis penais especiais. v. 1. São Paulo: RT, 2019, p. 111.

[50] BITENCOURT, Cezar Roberto. *Tratado de Direito Penal Econômico*. v. 1. São Paulo: Saraiva, 2016, p. 231 e ss.

[51] ARAÚJO JR, João Marcello. *Dos crimes contra a ordem econômica*. São Paulo: RT, 1995, p. 146 *apud*. BRITO, Alexis Couto de. Crimes contra o sistema financeiro. JUNQUEIRA, Gustavo O. D. *et al.* (coord.). *Legislação Penal Especial*. v. 2. São Paulo: Saraiva: 2010, p. 188, com o qual concorda.

[52] NUCCI, Guilherme de Souza. *Leis penais e processuais penais comentadas*. v. 2. Rio de Janeiro: Forense, 2014, p. 755 e ss.

[53] STOCO, Rui. *Crimes contra o sistema financeiro nacional*. São Paulo: RT, 2017, p. 164-165.

[54] RUIVO, Marcelo Almeida. *Criminalidade financeira*: contribuição à compreensão da gestão fraudulenta. Porto Alegre: Livraria do Advogado, 2011, p. 83.

[55] PRADO, Luiz Regis. *Direito Penal Econômico*. São Paulo: RT, 2011, p. 154; PIMENTEL, Manuel Pedro. *Crimes contra o Sistema Financeiro Nacional*. São Paulo: RT, 1987, p. 26.

que somente um bem jurídico esteja sendo tutelado por essa lei penal complexa.[56] É a própria doutrina brasileira que não se mostra unânime, cada qual escolhendo o bem jurídico dos crimes contra o sistema financeiro. Afinal, a *higidez* do sistema não é equivalente à *estabilidade* do sistema; a *credibilidade* do sistema financeiro não pode ser confundida com a *segurança* dos aportes guardados pelas instituições financeiras (que são apenas parte do sistema financeiro); e, nem de longe, a *confiança* ou a *credibilidade* do mercado financeiro, que já são diferentes, perfazem a uma *boa gestão* da política econômico-financeira, inclusive cambial, do Estado (muito mais ampla).

A falta de clareza na redação dos tipos, o problema (ii), é percebido desde a promulgação da Lei nº 7.492/1986, como já observado. Ainda que se queira atribuir as imperfeições da lei à comissão que a elaborou, não integrada por penalistas,[57] a falta de reformas durante 35 (trinta e cinco) anos alastrou a culpa para além dos seus originais elaboradores.

Há, por exemplo, problemas que surgem da deficiente redação dos tipos penais contidos no artigo 5º (apropriação indébita financeira), no artigo 19 (financiamento mediante fraude) e no artigo 20 (aplicar financiamento em finalidade diversa), todos do mesmo diploma legal em comento.

Contudo, ainda assim, neles é possível identificar, com certo esforço, reconheça-se, qual é a respectiva objetividade jurídica presente em cada um.

O crime do artigo 5º da Lei nº 7.492/1986, ao proibir, com ameaça de pena, que o controlador, administrador, diretor ou gerente se aproprie de dinheiro, título, valor ou qualquer outro bem móvel de que tenha posse ou os desviem em proveito próprio ou alheio, não está protegendo, em primeiro plano, o regular funcionamento do sistema financeiro nacional, mas, primordialmente, o patrimônio da instituição financeira ou dos investidores.[58] Tal como nas outras modalidades de apropriação indébita comum (artigo 168 do Código Penal), previdenciária (artigo 168-A do Código Penal) e de coisa achada, havida por erro, caso fortuito ou força da natureza (artigo 169 do Código Penal), o bem jurídico tutelado é, sempre, o patrimônio. Ainda que se capte uma função social do patrimônio da instituição financeira diferenciada da função social do patrimônio de uma pessoa física, permanece como objetivo do crime do artigo 5º da Lei nº 7.492/1986 a tutela do patrimônio.

O mesmo ocorre com o artigo 19 da Lei nº 7.492/1986 que, ao criminalizar a obtenção de financiamento em instituição financeira mediante fraude, protege, novamente, o patrimônio da instituição financeira. Há semelhança entre esse crime e a figura típica do estelionato (artigo 171 do Código Penal), outro delito patrimonial, que, embora percebido pela doutrina,[59] insiste em afirmar que o bem jurídico tutelado é a inviolabilidade e a credibilidade do sistema financeiro, ainda que sob o argumento da pluriofensividade.[60] O problema é que essa insistência esconde a desproporcionalidade das penas cominadas para o estelionato

---

[56] A norma em comento é complexa não só pela quantidade de crimes que tipifica, mas pelo conteúdo das suas proibições, por vezes dependentes de complementações de normas extrapenais, como é o caso, por exemplo, do artigo 17, da Lei nº 7.492/1986.

[57] O PL nº 273/1983, proposto pelo Deputado Federal Nilson Gibson, foi substituído pelo texto apresentado pelo Deputado Federal João Herculino, da Comissão de Fiscalização Financeira e Tomada de Contas. O texto substitutivo foi o aprovado na Câmara dos Deputados e, com poucas alterações não substanciais sugeridas no texto apresentado pelo Senador José Lins, foi aprovado Senado Federal e levado à sanção do Presidente da República, transformando-se na Lei nº 7.492/1986. Cf. em https://www.camara.leg.br/proposicoesWeb/ficha detramitacao?idProposicao=174219. Acesso em: 17 jan. 2021.

[58] CAVALI, Marcelo Costenaro. *Fundamento e limites da repressão penal da manipulação do mercado de capitais: uma análise a partir do bem jurídico da capacidade funcional alocativa do mercado*. Tese de Doutorado apresentada à Faculdade de Direito da Universidade de São Paulo. São Paulo, 2017, p. 65.

[59] PIMENTEL, Manuel Pedro. *Crimes contra o Sistema Financeiro Nacional*. São Paulo: RT, 1987, p. 144.

[60] BITENCOURT, Cezar Roberto. *Tratado de Direito Penal Econômico*. v. 1. São Paulo: Saraiva, 2016, p. 409.

financeiro (de dois a seis anos de reclusão) e o estelionato comum (de um a cinco anos de reclusão), principalmente considerando que um banco tem muito mais condições de proteger seu patrimônio contra fraudes se comparado aos particulares.[61]

Uma análise mais cautelosa do delito previsto no artigo 20 da Lei nº 7.492/1986 também revela que a punição daquele que aplica os recursos do financiamento obtido em instituição financeira em finalidade diversa da prevista em lei não protege a *credibilidade* do mercado financeiro,[62] mas, diretamente, e mais uma vez, o patrimônio das instituições financeiras que pode estar ameaçado pelo uso indevido dos recursos liberados.[63]

Feita essa análise, não aparecem, nesses delitos, os rebuscados pretensos bens jurídicos coletivos *higidez* ou *credibilidade* do sistema financeiro enunciados por boa parte da doutrina,[64] mas outro mais simplório.[65]

Com isso, parece ser possível confirmar a existência do problema (i). Parte da doutrina brasileira parece não conhecer, ou ignora, o conceito de bem jurídico, a sua verdadeira função e os critérios para a legitimidade do seu reconhecimento a partir da proibição penal.

O erro em querer visualizar, sempre, a presença de um bem jurídico supraindividual em todos os dispositivos da Lei nº 7.492/1986 talvez tenha sua razão logo nas justificativas do Projeto de Lei nº 273/1983 e do seu substitutivo, depois aprovado, as quais, embora não tenham indicado o bem jurídico que pretendiam tutelar, apontaram a necessidade de se manter a *confiança* no sistema financeiro nacional e de se identificar condutas fraudulentas *lesivas ao sistema financeiro nacional e à ordem econômico-financeira* como fundamentos da lei proposta.[66]

De fato, as discussões acerca do bem jurídico-penal foram reavivadas não tem muito tempo.[67] Não há espaço, nessa sede, para tratar, com a profundidade necessária, sobre a

---

[61] CAVALI, Marcelo Costenaro. *Fundamento e limites da repressão penal da manipulação do mercado de capitais*: uma análise a partir do bem jurídico da capacidade funcional alocativa do mercado. Tese de Doutorado apresentada à Faculdade de Direito da Universidade de São Paulo. São Paulo, 2017, p. 66.

[62] NUCCI, Guilherme de Souza. *Leis penais e processuais penais comentadas*. v. 2. Rio de Janeiro: Forense, 2014, p. 794.

[63] TÓRTIMA, José Carlos. *Crimes contra o Sistema Financeiro Nacional*: uma contribuição ao estudo da Lei nº 7.492/1986. Rio de Janeiro: Lumen Juris, 2002, p. 127.

[64] Crítica mais severa revelando que o almejado bem jurídico (coletivo) é, na verdade, tutela de funções e de políticas estatais incompatíveis com a Constituição, MALAN, Diogo. Bem jurídico tutelado pela Lei nº 7.492/1986. In: BOTTINO, Thiago; MALAN, Diogo (org.). *Direito penal e economia*. Rio de Janeiro: Elsevier/GV, 2012, p. 37 e ss.

[65] Aliás, a tutela da pretendida "*segurança econômica e jurídica* dos aportes alocados à guarda das instituições financeiras" é bastante controvertida tanto porque a redação dos tipos da Lei nº 7.492/1986 não abrange essa objetividade jurídica, quanto porque a proteção mais efetiva desse almejado bem jurídico demandaria, na verdade, a criação de um novo tipo penal de infidelidade patrimonial (*Untreue*). Sobre o tema, cf. DE GRANDIS, Rodrigo. *O delito de infidelidade patrimonial e o direito penal brasileiro*. Tese de Doutorado apresentada à Faculdade de Direito da Universidade de São Paulo. São Paulo, 2018, *passim*.

[66] Cf. justificativas dos Deputados Federais Nilson Gibson e João Herculino, respectivamente, em Diário do Congresso Nacional, Seção I, de 25 de março de 1983, p. 1018 e Diário do Congresso Nacional, Seção I, de 26 de abril de 1985, p. 3506.

[67] O regate das teorias sobre bem jurídico ocorreu há aproximadamente 20 anos, ganhando força com o julgamento do caso de incesto pelo Tribunal Constitucional Alemão em 2008 (BVErFGE 120, 224). ROXIN, Claus. Sobre o recente debate em torno do bem jurídico. In: ROXIN, Claus. *Novos estudos de direito penal*. São Paulo: Marcial Pons, 2014, p. 57. Antes disso, era questionável se o bem jurídico ainda vivia ou se estaria no seu leito de morte, cf. HEFENDEHL, Roland. O bem jurídico como a pedra angular da norma penal. In: GRECO, Luis, TÓRTIMA, Fernanda Lara (org.). *O bem jurídico como limitação do Poder Estatal de incriminar?*. Rio de Janeiro: Lumen Juris, 2016, p. 69.

teoria do bem jurídico.[68] Cabe esclarecer que, hoje, compete a ela a importante e difícil tarefa de distinguir bens jurídicos (coletivos) verdadeiros e falsos, com base em critérios claros.[69]

O uso refinado da linguagem pode acarretar na eleição de um bem jurídico *aparente*,[70] estéril e sem realidade existencial,[71] antecipando não a proibição, mas a própria lesão[72] e, assim, dando azo à punição de uma conduta penalmente inofensiva, o que viola o pressuposto de um Estado de Direito em que a liberdade é a regra.

Já existem critérios formulados para a identificação dos verdadeiros bens jurídicos (coletivos), que escapam ao objetivo desse artigo.[73] Por tais critérios, a *higidez* do sistema financeiro nacional, por exemplo, seria um *pseudo* bem jurídico coletivo ali onde se identificar, antes, a afetação de um bem individual (como o patrimônio da instituição financeira nos casos dos artigos 5º, 19 e 20, todos da Lei nº 7.492/1986)[74].

Portanto, os bens jurídicos supraindividuais autênticos são subsidiários,[75] demandam a existência de interesses individuais legítimos na sua integridade e devem poder ser gozados por todos e por cada um, sem exclusões.[76] Não há apenas um bem jurídico sendo tutelado pela Lei dos Crimes contra o Sistema Financeiro Nacional, mas vários bens jurídicos sendo

---

[68] Um bom apanhado histórico da teoria do bem jurídico, criticamente discutido, além de aportes para definir, com base em critérios, a legitimidade de normas penais é oferecido por SANTOS, Humberto Souza. *Ainda vive a teoria do bem jurídico?*: uma contribuição ao debate sobre a teoria o bem jurídico e os limites materiais do poder estatal de incriminar. São Paulo: Marcial Pons, 2020, p. 41 e ss, p. 141 e ss.

[69] GRECO, Luís. Tem futuro a teoria do bem jurídico? Reflexões a partir da decisão do Tribunal Constitucional Alemão a respeito do crime de incesto (§ 173 Strafgesetzbuch). *Revista Brasileira de Ciências Criminais*. n. 82, v. 18, p. 182, 2010. Mais do que servir para resolver problemas concretos atuais, a teoria do bem jurídico impacta a teoria do delito, tanto nos aspectos objetivos quanto subjetivos.

[70] BECHARA, Ana Elisa Libatore Silva. *Bem jurídico-penal*. São Paulo: Quartier Latin, 2014, p. 329.

[71] CARVALHO, Érika Mendes de; ÁVILA, Gustavo Noronha de. Falsos bens jurídicos e política criminal de drogas: aproximação crítica. In: *Encontro de Internacionalização do CONPEDI*. Romulo Rhemo Palitot Braga, Amparo Martínez Guerra (org.). Madrid: Ediciones Laborum, 2015, p. 147.

[72] Isso escapa, inclusive, do fim de proteção da norma penal, cf. GRECO, Luís. *Modernização do direito penal, bem jurídicos coletivos e crimes de perigo abstrato*. Rio de Janeiro: Lumen Juris, 2011, p. 53.

[73] Roland Hefendehl, por exemplo, propõe como critérios para identificação de bens jurídicos coletivos a não exclusividade do uso, a não rivalidade do consumo e a não distributividade conceitual, fática ou jurídica. Remeto o leitor aos seguintes textos: HEFENDEHL, Roland (Ed.). *La teoría del bien jurídico*: fundamento de legitimación del derecho penal o juego de abalorios dogmático? Madrid: Marcial Pons, 2007, *passim*; GRECO, Luis, TÓRTIMA, Fernanda Lara (org.). *O bem jurídico como limitação do Poder Estatal de incriminar?*. Rio de Janeiro: Lumen Juris, 2016, *passim*; BADARÓ, Tatiana. *Bem jurídico penal supraindividual*. Belo Horizonte: D'Plácido, 2017, p. 179 e ss., com extensas referências e textos de outros autores, e GRECO, Luís. Existem critérios para a postulação de bens jurídicos coletivos? In: *Anuario de derecho penal económico y de la empresa*. Lima: CEDPE, v. 2, 2012, p. 69 e ss.

[74] GRECO, Luís. Existem critérios para a postulação de bens jurídicos coletivos? In: *Anuario de derecho penal económico y de la empresa*. Lima: CEDPE, v. 2., 2012, p. 70. Roland Hefendehl vai além e desconsidera a existência de autêntico bem jurídico coletivo quando a norma penal tutela o crédito (dentro da ordem socioeconômica), protegendo, na verdade, a atividade dos bancos (HEFENDEHL, Roland. ¿Debe ocuparse el derecho penal de riesgos futuros? Bienes jurídicos colectivos y delitos de peligro abstracto. *Revista Electrónica de Ciencia Penal y Criminología*, 04-14, 2002).

[75] Isso vale tanto os adeptos da teoria monista-pessoal do bem jurídico, quanto para os que compartilham da teoria social do bem jurídico. Ambos não reconhecem os interesses da coletividade, por si só, como objetos de proteção pelo Direito Penal ou como bens jurídicos inatos, o que demanda, para os primeiros, aceitarem bens jurídicos da coletividade apenas quando servem a interesses de indivíduos concretos e, para os segundos, um critério especial de legitimação. Sobre o tema, v. HASSEMER, Winfried. Linhas Gerais de uma teoria pessoal do bem jurídico. In : GRECO, Luis, TÓRTIMA, Fernanda Lara (org.). *O bem jurídico como limitação do Poder Estatal de incriminar?*. Rio de Janeiro: Lumen Juris, 2016, p. 18 e ss. e HEFENDEHL, Roland. Uma teoria social do bem jurídico. *Revista Brasileira de Ciências Criminais*, n. 87, p. 111 e ss, nov./dez. 2010.

[76] DIAS, Jorge de Figueiredo. *Direito penal*: parte geral. Tomo I. São Paulo: RT, 2007, p. 130.

protegidos (inclusive, coletivos, como a *confiabilidade* das instituições financeiras, a partir da proibição contida no artigo 16 do referido diploma[77]).

O manejo correto de critérios claros para a identificação dos verdadeiros bens jurídicos (coletivos ou individuais) impede a cominação de sanções desproporcionais e a geração de graves erros na jurisprudência,[78] racionaliza a proibição, fixando limites bem definidos à intervenção penal, e auxilia na interpretação legítima das normas penais,[79] inclusive atendendo aos postulados do princípio da legalidade, tão questionados nos tipos da Lei nº 7.492/1986.

3.3 Algumas figuras típicas problemáticas

A facilidade com que a doutrina brasileira nomeia o(s) bem(ns) jurídico(s) tutelado(s) pela Lei nº 7.492/1986 desaparece no enfrentamento dos conteúdos dos tipos penais nela previstos.

Nessa parte, os autores não poupam críticas. Assinalam, por exemplo, que "não obstante a dignidade constitucional do bem tutelado – a higidez do SFN – é fato que o art. 4º, parágrafo único, da Lei 7.492/1986 não atende ao postulado da taxatividade imposta pela Constituição",[80] que o artigo 8º daquela lei "trata-se de um tipo penal fantasioso",[81] que, no artigo 14 daquele diploma, "o legislador foi redundante e a norma prevaleceu com atecnia, o que é lamentável".[82]

Quase todos os tipos são, sim, passíveis de críticas. Aqui, serão tratadas algumas figuras problemáticas.[83]

3.3.1 Gestão fraudulenta e temerária (artigo 4º da Lei nº 7.492/1986)

Os delitos de gestão fraudulenta e temerária são os grandes vilões do princípio da legalidade penal – afinal, ferem, pelo menos, dois dos seus quatro postulados (a proibição da analogia e a proibição de incriminações vagas ou imprecisas[84]).

Há, contudo, conflito com o artigo 3º, inciso IX, da Lei nº 1.521/1951, que já previa como crime a gestão fraudulenta ou temerária que levasse o banco, ou outra instituição indicada no tipo, à falência, à insolvência ou ao inadimplemento contratual. A Lei nº 7.492/1986, por ser posterior e tratar especificamente sobre os crimes contra o sistema financeiro, resolve a antinomia jurídica pelos critérios cronológico e da especialidade.[85] Entretanto, as críticas

---

[77] "Art. 16. Fazer operar, sem a devida autorização, ou com autorização obtida mediante declaração (Vetado) falsa, instituição financeira, inclusive de distribuição de valores mobiliários ou de câmbio: pena – reclusão, de 1 (um) a 4 (quatro) anos, e multa".

[78] SCHÜNEMANN, Bernd. O direito penal é a *ultima ratio* da proteção de bens jurídicos: sobre os limites invioláveis do direito penal em um estado de direito liberal. *In:* SCHÜNEMANN, Bernd. *Estudos de direito penal, direito processual penal e filosofia do direito.* São Paulo: Marcial Pons, 2016, p. 70.

[79] Ressaltando o verdadeiro caráter descriminalizante do bem jurídico, há texto recente tratando sobre o problema da pretendida tutela penal da saúde pública. Cf. MIRANDA, Luiz Henrique N. A. A falibilidade da saúde pública sob a égide de um conceito restritivo de bem jurídico coletivo. *Revista do Instituto de Ciências Penais*, v. 6, p. 37 e ss, dez. 2020.

[80] CRUZ, Flávio Antônio da. Gestão temerária, evasão de divisas e aporias. *Revista Brasileira de Ciências Criminais*, v. 18, n. 86, set./out. 2010, p. 116.

[81] BITENCOURT, Cezar Roberto. *Tratado de Direito Penal Econômico.* v. 1. São Paulo: Saraiva, 2016, p. 321.

[82] STOCO, Rui. *Crimes contra o sistema financeiro nacional.* São Paulo: RT, 2017, p. 254.

[83] Além dos indicados a seguir, outros dispositivos, também problemáticos, foram abordados ao longo deste artigo.

[84] ROXIN, Claus. *Derecho penal:* parte general. Tomo I. Madrid: Civitas, 2008, p. 141.

[85] NUCCI, Guilherme de Souza. *Leis penais e processuais penais comentadas.* v. 2. Rio de Janeiro: Forense, 2014, p. 763.

quanto a exclusão da condição objetiva de punibilidade e ao vultoso aumento da pena para dois novos tipos penais genéricos permanecem.[86]

O artigo 4º, *caput* e parágrafo único, da Lei nº 7.492/1986 não define os conteúdos da proibição penal. São tipos tautológicos,[87] de duvidosa constitucionalidade,[88] que não esclarecem quais atos de gestão podem ser considerados típicos[89] (se basta o gerenciamento temerário de uma conta corrente, ainda que contendo grande fortuna, ou se é necessária a administração fraudulenta dos rumos mais gerais do banco, por exemplo[90]), quais são os sentidos dos termos "fraude" (se são simples atos irregulares ou de má-fé[91] ou se devem lesionar outrem em proveito próprio ou alheio[92]) e "temerário" (se é sinônimo de uma má gestão incompetente[93] ou se exige a tomada consciente e concreta de riscos audaciosos[94]).

Interpretação possível é considerar apenas os atos de administração da instituição financeira como aptos a preencherem o núcleo do tipo "gestão"[95] e atrelar o emprego de fraude (elemento normativo) ou a temeridade da gestão (elemento de valoração global do fato) à legislação específica que rege as atividades bancárias e o mercado de capitais,[96] pois será esse âmbito normativo extrapenal que delimitará a dimensão do risco ou, mais precisamente, os limites entre o permitido e o proibido.[97]

---

[86] MALHEIROS FILHO, Arnaldo. Crimes contra o sistema financeiro na virada do milênio. *Boletim IBCCRIM*, n. 83, p. 5, out. 1999.

[87] PIMENTEL, Manuel Pedro. *Crimes contra o Sistema Financeiro Nacional*. São Paulo: RT, 1987, p. 52.

[88] MAZLOUM, Ali. *Crimes de colarinho branco*: objeto jurídico, provas ilícitas, doutrina e jurisprudência. Porto Alegre: Síntese, 1999, p. 64-65.

[89] BITENCOURT, Cezar Roberto. *Tratado de Direito Penal Econômico*. v. 1. São Paulo: Saraiva, 2016, p. 253 e ss., 275 e ss.

[90] Uma discussão sobre a habitualidade (ou não) de atos para configurar a gestão requerida no tipo pode ser encontrada em RUIVO, Marcelo Almeida. *Criminalidade financeira*: contribuição à compreensão da gestão fraudulenta. Porto Alegre: Livraria do Advogado, 2011, p. 148 e ss.

[91] BALTAZAR JR, José Paulo. *Crimes federais*. Porto Alegre: Livraria do Advogado, 2007, p. 398.

[92] STOCO, Rui. *Crimes contra o sistema financeiro nacional*. São Paulo: RT, 2017, p. 210-211.

[93] Sobre a proximidade da elementar (valorativa global do fato) "temerária" com a essência do delito culposo v. VELANO, Camila F. S.; PORTO, Rafael V. O elemento subjetivo no delito de gestão temerária de instituição financeira. *In*: ALMEIDA PEDROSO, Fernando G. G.; OUTEIRO HERNANDES, Luiz E. C. *Direito penal econômico*: temas essenciais para a compreensão da macrocriminalidade atual. Salvador: Juspodivm, 2017, p. 279 e ss.

[94] MORAES PITOMBO, Antonio S. A. Considerações sobre o crime de gestão temerária de instituição financeira. *In*: ESTELLITA SALOMÃO, Heloisa (coord.). *Direito penal empresarial*. São Paulo: Dialética, 2001, p. 52.

[95] DE SANCTIS, Fausto Martin. *Punibilidade no sistema financeiro nacional*. Campinas: Millenium, 2003, p. 66.

[96] Erra nessa interpretação Rodolfo Tigre Maia ao exemplificar gestão fraudulenta como a ação do administrador de simular um empréstimo em benefício próprio a fim de iludir o Fisco, que não integra o Sistema Financeiro Nacional (TIGRE MAIA, Rodolfo. *Dos Crimes contra o Sistema Financeiro Nacional*. São Paulo: Malheiros, 1996, p. 57).

[97] GRECO, Luís. Dolo e gestão temerária (artigo 4º, parágrafo único, Lei nº 7.492/1986). *In*: *Boletim do IBCCRIM*, dez. 2011, p. 7-8; ARAÚJO, Marina Pinhão Coelho. Crimes contra o sistema financeiro nacional. *In*: SOUZA, Luciano Anderson de; ARAÚJO, Marina Pinhão Coelho (coord.). *Direito Penal Econômico*: leis penais especiais. v. 1. São Paulo: RT, 2019, p. 127 e ss; BRITO, Alexis Couto de. Crimes contra o sistema financeiro. JUNQUEIRA, Gustavo O. D. *et al.* (coord.). *Legislação Penal Especial*. v. 2. São Paulo: Saraiva: 2010, p. 200. Ademais o PL 586/2020, em trâmite na Câmara dos Deputados, confere interpretação semelhante, mas sugerindo nova redação para esses dois tipos. Outra sugestão é feita no PL 5546/2019, também em trâmite na Câmara dos Deputados, incluindo especial fim de agir na gestão fraudulenta, transformando a gestão temerária em crime de lesão, exigindo habitualidade para esses comportamentos e adicionando um novo crime de facilitação de gestão fraudulenta ou temerária.

3.3.2 Apropriação indébita financeira (artigo 5º da Lei nº 7.492/1986)

O artigo 5º da Lei nº 7.492/1986 criminaliza forma especial de apropriação, cuja prática é restringida aos sujeitos qualificados indicados no tipo.[98] O que se proíbe é que o *intraneus* tome como seu, ou desvie em proveito próprio ou alheio, dinheiro, título, valor ou outro bem móvel de que tenha posse.

Esse dispositivo gera, pelo menos, três dificuldades: a primeira, relacionada à correta identificação do bem jurídico protegido (já tratada no item 3.2, *supra*), a segunda, quanto ao alcance da figura típica e, a terceira, quanto à possibilidade de haver concurso de agentes.

A imprecisa redação do tipo permite a interpretação (gramatical) de que qualquer bem que esteja na posse do *intraneus* seja objeto material desse crime.[99] Assim, o diretor do banco que se apossa do carro do funcionário da agência responderia pelo crime do artigo 5º da Lei nº 7.492/1986. Essa interpretação (gramatical) é equivocada e precisa ser corrigida com outras técnicas de interpretação (sistemática e teleológica),[100] que reconhecem a especialidade desse delito, cujo objetivo é proteger o patrimônio da instituição financeira, e restringem o alcance da figura típica ao dinheiro, título, valor ou outros bens móveis que pertençam à instituição financeira. Desse modo, a apropriação do carro do funcionário da agência pelo diretor do banco seria punida pelo artigo 168 do Código Penal.

Por se tratar de crime próprio, a presença da conduta típica do *intraneus* é indispensável. A coautoria ou a participação do *extraneus* são admitidas,[101] nos termos do artigo 30 do Código Penal, desde que conheça a qualidade especial do controlador, administrador, diretor, gerente, interventor, liquidante ou síndico, pena de agir em erro de tipo (artigo 20 do Código Penal), ficando impune, por ausência de dolo, ou respondendo por crime menos grave, se previsto (artigo 29, §2º, do Código Penal).[102]

3.3.3 Induzimento de sócio, investidor ou repartição competente em erro (artigo 6º da Lei nº 7.492/1986)

No artigo 6º da Lei nº 7.492/1986, o legislador disse menos do que deveria,[103] insculpindo crime especial – em relação ao delito do artigo 177, §1º, do Código Penal – e formal – próximo da figura típica do estelionato (artigo 171, *caput*, do Código Penal).[104]

A proibição penal parece querer proteger o interesse do sócio, do investidor ou dos órgãos de fiscalização e controle do sistema financeiro (v. item 3.1.1, *supra*), impropriamente designados de repartição pública competente.[105]

---

[98] Esses sujeitos são os previstos no artigo 25 do mesmo diploma: controlador, administrador, diretor ou gerente da instituição financeira ou o interventor, o liquidante ou o síndico, por equiparação.

[99] NUCCI, Guilherme de Souza. *Leis penais e processuais penais comentadas*. v. 2. Rio de Janeiro: Forense, 2014, p. 767.

[100] Sobre os métodos de interpretação jurídica, cf. a clássica obra de MAXIMILIANO, Carlos. *Hermenêutica e aplicação do Direito*. Rio de Janeiro: Forense, 2017, p. 40 e ss.

[101] Há divergência, entendendo ser crime de mão própria e impossível coautoria, DELMANTO, Roberto *et al*. *Leis penais especiais comentadas*. São Paulo: Saraiva, 2014, p. 49.

[102] BITENCOURT, Cezar Roberto. *Tratado de Direito Penal Econômico*. v. 1. São Paulo: Saraiva, 2016, p. 288.

[103] STOCO, Rui. *Crimes contra o sistema financeiro nacional*. São Paulo: RT, 2017, p. 222.

[104] BRITO, Alexis Couto de. Crimes contra o sistema financeiro. JUNQUEIRA, Gustavo O. D. *et al*. (coord.). *Legislação Penal Especial*. v. 2. São Paulo: Saraiva: 2010, p. 206.

[105] PIMENTEL, Manuel Pedro. *Crimes contra o Sistema Financeiro Nacional*. São Paulo: RT, 1987, p. 62.

Desafio maior é a determinação do sujeito ativo.[106] Há divergência se se trata de crime próprio – limitando a autoria para as pessoas do artigo 25 da Lei nº 7.492/1986 – ou de crime comum, de autoria livre – admitindo, por exemplo, que um contador ou um auditor possam, no exercício das suas funções, sonegarem ou prestarem falsamente tais informações.[107]

Uma saída possível parece ser atrelar a autoria ao sujeito, em geral, o representante legal da instituição financeira com poder de agir em nome dela, sobre o qual recai o dever jurídico de prestar a informação devida[108] acerca da operação ou da situação financeira ao sócio, ao investidor ou ao órgão de fiscalização e controle competente.[109]

Outra crítica ao dispositivo dirige-se à independência de qualquer resultado para a sua configuração típica. A criminalização da mera conduta acaba, por vezes, punindo condutas sem relevância penal. Melhor seria reconhecer que a informação sonegada ou prestada falsamente exponha o patrimônio dos investidores a perigo ou comprometa a fiscalização pelos órgãos competentes.[110]

Além disso, reconhecer o delito do artigo 6º da Lei nº 7.492/1986 como crime formal impede o uso do delito de estelionato (artigo 171 do Código Penal) como um "soldado de reserva",[111] porque inviabiliza a desclassificação automática da conduta que não afeta o sistema financeiro nacional para um crime material que exige a obtenção de vantagem indevida em prejuízo alheio.[112]

3.3.4 Contabilidade paralela (artigo 11 da Lei nº 7.492/1986)

O artigo 11 da Lei nº 7.492/1986 pune o conhecido "caixa dois" de instituição financeira.[113] Embora não preveja o elemento subjetivo (com o fim de obter vantagem indevida, contido no projeto original),[114] o que alarga em demasia o alcance da norma punitiva,[115] a razão do tipo apenas se mantém se considerado o impacto tributário da manutenção ou movimentação de recurso paralelamente à contabilidade legalmente exigida.[116]

---

[106] BITENCOURT, Cezar Roberto. *Tratado de Direito Penal Econômico*. v. 1. São Paulo: Saraiva, 2016, p. 301.

[107] Há decisão reconhecendo tratar-se de crime comum, STJ, REsp nº 1.405.989-SP, Rel. para o acórdão Min. Nefi Cordeiro, julgado em 18.8.2015.

[108] COSTA JR, Paulo José. *Crimes do colarinho branco*. São Paulo: Saraiva, 2000, p. 89.

[109] Próximo, mas arrimando o argumento, equivocadamente, a conduta comissiva prevista no tipo no artigo 13, §2º, do Código Penal, DELMANTO, Roberto et al. *Leis penais especiais comentadas*. São Paulo: Saraiva, 2014, p. 54. O dever jurídico mencionado deve ser expresso, ainda que em norma extrapenal, como os previstos no artigo 71, §4º (que recai sobre o agente fiduciário) e no artigo 142, inciso III (que recai sobre o administrador), ambos da Lei nº 6.404/1976.

[110] BRITO, Alexis Couto de. Crimes contra o sistema financeiro. JUNQUEIRA, Gustavo O. D. et al. (coord.). *Legislação Penal Especial*. v. 2. São Paulo: Saraiva: 2010, p. 207. Reconhecendo esse problema, o PL 586/2020, em trâmite na Câmara dos Deputados, propõe que a conduta vise à obtenção de vantagem indevida.

[111] SARTI, Saulo; DARIVA, Paulo. A lei dos crimes contra o sistema financeiro nacional: problemas e conflitos. In: FELDENS, Luciando et al. (org.). *Direito Penal Econômico e Empresarial*: estudos dos grupos de pesquisa em direito penal econômico e empresarial da PUCRS e da FGV DIREITO SP. Rio de Janeiro: Lumen Juris, 2016, p. 168-169.

[112] O Superior Tribunal de Justiça já cravou as diferenças entre ambos, resolvendo o conflito pelo critério da especialidade. Nesse sentido, cf. STJ, REsp nº 1.405.989-SP, Rel. para o acórdão Min. Nefi Cordeiro, julgado em 18.8.2015.

[113] STOCO, Rui. *Crimes contra o sistema financeiro nacional*. São Paulo: RT, 2017, p. 242.

[114] PIMENTEL, Manuel Pedro. *Crimes contra o Sistema Financeiro Nacional*. São Paulo: RT, 1987, p. 92

[115] TÔRTIMA, José Carlos. *Crimes contra o Sistema Financeiro Nacional*: uma contribuição ao estudo da Lei nº 7.492/1986. Rio de Janeiro: Lumen Juris, 2002, p. 81.

[116] Contra esse entendimento, ARAÚJO, Marina Pinhão Coelho. Crimes contra o sistema financeiro nacional. In: SOUZA, Luciano Anderson de; ARAÚJO, Marina Pinhão Coelho (coord.). *Direito Penal Econômico*: leis penais especiais. v. 1. São Paulo: RT, 2019, p. 148-149. Contudo, a autora não esclarece como a conduta típica se aperfeiçoa se

Trata-se de norma penal em branco,[117] cuja complementação ocorrerá por normas extrapenais,[118] que proíbem a circulação de recursos (transações comerciais ou financeiras) sem os devidos registros contábeis,[119] porque tal prática exclui esses recursos do campo de incidência dos tributos devidos, livrando-os da exação tributária.[120]

Consequentemente, o tipo penal não parece guardar pertinência na Lei dos Crimes contra o Sistema Financeiro Nacional.[121] Há proibição expressa ao "caixa dois" e de meios para implementá-lo nos artigos 1º, inciso II, e 2º, inciso V, da Lei nº 8.137/1990.[122] Conduta mais grave, como "caixa dois" eleitoral, teria reflexos em outros tipos e pode justificar a criação de crime específico.[123]

3.3.5 Violação de sigilo (artigo 18 da Lei nº 7.492/1986)

O artigo 18 da Lei nº 7.492/1986 pune quem, tendo conhecimento em razão do seu ofício e o dever funcional de preservar o segredo,[124] viola sigilo de operação ou serviço prestado por instituição financeira, o que não incide sobre dados cadastrais, mas sobre as movimentações financeiras.[125]

Logo, a informação indevidamente divulgada deve ser relevante, e não pode ser notória ou pública, o que não se confunde com o crime de *insider trading* (artigo 27-D da Lei nº 6.385/1976), que, entre outras particularidades, exige o fito de obter vantagem indevida.[126]

Há, entretanto, conflito entre a vedação da violação de sigilo no artigo 3º da Lei dos Crimes contra o Sistema Financeiro Nacional e o artigo 10 da Lei Complementar nº 105/2001. Há quem defenda que lei mais nova criminaliza a mesma conduta, inclusive de forma mais precisa e restrita por excetuar casos que não constituem violação do dever de sigilo (artigo 3º da Lei Complementar nº 105/2001), com a mesma pena, podendo considerá-la instrumento de revogação tácita do dispositivo da lei anterior.[127]

Já o artigo 3º da Lei nº 7.492/1986, ao incriminar a divulgação de informação falsa ou incompleta sobre instituição financeira, desafia a compreensão de qual norma deve incidir

---

exclui da proibição a escrituração paralela correta com registros iguais aos indicados na contabilidade legal, ou seja, sem reflexo na tributação.

[117] PRADO, Luiz Regis. *Direito Penal Econômico*. São Paulo: RT, 2011, p. 188.

[118] NUCCI, Guilherme de Souza. *Leis penais e processuais penais comentadas*. v. 2. Rio de Janeiro: Forense, 2014, p. 777.

[119] BITENCOURT, Cezar Roberto. *Tratado de Direito Penal Econômico*. v. 1. São Paulo: Saraiva, 2016, p. 342.

[120] TÓRTIMA, José Carlos. *Crimes contra o Sistema Financeiro Nacional*: uma contribuição ao estudo da Lei nº 7.492/1986. Rio de Janeiro: Lumen Juris, 2002, p. 82.

[121] Há sugestão de supressão desse dispositivo no PL 586/2020, em trâmite na Câmara dos Deputados.

[122] BRITO, Alexis Couto de. Crimes contra o sistema financeiro. JUNQUEIRA, Gustavo O. D. *et al.* (coord.). *Legislação Penal Especial*. v. 2. São Paulo: Saraiva: 2010, p. 214.

[123] LEITE, Alaor; TEIXEIRA, Adriano. Financiamento de partidos políticos, caixa dois eleitoral e corrupção. *In:* LEITE, Alaor; TEIXEIRA, Adriano (org.). *Crime e Política*: corrupção, financiamento irregular de partidos políticos, caixa dois eleitoral e enriquecimento ilícito. Rio de Janeiro: FGV Editora, 2017, p. 135 e ss.

[124] É essencial uma relação causal entre o conhecimento do sigilo e o exercício do ofício pelo sujeito ativo porque é dela que exsurge a infidelidade funcional coibida na norma penal. Do contrário, o sujeito que revela segredo no âmbito da instituição financeira que não tenha dever de guarda (fidelidade) não será punido pelo artigo 18 da Lei nº 7.492/1986. BITENCOURT, Cezar Roberto. *Tratado de Direito Penal Econômico*. v. 1. São Paulo: Saraiva, 2016, p. 405-406.

[125] COSTA JR, Paulo José. *Crimes do colarinho branco*. São Paulo: Saraiva, 2000, p. 126.

[126] ARAÚJO, Marina Pinhão Coelho. Crimes contra o sistema financeiro nacional. *In:* SOUZA, Luciano Anderson de; ARAÚJO, Marina Pinhão Coelho (coord.). *Direito Penal Econômico*: leis penais especiais. v. 1. São Paulo: RT, 2019, p. 160.

[127] NUCCI, Guilherme de Souza. *Leis penais e processuais penais comentadas*. v. 2. Rio de Janeiro: Forense, 2014, p. 792; STOCO, Rui. *Crimes contra o sistema financeiro nacional*. São Paulo: RT, 2017, p. 274.

quando ocorrer a divulgação incompleta de informação sobre operação ou serviço prestado por instituição financeira protegidos por sigilo. Se foi divulgada informação falsa, não há concurso de crimes, por incompatibilidade de adequação típica (por ser falsa, a divulgação não viola o sigilo, mas o mantém intacto). Contudo, se a informação divulgada for verdadeira, mas incompleta, o artigo 18 da Lei nº 7.492/1986, por ser crime próprio e prever elementares mais específicas (violação do sigilo que teve conhecimento em razão do ofício), resolve a antinomia pelo critério da especialidade.[128]

3.3.6 Evasão de divisas e manutenção de depósitos não declarados no exterior (artigo 22, *caput* e parágrafo único, da Lei nº 7.492/1986)

São três as condutas criminalizadas no artigo 22 da Lei nº 7.492/1986: no *caput*, pune-se não a mera operação não autorizada, mas efetuar operação de câmbio visando enviar dinheiro para o exterior; na primeira parte do parágrafo único, proíbe-se a promoção da saída de moeda ou divisa sem autorização legal; na segunda parte do parágrafo único, incrimina-se a manutenção de depósitos, no exterior, não declarados para a repartição federal competente.[129] [130] *A contrario sensu*, não é crime o ingresso irregular de moeda ou divisa no país,[131] uma atipicidade[132] justificada pela ausência da elementar "promover evasão/saída de moeda ou divisa do país".

Como as três condutas típicas exigem falta de autorização ou ausência de declaração para a repartição federal competente, todas devem ser, via de regra, complementadas pelas normativas do Banco Central do Brasil que regem as operações de câmbio.[133] Embora sejam crimes decorrentes da violação prévia de uma norma financeira, são de autoria livre.[134]

Ainda que se reconheça no artigo 22 da Lei nº 7.492/1986 o bem jurídico política cambial do país ou a proteção das reservas cambiais,[135] uma análise mais cautelosa da segunda parte do parágrafo único do mesmo dispositivo revela que a punição daquele que mantiver depósitos no exterior não declarados à repartição federal competente visa a proteger o Erário.[136] Afinal, a manutenção de depósitos não declarados no exterior lesa os cofres

---

[128] SARTI, Saulo; DARIVA, Paulo. A lei dos crimes contra o sistema financeiro nacional: problemas e conflitos. *In*: FELDENS, Luciando et al. (org.). *Direito Penal Econômico e Empresarial*: estudos dos grupos de pesquisa em direito penal econômico e empresarial da PUCRS e da FGV DIREITO SP. Rio de Janeiro: Lumen Juris, 2016, p. 164-166.

[129] É especialmente nessa segunda parte que deve operar a anistia dada pelo Regime Especial de Regularização Cambial e Tributária (artigo 5º, §1º, VI, da Lei nº 13.254/2016) para estimular a repatriação de ativos mantidos fora do país.

[130] STOCO, Rui. *Crimes contra o sistema financeiro nacional*. São Paulo: RT, 2017, p. 291.

[131] BITENCOURT, Cezar Roberto. *Tratado de Direito Penal Econômico*. v. 1. São Paulo: Saraiva, 2016, p. 442.

[132] Entendeu atípica o que nomeou de "operação dólar-cabo invertido", STF, HC 157604, Relator(a): GILMAR MENDES, Segunda Turma, julgado em 04.09.2018.

[133] No BACEN, Circular 2.242/1992, Resolução 3.568/2008, Circular 3.071/2001, Circular 3.961/2013, por exemplo, mas há outras como o artigo 65 da Lei nº 9.069/1995.

[134] PIMENTEL, Manuel Pedro. *Crimes contra o Sistema Financeiro Nacional*. São Paulo: RT, 1987, p. 157.

[135] V., por todos, SCHMIDT, Andrei Zenkner; FELDENS, Luciano. *O crime de evasão de divisas*. Rio de Janeiro: Lumen Juris, 2006, p. 159.

[136] PRADO, Luiz Regis. *Direito Penal Econômico*. São Paulo: RT, 2011, p. 219.

públicos[137] e impacta na carga tributária[138] que seria devida para a Receita Federal do Brasil.[139] Portanto, é até questionável a pertinência dessa conduta típica na Lei nº 7.492/1986, porque não impacta o sistema financeiro, mas a arrecadação de tributos.[140]

Aliás, duvidosa é a permanência de todo o artigo 22 na Lei dos Crimes contra o Sistema Financeiro Nacional,[141] não só porque parte do que incrimina afeta a tributação (não o sistema financeiro), mas também por não ser clara a punibilidade das tão comentadas operações dólar-cabo nos moldes previstos no tipo,[142] pela atividade dos chamados "doleiros" poderem ser enquadradas no crime do artigo 16 da referida lei[143] e pelo o uso indevido de operações cambiais para reciclagem de recursos já ser punido, de maneira mais efetiva, na Lei nº 9.613/1998.[144]

4 Aspectos processuais relevantes

Dois aspectos processuais da Lei nº 7.492/1986 merecem destaque.

O primeiro deles se refere à expressa previsão da competência da Justiça Federal para processar e julgar os crimes contra o sistema financeiro (artigo 26 da Lei nº 7.492/1986), que encontra respaldo constitucional (artigo 109, inciso VI, da Constituição da República).

Disso decorre, por força da Súmula nº 122 do Superior Tribunal de Justiça, que os demais crimes conexos aos praticados contra o sistema financeiro serão atraídos para a Justiça Federal. A dúvida que resta é sobre o acerto da fixação da competência federal quando o crime, ainda que previsto na Lei nº 7.492/1986, não afeta o sistema financeiro, mas o patrimônio da instituição financeira vitimada, como ocorre, por exemplo, com o delito do artigo 19 daquele diploma, que, ao menos diretamente, não causa dano a bem, serviço ou interesse da União.

---

[137] Essa é uma das razões, inclusive, para o uso de *offshores*, que diminui, justamente, o impacto tributário nesses casos, restringindo-o apenas quando há distribuição dos rendimentos. Sobre a lesão aos cofres públicos causada pela manutenção de depósitos no exterior não declarados, v. TÔRTIMA, José Carlos; TÔRTIMA, Fernanda Lara. *Evasão de divisas*: uma crítica ao conceito territorial de saída de divisas contido no parágrafo único do art. 22 da Lei nº 7.492. Rio de Janeiro: Lumen Juris, 2009, p. 19 e ss.

[138] A declaração (os registros oficiais) teriam, nesse caso, por objetivo, a cobrança dos tributos aplicáveis. Nesse sentido, TIGRE MAIA, Rodolfo. *Dos Crimes contra o Sistema Financeiro Nacional*. São Paulo: Malheiros, 1996, p. 139.

[139] Insistindo que o bem jurídico protegido nessa norma é a boa execução da política econômica nacional, enquanto política cambial, CAVALI, Marcelo Costenaro. O crime de manutenção de depósitos não declarados no exterior (artigo 22, parágrafo único, in fine, da lei nº 7.492/86): análise do tipo penal a partir do bem jurídico tutelado. *Revista TRF 3ª Região*, nº 110, nov./dez. 2011, p. 50-51. Contudo, o autor não desconhece que o conteúdo da proibição penal está diretamente ligado aos valores mínimos de depósitos que exigem declaração ao órgão competente (até o ano-base 2000, a Receita Federal do Brasil e, depois, o Banco Central do Brasil), o que indica que a manutenção dos depósitos não declarados impacta, de saída, os cofres públicos, tributariamente, não a política cambial (que pode até ser indiretamente afetada).

[140] MALHEIROS FILHO, Arnaldo. Crimes contra o sistema financeiro na virada do milênio. *Boletim IBCCRIM*, n. 83, out. 1999, p. 5.

[141] Também por alteração do contexto histórico desde a sanção da lei em comento, cf. ARAÚJO, Marina Pinhão Coelho. Crimes contra o sistema financeiro nacional. *In*: SOUZA, Luciano Anderson de; ARAÚJO, Marina Pinhão Coelho (coord.). *Direito Penal Econômico: leis penais especiais*. v. 1. São Paulo: RT, 2019, p. 164.

[142] O tipo exige que o indivíduo tenha promovido a evasão de divisas ou efetuado operação de câmbio irregular com o propósito de evasão e, nas operações dólar-cabo, ocorre a transferência de divisas que já estão mantidas fora do país, não se preenchendo a elementar "saída de divisa para o exterior". Nesse sentido, TÔRTIMA, José Carlos; TÔRTIMA, Fernanda Lara. *Evasão de divisas*: uma crítica ao conceito territorial de saída de divisas contido no parágrafo único do art. 22 da Lei nº 7.492. Rio de Janeiro: Lumen Juris, 2009, p. 39 e ss.

[143] CRUZ, Flávio Antônio da. Gestão temerária, evasão de divisas e aporias. *Revista Brasileira de Ciências Criminais*, v. 18, n. 86, set./out. 2010, p. 140 e ss.

[144] O PL 586/2020, em trâmite na Câmara dos Deputados, sugere a supressão desse artigo.

O segundo aspecto é o reconhecimento e regulamentação expressos da delação premiada como causa de diminuição de pena (artigo 25, §2º, da Lei nº 7.492/1986).[145] Ao assim fazer, a ordem jurídica descortina a falência do Estado no combate da chamada criminalidade organizada, premiando aquele que espontaneamente confessa sua participação delitiva e incrimina os demais integrantes da empreitada criminosa.[146]

O problema é que o reconhecimento desse instituto implica perceber que a solução da lide penal passa a não mais depender da instrução processual – em que são produzidas provas à luz do contraditório –, que o juiz se convence apenas com a leitura do inquérito policial – construído, em geral, unilateralmente –, que a verdade – saber o que o acusado fez ou deixou de fazer – deixa de ter relevância, e que a possibilidade jurídica de defesa acaba sendo extirpada quando o acusado se vê ameaçado a receber sanção mais grave se não delatar, colocando em xeque o *nexo legitimatório* entre o processo penal e o Direito Penal.[147]

5 Mandamento constitucional para a responsabilização penal das pessoas jurídicas por atos praticados contra a ordem financeira?

A Lei nº 7.492/1986 não tratou da responsabilidade penal da pessoa jurídica. Atualmente, no Brasil, as pessoas jurídicas são penalmente responsabilizadas apenas por crimes praticados contra o meio ambiente, segundo um modelo de heterorresponsabilidade, o que decorre do artigo 225, §3º, da Constituição da República e da Lei nº 9.605/1998.[148]

O artigo 173, §5º, da Constituição da República possibilita a edição de lei ordinária estabelecendo a responsabilidade da pessoa jurídica, nos atos praticados contra a ordem financeira, com punições compatíveis com a sua natureza. Nessa previsão constitucional, há quem defenda conter mandado de criminalização para a responsabilidade penal da pessoa jurídica por crimes praticados contra a ordem financeira.[149]

Todavia, é preciso observar que o texto do artigo 173, §5º, da Constituição da República, diversamente da redação do artigo 225, §3º, da Constituição Federal – o qual explicitamente sujeitou as pessoas jurídicas a sanções penais por condutas e atividades lesivas ao meio ambiente – limitou a viabilizar à lei estabelecer, nos *atos* (nem sequer atividades) praticados

---

[145] Atualmente, o instituto da delação premiada está regulamentado, em mais detalhes, no artigo 3º-A e ss. da Lei nº 12.850/2013.

[146] BITENCOURT, Cezar Roberto. *Tratado de Direito Penal Econômico*. v. 1. São Paulo: Saraiva, 2016, p. 497-498.

[147] SCHÜNEMANN, Bernd. Um olhar crítico ao modelo processual penal norte-americano. *In:* SCHÜNEMANN, Bernd. *Estudos de direito penal, direito processual penal e filosofia do direito*. São Paulo: Marcial Pons, 2016, p. 250 e ss.

[148] Sobre o tema, v., a título exemplificativo, pois a literatura é inacabável, NETTO, Alamiro Velludo Salvador. *Responsabilidade penal da pessoa jurídica*. São Paulo: RT, 2018, p. 279 e ss. e ESTELLITA, Heloisa. *Levando a sério os pressupostos da responsabilidade penal de pessoas jurídicas no Brasil*. Revista de Estudos Criminais, v. 75, 2019, p. 59 e ss.

[149] SCHECAIRA, Sergio Salomão. *Responsabilidade penal da pessoa jurídica*. Rio de Janeiro: Elsevier, 2011, p. 121; SARCEDO, Leandro. *Compliance e responsabilidade penal da pessoa jurídica*: construção de um novo modelo de imputação baseado na culpabilidade corporativa. São Paulo: LiberArs, 2016, p. 221; NUCCI, Guilherme de Souza. Se PJ é responsável por crimes ambientais, também o é por outros delitos. Disponível em: https://www.conjur.com.br/2017-jul-24/guilherme-nuccipj-responde-crimes-ambientais-outros-delitos. Acesso em: 25 jan. 2021; OLIVEIRA, Marlus H. Arns. Direito penal econômico e responsabilidade penal da pessoa jurídica. Disponível em: https://ibdpe.com.br/responsabilidade-penal-da-pessoa-juridica/. Acesso em: 25 jan. 2021. Também assim apontou TIEDEMANN, Klaus. Responsabilidad penal de personas jurídicas y empresas en derecho comparado. *Revista Brasileira de Ciências Criminais*, n. 11, jul./set. 1995, p. 21.

contra a ordem financeira, a punição para a pessoa jurídica com *sanções compatíveis com a sua natureza*.[150]

Para alguns, a multa (penal) e a pena restritiva de direitos seriam sanções (penais) compatíveis com a natureza da pessoa jurídica.[151] Contudo, antes, é preciso resolver se a pena aplicada para a pessoa jurídica (pecuniária ou restritiva de direitos) atende ao princípio da culpabilidade, base para a imputação de responsabilidade penal segundo a premissa e o fundamento de punição do sujeito pelo seu próprio erro (personalíssimo),[152] ou seja, se há compatibilidade entre a responsabilidade penal da empresa com a ideia de culpabilidade pessoal como pressuposto da pena, que encontra eco no artigo 5º, incisos XXXIX, XL, XLV, XLVI, LVII, da Constituição da República.

Reconhecer essa compatibilidade é desafiador,[153] seja porque a pessoa jurídica não pratica conduta alguma – e a ela seria, sempre, imputado fato alheio,[154] seja porque lhe falta a compreensão do injusto.[155] [156] Essa discussão, porém, não cabe nessa sede.[157]

6 Proteção penal (d)eficiente do sistema financeiro?

A regulamentação do sistema financeiro nacional, inserido na ordem financeira, é volátil e complexa, porque está sujeita à realidade econômica do país, às suas políticas financeiras e cambiais e depende do esforço conjunto de diversos segmentos para regulamentar sobre a moeda, o crédito, os capitais, o câmbio, os seguros privados e a previdência fechada.

As normas de regência desse sistema são essencialmente extrapenais. A inclusão de crimes contra o sistema financeiro nacional é, portanto, antes, uma opção política do legislador.[158]

---

[150] Acompanha essa interpretação, BITENCOURT, Cezar Roberto. *Tratado de Direito Penal Econômico*. v. 1. São Paulo: Saraiva, 2016, p. 495.

[151] Ainda assim, há divergência quanto a responsabilidade penal de pessoas jurídicas de direito público e a compatibilidade da aplicação da pena de multa para estas.

[152] GRECO, Luis. *Reflexiones sobre el derecho penal*. Lima: Grijley, 2019, p. 73 e ss.

[153] Esses desafios são, inclusive, reconhecidos pelos defensores da possibilidade de imputação de responsabilidade penal para a pessoa jurídica. ROCHA, Fernando A. N. Galvão da. *Responsabilidade penal da pessoa jurídica*. Belo Horizonte: Del Rey, 2003, p. 63 e ss; SARCEDO, Leandro. *Compliance e responsabilidade penal da pessoa jurídica*: construção de um novo modelo de imputação baseado na culpabilidade corporativa. São Paulo: LiberArs, 2016, p. 173 e ss.

[154] DOTTI, René Ariel. A incapacidade criminal da pessoa jurídica (uma perspectiva do direito brasileiro). *In:* PRADO, Luiz Régis; DOTTI, René Ariel (coord.). *Responsabilidade penal da pessoa jurídica*: em defesa do princípio da imputação penal subjetiva. São Paulo: RT, 2011, p. 166 e ss.

[155] REALE JÚNIOR, Miguel. A responsabilidade penal da pessoa jurídica. *In:* PRADO, Luiz Regis (coord.). *Responsabilidade penal da pessoa jurídica*: em defesa do princípio da imputação penal subjetiva. São Paulo: RT, 2001, p. 137 e ss.

[156] NETTO, Alamiro Velludo Salvador. *Responsabilidade penal da pessoa jurídica*. São Paulo: RT, 2018, p. 119-120;

[157] Remeto o leitor aos apontados de ESTELLITA, Heloisa. *Responsabilidade penal de dirigentes de empresa por omissão*: estudo sobre a responsabilidade omissiva imprópria de dirigentes de sociedades anônimas, limitadas e encarregados de cumprimento por crimes praticados por membros da empresa. São Paulo: Marcial Pons, 2017, p. 63 e ss.

[158] Sobre o tema: PAULA, Gauthama C. C. F. de. *Crimes financeiros e política criminal*: estudo de acórdãos do TRF da 3ª Região sobre os crimes de gestão fraudulenta e gestão temerária no período de 2001 a 2010. Dissertação (Mestrado) apresentada para Escola de Direito de São Paulo da Fundação Getúlio Vargas. São Paulo, 2011, p. 23 e ss; 40 e ss.; BOTTINI, Pierpaolo Cruz. *Lei de crimes financeiros distribui o direito penal de forma desigual*. Disponível em: https://www.conjur.com.br/2014-ago-19/lei-crimes-financeiro-distribui-direito-forma-desigual. Acesso em: 30 jan. 2021. Mais amplo, BARROSO, Luís Roberto. *No mundo ideal, Direito é imune à política, no real, não*. Disponível em: https://www.conjur.com.br/2010-fev-16/mundo-ideal-direito-imune-politica-real-nao-bem-assim?pagina=2. Acessado em: 30 jan. 2021.

A pretensão de proteção integral desse sistema financeiro pela via do Direito Penal é frustrada, de saída, por duas razões: o Direito Penal tem a limitada função de proteção subsidiária e fragmentária de alguns bens jurídicos e as condutas violadoras de tais bens são, sempre, individuais ou individualizáveis.

Uma análise mais detida da Lei nº 7.492/1986 confirma a ineficiência da tão almejada proteção da higidez ou da credibilidade do sistema financeiro, porque seus tipos denotam uma tutela do patrimônio das instituições financeiras e dos investidores.[159]

É até questionável se o Direito Penal conseguiria tutelar, com eficiência, esse querido bem jurídico pós-moderno[160] (supraindividual),[161] considerando que a proibição penal só existirá se ocorrido, antes, o descumprimento de normas do ramo primário de proibição extrapenal e se houver o devido assessoramento desse outro ramo para a formação da figura típica.

Sem reconhecer esses limites do Direito Penal, principalmente nos casos de Direito Penal Econômico, pode-se chegar ao argumento (equivocado) de que haveria *proteção penal insuficiente* do sistema financeiro nacional, vedada à luz do comando constitucional.[162]

Ainda que se queira extrair do pródigo texto da Constituição da República um imperativo de proteção da ordem financeira, pela via do Direito Penal,[163] a aplicação da ideia da proibição da insuficiência, um limite inferior da proporcionalidade,[164] no tratamento dos crimes financeiros enfrenta dificuldades, a começar pela elasticidade que é preciso conferir às técnicas de hermenêutica para conseguir colar a proteção da ordem financeira a algum direito fundamental constitucionalmente reconhecido.[165]

---

[159] A exposição de motivos da referida lei já indicaria ser essa a preocupação do legislador, em resposta ao escandaloso "caso Tieppo", que causou grandes prejuízos aos investidores da época. MALAN, Diogo. Bem jurídico tutelado pela Lei nº 7.492/1986. *In*: BOTTINO, Thiago; MALAN, Diogo (org.). *Direito penal e economia*. Rio de Janeiro: Elsevier/GV, 2012, p. 51.

[160] Denunciando o caráter simbólico da proteção penal diante de novos riscos, MACHADO, Marta Rodriguez de Assis. *Sociedade do risco e direito penal*: uma avaliação de novas tendências político-criminais. São Paulo: IBCCRIM, 2005, p. 191.

[161] É o alerta de Juarez Tavares: "a questão que deve ser colocada é se, efetivamente, será possível obter-se uma estabilidade dessa base econômico-financeira mediante o uso de um instrumento repressivo, rotulador e, em princípio, irracional, que é o sistema punitivo criminal". Prefácio de Juarez Tavares ao livro de ao livro de TÓRTIMA, José Carlos. *Crimes contra o Sistema Financeiro Nacional*: uma contribuição ao estudo da Lei nº 7.492/1986. Rio de Janeiro: Lumen Juris, 2002.

[162] Nesse sentido, NETO, Orlando Faccini. *A proibição de insuficiência penal*: o exemplo privilegiado dos crimes financeiros. *Revista da Procuradoria-Geral do Banco Central*, v. 5, n. 1, p. 205 e ss, jun. 2011. e o interessante julgado do TRF4, ACR 5007302-46.2010.4.04.7000, OITAVA TURMA, Relator PAULO AFONSO BRUM VAZ, j. em 15.01.2013.

[163] V. artigo 173, §5º, da Constituição da República, embora tratamento dos crimes financeiros seja sacado diretamente do artigo 192 da Constituição República. Nesse sentido, ver, por todos, PRADO, Luiz Regis. *Direito Penal Econômico*. São Paulo: RT, 2011, p. 153-154.

[164] Sobre o tema da proporcionalidade, proibição do excesso e proibição da proteção ineficiente cf. CANARIS, Claus-Wilhelm. *Direitos fundamentais e direito privado*. Coimbra: Almedina, 2006, *passim*. É preciso observar que se trata de uma teoria jurídica não penal.

[165] A ideia de proibição da proteção deficiente está relacionada com a necessidade de proteção de bens jurídicos, pela via penal ou não, e ambos guardam pertinência com a tutela efetiva de direitos fundamentais. Além disso, a ordem financeira está ligada a um direito penal secundário que se relaciona, primariamente, com direitos sociais e ligados à organização econômica, diferente de crimes clássicos naturalmente ligados aos direitos, liberdades e garantias das pessoas. Nesse sentido, DIAS, Jorge de Figueiredo. *Temas básicos da doutrina penal*. Coimbra: Coimbra Editora, 2001, p. 46-50. Veja-se, por exemplo, que o artigo 6º da Constituição Federal prevê a previdência social como direito social, ao passo que integra o sistema financeiro nacional a previdência complementar (fundos de pensão). Diverge, entendendo ser claro mandamento de tutela penal da ordem financeira, FELDENS, Luciano. *A constituição penal*: a dupla face da proporcionalidade no controle de normas penais. Porto Alegre: Livraria do Advogado, 2005, p. 163.

Se, numa ponta, tal manobra hermenêutica exige ainda maior cautela, porque o postulado da proibição da proteção deficiente é instrumento que amplia a intervenção penal, na outra ponta, também há sérias dúvidas quanto à legitimidade de o Poder Judiciário poder afastar as regras legais atualmente existentes na Constituição da República, no Código Penal e no Código de Processo Penal, que também incidem sobre a Lei nº 7.492/1986, para fazer livre ponderação de interesses em conflito (em geral direitos do acusado *versus* interesse público). Afinal, uma opção do Poder Judiciário brasileiro, dotado de competência para realizar exame de constitucionalidade difuso, pela expansão da intervenção penal em detrimento das regras do jogo democrático para a imputação de responsabilidade nessa seara viola a separação de poderes e o princípio da legalidade porque, ao assim proceder, juiz avoca-se legislador para suprir uma pretendida omissão legislativa.[166]

Conclusões

Diante de tantas críticas, o que sobra para a Lei nº 7.492/1986 é a atecnia legislativa de criminalização imprecisa de riscos e de funções estatais, um simbolismo que não encontra amparo dentro de uma ordem jurídica ancorada nos princípios da taxatividade e da culpabilidade.

A Lei dos Crimes contra o Sistema Financeiro Nacional desafia a afirmação da constitucionalidade de boa parte dos seus dispositivos, desatende diversos postulados da dogmática penal para a imputação de responsabilidades e, no estrito âmbito que consegue incidir, a prática revela baixa eficiência da pretendida repressão penal dos crimes financeiros, o que pode ser colocado tanto na comanda do Banco Central quanto na conta da Polícia Federal, do Ministério Público Federal e do Poder Judiciário.[167]

Se a opção do legislador penal foi "reprimir com energia as constantes fraudes observadas no sistema financeiro nacional",[168] essa missão ainda não foi cumprida.

Referências

AFLEN, Pablo. O risco da técnica de remissão das leis penais em branco no direito penal da sociedade do risco. *Política Criminal*, n. 3, A7, 2007, p. 1-21.

ARAÚJO, Marina Pinhão Coelho. Crimes contra o sistema financeiro nacional. *In:* SOUZA, Luciano Anderson de; ARAÚJO, Marina Pinhão Coelho (coord.). *Direito Penal Econômico:* leis penais especiais. v. 1. São Paulo: RT, 2019, p. 109-176.

BADARÓ, Tatiana. *Bem jurídico penal supraindividual*. Belo Horizonte: D'Plácido, 2017.

BALTAZAR JR, José Paulo. *Crimes federais*. Porto Alegre: Livraria do Advogado, 2007.

---

[166] Nesse sentido e em mais detalhes, D'AVILA, Fabio Roberto; SCALCON, Raquel Lima. Constituição e direito penal: novos e velhos problema à luz da experiência brasileira. IBCCRIM 25 anos. Belo Horizonte: D'Plácido, 2017, p. 45 e ss.

[167] CASTILHO, Ela Wiecko Wolkmer de. *O controle penal nos crimes contra o sistema financeiro nacional (Lei n. 7.492 de 16.06.86).* Tese (Doutorado) apresentada na Faculdade de Direito da Universidade Federal de Santa Catarina. Florianópolis, 1996, p. 23 e ss.; MACHADO, Maíra Rocha; GIMENES, Marta Cristina C. Saad; MACHADO, Marta Rodriguez de Assis (coord.). A aplicação da lei n. 7492/86 nos Tribunais Regionais Federais e no Superior Tribunal de Justiça. *Cadernos Direito G*, São Paulo V, v. 7, n. 1, p. 78 e ss, jan. 2010.

[168] Justificativa do Deputado Federal Nilson Gibson ao PL nº 273/1983, cf. *Diário do Congresso Nacional*, Seção I, de 25 de março de 1983, p. 1018.

BARROSO, Luís Roberto. *No mundo ideal, Direito é imune à política, no real, não*. Disponível em: https://www.conjur.com.br/2010-fev-16/mundo-ideal-direito-imune-politica-real-nao-bem-assim?pagina=2. Acesso em: 30 jan. 2021.

BECHARA, Ana Elisa Libatore Silva. *Bem jurídico-penal*. São Paulo: Quartier Latin, 2014.

BITENCOURT, Cezar Roberto. *Tratado de Direito Penal Econômico*. v. 1. São Paulo: Saraiva, 2016.

BOTTINI, Pierpaolo Cruz. *Lei de crimes financeiros distribui o direito penal de forma desigual*. Disponível em: https://www.conjur.com.br/2014-ago-19/lei-crimes-financeiro-distribui-direito-forma-desigual. Acesso em: 30 de janeiro de 2021.

BRITO, Alexis Couto de. Crimes contra o sistema financeiro. JUNQUEIRA, Gustavo O. D. et al. (coord.). *Legislação Penal Especial*. v. 2. São Paulo: Saraiva: 2010, p. 187-244.

CANARIS, Claus-Wilhelm. *Direitos fundamentais e direito privado*. Coimbra: Almedina, 2006.

CARVALHO, Érika Mendes de; ÁVILA, Gustavo Noronha de. Falsos bens jurídicos e política criminal de drogas: aproximação crítica. In: *Encontro de Internacionalização do CONPEDI*. Romulo Rhemo Palitot Braga, Amparo Martínez Guerra (org.). Madrid: Ediciones Laborum, 2015, p. 132-155.

CASTILHO, Ela Wiecko Wolkmer de. *O controle penal nos crimes contra o sistema financeiro nacional (Lei n. 7.492 de 16.06.86)*. Tese (Doutorado) apresentada na Faculdade de Direito da Universidade Federal de Santa Catarina. Florianópolis, 1996.

CAVALI, Marcelo Costenaro. *Fundamento e limites da repressão penal da manipulação do mercado de capitais: uma análise a partir do bem jurídico da capacidade funcional alocativa do mercado*. Tese de Doutorado apresentada à Faculdade de Direito da Universidade de São Paulo. São Paulo, 2017.

CAVALI, Marcelo Costenaro. *O crime de manutenção de depósitos não declarados no exterior (artigo 22, parágrafo único, in fine, da lei nº 7.492/86)*: análise do tipo penal a partir do bem jurídico tutelado. Revista TRF 3ª Região, nº 110, nov./dez. 2011, p. 41-61.

COSTA, José de Faria. O fenômeno da globalização e o direito penal econômico. *Revista Brasileira de Ciências Criminais*, nº 34, abr./jun. 2001, p. 9-25.

COSTA, Regina Helena Lobo da. *Proteção penal ambiental:* viabilidade, efetividade, tutela por outros ramos do direito. São Paulo: Saraiva, 2010.

COSTA JR, Paulo José. *Crimes do colarinho branco*. São Paulo: Saraiva, 2000.

CRUZ, Flávio Antônio da. Direito penal, evasão de divisas e o chapéu de Gessler. *Boletim IBDPE*, n. 1, p. 13-16, nov. 2009.

CRUZ, Flávio Antônio da. Gestão temerária, evasão de divisas e aporias. *Revista Brasileira de Ciências Criminais*, v. 18, n. 86, set./out. 2010, p. 99-147.

D'AVILA, Fabio Roberto; SCALCON, Raquel Lima. Constituição e direito penal: novos e velhos problema à luz da experiência brasileira. In: *IBCCRIM 25 anos*. Belo Horizonte: D'Plácido, 2017, p. 45-72.

DE GRANDIS, Rodrigo. *O delito de infidelidade patrimonial e o direito penal brasileiro*. Tese de Doutorado apresentada à Faculdade de Direito da Universidade de São Paulo. São Paulo, 2018.

DE SANCTIS, Fausto Martin. *Punibilidade no sistema financeiro nacional*. Campinas: Millenium, 2003.

DELMANTO, Roberto et al. *Leis penais especiais comentadas*. São Paulo: Saraiva, 2014.

DIAS, Jorge de Figueiredo. *Direito penal:* parte geral. Tomo I. São Paulo: RT, 2007.

DIAS, Jorge de Figueiredo. *Temas básicos da doutrina penal*. Coimbra: Coimbra Editora, 2001.

DIÁRIO DO CONGRESSO NACIONAL. Seção I, de 25 de março de 1983, pp. 118-1019.

DIÁRIO DO CONGRESSO NACIONAL. Seção I, de 26 de abril de 1985, p. 3506.

DOTTI, René Ariel. A incapacidade criminal da pessoa jurídica (uma perspectiva do direito brasileiro). *In:* PRADO, Luiz Régis; DOTTI, René Ariel (coord.). *Responsabilidade penal da pessoa jurídica:* em defesa do princípio da imputação penal subjetiva. São Paulo: RT, 2011, p. 163-202.

DULCI, Otávio Soares. Itinerário do capital e seu impacto inter-regional. *Revista Brasileira de Ciências Sociais,* v. 17, n. 50, p. 53-62, out/2012.

ESTELLITA, Heloisa. *Levando a sério os pressupostos da responsabilidade penal de pessoas jurídicas no Brasil*. Revista de Estudos Criminais, v. 75, 2019, p. 59-79.

ESTELLITA, Heloisa. *Responsabilidade penal de dirigentes de empresa por omissão:* estudo sobre a responsabilidade omissiva imprópria de dirigentes de sociedades anônimas, limitadas e encarregados de cumprimento por crimes praticados por membros da empresa. São Paulo: Marcial Pons, 2017.

ESTELLITA, Heloisa; PRADO, Viviane Muller *et al*. *Regulando Criptoativos*. E-book. São Paulo: FGV DIREITO SP, 2020.

FELDENS, Luciano. *A constituição penal:* a dupla face da proporcionalidade no controle de normas penais. Porto Alegre: Livraria do Advogado, 2005.

FELDENS, Luciano. *Tutela penal de interesses difusos e crimes do colarinho branco*. Porto Alegre: Livraria do Advogado, 2002.

FRANCO, Alberto Silva. Um difícil processo de tipificação. *In: Boletim IBCCRIM*, n. 21, p. 05-06, set. 1994.

GRECO, Luis. *Dolo e gestão temerária (artigo 4º, parágrafo único, Lei 7.492/1986)*. *In:* Boletim do IBCCRIM, dez/2011, p. 07-08.

GRECO, Luis. Existem critérios para a postulação de bens jurídicos coletivos? *In: Anuario de derecho penal económico y de la empresa*. Lima: CEDPE, v. 2, 2012. p. 69-72.

GRECO, Luis. *Modernização do direito penal, bem jurídicos coletivos e crimes de perigo abstrato*. Rio de Janeiro: Lumen Juris, 2011.

GRECO, Luis. *Reflexiones sobre el derecho penal*. Lima: Grijley, 2019.

GRECO, Luis. Tem futuro a teoria do bem jurídico? Reflexões a partir da decisão do Tribunal Constitucional Alemão a respeito do crime de incesto (§ 173 Strafgesetzbuch). *Revista Brasileira de Ciências Criminais*. n. 82, v. 18, p. 165-185, 2010.

HASSEMER, Winfried. Linhas Gerais de uma teoria pessoal do bem jurídico. *In:* GRECO, Luis, TÓRTIMA, Fernanda Lara (org.). *O bem jurídico como limitação do Poder Estatal de incriminar?*. Rio de Janeiro: Lumen Juris, 2016, p. 9-22.

HEFENDEHL, Roland. ¿Debe ocuparse el derecho penal de riesgos futuros? Bienes jurídicos colectivos y delitos de peligro abstracto. *Revista Electrónica de Ciencia Penal y Criminología,* 04-14, 2002.

HEFENDEHL, Roland. *La teoría del bien jurídico.: fundamento de legitimación del derecho penal o juego de abalorios dogmático?* Madrid: Marcial Pons, 2007.

HEFENDEHL, Roland. O bem jurídico como a pedra angular da norma penal. *In:* GRECO, Luis, TÓRTIMA, Fernanda Lara (org.). *O bem jurídico como limitação do Poder Estatal de incriminar?*. Rio de Janeiro: Lumen Juris, 2016, p. 57-75.

HEFENDEHL, Roland. Uma teoria social do bem jurídico. *Revista Brasileira de Ciências Criminais*, n. 87, nov./dez. 2010, p. 103-120.

HORTA, Frederico. *Elementos normativos das leis penais e conteúdo intelectual do dolo: da* natureza do erro sobre o dever extrapenal em branco. São Paulo: Marcial Pons, 2016.

LEITE, Alaor; TEIXEIRA, Adriano. Financiamento de partidos políticos, caixa dois eleitoral e corrupção. *In:* LEITE, Alaor; TEIXEIRA, Adriano (org.). *Crime e Política:* corrupção, financiamento irregular de partidos políticos, caixa dois eleitoral e enriquecimento ilícito. Rio de Janeiro: FGV Editora, 2017, p. 135-166.

MAXIMILIANO, Carlos. *Hermenêutica e aplicação do Direito*. Rio de Janeiro: Forense, 2017.

MALAN, Diogo. Bem jurídico tutelado pela Lei 7.492/1986. *In:* BOTTINO, Thiago; MALAN, Diogo (org.). *Direito penal e economia*. Rio de Janeiro: Elsevier/GV, 2012, p. 37-58.

MACHADO, Maíra Rocha; GIMENES, Marta Cristina C. Saad; MACHADO, Marta Rodriguez de Assis (coord.). A aplicação da lei n. 7492/86 nos Tribunais Regionais Federais e no Superior Tribunal de Justiça. *In: Cadernos Direito GV*, v. 7, n. 1, jan. 2010, São Paulo.

MACHADO, Marta Rodriguez de Assis. *Sociedade do risco e direito penal*: uma avaliação de novas tendências político-criminais. São Paulo: IBCCRIM, 2005.

MALHEIROS FILHO, Arnaldo. Crimes contra o sistema financeiro na virada do milênio. *In: Boletim IBCCRIM*, n. 83, out./1999, p. 05.

MAZLOUM, Ali. *Crimes de colarinho branco*: objeto jurídico, provas ilícitas, doutrina e jurisprudência. Porto Alegre: Síntese, 1999.

MIRANDA, Luiz Henrique N. A. A falibilidade da saúde pública sob a égide de um conceito restritivo de bem jurídico coletivo. *Revista do Instituto de Ciências Penais*, v. 6, p. 37-68, dez. 2020.

MORAES PITOMBO, Antonio S. A. Considerações sobre o crime de gestão temerária de instituição financeira. *In:* ESTELLITA SALOMÃO, Heloisa (coord.). *Direito penal empresarial*. São Paulo: Dialética, 2001, p. 49-54.

NETO, Orlando Faccini. A proibição de insuficiência penal: o exemplo privilegiado dos crimes financeiros. *Revista da Procuradoria-Geral do Banco Central*, v. 5, n. 1, p. 205-227, jun. 2011.

NETTO, Alamiro Velludo Salvador. *Responsabilidade penal da pessoa jurídica*. São Paulo: RT, 2018.

NUCCI, Guilherme de Souza. *Leis penais e processuais penais comentadas*. v. 2. Rio de Janeiro: Forense, 2014.

NUCCI, Guilherme de Souza. Se PJ é responsável por crimes ambientais, também o é por outros delitos. Disponível em: https://www.conjur.com.br/2017-jul-24/guilherme-nuccipj-responde-crimes-ambientais-outros-delitos. Acesso em: 25 jan. 2021.

OLIVEIRA, Marlus H. Arns. Direito penal econômico e responsabilidade penal da pessoa jurídica. Disponível em: https://ibdpe.com.br/responsabilidade-penal-da-pessoa-juridica/. Acesso em: 25 jan. 2021.

ORTIZ, Mariana Tranchesi. *Concurso de agentes nos delitos especiais*. São Paulo: IBCCRIM, 2011.

PAULA, Gauthama C.C. F. de. *Crimes financeiros e política criminal*: estudo de acórdãos do TRF da 3ª Região sobre os crimes de gestão fraudulenta e gestão temerária no período de 2001 a 2010. Dissertação (Mestrado) apresentada para Escola de Direito de São Paulo da Fundação Getúlio Vargas. São Paulo, 2011.

PIERANGELI, José Henrique. *Códigos Criminais do Brasil:* evolução histórica. São Paulo: RT, 2004.

PIMENTEL, Manuel Pedro. *Crimes contra o Sistema Financeiro Nacional*. São Paulo: RT, 1987.

PRADO, Luiz Regis. *Direito Penal Econômico*. São Paulo: RT, 2011.

REALE JÚNIOR, Miguel. A responsabilidade penal da pessoa jurídica. *In:* PRADO, Luiz Regis (coord.). *Responsabilidade penal da pessoa jurídica*: em defesa do princípio da imputação penal subjetiva. São Paulo: RT, 2001. p. 137-140.

ROCHA, Fernando A. N. Galvão da. *Responsabilidade penal da pessoa jurídica*. Belo Horizonte: Del Rey, 2003.

ROXIN, Claus. *Autoría y dominio del hecho en derecho penal*. Marcial Pons: Madrid, 2016.

ROXIN, Claus. *Derecho penal: parte general*. Tomo I. Madrid: Civitas, 2008.

ROXIN, Claus. Sobre o recente debate em torno do bem jurídico. *In:* ROXIN, Claus. *Novos estudos de direito penal*. São Paulo: Marcial Pons, 2014, p. 41-69.

RUIVO, Marcelo Almeida. *Criminalidade financeira:* contribuição à compreensão da gestão fraudulenta. Porto Alegre: Livraria do Advogado, 2011.

SANTIN, Janice; LOBATO, José Danilo Tavares. Criptomoedas e direito penal: um estudo sobre as perspectivas criminais do uso de moedas criptográficas. *Revista* de Estudos Criminais, n. 78, p. 157-178, jul./set. 2020.

SANTOS, Humberto Souza. *Ainda vive a teoria do bem jurídico?:* uma contribuição ao debate sobre a teoria o bem jurídico e os limites materiais do poder estatal de incriminar. São Paulo: Marcial Pons, 2020.

SARCEDO, Leandro. *Compliance e responsabilidade penal da pessoa jurídica:* construção de um novo modelo de imputação baseado na culpabilidade corporativa. São Paulo: LiberArs, 2016.

SARTI, Saulo; DARIVA, Paulo. A lei dos crimes contra o sistema financeiro nacional: problemas e conflitos. *In:* FELDENS, Luciando *et al.* (org.). *Direito Penal Econômico e Empresarial:* estudos dos grupos de pesquisa em direito penal econômico e empresarial da PUCRS e da FGV DIREITO SP. Rio de Janeiro: Lumen Juris, 2016, p. 155-176.

SCHECAIRA, Sergio Salomão. *Responsabilidade penal da pessoa jurídica*. Rio de Janeiro: Elsevier, 2011.

SCHÜNEMANN, Bernd. O direito penal é a *ultima ratio* da proteção de bens jurídicos: sobre os limites invioláveis do direito penal em um estado de direito liberal. *In:* SCHÜNEMANN, Bernd. *Estudos de direito penal, direito processual penal e filosofia do direito*. São Paulo: Marcial Pons, 2016, p. 69-90.

SCHÜNEMANN, Bernd. Um olhar crítico ao modelo processual penal norte-americano. *In:* SCHÜNEMANN, Bernd. *Estudos de direito penal, direito processual penal e filosofia do direito*. São Paulo: Marcial Pons, 2016, p. 240-264.

SCHMIDT, Andrei Zenkner. *Direito penal econômico*: parte geral. Porto Alegre, Livraria do Advogado, 2015.

SCHMIDT, Andrei Zenkner; FELDENS, Luciano. *O crime de evasão de divisas*. Rio de Janeiro: Lumen Juris, 2006.

SILVA SÁNCHEZ, Jesús-María. *Fundamentos del Derecho Penal de la Empresa*. Buenos Aires: B de F, 2016.

STOCO, Rui. *Crimes contra o sistema financeiro nacional*. São Paulo: RT, 2017.

SUNDFELD, Carlos Ari. *Direito Econômico Brasileiro*. São Paulo: Malheiros, 2015.

SUTHERLAND, Edwin. *White Collar Crime: The Uncut Version*. New Haven: Yale University Press, 1983.

TIEDEMANN, Klaus. Responsabilidad penal de personas jurídicas y empresas em derecho comparado. *Revista Brasileira de Ciências Criminais*, n. 11, jul./set. 1995, p. 21-35.

TIGRE MAIA, Rodolfo. *Dos Crimes contra o Sistema Financeiro Nacional*. São Paulo: Malheiros, 1996.

TÓRTIMA, José Carlos. *Crimes contra o Sistema Financeiro Nacional:* uma contribuição ao estudo da Lei 7.492/1986. Rio de Janeiro: Lumen Juris, 2002.

TÓRTIMA, José Carlos; TÓRTIMA, Fernanda Lara. *Evasão de divisas*: uma crítica ao conceito territorial de saída de divisas contido no parágrafo único do art. 22 da Lei 7.492. Rio de Janeiro: Lumen Juris, 2009.

VELANO, Camila F. S.; PORTO, Rafael V. O elemento subjetivo no delito de gestão temerária de instituição financeira. *In: In:* ALMEIDA PEDROSO, Fernando G. G.; OUTEIRO HERNANDES, Luiz E. C.. *Direito penal econômico*: temas essenciais para a compreensão da macrocriminalidade atual. Salvador: Juspodivm, 2017, p. 279-302.

ZAFFARONI, Eugenio Raul. *Direito Penal brasileiro*. v. 1. Rio de Janeiro: Revan, 2003.

CRIMES CONTRA A RELAÇÃO DE CONSUMO – COMENTÁRIOS AOS CRIMES DA LEI Nº 8.078, DE 11 DE SETEMBRO DE 1990

Annunziata Alves Iulianello

1   A tutela do consumidor: considerações fundamentais

Ao longo do século XX, foi possível verificar uma revolução tecnológica e científica que ensejou profunda transformação social, econômica e política, que, consequentemente, deixou clara a necessidade do surgimento de novos ramos do Direito, abrangendo áreas do conhecimento humano que até então não eram imaginadas, inclusive na esfera jurídica, na medida em que o arcabouço jurídico existente não era suficiente para atender às novas demandas que se apresentavam na sociedade em transformação.[1]

Com a Revolução Industrial, houve um aumento substancial da capacidade produtiva, com uma produção em massa, não estando mais adstrita ao pequeno produtor e a uma produção manual. Além disso, a forma como a distribuição era feita também sofreu modificação, chegando ao destinatário final não diretamente pelas mãos de quem fabricou o produto, mas sim de forma massificada, em cadeia. Diante dessa nova realidade, o processo de contratação também foi modificado, sendo os contratos elaborados em massa, tratando-se de contratos de adesão, cujas disposições gerais eram elaboradas previamente pelo fornecedor, de maneira unilateral.[2] Ademais, o desenvolvimento tecnológico e científico também aumentou sobremaneira os riscos para o consumidor, especialmente porque, diante da produção em série, um único defeito na cadeia produtiva pode ensejar danos para um número indeterminado de consumidores, estando presentes, portanto, os chamados "riscos do consumo", inerentes ao próprio processo de desenvolvimento.[3]

Nesse contexto, a sociedade de consumo, fenômeno que se desenvolveu especialmente no século XX, tendo como característica fundamental um intenso e crescente número de

---

[1]   CAVALIERI FILHO, Sérgio. *Programa de Direito do Consumidor*. 5. ed. São Paulo: Atlas, 2019, p. 01-02.
[2]   Ibidem, p. 02.
[3]   CAVALIERI FILHO, Sérgio. *Programa de Direito do Consumidor*. 5. ed. São Paulo: Atlas, 2019, p. 03.

produtos e serviços, embora contenha inúmeros aspectos positivos, especialmente no tocante às possibilidades de se atender às demandas de consumo que se apresentam, fato é que ela não trouxe aspectos apenas positivos. É possível se afirmar que, na realidade, esse modelo de sociedade trouxe uma significativa piora ao consumidor, especialmente diante da ausência de equilíbrio entre ele e o fornecedor, tendo em vista que é este quem assume a posição de força na relação de consumo, sendo o responsável por "ditar as regras", tornando quase inexistente o poder de barganha do consumidor.[4]

Diante dessa vulnerabilidade, que não consegue ser mitigada sozinha pelo mercado, tem-se a necessidade de intervenção do Estado para tutela do consumidor, com a adoção de medidas de caráter preventivo e repressivo. O direito privado até então existente, pautado precipuamente na autonomia de vontade, no *pacta sunt servanda* e na responsabilidade pautada na culpa, não conseguia conferir uma proteção efetiva ao consumidor diante das intensas práticas abusivas que se proliferavam. É justamente nesse contexto, que surge a necessidade de um regramento de proteção do consumidor, que tem por objetivo "reequilibrar a relação de consumo, seja reforçando, quando possível, a posição do consumidor, seja proibindo ou limitando certas práticas de mercado".[5]

Conforme asseveram Ada Pellegrini Grinover e Antonio Herman de Vasconcelos e Benjamin, existem duas formas de "purificação do mercado". O primeiro modelo é o da autorregulação, ou seja, um modelo meramente privado, segundo o qual são os consumidores e fornecedores os responsáveis por eliminar as práticas perniciosas, sendo certo que tal modelo não tem se mostrado eficaz pata tutelar a vulnerabilidade do consumidor. Já o segundo modelo é pautado no intervencionismo estatal, fundado em normas – e decisões dos Tribunais nos sistemas de *common law* – de controle da relação fornecedor-consumidor, sem prejuízo da adoção em conjunto das medidas de autorregulação.[6]

Os autores acima citados afirmam que nenhum país do mundo consegue proteger os consumidores com a adoção do modelo meramente privado de controle, sendo possível se observar a existência, de uma forma geral, de leis que, com um maior ou menor grau de intervenção, têm por objetivo a proteção da parte mais vulnerável na relação de consumo.[7] Diante do novo cenário que se apresentava, verificou-se a necessidade de se reestruturar a ordem jurídica no tocante às relações de consumo, com "uma nova postura jurídica capaz de permitir o delineamento de um novo direito, fundado em princípios modernos e eficazes", e não apenas com uma atualização pontual da lei.[8] Assim, após um longo período em que a jurisprudência tentou, na medida do possível, conferir uma solução mais justa para tutela da parte mais vulnerável na relação de consumo, em diversos países, começaram a ser editadas leis que tinham o escopo de proteção do consumidor.

Ao analisar os primeiros movimentos pró-consumidor, Sérgio Cavalieri Filho menciona que eles tiveram início no final do século XIX e começo do século XX, com maior intensidade na França, Alemanha, Inglaterra e, especialmente, nos Estados Unidos, países que estavam em grande processo de desenvolvimento industrial. Porém, somente na década de 1960 é que, de fato, o consumidor começou realmente a ser reconhecido como "sujeito de direitos

---

[4] Neste sentido, GRINOVER, Ada Pellegrini; BENJAMIN, Antonio Herman de Vasconcelos. Trabalhos de Elaboração – Anteprojeto de Código de Defesa do Consumidor. *In:* GRINOVER, Ada Pellegrini; BENJAMIN, Antonio Herman de Vasconcelos; FINK, Daniel Roberto et al. *Código Brasileiro de Defesa do Consumidor comentado pelos autores do anteprojeto.* 12. ed. Rio de Janeiro: Forense, 2019, p. 03-04.

[5] *Ibidem*, p. 04.

[6] *Ibidem*, p. 04-05.

[7] *Ibidem*, p. 04-05.

[8] CAVALIERI FILHO, Sérgio. *Op. cit.*, p. 04.

específicos tutelados pelo Estado", sendo apontada a mensagem do Presidente dos Estados Unidos John Fitzgerald Kennedy o marco inicial do direito do consumidor.[9]

O autor supracitado menciona que, nos anos de 1960, os carros japoneses representaram uma forte concorrência aos carros americanos, tendo, então, a Ford lançado em tempo recorde um veículo denominado "Ford Pinto". Porém, os engenheiros da Ford descobriram um grave problema no tanque de combustível do citado veículo e informaram à diretoria uma forma de resolver tal problema. Porém, a cúpula da Ford decidiu não fazer nada e, como consequência, houve uma série de acidentes com inúmeras vítimas fatais, o que ensejou uma grande revolta dos consumidores, que, pela primeira vez, decidiram protestar.[10]

Diante dos protestos, em 15 de março de 1962, o presidente Kennedy encaminhou uma Mensagem Especial do Congresso dos Estados Unidos sobre Proteção dos Interesses dos Consumidores (*Special Message to the Congress on Protecting Consumer Interest*), com o seguinte teor:

> Consumidores, por definição, somos todos nós. Os consumidores são o maior grupo econômico na economia, afetando e sendo afetado por quase todas as decisões econômicas, públicas e privadas [...]. Mas são o único grupo importante da economia não eficazmente organizado e cujos posicionamentos quase nunca são ouvidos.[11]

Sérgio Cavalieri Filho ressalta que, na ocasião, o presidente Kennedy afirmou que os consumidores deveriam ser levados em consideração nas decisões econômicas, enumerando, de maneira resumida, os direitos básicos do consumidor, quais sejam, direito "à saúde, à segurança, à informação, à escolha e a serem ouvidos". Foi a partir de então que surgiu um "movimento consumerista internacional", sendo o dia 15 de março reconhecido como o "Dia Mundial dos Direitos do Consumidor".[12]

Ainda no plano internacional, em 1973, a Comissão de Direitos Humanos das Nações Unidas, em sua 29ª sessão, reconheceu direitos básicos do consumidor, como os direitos à segurança, à integridade física, à intimidade, à honra, à informação e ao respeito à dignidade humana dos consumidores. Em maio de 1973, a Assembleia Consultiva do Conselho Europeu, por meio da Resolução nº 543, elaborou a Carta de Proteção aos Consumidores, com diretrizes básicas para prevenção e reparação dos danos aos consumidores, tendo a referida carta servido de base para a Resolução do Conselho da Comunidade Europeia, de 14 de abril de 1975, que elencou as categorias de direitos dos consumidores. Por fim, em abril de 1985, a Assembleia Geral da Organização das Nações Unidas, por meio da Resolução nº 39/248, trouxe uma série de disposições versando sobre a proteção dos consumidores, trazendo diretrizes para os países no tocante à necessidade de se elaborar ou aperfeiçoar as normas existentes em torno da proteção do consumidor.[13]

A maioria dos países ainda adota um modelo de legislação esparsa versando sobre cada atividade econômica relacionada ao consumidor, tendo o Brasil sido o país pioneiro a adotar uma codificação de Direito do Consumidor no mundo, reunindo em um "código" as principais disposições acerca da matéria.

---

[9] *Ibidem*, p. 04-05.
[10] *Ibidem*, p. 05.
[11] *Ibidem*, p. 05.
[12] *Ibidem*, p. 05-06.
[13] *Ibidem*, p. 06.

Diante da patente situação de vulnerabilidade – técnica, fática e jurídica – que se encontra o consumidor perante o fornecedor, tendo em vista que não aceitar as condições previamente estabelecidas por este significa não ter acesso ao produto ou ao serviço de que necessita –, escopo primordial do direito do consumidor é restabelecer o equilíbrio nas relações de consumo, tutelando a parte mais vulnerável, havendo a necessidade de uma intervenção do Estado no mercado de consumo para que tal objetivo pudesse ser concretizado.

1.1 A tutela do consumidor no Brasil

No Brasil, diferentemente do que aconteceu nos Estados Unidos, a preocupação com a defesa do consumidor não adveio dos próprios consumidores, mas sim da criação de associações civis e entidades governamentais voltadas para esse fim, especialmente a partir de 1970.[14] Antes da existência de um diploma específico voltado para a proteção do consumidor, pode-se afirmar que a Lei nº 7.347/85, conhecida como Lei de Ação Civil Pública, teve importante papel nesse sentido, na medida em que trouxe no seu bojo a possibilidade de tutela dos bens supraindividuais, entre os quais a proteção do consumidor.

Com o advento da Constituição Federal de 1988, a defesa do consumidor foi prevista como um direito fundamental pelo constituinte, encontrando previsão expressa no artigo 5º, inciso XXXII. Além disso, o artigo 48 do ADCT da Constituição Federal de 1988 previu expressamente a necessidade de elaboração do Código de Defesa do Consumidor, sendo uma opção do constituinte a adoção do sistema da codificação para a tutela dos consumidores. Conclui-se, portanto, que, com o advento da Constituição Federal de 1988, a posição do consumidor mudou significativamente, tendo em vista que aquele que antigamente não encontrava praticamente nenhum tipo de proteção foi erigido à titular de direitos fundamentais.[15]

Atendendo ao mandamento constitucional, o Código de Defesa do Consumidor encontra-se em vigor no Brasil desde 11 de março de 1991, tratando-se de um importantíssimo diploma legal que promoveu uma verdadeira mudança de mentalidade no tocante à proteção do consumidor, considerado como parte mais vulnerável e que demanda, portanto, um tratamento diferenciado. O advento de um verdadeiro microssistema de proteção do consumidor significou um substancial avanço, colocando o Brasil em posição de destaque no plano mundial no tocante à tutela do consumidor.[16]

---

[14] Sérgio Cavalieri Filho cita: 1) o Conselho de Defesa do Consumidor (CODECON), criado no Rio de Janeiro em 1974; 2) a Associação de Defesa e Orientação do Consumidor (ADOC), criada em Curitiba em 1976; 3) a Associação de Proteção ao Consumidor (APC), criada em Porto Alegre em 1976; 4) o Sistema Estadual de Proteção ao Consumidor, que tinha na sua estrutura o Conselho Estadual de Proteção ao Consumidor e o Grupo Executivo de Proteção ao Consumidor, criado em 1976 em São Paulo (CAVALIERI FILHO, Sérgio. Op. cit., p. 06-07).

[15] CAVALIERI FILHO, Sérgio. Op. cit., p. 10.

[16] Ada Pellegrini Grinover e Antonio Herman de Vasconcellos e Benjamin ressaltam que o constituinte expressamente fez menção ao termo "código", exigindo um regramento geral sobre os direitos do consumidor. Porém, quando o anteprojeto tramitava para votação, houve um grande lobby dos empresários invocando manobra procedimental para tentar impedir a votação nas Casas legislativas na legislatura em que foi apresentado, argumentando que, por se tratar de um Código, seria necessário um processo legislativo extremamente formal, que não havia sido observado no caso. Para driblar esse argumento, passou-se a defender que o que a Constituição Federal chamou de código, na verdade, não era, sendo o "código" votado com outra "qualidade" até se transformar na Lei nº 8.078/90. Porém, os referidos autores asseveram que, na essência, a Lei nº 8.078/90 é um verdadeiro "Código", especialmente diante do caráter sistemático com que a questão foi tratada no citado diploma legal (GRINOVER, Ada Pellegrini; BENJAMIN, Antonio Herman de Vasconcelos. Trabalhos de Elaboração – Anteprojeto de Código de Defesa do Consumidor. In: GRINOVER, Ada Pellegrini; BENJAMIN, Antonio Herman de Vasconcelos; FINK, Daniel Roberto et al. Código brasileiro de Defesa do Consumidor comentado pelos autores do anteprojeto. 12. ed. Rio de Janeiro: Forense, 2019, p. 06).

O próprio artigo 1º do Código de Defesa do Consumidor deixa claro que ele nasceu para concretização do que consta no artigo 5º, inciso XXXII, da Constituição Federal e no artigo 48 do Ato das Disposições Constitucionais Transitórias, sendo certo que, como decorre da concretização de um mandamento constitucional com o escopo de concretização de direito fundamental do consumidor, parte vulnerável da relação de consumo, em relação a ela deve incidir a vedação de retrocesso, como observado por Sérgio Cavalieri Filho:

> Quando uma lei ordinária – o Código de Defesa do Consumidor – densifica um princípio constitucional (a proteção do consumidor), ela ganha uma qualidade nova. A Lei é ordinária, mas é excepcionalmente qualificada pelo fato de versar sobre direito fundamenta, uma matéria que a Constituição encomendou uma lei especialíssima. Com base nisso, foi concebida a tese da proibição do retrocesso. Embora lei ordinária, é excepcionalmente qualificada pelo fato de versar, no caso tanto um direito fundamental quanto um princípio da ordem econômica. Ela não pode sequer ser revogada (trecho do voto do Ministro Carlos Brito no RE nº 351.750).[17]

Ainda é importante mencionar que, além de um direito fundamental, a proteção do consumidor é um princípio geral da atividade econômica, tendo em vista o disposto no artigo 170 da Constituição Federal, situado no título atinente à ordem econômica e financeira, que estabelece que a ordem econômica, fundada na valorização do trabalho humano e na livre iniciativa, tem por fim assegurar a todos existência digna, conforme os ditames da justiça social, devendo observar, entre outros princípios, a defesa do consumidor.

Certo é que a defesa do consumidor trazida pelo Código de Defesa do Consumidor é bastante ampla, tendo em vista que, além de trazer disposições de caráter civil e processual civil, boa parte com caráter nitidamente preventivo, também houve imposições de sanções de caráter civil e penal para as hipóteses em que suas disposições não tenham sido observadas.

José Geraldo de Brito Filomeno afirma que o Código de Defesa do Consumidor, na verdade, traz uma "política nacional das relações de consumo", tendo em vista que não tem por objeto apenas e tão somente a tutela do consumidor, que seria a parte mais vulnerável da relação, mas sim o de proporcionar uma harmonia nas relações de consumo:

> Embora se fale da necessidade dos consumidores e do respeito à sua dignidade, saúde e segurança, proteção de seus interesses econômicos, melhoria de sua qualidade de vida, já que sem dúvida são eles a parte vulnerável do mercado de consumo, justificando-se dessarte um tratamento desigual para partes manifestamente desiguais, por outro lado se cuida de compatibilizar a mencionada tutela com a necessidade de desenvolvimento econômico e tecnológico, viabilizando-se os princípios da ordem econômica de que trata o artigo 170 da Constituição Federal, e educação – informação de fornecedores e consumidores quanto aos seus direitos e obrigações.[18]

É imperioso ressaltar ainda que, como consignado expressamente no artigo 1º do Código de Defesa do Consumidor, as normas contidas no citado diploma legal são de ordem pública e interesse social.

---

[17] CAVALIERI FILHO, Sérgio. *Programa de Direito do Consumidor*. 5. ed. São Paulo: Atlas, 2019, p. 10.

[18] FILOMENO, José Geraldo de Brito. Dos direitos do consumidor. *In*: GRINOVER, Ada Pellegrini; BENJAMIN, Antonio Herman de Vasconcelos; FINK, Daniel Roberto *et al*. *Código brasileiro de Defesa do Consumidor comentado pelos autores do anteprojeto*. 12. ed. Rio de Janeiro: Forense, 2019, p. 09.

Ao deixar expresso que as normas que tenham por escopo a proteção do consumidor são de ordem pública, o legislador deixou claro que elas sejam inderrogáveis por vontade expressa dos interessados, embora seja possível a disposição de alguns interesses de cunho patrimonial, sendo um reflexo do chamado dirigismo contratual.[19] Dessa forma, uma vez reconhecido que a relação que se apresenta no caso concreto é de consumo, imperiosa a incidência das disposições contidas no Código de Defesa do Consumidor. Consiste, na realidade, em uma forma de se tentar promover um equilíbrio do mais fraco em relação ao economicamente mais forte, com a disposição e regras cogentes que não podem ser flexibilizadas, sendo aplicadas mesmo em relação aos contratos anteriores à sua promulgação que estejam em curso quando do seu advento.[20]

Por sua vez, ao consignar que as normas são de interesse social, o legislador quis dizer que elas "disciplinam um campo de relações sociais marcado pela desigualdade, razão pela qual têm por finalidade interesse que transcende o interesse meramente particular; são normas que interessam mais diretamente à sociedade que aos particulares".[21] José Geraldo Brito Filomeno afirma que, a alusão ao "interesse social" contida no artigo 1º do Código de Defesa do Consumidor deixa claro que o Código "visa a resgatar a imensa coletividade de consumidores da marginalização não apenas em face do poder econômico, como também dotá-la de instrumentos adequados para o acesso à Justiça do ponto de vista individual e, sobretudo, coletivo".

1.2 Microssistema de proteção e diálogo das fontes

O Código de Defesa do Consumidor consiste em um verdadeiro microssistema jurídico de proteção do consumidor, tendo em vista que traz em seu bojo disposições de caráter multidisciplinar – tutelas na esfera cível, administrativa e penal –, dialogando com os mais diversos ramos do Direito, mas sempre tendo como norte "a vulnerabilidade do consumidor ante o fornecedor, e sua condição de destinatário final de produtos e serviços, ou desde que não visem a seu uso profissional",[22] com a necessidade de se tratar de forma desigual aqueles que estão em situação de desigualdade, como forma de permitir uma tutela ampla das relações de consumo.

Levando-se em consideração a complexidade atinente às relações de consumo, é importante consignar que o advento do Código de Defesa do Consumidor não representou um óbice à coexistência de outras normas que também tenham o escopo de tutelar os direitos do consumidor. No Código de Defesa do Consumidor é possível observar, de forma bem delineada, a existência de diretrizes que irão nortear a tutela das relações de consumo, não tendo o objetivo de condensar em seu bojo todas as normas que deveriam incidir em tais casos.[23] Dessa forma, como ressalta Sérgio Cavalieri Filho, o Código de Defesa do Consumidor é uma lei principiológica, "que se destina a efetivar, no plano infraconstitucional, os princípios constitucionais de proteção e defesa dos consumidores", sendo certo que "para tanto, ele criou uma sobre-estrutura-jurídica multidisciplinar, normas de sobredireito aplicáveis a todos os ramos do Direito onde ocorrem relações de consumo".[24]

---

[19] *Ibidem*, p. 15-17.
[20] *Ibidem*, p. 18-20.
[21] CAVALIERI FILHO, Sérgio. *Op. cit.*, p. 10.
[22] FILOMENO, *Op. cit.*, p. 10-11.
[23] FILOMENO, José Geraldo de Brito. *Op. cit.*, p. 10.
[24] CAVALIERI FILHO, Sérgio. *Op. cit.*, p. 15.

Diante da complexidade das relações existentes na sociedade pós-moderna, seria praticamente impossível que o legislador retirasse das mais diversas leis tudo que tivesse relação com a tutela das relações de consumo e conseguisse concentrar no Código de Defesa do Consumidor.[25] Logo, diante de uma dada relação de consumo que se apresenta concretamente, pode-se constatar a existência de uma pluralidade de leis que vão ser aplicadas em conjunto. Nesses casos, portanto, a concepção é diferente da tradicional, pautada na solução dos conflitos de leis no tempo, pois o que se propõe é que, ao lado da solução tradicional, em que há uma "revogação" da norma em conflito, seja reconhecida a possibilidade de "convivência destas normas, ao diálogo das normas para alcançar sua *ratio*, sua finalidade narrada ou comunicada em ambas".[26] Essa concepção é o que Erik Jayme denominou de "diálogo das fontes",[27] que, nas palavras de Cláudia Lima Marques significaria:

> Permitir da aplicação simultânea, coerente e coordenada das plúrimas fontes legislativas convergentes. "Diálogo" porque há influências recíprocas, "diálogo" porque há aplicação conjunta das duas normas ao mesmo tempo e ao mesmo caso, seja complementarmente, seja subsidiariamente, seja permitindo a opção voluntária das partes sobre as fontes prevalentes (especialmente em matéria de convenções internacionais e leis-modelos), ou mesmo permitindo uma opção por uma das leis em conflito abstrato. Uma solução flexível e aberta, de interpenetração, ou mesmo a solução mais favorável ao mais fraco da relação (tratamento diferente dos diferentes).[28]

Dessa forma, tem-se que é possível a aplicação do Código de Defesa do Consumidor em conjunto com outra lei, seja ela de caráter geral como o Código Civil de 2002, ou de caráter especial, tendo-se como pano de fundo sempre o mandamento constitucional de proteção do consumidor, sendo possível, portanto, a aplicação de um conjunto de fontes normativas a favor do consumidor. Assim, com o diálogo das fontes, é possível "assegurar à pessoa humana consumidora e leiga uma tutela especial e digna, conforme os valores e os princípios constitucionais de proteção especial".[29] Ele possibilita uma visão unitária e coerente do ordenamento jurídico como um todo, sempre tendo como base a Constituição Federal, que, como mencionado, traz expressamente a necessidade de proteção especial ao mais vulnerável, no caso, o consumidor.

Nas palavras de Sérgio Cavalieri Filho, "as relações de consumo são o campo de aplicação do Código de Defesa do Consumido, qualquer que seja a área do Direito onde ocorrem. E, hoje, tudo ou quase tudo tem a ver com o consumo: saúde, habitação, segurança, transporte, alimentação, medicamentos, e assim por diante".[30] Assim, é possível dizer que as normas existentes no ordenamento jurídico incidem nas relações de consumo, mas, no caso, sempre devem ter como vetor toda a principiologia trazida pelo Código de Defesa do

---

[25] *Ibidem*, p. 15.
[26] MARQUES, Claudia Lima; BENJAMIN, Antônio Herman V.; MIRAGEM, Bruno. *Comentários ao Código de defesa do consumidor*. 6. ed. São Paulo: Revista dos Tribunais, 2019, p. 40.
[27] JAIME, Erik. Identité culturelle et intégration: le droit international privé postmoderne. Recueil des Cours de lácadémie de Droit Intrenational de la Haye, Kluwer, Doordrecht, 1995, II. *Apud* MARQUES, Claudia Lima; BENJAMIN, Antônio Herman V.; MIRAGEM, Bruno. *Comentários ao Código de defesa do consumidor*. 6. ed. São Paulo: Revista dos Tribunais, 2019, p. 40.
[28] MARQUES, Claudia Lima; BENJAMIN, Antônio Herman V.; MIRAGEM, Bruno. *Op. cit.*, p. 40-41.
[29] *Ibidem*, p. 72.
[30] CAVALIERI FILHO, Sérgio. *Op. cit.*, p. 14.

Consumidor, oriundo do princípio constitucional de proteção do consumidor insculpido no texto constitucional.[31]

Cumpre mencionar, por fim, que o Código de Defesa do Consumidor, como lei de natureza principiológica, é um sistema jurídico aberto, repleto de cláusulas gerais e conceitos indeterminados.[32]

1.3 A vulnerabilidade do consumidor, a necessidade de proteção especial e de intervenção estatal

A proteção especial conferida pelo microssistema de proteção dos direitos do consumidor somente se justifica se evidenciada a situação de vulnerabilidade do consumidor, que é constatada quando estamos diante de uma relação de consumo, na qual inegavelmente o consumidor é a parte mais fraca, "seja porque não tem qualquer controle sobre a produção ou o mercado, seja porque, na maioria das vezes, não possui conhecimentos técnicos e específicos acerca dos bens colocados à sua disposição".[33] Dessa forma, diante de um desequilíbrio existente entre o fornecedor e o consumidor, a incidência das normas protetivas se justifica porque constituiu um mecanismo de trazer equilíbrio, sendo certo que "só se justifica a aplicação de uma lei protetiva em face de uma relação de desiguais. Entre partes iguais não se pode tratar privilegiadamente um deles sob pena de violação do princípio da igualdade".[34]

As relações de consumo possuem elementos subjetivos – relacionados aos sujeitos das relações jurídicas – e objetivos – relacionados ao objeto das prestações estabelecidas. Os elementos subjetivos são os consumidores (artigo 2º do Código de Defesa do Consumidor) e fornecedores (artigo 3º, *caput*, do Código de Defesa do Consumidor), enquanto os elementos objetivos são o produto (artigo 3º, §1º, do Código de Defesa do Consumidor) e o serviço (artigo 3º, §1º, do Código de Defesa do Consumidor). Embora o legislador tenha trazido a definição dos elementos da relação de consumo para facilitar a compreensão da lei, fato é que há consideráveis divergências doutrinárias e jurisprudenciais a respeito do tema, especialmente no tocante ao conceito de consumidor, referente a quem seria efetivamente o destinatário da proteção jurídica especial, oscilando entre a adoção de conceitos mais amplos e mais restritos.[35]

O conceito de fornecedor encontra-se no artigo 3º do Código de Defesa do Consumidor, que estabelece que "fornecedor é toda pessoa física ou jurídica, pública ou privada, nacional ou estrangeira, bem como os entes despersonalizados, que desenvolvem atividade de produção, montagem, criação, construção, transformação, importação, exportação, distribuição ou comercialização de produtos ou prestação de serviços". Verifica-se, assim, que se trata de um conceito bastante amplo, que abarca todos aqueles que "atuam nas diversas etapas do processo produtivo (produção – transformação – distribuição – comercialização – prestação), antes da chegada do produto ou serviço ao seu destinatário final", trazendo a ideia de

---

[31] Sérgio Cavalieri Filho afirma que, na prática, o Código de Defesa do Consumidor seria uma "sobre-estrutura jurídica", na medida em que incidiria de forma horizontal, e não vertical, em todas as demais normas jurídicas, "obrigando a que se leve em conta a proteção do consumidor em cada um dos ramos do Direito, porque o seu fundamento de validade é emanado de princípio constitucional" (CAVALIERI FILHO, Sérgio. Programa de Direito do Consumidor. 5. ed. São Paulo: Atlas, 2019, p. 16-17).
[32] CAVALIERI FILHO, Sérgio. *Op. cit.*, p. 17.
[33] THEODORO JUNIOR, Humberto. *Direitos do Consumidor*. 10. ed. Rio de Janeiro: Forense, 2021, p. 27-28.
[34] CAVALIERI FILHO, Sérgio. *Op. cit.*, p. 08.
[35] CAVALIERI FILHO, Sérgio. *Op. cit.*, p. 73-74.

"atividades profissionais, habituais, com finalidade econômica", tendo o legislador se referido "às atividades negociais, dentro de um perfil organizado e unificado, com vistas à satisfação de um fim econômico unitário e permanente".[36]

A respeito do conceito de consumidor, o artigo 2º do Código de Defesa do Consumidor estabelece que "consumidor é toda pessoa física ou jurídica que adquire ou utiliza produto ou serviço como destinatário final". Já no parágrafo único do citado dispositivo consta o conceito de consumidor por equiparação nos seguintes termos: "equipara-se a consumidor a coletividade de pessoas, ainda que indetermináveis, que haja intervindo nas relações de consumo".

Para ser reconhecido como consumidor, o legislador consignou expressamente que a pessoa – física ou jurídica – deve adquirir ou utilizar o produto ou serviço como "destinatário final", sendo que é justamente em torno da referida expressão que giram as divergências doutrinárias e jurisprudenciais a respeito do tema, havendo aqueles que lhe conferem uma conotação mais ampla (teoria maximalista ou objetiva), enquanto outros adotam uma conotação mais restritiva (teoria finalista ou subjetiva).

Para a teoria maximalista, o conceito de "destinatário final" seria apenas o destinatário fático, sendo irrelevante a destinação econômica que será conferida ao bem ou serviço, de forma que é irrelevante, por exemplo, a existência de intenção de lucro. Basta, portanto, que a pessoa "se apresente como destinatário fático do produto ou serviço, isto é, que o retire do mercado, encerrando objetivamente a cadeia produtiva em que inseridos o fornecimento do bem ou a prestação do serviço".[37] Para essa concepção, "dando ao bem ou ao serviço uma destinação final fática, a pessoa, física ou jurídica, profissional ou não, caracteriza-se como consumidora", sendo irrelevante se perquirir acerca da sua vulnerabilidade técnica, jurídica ou socioeconômica.[38]

Por sua vez, segundo a teoria finalista, o "destinatário final" seria o destinatário fático e econômico sendo considerada como consumidor a pessoa que adquire o produto para seu uso pessoal, e não para empregá-lo de forma comercial, portanto, "aquele que retira o bem do mercado, dando-lhe uma destinação pessoal, sem qualquer interesse profissional".[39] O objetivo da teoria finalista é o de conferir um conceito mais restritivo de consumidor, evitando uma ampliação excessiva especialmente quanto às pessoas jurídicas que atuam no mercado, tendo em vista que somente a parte realmente mais vulnerável é que merece a proteção especial, que só se justificaria quando a pessoa coloca um fim na cadeia de produção, e não quando o bem é utilizado novamente na cadeia de produção.

Diante da divergência entre ambas as teorias e dos efeitos práticos completamente distintos que a aplicação de cada uma delas trazia, especialmente em relação às pessoas jurídicas – que atuavam no mercado e realizavam inúmeras aquisições de produtos ou serviços, algumas destas aquisições diretamente ligadas à atividade fim –, surgiu a chamada "teoria do finalismo aprofundado ou mitigado, que propõe que, em casos mais difíceis, a vulnerabilidade deve ser analisada em concreto".[40] Assim, essa posição:

> (...) admite, excepcionalmente, a aplicação das normas do CDC a determinados profissionais e pequenas empresas, desde que se trate de consumo intermediário e

---

[36] *Ibidem*, p. 91.
[37] CAVALIERI FILHO, Sérgio. *Op. cit.*, p. 74-75.
[38] *Ibidem*, p. 75.
[39] THEODORO JUNIOR, Humberto. *Op. cit.*, p. 06-07.
[40] BESSA, Leonardo Roscoe. *Código de Defesa do Consumidor comentado*. Rio de Janeiro: Forense, 2021, p. 08-09.

foque demonstrada "in concreto" a vulnerabilidade técnica, jurídica e econômica. Quer dizer, ao revés do preconizado pelos maximalistas, não se deixa de perquirir acerca do uso, profissional ou não, do bem ou serviço, apenas, como exceção, e à vista da vulnerabilidade comprovada de determinado adquirente ou utente, não obstante seja um profissional, passa-se a considerá-lo consumidor.[41]

Oportuno mencionar, ainda, que o Código de Defesa do Consumidor, nos artigos 2º, parágrafo único, 17 e 29, ainda traz a previsão do chamado consumidor por equiparação, conceito muito importante, especialmente quando se fala em tutela de bens supraindividuais, tendo em vista que abarca aqueles que "muito embora não se amoldem ao conceito jurídico de consumidor padrão, estão expostos aos efeitos decorrentes das atividades dos fornecedores no mercado, podendo ser por elas atingidos ou prejudicados".[42] Dessa forma, tendo como pano de fundo a questão atinente à vulnerabilidade, são tidos como consumidores por equiparação: a) a coletividade de pessoas, ainda que indetermináveis, que tenham intervindo nas relações de consumo (artigo 2º, parágrafo único); b) todas as vítimas do fato do produto (artigo 17) e; c) todas as pessoas, determináveis ou não, expostas às práticas comerciais e à disciplina contratual (artigo 29).[43]

A vulnerabilidade do consumidor foi prevista expressamente no inciso I do artigo 4º do Código de Defesa do Consumidor, nas disposições relativas à Política Nacional das Relações de Consumo, sendo que ela não se confunde com a hipossuficiência, prevista no artigo 6º, inciso VIII, do Código de Defesa do Consumidor, pois, de acordo com as lições de Humberto Theodoro Junior:[44]

> O Código de Defesa do Consumidor reconhece a vulnerabilidade e a hipossuficiência do consumidor, o que justifica, como se viu, a sua proteção especial. Entretanto, essas características não se confundem.
>
> É certo que a *vulnerabilidade* do consumidor constitui uma *presunção legal absoluta*, que impõe o tratamento diferenciado que lhe é dispensado em face do fornecedor. Isto porque 'não se pode pensar em proteção e defesa ao consumidor sem colocá-lo nesta posição de inferioridade perante os fornecedores de modo geral, principalmente diante das intensas transformações pela quais passaram as relações jurídicas e empresariais nos últimos tempos'. A *vulnerabilidade*, destarte, 'é elemento posto da relação de consumo e não um elemento pressuposto, em regra'.
>
> Por outro lado, a hipossuficiência não é característica de todo e qualquer consumidor. Trata-se de uma circunstância que deve ser aferida no processo, caso a caso e a sua caracterização tem por finalidade equilibrar a relação consumerista no bojo da ação judicial.

Como anteriormente mencionado, o artigo 170 da Constituição Federal, situado no título atinente à ordem econômica e financeira, estabelece que a ordem econômica, fundada na valorização do trabalho humano e na livre iniciativa, tem por fim assegurar a todos existência digna, conforme os ditames da justiça social, devendo observar, entre outros princípios, a defesa do consumidor.

---

[41] CAVALIERI FILHO, Sérgio. *Op. cit.*, p. 77.
[42] *Ibidem*, p. 87.
[43] *Ibidem*, p. 87.
[44] THEODORO JUNIOR, Humberto. *Op. cit.*, p. 11.

No final do século XX, a produção e o consumo em massa ainda podem ser somados ao desenvolvimento dos meios de comunicação, que possuem grande influência sobre os consumidores, que, cada vez mais, por meio da propaganda, são incentivados a consumir cada vez mais. Diante do grau do desequilíbrio existente entre fornecedores e consumidores, foi possível constatar que o modelo liberal já não estava mais atendendo às necessidades, havendo a necessidade de intervenção do Estado na economia, a fim de tutelar a parte mais vulnerável na relação.[45] Além disso, foi possível constatar que os conflitos existentes não tinham apenas o condão de atingir uma pessoa específica, na medida em que, por vezes, atingia uma coletividade ou um número indeterminado de pessoas.[46]

Fica claro, portanto, que, diante do notório desequilíbrio existente entre o fornecedor e o consumidor, é absolutamente fundamental a intervenção estatal para que seja restabelecido o equilíbrio, tendo as disposições normativas de natureza consumerista justamente esse objetivo, tendo como princípios fundamentais especialmente a boa-fé e a transparência das relações contratuais, buscando-se a concretização da denominada função social dos contratos, que demanda "uma nova forma de tratamento, consistente no respeito e observância dos interesses maiores da sociedade, sem, contudo, abrir mão dos interesses individuais dos agentes contratantes".[47]

1.4 O consumo na sociedade pós-moderna

Embora seja correto se falar que a ideia de consumo existe desde os primórdios da vida em sociedade, tem-se que a forma como o consumo se desenvolve sofreu profundas transformações ao longo dos anos, sendo que, atualmente, em uma fase que pode ser denominada de *pós-modernidade*, o ato de consumir não tem apenas o escopo de satisfazer às necessidades humanas para fins de sobrevivência. Hoje, o ato de consumir é visto como uma maneira de o indivíduo se sentir integrado na sociedade, sendo imprescindível para que ele alcance o ideal de felicidade.[48]

Nas lições de Alexandre Rocha Almeida de Moraes, tem-se que a expressão pós-modernidade é utilizada para fazer referência às mudanças que ocorreram nas ciências, nas artes e nas sociedades desde 1950:

> Um novo contexto pautado por novos paradigmas: cibernética, robótica industrial, biologia molecular, medicina nuclear, tecnologia de alimentos, terapias psicológicas e religiões alternativas, climatização, técnicas de embelezamento, a mídia (televisão e internet), a revolução tecnológica dos meios de comunicação, o aumento do consumo, o hedonismo

---

[45] ANDRADE, Pedro Ivo de. *Crimes contra as relações de consumo* (artigo 7º da Lei 8.137/90). Curitiba: Juruá, 2008, p. 27.

[46] Como afirma Espedito Neiva de Sousa Lima, na sociedade de consumo contemporânea, "impera a proliferação de produtos e serviços, bem como o fenômeno das necessidades artificiais geradas pela oferta de crédito e pela publicidade exagerada", sendo o agente fornecedor quem dita as regras dos negócios. Diante da patente hipossuficiência e vulnerabilidade do consumidor, mostra-se necessária a intervenção estatal, porém, é importante que haja um equilíbrio entre a autonomia dos agentes e a intervenção estatal. É fundamental mencionar que, para que se possa falar em uma proteção efetiva e integral, há necessidade de que "a proteção alcance todos os aspectos da relação contratual consumerista, passando por seu objeto e chegando à regulamentação das ferramentas de crédito e marketing" (LIMA, Espedito Neiva de Sousa. *Intervenção estatal nas relações consumeristas*: limites e possibilidades. Rio de Janeiro: Lumen Juris, 2019, p. 138)

[47] LIMA, Espedito Neiva de Sousa. Intervenção Estatal nas Relações Consumeristas: limites e possibilidades. Rio de Janeiro: Lumen Juris, 2019, p. 132.

[48] LIMA, Gabriela Eulalio de. *O consumo colaborativo não contexto da Sociedade Líquida*: uma análise sociológica, econômica e jurídica. Rio de Janeiro: Lumen Juris, 2017, p. 29.

e a busca constante de autossatisfação, o niilismo, enfim, inúmeras circunstâncias e características que alteram profundamente todas as formas de controle social.[49]

Como referência à realidade da sociedade pós-moderna, Zygmunt Bauman utilizou a expressão "sociedade líquida", tida como uma "sociedade de consumo",[50] que, como afirma Gabriela Eulalio de Lima, com base na análise feita pelo referido autor:

> Os valores nesta sociedade estão cada vez mais fluídos e escoam como água, sem que seja possível contê-los, resumidamente, nada é feito para durar. A vida líquida é precária, fundada em condições de incertezas constantes. Esse método figurado de liquefação de valores da condição humana, aprimorado pela Era da Pós-Modernidade, transmutou a prática essencial da existência humana – o ato de consumir em si – para um cenário universalmente decadente. Os seres humanos só gozam de reconhecimento individual e coletivo se atuam incansavelmente como consumidores vorazes, coisificando a própria dignidade humana, tornando-se seres totalmente tendenciosos a uma insatisfação inexaurível.[51]

Gabriela Eulalio de Lima pondera ainda que, na "era moderna", o consumo era considerado uma consequência da produção de mercadorias, enquanto na pós-modernidade prevalece a ideia da necessidade da propagação do consumo, "vendendo a ideia de que consumir, ter e adquirir são sinônimos da condição de ser um membro da sociedade", ensejando o chamado consumismo.[52]

Em outras palavras, para que o indivíduo se sinta como pertencente à sociedade, há necessidade de que possa realizar esse consumo, "ampliando a visão do consumidor para uma progressão sempre futurista, na expectativas de novidades que serão lançados no mercado",[53] com cada vez maior descarte de mercadorias que, embora ainda sejam úteis e possam continuar a desempenhar as funções para as quais foram adquiridos, já não atendem mais às expectativas do consumidor, tendo em vista o lançamento de produtos mais novos, que, em termos práticos, exercem as mesmas funções daqueles que serão descartados, gerando uma constante insatisfação nos consumidores. De acordo com Alexandre Rocha Almeida de Moraes, na sociedade tecnológica, "a tradição, a durabilidade e o apego dão lugar ao instantâneo, ao envelhecimento e à reciclagem" e "o entulho e a substituição que traz lucro hoje não mais convivem com a durabilidade e a confiabilidade do produto e muito menos dos seus valores".[54]

Assim, no cenário que se vivencia, é possível verificar que a vulnerabilidade do consumidor fica cada vez mais evidenciada, como muito bem pontua Gabriela Eulalio de Lima:

> Na Pós-Modernidade, tudo está relacionado ao consumo. O homem pós-moderno só consegue ser na sociedade à medida que "tem; logo a sua existência é medida quando e sobre o quanto consome". O indivíduo ganha destaque na sociedade de consumo pós-moderna à medida que seu consumo acompanha os novos atrativos, as ovas

---

[49] MORAES, Alexandre Rocha Almeida de. Direito Penal Racional: propostas para a construção de uma teoria da legislação e para uma atuação criminal preventiva. Curitiba: Juruá, 2016, p. 80.
[50] BAUMAN, Zigmunt. *Vida líquida.* Tradução de Carlos Alberto Medeiros. Rio de Janeiro: Jorge Zahar, 2007.
[51] LIMA, Gabriela Eulalio de. *Op. cit.,* p. 01.
[52] *Ibidem*, p. 19.
[53] *Ibidem*, p. 19.
[54] MORAES, Alexandre Rocha Almeida de. *Op. cit.,* p. 76.

tecnologias, formando um sistema global que acomoda as relações do homem na Pós-Modernidade, que são variáveis de acordo com os padrões possíveis de consumo de cada classe.

A sociedade de consumo pós-moderna move-se por meio das necessidades humanas cada vez mais efêmeras e os desejos mais intensos dos consumidores, sob a influência incisiva do *marketing* e da publicidade, o que resulta no processo de mercantilização da existência humana pelo desvirtuamento do ato de consumir que, se de um lado revigora o estímulo do crescimento econômico, em contrapartida tem resultado na figura assombrosa da descartabilidade prematura de objetos de consumo ainda úteis, graças aos aspectos de obsolescência instantânea.[55]

Com base no raciocínio acima explicitado, a referida autora afirma que as circunstâncias do consumo na pós-modernidade advém de dois aspectos: social e individual. Sob o aspecto social, pode-se falar que o consumo está ligado à própria respeitabilidade do sujeito perante a sociedade, tendo em vista que, com base no seu padrão de consumo, o indivíduo é classificado, tratando-se de aspectos que possui uma dimensão cultural. Já sob o ponto de vista individual, o consumo acaba tendo uma direta vinculação com a condição humana, pois "o ter é condição para o ser (o indivíduo é a medida que consome".[56]

O grande problema que se verifica na sociedade pós-moderna – que, como consignado, é uma sociedade de consumo – consiste no fato de que essa noção de que o consumo está diretamente relacionado ao sentimento de felicidade acaba ensejando o chamado consumismo, uma verdadeira patologia, que tem trazido uma série de consequências negativas sob vários aspectos, tais como problemas sociais como superendividamento, além de problemas ambientais, entre outros, mostrando-se como uma prática que não é sustentável. O consumo norteado por essa concepção possui um aspecto precipuamente individual, sem levar em consideração a sociedade como um todo e muito menos as gerações futuras.[57]

Encontrar uma solução para esse problema evidentemente não é uma tarefa fácil, especialmente porque demanda uma abordagem de caráter multidisciplinar, contando com noções que se encontram no campo não somente nas ciências criminais, mas em conjunto com outras áreas do conhecimento, como as ciências antropológicas e econômicas, especialmente, hodiernamente, diante das graves consequências advindas da pandemia de covid-19, que afetou sobremaneira as relações de consumo, principalmente no tocante ao superendividamento.

2 A tutela penal dos bens supraindividuais e a tutela penal das relações de consumo

2.1 Da evolução da tutela dos interesses individuais aos interesses coletivos

A concepção dos interesses ou direitos coletivos como uma categoria específica de direito, com características próprias, está diretamente relacionada ao desenvolvimento da humanidade, sendo imprescindível uma análise histórica para que se possa ter a correta concepção das transformações pelas quais passou a sociedade e, consequentemente, o

---

[55] LIMA, Gabriela Eulalio de. *Op. cit.*, p. 20.
[56] *Ibidem*, p. 30-31.
[57] *Ibidem*, p. 37-40.

próprio Estado, e que foram responsáveis pelo surgimento dos denominados direitos coletivos, bem como da necessidade de mecanismos próprios de tutela de tais direitos.

As alterações ocorridas na sociedade, sobretudo após a Revolução Industrial, onde nasceu a denominada sociedade de massa, sociedade esta que se beneficiou dos progressos empreendidos pela industrialização, mas que também sofreu danos de grande repercussão – realidade que subsiste hodiernamente, não apenas em relação aos danos acarretados pela industrialização, mas outros danos causados pela própria evolução social –, fizeram com que surgisse uma preocupação por parte dos juristas acerca do nascimento de uma nova espécie de direitos, denominados direitos coletivos (direitos transindividuais ou direitos supraindividuais).

Entretanto, é de se ressaltar que não foi apenas o surgimento das sociedades de massa, nas quais existem os danos de massa, o responsável pelo aparecimento dos direitos coletivos, bem como da preocupação em se criar mecanismos hábeis a tutelá-los, mas também o próprio processo de multiplicação dos direitos e de multiplicação dos próprios titulares dos direitos. A transformação do próprio Estado, intimamente ligada à transformação da própria sociedade, fez com que se percebesse a necessidade de criação de novos mecanismos para a tutela dos novos interesses que surgiram no bojo social.

Conforme afirma Norberto Bobbio, a multiplicação dos direitos, principalmente após a Segunda Guerra Mundial, ocorreu de três modos:

> a) porque aumentou a quantidade de bens considerados merecedores de tutela; b) porque foi estendida a titularidade de alguns direitos típicos a sujeitos diversos do homem; c) porque o próprio homem não é mais considerado como ente genérico, ou homem em abstrato, mas é visto na especificidade ou na concreticidade de suas diversas maneiras de ser em sociedade, como criança, velho, doente, etc. Em substância: mais bens, mais direitos, mais status do indivíduo (...).[58]

Trazendo tal ideia para o contexto fático social atual, é patente a constatação de que há alguns anos, certas questões que atualmente estão na ordem do dia, como a proteção do meio ambiente, dos idosos, das crianças e adolescentes, eram impensáveis. São temas que ao longo do tempo passaram a ser vistos como absolutamente essenciais, não sendo raro se verificar a criação de verdadeiros microssistemas de proteção para a tutela de direitos que antes sequer eram objeto de debates, como o Estatuto da Criança e do Adolescente, o Estatuto do Idoso e o próprio Código de Defesa do Consumidor.

Norberto Bobbio consigna que os direitos liberais clássicos, denominados de liberdades negativas, como os direitos de liberdade, de livre opinião, de manifestação, conhecidos como direitos humanos de primeira geração, já não mais atendiam às reivindicações, sendo necessária uma intervenção direta do Estado.[59] O capitalismo foi se exacerbando, a ponto de grande parte da sociedade ser reduzida à condição de miserabilidade, sendo necessária uma intervenção estatal, ou seja, uma ação positiva por parte do Estado, na medida em que a mera previsão constitucional não seria possível à intervenção estatal na liberdade.

Dessa exigência de um atuar positivo por parte do Estado, que se verificou de forma mais acentuada a partir da Revolução Industrial, é que nascem os direitos políticos e sociais, os quais exigem uma intervenção direta do ente estatal, que passa a exercer a função de agente de promoção de direitos, dando origem aos denominados direitos humanos de segunda

---

[58] BOBBIO, Norberto. *A era dos direitos*. Trad. Carlos Nelson Coutinho. Rio de Janeiro: Campus, 1992, p. 68.
[59] *Ibidem*, p. 68-70.

geração. Cumpre mencionar que essa nova modalidade de direitos não é incompatível com os direitos humanos de primeira geração, tendo em vista que os direitos individuais e sociais são complementares, pois aqueles são uma garantia destes, e vice-versa. Existe, portanto, um mínimo sem o qual a fruição das liberdades não é possível.

A sociedade continuou evoluindo e, na década de sessenta, com o grande desenvolvimento tecnológico e a imensa circulação de informações, surgem os denominados direitos humanos de terceira geração, os quais têm um enfoque muito mais coletivo do que individual, na medida em que não possuem um titular exclusivo, sendo compartilhado pela coletividade, como, por exemplo, o meio ambiente. São direitos pautados na noção de solidariedade, tendo em vista que, por se tratar de direitos de toda a coletividade, não havia como conceder para um com a exclusão dos demais. Percebeu-se que o Estado Social não era capaz de atender às novas reivindicações que se mostravam dentro do novo contexto social, sendo necessária a existência de uma participação crescente entre o indivíduo coletivamente organizado – denominado de sociedade civil ou de terceiro setor – e o Estado. Esse tipo de direito permite, inclusive, a ideia da existência de outros titulares além do indivíduo isoladamente considerado.

Neste ponto, portanto, pode ser feita uma correlação com o segundo fator que Norberto Bobbio aponta para o processo de multiplicação dos direitos, qual seja, a extensão dos titulares dos direitos dos homens, que faz com que tais direitos sejam titularizados por sujeitos diferentes do indivíduo, como as minorias étnicas e religiosas, a família e até mesmo sujeitos diferentes dos homens, como os animais.[60]

Por fim, Bobbio fala dos direitos humanos de quarta geração, relativos aos avanços das tecnologias genéticas, em que há ampla discussão da clonagem humana e da experimentação com embriões. A discussão aqui gira em torno dos riscos que o desenvolvimento tecnológico e científico pode trazer para a humanidade.

A terceira razão que Norberto Bobbio aponta para a multiplicação dos direitos é que o homem passa a ser visto de acordo com suas especificidades, pautadas em diferentes critérios de diferenciação, dos quais se depreende que existem substanciais diferenças entre os homens, sobretudo no tocante aos direitos sociais. Portanto, o idoso é diferente do jovem, a criança é diferente do adulto, a mulher do homem, e assim em diante.

É justamente na terceira geração de direitos humanos que surge a ideia dos direitos supraindividuais ou coletivos. Ada Pellegrini Grinover chama os direitos transindividuais de interesse social, distinguindo-os do interesse público – entendido como aquele que se faz valer em relação ao Estado – e do interesse privado – de que é titular cada pessoa individualmente considerada. No tocante ao interesse coletivo, preleciona a referida autora que:

> os interesses sociais são comuns a um conjunto de pessoas, e somente a estas. Interesses espalhados e informais à tutela de necessidades coletivas, sinteticamente referíveis à qualidade de vida. Interesses de massa, que comportam ofensas de massa e que colocam em contraste grupos, categorias, classes de pessoas. Não mais se trata de um feixe de linhas paralelas, mas de um leque de linhas que convergem para um objeto comum e indivisível. Aqui se inserem os interesses dos consumidores, ao ambiente, dos usuários de serviços públicos, dos investidores, dos beneficiários da previdência social e de todos aqueles que integram uma comunidade, compartilhando de suas necessidades e seus anseios.[61]

---

[60] *Ibidem*, p. 69.

[61] GRINOVER, Ada Pellegrini. Defesa do meio ambiente em juízo como conquista da cidadania. Disponível em: http://www.cjf.gov.br/revista/numero9/artigo15.htm. Acesso em: 09 maio 2021.

2.2 Da tutela penal dos interesses supraindividuais

Diante da evolução da sociedade, com o passar do tempo, verificou-se a necessidade de que o Direito Penal também acompanhasse as mudanças sociais, de forma a possibilitar a existência de uma tutela penal que se mostrasse adequada diante das novas necessidades que se apresentavam. Dessa forma, paulatinamente, constatou-se que a mera proteção dos interesses individuais já não atendia mais às demandas da denominada "sociedade de risco", havendo essa percepção não apenas na esfera cível, mas também na esfera penal.

O Direito Penal, pautado especialmente na noção de dano para que houvesse a imposição de uma sanção penal, deparou-se com a necessidade de trazer uma nova forma de proteger os interesses sociais mais relevantes, notadamente com a antecipação da barreira de proteção penal, na medida em que, para resguardar esses interesses de forma eficaz, era imprescindível a sua incidência antes mesmo que um dano concreto fosse verificado. Como afirma Stephanie Carolyn Perez:[62]

> Os interesses coletivos são próprios do período da modernidade e representam não apenas uma nova fase no que diz respeito ao próprio Direito, já que trazem movas formas de se tratar a proteção dos interesses sociais, mas também representam uma nova forma de se ver o Direito Penal, que também precisa se adequar a nova tendência moderna. Antes o Direito Penal era acionado e aplicado apenas pós uma efetiva lesão a um interesse individual tutelado. Com o surgimento da era da modernidade, ou da pós-modernidade, muda-se o foco de proteção do legislador, que vê a necessidade de tutelar e proteger interesses coletivos, independentemente de uma efetiva ocorrência de dano. O Direito Penal de lesão, próprio do sistema clássico, passa a ser um Direito Penal de perigo cuja aplicação se dá independentemente da ocorrência de efetiva lesão ao bem jurídico tutelado. Basta simples possibilidade de ocorrência de lesão para que o Direito Penal seja acionado para solucionar determinado conflito.
>
> Além disso, verifica-se que o surgimento deste chamado "Direito Penal Moderno", é deixada de lado a ideia de intervenção mínima do Direito Penal, que passa a ser visto, equivocadamente como *prima ratio* na solução dos conflitos.

Essa nova forma de incidência do Direito Penal está intimamente relacionada à ideia de sociedade de risco, de forma que, como o objetivo primordial é evitar que o dano aconteça, quando se fala de proteção de bens coletivos, o Direito Penal não pode mais aguardar uma efetiva lesão ao bem jurídico, sendo justificada a sua incidência diante de uma mera probabilidade de dano.

Quando se fala em tutela dos interesses supraindividuais em âmbito penal na sociedade de risco, é possível verificar que ela tem relação direta com o direito à segurança, que possui previsão constitucional como direito fundamental, evitando-se, assim, a chamada vitimização difusa e protegendo as vítimas potenciais, fenômeno que se verifica especialmente quando se está diante dos crimes do colarinho branco, da criminalidade organizada, dos crimes contra a ordem econômica e da relação de consumo,[63] nos quais, em regra, não há uma vítima concreta.

---

[62] PEREZ, Stephanie Carolyn. *A efetividade do direito na aplicação da tutela penas nos crimes contra as relações de consumo*. Rio de Janeiro: Lumen Juris, 2018, p. 95-96.

[63] CÂMARA, Guilherme Costa. *Programa de política criminal*: orientado para a vítima de crime. São Paulo: Revista dos Tribunais/Coimbra Editora, 2008, p. 112-113.

Cumpre salientar que há uma severa crítica doutrinária a respeito da tutela penal dos interesses supraindividuais, notadamente no tocante ao caráter expansivo que o Direito Penal tem adquirido com a criação de novos tipos penais e com a ampliação dos tipos penais já existentes. Assim, diante das inúmeras críticas que a tutela dos bens supraindividuais possui – entre elas, a tutela penal dos bens contra as relações de consumo –, há na doutrina aqueles que defendem a adoção de modelos alternativos de intervenção estatal nesses casos, tendo em vista que, pelas características, as intervenções penais nessa esfera seriam mais invasivas na liberdade do cidadão do que o Direito Penal comum.[64]

Uma parte da doutrina, pautada em uma concepção clássica do Direito Penal, defende que o Direito Penal não deve incidir para a tutela de interesses coletivos, sustentando, portanto, que, nesses casos, a tutela penal não seria adequada para resolver problemas sociais que não são causados por um desvio individual de conduta, sob pena de transformar o Direito Penal em mero direito penal simbólico, na medida em que teria pouca utilidade prática.[65] Seguindo essa linha de raciocínio, Winfried Hassemer, afirma que:[66]

> (...) Os objetos de proteção que são agregados a estes âmbitos são despidos de simplicidade e concretude como nós os conhecíamos pelas lesões clássicas como a fraude, danos materiais, homicídios ou estupro, eles se elevaram ao plano geral, ocupam grandes áreas e dissolvem-se nas suas margens. Trata-se agora de proteção diante de grupos e organizações perigosas; diante a perigos às condições de vida ecológica; da proteção das exigências da economia estatal; da capacidade de função, do mercado de capital; da saúde do povo; do processamento de dados na economia e na administração.
>
> Partes da teoria do Direito Penal acompanham progressivamente e com simpatia este desenvolvimento. O Direito Penal desenvolve-se aí de um instrumento de controle do crime em um sistema de orientação global e em uma 'organização de atuação' social. Isto vale como resposta à exigências da moderna 'sociedade de risco', a qual não mais compreende os bens jurídicos sob o ponto de vista de um perigo individual, mas sob o ponto de vista de um 'grande transtorno' colocado em perigo. A intervenção jurídico-penal transforma-se de repressão pontual em prevenção global. A visão jurídico-penal sobre o objeto e a consequência da intervenção amplia-se de modo extraordinário: do caso isolado à ordem sistemática global; do prejuízo patrimonial ao transtorno no mercado de capitais; da lesão corporal ao perigo à saúde popular. Com isso se vê que a práxis e a teoria do Direito Penal 'modernizado' se correspondem.

Para Winfried Hassemer, a tutela de bens supraindividuais pelo Direito Penal nos termos acima mencionados não seria possível, pois, segundo ele, seria incompatível com a vinculação às normas e aos princípios característicos do Direito Penal, que, em suas palavras "impede a sua transformação em um instrumento eficaz, flexível e superficial de orientação social global", criticando de forma veemente a incidência do Direito Penal nos seguintes termos:[67]

---

[64] KALIL, José Arthur Di Spirito. *O consumidor e o Direito Penal Econômico*. Rio de Janeiro: Lumen Juris, 2014, p. 79.

[65] PLASENCIA, José Ulises Hernández. Sobre la censura e la intervención penal y los procedimientos eficaces en la protección de los intereses económicos de los consumidores. *In:* PLASENCIA, José Ulises Hernández (coord.). *La intervención penal en la protección de los intereses económicos de los consumidores*. Madrid: Marcial Pons, 2020, p. 22.

[66] HASSEMER, Winfried. *Introdução aos fundamentos do Direito Penal*. Tradução de Pablo Rodrigo Alflen da Silva. 2. ed. Porto Alegre: Sergio Antonio Fabris Editor, 2005, p. 360-362.

[67] *Ibidem*, p. 362.

(...) O Direito Penal deve esperar que a violação ao Direito ocorra e não pode criminalizar profilaticamente (princípio do 'Direito Penal do ato'); de acordo com o princípio da imputação causador responsável pelos 'transtornos', antes de intervir; ele deve mensurar as suas intervenções de acordo com os critérios da proporcionalidade e não deve intervir se o caso em conflito for duvidoso ('in dubio pro reo'). Deve reparar no fato de que o sistema jurídico-penal pode preservar as vinculações clássicas mesmo sob a pressão da modernização, sem as quais pode se tornar perigoso com os seus instrumentos severos principalmente para a sociedade moderna.

Assim, Winfried Hassemer defende que, para a concreta proteção dos bens jurídicos transindividuais, deveria incidir o direito de intervenção – denominado de "Direito Administrativo Sancionador", que estaria entre o Direito Penal e o Direito Administrativo – nesses casos, com a flexibilização de direitos e garantias relativas ao processo penal comum, mas com imposição de sanções menos rigorosas do que as sanções penais.

Guilherme Costa Câmara, ao analisar a crítica de Winfried Hassemer quanto à tutela penal dos bens jurídicos supraindividuais, especialmente no tocante à importância para fins de prevenção, afirma que, embora, de fato, o Direito Penal não possa incidir apenas como um substituto aparentemente menos oneroso de políticas governamentais destinadas a corrigir desequilíbrios e problemas sociais, não pode ser visto como algo inaceitável e ruim o "prevenir vitimizações e, sobretudo, macrovitimização (nesse sentido um Direito Penal de índole preventiva é um objetivo digno a ser perseguido)".[68] E conclui o citado autor aduzindo que "a proteção de uma vítima virtual volve-se, não se pode recusar, por mais comezinho que esse raciocínio se revele, a evitar que sobrevenham vítimas em carne e osso".[69]

Jesús Maria Silva Sánchez afirma que a sociedade atual é caracterizada basicamente por constantes e céleres mudanças econômicas e pela aparição de avanços tecnológicos sem precedentes na história da humanidade, as quais possuem repercussões diretas no bem-estar individual, mas que também trazem consequências negativas que não podem ser ignoradas.[70] Dessa forma, ele assevera que, na sociedade de risco, o Direito Penal deve incidir para a tutela dos bens jurídicos que "estejam dotados de um conteúdo de valor para o desenvolvimento pessoal do homem em sociedade".[71]

Diante disso, de acordo com o citado autor, não se pode excluir de proteção penal os bens jurídicos supraindividuais, pois "eles também constituem meios importantes para a autorrealização social do indivíduo", sendo que "a condição de bem jurídico não requer que o indivíduo seja diretamente afetado, mas também que o possa ser indiretamente".[72] A grande dificuldade prática que se encontra é de se estabelecer os limites para que se possa verificar até que ponto a repercussão indireta sobre o indivíduo pode ensejar a incidência da prevenção de cunho penal.

Assim, como uma forma de solução, quando se fala de incidência do Direito Penal para tutela do risco, noção ligada precipuamente à tutela dos bens supraindividuais, Jesús Maria Silva Sanchez defende a adoção de um sistema que ele denomina de "Direito Penal de Segunda Velocidade", que teria o condão de conferir uma resposta penal diante dos novos

---

[68] CÂMARA, Guilherme Costa. *Op. cit.*, p. 114.
[69] CÂMARA, *Op. cit.*, p. 114.
[70] SÁNCHEZ, Jesús Maria Silva. *La expansión del Derecho Penal*: aspectos de la política criminal en las sociedades postindustriales. 3. ed. Madrid: Edisofer, 2011, p. 13-14.
[71] *Idem. Aproximação ao Direito Penal Contemporâneo*. Tradução de Roberto Barbosa Alves. São Paulo: Revista dos Tribunais, 2011, p. 413.
[72] *Ibidem*, p. 414.

riscos que se apresentem – e que, consequentemente, atenderia às demandas da sociedade pós-moderna –, mas que também tenha o condão de tutelar os princípios inerentes ao Estado Democrático de Direito.

No modelo de "Direito Penal de Segunda Velocidade", não haveria a incidência de penas privativas de liberdade, devendo ser impostas sanções penas mais próximas das sanções administrativas, como penas restritivas de direitos e multas, sanções que recaem especialmente sobre pessoas jurídicas. Segundo Jesús Maria Silva Sánchez, a característica essencial nesses casos seria "a judicialização (e a consequente imparcialidade máxima), com a manutenção do significado "'pena' dos injustos e das sanções, sem que estas, contudo, tenham as repercussões pessoais da pena de prisão".[73] É uma forma de se manter a disciplina desses casos pelo Direito Penal, que possui mecanismos públicos de persecução mais rigorosos.[74]

Ainda segundo Jesús Maria Silva Sánchez, o modelo clássico de imputação estaria adstrito, portanto, aos crimes que tenham a previsão de incidência da pena de prisão. Já na tutela dos bens supraindividuais, em especial quando se fala de Direito Penal Econômico, haveria necessidade de flexibilização das regras gerais de imputação, como, por exemplo, a responsabilidade penal da pessoa jurídica, a ampliação dos critérios de autoria e dos crimes comissivos por omissão, entre outros, bem como de alguns princípios clássicos de política criminal. No tocante aos crimes em que haja a previsão de sanção privativa de liberdade, a conduta tipificada deveria ter uma "significativa repercussão em termos de afetação ou lesividade individual", ou seja, um perigo real a um bem individual, sendo que somente nos casos de ausência de sanção privativa de liberdade é que as regras de imputação poderiam ser flexibilizadas.[75]

José Ulises Hernández Plasencia menciona que, quando se fala da tutela penal de bens jurídicos que não tenham natureza individual, um questionamento que surge diz respeito à eventual violação dos princípios limitadores da incidência do Direito Penal, tais como os princípios da intervenção mínima, da legalidade e da lesividade.[76] No tocante à violação do princípio da intervenção mínima, ele afirma que, na realidade, o referido princípio possui natureza político-criminal, que sofre variação de acordo com o momento que se apresenta, não podendo, portanto, ser utilizado como fundamento pra se excluir a necessidade de tutela penal dos interesses supraindividuais quando ela se mostra necessária.[77] Ele menciona ainda que o princípio da intervenção mínima não significa a impossibilidade de uma incidência complementar do Direito Penal para a tutela de determinados bens jurídicos, mas sim que essa intervenção deve ocorrer apenas no que for estritamente necessário, pois, de outra forma, não seria possível assegurar uma convivência pacífica. Diante das necessidades que se apresentam de acordo com o desenvolvimento da sociedade, pode-se verificar a necessidade de expansão do Direito Penal em determinadas searas ou a sua não incidência em outras, de forma que a tutela penal deve incidir quando se verificar a necessidade de

---

[73] SÁNCHEZ, Jesús Maria Silva. *La expansión del Derecho penal*: aspectos de la política criminal en las sociedades postindustriales. *Op. cit.*, p. 178-179 – tradução livre.

[74] KALIL, José Arthur Di Spirito. *Op. cit.*, p. 79-80.

[75] SÁNCHEZ, Jesús Maria Silva. La expansión del Derecho penal: aspectos de la política criminal en las sociedades postindustriales. *Op. cit.*, p. 180.

[76] PLASENCIA, José Ulises Hernández. Sobre la censura e la intervención penal y los procedimientos eficaces en la protección de los intereses económicos de los consumidores. *Op. cit.*, p. 25.

[77] *Ibidem*, p. 26-27.

evitar determinadas condutas que possam atentar contra o bem jurídico protegido, seja no âmbito individual ou coletivo.[78]

Além disso, é possível se verificar, ainda, que a tutela dos bens jurídicos supraindividuais possui a missão de tutelar os bens jurídicos individuais, ainda que de forma reflexa, pois "a ideia de supraindividualidade não dissolve e nem elimina a possibilidade de uma ofensa de lesão ou de perigo a um número significativo de vítimas reais".[79]

É importante mencionar, ainda, que é muito comum que, para a tutela do consumidor, especialmente quando se fala na tutela de interesses coletivos, o legislador tenha que se socorrer à utilização das normas penais em branco, havendo, portanto, a necessidade de que se recorra a outras normas, sendo algumas de natureza não penal, a fim de que haja a correta compreensão do alcance do tipo penal, o que faz com que algumas pessoas questionem se não haveria uma ofensa ao princípio da legalidade, especialmente quando há necessidade de complementação por normas de natureza administrativa. Em que pese haver a existência de discussões acerca da possível violação do princípio da taxatividade, fato é que, especialmente diante da velocidade com que as transformações se operam na sociedade "pós-moderna", a utilização das normas penais em branco é fundamental para que não haja um engessamento da normal penal, inviabilizando, por conseguinte, que ela possa cumprir sua missão de tutela dos bens jurídicos essenciais.

Ainda quando se fala de tutela penal de bens de natureza transindividual, imprescindível fazer menção à prevalência da utilização dos crimes de perigo abstrato, tema que também gera controvérsia doutrinária, havendo uma parcela significativa da doutrina que defende a exclusão dos crimes de perigo abstrato, sob o argumento de que eles seriam incompatível com um Estado Democrático de Direito que "fundamento o exercício do *ius puniendi* na proteção exclusiva de bens jurídicos e, consequentemente, na premissa da lesividade":[80]

> A previsão de delitos sem resultado material, seja de perigo, seja de lesão, seria incompatível com um direito penal garantista, pois a incriminação de mera conduta implicaria a repressão de atos de desobediência, sem vínculo imediato com bens jurídicos, que não entrariam na esfera da ação ilícita. Para esta corrente doutrinária, tais tipos penais importam em presunção *jures et de jure* de resultado, que afeta um direito penal fundado na responsabilidade pessoal e maculam o direito de defesa ao não admitirem prova em contrário da ausência de lesividade.

Entretanto, como salienta Pierpaolo Cruz Bottini, a invocação do princípio da lesividade não enseja necessariamente a rejeição de plano dos delitos de perigo abstrato, pois ela "não é verificada apenas nos comportamentos que danificam bens jurídicos, mas abarca também a ameaça real ou potencial dos objetos de tutela, que revela condutas penalmente relevantes", de forma que "o abalo social que legitima a repressão é revelado inicialmente pela conduta, e não pelo resultado material *ex post*":[81]

> A consolidação de um direito penal que proteja, de maneira racional e funcional, os bens jurídicos diante dos novos riscos exigem, em alguns momentos, a antecipação da tutela. O que se faz necessário é a configuração de limites precisos para a atuação

---

[78] *Ibidem*, p. 26-27.
[79] CÂMARA, Guilherme Costa. *Op. cit.*, p. 116.
[80] BOTTINI, Pierpaolo Cruz. *Crimes de perigo abstrato*: uma análise de novas técnicas de tipificação no contexto da sociedade de risco. 4. ed. São Paulo: Revistas dos Tribunais, 2019, p. 128.
[81] *Ibidem*, p. 129.

repressiva estatal, por meio da construção de uma política criminal racional e teleológica que impeça, em nome do alargamento da proteção de interesses fundamentais, o exercício irracional do *ius puniendi*.

Dessa forma, tem-se que, diante da sociedade de risco, em que a insegurança e o medo se fazem presentes, mostra-se necessária a tutela penal por meio dos crimes de perigo abstrato, tendo em vista que, como afirma Alexandre Rocha Almeida de Moraes, "esperar a produção de resultados naturalísticos que violam interesses coletivos ou difusos gera tantos prejuízos ao tecido social que somente aumentam a sensação de insegurança e fomentam o círculo vicioso de demanda por segurança e produção de leis penais mais rigorosas".[82]

Ainda a respeito do tema, Antonio Herman Benjamim, afirma que, no Direito Penal pós-moderno, verifica-se que é atribuída à tutela penal a função de evitar o dano a todo custo, "mesmo quando inexiste certeza científica sobre a sua probabilidade de ocorrência. Já não mais é um Direito Penal baseado no princípio da prevenção, mas sim um edifício sancionatório fundado no princípio da precaução". A concretização dessa função é feita com a previsão dos tipos penais de perigo, que se verifica com a "mera manifestação ou omissão de obrigação de fazer, independentemente de produção de qualquer resultado danoso na realidade". Por fim, conclui o citado autor afirmando que "querer que a norma penal opere de modo diverso é condená-la a ineficácia, é transformá-la em falsa esperança de proteção de vulneráveis em garantia de impunidade aos infratores".[83]

Quando se fala de tutela penal dos interesses supraindividuais, a grande dificuldade que se verifica é de se encontrar um ponto de equilíbrio a fim de que ela não consista apenas em um "direito penal simbólico", fenômeno que se verifica com o surgimento cada vez maior de leis penais incriminadoras que não tenham, de fato, o condão de proteger esses bens jurídicos difusos. O objetivo é possibilitar que a incidência do Direito Penal ocorra de forma eficaz e que ele não seja sempre acionado como *prima ratio* para a solução de problemas e, consequentemente, para a proteção de bens jurídicos que ele sozinho não terá o condão de tutelar adequadamente.

Oportuno salientar, contudo, que os riscos de um direito penal simbólico existentes em torno dessa temática não podem servir como justificativa para se afirmar que o Direito Penal somente poderia ter a missão de tutelar bens individuais, pois esse modelo não "se mostraria apto a fazer frente às exigências atuais (e futuras) de proteção de um grande número de pessoas relativamente aos novos riscos", como observa Guilherme Costa Câmara:[84]

> Veja-se, nessa senda, que a proteção dos bens supraindividuais tem sido não só admitida, como considerada como de valor superior dimensão até mesmo pela doutrina que se destaca por defender um direito Direto Penal orientado de moro real e efetivo pelo princípio da *ultima ratio,* nesse sentido um Direito Penal mínimo, fortalecido por uma política criminal alternativa, tendo vindo a reconhecer que existem zonas socialmente nocivas (nomeadamente: criminalidade econômica, crimes contra o maio-ambiente, criminalidade política dos detentores de poder, crime organizado) que precisam ser atraídas para as malhas do Direito penal, porquanto "em muitos casos, socialmente bastante mais danosas que a deviance criminalizada e perseguida".

---

[82] MORAES, Alexandre Rocha Almeida de. *Op. cit.,* p. 140.
[83] BENJAMIN, Antônio Herman de Vasconcelos e. Das Infrações Penais. *In:* MARQUES, Claudia Lima; BENJAMIN, Antônio Herman V.; MIRAGEM, Bruno. *Comentários ao Código de defesa do consumidor.* 6. ed. São Paulo: Revista dos Tribunais, 2019, p. 1704.
[84] CÂMARA, Guilherme Costa. *Op. cit.,* p. 116.

Em suma, pode-se concluir que a tutela penal dos direitos supraindividuais mostra-se como uma necessidade na sociedade pós-moderna e encontra inúmeros desafios porque demanda uma mudança de mentalidade e uma revisão de concepção clássicas anteriormente adotadas e que já não atendem mais às necessidades da sociedade, com modificações na compreensão do bem jurídico, abandono de uma concepção individualista de conduta, possibilidade de responsabilização da pessoa jurídica, entre outros, havendo, ainda, a necessidade de se compreender o fenômeno criminoso de uma forma ampla, como lecionam Gregório Assagra de Almeida e Rafael de Oliveira Costa:[85]

> Em suma, a efetividade e a eficácia do Direto Penal Coletivo no Brasil demandam uma ruptura na forma como vem ocorrendo na atuação legislativa e na atuação dos operadores do direito, jurisdicionais ou extrajurisdicionais, de modo a atentar não apenas para a função do Direito Penal, mas também para o diálogo permanente que deve ser estabelecido com a Política Criminal – perpassado pelo "ponto de vista hermenêutico", com a Criminologia e atentando-se para a concepção dos bens jurídicos-penais à luz dos direitos e das garantias constitucionais fundamentais e, especialmente, para os Objetivos Fundamentais da República Federativa do Brasil, delineados no artigo 3º da CRFB/88.

Dessa forma, constata-se que, na seara da tutela dos bens supraindividuais, é necessária, como dito, uma mudança de mentalidade, de forma que o Direito Penal e o Processo Penal não sejam vistos apenas como "conjunto de regras e princípios, mas como mecanismos e garantias de efetividade dos direitos fundamentais e da implantação do princípio da transformação social (art. 3º da CR/1988) e, assim, tornando-se legítimo exercício da função jurisdicional na tutela dos bens jurídicos fundamentais para a dignidade social".[86]

2.3 Da tutela penal da relação de consumo como tutela de interesses supraindividuais

Como já consignado anteriormente, a Constituição Federal, em seu artigo 170, ao dispor sobre os princípios gerais da atividade econômica, dispôs expressamente sobre a necessidade de observância de defesa do consumidor. Porém, além das questões atinentes à tutela penal dos bens supraindividuais consignadas no tópico anterior, sobre essa questão, ainda se discute até que ponto a interferência penal na atividade econômica – e consequentemente nas relações de consumo – seria compatível com a função conferida ao Direito Penal.

Sobre essa questão, José Ulises Hernández Plasencia afirma que a incidência do Direito Penal na tutela da atividade econômica, especificamente no tocante aos direitos dos consumidores, deriva do fato de que, nessa seara, há bens jurídicos coletivos que devem ser protegidos e que não encontram uma proteção suficiente no âmbito extrapenal, sendo essa proteção derivada do próprio mandamento constitucional, tendo em vista a natureza difusa dos bens que devem ser protegidos e do nítido desequilíbrio que certas práticas provocam no mercado, gerando situações de risco e lesões patrimoniais.[87]

---

[85] ALMEIDA, Gregório Assagra de; COSTA, Rafael de Oliveira. *Direito Processual Penal Coletivo*: a tutela dos bens jurídicos coletivos. Belo Horizonte: D'Plácido, 2019, p. 131-133.
[86] *Ibidem*, p. 133.
[87] PLASENCIA, José Ulises Hernández. Sobre la censura e la intervención penal y los procedimientos eficaces en la protección de los intereses económicos de los consumidores. *In:* PLASENCIA, José Ulises Hernández (coord.). La intervención penal en la protección de los intereses económicos de los consumidores, p. 20.

Dessa forma, é possível afirmar que, diante dos danos que as condutas no contexto da relação de consumo podem causar, fica evidente a importância do Direito Penal na tutela de direitos dos consumidores, tendo em vista a necessidade de uma intervenção estatal que tenha o condão de dissuadir a prática de condutas extremamente lesivas ao consumidor, estando justificada, portanto, a incidência da tutela penal.

Em tese, os mecanismos de prevenção no âmbito civil e administrativo deveriam ter o condão de dissuadir a prática de tais condutas, mas o que se verifica é que, na realidade, eles não estão sendo muito eficazes. Partindo-se dessa premissa, é possível concluir que a incidência da tutela penal nas relações de consumo não consiste em uma forma de incidência do Direito Penal como forma de regular a economia, mas sim de uma função do Direito Penal de tutelar os bens jurídicos fundamentais.[88]

O escopo da tutela penal, em linhas gerais, seria a proteção do consumidor quanto aos danos potenciais, evitando, assim, a ocorrência do fenômeno da vitimização difusa. Nesse tipo de vitimização, via de regra, o próprio consumidor sequer consegue compreender a dimensão coletiva que o crime contra ele praticado possui, sendo que, motivado por diversos fatores, como a lentidão do sistema de justiça, por exemplo, quando consegue a obtenção de uma resposta nas esferas administrativa e cível, via de regra, o consumidor se desinteressa do desfecho da questão na esfera criminal. Como afirma José Geraldo Brito Filomeno:[89]

> Refoge ao senso de percepção normal do consumidor isoladamente considerado o interesse coletivo ou até mesmo difuso no sentido de que os que atentam contra as relações de consumo venham a ser punidos efetivamente, não apenas porque praticaram infrações àquelas, mas também para que não continuem a praticá-las.
>
> Tal desinteresse, aliado sempre ao dano individualizado e muitas vezes pequeno do ponto de vista econômico, mas relevante no sentido coletivo, bem como à impunidade nos chamados 'crimes econômicos', é que leva a uma sensação de desproteção do consumidor e desalento quanto a ver seus interesses ou direitos efetivamente velados.

Para que se possa falar em uma proteção concreta do consumidor, garantindo-se, assim, a implantação dos direitos e o cumprimento dos deveres elencados no Código de Defesa do Consumidor, é necessário que os problemas atinentes às relações de consumo sejam tratados em seus mais diversos aspectos de prevenção e reparação, razão pela qual, no cumprimento desse mister, mostra-se necessária a tutela de natureza penal.[90]

Dessa forma, em que pese a existência de controvérsias especialmente quanto à possibilidade de tutela penal dos bens jurídicos de natureza supraindividual, levando-se em consideração que o Direito Penal deve ter o escopo de proteger os valores constitucionalmente assegurados, especialmente na modernidade e na pós-modernidade, mostra-se necessária

---

[88] *Ibidem*, p. 24. José Ulises Hernández Plasencia afirma que, em tais casos, a tipificação de algumas condutas atentatórias aos interesses coletivos dos consumidores representaria uma espécie de alívio ao fato de que o legislador não tem o condão de impedir que diversas condutas danosas aos consumidores sejam praticadas, conformando-se com persecução de determinadas condutas que possuem o potencial de causar dano, mas sem que isso signifique que o bem jurídico em questão, de fato, esteja mais protegido de uma forma efetiva.

[89] FILOMENO, José Geraldo de Brito. Das infrações penais. *Op. cit.*, p. 680.

[90] BENJAMIN, Antônio Herman de Vasconcelos e. Das Infrações Penais. *In*: MARQUES, Claudia Lima; BENJAMIN, Antônio Herman V.; MIRAGEM, Bruno. *Comentários ao Código de Defesa do Consumidor*. 6. ed. São Paulo: Revista dos Tribunais, 2019, p. 1702. Segundo o citado autor, o Direito Penal do Consumidor seria "o ramo do Direito Penal Econômico que, ao sancionar certas condutas praticadas no mercado, visa garantir o respeito aos direitos e deveres decorrentes do regramento civil e administrativo que orienta as relações entre fornecedores. Seu objetivo principal, pois, é sancionar, como alavanca instrumental, certas condutas desconformes (não todas) que ocorrem no relacionamento entre o consumidor e o fornecedor".

a tutela penal do consumidor, havendo na doutrina autores como Antonio Herman Benjamin que falam inclusive da existência de um "Direito Penal do Consumidor", que surge como um capítulo do "Direito Penal Econômico":[91]

> Direito Penal do Consumidor: como ramo jurídico, o Direito Penal do Consumidor surge, em tempos recentes, como um capítulo do Direito Penal Econômico. Sua existência se deve ao reconhecimento feito pelo legislador de que os abusos contra as relações jurídicas entre fornecedores, como agentes (sujeitos ativos) e os consumidores, como vítimas (sujeitos passivos), apresentam características particulares que exigem normas especiais. De um lado, estamos diante de infratores aos quais a Constituição e as leis atribuíram deveres próprios; de outro, há indivíduos e coletividades que receberam atenção e direitos indisponíveis pela mesma Constituição e quadro legislativo.

Antes mesmo do advento de legislação específica com o escopo de proteção dos consumidores e até mesmo do surgimento da sociedade de consumo, o Direito Penal, ainda que de forma indireta, protegia os consumidores. Porém, percebeu-se que a tutela penal comum não cumpria satisfatoriamente a sua missão de proteção do consumidor, tendo em vista que, como assevera Antonio Herman Benjamin, "ora porque a proteção é indireta, ora porque se exige a presença de dano efetivo, ora porque só se pune comportamento doloso, ora porque a sanção é inadequada, ora, ainda, porque se ampara apenas no indivíduo e não na coletividade".[92]

Quando se fala nos crimes contra o consumidor, como regra, tem-se que são descritas condutas que podem atingir a um número indeterminado de pessoas, podendo-se afirmar, portanto, que essa modalidade de crime tem por objeto a proteção de bens supraindividuais, especialmente porque está diretamente relacionado à necessidade de proteção na sociedade de risco.[93]

De acordo com a perspectiva acima mencionada, pode-se a firmar que a tutela penal do consumidor pode sim ser considerada como uma espécie de tutela de caráter supraindividual, sendo certo que até mesmo diante da redação contida no artigo 170 da CRFB/88, estaria abarcado pelo que Bajo Fernandez Bacigalupo denomina de crime econômico, que seria "aquela infração que, ofendendo um bem jurídico patrimonial individual, produz lesão ou coloca em perigo em segundo plano a regulação jurídica da produção, distribuição e consumo de bens e serviços".[94]

Quando se fala em crime contra a relação de consumo, especificamente quanto ao bem jurídico tutelado, parcela da doutrina afirma que o bem jurídico protegido seriam os "direitos do consumidor".[95] Para outra parcela da doutrina, o bem jurídico tutelado seriam "as relações de consumo", definidas como "os vínculos jurídicos entre o fornecedor e o consumidor formado a partir da oferta de bens e serviços no mercado", tratando-se de um bem jurídico imaterial,[96] tendo como finalidade precípua fazer com que as disposições contidas no Código de Defesa do Consumidor sejam observadas.

Antonio Herman Benjamim, fazendo menção à redação do artigo 61 do Código de Defesa do Consumidor, afirma que o bem jurídico tutelado seria a relação de consumo, "identificada

---

[91] *Ibidem*, p. 1702.
[92] *Ibidem*, p. 1704.
[93] KALIL, José Arthur Di Spirito. *Op. cit.*, p. 94.
[94] BACIGALUPO, Bajo Fernandes. *Op. cit.*, p. 78.
[95] KALIL, José Arthur Di Spirito. *Op. cit.*, p. 97-98.
[96] *Ibidem*, p. 95.

como um bem jurídico autônomo (no cotejo com outros bens jurídicos), supraindividuais (que vai além da pessoa do consumidor individual) e imaterial (não tem realidade material naturalística)".[97] Para o citado doutrinador, especialmente quando se fala em proteção do consumidor por meio dos crimes de perigo abstrato – que é a regra das disposições penais contidas no Código de Defesa do Consumidor –, somente de forma mediata o escopo será de resguardar os bens jurídicos individuais e materiais, como a vida, o patrimônio e a liberdade, tendo em vista que, protegendo-os, reflexamente, haverá uma tutela individual.[98]

Cumpre ressaltar que Antonio Herman Benjamim ainda faz uma distinção entre crimes de consumo próprio e crimes de consumo impróprios (acidentalmente ou reflexamente de consumo). Os crimes de consumo impróprios são aqueles que não foram pensados inicialmente para a tutela das relações de consumo nos termos que conhece atualmente, de forma que os sujeitos ativo e passivo do crime não precisam necessariamente ser consumidor e fornecedor, podendo ser citado como exemplos o crime de lesão corporal (artigo 129 do Código Penal), o crime de estelionato (artigo 171 do Código Penal) – crimes acidentalmente de consumo – e a lei de economia popular – crimes reflexamente de consumo.[99]

Já os crimes de consumo próprio têm como sujeito ativo o fornecedor, como sujeito passivo, o consumidor e como objeto material produtos e serviços, sendo certo que, para fins de identificação do consumidor, deve ser levado em consideração também o conceito de consumidor por equiparação, nos termos dos artigos 17 e 29 do Código de Defesa do Consumidor. Para Antonio Herman Benjamim, não é propriamente a localização topográfica do tipo penal que é o fator determinante para que ele seja considerado crime de consumo próprio ou não, mas sim "pelo valor que o tipo confere à identidade dos sujeitos ativo e passivo e do objeto material", sendo que, para ele, o Direito Penal do Consumidor é formado precipuamente pelos crimes de consumo próprio.[100]

Leonardo Roscoe Bessa, por sua vez, afirma que o bem jurídico tutelado seria a relação de consumo, que, segundo ele, poderia ser definida como:[101]

> Perspectiva e visão coletiva do ambiente de produção, distribuição e comercialização de produtos e serviços, possui sentido de modelo ideal de mercado pautado pela honestidade, lealdade, transparência (boa-fé objetiva), respeito de interesses existentes e materiais do consumidor, parte vulnerável da relação jurídica.

Já Fábio André Guaragni e Rodrigo Leite Ferreira Cabral afirmam que o bem jurídico nos crimes contra o consumidor é a relação de consumo, que seria um "bem supraindividual e ideal, caracterizado como unidade funcional regente do âmbito da vida social tangente às relações consumeristas" e que "engloba o conjunto de órgãos, mecânicas e regulamentos reitores da relação entre fornecedor e consumidor, enquanto mecanismo voltado à compensação

---

[97] BENJAMIN, Antônio Herman de Vasconcelos e. Das Infrações Penais. *Op. cit.*, p. 1704.
[98] *Ibidem*, p. 1705.
[99] Antonio Herman Benjamim afirma que as disposições contidas na Lei nº 8.137/90 seriam categorizadas como crimes reflexamente de consumo, e não como crimes de consumo próprios, tendo em vista que "embora o artigo 7º afirme tratar de delitos 'contra as relações se consumo', o estatuto, como um todo, não sofre os limites conceituais dos artigos 2º e 3º do CDC. Seus tipos protegem, a um só tempo, o consumidor e o próprio fornecedor (profissional). Portanto, a noção de relação de consumo lá tem uma amplitude maios que no CDC, valendo tanto para as transações 'finais' (o consumidor como destinatário final), como também para as 'intermediárias' Tal abrangência fica bem clara no artigo 7º, inciso IX, em que se menciona expressamente o vocabulário matéria-prima" (BENJAMIN, Antônio Herman de Vasconcelos e. Das Infrações Penais *Op. cit.*, p. 1706-1707)
[100] *Ibidem*, p. 1707.
[101] BESSA, Leonardo Roscoe. *Op. cit.*, p. 431.

de vulnerabilidade deste e, pois, à sua defesa".[102] Os citados autores asseveram, porém, que a relação de consumo é o bem jurídico mediato, sendo que, em cada tipo penal, ele é representado por uma "concreta faceta das relações consumeristas, enquanto bem jurídico de proteção imediato".[103]

José Arthur Di Spirito Kalil critica as posições acima mencionadas, afirmando que defender que o bem jurídico tutelado seria a relação de consumo e, consequentemente, que punindo a violação das normas contidas no Código de Defesa do Consumidor seria o mesmo que reconhecer que "vazia de base material e limita-se ao cobro de obediência do cidadão, deixando de lado a própria pessoa".[104] Continua o citado autor falando que "o bem jurídico não pode ser tido como um dever, mas como um valor necessário para o desenvolvimento da pessoa, centro de atenção do direito, se se deseja realmente um direito penal constitucional".[105] Já o reconhecimento dos "direitos do consumidor" como bem jurídico tutelado pelos crimes contra a relação de consumo, segundo ele, seria demasiadamente vago que também, em última análise, estaria relacionado à proteção do ordenamento jurídico, dificultando, ainda, a aferição dos limites da intervenção penal.[106] Logo, para o referido doutrinador, haveria necessidade de se identificar em cada crime qual seria o direito do consumidor que conferiria suporte material para as incriminações.[107]

Luiz Regis Prado tece críticas à forma como os crimes contra a relação de consumo foram previstos no Código de Defesa do Consumidor, afirmando que houve falta de técnica por parte do legislador em vários aspectos, bem como que houve a criminalização de condutas que, segundo ele, deveriam ser apenas infrações administrativas:[108]

> Por logo, fica assentado em matéria penal o caráter altamente criminalizador da Lei 8.078/90, visto que erige à categoria de delito uma grande quantidade de comportamentos que, a rigor, não deveriam passar de meras infrações administrativas, em total dissonância com os princípios penais de intervenção mínima e da insignificância (*v.g.*, arts. 65, 67 e 68 da Lei 8.078/90).

A grande dificuldade que se apresenta quando se fala na tutela penal dos bens coletivos e aqui precisamente quando se fala de proteção dos consumidores consiste em saber quais as condutas que devem ser criminalizadas e qual seria a melhor técnica a ser utilizada pelo legislador para incriminar tais condutas.

Diante do princípio da intervenção mínima, tem-se que somente as condutas mais graves deveriam ser penalizadas criminalmente. Mercedes Alonso Alamo assevera que o princípio da intervenção mínima não é incompatível com a utilização do Direito Penal para

---

[102] GUARAGNI, Fabio André; CABRAL, Rodrigo Leite Ferreira. Consumidor – Lei 8.078/1990. *In*: CUNHA, Rogperio Sanches; PINTO, Ronaldo Batista; SOUZA, Renee do Ó (coord.). *Leis Penais Especiais comentadas*. 3. ed. Salvador: Juspodivm, 2020, p. 610.

[103] Fábio André Guaragni e Rodrigo Leite Ferreira Cabral citam, a título de exemplo, o crime previsto no artigo 63 da Lei nº 8.078/90, no qual a relação de consumo é o bem jurídico mediato, enquanto o bem jurídico imediato é a correta informação sobre a nocividade ou periculosidade de um determinado produto. (*Ibidem*, p. 611).

[104] KALIL, José Arthur Di Spirito. *Op. cit.*, p. 96.

[105] *Ibidem*, p. 96.

[106] *Ibidem*, p. 96.

[107] *Ibidem*, p. 96.

[108] PRADO, Luiz Regis. *Direito Penal Econômico*. 8. ed. Rio de Janeiro: Forense, 2019, p. 44.

proteção de bens de titularidade coletiva quando ficar caracterizado que o bem jurídico em questão necessita de proteção penal.[109]

Segundo a citada autora, o que se deve analisar é se realmente há "genuínos bens jurídicos coletivos dos consumidores" necessitando de proteção penal, que, de acordo com ela, seriam os ligados a "direitos sociais e de solidariedade", que possuem uma dimensão difusa, principalmente se for levado em consideração que todas as pessoas são consumidores em potencial.[110] Como tem o escopo de proteção dos bens jurídicos supraindividuais, os tipos penais de proteção do consumidor, geralmente, são crimes de perigo, não exigindo, por conseguinte, qualquer dano físico, mental ou econômico para o consumidor.[111]

Um ponto importante que acaba mitigando a eficácia da tutela penal quando se fala de tutela de bens supraindividuais, ganhando ainda mais relevância no tocante às relações de consumo, gira em torno da necessidade de se reconhecer a possibilidade de responsabilidade penal da pessoa jurídica. Diante da dificuldade concreta de se identificar o sujeito ativo do delito, a possibilidade de responsabilização da pessoa jurídica é fundamental para seja viável conferir uma resposta penal mais adequada ao caso concreto, havendo necessidade, para tanto, de uma flexibilização de conceitos do Direito Penal clássico, construído precipuamente com base em uma responsabilização da pessoa física. A dificuldade encontrada surge especialmente em razão do surgimento de estruturas empresariais extremamente complexas, nas quais não é possível se identificar de quem teria efetivamente partido determinada ordem ou certa decisão, até mesmo porque tem sido cada vez mais comum uma divisão de poderes e delegação de trabalho.

A respeito das dificuldades de identificação do sujeito ativo nesses tipos de delitos, as lições de José Arthur Di Spirito Kalil:[112]

> (...) têm sido propostos conceitos funcionais de autor que auxiliam na imputação, tamanha a dificuldade de se identificar o responsável do delito. Assim, o autor, por exemplo, não é quem opera a máquina onde é fabricado um produto alimentício, mas o produtor responsável pelo tráfico mercantil. Também, noutro exemplo de direito penal o consumidor, realiza publicidade enganosa não aquele que escreve os dados ou coloca-os na vitrine do estabelecimento ou, ainda, passa-os ao agente de publicidade, mas sim o titular do negócio que motivou o anúncio fraudulento.
>
> Outra solução tem aventado a doutrina para a problemática da dificuldade de se identificar o autor a adoção dos crimes omissivos impróprios ou comissivos por omissão como solução do problema. Como se sabe, tais crimes são estruturados a partir de deveres de agir que vinculam determinados agentes – no caso, um membro de um conselho diretivo da empresa – ao resultado produzido, nos termos do artigo 13, §2º, do CP.

Na Espanha, o artigo 288 do Código Penal previu a possibilidade penal da pessoa jurídica pela prática de delitos econômicos contra os consumidores, havendo, ainda, no artigo

---

[109] ÁLAMO, Mercedes Alonso. Los consumidores como portadores de bienes jurídicos coletivos. *In:* PLASENCIA, José Ulises Hernández (coord.). *La intervención penal en la protección de los intereses económicos de los consumidores.* Madrid: Marcal Pons, 2020, p. 72.

[110] *Ibidem*, p. 73.

[111] Antonio Herman Benjamin afirma que, na legislação brasileira, especificamente quanto aos crimes previstos no Código de Defesa do Consumidor, na eventualidade de se verificar a existência de dano, deverá incidir a agravante prevista no artigo 61 do Código de Defesa do Consumidor, em concurso com os tipos penais comuns, como os artigos 121, 129 e 171 do Código Penal (BENJAMIN, Antônio Herman de Vasconcelos e. Das Infrações Penais. *Op. cit.*, p. 1705).

[112] KALIL, José Arthur Di Spirito. *Op. cit.*, p. 63-64.

366 do citado diploma legal, a possibilidade de responsabilização também da pessoa jurídica que pratica crimes contra a saúde pública que afetem os consumidores.[113]

No Brasil, Luiz Regis Prado afirma que nenhuma das leis penais que versam sobre a ordem econômica *lato sensu* possibilitaria a consideração de que a pessoa jurídica possa ser sujeito ativo do delito. Além disso, para ele, todos os delitos, bem como as respectivas penas são dirigidos a pessoas físicas, que poderiam se utilizar da pessoa jurídica para a prática de tais delitos.[114]

Diante da opção do legislador no sentido de que o Direito Penal deve tutelar as relações de consumo, o que se deveria discutir, na realidade, não é se esse bem jurídico merece ou não proteção penal, mas sim se a proteção conferida é suficiente ou insuficiente nos termos em que se apresenta. Não se pode negar que, nos últimos anos, as práticas abusivas contra o consumidor têm ocorrido de forma cada vez mais intensa, tendo tal cenário certamente se agravado no contexto da pandemia da covid-19. É justamente nesse ponto que é possível se questionar se, de fato, o mandamento constitucional atinente à proteção do consumidor tem sido concretizado ou não.

Certo é que o Direito Penal, por si, não tem o condão de modificar a realidade e nem resolver todos os problemas que se apresentam. Mercedes Alonso Álamo afirma que, sob uma perspectiva criminológica e de política criminal, é possível se verificar que continuam aumentando as condutas fraudulentas contra os consumidores, sendo certo que o desenvolvimento científico, tecnológico e industrial, associado aos poderosos meios de comunicação, com grande capacidade de propagação e, consequentemente, alta potencialidade lesiva, deixam clara a necessidade de uma resposta mais enérgica do ordenamento jurídico em relação a comportamentos que venham a afetar os interesses dos consumidores, estando justificada, portanto, a necessidade de tutela penal.[115]

Leonardo Roscoe Bessa afirma que a principal contribuição dos tipos penais descritos nos artigos 63 a 74 do Código de Defesa do Consumidor foi de servir como "elemento hermenêutico de outras disposições da lei".[116] Ele afirma ainda que, especialmente após o advento da Lei nº 9.099/95, ou seja, da Lei dos Juizados Especiais Criminais, houve uma substancial diminuição da eficácia das disposições penais contidas no Código de Defesa do Consumidor no tocante à eficácia na proteção do consumidor, na medida em que todos os crimes previstos no referido diploma legal passaram a ser considerados como crimes de menor potencial ofensivo, sendo, via de regra, apurado em procedimento investigativo célere, incompatível com a complexidade de boa parte dos crimes.[117]

Além disso, é importante mencionar que, embora o *caput* do artigo 56 do Código de Defesa do Consumidor preveja a possibilidade de imposição cumulativa de sanções administrativas, cíveis e penais, fato é que, com base no princípio da reserva legal, para que determinado fato seja considerado crime, há necessidade de que seja previsto em lei como tal e muitas condutas lesivas ao consumidor, embora possam ensejar a incidência de sanções de natureza criminal e cível, no campo penal não são consideradas como crime ante a ausência de disposição legal nesse sentido.[118]

---

[113] ÁLAMO, Mercedes Alonso. *Op. cit.*, p. 73.
[114] PRADO, Luiz Regis. *Op. cit.*, p. 46.
[115] ÁLAMO, Mercedes Alonso. *Op. cit.*, p. 73.
[116] BESSA, Leonardo Roscoe. *Op. cit.*, p. 431.
[117] *Ibidem*, p. 431.
[118] BESSA, Leonardo Roscoe. *Op. cit.*, p. 432.

Antonio Herman Benjamin afirma que a tutela penal do consumidor, sob o ponto de vista qualitativo não acompanha na mesma velocidade o regramento jurídico privado nas relações de consumo, sendo esse um fenômeno que não se verifica apenas no Brasil, mas também em diversas legislações ao redor do mundo. Assim, em que pese a superveniente criação de novos tipos penais com o escopo de tutela do consumidor, o que se vê, na realidade, é uma "subutilização da via penal para a tutela do consumidor (e de outros interesses difusos e coletivos)", do ponto de vista normativo e do ponto de vista fático:[119]

> O fenômeno aparece no plano normativo – pouco interesse, criatividade e agilidade do legislador penal – e no plano factual, com uma certa vacilação, quando não perplexidade e relutância, da jurisprudência em dar a aplicação adequada à criminalização eventualmente prevista pela Lei. É claro que, na análise dessa insensibilidade dos implementadores (juízes, membros do Ministério Público e a própria polícia) em relação aos crimes de consumo, não podemos olvidar das dificuldades de investigação e julgamento, especialmente de prova, na criminalidade econômica. Mas, por uma ou por outra razão, aí estão as portas abertas da impunidade, ou se preferirem, da imunidade, que cobre os delinquentes econômicos.

Como se verifica nos crimes contra a relação de consumo de uma forma geral, especificamente quanto aos delitos de *marketing* publicitário e não publicitário, Antonio Herman Benjamim assevera que, por diversos fatores, o consumidor, via de regra, não busca a reparação do dano a ele eventualmente acarretado pelo *marketing* na esfera cível e, na esfera criminal, raramente esses crimes são punidos:[120]

> a certeza da impunidade dos crimes de consumo representa um grande incentivo à manutenção de práticas irregulares e até à sua generalização no mercado. Ao criminoso econômico não interessa, ou não é conveniente a violação da norma com a prática de crimes tradicionalmente considerados "bárbaros" ou "de grande poder ofensivo", como, por exemplo, o homicídio. Ao contrário, o infrator econômico prefere atentar contra a ordem pública por meio dos chamados "crimes de colarinho branco", praticando-os em grande quantidade, convicto de que nada lhe acontecerá.
>
> A agregação de pequenos ganhos ilícitos, auferidos mediante práticas mercadológicas nefastas à saúde do mercado, implica grande lucros para o violador, característica geral da prática criminosa por outros agentes econômicos.

Dessa forma, é possível concluir que a tutela penal conferida aos crimes contra a relação de consumo no ordenamento jurídico brasileiro não é suficiente para se conferir uma resposta penal adequada às necessidades que se apresentam quanto à tutela das relações de consumo como bem de natureza supraindividual, demandando uma mudança estrutural na concepção clássica do Direito e do Processo Penal.

---

[119] BENJAMIN, Antônio Herman de Vasconcelos e. Das infrações penais. *Op. cit.*, p. 1702.
[120] *Ibidem*, p. 1733.

3 Comentários aos artigos 61 a 80 do Código de Defesa do Consumidor

> **Art. 61.** Constituem crimes contra as relações de consumo previstas neste código, sem prejuízo do disposto no Código Penal e leis especiais, as condutas tipificadas nos artigos seguintes.

O Código de Defesa do Consumidor consiste em um verdadeiro microssistema de proteção do consumidor, com normas não apenas de caráter penal, mas de outras naturezas, de forma que as disposições contidas no presente título atinente às disposições de natureza penal não representam um óbice à aplicação das disposições gerais contidas no Código Penal e em outras legislações que tenham o escopo de, ainda que indiretamente, tutelar o consumidor.[121] Assim, em outras palavras, é possível afirmar que as disposições de natureza penal contidas no Código de Defesa do Consumidor não impedem a tutela das consumidor em outros diplomas legais, tratando-se de disposição que deixa expressa a regulamentação atinente ao princípio da especialidade, já contida no artigo 12 do Código Penal.

Certo é que o Código de Defesa do Consumidor não condensou em seu bojo todas as infrações penais contra a relação de consumo, podendo ser mencionados como exemplos de infrações penais previstas em outros diplomas legais que também têm por objeto a tutela penal do consumidor os artigos 275 e 276 do Código Penal, bem como o artigo 7º, incisos I a IX, da Lei nº 8.137/90.

Alguns doutrinadores mencionam que, na realidade, o núcleo central da tutela penal dos crimes contra as relações de consumo estaria nas disposições contidas na Lei nº 8.137/90, editada alguns meses após o advento do Código de Defesa do Consumidor.[122]

No tocante ao Código de Defesa do Consumidor e à Lei nº 8.137/90, importante mencionar que há controvérsia na doutrina a respeito de qual diploma legal deve ser considerado lei posterior e, consequentemente, teria tido o condão de revogar o anterior. A controvérsia é pautada no fato de que o Código de Defesa do Consumidor foi publicado em 11 de setembro de 1990 e teve uma *vacatio legis* de 180 dias e, entre a data da publicação e o período de *vacatio*, ou seja, em 27 de dezembro de 1990, adveio a Lei nº 8.137/90, que entrou em vigor na data de sua publicação. Dessa forma, o cerne da controvérsia é se a referência para se analisar qual dos diplomas legais seria considerado lei posterior seria a data da publicação ou a data da vigência das respectivas leis.

José Arthur Di Spirito Kalil, por sua vez, afirma que se deve considerar que tanto as disposições penais do Código de Defesa do Consumidor como as disposições da Lei nº 8.137/90 estão vigentes, de forma que uma disposição não teria o condão de revogar a outra, mas sim que uma complementa a outra, até mesmo porque as disposições teriam conteúdo diversos, tendo em vista que o Código de Defesa do Consumidor, como regra, traz em seu bojo a previsão de crimes de perigo abstrato, enquanto a Lei nº 8.137/90 prevê precipuamente crimes de dano.[123]

---

[121] FILOMENO, José Geraldo de Brito. Das infrações penais. *Op. cit.*, p. 698.
[122] Neste sentido, GUARAGNI, Fabio André; CABRAL, Rodrigo Leite Ferreira. *Op. cit.*, p. 611.
[123] KALIL, José Arthur Di Spirito. *Op. cit.*, p. 159.

A questão atinente aos conflitos aparentes de normas que aparecerem na prática deve ser dirimida com base na aplicação do princípio da especialidade, previsto no artigo 12 do Código Penal, podendo, ainda, haver a incidência dos princípios da subsidiariedade, da consunção e da alternatividade, dependendo da situação que se vislumbre no caso concreto.

Art. 62. Vetado

O artigo 62 do Código de Defesa do Consumidor previa como crime a conduta de colocar no mercado, fornecer ou expor para fornecimento produtos os serviços impróprios, tendo sido vetado por se entender que ele representaria ofensa ao princípio da taxatividade, tendo em vista que continha disposição demasiadamente aberta, o que seria inadmissível, sob pena de ofensa ao princípio da reserva legal previsto no artigo 5º, inciso XXXIV, da CRFB/88.

Art. 63. Omitir dizeres ou sinais ostensivos sobre a nocividade ou periculosidade de produtos, nas embalagens, nos invólucros, recipientes ou publicidade:

Pena – Detenção de seis meses a dois anos e multa.

§1º Incorrerá nas mesmas penas quem deixar de alertar, mediante recomendações escritas ostensivas, sobre a periculosidade do serviço a ser prestado.

§2º Se o crime é culposo:

Pena Detenção de um a seis meses ou multa.

Trata-se de crime que tem por escopo, como já mencionado, a tutela das relações de consumo, estando diretamente relacionado ao direito à informação, previsto no artigo 6º, inciso III, do Código de Defesa do Consumidor,[124] de forma a permitir uma maior transparência e confiança nas relações de consumo. Como decorrência da aplicação da boa-fé objetiva nas relações consumeristas.[125] Além disso, ainda representa uma preocupação com a proteção da vida, da saúde e da segurança do consumidor.

José Arthur Di Spirito Kalil afirma que o bem jurídico tutelado é "o direito à informação veraz e completa como forma de proteger a incolumidade física e a saúde dos consumidores".[126] Já Luiz Regis Prado afirma que "busca-se proteger, *in casu*, a transparência, a exatidão e a completude das informações sobre a nocividade ou periculosidade de produtos e serviços.

---

[124] O artigo 6º, inciso III, do Código de Defesa do Consumidor estabelece como sendo direito básico do consumidor o direito "à informação adequada e clara sobre os diferentes produtos e serviços, com especificação correta de quantidade, características, composição, qualidade, tributos incidentes e preço, bem como sobre os riscos que apresentem". Ademais, importante mencionar que, nos termos do parágrafo único do citado dispositivo, com redação conferida pelo Estatuto da Pessoa com Deficiência (Lei nº 13.146/15), estabelece que "a informação de que trata o inciso III do *caput* deste artigo deve ser acessível à pessoa com deficiência, observado o disposto em regulamento".

[125] TARTUCE, Flavio; NEVES, Daniel Amorim Assumpção. *Manual de Direito do Consumidor*: direito material e processual. 9. ed. Rio de Janeiro: Forense, 2020, p. 39-40.

[126] KALIL, José Arthur Di Spirito. *Op. cit.*, p. 173.

De modo secundário, são também tutelados os interesses das pessoas prejudicadas, como a vida e a saúde (arts. 6º, I, 9º, 31 do CDC)".[127]

A respeito do direito à informação, Sergio Cavalieri Filho[128] afirma que:

> A rigor, o direito à informação é um reflexo ou consequência do princípio da transparência e encontra-se umbilicalmente ligado ao princípio da vulnerabilidade. Daí ser possível dizer que o direito à informação é, primeiramente, um instrumento de igualdade e de reequilíbrio das relações de consumo. Com efeito, o consumidor não tem conhecimento algum sobre o produto ou serviço e que necessita; detentor desse conhecimento é o fornecedor, que tem o domínio do processo produtivo. Este sim sabe o que produziu, como produziu, para que e para quem produziu, aspectos em que o consumidor é absolutamente vulnerável. Logo, a informação torna-se imprescindível para colocar o consumidor em posição de igualdade. Só há autonomia de vontade quando o consumidor é bem informado e pode manifestar a sua decisão de maneira refletida.

Trata-se de crime decorrente da inobservância do dever de informar, como acima mencionado, bem como da inobservância do disposto no artigo 9º do Código de Defesa do Consumidor, que previu a obrigação de o "fornecedor de produtos e serviços potencialmente nocivos ou perigosos à saúde ou segurança deverá informar, de maneira ostensiva e adequada, a respeito da sua nocividade ou periculosidade", sendo a disposição aplicável também às publicidades.

Os termos nocividade e periculosidade de produtos e serviços não são definidos pelo Código de Defesa do Consumidor, carecendo de análise casuística do intérprete, tratando-se de elemento normativo do tipo. Pode-se afirmar que o termo nocividade "significa provocar, causar dano, prejuízo efetivo, enquanto periculosidade significa o estado ou a qualidade de perigoso, de arriscado, no sentido de provável dano".[129]

Antonio Heman Benjamim afirma que o tipo penal abarca tanto a periculosidade inerente, como a periculosidade adquirida. A inerente é aquela decorrente dos "riscos normais previsíveis em decorrência da natureza de fruição", como fogos de artifícios e agrotóxicos. Já a adquirida é a proveniente de "defeitos decorrentes de projeto, fabricação, construção, montagem, fórmulas, manipulação, apresentação ou acondicionamento, bem como informações insuficientes e inadequadas".[130]

O legislador exigiu que as informações sobre a periculosidade e nocividade dos produtos sejam dadas por meio de "dizeres" ou "sinais". Já em relação ao serviço, ela deve

---

[127] PRADO, Luiz Regis. *Op. cit.*, p. 47.
[128] CAVALIERI FILHO, Sérgio. *Op. cit.*, p. 113.
[129] PRADO, Luiz Regis. *Op. cit.*, p. 52. Antonio Herman Benjamim afirma que, ao contrário do que parcela da doutrina defende no sentido de que se trata de norma penal em branco, demandando, por conseguinte, regulamentação acerca do que seria considerado periculosidade ou nocividade, os termos "nocividade" e "periculosidade" seriam elementos normativos do tipo, que deve ser analisado casuisticamente (BENJAMIN, Antônio Herman de Vasconcelos. *Op. cit.*, p. 1718).
[130] O citado autor menciona que a principal diferença entre o dispositivo em comento e o artigo 64 do Código de Defesa do Consumidor não é o tipo de risco, mas sim o "dado temporal do conhecimento prévio ou não da insegurança, ou seja, a sua percepção a priori ou a posteriori em relação ao instante da colocação do produto ou serviço no mercado". No crime previsto no artigo 74, somente após o bem-estar circulando no mercado é que o consumidor tem conhecimento da periculosidade ou nocividade. BENJAMIN, Antônio Herman de Vasconcelos e. Das infrações penais. *Op. cit.*, p. 1716.

ser feita por meio de "recomendações escritas".[131] Quanto aos produtos, elas devem estar nas embalagens, nos invólucros, nos recipientes e na publicidade.[132]

Trata-se de crime de perigo abstrato, pouco importando para a sua consumação, portanto, que haja um risco concreto evidenciado. Ademais, consiste em crime omissivo puro e de mera conduta.[133]

O sujeito ativo é o fornecedor, nos termos contidos no artigo 3º do Código de Defesa do Consumidor, segundo o qual "fornecedor é toda pessoa física ou jurídica, pública ou privada, nacional ou estrangeira, bem como os entes despersonalizados, que desenvolvem atividade de produção, montagem, criação, construção, transformação, importação, exportação, distribuição ou comercialização de produtos ou prestação de serviços". Luiz Regis Prado ressalta que, no âmbito penal, o conceito de fornecedor deve ser restringido quanto às pessoas jurídicas, tendo em vista o axioma clássico vigente no Brasil *"societas delinquere non potest"*.[134]

Como ressaltam Fabio Andre Guaragni e Rodrigo Leite Ferreira Cabral, é preciso se localizar entre os fornecedores envolvidos no ciclo de produção quem seria o responsável por colocar as informações nas embalagens, recipientes e invólucros, bem como quem seria o responsável por informar sobre a periculosidade dos produtos e serviços na publicidade e sobre a periculosidade do serviço.[135]

No caso de produto industrializado, o dever de informação incumbe ao fabricante, nos termos do artigo 8º, §1º, do Código de Defesa do Consumidor.[136] Como assevera Antonio Herman Benjamim, de fato, especialmente na esfera penal, não teria como se impor ao comerciante uma responsabilidade sobre algo que ele, em regra, desconhece, tendo em vista que os produtos industrializados, via de regra, "vêm em pré-embalagens, não tendo o distribuidor condições de examiná-las e verificar sua segurança". Adverte o citado autor, contudo que,[137]

> (...) mesmo sendo o produto industrializado, o comerciante pode infringir o dispositivo. Tal ocorre, dentre outros casos, quando ele, ao expor o produto industrializado (salsicha ou queijo, por exemplo), o retira da embalagem; nesse momento, a excludente do artigo 8º, §1º, deixa de ter aplicação, passando ele, desde então, a ser passível de sancionamento penal (e também civil e administrativo).

---

[131] Antonio Herman Benjamin alerta para o fato de que, em um país com um número significativo de pessoas analfabetas, por vezes, dizeres não serão suficientes para que seja concretizado o objetivo de proteção e, consequentemente, de proteção do consumidor. Nos produtos, como em agrotóxicos, por exemplo, sinais, como uma caveira, são fundamentais. Ele ressalta que não há menção a sinais nos serviços porque o fornecedor do serviço, se identificar que o consumidor não consegue ler, ele teria condições de fornecer as informações acerca da nocividade ou periculosidade oralmente, o que, entretanto, não isenta o fornecedor documentar por escrito a informação, como exigido pela lei (BENJAMIN, Antônio Herman de Vasconcelos e. *Op. cit.*, p. 1719).

[132] Antonio Herman Benjamin ressalta que "o dever de informar é sempre apreciado de modo universal, isto é, levando-se em conta todos os meios de comunicação entre o fornecedor e o consumidor. O fornecedor, por informar na embalagem, não deixa ser responsabilizado quando não o faz na publicidade, se tal for necessária, segundo as circunstâncias do caso. Seria um disparate, pois, deixar de punir o fabricante que adverte sobre os riscos no invólucro (pouco lido pelos consumidores) e deixa de informa-lo sobre os mesmos riscos na publicidade massiva que veicula (vista por milhares de consumidores, dezenas ou centenas de vezes seguidas" (BENJAMIN, Antônio Herman de Vasconcelos e. *Op. cit.*, p. 1719).

[133] Neste sentido, KALIL, José Arthur Di Spirito. *Op. cit.*, p. 173.

[134] PRADO, Luiz Regis. *Op. cit.*, p. 48.

[135] GUARAGNI, Fabio André; CABRAL, Rodrigo Leite Ferreira. *Op. cit.*, p. 614.

[136] O artigo 8º, §1º, do Código de Defesa do Consumidor estabelece que "em se tratando de produto industrial, ao fabricante cabe prestar as informações a que se refere este artigo, através de impressos apropriados que devam acompanhar o produto".

[137] BENJAMIN, Antônio Herman de Vasconcelos e. *Das infrações penais. Op. cit.*, p. 1716-1717.

Se o produto não for industrializado (carnes, legumes, peixes, frutas entre outros), são sujeitos ativos potenciais todos os integrantes da cadeia de produção e comercialização, isto é, todos os fornecedores. No caso de legumes e frutas, o produtor, o atacadista o varejista. Na hipótese de peixe, conforme o caso concreto e a participação de cada um, são considerados infratores o responsável pela empresa (ou pescador individual) de pesca, o atacadista e o varejista.

Entretanto, a questão sempre deve ser analisada de acordo com as peculiaridades do caso concreto.

O sujeito passivo é a coletividade de consumidores, não havendo, assim, a necessidade de aquisição ou utilização de produto ou serviço pelo consumidor para que ele seja considerado como vítima.[138]

No *caput* do artigo 63, o legislador incrimina a conduta de quem omite dizeres ou sinais ostensivos sobre a nocividade ou periculosidade de produtos,[139] nas embalagens, nos invólucros, recipientes ou publicidade. Trata-se de crime omissivo próprio, sendo o autor punido por uma conduta que ele podia e devia realizar. Nas palavras de Luiz Regis Prado:[140]

> Pune-se a não realização de uma ação que o autor devia e podia realizar. O agente infringe uma norma mandamental, insto é, transgride um imperativo, uma ordem de comando de atuar. Faz-se mister a existência de uma situação típica (nocividade ou periculosidade do produto), a não realização de uma ação cumpridora do mandato (o agente deixa de informar ou de alertar sobre a nocividade ou periculosidade de produtos) e a capacidade concreta de ação (conhecimento da situação típica e dos meios ou formas de realização da conduta devida)

No §1º do artigo 63 do Código de Defesa do Consumidor, o legislador previu a conduta de "deixar de alertar mediante recomendações escritas ostensivas, sobre a periculosidade do serviço[141] a ser prestado". Também é crime omissivo próprio, havendo necessidade de que o serviço a ser prestado ofereça alguma periculosidade.

Luiz Regis Prado afirma que o crime previsto no *caput* se consuma quando o "sujeito ativo não coloca os dizeres ou sinais sobre a nocividade ou periculosidade de produto nas embalagens, invólucros, recipientes ou publicidade". Já o delito previsto no §1º se consuma quando o sujeito ativo deixa de alertar, mediante recomendações escritas e ostensivas, sobre a periculosidade do serviço a ser prestado.[142]

José Arthur Di Spirito Kalil, por sua vez, afirma que o momento consumativo do crime previsto no *caput* do artigo 63 do Código de Defesa do Consumidor seria a disponibilização do produto no mercado quando não for mais possível ao agente advertir o consumidor sobre a periculosidade ou nocividade dos produtos. Para o citado autor, se o produto colocado no mercado for exposto à venda ou vendido, estará caracterizado o crime previsto no artigo 7º,

---

[138] PRADO, Luiz Regis. *Op. cit.*, p. 48.
[139] O artigo 3º, §1º, do Código de Defesa do Consumidor define produto como "qualquer bem, móvel ou imóvel, material ou imaterial".
[140] PRADO, Luiz Regis. *Op. cit.*, p. 48-49.
[141] O artigo 3º, §2º, do Código de Defesa do Consumidor define serviço como "qualquer atividade fornecida no mercado de consumo, mediante remuneração, inclusive as de natureza bancária, financeira, de crédito e securitária, salvo as decorrentes das relações de caráter trabalhista".
[142] PRADO, Luiz Regis. *Op. cit.*, p. 53.

inciso II, da Lei nº 8.137/90.[143] Fabio Andre Guarigni e Rodrigo Leite Ferreira Cabral afirmam que, até "até que o produto esteja disponível ao consumidor, o agir devido é possível e oi crime não está consumado. Porém, ultrapassado o momento em que se o disponibiliza, sem que estejam prestadas as informações devidas, o agir diverso consumativo do crime está caracterizado".[144]

Antonio Herman Benjamim afirma que a consumação ocorre quando o produto ou serviço for oferecido sem as informações contidas no tipo penal, não havendo necessidade de que o bem ou serviço seja efetivamente fornecido.

O crime tipificado no §1º do artigo 63 do Código de Defesa do Consumidor se consuma quando não é feito o alerta, por escrito, da periculosidade do serviço e o serviço se inicia, tendo em vista que, até o início do serviço, o alerta é possível.[145]

Por se tratar de crime de mera conduta, não admite tentativa, tendo em vista que ou o agente omite a informação sobre a periculosidade ou nocividade do produto ou serviço ou presta tal informação e, neste caso, não há falar em crime.[146]

José Arthur Di Spirito Kalil afirma que, na eventualidade de o consumidor que adquire o produto ou serviço vir a se lesionar ou a falecer em virtude da fruição do respectivo bem ou serviço, haverá concurso entre o crime previsto no Código Penal – lesão corporal e homicídio – e o delito em comento.[147] Tal conclusão deriva do fato de que "a quebra do dever de informar frustra o correlato direito de um indefinido número de consumidores e os coloca, todos em respectivo risco à vida, saúde e segurança. Neste sentido, a efetiva lesão sofrida por um não absorve a exposição ao perigo de lesão que submete os demais".[148]

Parte da doutrina critica a modalidade culposa prevista no §2º do artigo 63, afirmando que, como se trata de crime em que não há um resultado naturalístico, não seria possível a punição a título de culpa, na medida em que esta pressuporia pelo menos um perigo concreto.[149] Já Luiz Regis Prado afirma que é possível a existência de delito culposo de mera atividade, ressaltando, contudo, que, na prática, vai ser sempre muito difícil se aferir se a conduta do agente foi querida por ele ou se apenas resultou da inobservância de um dever objetivo de cuidado, mediante negligência, imprudência e imperícia.[150]

Como se trata de crime omissivo, a doutrina afirma que não seria possível o concurso de pessoas, de forma que cada agente responderá autonomamente pelo crime previsto no artigo 63 do Código de Defesa do Consumidor.

Trata-se de crime de menor potencial ofensivo, sendo cabível a transação penal e a suspensão condicional do processo.

---

[143] Artigo 7º, inciso II, da Lei nº 8.137/90 estabelece como crime "vender ou expor à venda mercadoria cuja embalagem, tipo, especificação, peso ou composição esteja em desacordo com as prescrições legais, ou que não corresponda à respectiva classificação oficial". Pena – detenção, de 2 (dois) a 5 (cinco) anos, ou multa, sendo punível a modalidade culposa com parágrafo único. Nas hipóteses dos incisos II, III e IX, pune-se a modalidade culposa com redução da pena e a detenção de 1/3 (um terço) ou a de multa à quinta parte.

[144] GUARAGNI, Fabio André; CABRAL, Rodrigo Leite Ferreira. *Op. cit.*, p. 616.

[145] *Ibidem*, p. 617.

[146] KALIL, José Arthur Di Spirito. *Op. cit.*, p. 173.

[147] *Ibidem*, p. 173.

[148] GUARAGNI, Fabio André; CABRAL, Rodrigo Leite Ferreira. *Op. cit.*, p. 616.

[149] Neste sentido, KALIL, José Arthur Di Spirito. *Op. cit.*, p. 174.

[150] PRADO, Luiz Regis. *Op. cit.*, p. 53.

> **Art. 64.** Deixar de comunicar à autoridade competente e aos consumidores a nocividade ou periculosidade de produtos cujo conhecimento seja posterior à sua colocação no mercado:
>
> Pena – Detenção de seis meses a dois anos e multa.
>
> Parágrafo único. Incorrerá nas mesmas penas quem deixar de retirar do mercado, imediatamente quando determinado pela autoridade competente, os produtos nocivos ou perigosos, na forma deste artigo.

O legislador criminalizou a conduta de quem deixa de comunicar à autoridade competente e aos consumidores a nocividade ou periculosidade de produtos cujo conhecimento seja posterior à sua colocação no mercado, bem como daquele que deixa de retirar do mercado tais produtos imediatamente após a determinação da autoridade competente. Trata-se de tipo penal que também deriva do dever de informação e tem o escopo de tutelar a saúde e a segurança dos consumidores, especialmente diante da obrigação contida no §1º do artigo 10 do Código de Defesa do Consumidor que estabelece que "o fornecedor de produtos e serviços que, posteriormente à sua introdução no mercado de consumo, tiver conhecimento da periculosidade que apresentem, deverá comunicar o fato imediatamente às autoridades competentes e aos consumidores, mediante anúncios publicitários".

Dessa forma, tem-se que a principal diferença entre ele e o crime previsto no artigo 63 do Código de Defesa do Consumidor é o momento em que o fornecedor tem conhecimento da periculosidade ou nocividade, que aqui ocorre após o produto ser colocado no mercado. Se o conhecimento for antes da colocação no mercado, estará caracterizado o crime previsto no artigo 63 do Código de Defesa do Consumidor.

Fábio André Guaragni e Rodrigo Leite Ferreira Cabral afirmam que, além da proteção das relações de consumo, com a proteção coletiva da vida, saúde e segurança do consumidor como derivado do direito à informação e da necessidade de prevenção (artigo 6º, inciso VI, do Código de Defesa do Consumidor), o tipo penal em questão também teria o escopo de tutelar a administração pública nas relações de consumo, diante da previsão do dever de comunicação à autoridade estatal.[151]

O sujeito ativo é o fornecedor de produtos, não abarcando o fornecedor de serviços, excluindo-se, ainda, a pessoa jurídica, sendo o sujeito passivo a coletividade de consumidores, sendo desnecessário que o produto tenha sido adquirido por um consumidor específico. Fábio André Guaragni e Rodrigo Leite Ferreira Cabral afirmam, ainda, que o dever de comunicação não é adstrito ao fabricante, tendo em vista que o comerciante que constata a periculosidade ou nocividade tem o mesmo dever de comunicação que é atribuído àquele. Como exemplo, os referidos autores citam o devedor de concessionária que percebe reiteradas reclamações a respeito da periculosidade de dado veículo.[152]

Trata-se de crime omissivo próprio, somente podendo ser praticado pelo fornecedor, não punível apenas a título doloso, na medida em que o legislador não previu a modalidade culposa.

---

[151] GUARAGNI, Fabio André; CABRAL, Rodrigo Leite Ferreira. *Op. cit.*, p. 618.
[152] *Ibidem*, p. 618.

Como o legislador não estabelece de que forma a comunicação deve ser feita, entende a doutrina que ela poderá ser concretizada de maneira escrita, como por meio de comunicados em rádio ou televisão, bem como por meio de anúncios em *outdoors*, jornais e revistas.[153]

A comunicação deve ser feita à autoridade competente entendida como "pessoa vinculada ao poder público e investida por disposição legal de poder decisório, em seu âmbito específico de jurisdição",[154] bem como ao consumidor, que deve ser compreendido nos termos elencados no artigo 2º do Código de Defesa do Consumidor. Nas palavras de Antonio Herman Benjamin:[155]

> A conduta "deixar de comunicar" é mais formal e estrita que "deixar de alertar" (artigo 63, §1º). A comunicação exigia aqui é muito mais que um mero alerta. É atividade que o fornecedor desempenha com os olhos postos naqueles que são seus destinatários. Podem, conforme o caso, ser necessárias visitas pessoais, telegramas personalizados, sem prejuízo de anúncios multimídia.

Segundo parcela da doutrina, o delito se consuma quando o fornecedor não realiza a comunicação ao consumidor ou à autoridade competente, de forma que, se o fornecedor fizer a comunicação somente aos consumidores, mas não o fizer à autoridade competente ou vice-versa, o crime estará consumado, tendo em vista que o dever de comunicação trazido pela lei possui dois destinatários: os consumidores e a autoridade competente, não se tratando de destinatários alternativos.[156]

Outra parte da doutrina, contudo, afirma que a consumação do crime ocorre quando há dupla omissão quanto ao dever de informação, ou seja, ele se verifica quando não há comunicação à autoridade competente e ao consumidor. Seguindo esse entendimento, José Arthur Di Spirito Kalil afirma que, se o fornecedor comunicar apenas aos consumidores e não fizer a comunicação à autoridade competente, não haverá crime, pois, embora tal entendimento não seja favorável à tutela dos interesses dos consumidores, entendimento em sentido diverso representaria ofensa ao princípio da legalidade diante da redação contida no artigo em comento.[157]

O artigo 10, §§1º e 2º, do Código de Defesa do Consumidor, não estabelece o prazo para que o fornecedor faça as comunicações, devendo, portanto, ser analisado casuisticamente.

A nocividade diz respeito ao "efetivo dano produzido", enquanto a periculosidade diz respeito ao "perigo de dano", podendo esta ser inerente ou adquirida, embora o mais comum nessa modalidade delitiva é que verse sobre a periculosidade adquirida:[158]

> Conquanto a periculosidade possa ser inerente ou adquirida, o artigo 64 incidirá, em regra, sobre a última espécie. A primeira, porque, inerente, normalmente é de conhecimento do fornecedor antes da colocação do produto no mercado – excepciona-se,

---

[153] PRADO, Luiz Regis. *Op. cit.*, p. 56.
[154] *Ibidem*, p. 56.
[155] BENJAMIN, Antônio Herman de Vasconcelos e. Das infrações penais. *Op. cit.*, p. 1724.
[156] Neste sentido: GUARAGNI, Fabio André; CABRAL, Rodrigo Leite Ferreira. *Op. cit.*, p. 622. Antonio Herman Benjamin afirma que o objetivo da comunicação ao consumidor e à autoridade competente possuem objetivos distintos, tendo em vista que, quanto ao consumidor, o objetivo é evitar que ele venha adquirir ou consumido o produto. Já em relação à autoridade competente, o objetivo é de alertar o administrador para que ele possa tomar as medidas necessárias, aplicar as sanções administrativas e, se o caso, determinar a retirada do produto do mercado (BENJAMIN, Antônio Herman de Vasconcelos e. Das infrações penais. *Op. cit.*, p. 1724).
[157] KALIL, José Arthur Di Spirito. *Op. cit.*, p. 175.
[158] GUARAGNI, Fabio André; CABRAL, Rodrigo Leite Ferreira. *Op. cit.*, p. 619-620

apenas, situações em que o estado de técnica atestava o caráter inócuo de um produto. Tempos após, a percepção revela-se errada. É famoso o exemplo do medicamento Contergamen que o princípio ativo talidomida, ministrado a mulheres grávidas, no final dos anos 50, causou o nascimento de crianças com malformações congênitas, além de danos neurológicos quando receitado a adultos, tendo sido atingidas cerca de 5.000 pessoas em cada grupo de casos. Quando do lançamento, acreditava-se na inocuidade do fármaco.

Trata-se de crime de perigo abstrato, sendo certo que, na eventualidade de sobrevir dano à vida ou à integridade física do consumidor, caracterizado estará o concurso de crimes entre o artigo 64 do Código de Defesa do Consumidor e o crime de lesão corporal ou homicídio previstos no Código Penal:[159]

> A eventual lesão à vida, saúde, segurança do consumidor concreto não impedirá a responsabilidade penal pela omissão prevista no artigo 64 do CDC. A frustração do dever de comunicação viola o direito de um indefinido número de consumidores e coloca em risco a vida, saúde e segurança de todos. A efetiva lesão sofrida por um não absorve a exposição a perigo de lesão que se submete os demais. Não há relação de consunção ente o crime do artigo 64, *caput*, e eventuais ofensas concretas à vida (art. 121 do CP), saúde (artigo 129 do CP)ou segurança dos consumidores.

Importante mencionar que, quando o fornecedor omitir a comunicação exigida pelo artigo 64, *caput,* do Código de Defesa do Consumidor e vender, tiver em depósito ou expuser a venda o produto nocivo ou perigoso, ele deverá ser responsabilizado pelo crime previsto no artigo 7º, inciso IX, da Lei nº 8.137/90 ou por eventual crime previsto nos artigos 272 e 273 do Código Penal.[160]

No parágrafo único, o legislador previu como crime deixar de retirar do mercado, imediatamente quando determinado pela autoridade competente, os produtos nocivos ou perigosos. Na parte final do citado parágrafo, o legislador utiliza a expressão "na forma deste artigo", para deixar claro que a hipótese se refere a produtos cuja nocividade ou periculosidade só foram de conhecimento do fornecedor após a colocação em mercado. Trata-se de tipo penal omissivo próprio, que concretiza a criminalização da não realização do conhecido "recall",[161] que consiste na convocação do consumidor para que traga o produto adquirido para reparos, sem ônus.[162]

O sujeito ativo aqui é o fornecedor que recebe determinação da autoridade competente para retirada de determinados produtos nocivos ou perigosos do mercado. Segundo Antonio Herman Benjamim, a determinação não precisa ser especificamente dirigida a determinada pessoa, podendo haver a responsabilização, por exemplo, de um comerciante que vê na televisão a ordem de *recall* e deixa de cumprir.[163]

---

[159] GUARAGNI, Fabio André; CABRAL, Rodrigo Leite Ferreira. *Op. cit.*, p. 620.

[160] Neste sentido: GUARAGNI, Fabio André; CABRAL, Rodrigo Leite Ferreira. *Op. cit.*, p. 620-621. Os referidos autores afirmam que, nos casos em que houve venda, exposição à venda ou manutenção em depósito, a ofensa ao bem jurídico é mais intensa. Eles afirmam, contudo, que os fornecedores que não estiverem mais com o produto poderiam ser responsabilizados pelo artigo 64 do CDC.

[161] O "recall" encontra disciplina na Portaria nº 618/2019 do Ministério da Justiça e Segurança Pública (https://www.defesadoconsumidor.gov.br/images/Legisla%C3%A7%C3%A3o/Portaria_MJSP_n._618_2019.pdf). Acesso em: 05 abr. 2021.

[162] KALIL, José Arthur Di Spirito. *Op. cit.*, p. 176.

[163] BENJAMIN, Antônio Herman de Vasconcelos e. Das infrações penais. *Op. cit.*, p. 1723.

Cumpre esclarecer que parcela da doutrina critica a redação do citado dispositivo, tendo em vista a sua imprecisão técnica, especialmente quanto à utilização do termo "imediatamente", o que dificulta que se tenha uma precisão acerca do momento em que a conduta efetivamente se tornaria penalmente relevante.[164] Luiz Regis Prado afirma que o termo imediatamente é elemento normativo do tipo que significa "de modo instantâneo, seguido, ato contínuo, sem entremeio".[165]

O crime previsto no parágrafo único do artigo 64 do Código de Defesa do Consumidor somente pode ser cometido a título doloso, esclarecendo Luiz Regis Prado que:[166]

> Exige-se também que o agente tenha consciência e vontade de não retirar do mercado imediatamente, quando determinado pela autoridade competente, os produtos nocivos e perigosos. É preciso, portanto, que atue com dolo (direto ou eventual). Não existe nenhum elemento subjetivo do tipo. Isso vale dizer que não é necessário que o sujeito ativo atue impelido por motivos egoísticos ou de lucro.

As condutas típicas descritas no *caput* e no parágrafo único são crimes de mera conduta, que não admitem tentativa.

São crimes de ação penal pública incondicionada e de menor potencial ofensivo.

Art. 65. Executar serviço de alto grau de periculosidade, contrariando determinação de autoridade competente:

Pena Detenção de seis meses a dois anos e multa.

§1º As penas deste artigo são aplicáveis sem prejuízo das correspondentes à lesão corporal e à morte

§2º A prática do disposto no inciso XIV do art. 39 desta Lei também caracteriza o crime previsto no *caput* deste artigo.

No *caput* do dispositivo supracitado, o legislador previu como crime executar serviço de alta periculosidade contrariando a determinação de autoridade competente, sendo que o que se pune é a "fratura entre a determinação imposta pelo Poder Público e o comportamento do fornecedor",[167] havendo necessidade de que se trate de um serviço que seja regulado pelo Poder Público, tendo por escopo a proteção das relações de consumo notadamente no tocante a se resguardar a segurança do consumidor.

Trata-se de crime comissivo e de perigo abstrato, sendo que, na eventualidade de ser causado algum dano ao consumidor, deverá ser o agente responsabilizado pelo crime específico previsto no Código Penal em concurso com o crime tipificado no artigo 65 do Código de Defesa do Consumidor, atentando-se que, no §1º, o legislador previu expressamente o concurso de crimes quando houver lesão ou morte.[168]

---

[164] Neste sentido, as considerações de KALIL, José Arthur Di Spirito. *Op. cit.*, p. 176.
[165] PRADO, Luiz Regis. *Op. cit.*, p. 56.
[166] *Ibidem*, p. 57.
[167] BENJAMIN, Antônio Herman de Vasconcelos e. Das infrações penais. *Op. cit.*, p. 1727.
[168] Antonio Herman Benjamin afirma que se trata de disposição desnecessária diante da redação do artigo 61 do Código de Defesa do Consumidor (*Ibidem*, p. 1728).

O sujeito ativo do crime é o fornecedor de serviço, tendo em vista que o legislador não fez alusão aos fornecedores de produtos no dispositivo em comento, tendo por base que, quando se estiver diante de fornecedores de produtos, eventualmente será possível a caracterização do crime previsto no artigo 7º, inciso IX, da Lei nº 8.137/90.

O sujeito passivo é a coletividade de consumidores, bem como a Administração Pública, que teve a sua regulamentação violada.

A respeito do que seriam serviços de periculosidade exacerbada, a doutrina afirma que "exigem atenção, cuidados, equipamentos e instalações especiais", como parques de diversão, escolas de paraquedismo, transporte aéreo e serviços hospitalares.[169] Tem-se, ainda, que se trata de norma penal em branco, tendo em vista que há necessidade de complementação para que sejam verificados os parâmetros que devem ser observados pelo fornecedor de dado serviço, havendo uma crítica na doutrina quanto à redação do dispositivo legal, que ofenderia o princípio da reserva legal quanto ao que seria "alto grau de periculosidade".[170]

O crime somente se caracteriza quando existir uma prévia determinação da autoridade competente que, segundo Antonio Herman Benjamim, pode ser autoridade administrativa, legal ou judicial:[171]

> através de atos administrativos gerais (decretos, portarias), seja mediante atos administrativos individualizados (ofícios ou ordem verbal pessoal), seja, finalmente, por exigências constantes da própria lei. Qualquer modalidade de "determinação da autoridade competente", desde que preencha os requisitos legais, serve para disparar a aplicação do preceito.
>
> Autoridade competente, *in caso*, é aquela que possui legitimidade para produzir a exigência. Não é apenas a autoridade administrativa. Pode ser o Congresso Nacional, com exclusividade ou o Congresso Nacional e as Assembleias Legislativas concorrentemente, ou as Câmaras Municipais, naquilo que for de interesse local, suplementando, eventualmente, a legislação federal ou estadual. Pode, inclusive, ser o próprio Poder Judiciário, quando vê ordem sua ser ignorada pelo fornecedor.

O crime se consuma quando o serviço é executado, não bastando que o serviço seja oferecido, tratando-se de crime formal. A tentativa é possível, desde que "circunstâncias alheias à vontade do agente interrompam os atos executórios, compreendidos não só como o núcleo do tipo, mas também como o último ato anterior ao núcleo, segundo o plano concreto do autor, nos termos da teoria objetivo individual empregada para a distinção entre atos preparatórios e executórios".[172]

No §2º, com a Lei nº 13.425/17,[173] que nasceu em decorrência do incêndio ocorrido na Boate Kiss, no ano de 2013, o legislador inseriu mais um tipo penal, prevendo como crime

---

[169] *Ibidem*, p. 1729.
[170] Neste sentido: GUARAGNI, Fabio André; CABRAL, Rodrigo Leite Ferreira. *Op. cit.*, p. 625.
[171] BENJAMIN, Antônio Herman de Vasconcelos e. Das infrações penais. *Op. cit.*, p. 1727. Especificamente quanto ao Poder Judiciário, Antonio Herman Benjamin cita como exemplo ação civil pública versando sobre UTI de hospital sem instalações e equipamentos considerados apropriados. "Em liminar, o juiz impõe o cumprimento de várias providências corretivas, vedando novos atendimentos enquanto não concluídas as obras emergenciais. Despeito de tal ordem judicial – ordem emanada de autoridade competente – tipificada a infração do artigo 65, ".
[172] GUARAGNI, Fabio André; CABRAL, Rodrigo Leite Ferreira. *Op. cit.*, p. 627.
[173] A Lei nº 13.425/17 foi publicada em 30.03.2017 e estabelece "diretrizes gerais sobre medidas de prevenção e combate a incêndios e desastres em estabelecimentos, edificações e áreas de reunião de público". José Geraldo Brito Filomeno tece críticas à tipificação da conduta nos termos contidos no §2º do artigo 65 do Código de Defesa do Consumidor: "trata-se claramente de pura demagogia e manifestação do que já se convencionou chamar de tutela penal de emergência. Ou seja, para dar satisfação – ainda que piegas e formal à população

a prática da conduta prevista no artigo 39, inciso XIV, do Código de Defesa do Consumidor, que é "permitir o ingresso em estabelecimentos comerciais ou de serviços de um número maior de consumidores que o fixado pela autoridade administrativa como máximo".

Quanto ao referido delito, a doutrina consigna que há certa diferença entre o escopo do artigo 39, XIV, e do §2º do artigo 65 do Código de Defesa do Consumidor, tendo em vista que "aquele não está restrito à preservação da saúde ou segurança do consumidor, porquanto a abusividade se caracteriza já pela ausência de conforto ou condições adequadas de fruição da atividade comercial ou serviço colocado no mercado pelo fornecedor".[174] Já em relação ao artigo 65, §2º, sendo feita uma interpretação sistemática com o que consta no *caput*, levaria à conclusão de que, para que a superlotação enseje a caracterização de crime, deve ser uma "superlotação capaz de expor a perigo abstrato a vida, a saúde ou a segurança do público, no todo ou em parte", pois "só nesta perspectiva a conduta do fornecedor torna-se equiparável à execução de serviço de alto grau de periculosidade, à revelia da determinação da administração pública".[175]

Trata-se de crime formal, de perigo abstrato e comissivo, e o sujeito ativo, nesse caso, é o fornecedor responsável pelo estabelecimento comercial ou de serviços.

Em ambas as figuras típicas previstas no artigo em comento, somente é punida a conduta dolosa, sendo certo que, se houver ausência de conhecimento do agente acerca do elemento normativo referente a "alto grau de periculosidade", haverá erro de tipo, não sendo punível eventual erro vencível em razão da ausência de precisão legal da modalidade culposa do delito.[176]

Os crimes supracitados são de ação penal pública incondicionada e de menor potencial ofensivo.

> **Art. 66.** Fazer afirmação falsa ou enganosa, ou omitir informação relevante sobre a natureza, característica, qualidade, quantidade, segurança, desempenho, durabilidade, preço ou garantia de produtos ou serviços:
>
> Pena – Detenção de três meses a um ano e multa.
>
> §1º Incorrerá nas mesmas penas quem patrocinar a oferta.
>
> §2º Se o crime é culposo;
>
> Pena Detenção de um a seis meses ou multa

---

indignada com algum cataclisma ou desastre, como foi o sem dúvida lamentabilíssimo incêndio na Boate Kiss, em Santa Maria no Rio Grande do Sul –, o legislador se apressa em fazer algo totalmente inútil. Ora, transformar a questão casuisticamente de lotação máxima de algum estabelecimento de entretenimento em tipo penal é contribuir para mais um tipo penal inócuo, já que a legislação de cunho administrativo – que igualmente não funciona – já prescreve limitações para essas circunstâncias" (FILOMENO, José Geraldo de Brito. Das Infrações Penais. *Op. cit.*, p. 729-730).

[174] GUARAGNI, Fabio André; CABRAL, Rodrigo Leite Ferreira. *Op. cit.*, p. 623.

[175] *Ibidem*, p. 623. Fábio André Guarigni e Rodrigo Leite Ferreira Cabral afirmam que uma mera proteção do conforto do consumidor não parece revestir a necessária magnitude para merecer proteção penal, bastando proteção administrativa ou, mesmo, consumerista civil. Portanto, a violação do art. 39, XIV, enquanto realização do tipo penal do artigo 65, §2º, CDC, exige interpretação restritiva do conteúdo material do injusto, como costuma ocorrer em situações de administrativização do direito penal, recorrente no direito penal econômico. Trata-se de empenho do intérprete que, na práxis, separa o conteúdo das normas penais daquele havido por normas puramente administrativas. (*Ibidem*, p. 623-624).

[176] *Ibidem*, p. 626-627.

Os tipos penais previstos no artigo 66 do Código de Defesa do Consumidor trazem em seu bojo condutas conhecidas como "desvios de marketing" ou "abusos de publicidade", que têm o escopo de "assegurar a veracidade e a lisura nas relações de consumo, tutelando-se os consumidores da falsidade e do engano".[177] Dessa forma, pode-se afirmar que o bem jurídico tutelado é a relação de consumo e, mediatamente, há a tutela do direito do consumidor "à correta informação acerca dos produtos e serviços que lhe são ofertados no âmbito do mercado, evitando que surjam crenças erradas acerca da respectiva aptidão", conforme disposto nos artigos 4º, *caput*, 6º, inciso III, do Código de Defesa do Consumidor.[178]

Antonio Herman Benjamin afirma que, no Direito do Consumidor, o termo "marketing" é utilizado de forma ampla, abarcando "oferta" e "informação", sendo, portanto, "qualquer modalidade de informação ou oferta associada à circulação de bens de consumo, ou seja, produtos ou serviços". Já tendo como parâmetro a natureza da informação associada ao produto ou serviço, o *marketing* pode ser classificado em "publicitário e "não publicitário":[179]

> A informação, comumente, acompanha o fornecimento do produto ou serviço. É o vendedor imediato que afirma ter seu produto tais e tais qualidades. Temos aqui o *marketing não publicitário*, que se manifesta através de diversos modos de comunicação *diretamente* ligados, amiúde, a "voz e gestos" do fornecedor final, ou que não faz uso de mídia.
>
> Mas a informação pode ser antecedente à própria colocação do produto ou serviço no mercado, assim como ser impessoal em relação a um ofertante particularizado (o vendedor do balcão, por exemplo). É o *marketing publicitário* ou, simplesmente, *publicidade*.

Embora na esfera cível, as duas modalidades de *marketing* sejam tratadas praticamente da mesma forma, na esfera penal, o legislador tratou de forma diferenciada, de modo que o dispositivo em comento não estaria voltado para as informações veiculadas em publicidade – conduta que se amoldaria aos tipos penais previstos nos artigos 67, 68 e 69 do Código de Defesa do Consumidor –, tendo por objeto informações mais "pessoalizadas", como, por exemplo, "a informação sobre imóvel que se faz na sede da imobiliária, ou aquela informação prestada dentro do estabelecimento comercial, por um funcionário, ou a que se dá na venda domiciliar", tratando-se de um dispositivo de natureza residual.[180]

O artigo 66 do Código de Defesa do Consumidor regulamenta, portanto, o *marketing* (oferta ou informação) não publicitário enganoso,[181] possuindo relação com o disposto no artigo 31 do citado diploma legal.

No *caput*, há previsão de uma modalidade comissiva consistente em "fazer afirmação falsa ou enganosa" e uma de natureza omissiva, qual seja, "omitir informação relevante sobre

---

[177] KALIL, José Arthur Di Spirito. *Op. cit.*, p. 176-177.
[178] GUARAGNI, Fabio André; CABRAL, Rodrigo Leite Ferreira. *Op. cit.*, p. 628.
[179] BENJAMIN, Antônio Herman de Vasconcelos e. Das infrações penais. *Op. cit.*, p. 1731. Segundo o citado autor, "quanto ao consumidor, os riscos de ambas as modalidades de marketing, publicitário ou não, são idênticas. Apenas o potencial ofensivo da oferta publicitária, pela sua veiculação massificada, é superior, mas as duas apresentam os mesmos desvios e a mesma necessidade – para não dizer imperiosidade – de controle" (ibidem, p. 1731).
[180] KALIL, José Arthur Di Spirito. *Op. cit.*, p. 178. Antonio Herman Benjamim afirma que, por vezes, nem sempre a distinção entre informação publicitária e a não publicitária poderá ser feita de uma forma tão cristalina, "já que há uma larga área de sobreposição, de contorno incerto" BENJAMIN, Antônio Herman V. Das Infrações Penais. *In:* BENJAMIN, Antônio Herman de Vasconcelos e. Das infrações penais. *Op. cit.*, p. 1732).
[181] Termo utilizado por Antonio Herman Benjamin (BENJAMIN, Antônio Herman de Vasconcelos e. Das infrações penais. *Op. cit.*, p. 1733).

a natureza, característica, qualidade, quantidade, segurança, desempenho, durabilidade, preço ou garantia de produtos ou serviços", sendo a última modalidade um crime omissivo próprio, tendo em vista que só pode ser cometido pelo fornecedor.

Trata-se de crime de mera conduta e, além da modalidade dolosa, o legislador previu a modalidade culposa no §2º, sendo que parcela da doutrina tece críticas a tal previsão, especialmente por se tratar de crime de mera conduta, além de ser incompatível com o princípio da intervenção mínima.[182] José Arthur Di Spirito Kalil afirma ainda que, especificamente quanto à conduta comissiva de "fazer afirmação falsa ou enganosa", a modalidade culposa não seria possível, tendo em visa que a presença do dolo seria essencial, na medida em que, segundo o citado autor, para se fazer uma afirmação falsa ou enganosa, é necessário que o agente tenha prévio conhecimento da falsidade do que está informando.[183] Já Antonio Herman Benjamin, em sentido diametralmente oposto, afirma que "andou bem o CDC ao criminalizar as ofertas cuja enganosidade decorre da negligência, imprudência ou imperícia do fornecedor", citando como exemplo, o caso do fornecedor que, sem se certificar, afirma que "seu produto é o mais barato do mercado", incorrendo no artigo 66, §2º, do Código de Defesa do Consumidor.[184]

Importante consignar, ademais, que o dispositivo em comento não estaria voltado para as informações veiculadas em publicidade – conduta que se amoldaria aos tipos penais previstos nos artigos 67, 68 e 69 do Código de Defesa do Consumidor –, tendo por objeto informações mais "pessoalizadas", como, por exemplo, "a informação sobre imóvel que se faz na sede da imobiliária, ou aquela informação prestada dentro do estabelecimento comercial, por um funcionário, ou a que se dá na venda domiciliar", tratando-se de um dispositivo de natureza residual.[185]

Quanto à forma de execução da conduta, tem-se que ela pode ser praticada por escrito ou oralmente se disserem respeito aos itens elencados no tipo penal:[186]

> (...). A afirmação falsa pode vir a ser firmada em cartazes ou anúncios contidos em gôndolas, prateleiras ou *stands* de venda.
>
> A falsa informação pode ser contida também em contratos, bulas, manuais do usuário, etiqueta, rótulo, embalagem, termos de garantia e em tudo mais que acompanhe o produto ou serviço.

É necessário que a afirmação seja falsa ou enganosa, sendo que a condição de enganosa diz respeito àquela que tenha o condão de fazer com que o consumidor seja enganado, devendo ser revestida de seriedade.[187]

No tocante à conduta omissiva, é importante que a informação acerca da natureza, característica, qualidade, quantidade, segurança, desempenho, durabilidade, preço ou garantia do produto ou do serviço seja relevante. A doutrina tece críticas à utilização do termo

---

[182] José Arthur Di Spirito Kalil afirma que "os crimes culposos são caracterizados por condutas contrárias ao dever que conduzem necessariamente a um resultado danoso ou perigoso, resultado esse incluído no tipo. Como não há nos crimes de mera conduta previsão de resultado naturalístico no tipo, conclui-se que o crime culposo é incompatível com o crime de mera conduta" (KALIL, José Arthur Di Spirito. *Op. cit.*, p. 177).

[183] *Ibidem*, p. 178.

[184] BENJAMIN, Antônio Herman de Vasconcelos e. Das infrações penais. *Op. cit.*, p. 1736.

[185] KALIL, José Arthur Di Spirito. *Op. cit.*, p. 178.

[186] *Ibidem*, p. 178.

[187] Entende a doutrina que "não configura o crime previsto no artigo 66 do CDC fazer alegações bem humoradas, ainda que falsas, para fazer certo gracejo com o consumidor" (KALIL, José Arthur Di Spirito. *Op. cit.*, p. 17).

"relevante", tendo em vista que ele ofenderia ao princípio da taxatividade, ante a ausência de uma definição precisa do que seja realmente relevante, tratando-se de conceito muito variável. Ainda que se entenda que relevante diga respeito à informação que seja relevante para que o consumidor decida adquirir determinado produto ou contratar dado serviço, fato é que isso também é algo muito subjetivo.[188]

O sujeito ativo é o fornecedor de produto ou serviço.

O sujeito passivo é a coletividade de consumidores.

São crimes formais e de perigo abstrato, que independem, portanto, de dano ao consumidor, sendo que a primeira é comissiva se se consuma no momento da informação ou omissão da informação ao consumidor, mas "depende, todavia, da exposição de consumidores às informações em questão".[189] É possível a tentativa se, por circunstâncias alheias à vontade do agente, a oferta não for veiculada. A modalidade omissiva se consuma como o "não agir", sendo que "enquanto o consumidor (receptor) não estiver presente, ainda que de modo potencial e indeterminado, o agir diverso não ocorre",[190] já que a modalidade omissiva não admitiria tentativa.

No §1º, o legislador estabeleceu a responsabilidade penal daqueles que patrocinarem as ofertas, sendo certo que a oferta no presente dispositivo deverá estar atrelada às disposições contidas no *caput*, não versando sobre publicidade, que não é objeto de regulamentação pelo artigo 66 do Código de Defesa do Consumidor.[191] O objetivo do legislador com a tipificação do delito em tela seria de:[192]

> incluir o sujeito ativo mediato, o que não realiza diretamente a conduta típica, mas é o seu patrono, inclusive com o domínio do fato. Ilustre-se o caso em que a oferta de produtos e compartilhada pelo fabricante e pelo varejista, em que um deles faz a afirmação, mas o outro a patrocina, favorecendo-a, explicando-a, ratificando-a. São dignos de nota os casos em que atuam conjuntamente para ofertar um lançamento imobiliário o setor comercial da incorporadora e a corretora de imóveis, agindo como parceiros.

Dessa forma, "o responsável ou proprietário do estabelecimento ou qualquer outro que 'patrocine' a oferta é corresponsável", sendo que o termo patrocinar, de acordo com Antonio Herman Benjamin, deve ser interpretado como "dar condições materiais ou econômicas, permitir, comissiva ou omissivamente que a oferta desconforme seja feita ou chegue ao consumidor".[193]

José Arthur Di Spirito Kalil afirma que, se um consumidor, em virtude da prática das condutas descritas no artigo 66 do Código de Defesa do Consumidor, adquirir o produto ou contratar o serviço, caracterizado estará o crime previsto no artigo 7º, inciso VII, da Lei nº 8.137/90, devendo agente responder apenas por este com base no princípio da consunção.[194] Já Antonio Herman Benjamin afirma que, se, em decorrência da oferta inadequada ocorrer dano à vida ou à integridade do consumidor, ou mesmo ao seu patrimônio, outros tipos penais poderão ser aplicados em concurso, como os artigos 121, 129 e 171 do Código Penal,

---

[188] *Ibidem*, p. 178.
[189] BENJAMIN, Antônio Herman de Vasconcelos e. Das infrações penais. *Op. cit.*, p. 1736.
[190] GUARAGNI, Fabio André; CABRAL, Rodrigo Leite Ferreira. *Op. cit.*, p. 632-633.
[191] KALIL, José Arthur Di Spirito. *Op. cit.*, p. 178.
[192] *Ibidem*, p. 178.
[193] BENJAMIN, Antônio Herman de Vasconcelos e. Das infrações penais. *Op. cit.*, p. 1734.
[194] KALIL, José Arthur Di Spirito. *Op. cit.*, p. 178.

especialmente levando-se em consideração que os bens jurídicos tutelados são diversos, não havendo, por conseguinte, que se falar em aplicação do princípio da consunção.[195]

Os crimes previstos no dispositivo em comento são de ação penal pública incondicionada e de menor potencial ofensivo.

> **Art. 67.** Fazer ou promover publicidade que sabe ou deveria saber ser enganosa ou abusiva:
> Pena. Detenção de três meses a um ano e multa.
> Parágrafo único. (Vetado).

Em uma economia de mercado, marcada pela livre concorrência, ganha substancial importância a regulamentação da publicidade, tendo em vista o importantíssimo papel que ela possui nas "atividades comerciais e industriais, dado que é por ela que o fornecedor dá a conhecer, apresenta e veicula a oferta de bens e de serviços, e o consumidor é informado, toma conhecimento e opta pelo que lhe é ofertado".[196]

A respeito do conceito de publicidade, tem-se que:[197]

> A palavra "publicidade" encerra uma multiplicidade de sentidos, fazendo referência à mensagem (conteúdo da comunicação), ao modo (a forma de sua apresentação – oral, escrita, por gestos, imagens) e o meio (suporte ou veículo escolhido para a difusão da mensagem) publicitários. Destarte independe de seu conteúdo e finalidade, tem ela como elemento comum o fato de ser um processo de comunicação de tipo suasivo, com destinatário coletivo indeterminado.

Diante da capacidade que a publicidade tem, especialmente no tocante à persuasão dos consumidores, o Código de Defesa do Consumidor se preocupa com a regulamentação da publicidade, inclusive com a incidência do Direito Penal, tendo em vista que "os desvios publicitários são de alta danosidade social, muitas vezes causando prejuízos à saúde e segurança do consumidor".[198]

Trata-se de norma penal em branco, na medida em que o conceito de publicidade enganosa e abusiva é conferido pelo artigo 37 do Código de Defesa do Consumidor.

O conceito de publicidade enganosa encontra-se no §1º do artigo 37 do Código de Defesa do Consumidor que estabelece que é "enganosa qualquer modalidade de informação ou comunicação de caráter publicitário, inteira ou parcialmente falsa, ou, por qualquer outro modo, mesmo por omissão, capaz de induzir em erro o consumidor a respeito da natureza, características, qualidade, quantidade, propriedades, origem, preço e quaisquer outros dados sobre produtos e serviço". Como assevera Antonio Herman Benjamin, nesses casos, a avaliação deve ser feita de forma abstrata, não devendo ser feita uma avaliação de

---

[195] BENJAMIN, Antônio Herman de Vasconcelos e. Das infrações penais. *Op. cit.*, p. 1734. No mesmo sentido: GUARAGNI, Fabio André; CABRAL, Rodrigo Leite Ferreira. *Op. cit.*, p. 632.
[196] PRADO, Luiz Regis. *Op. cit.*, p. 69.
[197] *Ibidem*, p. 69.
[198] BENJAMIN, Antônio Herman de Vasconcelos e. Das infrações penais. *Op. cit.*, p. 1742.

"danos concretos e individualizados", levando-se em consideração, ademais, que o conceito de enganosidade – elemento normativo do tipo – deve levar em consideração também os destinatários da mensagem publicitária.[199]

A definição de publicidade abusiva está no §2º do artigo 37 do Código de Defesa do Consumidor, segundo o qual "é abusiva, dentre outras a publicidade discriminatória de qualquer natureza, a que incite à violência, explore o medo ou a superstição, se aproveite da deficiência de julgamento e experiência da criança, desrespeita valores ambientais, ou que seja capaz de induzir o consumidor a se comportar de forma prejudicial ou perigosa à sua saúde ou segurança". Pode-se afirmar, assim, que "abusiva é a publicidade que, embora não seja enganosa, utiliza-se de recursos considerados indevidos, sejam *per se* (ataques a valores ambientais, discriminação, violência), sejam em relação aos seus destinatários (crianças)".[200]

Importante salientar, contudo, que, com base no princípio da especialidade, a publicidade abusiva tutelada pelo artigo 66 do Código de Defesa do Consumidor não abarca aquela que induza o consumidor a se comportar de forma prejudicial ou perigosa à sua saúde ou segurança, tendo em vista que essa forma específica de publicidade abusiva encontra tipificação no artigo 68 do Código de Defesa do Consumidor.

O bem jurídico tutelado pela norma em comento, portanto, é a relação de consumo, possuindo relação direta com o dever de transparência e a direito de proteção do consumidor contra publicidade enganosa e abusiva, nos termos do artigo 4º e artigo 6º, inciso IV, do Código de Defesa do Consumidor,[201] sendo que, diferentemente do disposto no artigo 66 do Código de Defesa do Consumidor, no qual há um rol específico, a publicidade enganosa ou abusiva pode versar sobre "quaisquer dados sobre o produto ou serviço", nos termos do artigo 37 do Código de Defesa do Consumidor.

O sujeito ativo é o fornecedor, tratando-se, portanto, de crime próprio. Não se pode ignorar que via de regra, o crime em questão é praticado por pessoa jurídica, mas, diante do entendimento no sentido da impossibilidade de responsabilização da pessoa jurídica que prepondera no ordenamento jurídico brasileiro, é importante que se identifique como autor, nos termos do artigo 75, o responsável pela publicidade.[202]

Antonio Herman Benjamin afirma que o ato de publicidade possui três sujeitos, "o anunciante, a agência e o veículo", sendo que, via de regra, o anunciante é o responsável principal, embora não seja o exclusivo, tendo em vista que "a palavra final é sempre sua". Ele assevera, ainda, a responsabilidade dos publicitários da agência quando "desviam do *breafing* fornecido pelo anunciante quando este, embora seguido à risca, é manifestamente enganoso ("a cura milagrosa da calvície")". Já os profissionais dos veículos, como jornais, rádio, televisão e revistas também podem ser responsabilizados, especialmente quando se tratar de "anúncio falso ou enganoso *prima facie*, isto é, grosseiramente enganoso".[203]

O sujeito passivo é a coletividade de consumidores expostos à publicidade enganosa ou abusiva, tendo em vista que, como já mencionado, trata-se de crime com o escopo de tutela de bem jurídico supraindividual.

---

[199] Segundo o citado autor, "o juiz perguntará: esse anúncio é capaz de induzir em erro o consumidor? Não perguntará: este anúncio, de fato, induziu em erro um ou vários consumidores? Em outras palavras, o Ministério Público, como dominus litis, não precisa, em tais casos, fazer prova da existência de enganos ocorridos efetivamente. Basta, *in casu*, que o juiz estime que a publicidade, pelas suas alegações, indicações a apresentações (e até omissões), possuía a natureza de induzir em erro seus destinatários" (BENJAMIN, Antônio Herman de Vasconcelos e. Das infrações penais. *Op. cit.*, p. 1743-1744).

[200] *Ibidem*, p. 1751.

[201] GUARAGNI, Fabio André; CABRAL, Rodrigo Leite Ferreira. *Op. cit.*, p. 633.

[202] GUARAGNI, Fabio André; CABRAL, Rodrigo Leite Ferreira. *Op. cit.*, p. 633

[203] BENJAMIN, Antônio Herman de Vasconcelos e. Das infrações penais. *Op. cit.*, p. 1745.

Para a tipificação da conduta, o legislador utilizou os verbos "fazer" e "promover", sendo que "fazer" significa a "prática de atos concretos que levam aos consumidores a publicidade enganosa ou abusiva". Já promover seria efetuar "a veiculação da publicidade, atando-se à sua divulgação mediante mídia de massa".[204]

Segundo José Arthur Di Spirito Kalil, o termo fazer a publicidade sendo analisado em conjunto com o disposto no artigo 30 do Código de Defesa do Consumidor seria o mesmo que "divulgar ao público consumidor determinada oferta de produto ou serviço por meio dos veículos de comunicação".[205] De forma reflexa, ainda é possível falar que o escopo da norma é tutelar a integridade física, a saúde e o patrimônio do consumidor.

Trata-se de crime de perigo abstrato e formal, sendo desnecessário que o consumidor venha efetivamente a adquirir algum bem ou serviço, sendo que, nesse caso, estaria caracterizado o crime previsto no artigo 7º, inciso VII, da Lei nº 8.137/90.

A consumação nesse caso ocorre no momento em que a mensagem enganosa ou abusiva é transmitida aos consumidores por qualquer meio de comunicação. A tentativa é admitida, pois a disponibilização ao público é passível de fracionamento.[206]

Quanto à conduta de "promover", entende a doutrina que ela já estaria abarcada pela regra do concurso de agentes prevista no artigo 29 do Código Penal aplicada à primeira parte do dispositivo (fazer). A consumação também ocorre no momento em que a mensagem enganosa ou abusiva é transmitida aos consumidores, sendo admitida também a tentativa, nos termos acima mencionados.

Na eventualidade de a publicidade enganosa ou abusiva ter o condão de induzir o consumidor a se comportar de forma prejudicial, com base no princípio da especialidade, caracterizado estará o crime previsto no artigo 67 ou 68 do Código de Defesa do Consumidor.

Quanto ao tipo subjetivo, tem-se que ele é punido a título doloso, havendo divergência na doutrina a respeito da punição a título de culpa, tendo em vista que parcela da doutrina afirma que, ao utilizar o termo "deveria saber", o legislador estaria fazendo alusão à modalidade culposa,[207] enquanto outra parcela defende que, na realidade, o legislador estaria fazendo alusão ao dolo eventual.[208]

---

[204] GUARAGNI, Fabio André; CABRAL, Rodrigo Leite Ferreira. *Op. cit.*, p. 634.

[205] Para o citado autor, se "a preparação ou a confecção do material gráfico ainda não geram efeitos obrigacionais, não se poderia mesmo criminaliza-los antecipando-se o direito penal em relação ao direito civil", de forma que a mera idealização não seria punível. KALIL, José Arthur Di Spirito. *Op. cit.*, p. 181.

[206] KALIL, José Arthur Di Spirito. *Op. cit.*, p. 181. Antonio Herman Benjamin, seguindo o mesmo entendimento, afirma que "a tentativa é possível particularmente quando o anúncio é abordado antes de sua veiculação ou antes da exposição propriamente dita, por circunstâncias alheias à vontade dos agentes. Por exemplo, o agente entrega o filme ao veículo e, antes de ir ao ar, a veiculação é interditada" (BENJAMIN, Antônio Herman de Vasconcelos e. Das infrações penais. *Op. cit.*, p. 1746).

[207] Seguindo este entendimento, Antonio Herman Benjamin, por exemplo, afirma que "pune-se a conduta dolosa, assim como a culposa, sendo que o legislador, pro razões de política criminal, deu a ambas a mesma reprovabilidade social, apenando-as identicamente (detenção de três meses a um ano e multa)". Para ele, portanto, "a redação do dispositivo ("deveria saber"), pois, não cuida de dolo eventual. Não é isso. Tampouco adota-se a presunção de culpa, pois esta, no âmbito do processo penal por publicidade enganosa ou abusiva, haverá que ser provada pelo Ministério Público. Cuida-se, é bom repetir, de mero comportamento culposo equiparado, no apenamento, ao doloso". (BENJAMIN, Antônio Herman de Vasconcelos e. Das infrações penais. *Op. cit.*, p. 1750-1751).

[208] Seguindo esse entendimento, Luiz Regis Prado afirma que "deveria saber" indicar o dolo eventual, e não a culpa, sob pena de ofensa ao princípio da legalidade, tendo em vista que, de acordo com o artigo 18, parágrafo único, do Código Penal, só é possível a punição a título de culpa quando ela for expressamente prevista (PRADO, Luiz Regis. *Op. cit.*, p. 69). Fábio André Guaragni e Rodrigo Leite Ferreira Cabral afirmam que, na verdade, trata-se de exemplo de adoção, pelo Direito Brasileiro de um "dolo normativo-atributivo, em lugar de um dolo de caráter descritivo-psíquico", no qual "o agente que tem o dever de buscar ciência sobre a publicidade, de modo a verificar se é ou não enganosa ou abusiva, quando não o faz de propósito, encontra-se em situação de cegueira evitável ou deliberada", sendo uma hipótese em que a cegueira deliberada se equipara ao dolo eventual". Além disso, o

Se, no caso concreto, o consumidor adquirir o produto ou contratar o serviço com base na publicidade enganosa ou abusiva, haverá a prática do crime previsto no artigo 7º, inciso VII, da Lei nº 8.137/90.

Como mencionado nos comentários ao artigo 66 do Código de Defesa do Consumidor, se não houver propriamente uma publicidade, caracterizado estará o crime previsto no referido dispositivo, e não o crime do artigo 67 do Código de Defesa do Consumidor.

Trata-se de crime de ação penal pública incondicionada e de menor potencial ofensivo.

> **Art. 68.** Fazer ou promover publicidade que sabe ou deveria saber ser capaz de induzir o consumidor a se comportar de forma prejudicial ou perigosa a sua saúde ou segurança:
> Pena – Detenção de seis meses a dois anos e multa:

Como mencionado nos comentários tecidos ao artigo 67 do Código de Defesa do Consumidor no tocante à publicidade abusiva – comentários que se aplicam ao delito em tela –, o legislador previu de forma autônoma a modalidade de publicidade abusiva que induza o consumidor a se comportar de forma prejudicial ou perigosa a sua saúde e segurança, modalidade de publicidade abusiva prevista na parte final do §2º do artigo 37 do Código de Defesa do Consumidor. Tendo em vista o grau de periculosidade e, consequentemente, um maior juízo de reprovação, entendeu por bem o legislador tipificá-lo de forma autônoma, com a imposição de sanção um pouco mais severa do que as demais modalidades de publicidade abusiva, prevendo no preceito secundário do artigo 68 a sanção penal de "detenção de seis meses a dois anos e multa".[209]

O bem jurídico tutelado é a relação de consumo, sendo que também são tutelados a transparência das informações, bem como a saúde e a segurança do consumidor.

De acordo com a redação do artigo 68 do Código de Defesa do Consumidor, tem-se que a publicidade não precisa ser prejudicial e perigosa, tendo em vista que o legislador utilizou o termo "ou", a evidenciar que basta que ela seja prejudicial. Dessa forma, "atos banais e corriqueiros, como comer e beber, podem ensejar publicidade abusiva (de alimentos, refrigerantes ou bebidas alcóolicas), na categoria prejudicial à saúde e segurança", podendo ser mencionados a título de exemplo:[210]

> os anúncios de automóveis ou acessórios que utilizam manobras perigosas ("cavalo de pau") ou que mostrem os modelos em excesso de velocidade. Também violam as normas sob análise os anúncios de alimentos que estimulam seu consumo exagerado

---

dispositivo ainda abarca as hipóteses em que o agente "não assumiu qualquer risco. A declaração da existência de dolo deriva do papel social do agente, cujos contornos incumbiam a ele dever de fiscalizar a publicidade. Essa posição deriva de um princípio *neminem leadede*: não é dado a ninguém, na gerência de seu círculo de organização, configurá-lo de modo tal a lesionar terceiros, ou causar-lhes perigo de lesão. A norma do artigo 67 declara que o infrator do papel social impositivo do dever de verificar o caráter abusivo ou enganoso da publicidade, por objetivamente descumpri-lo, agiu com dolo". (GUARAGNI, Fabio André; CABRAL, Rodrigo Leite Ferreira. *Op. cit.*, p. 637).

[209] Ressalte-se que, como já afirmado anteriormente, as penas cominadas aos delitos contra a relação de consumo tipificados no Código de Defesa do Consumidor não se mostram adequadas e proporcionais à gravidade das condutas nele descritas, na medida em que, em sua totalidade, são crimes de menor potencial ofensivo.

[210] BENJAMIN, Antônio Herman de Vasconcelos e. Das infrações penais. *Op. cit.*, p. 1756.

e os que levem o consumidor a automedicação. Na mesma linha, a publicidade de equipamentos desportivos e de condicionamento físico, quando deixam de alertar sobre os riscos envolvidos com seu uso por certas categorias de pessoas.

Importante mencionar que parcela da doutrina afirma que a imprecisão dos termos empregados pelo legislador no artigo 68 do Código de Defesa do Consumidor viola o princípio da taxatividade, tendo em vista a dificuldade de se determinar na prática o que seria uma publicidade capaz de induzir comportamento perigoso ou prejudicial à saúde ou à segurança do consumidor. Assim, ponderam Fábio André Guaragni e Rodrigo Leite Ferreira Cabral que:

> Efetivamente, a definição de que a publicidade seja capaz de induzir ao comportamento perigoso ou prejudicial contém imprecisão e passa pela exigência de conhecimentos que não são usuais na formação dos operadores do direito penal. De compensatória desta indefinição, a interpretação deve ser restritiva e atenta a patamares de risco induzido pela não publicidade: a) que transcendam aqueles riscos permitidos, derivados do uso comum do objeto ou do proveito do serviço, (o torque e a velocidade de um veículo podem ser extrapolados na publicidade, desde que não se sugira com isto, a prática de ilícitos de trânsito que prejudiquem o próprio consumidor e terceiros; ou b) que turbem a cognição do consumidor acerca dos patamares de periculosidade ou prejudicialidade de seu comportamento. O comportamento prejudicial ou perigoso do consumidor, induzido pela publicidade, deve ostentar um destes dois aspectos.

O sujeito ativo é o fornecedor, tratando-se, portanto, de crime próprio. Não se pode ignorar que, via de regra, o crime em questão é praticado por pessoa jurídica, mas, diante do entendimento preponderante no sentido da impossibilidade de responsabilização da pessoa jurídica que prepondera no ordenamento jurídico brasileiro, é importante que se identifique como autor, nos termos do artigo 75, o responsável pela publicidade.[211]

O sujeito passivo é a coletividade de consumidores expostos à publicidade enganosa ou abusiva, tendo em vista que, como já mencionado, trata-se de crime com o escopo de tutela de bem jurídico supraindividual.

Para a tipificação da conduta, o legislador utilizou os verbos "fazer" e "promover", sendo que "fazer" significa a "prática de atos concretos que levam aos consumidores a publicidade enganosa ou abusiva". Já promover seria efetuar "a veiculação da publicidade, atando-se à sua divulgação mediante mídia de massa".[212]

Segundo José Arthur Di Spirito Kalil, o termo fazer a publicidade sendo analisado em conjunto com o disposto no artigo 30 do Código de Defesa do Consumidor seria o mesmo que "divulgar ao público consumidor determinada oferta de produto ou serviço por meio dos veículos de comunicação".[213]

Trata-se de crime de perigo abstrato e formal, sendo desnecessário que o consumidor venha efetivamente a adquirir algum bem ou serviço, sendo que, neste caso, estaria caracterizado o crime previsto no artigo 7º, inciso VII, da Lei nº 8.137/90. Havendo, ademais, evento danoso à saúde ou a segurança do consumidor em virtude da veiculação da publicidade prejudicial ou perigosa, haveria concurso de crimes entre o crime previsto no

---

[211] GUARAGNI, Fabio André; CABRAL, Rodrigo Leite Ferreira. *Op. cit.*, p. 633.
[212] GUARAGNI, Fabio André; CABRAL, Rodrigo Leite Ferreira. *Op. cit.*, p. 634.
[213] Para o citado autor, se "a preparação ou a confecção do material gráfico ainda não geram efeitos obrigacionais, não se poderia mesmo criminalizá-los antecipando-se o direito penal em relação ao direito civil", de forma que a mera idealização não seria punível. KALIL, José Arthur Di Spirito. *Op. cit.*, p. 181.

artigo 68 do Código de Defesa do Consumidor e o respectivo crime (artigo 129, 132, 267 e 285 do Código Penal).[214]

A consumação nesse caso ocorre no momento em que a mensagem abusiva capaz de atentar contra a vida, saúde e segurança do consumidor é transmitida aos consumidores por qualquer meio de comunicação. A tentativa é admitida, pois a disponibilização ao público é passível de fracionamento.[215]

Quanto ao tipo subjetivo, tem-se que ele é punido a título doloso, havendo divergência na doutrina a respeito da punição a título de culpa, tendo em vista que parcela da doutrina afirma que ao utilizar o termo "deveria saber", o legislador estaria fazendo alusão à modalidade culposa,[216] enquanto outra parcela defende que, na realidade, o legislador estaria fazendo alusão ao dolo eventual.[217]

Se, no caso concreto, o consumidor adquirir o produto ou contratar o serviço com base na publicidade enganosa ou abusiva, haverá a prática do crime previsto no artigo 7º, inciso VII, da Lei nº 8.137/90.

No tocante à publicidade de cigarros e bebidas alcóolicas, verifica-se que ela possui regulamentação específica pela Lei nº 9.294/96, atendendo à exigência contida no artigo 220, §4º, da CRFB/88.

Trata-se de crime de ação penal pública incondicionada e de menor potencial ofensivo.

> **Art. 69.** Deixar de organizar dados fáticos, técnicos e científicos que dão base à publicidade:
> Pena: Detenção de um a seis meses ou multa.

---

[214] Neste sentido: PRADO, Luiz Regis. *Op. cit.*, p. 46.

[215] KALIL, José Arthur Di Spirito. *Op. cit.*, p. 181. Antonio Herman Benjamin, seguindo o mesmo entendimento, afirma que "a tentativa é possível particularmente quando o anúncio é abordado antes de sua veiculação ou antes da exposição propriamente dita, por circunstâncias alheias à vontade dos agentes. Por exemplo, o gente entrega o filme ao veículo e, antes de ir ao ar, a veiculação é interditada" (BENJAMIN, Antônio Herman de Vasconcelos e. Das infrações penais. *Op. cit.*, p. 1746).

[216] Seguindo esse entendimento, Antonio Herman Benjamin, por exemplo, afirma que "pune-se a conduta dolosa, assim como a culposa, sendo que o legislador, pro razões de política criminal, deu a ambas a mesma reprovabilidade social, apenando-as identicamente (detenção de três meses a um ano e multa)". Para ele, portanto, "a redação do dispositivo ('deveria saber'), pois, não cuida de dolo eventual. Não é isso. Tampouco adota-se a presunção de culpa, pois esta, no âmbito do processo penal por publicidade enganosa ou abusiva, haverá que ser provada pelo Ministério Público. Cuida-se, é bom repetir, de mero comportamento culposo equiparado, não apenamento, ao doloso". (BENJAMIN, Antônio Herman de Vasconcelos e. Das infrações penais. *Op. cit.*, p. 1750-1751).

[217] Seguindo este entendimento, Luiz Regis Prado afirma que "deveria saber" indica o dolo eventual, e não a culpa, sob pena de ofensa ao princípio da legalidade, tendo em vista que, de acordo com o artigo 18, parágrafo único, do Código Penal, só é possível a punição a título de culpa quando ela for expressamente prevista (PRADO, Luiz Regis. *Op. cit.*, p. 69). Fábio André Guaragni e Rodrigo Leite Ferreira Cabral afirmam que, na verdade trata-se de exemplo de adoção, pelo Direito Brasileiro de um "dolo normativo-atributivo, em lugar de um dolo de caráter descritivo-psíquico", no qual "o agente que tem o dever de buscar ciência sobre a publicidade, de modo a verificar se é ou não enganosa ou abusiva, quando não o faz de propósito, encontra-se em situação de cegueira evitável ou deliberada", sendo uma hipótese em que a cegueira deliberada se equipara ao dolo eventual". Além disso, o dispositivo ainda abarca as hipóteses em que o agente "não assumiu qualquer risco. A declaração da existência de dolo deriva do papel social do agente, cujos contornos incumbiam a ele dever de fiscalizar a publicidade. Essa posição deriva de um princípio *neminem leadede*: não é dado a ninguém, na gerência de seu círculo de organização, configurá-lo de modo tal a lesionar terceiros, ou causar-lhes perigo de lesão. A norma do artigo 67 declara que o infrator do papel social impositivo do dever de verificar o caráter abusivo ou enganoso da publicidade, por objetivamente descumpri-lo, agiu com dolo". (GUARAGNI, Fabio André; CABRAL, Rodrigo Leite Ferreira. *Op. cit.*, p. 637).

O artigo 36, parágrafo único, do Código de Defesa do Consumidor estabelece que "o fornecedor, na publicidade de seus produtos ou serviços, manterá, em seu poder, para informação dos legítimos interessados, os dados fáticos, técnicos e científicos que dão sustentação à mensagem", sendo certo que o artigo 69 do diploma legal previu a sanção penal para aqueles que não observarem a exigência contida naquele dispositivo.

O bem jurídico tutelado é a relação de consumo, mais precisamente no tocante à transparência nas relações consumeristas, pois, como afirma Antonio Herman Benjamin, no tocante a publicidade, ela deve ser norteada pela ideia do "só digo o que sei e o que posso provar".[218] Tutela-se a transparência, "enquanto objetivo da política nacional das relações de consumo, nos termos do artigo 4º, *caput*, do CDC".[219]

José Geraldo Brito Filomeno ainda menciona que a necessidade de se manter esses dados arquivados ainda possui correlação com o princípio da inversão do ônus da prova expressamente previsto no artigo 6º, inciso VIII, do Código de Defesa do Consumidor, e, especificamente quanto à publicidade, a previsão contida no artigo 38 do citado diploma legal, segundo a qual "o ônus da prova da veracidade e correção da informação ou comunicação publicitária cabe a quem as patrocina":[220]

> Isso porque, se necessário o ajuizamento de qualquer ação, quer no âmbito individual, quer no âmbito coletivo, em se tratando de publicidade enganosa ou abusiva, o Judiciário terá melhores condições de aquilatar sobre a tendenciosidade ou não de determinada publicidade, ou então os órgãos administrativos incumbidos de seu controle, sobretudo na área da saúde.

Há, contudo, na doutrina, quem critique o tipo penal em comento, afirmando que se trata de verdadeiro "exagero legislativo", pois o que se incrimina seria "um perigo de uso de dados inconsistentes em publicidade, que gerará um perigo para o direito à correta informação do consumidor, que, acaso adquira um bem, correrá perigo quanto aos bens individuais, que são os interesses – a fim e ao cabo – centrais", havendo uma criminalização do "perigo de perigo de perigo".[221] Logo, para essa parcela da doutrina, a questão deveria ficar adstrita ao âmbito administrativo, não sendo, assim, merecedora de tutela penal.

Trata-se de crime de perigo abstrato.

O sujeito ativo é o fornecedor-anunciante, tendo em vista que incumbe a ele o dever de arquivar os dados. Segundo Antonio Herman Benjamin, o publicitário não seria autor do delito, exceto se o anúncio for criado por uma agência de publicidade do próprio anunciante.[222] Não se pode ignorar que, via de regra, o crime em questão é praticado por pessoa jurídica, mas, diante do entendimento preponderante no sentido da impossibilidade de responsabilização da pessoa jurídica que prepondera no ordenamento jurídico brasileiro, é importante que se identifique como autor, nos termos do artigo 75 do Código de Defesa doo Consumidor, o responsável pela publicidade.[223]

---

[218] BENJAMIN, Antônio Herman de Vasconcelos e. Das infrações penais. *Op. cit.*, p. 1757.
[219] GUARAGNI, Fabio André; CABRAL, Rodrigo Leite Ferreira. *Op. cit.*, p. 645.
[220] FILOMENO, José Geraldo de Brito. Dos Direitos do Consumidor. *In:* GRINOVER, Ada Pellegrini; BENJAMIN, Antonio Herman de Vasconcelos; FINK, Daniel Roberto et al. *In: Código brasileiro de Defesa do Consumidorcomentado pelos autores do anteprojeto.* 12. ed, Rio de Janeiro: Forense, 2019, p. 763.
[221] GUARAGNI, Fabio André; CABRAL, Rodrigo Leite Ferreira. *Op. cit.*, p. 646.
[222] BENJAMIN, Antônio Herman de Vasconcelos e. Das infrações penais. *Op. cit.*, p. 1757.
[223] GUARAGNI, Fabio André; CABRAL, Rodrigo Leite Ferreira. *Op. cit.*, p. 633.

O sujeito passivo é a coletividade de consumidores.

Trata-se de crime omissivo próprio, decorrente da conduta do agente que não promove o arquivamento dos dados relacionados ao conteúdo do anúncio.

Os termos dados "fáticos, técnicos e científicos" são elementos normativos do tipo, que devem ser analisados casuisticamente.

O crime é de mera conduta, mas, para a sua consumação é necessário que o anúncio seja veiculado, pois, "sem exposição de consumidores, não há que se falar em violação do princípio da transparência da fundamentação da mensagem publicitária".[224] Não admite tentativa.

O crime em questão somente pode ser praticado dolosamente.

Antonio Herman Benjamin afirma que comumente haverá concurso de crimes entre o delito previsto no artigo 69 e os artigos 66 e 67 do Código de Defesa do Consumidor, pois, geralmente, "o agente não só deixa de manter organizados os dados de sua informação ou publicidade, como estas são, ademais, falsas ou capazes de induzir o consumidor em erro".[225]

A ação penal é pública incondicionada, sendo crime de menor potencial ofensivo.

> **Art. 70.** Empregar na reparação de produtos, peça ou componentes de reposição usados, sem autorização do consumidor:
> Pena Detenção de três meses a um ano e multa.

De acordo com o Código de Defesa do Consumidor, no reparo de produtos, o fornecedor somente pode utilizar peças ou componente de reposição novos, havendo necessidade de autorização expressa do consumidor para que ele possa proceder de forma diversa. O objetivo da norma, portanto, é evitar que o consumidor seja enganado, especialmente acreditando e efetuando o pagamento como se uma peça nova fosse utilizada, quando, na realidade, as peças e os componentes utilizados no reparo são usados e recondicionados.

No tipo penal em comento, o legislador criminaliza a inobservância do disposto no artigo 21 do Código de Defesa do Consumidor, que estabelece que "No fornecimento de serviços que tenham por objetivo a reparação de qualquer produto considerar-se-á implícita a obrigação do fornecedor de empregar componentes de reposição originais adequados e novos, ou que mantenham as especificações técnicas do fabricante, salvo, quanto a estes últimos, autorização em contrário do consumidor".

O bem jurídico tutelado é a relação de consumo, com destaque para o resguardo do direito do consumidor à informação, bem como a tutela do patrimônio do consumidor. Antonio Herman Benjamin afirma, ainda que de forma indireta, que também é afetada a "relação de consumo sanitária", tendo em vista que se presume que "peças e componentes mais novos são mais confiáveis e seguros do que seus similares usados".[226]

Como sujeito ativo, tem-se o fornecedor de serviços de reparos de bens, devendo ser analisado casuisticamente quem, de fato, empregou peças ou componentes de reposição usados sem a autorização do consumidor. Antonio Herman Benjamin afirma que em regra, o sujeito ativo principal é o responsável pelo estabelecimento, também sendo passível de

---

[224] BENJAMIN, Antônio Herman de Vasconcelos e. Das infrações penais. *Op. cit.*, p. 1757.
[225] *Ibidem*, p. 1758.
[226] *Ibidem*, p. 1759.

responsabilização penal o técnico que faz a instalação não autorizada. Porém, o referido doutrinador adverte que não se pode ignorar o fato de que a autorização nem sempre é dada ao técnico que vai reparar o produto, não sendo incomum que o consumidor, por vezes, nem tenha contato com o técnico que vai fazer o reparo do produto. Nesses casos, "a responsabilidade do empregado é mitigada, a não ser que desatenda a determinação de seus superiores e, por iniciativa própria, resolva, não obstante a carência de autorização do consumidor, utilizar peças usadas".[227]

Trata-se de crime próprio que só pode ser praticado pelo fornecedor ao realizar a reparação de produto. Na eventualidade de o fabricante empregar peças usadas na produção de seus produtos, não haverá crime do artigo 70 do Código de Defesa do Consumidor, mas sim o crime previsto no artigo 7º, inciso VII, da Lei nº 8.137/90 ou mesmo o crime previsto no artigo 66 do Código de Defesa do Consumidor por omitir informação relevante.[228]

Quanto ao sujeito passivo, Antonio Herman Benjamin afirma que é a coletividade de consumidores, e não o consumidor individual lesado.[229] Há doutrinadores, contudo, que afirmam que o sujeito passivo seria o consumidor individualmente considerado, tendo em vista que, ao exigir que seja feito o reparo sem a autorização do consumidor, o legislador exigiu uma relação de consumo concreta.[230]

O termo peça se refere à "parte integrante do mecanismo de funcionamento do produto ou de que depende seu emprego útil, na destinação que lhe é própria", enquanto componente "é acessório acoplado ao produto, sem o qual o seu uso parcial ou integral torna-se inviável".

Trata-se de crime formal e de perigo abstrato, que se consuma no momento em que há o emprego de peças ou componentes de reposição usados na reparação de produtos sem a autorização do consumidor. Pouco importa, portanto, que haja a produção de algum dano ao consumidor ou até mesmo a qualidade da peça.

Há na doutrina quem defenda que o consentimento do consumidor após a realização do reparo ensejaria a atipicidade da conduta.[231] Entretanto, a redação do tipo penal deixa claro que a autorização do consumidor deve ser conferida antes da realização do reparo, razão pela qual se conclui que o delito estará consumado, ainda que o consumidor dê seu consentimento posteriormente, embora, nessa hipótese, seja bem mais difícil que os fatos cheguem ao conhecimento das instâncias formais de controle social.[232]

Para fins de comprovação de que a peça ou componente era usado, há necessidade de realização de perícia, nos termos do artigo 158 do Código de Processo Penal, o que não "desfaz o fato de se tratar de crime de perigo abstrato", pois "o exame justamente dará evidência de que a conduta, presumida perigosa pelo legislador *ex ante factum e jure et de jure*, consistiu naquela que efetivamente a Lei concebe como produtora de perigo".[233]

---

[227] O autor ainda adverte para o fato de que se deve levar em consideração quem efetivamente tem algum proveito com essa conduta, na medida em que o empregado, via de regra, não se beneficia, de forma que o verdadeiro infrator é o seu superior. (*Ibidem* p. 176).

[228] *Ibidem*, p. 1760.

[229] BENJAMIN, Antônio Herman de Vasconcelos e. Das infrações penais. *Op. cit.,* p. 1759.

[230] Coadunado a tal entendimento: GUARAGNI, Fabio André; CABRAL, Rodrigo Leite Ferreira. *Op. cit.,* p. 651.

[231] Neste sentido é o posicionamento de BENJAMIN, Antônio Herman de Vasconcelos e. Das infrações penais. *Op. cit.,* p. 1761.

[232] Fábio André Guarigni e Rodrigo Leite Cabral, afirmam que, "no plano fático, o aval ulterior ao reparo, feito pelo consumidor, ao ser avisado de que houve o emprego de pela usada, poderá implicar na não ciência da conduta por integrante do sistema penal (sobretudo, agentes policiais e ministeriais). Porém, dogmaticamente, o crime está aperfeiçoado" (GUARAGNI, Fabio André; CABRAL, Rodrigo Leite Ferreira. *Op. cit.,* p. 653).

[233] *Ibidem*, p. 652.

A tentativa é plenamente possível desde que o emprego de peça ou componente de reposição usados sem a anuência do consumidor seja interrompido por circunstâncias alheias à vontade do agente.

Somente a modalidade dolosa é punida ante a ausência de previsão da modalidade culposa.

Ressalte-se que, na eventualidade de as peças utilizadas não serem originais ou serem inadequadas, desde que sejam novas, não há falar na prática do crime previsto no artigo 70 do Código de Defesa do Consumidor, mas sim do crime previsto no artigo 7º, inciso VII, da Lei nº 8.137/90.

Trata-se de crime de ação penal pública incondicionada e de menor potencial ofensivo.

> **Art. 71.** Utilizar, na cobrança de dívidas, de ameaça, coação, constrangimento físico ou moral, afirmações falsas incorretas ou enganosas ou de qualquer outro procedimento que exponha o consumidor, injustificadamente, a ridículo ou interfira com seu trabalho, descanso ou lazer:
> Pena Detenção de três meses a um ano e multa.

A forma como é feita a cobrança das dívidas decorrentes das relações de consumo foi objeto de preocupação do legislador, tendo em vista que não é raro que o consumidor seja submetido a algum tipo de constrangimento ou coação, tendo o artigo 42 do Código de Defesa do Consumidor previsto que "na cobrança de débitos, o consumidor inadimplente não será exposto a ridículo, nem será submetido a qualquer tipo de constrangimento ou ameaça", sendo certo que o fornecedor que não observa a referida determinação está sujeito às sanções de natureza cível, administrativa e penal. É uma disposição importante, especialmente diante do fenômeno do superendividamento, muito presente na sociedade e ainda mais agravado como consequência dos efeitos nefastos da pandemia de covid-19.[234]

Nas palavras de Antonio Herman Benjamin, o bem jurídico tutelado pelo crime em comento seria a relação de consumo econômica, pois "o consumidor não pode ser obrigado a pagar seu débito (aspecto econômico), exceto pelos mecanismos legais e judiciais lícitos, aqueles previstos no ordenamento jurídico". Ele ainda afirma que, no caso, também está sendo tutelada a incolumidade psíquica do consumidor (relação de consumo sanitária), como decorrência do postulado da dignidade da pessoa humana, que deve nortear todas as relações econômicas.[235]

Já Luiz Regis Prado afirma que o bem jurídico tutelado pela norma seria "a honra do consumidor, ora como sendo a reputação por ele desfrutada no meio social, ora como sendo seu sentimento de dignidade e decoro, ora ainda como sua liberdade pessoal (psíquica ou física)".[236]

---

[234] Fábio André Guaragni e Rodrigo Leite Ferreira Cabral, a respeito do superendividamento, afirmam que, no Brasil, ele foi impulsionado pelo "surgimento de linhas de crédito subsidiadas a partir da primeira década do século XXI. Trata-se de paradigma econômico em que a financeirização funcionou como substituto da acumulação. Este ambiente facilita a aquisição de bens e serviços mediante crediário, elevando, todavia, as taxas de endividamento familiar e reduzindo, proporcionalmente, esforços de entesouramento. De outro lado, a necessidade de cobranças de valores devidos impulsiona o quadro factual de práticas abusivas por parte dos credores" (*Ibidem*, p. 655).

[235] BENJAMIN, Antônio Herman de Vasconcelos e. Das infrações penais. *Op. cit.*, p. 1762.

[236] PRADO, Luiz Regis. *Op. cit.*, p. 90.

Como o bem jurídico tutelado pelo presente tipo penal é de natureza supraindividual, nos termos acima mencionado, na eventualidade de haver o emprego de violência, grave ameaça ou qualquer outro meio que reduza a capacidade de resistência do consumidor, deverá ser imputado ao agente o crime correspondente previsto no Código Penal em concurso com o crime previsto no artigo 71 do Código de Defesa do Consumidor.[237]

O sujeito ativo é aquele que realiza a cobrança, mesmo que não seja o titular do crédito e não tenha integrado a relação de consumo primária que deu origem ao débito do consumidor.

Anrtonio Herman Benjamin consigna que atualmente é muito comum que a cobrança dos débitos seja feita por empresas especializadas, hipótese em que o sujeito ativo serão os responsáveis pela empresa de cobrança, bem como seus funcionários que tenham contribuído para a cobrança feita de forma irregular.[238]

O referido autor ainda afirma que, no caso de o titular do crédito não ser a mesma pessoa que efetua a cobrança, mas "sabe, aprova, aproveita-se ou desconfia (assume o risco) dos métodos irregulares empregados pela empresa de cobrança e, ainda assim, os emprega para recebimento, pratica o mesmo delito".[239]

Não se pode ignorar que o crime em questão é praticado por pessoa jurídica, mas, diante do entendimento preponderante no sentido da impossibilidade de responsabilização da pessoa jurídica que predomina no ordenamento jurídico brasileiro, é importante que se identifique como autor, nos termos do artigo 75, o responsável pela cobrança.

Quanto ao sujeito passivo, tem-se que seria a coletividade de consumidores, tendo em vista que, quando um fornecedor passa a empregar meios abusivos na cobrança, "todo conjunto de consumidores potenciais fica sob perigo de dano".[240] Luiz Regis Prado afirma que, embora esses sejam o sujeito passivo principal, o consumidor individualmente considerado também é sujeito passivo mediato.[241]

É imprescindível, porém, que a cobrança da dívida esteja ligada a uma relação de consumo, pois, do contrário, não há falar na prática do crime previsto no artigo 71 do Código de Defesa do Consumidor, mas sim do crime de exercício arbitrário das próprias razões previsto no artigo 345 do Código Penal.[242]

Para que haja a cauterização do delito, é necessário que a cobrança seja feita de maneira abusiva, nos termos elencados no artigo 71 do Código de Defesa do Consumidor, ou seja, mediante "ameaça", "coação", "constrangimento físico ou moral", "afirmações falsas incorretas ou enganosas" ou por meio de "qualquer outro procedimento que exponha o consumidor, injustificadamente, a ridículo ou interfira no seu trabalho, descanso ou lazer".

Luiz Regis Prado afirma que a utilização do termo "injustificadamente" pelo legislador consiste em um "elemento normativo com referência específica à possível concorrência de uma causa de justificação", tendo em vista que "a cobrança de dívida nas hipóteses legalmente permitidas exclui a ilicitude da conduta", como a cobrança judicial de dívidas, por exemplo.[243]

---

[237] Neste sentido: BENJAMIN, Antônio Herman de Vasconcelos e. Das infrações penais. *Op. cit.*, p. 1763.
[238] *Ibidem*, p. 1763.
[239] *Ibidem*, p. 1763.
[240] GUARAGNI, Fabio André; CABRAL, Rodrigo Leite Ferreira. *Op. cit.*, p. 656.
[241] PRADO, Luiz Regis. *Op. cit.*, p. 91.
[242] O artigo 345 do Código Penal estabelece: "Fazer justiça pelas próprias mãos, para satisfazer pretensão, embora legítima, salvo quando a lei o permite: Pena – detenção, de quinze dias a um mês, ou multa, além da pena correspondente à violência. Parágrafo único – Se não há emprego de violência, somente se procede mediante queixa". Neste sentido: PRADO, Luiz Regis. *Op. cit.*, p. 91.
[243] *Ibidem*, p. 93.

A necessidade de o consumidor ser "exposto ao ridículo" significa "colocar o consumidor perante terceiros em situação de humilhação, envergonhando-o, sendo necessário que o fato seja presenciado ou cheque ao conhecimento de terceiro".[244] Além de exposição ao ridículo, também se consuma se houver interferência no trabalho, no descanso ou no lazer do consumidor.

O crime somente admite a modalidade dolosa, tratando-se de crime formal, que se consuma no momento em que é utilizada "ameaça", "coação", "constrangimento física ou moral", "afirmações falsas incorretas ou enganosas" ou por meio de "qualquer outro procedimento que exponha o consumidor, injustificadamente, a ridículo ou interfira no seu trabalho, descanso ou lazer" para a cobrança da dívida.

Luiz Regis Prado afirma que o delito não admitiria tentativa, exceto quando houvesse o emprego de ameaça.[245] Já Fábio André Guaragni e Rodrigo Leite Ferreira Cabral afirmam que a tentativa é possível variando de acordo com o modo utilizado para a realização da cobrança abusiva, como, por exemplo, o caso em que o "fornecedor seja impedido de utilizar megafone ou aparelhagem sonora potente na frente do local de trabalho do devedor, em zona urbana e horário comercial, para constrange-lo ao pagamento, momentos antes do início da exposição vexatória, está caracterizado o *conatus*".[246]

Trata-se de crime de ação penal pública incondicionada a infração de menor potencial ofensivo.

> **Art. 72.** Impedir ou dificultar o acesso do consumidor às informações que sobre ele constem em cadastros, banco de dados, fichas e registros:
> Pena Detenção de seis meses a um ano ou multa.

Trata-se de disposição que tem por escopo assegurar o cumprimento da disposição contida no *caput* do artigo 43 do Código de Defesa do Consumidor, segundo a qual "o consumidor, sem prejuízo do disposto no art. 86, terá acesso às informações existentes em cadastros, fichas, registros e dados pessoais e de consumo arquivados sobre ele, bem como sobre as suas respectivas fontes", sendo esse direito reforçado pelo artigo 9º da Lei nº 13.709/18 – Lei Geral de Proteção de Dados.

Como consignado por Leonardo Rosco Bessa, o Código de Defesa do Consumidor teve seu nascimento no início da década de 1990, período em que a discussão acerca da necessidade de proteção de dados ainda era muito incipiente, sendo que, atualmente, a questão tem sido muito mais debatida, merecendo atenção da doutrina, da jurisprudência e do legislador, com o advento de normas que, de forma direta ou indireta, possuem o escopo de tutelar os dados, merecendo especial atenção a Lei nº 13.709/18 – Lei Geral de Proteção de Dados, havendo "maior amadurecimento e rigor técnico na utilização dos termos", o que deve ser levado em consideração na análise do tipo penal em questão.[247]

---

[244] *Ibidem*, p. 93.
[245] *Ibidem*, p. 93.
[246] GUARAGNI, Fabio André; CABRAL, Rodrigo Leite Ferreira. *Op. cit.*, p. 659.
[247] BESSA, Leonardo Roscoe. *Op. cit.*, p. 72. Para um aprofundamento sobre a temática da proteção de dados, vide: MENDES, Laura Schertel; DONEDA, Danilo; SARLET, Ingo Wolfgang (*et al.*) (coord.). *Tratado de Proteção de Dados Pessoais*. Rio de Janeiro: Forense, 2021.

O artigo 72 do Código de Defesa do Consumidor versa sobre os denominados pela doutrina de "arquivos de consumo", que nasceram no contexto da sociedade de consumo em massa, "baseada no anonimato do consumidor e na utilização massiva de crédito" que, se "por um lado facilitaram enormemente o crédito ao consumidor, por outro trouxeram uma invasão de sua privacidade e, com ela, inúmeros abusos".[248]

Quando da edição do Código de Defesa do Consumidor, houve uma preocupação com a distinção entre banco de dados e cadastros de consumo. Em apertada síntese, pode-se afirmar que:[249]

> Nos bancos de dados de consumo, cujo principal exemplo são os denominados serviços de proteção de crédito, a origem e o destino da informação são os fornecedores. A entidade arquivista realiza o tratamento (coleta, gestão e transferência de dados, mas não o utiliza para interesse próprio). Já nos cadastros de consumo, é o próprio consumidor que oferece informações pessoais para o fornecedor, normalmente no momento da aquisição de produtos e serviços. A utilização – legítima – dos dados é realizada pelo próprio fornecedor que deseja, com o procedimento, manter constante comunicação com o consumidor (promoções) para fidelizá-lo.

A preocupação com a distinção entre banco de dados e cadastros de consumo não se verifica na Lei nº 12.414/11 – Lei de Cadastro Positivo, e nem na Lei nº 13.709/18 – Lei Geral de Proteção de Dados, que, no artigo 5º, inciso IV, define banco de dados como "conjunto estruturado de dados pessoais, estabelecido em um ou em vários locais, em suporte eletrônico ou físico", sendo irrelevante, portanto, a fonte e o destino das informações, abarcando "toda e qualquer reunião de dados pessoais".[250]

É oportuno mencionar a importância que a difusão da internet teve no aumento dos bancos de dados, pois, como apontam Fábio André Guarigni e Rodrigo Leite Ferreira Cabral:

> A informática e especialmente a internet alçou o tema da autodeterminação informativa a patamares de elevadíssima importância em nossa sociedade, sendo relevante lembrar que foi precisamente a busca pelo fortalecimento exponencial da capacidade de oferta e de promoção das relações de consumo que constituiu, sem sombra de dúvidas, uma das maiores forças motrizes que impulsionou a abrangência, celeridade e profundidade que ostenta hoje em dia a captação, o armazenamento e a difusão da informação sobre os consumidores.

O bem jurídico tutelado seria a "relação de consumo econômica", tendo em vista que "informações incorretas e proibidas podem dificultar o crédito do consumidor".[251] Fábio André Guarigni e Rodrigo Leite Ferreira Cabral afirmam que o bem jurídico tutelado seria a "autodeterminação informativa, na sua faceta de acesso à informação, como decorrência do artigo 5º, inciso X, da CRFB/88, que protege a vida privada do cidadão".[252]

---

[248] BENJAMIN, Antônio Herman V. Das Infrações Penais. *In:* MARQUES, Claudia Lima; BENJAMIN, Antônio Herman V.; MIRAGEM, Bruno. *Comentários ao Código de Defesa do Consumidor*. 6. ed. São Paulo: Revista dos Tribunais, 2019, p. 1766.
[249] BESSA, Leonardo Roscoe. *Op. cit.*, p. 453.
[250] *Ibidem*, p. 452.
[251] BENJAMIN, Antônio Herman de Vasconcelos e. Das infrações penais. *Op. cit.*, p. 1766.
[252] GUARAGNI, Fabio André; CABRAL, Rodrigo Leite Ferreira. *Op. cit.*, p. 659.

O sujeito ativo seria quem "controla, administra e manuseia as informações sobre o consumidor". No caso, o crime não é praticado pelo fornecedor do produto ou serviço, mas sim por aquele que guarda uma relação de acessoriedade com a relação de consumo primário, tendo em vista que "ou não existe ou não faz sentido quando vista isoladamente".[253]

O sujeito passivo seria a coletividade de consumidores, bem como o consumidor individual que teve seu acesso obstruído.

Trata-se de crime de mera conduta, que se consuma no momento em que o consumidor é impedido de ter acesso ou tem o acesso dificultado às informações sobre ele que constem em cadastros, bancos de dados, fichas e registros. Antonio Herman Benjamin afirma que "o impedimento normalmente se dá com um simples não", enquanto a "dificuldade é disfarçada, muitas vezes justificada com argumentos burocráticos ou até a pretexto de que inexiste arquivo com nome do consumidor", incluindo "a mera omissão, o silêncio em prestar ou dar acesso ao consumidor". Para o referido autor, a tentativa não seria admissível,[254] sendo também a posição defendida por Luiz Regis Prado, na medida em que "tentar impedir já é dificultar", ensejando a consumação do crime.[255]

O acesso que não pode ser negado é às informações sobre o consumidor, de forma que "inexistindo informação sobre o consumidor, não é crime a negativa de acesso".[256]

O crime somente é punido quando praticado de forma dolosa, tendo em vista a ausência de previsão da modalidade culposa, de forma que "se o consumidor tem dificuldades de acesso por conta da desorganização não intencional ou burocracia natural dos serviços, decorrente, por exemplo, de um excesso inesperado de involuntário de demanda por informações, não estará caracterizado o crime".[257]

Consiste em crime de ação penal pública incondicionada e infração penal de menor potencial ofensivo.

> **Art. 73.** Deixar de corrigir imediatamente informação sobre consumidor constante de cadastro, banco de dados, fichas ou registros que sabe ou deveria saber ser inexata:
> Pena Detenção de um a seis meses ou multa.

O reconhecimento do direito do consumidor a ter acesso às informações contidas nos cadastros, banco de dados, fichas e registros tem o objetivo justamente de possibilitar que ele, tendo acesso ao conteúdo, possa solicitar a retificação de eventual informação equivocada que neles conste, sendo o direito à retificação expressamente assegurado pelo §3º o artigo 43 do Código de Defesa do Consumidor, que estabelece que "o consumidor, sempre que encontrar inexatidão nos seus dados e cadastros, poderá exigir sua imediata correção, devendo o arquivista, no prazo de cinco dias úteis, comunicar a alteração aos eventuais destinatários das informações incorretas". Especificamente quanto aos bancos de dados com informações de adimplemento. O artigo 5º, inciso III, da Lei nº 12.414/2011 dispõe que o cadastrado tem o direito de "solicitar a impugnação de qualquer informação

---

[253] BENJAMIN, Antônio Herman de Vasconcelos e. Das infrações penais. *Op. cit.*, p. 1767.
[254] BENJAMIN, Antônio Herman de Vasconcelos e. Das infrações penais. *Op. cit.*, p. 1767.
[255] PRADO, Luiz Regis. *Op. cit.*, p. 98.
[256] BENJAMIN, Antônio Herman de Vasconcelos e. Das infrações penais. *Op. cit.*, p. 1767.
[257] GUARAGNI, Fabio André; CABRAL, Rodrigo Leite Ferreira. *Op. cit.*, p. 662.

sobre ele erroneamente anotada em banco de dados e ter, em até 10 (dez) dias, sua correção ou seu cancelamento em todos os bancos de dados que compartilharam a informação". O direito à correção dos dados também encontra previsão no artigo 18, inciso III, da Lei nº 13.709/18 – Lei Geral de Proteção de Dados.

A respeito dos termos "cadastro", "banco de dados", "fichas" e "registros", cabem no dispositivo em comento as mesmas considerações tecidas por ocasião da análise do crime previsto no artigo 72 do Código de Defesa do Consumidor.

O bem jurídico tutelado seria "a relação de consumo econômica", pois, "eventuais informações incorretas ou proibidas podem dificultar ou inviabilizar o crédito ao consumidor".[258] Fábio André Guaragni e Rodrigo Leite Ferreira Cabral afirmam que o bem jurídico tutelado seria a "autodeterminação informativa, muito embora o art. 73 incida sobre a faceta do direito à preservação da veracidade da informação constantes dos bancos de dados, cadastros, fichas ou registros".[259] Luiz Regis Prado menciona que o crime em questão ainda tutela indiretamente a honra e a dignidade do consumidor,[260] não se podendo ignorar, ademais, que "a informação falsa ou inexata simplesmente enseja tratamento discriminatório do consumidor".[261]

O sujeito ativo seria quem "controla, administra e manuseia as informações sobre o consumidor". No caso, o crime não é praticado pelo fornecedor do produto ou serviço, mas sim por aquele que guarda uma relação de acessoriedade com a relação de consumo primária, tendo em vista que "ou não existe ou não faz sentido quando vista isoladamente".[262] Fábio André Guaragni e Rodrigo Leite Ferreira Cabral sustentam que o crime em tela exige uma condição especial do sujeito ativo que consiste na existência "de um dever de corrigir a informação que somente é atribuída à pessoa que tenha o controle das informações constantes do banco de dados, seja como responsável pela informação (normalmente o fornecedor), sena como arquivista (pessoa responsável pela inserção, exclusão e correção dos constantes dos arquivos de consumo", sendo aplicável a chamada "teoria de infração do dever".[263]

O sujeito passivo seria a coletividade de consumidores, bem como o consumidor individual que teve seu acesso obstruído.

Trata-se de crime omissivo próprio, que se consuma no momento em que o agente "deixa de corrigir imediatamente".

O termo "imediatamente" deve ser analisado de acordo com as peculiaridades do caso concreto, tendo em vista que se deve conferir um tempo para que as informações fornecidas pelo consumidor sejam checadas, podendo, segundo Antonio Herman Benjamin, ser usado como referência o prazo de cinco dias previsto no §2º do artigo 43 do Código de Defesa do Consumidor.[264]

Leonardo Roscoe Bessa, por sua vez, defende que "com as conexões diretas (*on line*) das empresas com os *bureaus* de crédito, pode-se, sem qualquer dificuldade, corrigir uma informação em 24 horas após a ciência do pagamento". Porém, ele menciona que, no ano de 2015, o Superior Tribunal de Justiça teria editado o enunciado da Súmula nº 458 prevendo, especificamente quanto aos cadastros de inadimplência, o prazo de cinco dias para que a retificação seja efetuada.[265]

---

[258] BENJAMIN, Antônio Herman de Vasconcelos e. Das infrações penais. *Op. cit.*, p. 1770.
[259] GUARAGNI, Fabio André; CABRAL, Rodrigo Leite Ferreira. *Op. cit.*, p. 663.
[260] PRADO, Luiz Regis. *Op. cit.*, p. 99.
[261] BESSA, Leonardo Roscoe. *Op. cit.*, p. 483.
[262] BENJAMIN, Antônio Herman de Vasconcelos e. Das infrações penais. *Op. cit.*, p. 1767.
[263] GUARAGNI, Fabio André; CABRAL, Rodrigo Leite Ferreira. *Op. cit.*, p. 664.
[264] BENJAMIN, Antônio Herman de Vasconcelos e. Das infrações penais. *Op. cit.*, p. 1770.
[265] BESSA, Leonardo Roscoe. *Op. cit.*, p. 455.

Em seguida, com base nas disposições gerais contidas na Lei nº 13.709/18 – Lei Geral de Proteção de Dados, ele conclui que o prazo de cinco dias pode ser usado como uma referência para todos os casos:[266]

> Esse prazo – de cinco dias – é específico para bancos de dados de proteção ao crédito. Como ficam as demais situações (cadastros de consumo)? A LGPD, por ser norma geral no tema de proteção de dados pessoais, é a referência normativa para complementar o tipo penal em análise (art. 73 do CDC). Todavia, embora haja previsão do direito do titular de dados de exigir correção das informações (at. 18, III, da LGPD, não se estabelece qualquer prazo para realizar a correção de alteração: apenas se prevê que, após a retificação da informação, "o responsável deverá informar, *de maneira imediata*, aos agentes de tratamento com os quais tenha realizado uso compartilhado de dados, a correção, a eliminação a anonimização ou o bloqueio dos dados, para que repitam idêntico procedimento, exceto nos casos em que esta comunicação seja comprovadamente impossível ou implique esforço desproporcional" (art. 18, §6º, LGPD).
>
> Portanto, é razoável estabelecer o parâmetro de cinco dias como referência padrão para todas as situações que envolvam arquivos com informações pessoais de consumidores.

O crime é punido a título doloso, havendo na doutrina autores como Antonio Herman Benjamin que sustentam que a modalidade culposa também teria sido prevista pelo legislador no momento em que utilizou a expressão "deveria saber", concluindo que teria sido uma opção de política criminal adotada pelo legislador ao punir o crime doloso com a mesma pena imposta à modalidade culposa diante da relevância do bem jurídico tutelado.

Outra parcela da doutrina, contudo, aduz que o legislador previu a punição do delito em comento apenas na modalidade dolosa, sendo que o termo "deveria saber" faria alusão, na verdade, ao dolo eventual.[267]

Fábio André Guarigni e Rodrigo Leite Ferreira Cabral afirmam que ao fazer alusão ao termo "deveria saber", o legislador adotou a "teoria da cegueira deliberada", tendo em vista que:[268]

> O agente deliberadamente se coloca em uma situação de ignorância (elemento cognitivo), com o objetivo de não saber se as informações constantes dos arquivos de consumo são inexatas. Nesses casos, apesar de existirem uma série de elementos de informação dando sério indicativo de que as informações eram inexatas, o agente prefere ignorar esses sinais, mantendo-se deliberadamente em uma situação de ignorância.

Trata-se de crime de mera conduta, sendo que se consuma no momento em que "o agente tomou conhecimento da inexatidão da informação e devia e podia alterá-la, mas acabou omitindo-se ao realizar ação diversa".[269] A conduta atinente à modalidade "devia saber" consuma-se quando "o agente se depara com sérios elementos indicativos da inexatidão da informação e ele, deliberadamente, prefere manter-se em estado de ignorância, deixando de corrigir as informações que deveria e podia alterar".[270] O crime não admite tentativa.

---

[266] *Ibidem*, p. 455-456.
[267] Seguindo este entendimento: PRADO, Luiz Regis. *Op. cit.*, p. 100.
[268] GUARAGNI, Fabio André; CABRAL, Rodrigo Leite Ferreira. *Op. cit.*, p. 665.
[269] *Ibidem*, p. 666,
[270] *Ibidem*, p. 666.

Trata-se de crime de ação penal pública incondicionada, sendo infração de menor potencial ofensivo.

> **Art. 74.** Deixar de entregar ao consumidor o termo de garantia adequadamente preenchido e com especificação clara de seu conteúdo;
> Pena Detenção de um a seis meses ou multa.

O objetivo do legislador com a tipificação contida no artigo 74 do Código de Defesa do Consumidor versa sobre a chamada garantia contratual, prevista no artigo 50 do citado diploma legal como sendo "complementar à legal e será conferida mediante termo escrito", trazendo, ainda, no parágrafo único os requisitos para adequada informação do consumidor quanto a ela, estabelecendo que "o termo de garantia ou equivalente deve ser padronizado e esclarecer, de maneira adequada em que consiste a mesma garantia, bem como a forma, o prazo e o lugar em que pode ser exercitada e os ônus a cargo do consumidor, devendo ser-lhe entregue, devidamente preenchido pelo fornecedor, no ato do fornecimento, acompanhado de manual de instrução, de instalação e uso do produto em linguagem didática, com ilustrações". Conclui-se, portanto, que o crime em tela não dirá em torno da garantia legal, que decorre de expressa disposição legal, não dependendo da vontade das partes, consoante disposição contida no artigo 24 do Código de Defesa do Consumidor.

Antonio Herman Benjamim afirma que o Código de Defesa do Consumidor não traz uma obrigatoriedade de o fornecedor conferir uma garantia contratual, mas, segundo o citado autor, "a inexistência de garantia deve ser plena e cabalmente informada ao consumidor, sob pena de tipificação do crime de oferta não publicitária enganosa (art. 66)", tendo em vista que a maioria dos produtos e serviços atualmente contam com garantia contratual o que "gera no consumidor uma expectativa legítima desse sentido". Ele ainda ressalta que o fornecedor não pode colocar genericamente na embalagem ou em documento anexo "não tem garantia", tendo em vista que o fornecedor não pode se exonerar da garantia legal, praticando, dessa forma, o crime previsto no artigo 66 do Código de Defesa do Consumidor, havendo necessidade de que o fornecedor deixe bem claro que não haverá apenas a garantia contratual, permanecendo a garantia legal, sob pena de o consumidor acreditar erroneamente que não possui garantia alguma em caso de possível vício do produto ou do serviço.[271]

O bem jurídico tutelado seria a "relação de consumo econômica", tendo o objetivo de assegurar que o consumidor seja adequadamente informado a respeito do conteúdo da garantia.

Sujeito ativo é aquele que, na cadeia de consumo, deixou de entregar ao consumidor o termo de garantia devidamente preenchido e com o conteúdo claramente especificado. Antonio Herman Benjamim afirma que, via de regra, o autor do delito será o fornecedor direto do produto ou do serviço, tendo em vista que o artigo 50, parágrafo único, estabelece que o termo de garantia deve ser entregue "no ato do fornecimento". Porém, ele ressalta que é possível a responsabilização do fabricante quando ele entrega o produto diretamente ao fornecedor sem o termo de garantia da forma legalmente exigida. Caso o fabricante entregue o termo de garantia adequadamente preenchido ao comerciante e este não o entregue ao consumidor, não haverá responsabilização penal daquele. Por sua vez, se o fabricante entregar

---

[271] BENJAMIN, Antônio Herman de Vasconcelos e. Das infrações penais. *Op. cit.*, p. 1773.

o produto sem o respectivo termo de garantia e, mesmo assim, o comerciante entregar o produto ao consumidor, ambos deverão ser responsabilizados.[272]

O sujeito passivo é a coletividade de consumidores, podendo abarcar também o consumidor que tenha sido lesado individualmente.

Trata-se de crime omissivo, que ocorre quando o fornecedor deixa de entregar ao consumidor adequadamente preenchido ou quando não faz constar no termo as especificações claras quanto ao seu conteúdo, nos termos preconizados pelo artigo 50, parágrafo único do Código de Defesa do Consumidor. Logo, são três modalidades de conduta omissiva que podem ensejar a caracterização do crime em tela: "a) não entregar o termo; b) entregar o termo sem estar preenchido; ou c) entregar o termo com cláusulas que não estejam claramente especificadas".[273] Não admite tentativa.

Trata-se de crime de perigo abstrato[274] e de mera conduta, sendo irrelevante que o consumidor suporte algum dano em decorrência da não entrega do termo, de forma que, mesmo que o fornecedor tenha conferido a garantia, a não entrega do termo por si só já caracteriza o crime em tela, pois o tipo penal não tem o objetivo de "assegurar a existência da garantia contratual" e nem "o seu eventual cumprimento", mas sim o de "impor um dever de informação adequada do consumidor sobre o conteúdo da garantia", que se instrumentaliza com a entrega do respectivo termo nos moldes contidos no parágrafo único do artigo 51 do Código de Defesa do Consumidor.[275]

Somente será possível a prática do crime doloso ante a ausência de previsão da modalidade culposa.

É crime de ação penal pública incondicionada e infração penal de menor potencial ofensivo.

> **Art. 75.** Quem, de qualquer forma, concorrer para os crimes referidos neste código, incide as penas a esses cominadas na medida de sua culpabilidade, bem como o diretor, administrador ou gerente da pessoa jurídica que promover, permitir ou por qualquer modo aprovar o fornecimento, oferta, exposição à venda ou manutenção em depósito de produtos ou a oferta e prestação de serviços nas condições por ele proibidas.

Trata-se de disposição que tem por objeto a regulamentação do concurso de pessoas, trazendo, na primeira parte do dispositivo, disposição idêntica à contida no artigo 29 do Código Penal, no sentido de que aquele que de alguma forma concorrer para a prática dos crimes previstos no Código de Defesa do Consumidor será por eles responsabilizados na medida da sua culpabilidade.

Já na segunda parte do dispositivo, o legislador previu a possibilidade de responsabilização do diretor, administrador ou gerente da pessoa jurídica que promover, permitir ou por qualquer modo aprovar o fornecimento, oferta, exposição à venda ou manutenção em depósito de produtos ou a oferta e prestação de serviços nas condições por ele proibidas.

---

[272] *Ibidem*, p. 1774.
[273] GUARAGNI, Fabio André; CABRAL, Rodrigo Leite Ferreira. *Op. cit.*, p. 667.
[274] Luiz Regis Prado critica a tipificação da conduta, afirmando que seria mais eficaz que ela fosse coibida com uma multa administrativa ou civil (PRADO, Luiz Regis. *Op. cit.*, p. 104).
[275] Neste sentido: BENJAMIN, Antônio Herman de Vasconcelos e. Das infrações penais. *Op. cit.*, p. 1775.

Cumpre esclarecer que parcela da doutrina critica a segunda parte do citado dispositivo afirmando que ela traria uma espécie de responsabilidade penal objetiva do diretor, administrador ou gerente da pessoa jurídica, na medida em que permitiria a responsabilização penal destes em virtude de uma violação do dever de fiscalizar, o que seria incompatível com o Direito Penal brasileiro, por ofensa ao princípio da culpabilidade, tendo em vista a impossibilidade de se concorrer culposamente para a prática de um crime culposo.[276]

Importante mencionar que, embora se trate de tema controvertido, há na doutrina quem defenda que a segunda parte do artigo 75 do Código de Defesa do Consumidor teria sido revogada pelo artigo 11 da Lei nº 8.137/90, que dispôs que "quem, de qualquer modo, inclusive por meio de pessoa jurídica, concorre para os crimes definidos nesta lei, incide nas penas a estes cominadas, na medida de sua culpabilidade". Porém, para aqueles que defendem que as disposições do Código de Defesa do Consumidor e da Lei nº 8.137/90 estão vigentes, a questão deve ser dirimida com aplicação do princípio da culpabilidade.[277]

De acordo com Luiz Regis Prado, a disposição condita no artigo 75 do Código Penal teve apenas um caráter explicativo e didático, devendo ser interpretada de forma restritiva, sendo necessária a comprovação de que o diretor, administrador ou gerente da pessoa jurídica atuou com dolo ou culpa:[278]

> Em verdade, essa previsão legal deve ser interpretada de forma restritiva, ou seja, tão somente é imputado determinado fato ao diretor, administrador ou gerente quando existe prova de que atuaram com solo ou culpa. Isso porque o princípio da responsabilidade penal subjetiva, além de ser dotado de caráter de aplicabilidade geral (artigo 18 do CP), tem amparo constitucional implícito, o que lhe outorga indiscutível validade para todo sistema penal, sob pena de inconstitucionalidade.

Leonardo Roscoe Bessa, ao tecer comentários sobre o artigo 75 do Código de Defesa do Consumidor, pontua que, como os tipos penais elencados no referido diploma legal são praticados no mercado de consumo, em que, como regra, o fornecedor é pessoa jurídica, como ainda não seria possível a responsabilização penal da pessoa jurídica, nos casos de delitos societários, cumpre definir qual a pessoa natural que deve responder pelo crime. Nesse contexto, o artigo 75 do Código de Defesa do Consumidor tem o objetivo de auxiliar nessa missão de identificação, que vai depender de um trabalho de investigação que possibilite identificar as pessoas naturais que contribuíram para a prática da infração penal, sendo possível que a responsabilidade penal recaía inclusive sobre alguém que sequer seja formalmente vinculado à pessoa jurídica.[279]

Como já mencionado anteriormente, quando se fala em um Direito Penal que tenha o condão de atender às necessidades da sociedade pós-moderna, especialmente no tocante à tutela dos bens supraindividuais, ganha substancial importância a possibilidade de responsabilização penal da pessoa jurídica, que, necessariamente, demanda uma mudança de alguns paradigmas do Direito Penal clássico.

Especificamente quanto aos crimes contra a ordem econômica, no qual os crimes contra a relação de consumo se enquadram, o artigo 172, §5º, da CRFB/88 estabeleceu

---

[276] Neste sentido: KALIL, José Arthur Di Spirito. *Op. cit.*, p. 15-158.
[277] Neste sentido: KALIL, José Arthur Di Spirito. *Op. cit.*, p. 15-158.
[278] PRADO, Luiz Regis. *Op. cit.*, p. 46.
[279] Leonardo Roscoe Bessa ressalta que "a prática demonstra a existência de casos em que o sujeito ativo é pessoa que, embora tenha poder gerencial na empresa, não integra o estatuto social como sócio e nem está regularmente contratado" (BESSA, Leonardo Roscoe. *Op. cit.*, p. 459-460).

expressamente a possibilidade de que a lei infraconstitucional preveja a responsabilidade penal da pessoa jurídica. A concretização da previsão constitucional inegavelmente possibilitaria uma proteção maior aos bens jurídicos supraindividuais relativos às relações de consumo, especialmente diante das dificuldades concretas de identificação das pessoas físicas que teriam sido as responsáveis pela prática da infração penal, mormente quando se fala de grandes estruturas empresariais com inúmeras divisões de tarefas, tendo em vista que essa dificuldade, associada à impossibilidade de responsabilização penal da pessoa jurídica acaba ensejando impunidade, que contribuem sobremaneira para o aumento da sensação de medo e para o descrédito das instâncias formais de controle social.[280]

> **Art. 76.** São circunstâncias agravantes dos crimes tipificados neste código:
>
> I – serem cometidos em época de grave crise econômica ou por ocasião de calamidade;
>
> II – ocasionarem grave dano individual ou coletivo;
>
> III – dissimular-se a natureza ilícita do procedimento;
>
> IV – quando cometidos:
>
> a) por servidor público, ou por pessoa cuja condição econômico-social seja manifestamente superior à da vítima;
>
> b) em detrimento de operário ou rurícola; de menor de dezoito ou maior de sessenta anos ou de pessoas portadoras de deficiência mental interditadas ou não;
>
> V – serem praticados em operações que envolvam alimentos, medicamentos ou quaisquer outros produtos ou serviços essenciais.

No dispositivo 76 do Código de Defesa do Consumidor, o legislador previu uma série de agravantes que são aplicáveis aos crimes previstos no citado diploma legal, incidindo na segunda fase da dosimetria da pena.

A doutrina majoritária defende que as agravantes previstas no Código de Defesa do Consumidor são complementares às previstas no Código Penal, tendo em vista que o "Código de Defesa do Consumidor não criou uma regência própria para a aplicação das agravantes, mesmo porque nada falou sobre as atenuantes (CP, art. 65), nem sobre as agravantes previstas para o concurso de pessoas (CP, art. 62), que tem especial relevância nos delitos econômicos como os previstos no CDC".[281] Há, porém, uma posição doutrinária minoritária

---

[280] A respeito da responsabilidade penal da pessoa jurídica, Fernando Galvão afirma que "para a responsabilização da pessoa jurídica utiliza-se a teoria do crime apenas para identificar a autoria de crime naquele que atua em nome ou em benefício do ente moral. Sempre dependente da intervenção de pessoa física, que responde criminalmente de maneira subjetiva, a pessoa jurídica não apresenta elemento subjetivo ou consciência da ilicitude que viabilize comparação com as construções da teoria do crime. A responsabilidade da pessoa física é subjetiva, pois se deve aplicar a teoria do crime com suas exigências de natureza subjetiva. A responsabilidade da pessoa jurídica, no entanto, decorre de relação objetiva que a relaciona ao autor do crime". Ele ainda ressalta que, embora os critérios de responsabilidade da pessoa jurídica sejam objetivos, ela "só pode ser responsabilizada quando houver intervenção de pessoa física, e a análise da conduta desta sempre possui aspectos de natureza subjetiva. Há que se ressaltar, contudo que, para a responsabilização da pessoa jurídica, não há necessidade de responsabilização da pessoa física que concretamente viola a norma jurídica, posto que esta pode não ter cometido um fato típico (diante da ausência de elemento subjetivo, como no caso do erro) ou pode ter agido sem culpabilidade (sob coação moral irresistível, por exemplo, como no caso de ameaça de perder o emprego)". GALVÃO, Fernando. *Direito penal*: parte geral, 11. ed. Belo Horizonte: D'Plácido, 2019, p. 598.

[281] GUARAGNI, Fabio André; CABRAL, Rodrigo Leite Ferreira. *Op. cit.*, p. 669.

que sustenta que, com base no princípio da especialidade, no tocante aos crimes previstos no Código de Defesa o Consumidor, somente incidem as agravantes previstas no citado diploma legal, não sendo aplicáveis as previstas no Código Penal.[282]

Quando às agravantes elencadas no artigo 76 do Código de Defesa do Consumidor, tem-se que a doutrina afirma que houve por parte do legislador o emprego de vários elementos normativos, que demandam uma valoração por parte do julgador, como, por exemplo, "grave crise econômica" ou "grave dano individual ou coletivo", o que enseja insegurança jurídica.[283]

No tocante à agravante prevista no inciso I, qual seja, grave crise econômica se verifica diante de "elevada taxa de desemprego, grave recessão, hiperinflação e grande dívida pública".[284] A calamidade pública ocorre quando há "graves desastres que dificultam sobremaneira a vida normal das pessoas pode determinado período de tempo", havendo, via de regra, a edição de um ato formal do Poder Executivo reconhecendo tal situação.[285]

Durante o período de pandemia de covid-19, em âmbito federal,[286] estadual[287] e municipal, foi reconhecido o estado de calamidade pública, sendo possível, portanto, a aplicação da referida agravante em relação aos crimes contra a relação de consumo praticados durante o período de pandemia, situação de calamidade pública. O fundamento para tanto é a ideia de que "as calamidades públicas impõem o dever social de mútua assistência, e o cometimento de crime nessas circunstâncias demonstra insensibilidade para com os mandamentos emanados da solidariedade social".[288]

---

[282] Neste sentido: KALIL, José Arthur Di Spirito. *Op. cit.*, p. 163.

[283] *Ibidem*, p. 163.

[284] GUARAGNI, Fabio André; CABRAL, Rodrigo Leite Ferreira. *Op. cit.*, p. 670.

[285] *Ibidem*, p. 670.

[286] Em âmbito federal, o estado de calamidade pública em razão da pandemia da covid-19 foi reconhecido pelo Decreto-Legislativo nº 06/2020, publicado em 20.03.2020.

[287] No estado de São Paulo, o Decreto estadual nº 46.879/20, publicado no *Diário Oficial do Estado de São Paulo* em 21.03.2020, reconheceu o estado de calamidade pública em decorrência da covid-19. https://www.al.sp.gov.br/norma/?id=193347.

[288] GALVÃO, Fernando. *Direito Penal*: parte geral, 11. ed. Belo Horizonte: D'Plácido, 2019, p. 859. Coadunado a tal entendimento ao analisar a incidência da agravante prevista no artigo 61, inciso II, alínea "j", do Código Penal, que também faz referência à calamidade pública, por ter sido o crime praticado durante a pandemia "Nesse particular, ressalta-se que a dita agravante (do art. 61, inc. II, alínea "j", do Código Penal) deve permanecer, pois a falta foi praticada durante a vigência do estado de calamidade pública decorrente da pandemia da COVID-19, reconhecido por meio do Decreto nº 64.879/2020, o que torna ainda mais reprovável a conduta do réu. Justifica-se, ademais, a aplicação da agravante mencionada, vez que o cometimento do crime em tempos de pandemia, demonstra insensibilidade moral do agente para com a solidariedade social. Nem se perde de vista que é um período em que a vigilância estatal está mais defasada, sobretudo diante da redução do número de policiais nas ruas e das operações por eles realizadas" (TJ/SP; Apelação Criminal 1512348-73.2020.8.26.0228; Relator (a): Marcelo Gordo; Órgão Julgador: 13ª Câmara de Direito Criminal; Foro Central Criminal Barra Funda – 21ª Vara Criminal; Data do Julgamento: 18.12.2020; Data de Registro: 18.12.2020). Ressalte-se, contudo, que no Superior Tribunal de Justiça, o entendimento que tem prevalecido é no sentido de que se trata de uma circunstância de natureza objetiva, havendo necessidade de comprovação de que o agente se aproveitou de tal condição para a prática do crime, como se depreende da leitura da ementa a seguir: "AGRAVO REGIMENTAL NO HABEAS CORPUS. IRRESIGNAÇÃO MINISTERIAL. ROUBO SIMPLES. AGRAVANTE DO CRIME PRATICADO EM ESTADO DE CALAMIDADE PÚBLICA. NÃO DEMONSTRAÇÃO DE QUE O AGENTE SE PREVALECEU DESSA CIRCUNSTÂNCIA PARA A PRÁTICA DO DELITO. AGRAVANTE AFASTADA, COM A CONSEQUENTE REDUÇÃO DA PENA E ABRANDAMENTO DO REGIME INICIAL. DECISÃO MANTIDA. AGRAVO NÃO PROVIDO. 1. A incidência da agravante da calamidade pública pressupõe a existência de situação concreta dando conta de que o paciente se prevaleceu da pandemia para a prática delitiva (HC 625.645/SP, Rel. Ministro FELIX FISCHER, *DJe* 04.12.2020). No mesmo sentido, dentre outros: HC 632.019/SP, Rel. Ministro FELIX FISCHER, *DJe* 10.2.2021; HC 629/981/SP, Rel. Ministro JOEL ILAN PACIORNIK, *DJe* 9.2.2021; HC 620.531/SP, Ministro SEBASTIÃO REIS JÚNIOR, *DJe* 3.2.2021. 2. Hipótese em que a agravante prevista no art. 61, inciso II, alínea j, do Código Penal foi aplicada apenas pelo fato de o delito ter sido praticado na vigência do Decreto Estadual nº 64.879 e do Decreto Legislativo nº 06/2020, ambos de 20.03.2020, que reconhecem estado de calamidade pública no Estado de São Paulo em razão da pandemia da COVID-19, sem a demonstração de que o agente se aproveitou do estado de calamidade pública para praticar o crime em exame,

A agravante prevista no inciso II faz referência ao termo grave dano coletivo ou individual, ensejando um maior juízo de reprovação, que deverá ser analisado casuisticamente.

A agravante prevista no inciso III que faz alusão a "dissimular-se a natureza ilícita do procedimento" recebe críticas da doutrina, que afirma faltar bastante técnica legislativa na redação. A justificativa para sua incidência é pelo fato de dificultar a defesa da vítima, sendo certo que, sob pena de *bis in idem*, não deve incidir nos crimes que, na sua estrutura típica, já tragam o engodo à vítima como elementar típica.[289]

Já com base na agravante prevista no inciso IV, alínea "a", tem-se que a pena deverá ser majorada quando o crime foi praticado por servidor público, que deve ser interpretado nos termos contidos no artigo 327 do Código Penal sendo importante, para tanto, que, ao praticar o crime, o agente tenha se valido da condição de servidor público. Também deverá incidir a agravante quando o crime for praticado por agente com condição econômico-social manifestamente superior à da vítima. A doutrina assevera que é importante que, no caso concreto, fique comprovado que o autor do fato se valeu da superioridade econômica para a prática do crime. Ela também só incide se ficar comprovado que não houve um dano específico a um consumidor individual nas hipóteses descritas no artigo 7º da Lei nº 8.137/90.[290]

Já a alínea "b" do inciso IV do artigo 76 prevê a incidência da agravante quando o crime tiver sido praticado contra operário ou rurícola, pessoa menor de dezoito anos ou maior de sessenta anos ou pessoas portadoras de deficiência mental, interditadas ou não. A ideia do legislador aqui é de punir com maior severidade as ações praticadas contra pessoas dotadas de maior vulnerabilidade. A referida agravante somente incidirá nos casos em que a conduta não se amolde em uma das disposições contidas no artigo 7º, inciso VII, da Lei nº 8.137/90.

No inciso V do artigo 76, a agravante incide se o crime for praticado em operações que envolvam alimentos, medicamentos ou quaisquer outros produtos essenciais.

> **Art. 77.** A pena pecuniária prevista nesta Seção será fixada em dias-multa, correspondente ao mínimo e ao máximo de dias de duração da pena privativa da liberdade cominada ao crime. Na individualização desta multa, o juiz observará o disposto no art. 60, §1º do Código Penal.

A disposição contida no Código de Defesa do Consumidor acerca da fixação da pena de multa é distinta da contida no artigo 49 do Código Penal, tendo em vista que este estabelece que o juiz fixará a pena de multa entre 10 e 360 dias, enquanto a lei especial estabelece que o parâmetro para a fixação da quantidade de dias-multa será o correspondente ao mínimo e ao máximo de dias da duração da pena privativa de liberdade. O legislador, na parte final do artigo 77 do Código de Defesa do Consumidor, ainda fez referência ao artigo 60, §1º, do Código Penal, que permite que a multa seja aumentada até o triplo se o juiz considerar que, diante da situação econômica do réu, ela, embora fixada no máximo, seria ineficaz.

Já no tocante à fixação do valor do dia-multa, como o Código de Defesa do Consumidor foi omisso, o parâmetro deverá ser o disposto no §1º do artigo 49 do Código Penal.

---

o que ensejou o respectivo afastamento, com o redimensionamento da pena e o abrandamento do regime inicial. 3. Agravo regimental não provido.(STJ, AgRg no HC 655.339/SP, Rel. Ministro REYNALDO SOARES DA FONSECA, QUINTA TURMA, julgado em 13.04.2021, *DJe* 19.04.2021)

[289] Neste sentido: KALIL, José Arthur Di Spirito. *Op. cit.*, p. 165.

[290] Neste sentido: *Ibidem*, p. 166.

> **Art. 78.** Art. 78. Além das penas privativas de liberdade e de multa, podem ser impostas, cumulativa ou alternadamente, observado o disposto nos arts. 44 a 47, do Código Penal:
>
> I – a interdição temporária de direitos;
>
> II – a publicação em órgãos de comunicação de grande circulação ou audiência, às expensas do condenado, de notícia sobre os fatos e a condenação;
>
> III – a prestação de serviços à comunidade.

No artigo 78 do Código de Defesa do Consumidor, o legislador trouxe disposições acerca da pena restritiva de direitos, estabelecendo que, em se tratando de crimes contra a relação de consumo previstos no citado diploma legal, as penas restritivas de direitos previstas nos incisos I, II e III do citado dispositivo poderiam ser aplicadas cumulativa ou alternadamente.

Como a redação do artigo supramencionado é anterior à reforma empreendida no Código Penal pela Lei nº 9.714/98, que regulamentou as penas restritivas de direitos nos artigos 44 a 47, há controvérsias na doutrina a respeito da possibilidade ou não de cumulação entre a pena restritiva de direitos e a pena privativa de liberdade.

Para uma parcela da doutrina, em se tratando de crime previsto no Código de Defesa do Consumidor, seria possível a imposição de pena privativa de liberdade, pena restritiva de direitos e multa cumulativamente.[291] Porém, para outra parcela da doutrina, após o advento da Lei nº 9.714/98, não é mais possível que se entenda ser possível a imposição de pena privativa de liberdade e pena restritiva de direitos de forma cumulativa, tendo em vista a redação do artigo 44 a 47 do Código Penal, de forma que as penas restritivas de direitos elencadas nos incisos I, II, e III, do Código Penal não poderiam ser aplicadas de forma cumulativa, mas apenas de forma substitutiva e autônoma, devendo, ainda, incidir as demais disposições acerca das penas restritivas de direitos contidas no Código Penal.[292]

No inciso I do artigo 76, o legislador previu como pena restritiva de direitos a interdição temporária de direitos, que poderá ser uma daquelas elencadas no artigo 47 do Código Penal, quais sejam: 1. proibição do exercício de cargo, função ou atividade pública, bem como de mandato eletivo; 2. proibição do exercício de profissão, atividade ou ofício que dependam de habilitação especial, de licença ou autorização do poder público; 3. suspensão de autorização ou de habilitação para dirigir veículo; 4. proibição de frequentar determinados lugares; e 5. proibição de inscrever-se em concurso, avaliação ou exame públicos.

José Arthur Kalil Di Spirito afirma que para a imposição das duas primeiras penas restritivas de direitos mencionadas há necessidade de que o crime tenha alguma vinculação com o cargo, função ou atividade, profissão, atividade ou ofício, o que seria essencial para que "a reprimenda tenha a sua razão de ser", tendo em vista que, nesses casos, o objetivo da norma seria o de "afastar das suas atividades laborativas aqueles que encontram em sua ocupação profissional espaço propício para o cometimento de crimes".[293] O referido autor afirma que o mesmo raciocínio deve ser empregado no caso de proibição de frequentar determinados lugares, devendo haver um vínculo entre o local e a infração.[294]

---

[291] Sustentando este entendimento: FILOMENO, José Geraldo de Brito. Das Infrações Penais. Op. cit.
[292] Neste sentido: KALIL, José Arthur Di Spirito. Op. cit. p. 171.
[293] Ibidem, p. 171
[294] Ibidem, p. 171.

Já a pena prevista no inciso II do artigo 76, que estabelece a "publicação em órgãos de comunicação de grande circulação ou audiência, a expensas do condenado, de notícia sobre os fatos e a condenação", é objeto de críticas por parcela da doutrina, que considera que tal disposição representa uma ofensa ao princípio da humanidade das penas, sendo a disposição eivada de inconstitucionalidade.

A última pena restritiva de direitos elencada pelo legislador no inciso III do artigo 76 consiste em prestação de serviços à comunidade.

Referências

ALMEIDA, Gregório Assagra de; COSTA, Rafael de Oliveira. *Direito Processual Penal Coletivo*: a tutela dos bens jurídicos coletivos. Belo Horizonte: D'Plácido, 2019.

ÁLAMO, Mercedes Alonso. Los consumidores como portadores de bienes jurídicos coletivos. *In:* PLASENCIA, José Ulises Hernández (coord.). *La intervención penal em la protección de los intereses económicos de los consumidores*. Madrid: Marcal Pons, 2020, p. 55-80.

ANDRADE, Pedro Ivo de. *Crimes contra as relações de consumo* (artigo 7º da Lei 8.137/90). Curitiba: Juruá, 2008.

BACIGALUPO, Bajo Fernandes. Derecho Penal Economico. Buenos Aires: Hammurabi, 2004, *p. 15* Apud KALIL, José Arthur Di Spirito. *O consumidor e o Direito Penal Eco*nômico. Rio de Janeiro: Lumen Juris, 2014, p. 78.

BAUMAN, Zigmunt. *Vida líquida*. Tradução de Carlos Alberto Medeiros. Rio de Janeiro: Jorge Zahar, 2007.

BENJAMIN, Antonio Herman de Vasconcelos e; MARQUES, Claudia Lima; MIRAGEM, Bruno (coord*.). O Direito do Consumidor no mundo em transformação*: em comemoração aos 30 anos do Código de Defesa do Consumidor. São Paulo: Editora Revista dos Tribunais, 2020.

BENJAMIN, Antônio Herman de Vasconcelos e. Das infrações penais. *In:* MARQUES, Claudia Lima; BENJAMIN, Antônio Herman V.; MIRAGEM, Bruno. *Comentários ao Código de Defesa do Consumidor*. 6. ed. São Paulo: Revista dos Tribunais, 2019. p. 1704.

BESSA, Leonardo Roscoe. *Código de Defesa do Consumidor comentado*. Rio de Janeiro: Forense, 2021.

BOBBIO, Norberto. *A era dos direitos*. Trad. Carlos Nelson Coutinho. Rio de Janeiro: Campus, 1992.

BOTTINI, Pierpaolo Cruz. Crimes de perigo abstrato: uma análise de novas técnicas de tipificação no contexto da sociedade de risco. 4. ed. São Paulo: Revistas dos Tribunais, 2019.

CÂMARA, Guilherme Costa. *Programa de política criminal*: orientado para a vítima de crime. São Paulo: Revista dos Tribunais/Coimbra Editora, 2008.

CAVALIERI FILHO, Sérgio. *Programa de Direito do Consumidor*. 5. ed. São Paulo: Atlas, 2019.

CUNHA, Rogperio Sanches; PINTO, Ronaldo Batista; SOUZA, Renee do Ô (coord.). *Leis penais especiais comentadas*. 3. ed. Salvador: Juspodivm, 2020.

FILOMENO, José Geraldo de Brito. Dos Direitos do Consumidor. *In:* GRINOVER, Ada Pellegrini; BENJAMIN, Antonio Herman de Vasconcelos; FINK, Daniel Roberto *et al*. *Código Brasileiro de Defesa do Consumidor comentado pelos autores do anteprojeto*. 12. ed. Rio de janeiro: forense, 2019.

filomeno, josé geraldo de brito. das infrações Penais *In:* GRINOVER, Ada Pellegrini; BENJAMIN, Antonio Herman de Vasconcelos; FINK, Daniel Roberto *et al*. *Código Brasileiro de Defesa do Consumidor comentado pelos autores do anteprojeto*. 12. ed. Rio de Janeiro: Forense, 2019.

GALVÃO, Fernando. *Direito Penal*: parte geral, 11. ed. Belo Horizonte: D'Plácido, 2019

GRINOVER, Ada Pellegrini. Defesa do meio ambiente em juízo como conquista da cidadania. Disponível em: http://www.cjf.gov.br/revista/numero9/artigo15.htm. Acesso em: 09 jun. 2021.

GRINOVER, Ada Pellegrini; BENJAMIN, Antonio Herman de Vasconcelos. Trabalhos de Elaboração – Anteprojeto de Código de Defesa do Consumidor. *In:* GRINOVER, Ada Pellegrini; BENJAMIN, Antonio Herman de Vasconcelos; FINK, Daniel Roberto *et al*. *Código Brasileiro de Defesa do Consumidor comentado pelos autores do anteprojeto*. 12. ed, Rio de Janeiro: Forense, 2019, p. 01-12.

GRINOVER, Ada Pellegrini; BENJAMIN, Antonio Herman de Vasconcelos; FINK, Daniel Roberto et al. *Código Brasileiro de Defesa do Consumidor comentado pelos autores do anteprojeto*. 12. ed. Rio de Janeiro: Forense, 2019.

GRARAGNI, Fábio André; CABRAL, Rodrigo Leite Ferreira. Consumidor – Lei 8.078/1990. *In:* CUNHA, Rogperio Sanches; PINTO, Ronaldo Batista; SOUZA, Renee do Ó (coord.). *Leis Penais Especiais comentadas*. 3. ed. Salvador: Juspodivm, 2020.

HASSEMER, Winfried. *Introdução aos fundamentos do Direito Penal*. Tradução de Pablo Rodrigo Alflen da Silva. 2. ed. Porto Alegre: Sergio Antonio Fabris Editor, 2005.

KALIL, José Arthur Di Spirito. *O consumidor e o Direito Penal Econômico*. Rio de Janeiro: Lumen Juris, 2014.

LAGES, Leonardo Cardoso. *Direito do Consumidor*: a lei, a jurisprudência e o cotidiano. 4. ed. Rio de Janeiro: Lumen Juris, 2020.

LIMA, Espedito Neiva de Sousa. *Intervenção estatal nas relações consumeristas*: limites e possibilidades. Rio de Janeiro: Lumen Juris, 2019.

LIMA, Gabriela Eulalio de. *O consumo colaborativo não contexto da Sociedade Líquida: uma análise sociológica, econômica e jurídica*. Rio de Janeiro: Lumen Juris, 2017.

MARQUES, Claudia Lima. Um Código para todos ou 30 anos de Código de Defesa do Consumidor: conquistas e *standarts* estabelecidos (*acquis consumens*) face ao mundo digital. *In:* BENJAMIN, Antonio Herman; MARQUES, Claudia Lima; BENJAMIN, Antônio Herman V.; MIRAGEM, Bruno. *Comentários ao Código de defesa do consumidor*. 6. ed. São Paulo: Revista dos Tribunais, 2019.

MARQUES, Claudia Lima; MIRAGEM, Bruno (coord.). *O Direito do Consumidor no mundo em transformação:* em comemoração aos 30 anos do Código de Defesa do Consumidor. São Paulo: Revista dos Tribunais, 2020, p. 02-67.

MENDES, Laura Schertel; DONEDA, Danilo; SARLET, Ingo Wolfgang *(et al.)* (coord). *Tratado de proteção de dados pessoais*. Rio de Janeiro: Forense, 2021.

MOARES, Alexandre Rocha Almeida de. *Direito Penal racional*: propostas para a construção de uma teoria da legislação e para uma atuação criminal preventiva. Curitiba: Juruá, 2016.

PEREZ, Stephanie Carolyn. *A efetividade do Direito na aplicação da tutela penas nos crimes contra as relações de consumo*. Rio de Janeiro: Lumen Juris, 2018.

PLASENCIA, José Ulises Hernández (coord.). *La intervención penal em la protección de los intereses económicos de los consumidores*. Madrid: Marcal Pons, 2020.

PLASENCIA, José Ulises Hernández. Sobre la censura e la intervención penal y los procedimientos eficaces en la protección de los intereses económicos de los consumidores. *In:* PLASENCIA, José Ulises Hernández (coord.). *La intervención penal em la protección de los intereses económicos de los consumidores*. Madrid: Marcal Pons, 2020, p. 19-53.

PRADO, Luiz Regis. *Direito Penal Econômic*. 8. ed. Rio de Janeiro: Forense, 2019.

SANCHEZ, Jesús-María Silva. *A expansão do direito penal*. 2. ed., São Paulo: Revista dos Tribunais, 2011.

SÁNCHEZ, Jesús Maria Silva. *La expansión del Derecho penal*: aspectos de la política criminal en las sociedades postindustriales. 3. ed. Madrid: Edisofer, 2011.

SÁNCHEZ, Jesús María Silva. *Aproximação ao Direito Penal contemporâneo*. Tradução de Roberto Barbosa Alves. São Paulo: Revista dos Tribunais, 2011.

TARTUCE, Flavio; NEVES, Daniel Amorim de Assumpção. *Manual de Direito do Consumidor*. 9. ed. Rio de Janeiro: Forense, 2020.

THEODORO JUNIOR, Humberto. *Direitos do Consumidor*. 10. ed. Rio de Janeiro: Forense, 2021.

ASPECTOS PENAIS DO CÓDIGO DE TRÂNSITO BRASILEIRO (CTB) – LEI Nº 9.503, DE 23 DE SETEMBRO DE 1997

Fabiola Moran

1 Introdução

Os sistemas de transportes são elementos reais e indissociáveis da modernidade. No mesmo ritmo de evolução dos meios de comunicação, transformaram-se as formas e meios de transporte de bens e pessoas. E se, de um lado, testemunhamos uma grande revolução nas relações econômicas e sociais, de outro, observamos a contaminação do ambiente, a elevação do estresse urbano, bem como a violência decorrente da ausência de um desenho consistente de segurança viária em nosso país.

O desenvolvimento de uma determinada nação está diretamente atrelado à elevação dos níveis de motorização, a dizer, quanto mais próspera uma determinada sociedade, maior o índice de substituição das modalidades de transporte não motorizadas por modalidades motorizadas.

Respeitando essa tendência, o Brasil, ao longo dos anos, tem incrementado de forma decisiva a sua frota de veículos automotores e, por conseguinte, experimentado a elevação do número de mortes prematuras, bem como de incapacitações físicas e psicológicas.

O Relatório Global de Segurança no Trânsito da Organização Mundial de Saúde estima que, no ano de 2016, 41.000 pessoas morreram em decorrência de acidentes de trânsito. Dentre elas, 44% estão entre 20 e 39 anos de idade, e 82% são homens.[1]

A expressividade dos números revela o resultado da violência no trânsito brasileiro, bem como o custo financeiro para o país, na ordem de 220 bilhões, ou 4% do PIB.[2] Nesse mesmo sentido, funciona como incremento do sentimento de medo e insegurança do cidadão,

---

[1] OMS. World Health Organization. *Global Status Report on Road Safety*, 2018, p. 129.
[2] CONTADOR, Claudio R.; OLIVEIRA, Natalia. *Estatísticas da dor e da perda do futuro*: novas estimativas. Rio de Janeiro: Funenseg, 2016, p. 14.

que assume o papel de vítima virtual, que certamente não deseja, mas espera seu futuro encontro com uma vitimização futura.[3]

O trato dos crimes de trânsito encontra-se diretamente atrelado ao conceito de Direito Penal do Risco, impulsionado pela necessidade de utilização da lei penal como ponto de intermediação e neutralização dos riscos inerentes às relações sociais modernas.[4] Isso quer dizer que, por meio de tipos penais fundados na máxima da prevenção, pretende o Estado assumir seu papel de garantidor da segurança de determinados bens jurídicos,[5] entre os quais se insere a própria segurança viária.

De acordo com o artigo 144, §10, da CF:[6]

> A segurança viária, exercida para a preservação da ordem pública e da incolumidade das pessoas e do seu patrimônio nas vias públicas: I – compreende a educação, engenharia e fiscalização de trânsito, além de outras atividades previstas em lei, que assegurem ao cidadão o direito à mobilidade urbana eficiente.

A definição constitucional indica a natureza transindividual da segurança viária.[7] Todo indivíduo tem interesse em viver em ambiente social organizado, no qual sua vida, saúde e patrimônio sejam respeitados por seus semelhantes e pelo Estado.[8] Nesse contexto se insere a segurança viária, bem indispensável para a manutenção do equilíbrio da sociedade e da ordem pública, e que compreende, em sua definição, no conjunto de medidas, leis, projetos e ações concretas que buscam a efetiva implantação de um trânsito seguro, que preserve a vida e integridade física de toda a coletividade.

O Brasil é signatário da Convenção de Viena sobre Trânsito Viário, obrigando-se internacionalmente a regulamentar e garantir a segurança viária de forma eficaz, frente à comunidade mundial. E muito embora se trate de instrumento internacional datado de 1968, este somente foi incorporado ao nosso ordenamento por meio do Decreto nº 86.714, em 10 de dezembro de 1981.

Nesse sentido, dentro do conjunto de ações destinadas à promoção da segurança viária no Brasil, foi promulgado o Código de Trânsito Brasileiro. A Lei nº 9.503/97, em seu Capítulo XIX, dispõe a respeito dos crimes de trânsito, tipificando certas condutas que compreendam a "utilização das vias por pessoas, veículos e animais, isolados ou em grupos, conduzidos ou não, para fins de circulação, parada, estacionamento e operação de carga ou descarga".[9] Cuida-se, pois, de definição legal de "trânsito", que abrange a utilização das

---

[3] MORAN, Fabiola. *Ingerência penal e proteção integral à vítima*. Belo Horizonte: D'Plácido, 2020, p. 80.

[4] Segundo a doutrina de MORAES, a atenção do legislador aos riscos inerentes à sociedade moderna "representa uma nova forma de ver o mundo e suas manifestações caóticas, suas contingências e incertezas. Nesse contexto, o risco passa a se relacionar diretamente com a prevenção, ou seja, há uma busca incessante pelo controle racional dos riscos, isto é, pelo cálculo racional das probabilidades estatísticas de ocorrência de determinado evento". MORAES, Alexandre Rocha Almeida de. *Direito penal racional*: propostas para a construção de uma teoria da legislação para uma atuação criminal preventiva. Curitiba: Juruá, 2016, p. 112.

[5] SILVA, Pablo Rodrigo Aflen da. *Leis penais em branco e o direito penal do risco*: aspectos críticos e fundamentais. Rio de Janeiro: Lumen Juris, 2004, p. 97.

[6] Parágrafo incluído pela Emenda Constitucional nº 82, de 2014.

[7] Art. 81, I, da Lei nº 8.078/90. BRASIL. Lei 8.078, de 11 de setembro de 1990. Dispõe sobre a proteção do consumidor e dá outras providências.

[8] SANTIN, Valter Foleto. *Controle judicial da segurança pública*. Eficiência do serviço na prevenção e repressão do crime. São Paulo: Revista dos Tribunais, 2004, p. 129.

[9] Art. 1º, §1º, da Lei nº 9.503/97. BRASIL. Lei 9.503, de 23 de setembro de 1997. Institui o Código de Trânsito Brasileiro.

vias públicas para qualquer fim, para além da simples movimentação sugerida pelo sentido gramático do referido termo.

O Código de Trânsito igualmente delimita o conceito de vias terrestres urbanas e rurais, compreendendo para efeito de aplicação de suas disposições legais as "as ruas, as avenidas, os logradouros, os caminhos, as passagens, as estradas e as rodovias, que terão seu uso regulamentado pelo órgão ou entidade com circunscrição sobre elas, de acordo com as peculiaridades locais e as circunstâncias especiais".[10]

Os crimes de trânsito devem ser diferenciados das infrações de trânsito, as quais compreendem a inobservância de qualquer preceito do próprio Código de Trânsito Brasileiro, da legislação complementar ou das resoluções do CONTRAN.[11] Isso quer dizer que todo e qualquer crime de trânsito é, em primeira análise, uma infração de trânsito passível igualmente de punição mediante a imposição de sanção de natureza administrativa.[12] No entanto, em função do Princípio da Fragmentariedade do Direito Penal, nem toda infração de trânsito pode ser considerada como delito, reservando-se a tipificação para condutas que atentem contra bem jurídico relevante, observando-se, ainda, a gravidade da ofensa contra ele dirigida.

O Direito Penal é regido pela máxima da intervenção mínima, contando com natureza subsidiária e funcionando como *ultima ratio*, a reservar a sanção penal apenas e tão somente quando se afigurar como instrumento indispensável para a consecução do bem comum, assim entendido como a preservação da própria existência do homem e da sociedade.[13] Conforme exposto, o desenvolvimento de uma política eficiente de segurança viária consiste em tarefa de natureza multidisciplinar, já que envolve necessariamente ações estatais preventivas[14] e repressivas, nos planos educacional, administrativo e criminal. Sendo assim, determinadas condutas podem e devem ser coibidas por meios diversos da imposição de sanção penal, a qual deve ser prevista e aplicada apenas quando fracassam ou se mostram insuficientes e desproporcionais outras medidas protetoras do bem jurídico previstas por outros ramos do direito.

---

[10] Art. 2º, da Lei nº 9.503/97. BRASIL. Lei 9.503, de 23 de setembro de 1997. Institui o Código de Trânsito Brasileiro.

[11] Art. 161, da Lei nº 9.503/97. BRASIL. Lei 9.503, de 23 de setembro de 1997. Institui o Código de Trânsito Brasileiro.

[12] Exemplifica-se, no caso, a figura típica descrita no art. 304, CTB, consistente em "Deixar o condutor do veículo, na ocasião do acidente, de prestar imediato socorro à vítima, ou, não podendo fazê-lo diretamente, por justa causa, deixar de solicitar auxílio da autoridade pública: Penas – detenção, de seis meses a um ano, ou multa, se o fato não constituir elemento de crime mais grave" e que corresponde, igualmente, à infração de trânsito prevista no art. 176, I, CTB, que assim prescreve: "Deixar o condutor envolvido em acidente com vítima: I – de prestar ou providenciar socorro à vítima, podendo fazê-lo", infração esta considerada "gravíssima", punida administrativamente com multa (cinco vezes) e suspensão do direito de dirigir, bem como com a medida de recolhimento do documento de habilitação.

[13] BATISTA, Nilo. *Introdução Crítica ao Direito Penal Brasileiro*. 11. ed. Rio de Janeiro: Revan, 2007, p. 85.

[14] Ganham destaque nesse ponto as estratégias de prevenção vitimária, notadamente de prevenção primária, as quais "giram em torno dos fatores de risco de vitimização, ou seja, nas condições que influenciam a possibilidade de se tornar vítima". Destinam-se elas à introdução de novos comportamentos relacionados à educação no trânsito e adoção de posturas no sentido da autopreservação do indivíduo. MORAN, Fabiola. *Ingerência penal e proteção integral à vítima*. Belo Horizonte: D'Placido, 2020, p. 99.

> **CAPÍTULO XIX**
> **DOS CRIMES DE TRÂNSITO**
> **Seção I**
> **Disposições Gerais**
> **Art. 291.** Aos *crimes cometidos na direção de veículos automotores*, previstos neste Código, aplicam-se as normas gerais do Código Penal e do Código de Processo Penal, se este Capítulo não dispuser de modo diverso, bem como a Lei nº 9.099, de 26 de setembro de 1995, no que couber.

Inaugura o *caput* do artigo 291 do CTB com preceito redundante, a despeito de congruente com as demais disposições legais de diplomas penais e processuais penais mais abrangentes.

Isso porque o art. 12 do CP já prevê que suas regras gerais aplicam-se aos fatos tipificados por lei especial, caso esta não disponha de modo diverso, ao passo que o art. 1º, *caput*, do CPP estabelece que as disposições nele contidas se aplicam a todo o território brasileiro, ressalvando expressamente algumas hipóteses, dentre as quais não se incluem os crimes de trânsito.

Em complemento, a Lei nº 9.099/95, norma geral para efeito das infrações de menor potencial ofensivo, estabelece sua aplicação aos crimes e contravenções penais aos quais se comina pena máxima ou inferior a 2 anos, cumulada ou não com multa, submetidos ou não a procedimento especial, salvo quando prevista expressa vedação de sua aplicação, a exemplo do que ocorre na Lei nº 11.340/06,[15] ou mesmo no art. 90-A da própria lei dos Juizados Especiais, que exclui expressamente os crimes de competência da Justiça Militar.[16]

---

[15] "Art. 41. Aos crimes praticados com violência doméstica e familiar contra a mulher, independentemente da pena prevista, não se aplica a Lei nº 9.099, de 26 de setembro de 1995". BRASIL. Lei nº 11.340, de 7 de agosto de 2006. Cria mecanismos para coibir a violência doméstica e familiar contra a mulher, nos termos do §8º do art. 226 da Constituição Federal, da Convenção sobre a Eliminação de Todas as Formas de Discriminação contra as Mulheres e da Convenção Interamericana para Prevenir, Punir e Erradicar a Violência contra a Mulher; dispõe sobre a criação dos Juizados de Violência Doméstica e Familiar contra a Mulher; altera o Código de Processo Penal, o Código Penal e a Lei de Execução Penal; e dá outras providências."

[16] "Art. 90-A. As disposições dessa Lei não se aplicam no âmbito da Justiça Militar". BRASIL. Lei nº 9.099 26 de setembro de 1995. Dispõe sobre os Juizados Especiais Cíveis e Criminais e dá outras providências.

> §1º Aplica-se aos crimes de trânsito de **lesão corporal culposa** o disposto nos arts. 74, 76 e 88 da Lei nº 9.099, de 26 de setembro de 1995, exceto se o agente estiver: (Renumerado do parágrafo único pela Lei nº 11.705, de 2008)
>
> I – sob a *influência de álcool ou qualquer outra substância psicoativa* que determine dependência; (Incluído pela Lei nº 11.705, de 2008)
>
> II – participando, em via pública, de *corrida, disputa ou competição automobilística*, de exibição ou demonstração de perícia em manobra de veículo automotor, não autorizada pela autoridade competente; (Incluído pela Lei nº 11.705, de 2008)
>
> III – transitando em *velocidade superior à máxima permitida* para a via em 50 km/h (cinquenta quilômetros por hora). (Incluído pela Lei nº 11.705, de 2008)
>
> §2º Nas hipóteses previstas no §1º deste artigo, *deverá ser instaurado inquérito policial* para a investigação da infração penal. (Incluído pela Lei nº 11.705, de 2008)
>
> §3º (VETADO).

O Direito Penal, de modo geral, tem índole e finalidade iminentemente protetiva, pautando-se no Princípio da Lesividade. Isso quer dizer que, no contexto dos crimes de trânsito, cabe ao Direito Penal a tutela da segurança viária,[17] bem como a proteção dos bens jurídicos consistentes na vida humana, saúde, paz social, entre outros, de uma lesão efetiva, ou mesmo de uma ameaça de lesão.

O princípio da lesividade tem diversos desdobramentos, vedando, em primeiro, a incriminação da simples cogitação, a qual não se encontra inserida no *iter criminis*. Em um segundo plano, veda-se a incriminação de conduta que não transcenda o próprio autor. Em terceiro lugar, o princípio de lesividade proíbe a punição de estados meramente existenciais ou formas de ser da pessoa, insuscetíveis de lesão a algum bem jurídico. E finalmente, a quarta vedação diz respeito a condutas que não causem lesão ou ameacem de lesão nenhum bem jurídico.

Em verdade, esse quarto aspecto do princípio da lesividade abrange, de forma genérica, os demais, explicando, por exemplo, a impossibilidade de punição dos atos preparatórios no *iter criminis*. Isso porque tais atos não implicam lesividade a determinado bem jurídico, exceto quando constituam, por si sós, atos executórios de crime autônomo.

A criminalização de determinadas condutas como crimes de trânsito guarda íntima relação com o denominado Direito Penal do Risco, atrelado ao "controle" dos riscos da vida moderna por meio do Direito Penal, que exerce a função de instrumento de prevenção.[18]

Dentro dessa função preventiva, observa-se, dentre outros fenômenos, a tipificação de condutas que implicam risco a determinados bens jurídicos, dando ensejo aos denominados crimes de perigo, em contraposição aos crimes de dano.

São classificados como *crimes de dano* aqueles que se aperfeiçoam com o efetivo dano ao bem jurídico tutelado, tal como ocorre no homicídio (art. 121, CP), ou roubo (art. 157, CP). A consumação dos crimes de perigo, ao contrário, prescinde da efetiva lesão ao bem jurídico, bastando a sua simples exposição a situação de perigo provocada pela conduta do

---

[17] O Código de Trânsito estabelece em seu art. 1º, §2º, que o trânsito em condições seguras é um direito de todos e, em seu art. 28, dispõe que é dever de todo condutor dirigir de forma segura.

[18] SILVA, Pablo Rodrigo Aflen da. *Leis penais em branco e o direito penal do risco*: aspectos críticos e fundamentais. Rio de Janeiro: Lumen Juris, 2004, p. 96.

agente. Nesse sentido, o dolo nesses crimes limita-se à criação de um risco ao bem jurídico penalmente protegido, bastando a simples probabilidade de dano.

Os *crimes de perigo* podem ser classificados em perigo presumido (abstrato) ou concreto. No primeiro caso, a conduta do agente, por si só, faz presumir a situação de perigo ao bem jurídico. No segundo caso, não basta a simples comprovação da prática da conduta descrita no tipo penal, sendo necessária a demonstração do risco efetivo ao bem jurídico. É o que ocorre, por exemplo, no crime previsto no art. 132 do CP, no qual se faz necessária a comprovação de que a conduta do agente provocou perigo para a vida ou saúde de outrem. Ausente tal comprovação, o caso é de atipicidade formal, com a consequente prolação de sentença absolutória, nos termos do art. 386, III, CPP.

Os delitos de trânsito, em sua maioria, podem ser classificados como crimes de perigo abstrato, bastando, para a sua configuração, a simples prática da conduta típica pelo agente. Há, contudo, algumas exceções, como os crimes de homicídio culposo no trânsito (art. 302, CTB), ou lesão corporal culposa (art. 303, CTB).

O art. 291 do CTB cuida especificamente do crime de trânsito de lesão corporal culposa (art. 303, CTB), fazendo menção expressa à aplicabilidade da composição civil de danos, transação e da exigência da representação como condição de procedibilidade da ação penal.

Cuida-se de dispositivo legal cuja redação original foi alterada pela Lei nº 11.705/2008, para a correção de incongruência anterior, que estendia a aplicação dos referidos institutos da Lei nº 9.099/95 aos crimes de embriaguez ao volante e de participação em competição não autorizada, ambos delitos de perigo e, portanto, com vítimas indeterminadas e de ação penal pública incondicionada.

Nesse sentido, o crime previsto no art. 303, CTB, será, como regra, considerado de menor potencial ofensivo, excetuando-se os casos previstos nos incisos I, II e III, nos quais deixam de incidir as disposições da Lei nº 9.099/95, instaurando-se Inquérito Policial (art. 291, §2º, CTB) e processando-se por ação penal pública incondicionada.[19]

A previsão legislativa que veda a aplicação da Lei nº 9.099/95 às hipóteses relacionadas no §1º do art. 291 do CTB foi alvo de críticas por parte da doutrina, que reputava violado o Princípio da Isonomia. Isso porque a pena cominada em abstrato à lesão culposa, mesmo nas circunstâncias ressalvadas na lei, não excederia a dois anos. No entanto, prevalece o entendimento a respeito da possibilidade de criação, por parte do legislador, de exceções expressas à regra geral do art. 61 da Lei nº 9.099/95, o que ocorre, por exemplo, no art. 14, §1º, da Lei Maria da Penha, que veda a aplicação de medidas despenalizadoras aos delitos.

> §4º O juiz fixará a *pena-base* segundo as diretrizes previstas no art. 59 do Decreto-Lei nº 2.848, de 7 de dezembro de 1940 (Código Penal), dando especial atenção à *culpabilidade do agente* e às *circunstâncias e consequências do crime*. (Incluído pela Lei nº 13.546, de 2017)

O §4º do art. 291 foi introduzido ao Código de Trânsito Brasileiro por meio da Lei nº 13.546/2017 e traz consigo disposição claramente redundante, se cotejada sob o prisma da técnica jurídica. Isso porque o próprio *caput* do referido dispositivo já prevê a aplicação,

---

[19] Nesse sentido o entendimento do Superior Tribunal de Justiça: RHC nº 33.478 – MG, Rel. Min. Jorge Mussi, 09.04.2013; RESP nº 1.577.903 – RS, Rel. Min. Roger Schietti Cruz, 10.05.2016; RHC nº 144801 – PR, Rel. Min. Ribeiro Dantas, 07.05.2021.

aos crimes de trânsito, das normas previstas na Parte Geral do Código Penal, dentre as quais se encontram as regras afetas ao sistema trifásico da dosimetria da pena (art. 68, CP) e à valoração das circunstâncias judiciais previstas no art. 59, CP, na sua primeira fase.

A disciplina voltada à individualização da pena contida no Código Penal, portanto, já impõe ao juiz a obrigatoriedade da análise desses "fatores legais de dosimetria da pena" consistentes na culpabilidade, antecedentes, conduta social, personalidade do agente, motivos, circunstâncias e consequências do crime, bem como o comportamento da vítima.

De qualquer modo, entendeu o legislador pela necessidade de exigir uma "especial atenção" ao julgador quando da análise dos elementos culpabilidade do agente, circunstâncias e consequências do crime, os quais guardam pertinência acentuada com a individualização da pena dos crimes de trânsito. Assim, ainda que redundante, o art. 291, §4º do CTB revela uma preocupação legislativa contra o que se denomina usualmente como "política da pena mínima", a se expressar pela sistemática padronização das penas, em total alvedrio ao mandamento constitucional previsto no art. 5º, XLVI, da CF.

A *culpabilidade* do agente é o juízo de reprovação que recai sobre a conduta praticada. Nos crimes e trânsito em específico, há que se atentar, por exemplo, à intensidade da culpa, ou grau de negligência, imprudência e imperícia.

As *circunstâncias do delito* dizem respeito aos fatores de tempo, lugar, meio e modo de execução. Assim, nos delitos de trânsito, há que se observar, por exemplo, o lugar da consumação do crime, por exemplo, em local de travessia sinalizada de escolas, ou mesmo sobre faixa de pedestres.

Doutrinariamente, as *consequências do crime* são definidas como desdobramentos decorrentes da conduta do agente, os quais devem ser diferenciados do resultado naturalístico do delito. Nesse sentido, o resultado morte em crime um homicídio não configura circunstância judicial negativa, mas apenas os efeitos negativos oriundos desse mesmo evento.

É certo que, seja na sua modalidade culposa ou dolosa, toda e qualquer vitimização traz consequências e prejuízos, diretos ou indiretos, aos seus destinatários, assim reconhecidos como vítimas diretas e indiretas do crime.

É considerada vítima direta, para efeito dos crimes de trânsito, aquele que sofre lesões, ou mesmo a morte decorrente de conduta tipificada no CTB. São vítimas indiretas, de outro lado, aquelas que, embora não diretamente vitimizadas, experimentam a dor, o sofrimento, o medo, os prejuízos financeiros, bem como toda a sorte de danos morais e psíquicos decorrentes da conduta delituosa, tal como ocorre com os filhos e familiares de uma vítima de homicídio culposo no trânsito. Observar as *consequências do crime*, portanto, significa, para além da simples análise da intensidade da lesão ou mesmo do nível de ameaça ao bem jurídico tutelado, uma orientação ao julgador para que volte um olhar às vítimas da criminalidade de trânsito, muitas vezes esquecidas para efeito da devida individualização da pena. Significa, pois, a necessidade de se atentar aos órfãos que perdem o seu único provedor, à grande proporção de determinado acidente de trânsito, ou mesmo a uma vítima sobrevivente, muitas vezes debilitada e incapacitada para o trabalho, como consequência de uma conduta delituosa envolvendo a violência no trânsito.

Isso quer dizer que, seja para efeito da fixação de pena privativa de liberdade, seja para a sua conversão em pena restritiva de direitos, em especial a prestação pecuniária (à vítima ou seus familiares), tem o magistrado o dever de proceder a adequada e proporcional dosimetria da pena, a qual deve passar pela análise obrigatória dessas três circunstâncias judiciais destacadas pelo legislador, a fim de garantir que a reprimenda penal suficiente, que atinja as suas devidas finalidades.

> **Art. 292.** A suspensão ou a proibição de se obter a permissão ou a habilitação para dirigir veículo automotor pode ser imposta isolada ou cumulativamente com outras penalidades. (Redação dada pela Lei nº 12.971, de 2014)
>
> **Art. 293.** A penalidade de suspensão ou de proibição de se obter a permissão ou a habilitação, para dirigir veículo automotor, tem a duração de dois meses a cinco anos.
>
> §1º Transitada em julgado a sentença condenatória, o réu será intimado a entregar à autoridade judiciária, em quarenta e oito horas, a Permissão para Dirigir ou a Carteira de Habilitação.
>
> §2º A penalidade de suspensão ou de proibição de se obter a permissão ou a habilitação para dirigir veículo automotor não se inicia enquanto o sentenciado, por efeito de condenação penal, estiver recolhido a estabelecimento prisional.

O Código de Trânsito Brasileiro emprega, de forma genérica, a expressão *penalidade* como designação das sanções administrativas relacionadas à prática de infrações de trânsito. No entanto, ao tratar da *suspensão e proibição para obtenção de permissão ou habilitação para dirigir*, referem-se os artigos 292 e 293 do CTB a tais consequências como verdadeira sanção penal, decorrente da prática de um crime de trânsito.

A *suspensão*, tal como definida pelo art. 42, do Decreto nº 86.714/81[20] consiste na retirada temporária da permissão ou habilitação para dirigir, ao passo que a *proibição* significa a impossibilidade de obtenção da permissão ou habilitação para a condução regular de veículos automotores.

Dispõe o art. 148 do CTB que a *permissão para dirigir* é o documento com validade de 01 (um) ano conferido ao candidato aprovado nos exames de habilitação para a condução de veículos, enquanto a *carteira nacional de habilitação* é reservada ao condutor ao término desse período de validade do primeiro documento, desde que não tenha incorrido em infração grave ou gravíssima, ou seja reincidente em infração de natureza média.

Partindo desses conceitos básicos, à época da promulgação do Código de Trânsito Brasileiro, instaurou-se uma série de debates sobre a melhor interpretação ao art. 292, CTB, notadamente porque, em princípio, não se justificaria a imposição de uma "proibição de se obter permissão ou habilitação para dirigir" para quem pratica um crime de trânsito, mostrando-se mais adequada a aplicação de "suspensão ou perda do direito de dirigir", esta última considerada efeito secundário da condenação, prevista no art. 263, III, CTB.

A cassação do documento de habilitação ocorre em três hipóteses definidas pelo art. 263, CTB. No caso da cassação por força de condenação judicial por delito de trânsito (art. 263, III, CTB), deve ser observado o disposto no art. 160, CTB, que impõe ao condutor condenado a obrigatoriedade de submissão a novos exames para a recuperação de sua habilitação, nos termos das normas estabelecidas pelo CONTRAN[21] e independentemente

---

[20] "Art. 42. Suspensão da validez dos documentos de habilitação para dirigir. 1. As Partes Contratantes ou suas subdivisões poderão suspender um condutor do direito de fazer uso em seu território da habilitação para dirigir, nacional ou internacional, de que seja titular, se esse condutor cometer, no território dessa Parte Contratante, uma infração que, de acordo com sua legislação, justifique a retirada da habilitação para dirigir (...)". Decreto nº 86.714, de 10 de dezembro de 1981. Promulga a Convenção sobre Trânsito Viário.

[21] O Conselho Nacional de Trânsito (CONTRAN) regulamentou o referido dispositivo por meio da Resolução nº 300, de 04 de dezembro de 2008, sendo que, em seu art. 5º, dispõe que, uma vez cientificada da condenação definitiva do condutor, tem o dever de cientificá-lo para proceder a entrega do seu documento de habilitação, sendo que seu art. 3º impõe ao condenado por delito de trânsito a submissão e aprovação nos seguintes exames: "I – aptidão

do reconhecimento da prescrição relacionada à pena aplicada em concreto, na sentença condenatória. No mais e para além desse efeito secundário da sentença condenatória por crimes de trânsito, preceitua o art. 278-A do CTB que terá cassado o documento de habilitação, com proibição de obtenção de novo documento no prazo de 05 (cinco) anos, o condutor condenado definitivamente por receptação, descaminho ou contrabando, que se utilize de veículo para a prática dos referidos crimes.

Concilia-se, portanto, a redação do art. 263, III, do CTB com a do art. 292 do CTB para concluir que o último dispositivo diz respeito a uma sanção cumulativa,[22] prevista especificamente para os delitos preditos nos arts. 302, 303, 306, 307, caput e parágrafo único, e 308 do CTB, casos em que o condutor condenado deverá primeiramente cumprir uma pena de 02 (dois) meses a 05 (cinco) anos, para estar autorizado à submissão a novos exames de reabilitação. Nesse mesmo sentido, na eventualidade de não ser condutor habilitado na data da prática do crime de trânsito, estará vedada a sua submissão aos referidos exames enquanto não cumprida a sanção cumulativa prevista no artigo 292 do CTB.

Em contraposição, nos demais delitos que não preveem de forma expressa a pena descrita no art. 292 do CTB – arts. 304, 305, 309, 310, 311 e 312 –, uma vez declarada a perda do direito de dirigir por força do art. 263, III, CTB, o condutor condenado terá o direito imediato de submissão a novos exames para obtenção de nova habilitação.

A sanção descrita no artigo 292 do CTB é uma espécie de pena principal, fixada no preceito secundário de determinados tipos legais do Código de Trânsito Brasileiro, de forma cumulativa à pena privativa de liberdade e/ou multa. Sendo assim, não se confunde com a interdição temporária de direitos prevista no art. 47, III, CP, que prevê a "suspensão de autorização ou de habilitação para dirigir" como substituição à pena privativa de liberdade, aplicável de forma geral a todos os delitos, desde que preenchidos os requisitos do artigo 44, CP.

A prática do crime de trânsito, por si só, já acarreta a perda do direito de dirigir, nos termos do art. 263, III, CTB, acrescentando-se a sanção do art. 292 do CTB a delitos específicos, quando especificamente cominada. Nessa linha, não se mostra adequada a substituição da pena privativa de liberdade ao condenado por crime de trânsito por mera "suspensão de autorização ou de habilitação para dirigir" (47, III, CP). Não por outra razão dispõe o art. 312-A, CTB, incluído pela Lei nº 13.281/16, que, em caso de condenação pela prática dos crimes previstos nos arts. 302 a 312 do CTB, na eventualidade de substituição da pena privativa de liberdade por restritiva de direitos, o dever de aplicação da prestação de serviços à comunidade ou a entidades públicas.

Na mesma medida, não se confunde a pena prevista no art. 292 do CTB com o efeito extrapenal específico insculpido no art. 92, III, CP. Isso porque o primeiro dispositivo tem natureza jurídica de pena principal e é aplicável a penas aos crimes de trânsito que a cominam de forma específica, sejam eles dolosos ou culposos. Já o art. 92, III, CP configura efeito secundário da sentença penal condenatória irrecorrível, aplicável a todo e qualquer

---

física e mental; II – avaliação psicológica; III – escrito, sobre legislação de trânsito e IV – de direção veicular, realizado em via pública, em veículo da categoria para o qual estiver habilitado". CONTRAN

[22] Muito embora a redação do artigo 292 do CTB preveja a possibilidade de imposição isolada ou cumulativa da pena de "proibição de se obter permissão ou habilitação para dirigir", depreende-se apenas e tão somente a possibilidade da sua aplicação cumulativa nos arts. 302 (homicídio culposo na direção de veículo automotor), 303 (lesão corporal culposa na direção de veículo automotor); 306 (embriaguez ao volante; 307, caput (violação de suspensão de permissão ou habilitação); 307, parágrafo único (omissão na entrega de permissão ou habilitação no prazo legal; e 308 (competição automobilística não autorizada), tipos legais estes que possuem em comum o fato de que são praticados por condutor de veículo automotor, ao qual se impõe o prévio dever legal de obtenção de habilitação, nos termos do art. 140, CTB.

delito doloso, previsto ou não no Código de Trânsito, e que tenha veículo automotor utilizado como instrumento.

De forma geral, dispõe o art. 293, *caput,* do CTB acerca da duração da pena de "proibição de se obter permissão ou habilitação para dirigir", fixando 02 meses a 5 anos como limites mínimos e máximos para a sua aplicação.

À exceção do art. 307, *caput* e parágrafo único, do CTB, que estabelece para a pena do art. 292 do CTB a mesma duração da pena de detenção aplicada no caso em concreto, os demais delitos previstos nos arts. 302, 303, 306 e 308 do CTB silenciam a esse respeito. Para suprir essa lacuna, tem decidido o Superior Tribunal de Justiça pela aplicação por analogia do art. 291, §4º, CTB, dentro dos termos mínimo e máximo previstos no art. 293, *caput,* CTB, conferindo-se especial análise às circunstâncias judiciais consistentes na culpabilidade do agente e nas circunstâncias e consequências do crime (art. 59, CP).[23]

Fixados os critérios para a sua aplicação, importante mencionar que a pena de suspensão ou de proibição para se obter a permissão ou a habilitação para dirigir veículo automotor não pode ter início enquanto o sentenciado, por efeito de condenação penal, estiver recolhido em estabelecimento prisional.

> **Art. 294.** Em qualquer fase da investigação ou da ação penal, havendo necessidade para a garantia da ordem pública, poderá o juiz, como medida cautelar, de ofício, ou a requerimento do Ministério Público ou ainda mediante representação da autoridade policial, decretar, em decisão motivada, a suspensão da permissão ou da habilitação para dirigir veículo automotor, ou a proibição de sua obtenção.
>
> Parágrafo único. Da decisão que decretar a suspensão ou a medida cautelar, ou da que indeferir o requerimento do Ministério Público, caberá recurso em sentido estrito, sem efeito suspensivo.

Conforme exposto na análise dos arts. 292 e 293 do CTB, a suspensão da permissão ou da habilitação para dirigir veículo automotor, ou a proibição de sua obtenção são consequências da sentença pena condenatória. O art. 294 do CTB complementa a aplicação dessas sanções, estabelecendo que, como uma verdadeira antecipação da pena a ser proferida em caráter cautelar, pode o juiz decretar tais medidas no curso das investigações do inquérito policial ou durante a tramitação da ação penal.

Considerando a natureza jurídica de pena das medidas em debate, assim como a natureza cautelar processual de sua decretação nos termos do art. 294, CTB, necessário atentar para o fato de que sua admissão será vinculada à demonstração efetiva do *fummus boni juris* e do *periculum in mora*, requisitos esses inerentes a toda e qualquer medida dessa natureza.

De acordo com o art. 312, CPP, o *fummus boni juris* (fumaça do bom direito) se revela diante da prova da existência do crime, associada à demonstração de indícios suficientes de autoria. O *periculum in mora*, de outro lado, está relacionado à preservação da eficácia da tutela jurídica principal, de modo que, ao analisar a conveniência e oportunidade de sua decisão, deve o juiz de direito levar em consideração o fato objetivo consistente na garantia da

---

[23] STJ, REsp nº 1481502/RJ, Rel. Min. Gurgel de Faria, 5ª Turma, *DJe* 16.11.2020; STJ, AgRg no AREsp nº 466.124/AL, Rel. Min. Ericson Maranho (Des. Convocado TJ/SP), 6ª Turma, J. 09.06.2016, *DJe* 24.06.2015.

ordem pública, assim entendida como a proteção e garantia da tranquilidade da coletividade, ameaçada pelo risco potencial de reincidência na conduta delituosa.

Por uma questão de ordem lógica, entende-se que a possibilidade de decretação da medida cautelar em debate deva ser associada unicamente aos crimes que cominem, em seus preceitos secundários, a pena de suspensão da permissão ou da habilitação para dirigir veículo automotor, ou a proibição de sua obtenção. Diante da omissão do art. 294 do CTB quanto ao prazo de duração da medida, o Superior Tribunal de Justiça, instado a deliberar a esse respeito, assentou entendimento calcado na irrazoabilidade de sua manutenção por período superior ao limite máximo estabelecido para a aplicação da pena prevista no art. 293, *caput*, do CTB.[24]

Com o objetivo de preservar a imparcialidade do julgador, o sistema processual acusatório tem como corolário lógico a divisão de funções no processo. Nesse sentido, critica-se a redação do art. 294 do CTB quanto à possibilidade de concessão de medida cautelar "de ofício", por se tratar de disposição alinhada com o sistema inquisitivo e que fere, não apenas a sistemática das cautelares em geral, mas do sistema acusatório como um todo. Assim, havendo provocação do Ministério Público ou Autoridade Policial, a decretação da medida cautelar mais adequada ao caso se faz possível, diante da fungibilidade de tais medidas.[25]

O art. 294 do CTB também silencia no que diz respeito à consequência de eventual descumprimento injustificado da medida cautelar. E muito embora implique negativa à força coercitiva da medida, entende a jurisprudência dominante que a referida omissão legal desautoriza a decretação de prisão preventiva, mesmo diante da persistência de tal descumprimento.[26] Observa-se, contudo, que muito embora não se admita a decretação da prisão preventiva como consequência do descumprimento da cautelar prevista no art. 294, CTB, parece certo que pode o juiz decretar a medida mais gravosa, com fundamento no art. 282, §4º, CPP, isto é, caso haja o descumprimento de medidas cautelares diversas da prisão previstas nos arts. 319 e 320, CPP.[27]

Considerando que o art. 581 do CPP não encerra rol taxativo, contra a decisão que decretar, ou mesmo negar o requerimento formulado pelo Ministério Público de suspensão da permissão ou da habilitação para dirigir veículo automotor, ou a proibição de sua obtenção caberá recurso em sentido estrito.

Art. 295. A suspensão para dirigir veículo automotor ou a proibição de se obter a permissão ou a habilitação será sempre comunicada pela autoridade judiciária ao Conselho Nacional de Trânsito – CONTRAN, e ao órgão de trânsito do Estado em que o indiciado ou réu for domiciliado ou residente.

O art. 295 do CTB trata do dever de comunicação imposto ao juiz, toda vez que aplicar a sanção de suspensão para dirigir veículo automotor ou proibição de se obter a permissão

---

[24] STJ, AgRg no REsp nº 1418289/RJ, Rel. Min. Jorge Mussi, 5ª Turma, j.26.09.2017, *DJe* 02.10.2017.

[25] Nesse sentido, afastou o STJ o pedido formulado pelo Ministério Público de decretação da prisão preventiva, decidindo que, naquele caso, " a prevenção de novos delitos de trânsito pode(ria) ser efetivada com a imposição de medida cautelar menos gravosa, a saber, a suspensão da CNH do Recorrente, nos termos do art. 294 do CTB". STJ, RHC nº 4026465-08.2018.8.24.0000/SC, Rel. Min. Laurita Vaz, 6ª Turma, j.12.02.2019, *DJe* 01.03.2019

[26] STJ, HC nº 383.225/MG, Rel. Min. Jorge Mussi, 5ª Turma, j. 04.05.2017, *DJe* 12.05.2017.

[27] LIMA, Renato Brasileiro de. *Legislação especial comentada*. 8. ed. Salvador: Juspodivm, 2020, p. 1181.

ou habilitação, informações estas que devem ser dirigidas ao Conselho Nacional de Trânsito (CONTRAN) e ao DETRAN (órgão de trânsito do Estado em que o indiciado ou réu for residente).

Cuida-se de dispositivo que objetiva imprimir eficácia e operacionalidade à pena aplicada, permitindo a fiscalização e o controle da segurança viária. Assim, tão logo receba a informação judicial de imposição de alguma dessas sanções, determina o art. 5º, da Resolução nº 300/08 do CONTRAN, que a autoridade de trânsito notifique o condutor, conferindo-lhe prazo não inferior a 48 (quarenta e oito) horas para a entrega do seu documento de habilitação. Encerrado esse prazo, deve ser efetuado o bloqueio no Registro Nacional de Carteira de Habilitação, de modo que, uma vez flagrado conduzindo veículo automotor, incorrerá o motorista na prática do delito previsto no art. 307, CTB, bem como terá seu documento recolhido, caso não o tenha entregue.

> **Art. 296.** Se o réu for reincidente na prática de crime previsto neste Código, o juiz aplicará a penalidade de suspensão da permissão ou habilitação para dirigir veículo automotor, sem prejuízo das demais sanções penais cabíveis. (Redação dada pela Lei nº 11.705, de 2008)

Cuida o artigo 296 do CTB da reincidência específica em crimes de trânsito, bem como da aplicação de penalidade de suspensão da permissão ou habilitação para dirigir veículo automotor, sem prejuízo das demais sanções cabíveis.

A regra geral da reincidência é estabelecida pelo art. 63, CP, e alcança todo agente que comete novo crime após o trânsito em julgado de sentença condenatória por crime anterior, no país ou no estrangeiro, respeitando-se, ainda, o período depurador de 05 (cinco) anos previsto no art. 64, I, CP, a contar do cumprimento ou extinção da pena.

O art. 296, CTB, contudo, se aplica apenas ao reincidente específico em crimes de trânsito, ao qual deve ser imposta a *pena de suspensão ou proibição de se obter a permissão ou habilitação para dirigir veículo automotor*, até mesmo porque a simples pena de "perda do direito de dirigir" já é consequência direta de toda condenação por crime de trânsito, nos termos dos arts. 160 e 163, do CTB.[28] Assim, independentemente de efetiva cominação da pena específica *de suspensão ou proibição de se obter a permissão ou habilitação para dirigir veículo automotor* no preceito secundário do delito – como ocorre nos arts. 304, 305, 309, 310, 311 e 312 –, deverá o juiz aplicar o art. 296, CTB.[29]

Ao contrário da anterior previsão do Código de Trânsito Brasileiro, que tratava da pena prevista ao reincidente específico como uma faculdade do julgador, a partir da edição da Lei nº 11.705/2008, sua aplicação tornou-se obrigatória, alcançando todas a condenações por delitos praticados posteriormente ao dia 19 de junho de 2008.

---

[28] A propósito: Superior Tribunal de Justiça, 5ª Turma, REsp nº 556.928/SP, Rel. Min. Laurita Vaz, j. 17.08.2004, *DJe* 13.09.2004; STJ, AREsp nº 1799083/RS, Min. Ribeiro Dantas, j. 27.05.2021, DJ 31.05.2021.

[29] Guilherme de Souza Nucci possui entendimento contrário, sustentando que "não cabe proibir a obtenção da permissão ou da habilitação, uma vez que não consta o termo "proibição" neste dispositivo legal (art. 296). NUCCI, Guilherme de Souza. *Leis penais e processuais penais comentadas*. 11. ed. Rio de Janeiro: Forense, 2018, v. 02, p. 1127.

> **Art. 297.** A penalidade de multa reparatória consiste no pagamento, mediante depósito judicial em favor da vítima, ou seus sucessores, de quantia calculada com base no disposto no §1º do art. 49 do Código Penal, sempre que houver prejuízo material resultante do crime.
>
> §1º A multa reparatória não poderá ser superior ao valor do prejuízo demonstrado no processo.
>
> §2º Aplica-se à multa reparatória o disposto nos arts. 50 a 52 do Código Penal.
>
> §3º Na indenização civil do dano, o valor da multa reparatória será descontado.

A vitimização criminal traz consigo uma série de efeitos e consequências nefastas, consistentes em danos materiais, morais ou psíquicos, os quais merecem reparação como forma de mitigação da vitimização secundária.

A prática de um crime, como regra, implica a existência paralela de um ilícito civil, do qual se extrai a obrigação de reparar o dano. E, muito embora se adote, no sistema brasileiro, a independência mitigada entre as esferas cível e criminal, o art. 91, I, CP reconhece a certeza da obrigação reparatória, como efeito automático da sentença condenatória. Nesse sentido, de posse de uma sentença penal condenatória transitada em julgado, a vítima interessada dispõe de um título judicial ilíquido, que deve ter seu *quantum debeatur* apurado na esfera cível.

Atento à necessidade de reparação dos danos às vítimas de ilícitos penais como medida de responsabilização do infrator e expressão de uma tutela penal suficiente preconizadas pelo direito penal moderno, introduziu o art. 297 do CTB a penalidade de multa reparatória dos danos materiais decorrentes de crimes de trânsito, com parâmetros de cálculo fixados no art. 49, §1º, CP e tendo como beneficiário a vítima (ou seus sucessores).

Importante destacar que o termo *vítima* empregado pelo dispositivo legal em comento não deve se restringir apenas e tão somente à *vítima do crime*, mas também à *vítima do dano* decorrente do crime. Isso porque são muitas as situações em que uma só conduta violadora da norma penal de trânsito ocasiona danos diversos, de diferentes naturezas e contra pessoas distintas.

Exemplifica-se. Um condutor de veículo, agindo com imprudência, atropela um indivíduo, provocando-lhe lesões (vítima do crime), sendo que, ao tentar desviar de um segundo pedestre, colide com um veículo que se encontrava estacionado, danificando sua lataria (vítima do dano decorrente do crime). Sem prejuízo, ainda existe a questão dos crimes de perigo, em relação aos quais existem vítimas indeterminadas (coletividade). Nesse caso, surge a questão atinente ao condutor embriagado que colide contra um veículo regularmente estacionado. O proprietário do veículo danificado não é sujeito passivo do crime, mas sofreu prejuízo material dele decorrente.

Para solucionar essas questões, recorre-se ao conceito de vitimização criminal, que deve ser entendida como aquela provocada e resultante de conduta praticada em violação da lei penal, estendendo-se a todas as consequências dela derivadas.[30] A partir dessa premissa, vítima, para efeito do art. 297, CTB, é todo e qualquer indivíduo vitimizado em função da prática de um crime de trânsito e que, portanto, sofre prejuízos materiais dele decorrentes, como despesas com reparos no veículo ou em sua propriedade, despesas hospitalares, médicas e farmacêuticas.

---

[30] MORAN, Fabiola. *Ingerência penal e proteção integral à vítima*. Belo Horizonte: D'Plácido, 2020, p. 111.

O instituto da multa reparatória prevista no Código de Trânsito Brasileiro suscitou, a princípio, uma série de dúvidas a respeito de sua natureza jurídica, dando ensejo a posicionamentos doutrinários que, em parte, a entendiam como uma modalidade de sanção penal (pena alternativa), ou, ao revés, como medida de natureza civil, atrelada à reparação do dano. A Jurisprudência atual, contudo, indica a sua natureza antecipatória da indenização pelos danos resultantes do delito,[31] nos mesmos moldes da previsão geral do artigo 387, IV, CPP,[32] notadamente diante da ressalva contida no art. 297, §3º, CTB, que permite o desconto da multa reparatória do valor da indenização civil. Nesse sentido, tomando por base a natureza civil do instituto, mais uma vez se reforça o posicionamento de que seu beneficiário deve extrapolar o sujeito passivo do delito (conceito puramente criminal de vítima), para alcançar toda e qualquer vítima de danos dele resultantes.

Importante mencionar que o art. 297 do CTB dispõe expressamente que a multa reparatória abrange apenas e tão somente os *prejuízos materiais* do crime,[33] redação esta dissonante da disposição geral e posterior do artigo 387, IV, CPP, que determina ao julgador a fixação de um valor mínimo para a reparação dos danos causados pela infração, considerando os prejuízos sofridos pelo ofendido, independentemente de sua natureza.

A Lei nº 11.719 de 2008 modificou a legislação processual penal, eliminando a obrigatoriedade da liquidação da sentença condenatória na esfera cível e possibilitando, à semelhança da multa reparatória do Código de Trânsito Brasileiro, a fixação, no âmbito criminal, de uma indenização mínima em favor da vítima. E se esse valor é mínimo, contempla o artigo 63, parágrafo único, do Código de Processo Penal a possibilidade de obtenção de sua totalidade após devida liquidação na esfera própria.[34]

É inquestionável o objetivo primordial do artigo 387, inciso IV, do CPP em introduzir uma maior efetividade à reparação dos danos causados pelo réu à vítima, a englobar todas as modalidades de prejuízo possíveis, em consonância com a própria redação do art. 186, CC, que define *ato ilícito* como "toda ação ou omissão voluntária, negligência ou imprudência, violar direito e causar dano a outrem, ainda que exclusivamente moral".

Nesse sentido tem o Superior Tribunal de Justiça decidido pela possibilidade de fixação de indenização não apenas para reparação de danos materiais, mas também a título de danos morais com base no artigo 387, IV, do CPP,[35] interpretando-se sistematicamente o vocábulo "prejuízo" inserto em sua redação, para abarcar todo o tipo de dano decorrente de um ato ilícito, tal como definido pela legislação civil.[36]

---

[31] Decorre desse entendimento a possibilidade de cumulação da multa reparatória com a pena restritiva de direitos consistente em prestação pecuniária. Nesse sentido STJ, 5ª Turma, Resp nº 736.784/SC, Min. Felix Fischer, j.08.11.2005, DJ 13.03.2006, p. 362.

[32] Art. 387, CPP. "O juiz, ao proferir sentença condenatória: IV – fixará valor mínimo para reparação dos danos causados pela infração, considerando os prejuízos sofridos pelo ofendido. (Redação dada pela Lei nº 11.719, de 2008)"

[33] A esse respeito, pondera Fernando Fukassawa que os prejuízos materiais compreendem "não somente os danos emergentes, mas também os lucros cessantes, porque ambos se constituem em prejuízo efetivo como sucede com o motorista de taxi que teve o seu veículo danificado em crime de trânsito". FUKASSAWA, Fernando. Crimes de Trânsito (Lei nº 9.503, de 23 de setembro de 1997, alterada até a Lei nº 12.971, de 09 de maio de 2014). 3. ed. São Paulo: APMP – Associação Paulista do Ministério Público, 2015, p. 73.

[34] "Art. 63, parágrafo único, CPP. "Transitada em julgado a sentença condenatória, a execução poderá ser efetuada pelo valor fixado nos termos do inciso IV do *caput* do artigo 387 deste Código, sem prejuízo da liquidação para a apuração do dano efetivamente sofrido". (Parágrafo único acrescido pela Lei nº 11.719, de 2008).

[35] Nesse sentido: STJ, AgRg no REsp nº 1663470/MS, 5ª Turma, Rel. Min. Reynaldo Soares da Fonseca, j. 09.05.2017, *DJe* 15.05.2017; STJ, REsp nº 1.585.684/DF, 6ª Turma, Rel. Min. Maria Thereza de Assis Moura, j.09.08.2016, *DJe* 24.08.2016.

[36] A Súmula nº 387 do STJ inclusive dispõe a respeito da possibilidade de cumulação das indenizações decorrentes de dano estético e moral.

Assim, formulando a parte pedido expresso nos autos, a fixação de danos morais não representa eventual ofensa ao contraditório e à ampla defesa, cabendo ao juízo, da mesma forma com que se procede na esfera cível, a quantificação do dano a partir da aplicação de critérios de razoabilidade, de acordo com as peculiaridades do caso concreto.

Em complemento, reconhece o mesmo Tribunal que o dano moral, por mais das vezes, é inerente a própria vitimização, isto é, encontra-se *in re ipsa*, dispensando dilação probatória para a sua comprovação.[37] Por exemplo, não se discute a existência de dano moral consistente no sofrimento, dor e constrangimento suportados por uma criança órfã que perdeu sua mãe, vítima de um homicídio culposo no trânsito. No mais, a própria legislação processual penal é clara no sentido de que o arbitramento do valor indenizatório por força do art. 387, IV, CPP não pretende esgotar a totalidade dos prejuízos sofridos, os quais se restringem a um valor mínimo baseado nas circunstâncias do caso concreto.

O art. 387, IV, CPP encerra norma posterior de caráter geral, de modo que há quem sustente que, por essa razão, não teria o condão de derrogar o art. 297, CTB, que, muito embora anterior, se encontra inserido no bojo de legislação especial.

Por força do princípio *lex posterior generalis non derogat priori speciali*, de fato, não se sustenta a presunção de revogação da lei especial anterior pela simples aprovação subsequente de lei geral. No entanto, é correto afirmar que ao excepcionar uma regra geral, a lei especial "o faz diante da inadaptabilidade daquela disciplina comum para as peculiaridades dos casos regidos pela lei especial".[38] Isso quer dizer que esse princípio geral de solução de antinomias não é absoluto e deve ser afastado quando o intuito (de revogação) decorra do contexto legislativo.[39] No silêncio do legislador, entende-se que a lei nova deve ser conciliada com a precedente, de modo que, prevendo o art. 387, IV, CP um sistema completamente novo voltado à eficiência da Justiça e contemplação dos direitos reparatórios das vítimas, não se pode vedar a sua aplicação em favor das vítimas de crimes de trânsito.

> **Art. 298.** São circunstâncias que sempre agravam as penalidades dos crimes de trânsito ter o condutor do veículo cometido a infração:
>
> I – com dano potencial para duas ou mais pessoas ou com grande risco de grave dano patrimonial a terceiros;
>
> II – utilizando o veículo sem placas, com placas falsas ou adulteradas;
>
> III – sem possuir Permissão para Dirigir ou Carteira de Habilitação;
>
> IV – com Permissão para Dirigir ou Carteira de Habilitação de categoria diferente da do veículo;
>
> V – quando a sua profissão ou atividade exigir cuidados especiais com o transporte de passageiros ou de carga;
>
> VI – utilizando veículo em que tenham sido adulterados equipamentos ou características que afetem a sua segurança ou o seu funcionamento de acordo com os limites de velocidade prescritos nas especificações do fabricante;
>
> VII – sobre faixa de trânsito temporária ou permanentemente destinada a pedestres.

---

[37] STJ, AgRg no REsp nº 1626962/MS, 6ª Turma, Rel. Min. Sebastião Reis Júnior, j. 06.12.2016, *DJe* 16.12.2016.
[38] LIMA, Renato Brasileiro de. *Legislação Especial Comentada*. 8. ed. Salvador: Juspodivm, 2020, p. 1184.
[39] MAXIMILIANO, Carlos. *Hermenêutica e aplicação do direito*. Rio de Janeiro: Forense, 1991, n. 446, p. 360.

Encerra o art. 298 do CTB um rol de circunstâncias agravantes aplicáveis aos delitos de trânsito, as quais, em obediência ao sistema trifásico insculpido no art. 68, CP, devem ser apreciadas na segunda fase da dosimetria da pena toda vez que não figurarem como elementar, qualificadora ou causa de aumento de pena previstas no tipo penal incriminador. A aplicação de quaisquer das circunstâncias agravantes previstas no Código de Trânsito não afasta a necessidade de valoração das agravantes genéricas previstas nos arts. 61 e 62 do Código Penal e nem mesmo o reconhecimento das atenuantes dos arts. 65 e 66, CP, notadamente por força do disposto no art. 291, CTB.

As circunstâncias agravantes possuem em comum o fato de revelarem especial culpabilidade do agente, sustentando a doutrina predominante que, à exceção da reincidência (que tem natureza objetiva), as circunstâncias genéricas previstas no Código Penal seriam apenas compatíveis com os tipos dolosos. Nesse sentido, somente a agravante da reincidência seria aplicável aos crimes culposos de trânsito – arts. 302 e 303 do CTB – reservando-se as demais aos tipos incriminadores dolosos.

Não se ignora, contudo, a célebre decisão do Supremo Tribunal Federal no caso do julgamento das mortes resultantes do naufrágio do navio *Bateau Mouche*, que reconheceu a incidência da agravante do motivo torpe, afastando a valoração do resultado *involuntário* inerente ao delito culposo, para valorar a própria conduta do agente, que sempre é voluntária.[40]

A primeira circunstância agravante prevista pelo Código de Trânsito Brasileiro diz respeito ao **dano potencial para duas ou mais pessoas**. Nesse caso, o Legislador empregou o termo dano potencial com o significado de *perigo de dano* (ou mesmo possibilidade ou probabilidade de dano). Isso porque o dano que não é efetivo ou real não passa de um perigo que aconteceu.[41]

Registra-se a incompatibilidade da primeira parte desse dispositivo com os delitos de perigo concreto, que já trazem o perigo de dano como elementar do tipo penal incriminador. Isso ocorre, por exemplo, no caso do art. 309, CTB, que consiste em "Dirigir veículo automotor, em via pública, sem a devida Permissão para Dirigir ou Habilitação ou, ainda, se cassado o direito de dirigir, *gerando perigo de dano*" e, portanto, exclui a aplicabilidade do art. 298, I, primeira parte, CTB, sob pena de *bis in idem*.

Agrava-se igualmente a pena do agente que comete o delito de trânsito com *grande risco de dano patrimonial a terceiros*. Por risco entende-se o perigo, a grande possibilidade de se causar um dano, o qual, no caso, se compreende como destruição, avaria, comprometimento do patrimônio alheio. Esse risco de dano patrimonial deve fugir ao ordinário dos acidentes de trânsito em geral, para restringir a aplicação da garante às condutas que impliquem o risco de prejuízo patrimonial de grande monta. Seria, por exemplo, o caso em que um condutor não habilitado, incorrendo na prática do mesmo crime previsto no art. 309, CTB, dirige em alta velocidade e fazendo movimentos de zigue-zague, sendo que, por muito pouco, não entra em um estabelecimento comercial repleto de mercadorias.

De acordo com art. 115 do CTB as placas são um dos elementos de identificação do veículo, sendo que sua adulteração acarreta violação do art. 311, CP, bem como a prática de infração administrativa (art. 230, CTB). Todo veículo deve ser identificado externamente

---

[40] "Não obstante a corrente afirmação apodítica em contrário, além da reincidência, outras circunstancias agravantes podem incidir na hipótese de crime culposo: assim, as atinentes ao motivo, quando referidas a valoração da conduta, a qual, também nos delitos culposos, é voluntária, independentemente da não voluntariedade do resultado: admissibilidade, no caso, da afirmação do motivo torpe – a obtenção de lucro fácil –, que, segundo o acórdão condenatório, teria induzido os agentes ao comportamento imprudente e negligente de que resultou o sinistro". STF, 1ª Turma, HC nº 70.362/RJ, Rel. Min. Sepúlveda Pertence, j. 05.10.1993, DJ 12.04.1996.

[41] FUKASSAWA, Fernando. *Op. cit.*, p. 76.

por meio de placas dianteira e traseira, ambas lacradas em suas respectivas estruturas, respeitando-se as especificações e modelos estabelecidos pelo CONTRAN, de modo que, portar veículo com emplacamento diverso do estabelecido por esse órgão também configura infração administrativa (art. 221, CTB).

A circunstância agravante prevista no art. 298, II, do CTB – *utilizando o veículo sem placas, com placas falsas ou adulteradas* – contempla três comportamentos possíveis e deve ser reconhecida quando o condutor pratica crime de trânsito com veículo: a) sem placas; b) com placas falsas; c) com placas verdadeiras, porém, adulteradas.

Quando se trata de veículo sem placas, é certo que tal comportamento pode decorrer dolo ou culpa, sendo que somente na primeira hipótese haveria possibilidade de aplicação da agravante. Exclui-se, por razões óbvias, a sua incidência em caso de autorização temporária para o tráfego de veículos novos, ou quando houver perda ou remoção por ação de terceiros, sob pena de responsabilização objetiva.

São falsas todas as placas que não pertencerem a um determinado veículo, podendo ser um emplacamento pertencente a veículo diverso ou mesmo fabricada sem autorização das autoridades competentes.

Adulteradas, de outro lado, são placas verdadeiras, que tiveram as suas características originais modificadas. Incide, portanto, a agravante em relação àquele que pratica crime de trânsito com veículo com placas adulteradas, reservando-se ao adulterador a imputação do delito previsto no art. 311, CP. De qualquer forma, se o condutor de um veículo com placas adulteradas cometer, por exemplo, o crime previsto de lesões culposas no trânsito e for igualmente o falsificador das placas, responderá como incurso nos artigos 303 do CTB e 311 do CP, em concurso material, excluindo-se a incidência do art. 298, II, CTB, sob pena de dupla punição por atos sucessivos, ambos frutos de um mesmo propósito.

Dispõe o art. 148 do CTB que a *permissão para dirigir* é o documento com validade de 01 (um ano) conferido ao candidato aprovado nos exames de habilitação para a condução de veículos, ao passo que a *carteira nacional de habilitação* é reservada ao condutor ao término desse período de validade do primeiro documento, desde que não tenha incorrido em infração grave ou gravíssima, ou seja reincidente em infração de natureza média.[42]

Assim, incidirá na agravante prevista no art. 298, III, do CTB todo aquele que cometer um crime de trânsito sem dispor de nenhum desses documentos, que conferem, por lei, o direito de dirigir. Exceção a essa regra diz respeito aos delitos de trânsito em que a direção sem permissão ou habilitação já figurar como elementar – art. 309 do CTB –, qualificadora ou causa de aumento (arts. 302, §1º, I, e 303, §1º, do CTB).

Muito embora se refira o legislador à carteira de habilitação (documento), certo é que o art. 298, III, do CTB diz respeito apenas ao motorista inabilitado. Assim, caso seja o condutor habilitado e não traga consigo, no momento do crime, o respectivo documento, afasta-se a incidência da agravante, configurando-se, contudo, a infração administrativa prevista no art. 232 do CTB.

Controvérsia existe no caso do motorista previamente habilitado, mas que comete delito de trânsito tendo seus documentos vencidos. Muito embora haja quem entenda pela equiparação dessa situação com a do motorista não habilitando, entende-se equivocado tal posicionamento, na medida em que se veda no Direito Penal o emprego de analogia que resulte na ampliação da proibição da norma penal incriminadora. Isso porque somente se

---

[42] A permissão e a habilitação para conduzir veículos diferem da autorização, que consiste concessão do direito de conduzir veículos de propulsão humana e de tração animal, outorgada pelos municípios, em função do disposto no art. 141, §1º, da Lei nº 9.503/97.

pode considerar inabilitado: I) aquele que tiver negada a concessão de CNH após o decurso de um ano de posse da Permissão para Dirigir, hipótese em que deverá reiniciar o processo de habilitação, nos termos do art. 148, §3º, CTB; II) o condutor portador de CNH vencida, com impedimento de renovação em função do cumprimento de suspensão ou cassação impostas por força dos arts. 261 e 263 do CTB.[43] Fora essas hipóteses, não incide a majorante.

De acordo com os arts. 142 a 156 do CTB, na forma crescente quanto ao grau de dificuldade ou responsabilidade para conduzir o veículo, são previstas as categorias de habilitação "A" a "E".

Importante destacar que algumas das categorias de habilitação são específicas e restritivas, enquanto outras abrangem diferentes categorias, sem que uma seja pressuposto de outra. Isso porque, nos termos do artigo 143, CTB: I – A categoria A é específica e se destina apenas à condução de veículo motorizado de duas ou três rodas, com ou sem carro lateral; II – A Categoria B, de outro lado, é reservada ao condutor de veículo motorizado, não abrangido pela categoria A, cujo peso bruto total não exceda a três mil e quinhentos quilogramas e cuja lotação não exceda a oito lugares, excluído o do motorista; III – A categoria C destina-se à condução de veículo motorizado utilizado em transporte de carga, cujo peso bruto total exceda a três mil e quinhentos quilogramas. Nesse caso, o condutor estará igualmente habilitado na categoria B, diante da previsão expressa no art. 143, 1º, CTB; IV – A categoria D autoriza a condução de veículo motorizado utilizado no transporte de passageiros, cuja lotação exceda a oito lugares, excluído o do motorista, abrangendo-se, nesse caso, a habilitação para os veículos relacionados às categorias B e C, diante da previsão expressa no art. 145, II, "a", CTB; e V – a *categoria E* confere habilitação para a condução de combinação de veículos em que a unidade tratora se enquadre nas categorias B, C ou D e cuja unidade acoplada, reboque, semirreboque, *trailer* ou articulada tenha 6.000 kg (seis mil quilogramas) ou mais de peso bruto total, ou cuja lotação exceda a 8 (oito) lugares. A *categoria E* legalmente habilita o condutor à condução dos veículos das categorias C (art. 145, II, b) e B (art. 143, §1º), por força de disposições legais expressas.

Assim, caso o motorista habilitado para a *categoria E* pratique o crime previsto no art. 306 do CTB quando na condução de um veículo de passeio (Categoria B), não será possível a incidência da agravante prevista no art. 298, IV, do CTB (*com Permissão para Dirigir ou Carteira de Habilitação de categoria diferente da do veículo*). No mesmo sentido, sob pena de *bis in idem*, igualmente não incide a majorante em comento em caso de prática do crime direção sem permissão ou habilitação (art. 309, CTB), até mesmo porque se o condutor possui autorização para uma categoria, em regra não pode assumir a condução de veículo de categoria diversa, justamente por não dispor de habilitação para tanto.

Considerando que um trânsito seguro é direito da coletividade (art. 1º, §2º, CTB), a todos os motoristas é imposto o dever de condução com cuidado, bem como a obediência às normas gerais de circulação e conduta. Aos motoristas profissionais, como aqueles que dirigem caminhões de carga, ônibus, vans de transporte escolar, peruas de lotação, táxis, mototáxis e veículos de carga impõe-se redobrada atenção, de modo a ensejar especial reprovabilidade sobre suas condutas no caso da prática de alguma das condutas tipificadas como crime pelo Código de Trânsito Brasileiro.

Entende-se que acidentes de trânsito que envolvam veículos que transportam cargas e passageiros produzem muitas vítimas e ocasionam dano de grande extensão. Por essa razão, a incidência da agravante prevista no art. 289, V, do CTB deve estar sempre atrelada

---

[43] BITENCOURT, Cezar Roberto. *Tratado de Direito Penal*. 20. ed. São Paulo: Saraiva, 2020, v. 02. p. 420.

ao *exercício da atividade ou profissão do condutor*, pois somente nessas circunstâncias é imposto esse dever de cuidado específico.

Se um motorista de ônibus, por exemplo, se envolver em crime de trânsito quando estiver em sua folga e na condução do se veículo particular, exclui-se a incidência da agravante.[44] De outro lado, esteja o motorista no exercício de sua profissão, ainda que conduza veículo descarregado ou sem passageiro, sustenta-se a sua aplicação. Isso porque a incidência da norma está atrelada ao efetivo exercício da profissão e não ao fato de haver passageiro ou carga transportada no momento do delito.[45]

O art. 298, V, do CTB não se aplica ao delito previsto no art. 310, CTB, na medida em que o autor é obrigatoriamente pessoa diversa daquela que conduz o veículo. Na mesma medida, se trata de agravante que não guarda pertinência com o art. 312, CTB. Já no caso dos crimes de homicídio culposo e lesões corporais culposas, exclui-se a sua aplicação em função de a mesma circunstância figurar como causa de aumento de pena (atr. 302, §1º, IV, CTB), vedando-se, pois, o *bis in idem*.

Estabelece o art. 98 do CTB que nenhum proprietário ou responsável poderá, sem prévia autorização da autoridade competente, fazer ou ordenar que sejam feitas no veículo modificações de suas características de fábrica. Em complemento, dispõe o art. 105 do CTB quais são os equipamentos de segurança obrigatórios dos veículos, sem prejuízo de outros a serem estabelecidos pelo CONTRAN, na mesma medida em que os arts. 103 a 113 do CTB estabelecem outras disposições relacionadas à segurança.

Nesse sentido, a agravante consistente na *utilização de veículo em que tenham sido adulterados equipamentos ou características que afetem a sua segurança ou seu funcionamento de acordo com os limites de velocidade prescritos nas especificações do fabricante* corresponde a verdadeira norma penal em branco, suscetível de complementação do seu alcance pela Resolução do CONTRAN em vigor. É certo que tais resoluções, para além de uma série de vedações, trazem normas que possibilitam a alteração das características originais dos veículos.

Por exemplo, no caso do veículo que tiver alterada qualquer de suas características para competição ou finalidade análoga, permite o art. 110 do CTB sua circulação nas vias públicas, desde que obtida licença especial da autoridade de trânsito, em itinerário e horário fixados. Assim, o proprietário que violar essa norma e, imprimindo velocidade superior aos limites prescritos nas especificações do fabricante, incorrer na prática de crime de trânsito, terá sua pena agravada pela aplicação do art. 298, VI, CP.

Por fim, incide na agravante prevista no art. 298, VII, do CTB o motorista que comete a infração *sobre a faixa de trânsito temporária ou permanentemente destinada a pedestres*.

A faixa de pedestres é elemento de segurança destinado ao pedestre para atravessar as vias, tendo prioridade de passagem nessas áreas delimitadas, excetuando-se os locais com sinalização semafórica (arts. 69 e 60, CTB). Se no local houver semáforo de controle

---

[44] Em sentido contrário, entende Guilherme de Souza Nucci que "a circunstância mais grave é o cometimento de crime de trânsito justamente pelo condutor que deveria ter maior cuidado e zelar com afinco pela segurança viária. Nesse prisma, pouco importa se o motorista profissional cometer o crime dirigindo o seu veículo particular, em férias: a agravante deve incidir do mesmo modo". NUCCI, Guilherme de Souza, *Op. cit.*, p. 1107.

[45] Nesse sentido, STJ, 6ª Turma, Min. Maria Thereza de Assis Moura, Resp nº 1321468/RS, j. 18.06.2014, *DJe* 04.08.2014: "Prescindível para a incidência da agravante do art. 298, V, do CTB que o motorista profissional esteja efetivamente transportando passageiros ou cargas no momento do acidente diante da própria natureza do veículo automotor que exige, por si só, o emprego de maiores diligências, atenção e cuidado por parte do seu condutor, bem como das condições especiais legais exigidas do condutor para a sua habilitação à direção de veículos destinados ao transporte de cargas".

de passagem, terá preferência o pedestre que não tenha concluído a travessia, mesmo em caso de liberação do sinal para a passagem dos veículos (art. 70, parágrafo único, CTB).

A faixa de pedestres pode ser permanente, como nas sinalizações em zebra pintadas nas vias públicas; ou temporária, sinalizada por placas ou orientação de fiscalização, na conveniência da circulação de pessoas e veículos.

Para efeito das disposições do Código de Trânsito são considerados pedestres os indivíduos que deambulam, assim, como aqueles que se movimentam sobre patinetes, skates, patins, cadeiras de rodas, etc., incluindo-se, por força do disposto no art. 68, §1º, do CTB o ciclista desmontado empurrando a bicicleta.

Na mesma medida em que se exige do pedestre o dever de caminhar nos limites da faixa de segurança a ele destinado, punindo-o com multa em caso de desobediência, o Código de Trânsito impõe ao motorista a obediência à prioridade do pedestre que caminha sobre essas mesmas áreas delimitadas, de modo que, violando esse dever de cuidado, incide em conduta especialmente reprovável, por força da violação do Princípio da Confiança.

O artigo 298, VII, do CTB não se aplica, por força da vedação de *bis in idem*, aos crimes de homicídio culposo e lesão corporal culposa no trânsito, posto que a prática dessas condutas típicas *sobre a faixa de pedestres* ou na calçada já figura como causa especial de aumento de pena (arts. 302, §1º, II, e 303, §1º, CTB).

> **Art. 299.** (VETADO)
> **Art. 300.** (VETADO)
> **Art. 301.** Ao condutor de veículo, nos casos de acidentes de trânsito de que resulte vítima, não se imporá a prisão em flagrante, nem se exigirá fiança, se prestar pronto e integral socorro àquela.

A prisão em flagrante, obedecidos os preceitos dispostos na Constituição Federal (arts. 5º, LXI e LXVI) e no Código de Processo Penal, é viável para todos os crimes, incluindo-se os previstos no Código de Trânsito Brasileiro, os quais são, de forma geral, afiançáveis (arts. 322, 323 e 324, CPP).

No entanto, em se tratando de acidente de trânsito do qual resulte vítima, não se imporá a prisão em flagrante e nem se exigirá fiança do condutor que lhe prestar pronto e integral socorro. Nesse sentido, restringe-se a aplicação do art. 301 do CTB aos delitos de homicídio e lesão corporal culposa na direção de veículo automotor (arts. 302 e 303, CTB). Vale observar que referida imunidade encontra-se adstrita à modalidade da prisão em flagrante, restando possível a imposição da prisão preventiva (arts. 312 e 313, CPP) e medidas cautelares diversas da prisão (art. 319, CPP).

O art. 301 do CTB faz referência expressa ao pronto e integral socorro da vítima para a concessão da imunidade legal. "Pronto socorro" quer dizer o auxílio imediato, ao passo que "integral" deve ser entendido como socorro completo, pouco importando a sua efetiva eficácia. Assim, se a despeito do socorro imediato à vítima, que é levada ao hospital para receber os cuidados médicos, esta acaba por falecer, persiste a aplicação do dispositivo, afastando-se a prisão em flagrante, bem como a concessão de fiança.

Muito embora estabeleça a lei a impossibilidade de imposição de prisão em flagrante ou a exigência de fiança, não se pode afirmar que seja impossível a condução do autor do delito para a identificação das partes e lavratura da ocorrência, ainda que contra a sua vontade.

Isso porque o art. 301 do CTB não pode se prestar como instrumento para impunidade, ou mesmo obstáculo à realização das diligências preliminares disciplinadas pelo art. 6º, CPP. Veda-se, de outro lado, a lavratura do auto de prisão em flagrante, bem como o recolhimento do autor ao cárcere, cabendo a ele o benefício da resposta ao processo em liberdade, independentemente de fiança.

> **Seção II**
> **Dos Crimes em Espécie**
> **Art. 302.** Praticar homicídio culposo na direção de veículo automotor:
>
> Penas – detenção, de dois a quatro anos, e suspensão ou proibição de se obter a permissão ou a habilitação para dirigir veículo automotor.
>
> §1º. No homicídio culposo cometido na direção de veículo automotor, a pena é aumentada de 1/3 (um terço) à metade, se o agente: (Incluído pela Lei nº 12.971, de 2014)
>
> I – não possuir Permissão para Dirigir ou Carteira de Habilitação; (Incluído pela Lei nº 12.971, de 2014)
>
> II – praticá-lo em faixa de pedestres ou na calçada; (Incluído pela Lei nº 12.971, de 2014)
>
> III – deixar de prestar socorro, quando possível fazê-lo sem risco pessoal, à vítima do acidente; (Incluído pela Lei nº 12.971, de 2014)
>
> IV – no exercício de sua profissão ou atividade, estiver conduzindo veículo de transporte de passageiros.(Incluído pela Lei nº 12.971, de 2014)
>
> V – (Revogado pela Lei nº 11.705, de 2008)
>
> §2º. (Revogado pela Lei nº 13.281, de 2016)
>
> §3º. Se o agente conduz veículo automotor sob a influência de álcool ou de qualquer outra substância psicoativa que determine dependência: (Incluído pela Lei nº 13.546, de 2017)
>
> Penas – reclusão, de cinco a oito anos, e suspensão ou proibição do direito de se obter a permissão ou a habilitação para dirigir veículo automotor. (Incluído pela Lei nº 13.546, de 2017)

A considerar que antes da promulgação do Código de Trânsito o homicídio culposo era tratado, de forma geral, pelos artigos 121, §3º, CP, e 206, CPM, temos que a partir de 23 de janeiro de 1988, todo aquele que provoca culposamente a morte de alguém, na direção de veículo automotor, passa em ter a sua conduta subsumida pelo art. 302, CTB.

Cuida-se, pois, de norma especial e que contempla, em seu preceito secundário, pena diversa da cominada no tipo previsto no Código Penal. Isso quer dizer que aquele que pratica um crime de homicídio culposo, que não na condução de veículo automotor, incide no art. 121, §3º, CP, que comina pena de detenção de um a três anos, fazendo jus, pois, ao benefício da suspensão condicional do processo (art. 89 da Lei nº 9.099/95). No entanto, o homicídio praticado na direção de veículo encerra preceito secundário diverso - detenção, de dois a quatro anos -, excluindo-se, pois, o referido benefício legal previsto na Lei dos Juizados Especiais Criminais.

A esse respeito, parte da doutrina posicionou-se no sentido da inconstitucionalidade do preceito secundário do artigo 302, CTB, sustentando a suposta violação do princípio da isonomia consistente na previsão de pena diversa a uma conduta, simplesmente em função das circunstâncias de sua prática e os meios utilizados pelo agente. No entanto, assentou-se no Supremo Tribunal Federal, a partir do RE nº 428.864/SP, Rel. Min. Ellen Gracie, j. 14.10.2008, o entendimento no sentido da constitucionalidade do referido preceito secundário, sob o argumento de que, muito embora equivalente o desvalor do resultado das condutas previstas nos arts. 121, §3º CP e art. 302 do CTB (morte de alguém), o desvalor da ação (forma ou modo de concretização da ofensa) é mais elevado no homicídio culposo cometido na direção de veículo automotor.[46]

Tal como nas demais modalidades de delitos de homicídio previstas no nosso ordenamento, o tipo penal em análise tutela o bem jurídico vida (art. 5º, *caput*, CF).

Por se tratar de crime comum, pode o crime de homicídio culposo previsto no art. 302 do CTB ser praticado por qualquer pessoa, habilitada ou não, desde que esteja na condução de veículo automotor. Já o sujeito passivo pode ser qualquer pessoa viva.

O núcleo do tipo do homicídio, por técnica jurídica, deve ser representado pelo verbo matar ou expressão que se assemelhe e que consista na conduta de eliminar a vida de uma pessoa. Daí porque o art. 302 do CTB deve ter seu conteúdo compreendido dentro da seguinte estrutura típica: *provocar culposamente a morte de alguém, na direção de veículo automotor.*

O tipo do injusto culposo é aberto e difere substancialmente do injusto doloso. Enquanto nesse último a conduta voluntária do agente se dirige a uma finalidade ilícita, no injusto culposo é punida a conduta, via de regra, dirigida a um fim lícito, geralmente irrelevante. A culpa, portanto, decorre de conduta voluntária executada com a inobservância do dever de cuidado objetivo – por imprudência, negligência ou imperícia – e causadora de resultado não desejável, mas objetivamente previsível.

Nesse sentido, a *tipicidade* da conduta culposa consiste na divergência entre a ação efetivamente realizada e a que deveria ter sido realizada, cabendo ao Magistrado verificar se, no caso concreto, o agente agiu com o cuidado necessário e normalmente exigível de um homem dotado de discernimento e prudência (*previsibilidade objetiva*). Isso significa dizer que o agente, frente aos padrões do homem médio, deve ter a possibilidade de saber que o desdobramento causal em execução é apto a produzir o resultado.[47]

Quando, por negligência, imprudência ou imperícia, o agente deixa de prever um resultado objetivamente previsível, configura-se a *culpa inconsciente* (*sem previsão ou ex ignorantia*). É absolutamente previsível que um motorista diligente anteveja um possível acidente ao concordar em conduzir seu veículo com o sistema de freios danificado. Se assim agindo, acaba por atropelar um pedestre, age com culpa consciente e incorre no delito previsto no art. 302 do CTB.

No entanto, caso o agente preveja o resultado, tomando-o como possível diante de sua conduta, mas, sem desejá-lo, acredita verdadeiramente que pode evitá-lo, o que não

---

[46] STF, 2ª Turma, RE nº 428.864/SP, Rel. Min. Ellen Gracie, j. 14.10.2008, *DJe* 216 13.11.2008. No mesmo sentido: 2ª Turma, AG.REG. no AI nº 797370 RS, Rel. Min. Ayres Britto, j. 23.11.2010, *DJe* 041 01.03.2011; ED HC nº 8621155-57.2015.1.00.0000/RJ, Rel. Min. Cármen Lúcia, j. 03.03.2015, *DJe* 049 13.03.2015.

[47] Parte da doutrina entende que a capacidade individual do agente (previsibilidade subjetiva) deve ser analisada no plano da culpabilidade. Nesse sentido, sendo o fato previsível para o homem médio, o fato de não o ser para um agente determinado em função da sua incapacidade pessoal, excluiria a culpabilidade, mas não a culpa, de modo que o fato persiste como típico e ilícito. No entanto, muito bem pondera Cezar Roberto Bitencourt que, "na falta de previsibilidade objetiva (...), não há o que se falar em culpa e, por extensão, na própria culpabilidade". Isso porque, aquele que, por suas condições subjetivas, deixa de prever o previsível, certamente não incide em culpa consciente, mas pode incorrer em culpa inconsciente. BITENCOURT, Cezar Roberto. *Op. cit.*, p. 202.

consegue fazer por erro de cálculo ou erro na execução, configurada estará a *culpa consciente* (sem previsão ou *ex ignorantia*).[48]

A delimitação do conceito de culpa consciente assume especial relevo quando confrontado com a figura do dolo eventual. Isso porque, em ambos os casos ocorre a representação do resultado proibido por parte do agente, distinguindo-se a culpa pelo fato de que, em momento algum existe a assunção do risco ou anuência ao seu evento, ao contrário do dolo eventual. O tema, contudo, será objeto de análise mais aprofundada quando do debate do homicídio culposo qualificado, previsto no art. 302, §3º, CTB.

No contexto da sociedade atual, podemos citar inúmeras condutas consideradas, por suas próprias naturezas, como potencialmente perigosas. E é o risco inerente a essas atividades, tais como o tráfego de veículos, que impõe ao agente o dever objetivo de cuidado, justamente para evitar a produção de um resultado indesejado. Reconhece-se, pois, o perigo para o bem jurídico tutelado e, em função disso, impõe-se a necessidade de previsão das consequências decorrentes de conduta descuidada, bem como o dever de abstenção de sua realização, ou mesmo sua realização apenas e tão somente depois da adoção de todas as cautelas necessárias e suficientes para o afastamento do risco.

O dever de cuidado objetivo pode ser inobservado de três formas distintas previstas no art. 18, II, CP: *imprudência*, *negligência* ou *imperícia*.

A imprudência tem caráter comissivo e consiste na prática de conduta arriscada ou perigosa. A imprudência ocorre de forma paralela e concomitante à ação, caracterizando-se pela imprevisão ativa, decorrente de intempestividade, precipitação, insensatez ou imoderação.[49] Age com imprudência, pois, aquele que realiza ultrapassagem proibida, trefega na mão de direção proibida, imprime excesso de velocidade, etc.

A negligência, ao revés, é a imprevisão passiva, a displicência e a omissão daquele que, podendo agir com as cautelas necessárias, não o faz. A negligência é antecedente à ação e consiste justamente na cautela que deveria ter sido adotada anteriormente à conduta descuidada. Na maioria dos casos se trata de culpa inconsciente, já que o agente não prevê o resultado previsível decorrente de sua inação. Incide em conduta negligente, por exemplo, o indivíduo que conduz seu veículo com os pneus carecas e causa um homicídio culposo de pedestre em função da impossibilidade de frenagem.

A imperícia, também denominada culpa profissional, pode ser definida como a falta de aptidão técnica para o exercício de arte, profissão ou ofício. Fora desse contexto profissional, a modalidade de culpa deverá ser enquadrada dentro da imprudência ou negligência. Nesse sentido, o motorista profissional que provocar homicídio culposo de pedestre por transitar em excesso de velocidade incorrerá em imperícia, ao passo que o motorista comum, agindo da mesma forma, será considerado imprudente.

Todo crime culposo é considerado um crime material. Por esse motivo, o resultado morte é imprescindível para a consumação do delito, afastando-se, de outro lado, a possibilidade de tentativa, por exceção dos casos de culpa imprópria.[50] Não por outra razão os crimes

---

[48] Aquele que age com culpa consciente o faz com culpabilidade mais acentuada do que o indivíduo que incorre em culpa inconsciente, questão esta a ser analisada como circunstância judicial negativa (art. 59, CP), na primeira fase da dosimetria da pena.

[49] BITENCOURT, Cezar Roberto. *Teoria geral do delito*: uma visão panorâmica da dogmática penal brasileira. Coimbra: Ed. Almedina, 2007, p. 205.

[50] A culpa imprópria, também denominada culpa por extensão ou assimilação, decorre do erro de tipo evitável nas discriminantes putativas ou do excesso nas causas de justificação. O agente, nesse caso, prevê e deseja um resultado, tendo sua vontade viciada por um erro que poderia ter sido evitado, caso agisse com maior diligência (erro culposo). O resultado, portanto, decorre de conduta dolosa, mas o agente responde por crime culposo em função da expressa previsão expressa do artigo 20, §2º, CP.

culposos são denominados "delitos de azar", eis que a conduta praticada com inobservância do dever de cuidado objetivo somente ganhará relevância penal caso sobrevenha o resultado descrito no tipo penal. Assim, o motorista que trafega com os faróis queimados e, por sorte, resultado algum se produz, pratica um irrelevante penal. No entanto, se nesse mesmo contexto não conseguir observar um ciclista que trafega pela via de rolamento e provocar a sua morte incidirá no art. 302 do CTB.

Fundado na Teoria da Equivalência dos Antecedentes (*conditio sine qua non*), o art. 13, *caput*, do CP dispõe que "o resultado de que depende a existência do crime somente é imputável a quem lhe deu causa. Considera-se causa a ação ou omissão sem a qual o resultado não teria ocorrido". Partindo-se desse conceito de "causa", os antecedentes causais passíveis de imputação criminal são limitados pela teoria da imputação objetiva, de modo que, ainda que presente a relação de causalidade, não será possível a responsabilização do condutor de homicídio culposo na direção de veículo automotor quando verificados quaisquer dos princípios a seguir relacionados.

No tráfego de veículos automotores, assim como nas demais relações da vida em sociedade, é natural que sejamos pautados pelo **Princípio da Confiança**, responsável por delimitar o dever de cuidado a todos dirigido. Isso quer dizer que o direito autoriza a confiança no comportamento correto das outras pessoas, muito embora estejamos cientes de que sejam elas suscetíveis ao erro.[51] Ao contrário e, em especial no que diz respeito aos delitos de trânsito, o princípio da confiança pressupõe que todos os usuários de vias podem e devem confiar que seus pares respeitarão, de igual forma, as normas que regem a circulação de veículos automotores. Assim, aquele que respeita as regras e age de forma correta, acreditando que o outro também o faria, não pode ser responsabilizado pelo resultado do acidente a que deu ensejo.[52]

O **Princípio do Risco Permitido** parte do pressuposto de que a vida em sociedade é muitas vezes regida por ações perigosas, mas que, por sua necessidade, não podem ser vedadas pelo direito. São atividades que envolvem riscos, dos quais participam todos os membros da comunidade, em cooperação. Nesse sentido, ponderando-se a necessidade de proteção de determinado bem jurídico e o interesse geral de liberdade, o Estado aceita uma margem de risco permitido, delimitando regras afetas a essas atividades, tais como as normas de trânsito.

Se um motorista conduz o veículo dentro da velocidade regulamentar e atenção devida aos sinais de tráfego, mas mesmo assim provoca a morte culposa de um pedestre, não pratica crime algum. No entanto, essa mesma conduta praticada fora dos limites do risco permitido, por possibilitar a previsibilidade objetiva do resultado, poderá configurar crime culposo. Isso ocorre, por exemplo, no caso em que o motorista emprega velocidade máxima permitida para o local, e atropela um pedestre que se encontra em meio a uma multidão que se aglomera em via pública defronte a um estádio, na saída de um jogo de futebol.

Ao pautarmos nosso comportamento nos ditames do Princípio da Confiança, somos autorizados a confiar na licitude do comportamento dos indivíduos com quem nos relacionamos. Assim, disciplina o **Princípio da Proibição do Regresso**, que, caso o agente utilize essa relação lícita para a prática de um ilícito, aquele que agiu licitamente não reponde pelo seu

---

[51] JAKOBS, Günther. *Tratado de Direito Penal*: teoria do injusto penal e culpabilidade. Belo Horizonte: Del Rey, 2009, p. 302.
[52] Nesse sentido decidiu o Superior Tribunal de Justiça no julgamento do HC nº 147.250/BA, Rel. Min. Maria Thereza de Assis Moura, j. 04.03.2010, *DJe* 22.03.2010: "*In casu*, tendo o motorista respeitado todas as regras de trânsito, surgindo o transeunte, e inopino, na via, provocando o seu próprio óbito, torna-se ilegal o processo crime pela suposta prática de homicídio culposo".

resultado, na medida em que este poderia ser obtido de qualquer forma pelo agente. Melhor esclarecendo, na leitura de Jakobs, aquele que se comporta de modo socialmente adequado não responde pelo caráter ilícito que o outro dá a determinado acontecimento.[53]

Por fim, o **Princípio da Capacidade da Vítima** exclui a imputação do agente em função do consentimento do próprio ofendido. Por se aplicar exclusivamente aos bens jurídicos disponíveis, não se estende ao homicídio culposo na direção de veículo automotor.

Importante esclarecer que, em determinado delito de homicídio culposo na condução de veículos poderá ser constatada a concorrência de culpas, hipótese em que dois ou mais indivíduos, cada qual desconhecendo a participação do outro, concorrem, culposamente, para a produção do resultado. Nesse caso, todos os agentes respondem pelo crime.

O exemplo clássico diz respeito a dois condutores, cada qual agindo com culpa – o primeiro em excesso de velocidade, enquanto o segundo avança no semáforo fechado –, colidem frontalmente, sofrendo ambos lesões corporais. Exclui-se, nesse caso, o concurso de agentes, na medida em que inexiste vínculo subjetivo. Sendo assim, cada um deles responde por sua conduta e pelo resultado produzido, qual seja, pelo crime de lesão corporal culposa.[54]

O Direito Penal, ao contrário do direito privado,[55] não admite compensação de culpas, de modo que eventual culpa da vítima não exclui a do agente. Assim, o motorista que conduz seu veículo em excesso de velocidade e colhe a vítima que atravessava a via fora da faixa de pedestres, causando a sua morte, responde pelo delito culposo, podendo a culpa da vítima funcionar, apenas e tão somente como circunstância judicial favorável (comportamento da vítima – art. 59, CP), a ser avaliada na primeira fase da dosimetria da pena.[56]

Se de um lado, a teoria da equivalência dos antecedentes causais adotada pelo Código Penal impede a exclusão da responsabilidade penal do agente em função da concorrência de culpas, de outro, extrai-se do seu conteúdo que somente a culpa exclusiva da vítima tem esse condão. Isso porque, se a culpa pertence de forma exclusiva à vítima, depreende-se que o agente não faltou com seu dever de cuidado objetivo. Por exemplo, incorre em culpa exclusiva a vítima atropelada ao se projetar à frente de um ônibus em avenida de grande movimento, com o sinal aberto para a passagem de veículos, hipótese que exclui a responsabilidade do motorista do coletivo, que trafegava regularmente pelo local.

A Lei nº 12.971/14 incluiu no §1º do art. 302 do CTB quatro incisos contendo causas de aumento de pena, de 1/3 a metade, ao crime de homicídio culposo na direção de veículo automotor. A exasperação da reprimenda, por força do reconhecimento de quaisquer dessas circunstâncias, incide na terceira fase da dosimetria da pena, sendo que, em caso de comprovação de mais de uma delas no mesmo caso (*v.g.*, condutor que, agindo com imprudência, atropela e mata pedestre na faixa de pedestres, deixando de prestar socorro, quando possível fazê-lo sem risco pessoal), baliza-se, de forma justificada, o *quantum* de

---

[53] JAKOBS, Günther. *Estudios de Derecho Penal*. Traducción de Enrique Peñarada Ramos, Carlos J. Suárez González, Manuel Cancio Meliá. Madrid: Civitas, 1997, p. 218.

[54] No mesmo exemplo, caso os dois motoristas atingissem um pedestre, provocando sua morte, ambos responderiam pelo delito previsto no art. 302, CTB. Trata-se de hipótese de autoria colateral, na qual um agente não adere à conduta do outro, ignorando que contribuem para a produção de um mesmo resultado.

[55] Na esfera cível a culpa concorrente da vítima funciona como fator de redução ou exclusão total da reparação do dano pelo ilícito praticado, conforme dispõe o art. 945, CC: "Se a vítima tiver concorrido culposamente para o evento danoso, a sua indenização será fixada tendo-se em conta a gravidade de sua culpa em confronto com a do autor do dano".

[56] Nesse mesmo sentido as decisões do STJ: 6ª Turma, AgRg no Resp nº 951.249/PR, Rel. Min. Rogerio Schietti Cruz, j. 19.10.2017, *DJe* 27.10.2017; 6ª Turma, Resp nº 1580438/PR, Rel. Min. Rogerio Schietti Cruz, j. 05.04.2016, *DJe* 18.04.2016; AREsp nº 16611992/SP, Rel. Min. Reynaldo Soares da Fonseca, j.27.05.202, DJ 29.05.2020.

majoração com base em elementos concretos, que indiquem a especial reprovabilidade da conduta.[57] Assim, muito embora se mostre aplicável no art. 68, parágrafo único, CP,[58] por analogia *in bonam partem*, é certo que a opção pelo reconhecimento de um só aumento não se traduz em obrigatoriedade ao magistrado, que atento à censurabilidade da conduta, tem o dever de promover a correta individualização da pena.[59]

A primeira causa de aumento prevista no art. 302, §1º, do CTB incide quando o agente *não possuir permissão para dirigir ou carta de habilitação*. A condução de veículo automotor sem possuir habilitação ou permissão para dirigir (art. 162, I, CTB) é tratada como infração administrativa distinta da direção com a carteira de habilitação vencida há mais de 30 dias (art. 162, V, CTB), razão pela qual somente a primeira hipótese deverá ser entendida como circunstância majorante da pena no caso do homicídio culposo.[60]

Trata-se de circunstância semelhante à prevista no art. 298, III, CTB, cuja aplicação deve ser excluída, por força do princípio da especialidade, sob pena de violação ao princípio do *ne bis in idem*. Por essa mesma razão, verificado o conflito aparente de normas, diante da conduta prevista no art. 309 do CTB (tipo subsidiário) e a causa de aumento em debate, pelo princípio da consunção,[61] exclui-se a possibilidade de concurso formal, caso o perigo concreto decorrente da condução de veículo automotor sem permissão ocasione a morte de outra pessoa.

Situação semelhante ocorre na causa de aumento prevista no inciso II do art. 302, §1º, CTB, que cuida da prática do delito *em faixa de pedestres ou calçada*, e impede a incidência da agravante do art. 298, VII, CTB. A par dos comentários relacionados a esse último dispositivo, vale ressaltar que a causa de aumento de pena em debate deve ter sua interpretação restrita apenas e tão somente ao atropelamento de pedestre que esteja transitando nos limites da sua faixa própria ou na calçada,[62] por exceção do caso em que a vítima se vê obrigada a se deslocar, deixando referidos locais destinados ao seu trânsito em função do próprio comportamento culposo do condutor. Por exemplo, ao verificar que terá sua trajetória interceptada por um motorista que avança o semáforo fechado, o pedestre corre para outro ponto da via de rolamento, onde é atropelado. Nesse caso, persiste o fundamento da incidência do aumento da pena, por força da inobservância do dever de especial cuidado na movimentação de pessoas nos locais que lhes são especialmente destinados.

---

[57] Entendimento alinhado com a Súmula nº 443, STJ, com a seguinte redação: "O aumento na terceira fase da aplicação da pena no crime de roubo circunstanciado exige fundamentação concreta, não sendo suficiente para a sua exasperação a mera indicação do número de majorantes".

[58] "Art. 68. No concurso de causas de aumento ou de diminuição previstas na parte especial, pode o juiz limitar-se a um só aumento ou uma só diminuição, prevalecendo, todavia, a causa que mais aumente ou diminua."

[59] Nesse sentido: STJ, HC nº 645.141/SP, Rel. Min. Joel Ilan Paciornik, j. 29.06.2021, DJ 02.08.2021; STJ, HC nº 611172/SP, Min. Sebastião Reis Júnior, j.28.10.202, DJ 29.10.2020; STF, 1ª Turma, HC nº 110960, Rel. Min. Luiz Fux, j. 19.08.2014, *DJe* 23.09.2014; RHC nº 204.178/SP, Rel. Min. Dias Toffoli, j. 10.08.2021, *DJe* 13.08.2021.

[60] Nesse sentido decisão do STJ (Resp nº 1.264.949/SE Rel. Min. Rogerio Schietti Cruz, DJ 30.05.2016), que afastou a incidência da causa de aumento de pena previsto no art. 302, §1º, I, do CTB ao agente que praticou homicídio culposo na direção de veículo, tendo sua habilitação vencida, em função da vedação à analogia in malam partem em matéria penal.

[61] De acordo com Damásio de Jesus, "ocorre a relação consuntiva, ou de absorção, quando um fato definido por uma norma incriminadora é meio necessário ou normal fase de preparação ou execução de outro crime, bem como quando constitui conduta anterior ou posterior do agente, cometida com a mesma finalidade prática atinente àquele crime. Nestes casos, a norma incriminadora que descreve o meio necessário, a normal fase de preparação ou execução de outro crime, ou a conduta anterior ou posterior, é excluída pela norma a este relativa". JESUS, Damásio de. *Direito Penal*. 19. ed. São Paulo: Saraiva, 2009, 1. v, p. 99.

[62] Nesse sentido: STJ, 5ª Turma, HC nº 164.467/AC, Rel. Min. Arnaldo Esteves Lima, j.18.05.2010, *DJe* 21.06.2010.

A terceira causa especial de aumento de pena consiste em *deixar de prestar socorro, quando possível fazê-lo sem risco pessoal, à vítima do acidente*. Identifica-se, em um primeiro momento, a redação dessa circunstância majorante da pena com o tipo penal autônomo previsto no art. 304, CTB, que trata do crime de omissão de socorro no trânsito. No entanto, reserva-se a imputação do art. 302, §1º, III, do CTB ao indivíduo que, agindo com culpa, seja o efetivo causador do acidente, ao passo que o tipo autônomo incide sobre a conduta do agente que, sem culpa quanto ao homicídio ou lesão corporal da vítima, se envolver em acidente de trânsito e, verificando a necessidade de socorro, deixe de prestá-lo.[63] Exemplifica-se com o caso em que três veículos se envolvem um acidente de trânsito, sendo "Mévio" o condutor imprudente causador do evento, "Tício" o condutor vítima fatal e "Caio" o motorista do terceiro veículo abalroado em função do choque entre os dois primeiros. Nesse caso, omitindo-se Mévio no socorro de Tício, incorrerá na prática de homicídio culposo na direção de veículo automotor, majorado pela causa de aumento do art. 302, §1º, III, CTB, ao passo em que Caio, omitindo-se nesse mesmo dever de socorro a Tício, responderá pelo art. 304, CTB.

A forma de responsabilização do agente causador do acidente que omite socorro à vítima merece, contudo, algumas observações de ordem doutrinária. O Código de Trânsito Brasileiro prevê a incriminação do agente como delito culposo, com a pena majorada em função da capitulação de causa especial de aumento de pena. De outro lado, não se nega que o condutor do veículo, com seu comportamento imprudente, assume a posição de garante em função da criação do risco do resultado (lesões corporais ou morte), de modo que sua posterior omissão dolosa de socorro à vítima, normativamente, autoriza, nos termos do art. 13, §2º, alínea "c", CP, a atribuição do resultado, a título de dolo.

Para solucionar esse aparente conflito, importante distinguir a situação em que a omissão, por si própria, implique a criação do risco (hipótese em que o agente assume a posição de garante), do caso em que o evento morte figura como causa direta e imediata da conduta culposa do motorista. Assim, se mesmo verificando o motorista a efetiva condição de sobrevivência da vítima, representa o resultado morte como possível, decidindo, de forma dolosa, deixá-la à beira da estrada para morrer, deve responder por infração ao art. 121, *caput*, CP.

Ao contrário do art. 304, CTB, a causa de aumento de pena contou com a ressalva legislativa, que prevê a sua não incidência caso não se faça possível prestar o socorro "sem risco pessoal". De fato, nem poderia a lei dispor de forma contrária, na medida em que é vedado à lei impor a qualquer indivíduo a prática de atos heroicos. Em complemento, parece bastante claro que aquele que deixa de prestar socorro em função de sua impossibilidade, não opera com vontade livre e consciente voltada à abstenção da ação exigida por lei.

Por fim, prevê o inciso IV do §1º do art. 302 do CTB que incorrerá em aumento de pena o agente que cometer o crime de homicídio culposo *na condução de veículo de transporte de passageiros, no exercício de sua profissão ou atividade*. Mais uma vez espelha-se a causa especial de aumento de pena na agravante do inciso V do art. 298 do CTB, ressalvando-se que no primeiro caso há menção expressa ao transporte de passageiros, excluindo-se, por conseguinte, o transporte de carga.

Os veículos utilizados no transporte de passageiros estão, por força de disposições expressas no próprio Código de Trânsito Brasileiro, sujeitos a exigências técnicas diferenciadas (arts. 107, 109 e 136), assim como seus motoristas, que devem contar com categoria

---

[63] "A omissão de socorro praticada no contexto do art. 302 do Código de Trânsito Brasileiro – CTB enquadra-se, em tese, como majorante do tipo, e não como tipo autônomo previsto no art. 304 do CTB". Nesse sentido: STF, Ext nº 1.514/DF, 2ª Turma, Min. Ricardo Lewandowski, j. 13.03.2018, *Dje* 23.03.2018.

especial de habilitação, caso responsáveis pela condução de transporte escolar ou mesmo veículo cuja lotação exceda a oito lugares (arts. 138, II, e 143, IV).

A objetividade jurídica do tratamento diferenciado do motorista profissional é, portanto, a incolumidade física dos passageiros associada à condição pessoal do condutor. Nessa linha de raciocínio, afasta-se a incidência da majorante ao motorista comum, que esteja eventualmente transportando passageiros.

A Lei nº 12.971/14 foi responsável pela introdução do §2º ao art. 302, CTB, cuja redação original previa as seguintes qualificadoras: a) se o agente conduz veículo automotor com capacidade psicomotora alterada em razão da influência de álcool ou de outra substância psicoativa que determine dependência; b) ou participa, em via, de corrida, disputa ou competição automobilística ou ainda de exibição ou demonstração de perícia em manobra de veículo automotor, não autorizada pela autoridade competente, cominando em abstrato a ambas as condutas a pena de reclusão de 2 (dois) a 4 (quatro) anos e suspensão ou proibição de se obter a permissão ou a habilitação para dirigir veículo automotor. Em 2016 esse mesmo §2º do art. 302 foi revogado pela Lei nº 13.281/16, notadamente para corrigir a incongruência da lei anterior, que contemplava figura preterdolosa idêntica no art. 308, §2º, CTB, com a seguinte redação: "Participar, na direção de veículo automotor, em via pública, de corrida, disputa ou competição automobilística não autorizada pela autoridade competente, gerando situação de risco à incolumidade pública ou privada: Penas – detenção, de 6 (seis) meses a 3 (três) anos, multa e suspensão ou proibição de se obter a permissão ou a habilitação para dirigir veículo automotor. §2º Se da prática do crime previsto no *caput* resultar morte, e as circunstâncias demonstrarem que o agente não quis o resultado nem assumiu o risco de produzi-lo, a pena privativa de liberdade é de reclusão de 5 (cinco) a 10 (dez) anos, sem prejuízo das outras penas previstas neste artigo".

A Lei nº 13.546/17 (com vigência a partir de 19 de abril de 2018) introduziu o §3º ao art. 302, CTB, resgatando a figura do homicídio culposo qualificado pela condução de veículo automotor sob a influência de álcool ou de qualquer outra substância psicoativa que determine dependência, com a cominação de penas de reclusão, de cinco a oito anos, e suspensão ou proibição do direito de se obter a permissão ou a habilitação para dirigir veículo automotor. Trata-se de crime preterdoloso, já que com dolo, conduz o agente veículo automotor sob a influência de álcool ou qualquer substância psicoativa que determine a dependência, sendo que, por culpa decorrente da diminuição dos reflexos, provoca a morte da vítima.

A figura qualificada em debate traz a lume a questão relacionada à culpa consciente ou dolo eventual como elementos subjetivos possíveis no crime de homicídio culposo decorrente da embriaguez do condutor. Como já visto anteriormente, em ambos os casos o agente representa o resultado proibido, distinguindo-se a culpa pelo fato de que, em momento algum existe a assunção do risco ou anuência ao seu evento, ao contrário do dolo eventual.[64]

A análise teórica dos conceitos de dolo eventual e culpa consciente parece deixar bastante claro o limite que os separa. No entanto, no plano fático, a verificação do elemento volitivo que anima a conduta do agente mostra-se bastante desafiadora, notadamente porque

---

[64] Para solucionar essa questão tormentosa, a doutrina adota as seguintes teorias: a) para a Teoria da Probabilidade haverá dolo eventual quando o "agente representa o resultado como de muito provável execução" e, apesar de tal constatação, pratica a conduta, admitindo ou não a sua produção. Haverá culpa consciente, ao revés, se o agente representa o resultado como pouco provável; b) já de acordo com a Teoria da Vontade (ou consenso/consentimento), reconhece-se o dolo eventual pela somatória entre representação da possibilidade do resultado e a anuência quanto à sua ocorrência; já a culpa consciente o agente representa a possibilidade de ocorrência do resultado, mas não está convencido de que esse resultado poderia ocorrer. Caso estivesse convencido, desistiria da ação, mas "não estando convencido dessa possibilidade, calcula mal e age". BITENCOURT, Cezar Roberto. *Teoria Geral do Delito*. Uma visão panorâmica da dogmática penal brasileira. Coimbra: Ed. Almedina, 2007

a distinção entre dolo eventual e culpa consciente demanda a apuração de fatores que deveriam ser extraídos da mente (vontade) do agente.

Nesse sentido e tomando-se por base a previsibilidade de acidentes automobilísticos diante da violação de normas de trânsito, inclinam-se os Tribunais Superiores à valoração de certas circunstâncias, tais como embriaguez ou participação em corridas e disputas não autorizadas como fatores indicativos do dolo eventual.[65] No entanto, é certo que nem todo homicídio na condução e veículo automotor em estado de embriaguez é doloso. A depender do nível de embriaguez, bem como das circunstâncias e consequências dos fatos – tais como, por exemplo, do condutor que dirige embriagado e acaba por ocasionar a morte de sua família, que o acompanhava –, não se pode extrair a certeza a respeito da anuência do agente ao resultado.

Dispunha o vetado art. 300 do CTB a respeito do perdão judicial para os crimes de homicídio culposo e lesões culposas na direção de veículo automotor, com a seguinte redação: "Nas hipóteses de homicídio culposo e lesão corporal culposa, o juiz poderá deixar de aplicar a pena, se as consequências da infração atingirem, exclusivamente, o cônjuge ou companheiro, ascendente, descendente, irmão ou afim em linha reta do condutor do veículo". As razões do veto restringiram-se ao fato de que o perdão judicial previsto no Código Penal (art. 121, §5º, CP; art. 129, §8º, CP) seria mais favorável e abrangente, razão pela qual se entende que, por força do disposto no art. 291, *caput*, CTB, o instituto é aplicável aos crimes previstos nos arts. 302 e 303 do CTB.[66]

Ao *caput* do art. 302 do CTB é prevista a pena em abstrato de detenção, de dois a quatro anos e suspensão ou proibição de se obter a permissão ou a habilitação para dirigir veículo automotor. A pena máxima superior a dois anos afasta a possibilidade de concessão do benefício da transação penal (art. 76 da Lei nº 9.099/95), bem como da suspensão condicional do processo (art. 89 da Lei nº 9.099/95). Possível, contudo, a concessão do benefício do acordo de não persecução penal, desde que preenchidos os requisitos previstos no art. 28-A do CPP.

Ainda que disponha o art. 28-A sobre a possibilidade de formalização de acordo apenas para as infrações penais cometidas "sem violência ou grave ameaça", entende-se que a violência inibidora do ajuste deve ser analisada no âmbito da conduta, e não do resultado do delito. Assim, uma vez demonstrado que o resultado violento (no caso a morte), muito embora previsível, não foi desejado e nem mesmo aceito pelo agente, cabe ao Ministério Público analisar as particularidades do caso concreto, assim como a necessidade e suficiência da medida para a reprovação e prevenção do crime.

Como se trata de delito que produz danos materiais, aplica-se a multa reparatória do art. 297, CTB, sem prejuízo da necessidade de indenização dos danos morais, seja por ocasião da prolação da sentença condenatória (art. 387, IV, CPP), seja na oportunidade de formalização de acordo de não persecução penal (art. 28-A, I, CPP).

---

[65] STJ, REsp nº 1922058/SC, Rel. Min. Olindo Menezes (Des. Convocado TRF 1ª Região), 6ª Turma, j.14.09.2021, *DJe* 21.09.2021; STJ AgRg no AREsp nº 1.215.136/PR, Rel. Min. Ribeiro Dantas, 5ª Turma, j. 04.09.2018, *DJe* 14.09.2018.

[66] STJ, HC nº 392.370/SP, Rel. Min. Ribeiro Dantas, 5ª Turma, j. 20.06.2017, *DJe* 28.06.2017. Em sentido contrário, entendendo pela inaplicabilidade do instituto diante da ausência de previsão legal: STJ, REsp nº 1.639.353/MT, Rel. Min. Joel Ilan Paciornik, DJ 23.05.2017.

> **Art. 303.** Praticar lesão corporal culposa na direção de veículo automotor:
>
> Penas – detenção, de seis meses a dois anos e suspensão ou proibição de se obter a permissão ou a habilitação para dirigir veículo automotor.
>
> §1º Aumenta-se a pena de 1/3 (um terço) à metade, se ocorrer qualquer das hipóteses do §1º do art. 302. (Renumerado do parágrafo único pela Lei nº 13.546, de 2017)
>
> §2º A pena privativa de liberdade é de reclusão de dois a cinco anos, sem prejuízo das outras penas previstas neste artigo, se o agente conduz o veículo com capacidade psicomotora alterada em razão da influência de álcool ou de outra substância psicoativa que determine dependência, e se do crime resultar lesão corporal de natureza grave ou gravíssima. (Incluído pela Lei nº 13.546, de 2017).

Critica-se a redação do art. 303, CTB, posto que, de acordo com a técnica jurídica e em obediência ao princípio da taxatividade, deveria corresponder ao seguinte preceito primário: "ofender a integridade corporal ou a saúde de outrem, por imprudência, negligência ou imperícia".

Tutela-se a integridade física e a saúde humana, de modo que a ofensa a que alude o tipo penal deve ser apta a: "provocar algum dano ao corpo da vítima, interno ou externo, estando aí abrangida qualquer alteração prejudicial à saúde, inclusive problemas de natureza psíquica".[67]

Trata-se de crime culposo, cuja estrutura típica já se encontra delineada ao comentário do art. 302, CTB. Justamente por sua natureza culposa, não se admite a tentativa.

É crime comum e, portanto, pode ser praticado por qualquer pessoa. Na mesma medida, pode figurar como sujeito passivo qualquer pessoa. No mais, por se cuidar de crime material, consuma-se com a efetiva lesão à integridade física ou à saúde da vítima.

Conforme previsto no §1º do art. 303 do CTB, são consideradas causas de aumento de pena do crime de lesão corporal na condução de veículo automotor – de 1/3 à metade – quaisquer das circunstâncias previstas no art. 302, §1º, CTB, já analisadas anteriormente.

A Lei nº 13.546/17 introduziu duas figuras qualificadas ao art. 303, §2º, CTB, quais sejam: a) se o agente conduz o veículo com capacidade psicomotora alterada em razão da influência de álcool ou de outra substância psicoativa que determine dependência; e b) se do crime resultar lesão corporal de natureza grave ou gravíssima.

A primeira qualificadora tem sua estrutura normativa comentada no art. 306, CTB, que trata do crime de embriaguez ao volante, ao qual nos remetemos. No tocante à segunda qualificadora, refere-se o legislador à natureza das lesões sofridas pela vítima, ao contrário do tipo penal previsto no art. 129, §6º, CP, que não atribui níveis de gravidade à lesão corporal culposa.

A lesão corporal grave, nos termos do art. 129, §1º, CP é aquela da qual resulta: I – incapacidade para as ocupações habituais, por mais de trinta dias; II – perigo de vida; III – debilidade permanente de membro, sentido ou função; IV – aceleração de parto. São gravíssimas, de acordo com o art. 129, §2º, CP, as lesões que tenham por resultado: I – incapacidade permanente para o trabalho; II – enfermidade incurável; III – perda ou inutilização do membro, sentido ou função; IV – deformidade permanente; e V – aborto.

---

[67] LIMA, Renato Brasileiro de. *Legislação especial comentada*. 8. ed. Salvador: Juspodivm, 2020, p. 1214.

Assim, constatados quaisquer desses resultados por meio de exame pericial, comprovada está a figura qualificada do art. 303, §2º, CTB.

Conforme mencionado nos comentários ao art. 302, CTB, a despeito do veto ao art. 300, CTB, admissível é a aplicação do perdão judicial ao crime de lesão corporal culposa na condução de veículo automotor, nos termos previstos no art. 129, §8º, CP.

Ao art. 303, *caput*, do CTB se comina a pena de detenção de seis meses a dois anos e suspensão ou proibição de se obter a permissão ou a habilitação para dirigir veículo automotor. Por força da pena máxima não superior a dois anos, é considerado infração de menor potencial ofensivo, de competência do Juizado Especial Criminal (art. 61 da Lei nº 9.099/05). De acordo com o disposto no art. 291, §1º, CTB, contudo, somente serão aplicados os institutos da composição civil de danos, transação penal e será a ação penal condicionada à representação (arts. 74, 76 e 88 da Lei nº 9.099/95) caso o agente não esteja: I – sob a *influência de álcool ou qualquer outra substância psicoativa* que determine dependência; II – participando, em via pública, de *corrida, disputa ou competição automobilística*, de exibição ou demonstração de perícia em manobra de veículo automotor, não autorizada pela autoridade competente; III – transitando em *velocidade superior à máxima permitida* para a via em 50 km/h (cinquenta quilômetros por hora).

Assim, caso admitida a transação penal, excluir-se-á a possibilidade de formalização de acordo de não persecução penal (art. 28-A, §2º, I, do CPP). No entanto, presentes algumas das circunstâncias insculpidas no art. 291, §1º, CTB, possível, em tese, a concessão do referido benefício. Possível, ademais, a concessão da suspensão condicional do processo (art. 89 da Lei nº 9.099/95) à figura do *caput*, do art. 303, CTB.

No caso da lesão corporal culposa majorada do art. 303, §1º, CTB, cuja pena atribuída ao *caput* é aumentada de 1/3 à metade, afasta-se a natureza de infração de menor potencial ofensivo, de modo que se trata de crime de competência do juízo comum. Ainda que aplicável o acréscimo máximo à pena mínima prevista em abstrato, continua possível a oferta do benefício da suspensão condicional do processo (art. 89 da Lei nº 9.099/95). A ação penal será condicionada à representação, desde que ausentes as circunstâncias descritas no art. 291, §1º, CTB.

Por fim, quanto às figuras qualificadas do art. 303, §2º, CTB, comina-se a pena em abstrato de reclusão de dois a cinco anos, que legitima o juízo comum para o seu processamento. Por força da pena prevista, afasta-se a aplicabilidade dos institutos previstos nos arts. 74, 76 e 89 da Lei nº 9.099/95. A ação penal será igualmente condicionada à representação, desde que inexistentes as circunstâncias descritas no art. 291, §1º, CTB.

Ressalva-se que aos delitos previstos no art. 303, §1º e §2º do CTB mostra-se admissível a formalização de acordo de não persecução penal, valendo aqui as mesmas observações já feitas no art. 302 do CTB no sentido de que a violência inibidora do ajuste (art. 28-A, *caput*, CPP) deve ser analisada no âmbito da conduta, e não do resultado do delito. Assim, uma vez demonstrado que o resultado violento (no caso a lesão corporal), muito embora previsível, não foi desejado e nem mesmo aceito pelo agente, cabe ao Ministério Público analisar as particularidades do caso concreto, assim como a necessidade e suficiência da medida para a reprovação e prevenção do crime.

Por se tratar de crime apto à produção de danos materiais, aplica-se a multa reparatória do art. 297, CTB, sem prejuízo da fixação de indenização por danos morais, seja por ocasião da prolação da sentença condenatória (art. 387, IV, CPP), ou, conforme cada caso anteriormente analisado, na oportunidade de formalização de acordo de não persecução penal (art. 28-A, I, CPP), composição civil dos danos (art. 74, da Lei nº 9.099/95), ou mesmo no âmbito da suspensão condicional do processo (art. 89, §1º, I, da Lei nº 9.099/95).

> **Art. 304.** Deixar o condutor do veículo, na ocasião do acidente, de prestar imediato socorro à vítima, ou, não podendo fazê-lo diretamente, por justa causa, deixar de solicitar auxílio da autoridade pública:
>
> Penas – detenção, de seis meses a um ano, ou multa, se o fato não constituir elemento de crime mais grave.
>
> Parágrafo único. Incide nas penas previstas neste artigo o condutor do veículo, ainda que a sua omissão seja suprida por terceiros ou que se trate de vítima com morte instantânea ou com ferimentos leves.

Cuida-se de crime próprio, na medida em que pode ser praticado apenas por pessoa específica, que deve corresponder ao condutor de veículo automotor envolvido no acidente de trânsito. Muito embora a leitura do dispositivo informe seu vínculo com outros delitos de trânsito com vítimas, não pode o autor dos crimes de homicídio culposo (art. 302, CTB) ou lesão corporal culposa (art. 303, CTB) figurar como sujeito ativo, posto que os arts. 302, §1º, III, e 303, §1º, respectivamente, já estabelecem a omissão de socorro à vítima como causa de aumento de pena.

A omissão de socorro, como crime comum, é prevista no art. 135 do Código Penal. Como não se restringe ao abandono à vítima de acidente de trânsito e não estabelece a condução de veículo automotor como requisitos para o agente figurar no polo passivo, é aplicável a quaisquer outros pedestres ou condutores de veículos que passem pelo local e não estejam envolvidos no acidente, assim como aos condutores de bicicleta ou de veículo de tração animal, ainda que envolvidos em acidente de trânsito.

O art. 304 do CTB é crime omissivo próprio e prevê duas condutas típicas possíveis, punidas exclusivamente a título de dolo (direto ou eventual): i) deixar de prestar imediato socorro à vítima (ou, se não puder fazê-lo, por justa causa), ii) deixar de solicitar auxílio da autoridade pública. Tutela-se, assim, a vida humana e a integridade física do ser humano, impondo ao condutor de veículo automotor, de forma específica, o dever de solidariedade à vítima de acidente de trânsito (sujeito passivo do crime).

A primeira conduta incumbe o condutor do dever de prestar imediato socorro à vítima, excluindo-se a tipicidade apenas quando configurada *justa causa*, elemento normativo do tipo, que significa motivo razoável, impedimento grave e relevante, dentro dos padrões juridicamente admitidos, que justifique e obste o socorro. Por exemplo, há justa causa para a omissão no socorro quando o motorista envolvido em acidente esteja demasiadamente ferido, sofra de confusão mental em função do evento, entre outras possibilidades.

A redação legal não coloca alternativas sobre a forma de socorro a ser prestada à vítima. Ao contrário, transmite uma escala sucessiva de obrigatoriedade ao agente que tem, em primeiro lugar, o dever legal de prestar socorro diretamente à vítima, sendo que, somente quando verificada a impossibilidade de assim proceder, caberá a ele a obrigação de solicitar auxílio à autoridade pública (ex. bombeiro, agente de controle de tráfego, policial). Assim, somente se verificada a ausência de *justa causa* (motivo razoável) seguida da omissão nesse dever sucessivo de acionar socorro por interposta pessoa, emerge a segunda conduta típica.

O legislador deixou de excepcionar, tal como fez no art. 135, CP, e art. 302, §1º, III, CTB, a obrigação de socorro "quando possível fazê-lo sem risco pessoal". No entanto, parece-nos evidente que não pratica o delito aquele que, embora tendo o dever jurídico de assistência, deixa de agir por motivo de força maior ou justo temor de reações que coloquem em risco a sua vida ou integridade física.

O parágrafo único do art. 304 do CTB se refere à morte instantânea da vítima e à omissão suprida por terceiros, circunstâncias estas que não afastam a incidência do crime de omissão de socorro. No afã de proteger as vítimas de acidente de trânsito, parecer ter o legislador incorrido em alguns equívocos.

Isso porque, à exceção dos ferimentos de natureza leve, parece evidente que, por mais das vezes, estará a vítima melhor assistida quando socorrida por terceiros, notadamente se dotados de conhecimento técnico e aparelhos específicos, que, inclusive, podem evitar que aquela sofra um mal ainda maior. Isso pode ocorrer no caso em que a vítima sofra um trauma na coluna, de modo que, caso removida diretamente pelo condutor envolvido no acidente, possa vir a sofrer uma evolução de maior gravidade.[68]

No que diz respeito à omissão de socorro, ainda que haja morte instantânea da vítima, procurou o legislador estabelecer uma verdadeira exceção à regra geral do crime impossível, por absoluta impropriedade do objeto (art. 17, CP). Argumenta-se, ainda, que a norma penal sob análise tutela a vida e a saúde da pessoa, razão pela qual não se poderia conceber a criminalização de conduta inócua, por evidente inexistência de objetividade jurídica.

Na dúvida quanto à certeza da morte da vítima, incorre no crime do art. 304 do CTB aquele que se omite no dever de socorro, decidindo o Supremo Tribunal Federal, em análise da causa de aumento análoga cominada ao art. 121, §4º, do Código Penal, que ao agente "não cabe proceder à avaliação quanto à eventual ausência de utilidade de socorro",[69] notadamente diante da absoluta invalidade de prognósticos leigos a respeito das chances de sobrevivência ou não da vítima em função de futuro socorro.[70]

Ao contrário do art. 135, CP, o delito de omissão de socorro do Código de Trânsito não prevê formas agravadas, ressalvando a sua subsidiariedade expressa no preceito secundário ao estabelecer a pena de "detenção, de seis meses a um ano, se o fato não constituir elemento de crime mais grave". Certo é que, em se tratando de condutor que, culposamente, causa lesões corporais ou mata outra pessoa em acidente de trânsito, deve incidir a causa de aumento de pena do art. 302, §2º, III, do CTB. No entanto, verificando-se esse mesmo motorista que, após o acidente por ele provocado, a vítima necessita de auxílio imediato, podendo falecer caso deixe de prestar-lhe o socorro devido e, mesmo assim, delibere por abandoná-la no local, responde por sua morte a título de dolo. Isso porque assumiu a condição de garantidor ao criar o risco do resultado com seu comportamento anterior (art. 13, §2º, CP)[71].

Já o motorista que, sem culpa, provoca lesão corporal à vítima, muito embora tenha o dever jurídico de prestar-lhe socorro (e se não o faz, incorre nas penas do art. 304, CTB), não poderá se encontrar na posição de garantidor por força do art. 13, §2º, "c" ("em razão

---

[68] De acordo com o Superior Tribunal de Justiça, contudo, "não procede a alegação de que, em face da existência de profissionais qualificados para efetuar o socorro, não tinha (o agente) o dever de socorrer as vítimas, uma vez que a norma não prevê tal hipótese; ressalva apenas a hipótese de se correr 'risco pessoal' ao efetuar tal procedimento". STJ, HC nº 18.809/SP, Rel. Min. Arnaldo Esteves Lima, j.24.06.2008.

[69] STF, 2ª Turma, HC nº 84.380/MG, Rel. Min. Gilmar Mendes, j.05.04.2005, DJ 03.06.2005.

[70] Na mesma trilha segue o Superior Tribunal de Justiça, segundo o qual "o comportamento imposto pela norma não pode ser afastado ao argumento de que houve a morte instantânea da vítima, situação que, aliás, não pode, via de regra, ser atestada pelo agente da conduta delitiva no momento da ação" (HC nº 269.038/RS, Rel. Min. Fellix Fischer, 5ª Turma, j.02.12.2014, Dje 19.12.2014). Decisões análogas: AgRg no Ag nº 1371062/SC, Rel. Min. Og Fernandes, 6ª Turma, j. 18.10.2011, Dje 03.11.2011; AgRg no Resp nº 1422883/PE, Rel. Min. Sebastião Reis Júnior, 6ª Turma, j.28.06.2016, Dje 03.08.2016 e AgRg no Ag nº 1140929/MG, Rel. Min. Laurita Vaz, 5ª Turma, DJe 08.09.2009.

[71] A esse respeito, pondera Cezar Bitencourt que: "Nesse caso, o homicídio praticado em comissão por omissão, o dolo projeta-se sobre o segundo momento do comportamento do motorista, que é omissivo (o primeiro foi comissivo), por isso, assume o papel de garantidor, nos termos do art. 13, §2º, c, do CP". BITENCOURT, Cezar Roberto. Tratado de Direito Penal. 20. ed. São Paulo: Saraiva, 2020, v. 02. p. 427.

de comportamento anterior, que gera risco do resultado, podendo apenas, em situações excepcionais, se encontrar na posição de garantidor em razão de dever legal ou por força de contrato) (arts. 13, §2º, "a" e "b", CP).[72] Exemplifica-se: determinado motorista, muito embora adotando todas as cautelas inerentes ao dever de cuidado objetivo, atropela indivíduo que, tencionando tirar a própria vida se atira à frente do veículo em movimento. Com receio de responder por crime que não cometeu, ele foge do local sem prestar socorro à vítima, que, em consequência dos ferimentos, acaba por falecer. Inexistindo dever imposto por lei ou contrato que lhe imponha o dever de evitar o resultado morte, eventual crime de homicídio não poderá ser atribuído a esse agente, que responde apenas pela omissão de socorro.

Trata-se de crime doloso de perigo, que se concretiza na medida em que o agente, embora consciente do risco para a vítima, omite a assistência que lhe era devida. O tipo penal não prevê a forma culposa. Assim, se o agente acreditar que não existia perigo iminente para a vítima, incorrerá em erro de tipo (art. 20, CP).

A omissão de socorro consuma-se no exato momento em que o agente se abstém em afastar o perigo, mesmo sendo possível fazê-lo. Na mesma medida, é considerada crime formal, já que a falta de socorro pode vir a causar resultado naturalístico.

Grande parte da doutrina não admite a tentativa nos crimes omissivos próprios, diante do argumento da inviabilidade de fracionamento do seu processo executivo. Isso porque sua consumação se verifica no exato momento em que o agente deixa de praticar o ato ao qual se obrigava em face da norma penal incriminadora. Ao contrário, se o agente pratica tal ato, não existe crime.

Em sentido contrário, Pierangelli e Zaffaroni sustentam a possibilidade de fracionamento do *iter criminis*, notadamente porque, em se tratando o crime omissivo puro, modalidade delitiva plurissubsistente, não se poderia excluir a hipótese de tentativa. Assim exemplificam: após o acidente de trânsito, a vítima, embora ilesa, acaba presa dentro do veículo em local ermo, sendo o único perigo sua eventual morte por sede ao longo dos dias. Inexistente o perigo imediato para essa vítima, não se observa a consumação do crime na hipótese em que o agente que, ciente de tal condição, deixa de prestar-lhe socorro. Sua conduta de inércia, nesse momento, consubstanciaria:

> uma tentativa inacabada de omissão de socorro. Aqui os atos de tentativa existem desde que o agente, com dolo de omitir o auxílio, realiza uma ação diferente, enquanto que o delito está consumado quando o transcurso do tempo aumenta o perigo e diminui as possibilidades de auxiliar.[73]

Ao crime previsto no art. 304 do CTB se comina a pena de detenção de seis meses a um ano e multa. A ação penal é pública incondicionada (art. 100, *caput*, CP) e, por força da pena máxima não superior a dois anos, é considerado infração de menor potencial ofensivo, de competência do Juizado Especial Criminal (art. 61 da Lei nº 9.099/05). Nesse sentido e desde que preenchidos os requisitos legais, comporta a aplicação dos benefícios da transação penal e suspensão condicional do processo, excluindo-se a possibilidade de

---

[72] São garantidores "em razão da lei" (art. 13, §2º, "a", CP), por exemplo os pais, em relação aos filhos menores de idade; os cônjuges, na constância do casamento; os filhos, em relação aos pais idosos, etc. Já a posição de garantidor em razão de contrato (art. 13, §2º, "b", CP) diz respeito àquele que, de outra forma, assumiu a responsabilidade de impedir o resultado.

[73] PIERANGELLI, José Henrique; ZAFFARONI, Eugenio Raúl. *Da tentativa*. São Paulo: Revista dos Tribunais, 1995, p. 122 a 123.

acordo de não persecução penal em função da vedação prevista pelo art. 28-A, §2º, I, do Código de Processo Penal.

Por se tratar de crime que pode acarretar prejuízo à vítima, possibilita-se a aplicação da multa reparatória do art. 297 do CTB para a indenização dos danos materiais, sem prejuízo do disposto no art. 387, IV, do CPP, que comporta, por ocasião da prolação da sentença condenatória, a fixação de valor mínimo para a reparação dos danos, não apenas materiais, mas também morais, causados pela infração.

> **Art. 305.** Afastar-se o condutor do veículo do local do acidente, para fugir à responsabilidade penal ou civil que lhe possa ser atribuída:
> Penas – detenção, de seis meses a um ano, ou multa.

O crime de fuga de local de acidente diz respeito à evasão para escapar à responsabilidade penal e civil por sua conduta anterior. Tutela-se, assim, a administração da justiça, a quem interessa a adequada identificação do condutor do veículo, bem como a posterior apuração dos fatos nas esferas civil e criminal. Ressalta-se que, ainda que indiretamente e nos casos de acidentes de trânsito com vítima, o tipo penal também tutela o interesse patrimonial, bem como a vida e a integridade física da vítima, de modo que a permanência do condutor no local do evento exprime o dever jurídico de solidariedade humana, solidariedade esta quebrada por aquele que se furta a diminuir as consequências do próprio ato.

Tipifica-se, pois, a conduta do agente que se afasta, se distancia, se arreda do local do sinistro com a finalidade de evitar futura responsabilidade civil ou criminal. Exige-se, nesse sentido, a efetiva conexão entre o acidente em que esteja envolvido o veículo conduzido pelo agente e sua posterior evasão.

Muito embora tenha o legislador se referido apenas ao veículo, não especificando se seria este "automotor", interpreta-se sistematicamente a norma, notadamente porque o art. 291 do CTB se refere expressamente aos crimes de trânsito como aqueles "cometidos na direção de veículos automotores".[74]

Discute-se a respeito da (in)constitucionalidade desse tipo penal incriminador, argumentando-se que tipificação da fuga de local de acidente implicaria contrariedade ao princípio de que ninguém é obrigado a produzir prova contra si mesmo – *nemo tenetur se detegere* (art. 5º, LXIII e art. 8º, §2º, "g", CADH). Em complemento, pondera-se que o abandono de vítima em local de acidente já configura o delito previsto no art. 304, CTB, razão pela qual a criação de um tipo penal específico para cuidar de responsabilidade civil violaria o Princípio da Fragmentariedade do Direito Penal. Por fim, eventual cerceamento da liberdade de condutor que fugiu do local de acidente do qual resultaram danos exclusivamente materiais implicaria a criação de modalidade de prisão por responsabilidade civil, em arrepio ao art. 5º, LXVII, da Constituição Federal, que impede a prisão civil por dívidas, para além das hipóteses nela expressamente previstas.[75]

---

[74] Com entendimento no sentido de que a omissão do legislador seria proposital, abrangendo o art. 305 do CTB todos os outros tipos de veículos, tais como bicicletas, carroças, charretes, bem como todos os outros veículos movidos à tração humana ou animal: BITENCOURT, Cezar Roberto, *Op. cit.*, p. 386; FUKASSAWA, Fernando. *Op. cit.*, p. 253.

[75] Adotam essa linha de entendimento: NUCCI, Guilherme de Souza. *Op. cit.*, p. 1148/1149; DELMANTO, Fabio Machado de Almeida. *Medidas substitutivas e alternativas à prisão cautelar*. Rio de Janeiro: Renovar, 2006, p. 470

O art. 305, CTB, contudo, foi declarado constitucional pelo Supremo Tribunal Federal, que em julgamento de Recurso Extraordinário com repercussão geral[76] decidiu que o princípio da não incriminação não se aplica ao caso. Ponderou-se, assim, a inexistência de direitos absolutos, de modo que no sistema de ponderação de valores todos comportam certa mitigação. De outro lado, a permanência do condutor no local do fato e sua consequente identificação não enseja imediata e consequente confissão de culpa pelo evento ou prova a autoria do acidente, sendo que nem mesmo a sua eventual evasão do local seria circunstância apta à sua responsabilização. No mais, assinalou-se que o próprio Decreto nº 86.714/81, que promulgou a Convenção de Viena sobre o Trânsito Viário, prevê que, sem prejuízo das disposições legislativas a respeito da obrigação de prestar auxílio aos feridos, impõe-se a todo indivíduo envolvido em acidente de trânsito em que houver pessoa ferida ou morta o dever de "advertir à polícia e permanecer ou voltar ao local do acidente até a chegada desta, a menos que tenha sido autorizado por esta para abandonar o local ou que deva prestar auxílio aos feridos ou ser ele próprio socorrido".[77]

É fato que o princípio da proporcionalidade deve ser aferido não apenas contra eventuais excessos estatais, mas também para a tutela de proteção jurídica suficiente de determinado bem jurídico. No caso do art. 305, CTB, reconheceu-se a legitimidade da opção legislativa consistente na restrição parcial da liberdade do cidadão, para a garantia da efetivação do bem jurídico da Administração da Justiça, bem como do direito fundamental à vida, mediante a promoção da segurança viária.

A conduta do agente deve ser dolosa, isto é, consistente na vontade livre e consciente de se afastar do local do acidente (dolo genérico), observando-se ainda o dolo específico evidenciado na finalidade especial de fugir da responsabilidade penal ou civil que possa vir a ser atribuída. Assim, exclui-se o dolo na situação em que o condutor se afasta do local, quando verifica que se trata de colisão propositalmente causada por alguém no intuito de facilitar a prática de um crime, ou mesmo quando o condutor deixa o local de acidente sem vítimas, mas deixa o seu nome, endereço e telefone para contato, já que afastado o elemento subjetivo do tipo de escapar de eventual e futura responsabilização.

Justifica-se, no mais, o abandono do local de acidente por parte do condutor diante do risco de agressões, ou mesmo por força de lesões suportadas em função do sinistro, conduta esta amparada no estado de necessidade ou legítima defesa, conforme o caso.

Trata-se de crime comum, comissivo, formal[78] e de perigo abstrato, consumando-se no momento em que o condutor empreende fuga do local do acidente em que se encontra envolvido, com a finalidade de se furtar à responsabilidade civil e criminal, independentemente da produção de resultado naturalístico consistente na lesão efetiva a terceiro. Admite-se a forma tentada, na medida em que a fuga em curso pode ser obstada por circunstâncias alheias à vontade do agente (art. 14, II, CP), exemplificando-se a intervenção da polícia ou de terceiros que o impeçam de deixar o local do acidente.

Figura como sujeito ativo do crime o condutor, que se afasta do local de sua ocorrência. Não exige o tipo penal que seja a parte culpada, bastando apenas seu envolvimento no sinistro, na condição de condutor do veículo. Assim, muito embora se trate de crime comum – pode ser praticado por qualquer pessoa – é classificado como crime de mão própria, pois somente pode ser praticado pela pessoa especificada no tipo penal.

---

[76] Supremo Tribunal Federal, Tribunal Pleno, RG RE nº 971.959/RS, Rel. Min. Luiz Fux, j.14.11.2018, Dj 14.11.2008
[77] Art. 31, item 1, "d", do Decreto nº 86.714, de 10 de dezembro de 1981. Promulga a Convenção sobre Trânsito Viário.
[78] Entende Renato Brasileiro de Lima que se trata de crime de mera conduta. LIMA, Renato Brasileiro de. *Op. cit.*, p. 1221.

Será sujeito passivo o Estado – administração da Justiça interessada na responsabilização penal ou civil do autor do fato – e, de uma forma secundária, o indivíduo que sofreu eventual prejuízo de natureza patrimonial.

Tratando-se de delito de mão própria, o núcleo do tipo do art. 305 do CTB somente pode ser executado direta e pessoalmente, razão pela qual não se admite a coautoria. Assim, na hipótese de dois ou mais condutores, todos envolvidos no mesmo acidente, fugirem do local para escapar à responsabilização penal ou civil, serão todos considerados autores. Possível, contudo, o concurso de agentes na modalidade participação, consistente, por exemplo, no induzimento do condutor do veículo a se afastar do sítio onde ocorreu o sinistro, para fugir da responsabilidade penal ou civil.[79]

Comina-se ao art. 305 do CTB a pena de detenção, de seis meses a um ano. A ação penal é pública incondicionada (art. 100, *caput*, CP) e, por força da pena máxima não superior a dois anos, é considerado infração de menor potencial ofensivo, de competência do Juizado Especial Criminal (art. 61 da Lei nº 9.099/05). Nesse sentido e desde que preenchidos os requisitos legais, comporta a aplicação dos benefícios da transação penal e suspensão condicional do processo (arts. 76 e 89 da Lei nº 9.099/95), excluindo-se a possibilidade de acordo de não persecução penal, em função da vedação prevista pelo art. 28-A, §2º, I, do Código de Processo Penal.

Art. 306. Conduzir veículo automotor com capacidade psicomotora alterada em razão da influência de álcool ou de outra substância psicoativa que determine dependência: (Redação dada pela Lei nº 12.760, de 2012)

Penas – detenção, de seis meses a três anos, multa e suspensão ou proibição de se obter a permissão ou a habilitação para dirigir veículo automotor.

§1º As condutas previstas no *caput* serão constatadas por: (Incluído pela Lei nº 12.760, de 2012)

I – concentração igual ou superior a 6 decigramas de álcool por litro de sangue ou igual ou superior a 0,3 miligrama de álcool por litro de ar alveolar; ou (Incluído pela Lei nº 12.760, de 2012)

II – sinais que indiquem, na forma disciplinada pelo Contran, alteração da capacidade psicomotora. (Incluído pela Lei nº 12.760, de 2012)

§2º A verificação do disposto neste artigo poderá ser obtida mediante teste de alcoolemia ou toxicológico, exame clínico, perícia, vídeo, prova testemunhal ou outros meios de prova em direito admitidos, observado o direito à contraprova. (Redação dada pela Lei nº 12.971, de 2014)

§3º O Contran disporá sobre a equivalência entre os distintos testes de alcoolemia ou toxicológicos para efeito de caracterização do crime tipificado neste artigo. (Redação dada pela Lei nº 12.971, de 2014) (Vigência)

§4º Poderá ser empregado qualquer aparelho homologado pelo Instituto Nacional de Metrologia, Qualidade e Tecnologia – INMETRO – para se determinar o previsto no *caput*. (Incluído pela Lei nº 13.840, de 2019)

---

[79] Nesse sentido o precedente do Superior Tribunal de Justiça, HC nº 14.021/SP, 5ª Turma, Rel. Min. Edson Vidigal, j. 28.11.2000: "Conquanto não seja possível a coautoria no delito de afastamento do local de acidente, posto tratar-se de crime próprio do condutor do veículo, é perfeitamente admissível a participação, nos termos do Código Penal, art. 29".

A embriaguez ao volante é uma das principais causas dos acidentes com morte no trânsito no país, assumindo especial relevância nas grandes cidades. De acordo com o primeiro estudo sobre causa de acidentes elaborado no ano de 2020 pelo Respeito à Vida, programa da Secretaria de Governo do Estado de São Paulo, gerenciado pelo DETRAN de São Paulo, a taxa de mortalidade em acidentes com suspeita de embriaguez equivale a 10%, ao passo que nos demais acidentes essa taxa não excede aos 3%.[80]

Os índices alarmantes relacionados à sinistralidade, bem como as fatalidades envolvendo a condução de veículo automotor em estado de embriaguez indicam a relevância da tipificação penal dessa conduta, como forma de tutela do bem jurídico incolumidade pública, diretamente relacionado à segurança viária – interesse transindividual, calcado no art. 1º, §2º, do CTB.

Incrimina-se, assim, a conduta consistente na condução (direção) de veículo automotor. A redação do art. 306 do CTB contou com três modificações, desde a sua versão original, do ano de 1997. As duas primeiras versões faziam alusão à necessidade de condução do veículo em "via pública", enquanto que o texto atual não mais se refere ao local da prática da conduta. Sendo assim, entende-se que poderá incorrer em crime de embriaguez ao volante aquele condutor que trafegar, sob a influência de álcool ou outra substância psicoativa que determine a dependência em outros logradouros, tais como estacionamentos, áreas internas de condomínios, vias rurais particulares existentes no interior de sítios, fazendas, etc.

A redação original do dispositivo igualmente exigia, para a sua configuração, que o agente conduzisse "veículo automotor, na via pública, sob a influência de álcool ou substância de efeitos análogos, *expondo a dano a incolumidade de outrem*". Assim, o crime de embriaguez ao volante foi inicialmente concebido como crime de perigo concreto, de modo que, mesmo se completamente embriagado, não incorreria o condutor em crime, caso não demonstrado o risco concreto de dano, consubstanciado em manobras perigosas, excesso de velocidade, tráfego na contramão de direção, avanço em via com semáforo fechado, etc.

A Lei nº 11.705/08,[81] assim como a Lei nº 12.760/12, emprestaram nova redação ao art. 306, CTB, excluindo ambas a expressão "expondo a dano a incolumidade de outrem". Nesse sentido, a embriaguez ao volante é considera delito de perigo abstrato, consumando-se com a efetiva condução de veículo automotor com a capacidade psicomotora alterada em razão da influência de álcool ou outra substância psicoativa que determine a dependência, para que se aperfeiçoe o delito, independentemente de exposição de terceiro a concreto perigo de dano.[82]

---

[80] O estado de São Paulo registrou 5.701 acidentes supostamente causados por embriaguez, entre janeiro de 2019 e julho de 2020. Em 551 deles houve mortes. Entre as vítimas fatais, 55% delas se encontravam na faixa etária entre 18 e 24 anos. No mesmo período, 19% dos mortos em acidentes com suspeita de embriaguez tinham entre 50 e 59 anos e estavam envolvidos em colisões em rodovias; 15% entre 45 e 49 anos, sobretudo atropeladas por automóveis nas vias municipais. Fonte: https://www1.folha.uol.com.br/cotidiano/2020/09/estudo-aponta-que-um-em-cada-dez-envolvidos-em-acidentes-de-transito-por-embriaguez –em-sp-morre.shtml.

[81] O art. 306, CTB, com a redação dada pela Lei nº 11.705/2008 era seguinte: "Conduzir veículo automotor, na via pública, estando com concentração de álcool por litro de sangue igual ou superior a 6 decigramas, ou sob a influência de qualquer substância psicoativa que determine dependência. Pena – detenção, de 6 (seis) meses a 3 (três) anos, multa e suspensão ou proibição de se obter a permissão ou a habilitação para dirigir veículo automotor Parágrafo único. O Poder Executivo federal estipulará a equivalência entre distintos testes de alcoolemia, para efeito de caracterização do crime tipificado neste artigo". Assim, com a imposição de exame pericial como condição para a comprovação da materialidade delitiva, a incriminação a conduta de dirigir embriagado restou bastante prejudicada durante a vigência dessa segunda redação, notadamente diante do princípio da não incriminação.

[82] Nesse sentido é o posicionamento do STJ: "O Superior Tribunal de Justiça já decidiu, reiteradamente, que o crime do art. 306 do Código de Trânsito, praticado após a alteração procedida pela Lei n. 11.705/2008 e antes do advento da Lei n. 12.760/2012, como na hipótese, é de perigo abstrato. É desnecessária a demonstração da efetiva potencialidade lesiva da conduta e basta, para tanto, a constatação de que o réu conduzia automóvel, em via pública, com a concentração de álcool igual ou superior a 6 dg por litro de sangue, o que equivale a

O texto legal ora vigente também inovou com relação às duas redações anteriores do art. 306 do CTB ao inserir a "alteração da capacidade psicomotora" do condutor como condicionante para o aperfeiçoamento da conduta típica. Assim, traz o dispositivo duas elementares distintas, unidas por relação de causa e efeito: 1) em primeiro lugar deve haver a *ingestão de bebida alcoólica ou de outra substância psicoativa*, sendo que em razão dessa conduta anterior; 2) o condutor deve ter *alterada a sua capacidade psicomotora*.

O conceito de bebidas alcoólicas é extraído do art. 6º da Lei nº 11.705/08, que as define como aquelas que "contenham álcool em sua composição em, com grau de concentração igual ou superior a meio grau Gay-Lussac", ao passo que a droga psicoativa pode ser lícita ou ilícita, desde que hábil a causar a alteração da capacidade psicomotora exigida pelo tipo penal.

Tem a capacidade psicomotora alterada o condutor que apresenta afetado o equilíbrio entre a capacidade cognitiva, sensorial, psíquica e motora necessárias para a segurança na direção de um veículo automotor.[83] Não se exige o total prejuízo dessa capacidade, bastando que esta se encontre fora da normalidade e decorra diretamente do consumo do álcool ou substância psicoativa.[84] Nesse sentido, aquele que dirige com essa capacidade alterada em função de quaisquer outros fatores não tem sua conduta subsumida ao tipo legal.

Muito embora utilizado de forma corriqueira o *nomen iuris* "embriaguez ao volante" o conceito penal de embriaguez difere do conceito e limites traçados por esse delito de trânsito. A embriaguez, nos termos do art. 28, II, CP, é a intoxicação *transitória e aguda* provocada pela ingestão do álcool ou substâncias de efeitos análogos, que, embora interfira na capacidade psíquica do indivíduo, não se presta a excluir a imputabilidade, quando voluntária ou culposa.

Já, no que diz respeito ao art. 306, CP, pune-se a conduta daquele que, dentro dos limites traçados no tipo penal, considera-se sob a influência de álcool ou substância psicoativa e, por essa razão, tenha sua capacidade psicomotora alterada. Não se presume, portanto, que o prévio consumo de determinada quantidade de álcool ou substância psicoativa por condutor de veículo automotor determine a incidência do art. 306, CTB, até mesmo frente à disposição expressa de que referida conduta típica somente será constatada das seguintes formas: I – concentração igual ou superior a 6 decigramas de álcool por litro de sangue ou igual ou superior a 0,3 miligrama de álcool por litro de ar alveolar; "ou" II – sinais que indiquem, na forma disciplinada pelo Contran, alteração da capacidade psicomotora. E mais, nos termos do art. 306, §2º, CTB, com a redação atribuída pela Lei nº 12.971/14, a verificação da embriaguez dispensa o exame de alcoolemia ou toxicológico, podendo se realizar por meio de exame clínico, perícia, vídeo, prova testemunhal ou outros meios de prova em direito admitidos, observado o direito à contraprova.

A despeito do emprego da conjunção alternativa "ou" no final do inciso I do art. 306, §1º, CTB, o *caput* do mesmo dispositivo deixa bastante claro que às formas de aferição da influência de álcool ou substância psicoativa deve se acrescentar o elemento normativo

---

0,3 mg por litro de ar expelido dos pulmões, aferida por meio de etilômetro" (STJ, 6ª Turma, REsp nº 1.582.413/RJ, Rel. Min. Rogerio Schietti Cruz, j. 07.04.2016, *DJe* 20.04.2016). Ainda sobre o tema: STJ, 6ª Turma, Resp nº 1.508.716/RS, Rel. Min. Rogerio Schietti Cruz, *DJe* 19.11.2015; STJ, 6ª Turma, HC nº 192.051/RJ, Rel. Min. Maria Thereza de Assis Moura, *DJe* 12.09.2013.

[83] BITENCOURT, Cezar Roberto. *Op. cit.*, p. 756.
[84] LIMA, Renato Brasileiro de. *Op. cit.*, p. 1225.

previsto no *caput*, consistente na alteração da capacidade psicomotora,[85] a ser verificada nos termos do art. 5º da Resolução nº 432/2013 do CONTRAN.[86]

O elemento normativo da alteração da capacidade psicomotora para a configuração da conduta típica não guarda relação alguma com a natureza do crime de perigo abstrato do art. 306, CTB. Assim, muito embora existam julgados do Superior Tribunal de Justiça no sentido de que "é desnecessária a demonstração da alteração da capacidade psicomotora, visto que o delito de perigo abstrato dispensa a demonstração de direção anormal do veículo",[87] há perfeita possibilidade de se encontrar o condutor com a capacidade psicomotora alterada, sem que isso implique, necessariamente, a produção efetiva de perigo de dano. Por exemplo, um motorista pode conduzir regularmente seu veículo (sem causar perigo de dano) após ingerir bebida alcoólica. Ao ser parado na fiscalização, contudo, apura-se que ele tem os olhos vermelhos, fala pastosa e andar cambaleante (capacidade psicomotora alterada), comprovando-se a ingestão de álcool por meio do teste de bafômetro.

O simples fato de conduzir veículo sob a influência de álcool ou qualquer outra substância psicoativa que determine a dependência consiste na prática de infração administrativa de natureza gravíssima (art. 165, CTB), constatada nos termos do art. 277 do CTB (teste de alcoolemia, exames periciais, testemunhais, imagens, vídeos e etc.). A configuração da infração administrativa, ao contrário do tipo penal do art. 306, CTB, não exige alteração da capacidade psicomotora, sendo que a recusa do condutor em se submeter aos testes e exames não constitui presunção de culpa – até mesmo porque a Constituição Federal impede a presunção de culpa daquele que exerce o direito a não produzir prova contra si –, mas enseja a aplicação de infração administrativa (arts. 165-A e 277, §3º, CTB).

Já decidiu o Superior Tribunal de Justiça que a imposição de infração administrativa ao condutor que se recusa a se submeter a quaisquer dos procedimentos previstos no *caput* do art. 277 do CTB não é incompatível com o princípio *nemo tenetur se detegere*, eis que a recusa do condutor na realização de deveres instrumentais de natureza administrativa pode ser sancionada com medidas de caráter persuasório voltado à observância da legislação de trânsito. Ademais, essa mesma recusa não presume culpa de embriaguez e nem mesmo implica autoincriminação.[88]

---

[85] Nesse sentido a decisão da Terceira Câmara Criminal do Tribunal de Justiça do RS: "Conforme a atual redação do dispositivo penal constitui conduta típica a condução de veículo com a capacidade psicomotora alterada (*caput*) em razão da concentração de álcool por litro se sangue superior a 6 decigramas (§1º, I), ou em razão do consumo de substâncias psicoativas (§1º, II). Assim, a adequação típica da conduta agora, depende não apenas da constatação da embriaguez (seis dg de álcool por litro de sangue), mas, também, da comprovação da alteração da capacidade psicomotora pelos meios de prova admitidos em direito". (TJRS, 3ª Câm., Apelação nº 70057015950, Rel. Des. Nereu José Giacomolli, j. 19.12.2013, p. 20.03.2014).

[86] "Art. 5º. Os sinais de alteração da capacidade psicomotora poderão ser verificados por: I – exame clínico com laudo conclusivo e firmado por médico perito; ou II – constatação, pelo agente da Autoridade de Trânsito, dos sinais de alteração da capacidade psicomotora nos termos do Anexo II. §1º Para confirmação da alteração da capacidade psicomotora pelo agente da Autoridade de Trânsito, deverá ser considerado não somente um sinal, mas um conjunto de sinais que comprovem a situação do condutor. §2º Os sinais de alteração da capacidade psicomotora de que trata o inciso II deverão ser descritos no auto de infração ou em termo específico que contenha as informações mínimas indicadas no Anexo II, o qual deverá acompanhar o auto de infração. (Resolução CONTRAN nº 432, de 23 de janeiro de 2013. Dispõe sobre os procedimentos a serem adotados pelas autoridades de trânsito e seus agentes na fiscalização do consumo de álcool ou de outra substância psicoativa que determine dependência, para aplicação do disposto nos arts. 165, 276, 277 e 306 da Lei nº 9.503, de 23 de setembro de 1997 – Código de Trânsito Brasileiro (CTB)).

[87] Superior Tribunal de Justiça, 6ª Turma, AgInt no REsp nº 1.675.592/RO, Rel. Min. Rogério Schietti Cruz, j. 24.10.2017, *DJe* 06.11.2017.

[88] Superior Tribunal de Justiça, 2ª Turma, REsp nº 1.677.380/RS, Rel. Min. Herman Benjamin, j.10.10.2017, *DJe* 16.10.2017. Precedentes no mesmo sentido: STJ, 5ª Turma, RHC nº 45173/SP, Rel. Min. Jorge Mussi,

A conduta descrita no art. 306 do CTB é dolosa, consistente na vontade livre e consciente de conduzir veículo automotor estando com a capacidade psicomotora alterada em razão da influência de álcool ou de outra substância psicoativa que determine a dependência. Não existe a forma culposa diante da inexistência de previsão legal.

No mais, trata-se crime formal,[89] pois não exige a produção de um resultado naturalístico para o seu aperfeiçoamento. Por ser plurissubsistente, admite tentativa, que pode ocorrer no caso em que o autor que, embriagado, assume a direção de um veículo automotor, sendo impedido de colocá-lo em marcha por terceira pessoa.

Muito embora parte da doutrina entenda que sempre se aplica o Princípio da Consunção ao crime de embriaguez na direção de veículo automotor, que é de perigo abstrato, em relação ao crime culposo de dano previsto no art. 303, CTB, já decidiu o Superior Tribunal de Justiça pelo reconhecimento de que se trata de delitos autônomos, quando um não constitui meio para a execução do outro.[90] No mesmo sentido, já se reconheceu o concurso material entre o delito de direção sem habilitação (art. 309, CTB) e o art. 306, CTB, com base na impossibilidade de absorção de um pelo outro.

O crime de embriaguez ao volante revogou parcialmente a contravenção penal prevista no art. 34 do DL nº 3.688/1941 (Lei das Contravenções Penais), que pune a conduta de "dirigir veículos na via pública, ou embarcações em águas públicas, pondo em perigo a segurança alheia", atingindo a parte que diz respeito aos veículos. Desse modo, aplica-se tal dispositivo apenas às embarcações, anotando-se a necessidade de demonstração de perigo de dano concreto. Quanto ao art. 39 da Lei nº 11.343/06, que tipifica a conduta de "conduzir embarcação ou aeronave após o consumo de drogas, expondo a dano potencial a incolumidade de outrem", cuida-se de delito que diz respeito apenas e tão somente a direção desses dois tipos de meios de transporte, englobando o perigo de dano concreto após o consumo de drogas, excluindo-se, pois, a prévia ingestão de bebida alcóolica.

Ao crime previsto no art. 304 do CTB se comina a pena de detenção, de seis meses a três anos, multa e suspensão ou proibição de se obter permissão ou habilitação para dirigir veículo automotor (art. 292, CTB). A ação penal é pública incondicionada (art. 100, *caput*, CP) e, por força da pena máxima superior a dois anos, não é considerado infração de menor potencial ofensivo, excluindo-se a competência do Juizado Especial Criminal (art. 61 da Lei nº 9.099/05). Nesse sentido e desde que preenchidos os requisitos legais, comporta a concessão de acordo de não persecução penal, nos termos do art. 28-A, do Código de Processo Penal, bem como a suspensão condicional do processo (art. 89 da Lei nº 9.099/95).

Por se tratar de crime formal e que pode acarretar prejuízo à vítima, possibilita-se a aplicação da multa reparatória do art. 297 do CTB para a indenização dos danos materiais, sem prejuízo do disposto no art. 387, IV, do CPP, que comporta, por ocasião da prolação da sentença condenatória, a fixação de valor mínimo para a reparação dos danos, não apenas materiais, mas também morais, causados pela infração.

---

j.06.05.2014, *DJe* 14.05.2014; STJ, 3ª Turma, REsp nº 1.111.566/DF, Rel. Min. Marco Aurélio Bellizze, Rel Acórdão Des. Adilson Vieira Macabu (convocado TJ/RJ), j. 28.03.2012, *DJe* 04.09.2012.

[89] No mesmo sentido: NUCCI, Guilherme de Souza. *Op. cit.*, p. 1155. Em sentido contrário, entendendo que o art. 306 do CTB é crime de mera conduta: LIMA, Renato Brasileiro de. *Op. cit.*, p. 1231.

[90] STJ, 5ª Turma, AgRg no AREsp nº 1239057/MS, Rel. Min. Ribeiro Dantas, j. 04.10.2018, *DJe* 11.10.2018.

> **Art. 307.** Violar a suspensão ou a proibição de se obter a permissão ou a habilitação para dirigir veículo automotor imposta com fundamento neste Código:
>
> Penas – detenção, de seis meses a um ano e multa, com nova imposição adicional de idêntico prazo de suspensão ou de proibição.
>
> Parágrafo único. Nas mesmas penas incorre o condenado que deixa de entregar, no prazo estabelecido no §1º do art. 293, a Permissão para Dirigir ou a Carteira de Habilitação.

O art. 307 do CTB prevê dois delitos distintos, os quais não guardam relação entre si. O primeiro deles é descrito no *caput* e consiste na *violação de suspensão ou proibição de obter permissão ou habilitação para dirigir veículo automotor*. Já o segundo trata da omissão na entrega de permissão ou habilitação no prazo legal.

A *violação de suspensão ou proibição de obter permissão ou habilitação para dirigir veículo automotor* não consiste propriamente em delito de trânsito, já que não é cometido na direção de veículo automotor, tal como enuncia o art. 291 do CTB. Trata-se, na verdade, de uma modalidade especial ao tipo penal previsto no art. 359 do Código Penal, que incrimina a "desobediência a decisão judicial sobre perda ou suspensão de direito" e tem por sujeito passivo a Administração da Justiça, interessada no cumprimento das decisões dela emanadas.

É núcleo do tipo penal a conduta comissiva de "violar", ou seja, infringir, desobedecer, transgredir a sanção consistente na suspensão ou proibição de se obter a permissão ou habilitação para dirigir veículo automotor, "imposta com fundamento nesse Código". O art. 307, *caput*, CTB, portanto, faz referência a uma pena específica, que não pode ter seu alcance estendido para abarcar a sanção administrativa de "suspensão do direito de dirigir" (art. 256, III, CTB), ou mesmo a perda do direito de dirigir (cassação), efeito da condenação por crime de trânsito anterior (art. 263, III, CTB). E mais, por referir expressamente o dispositivo que a violação diz respeito a sanção imposta com fundamento no Código de Trânsito Brasileiro, não incorre nesse delito o agente que descumpre o efeito da condenação previsto no art. 92, III, CP, ou mesmo a pena restritiva de direitos do art. 47, III, do CP.

Nesse sentido decidiu o Superior Tribunal de Justiça, ao estabelecer que o art. 307, *caput*, do CTB "pressupõe o descumprimento de decisão judicial, a única a conceber o efeito da coisa julgada", referindo-se expressamente a sanção prevista no art. 292, CTB, única aplicável como pena principal, isolada ou cumulativamente com outras penalidades.[91]

Assim como no art. 359, CP, o art. 307, *caput*, do CTB tutela a Administração da Justiça, mas tem como sujeito ativo exclusivamente o motorista previamente condenado pelos crimes de homicídio culposo na direção de veículo automotor (art. 302, CTB), lesão corporal culposa na direção de veículo automotor (art. 303, CTB), embriaguez ao volante (art. 306, CTB) e participação em competição automobilística não autorizada (art. 308, CTB), aos quais foi imposta a pena de suspensão ou proibição de se obter a permissão ou habilitação para dirigir veículo automotor, nos termos dos arts. 292 e 293, CTB.

Por exigir o tipo penal uma qualidade pessoal do agente, cuida-se de crime próprio, sendo ainda de mão própria, já que demanda a atuação pessoal, intransferível, de sua parte. Nesse sentido, não há possibilidade de concretização do concurso de agentes por coautoria,

---

[91] STJ, 6ª Turma, HC nº 427.472, Rel. Min. Maria Thereza de Assis Moura, j.23.08.2018, *DJe* 12.12.2018.

mas apenas participação, hipótese em que terceira pessoa auxilia, induz ou instiga o agente a dirigir veículo automotor, em violação à sanção de natureza penal descrita no art. 292, CTB.

Prevê o art. 307, *caput*, CP, conduta exclusivamente dolosa, de forma que o agente deve agir com vontade livre consciente de que viola a pena anteriormente aplicada em seu desfavor. Assim, não basta que ele viole a sanção de suspensão ou proibição de se obter a permissão ou habilitação para dirigir veículo automotor, devendo ter a plena ciência de que tal pena lhe foi imposta. Caso desconheça tal circunstância, incidirá em erro de tipo (art. 20, *caput*, CP).

Trata-se de crime de mera conduta, já que não produz resultado naturalístico consistente em lesão a alguma pessoa. Também é classificado como delito de perigo abstrato, na medida em que, para o seu aperfeiçoamento, não se exige a demonstração de dano real ou potencial ao bem jurídico tutelado. Consuma-se no instante em que o agente, contra proibição imposta em ordem judicial (art. 292, CTB), dirige veículo automotor, e muito embora se trate de crime de mera conduta, é plurissubsistente, permitindo o fracionamento da conduta em diversos atos. Por essa razão, ainda que de difícil configuração, possível a tentativa,[92] caso em que o condutor assume a direção do veículo, mas não consegue colocá-lo em marcha por circunstâncias alheias à sua vontade.

A *omissão na entrega de permissão ou habilitação, no prazo legal* – figura típica prevista no art. 307, parágrafo único, do CTB – encontra-se associada à obrigação prevista no art. 293, CTB. Isso quer dizer que, transitada em julgado a sentença que aplicou a pena de perda do direito de dirigir, deve ser o acusado intimado a entregar à autoridade judiciária sua permissão para dirigir ou carteira de habilitação, no prazo de 48 (quarenta e oito) horas. Em caso de descumprimento, responde o condutor pelo crime de omissão na entrega de permissão ou habilitação.

Trata-se, pois, de modalidade especial de crime de desobediência (art. 330, CP), que abrange apenas e tão somente a recusa do condenado por crime de trânsito em proceder na forma disposta no art. 293, §1º, CTB.

À semelhança da conduta descrita no *caput*, o tipo penal equiparado do parágrafo único do art. 307 do CTB tutela a Administração da Justiça, notadamente seu interesse em ter as suas decisões efetivamente cumpridas.

Classifica-se como crime próprio, figurando como sujeito ativo o indivíduo condenado à sanção consistente na perda do direito de dirigir (art. 263, III, CTB). Sujeito passivo, de outro lado, é o Estado, mais especificamente a Administração da Justiça, que impôs ao agente a condenação do crime de trânsito e, por previsão legal, determina a ele a entrega de seu documento de habilitação.

O núcleo do tipo penal consiste em *deixar de entregar*, motivo pelo qual se trata de crime *omissivo próprio*, admitindo-se a punição a título de dolo e afastando-se a possibilidade de tentativa. Como crime de *perigo abstrato* e de *mera conduta*, consuma-se no momento em que se expira o prazo de 48 (quarenta e oito) horas previsto no art. 293, CTB, sem que haja a produção de resultado naturalístico. O termo "a quo" para o exercício dessa obrigação legal é a própria data da intimação da determinação judicial para a entrega da permissão ou habilitação para dirigir, e não da juntada do mandado de intimação aos autos.

A modalidade equiparada do art. 307, parágrafo único, do CTB também pode ser classificada como *crime a prazo*, assim entendido como aquele que exige o decurso de certo

---

[92] Em sentido contrário o entendimento de Renato Brasileiro de Lima, para quem o crime do art. 307, *caput* do CTB é classificado como de mera conduta e, portanto, não comporta a forma tentada. LIMA, Renato Brasileiro de. *Op. cit.*, p. 1233.

tempo para a sua consumação. É o mesmo que ocorre, por exemplo, no crime de apropriação de coisa achada, previsto no art. 169, parágrafo único, II, do CP, no qual quem acha coisa alheia perdida e dela se apropria tem o prazo de 15 (quinze) dias para restitui-la ao dono ou legítimo possuidor, ou entregá-la à autoridade competente. Somente após o decurso do período descrito no tipo é que o crime se consuma.

Às duas figuras típicas descritas no *caput* e parágrafo único do art. 307 do CTB se comina a mesma pena de detenção de seis meses a um ano, além da pena acessória consistente na aplicação adicional de idêntico prazo de suspensão ou proibição. A ação penal é pública incondicionada (art. 100, *caput*, CP) e, por força da pena máxima não superior a dois anos, é considerado infração de menor potencial ofensivo, de competência do Juizado Especial Criminal (art. 61, da Lei nº 9.099/05). Nesse sentido e desde que preenchidos os requisitos legais, comporta a aplicação dos benefícios da transação penal e suspensão condicional do processo (arts. 76 e 89 da Lei nº 9.099/95), excluindo-se a possibilidade de acordo de não persecução penal, em função da vedação prevista pelo art. 28-A, §2º, I, do Código de Processo Penal.

Ambas as figuras também são consideradas crimes de mera conduta e, portanto, não produzem resultado naturalístico. Nesse sentido, não se concebe a possibilidade de aplicação da multa reparatória (art. 297, CTB).

> **Art. 308.** Participar, na direção de veículo automotor, em via pública, de corrida, disputa ou competição automobilística ou ainda de exibição ou demonstração de perícia em manobra de veículo automotor, não autorizada pela autoridade competente, gerando situação de risco à incolumidade pública ou privada: (Redação dada pela Lei nº 13.546, de 2017)
>
> Penas – detenção, de 6 (seis) meses a 3 (três) anos, multa e suspensão ou proibição de se obter a permissão ou a habilitação para dirigir veículo automotor. (Redação dada pela Lei nº 12.971, de 2014)
>
> §1º Se da prática do crime previsto no *caput* resultar lesão corporal de natureza grave, e as circunstâncias demonstrarem que o agente não quis o resultado nem assumiu o risco de produzi-lo, a pena privativa de liberdade é de reclusão, de 3 (três) a 6 (seis) anos, sem prejuízo das outras penas previstas neste artigo. (Incluído pela Lei nº 12.971, de 2014)
>
> §2º Se da prática do crime previsto no *caput* resultar morte, e as circunstâncias demonstrarem que o agente não quis o resultado nem assumiu o risco de produzi-lo, a pena privativa de liberdade é de reclusão de 5 (cinco) a 10 (dez) anos, sem prejuízo das outras penas previstas neste artigo. (Incluído pela Lei nº 12.971, de 2014)

Diante dos riscos inerentes ao tráfego de veículos em alta velocidade, dispõe o Código de Trânsito Brasileiro que os ensaios, provas ou competições desportivas envolvendo veículos automotores somente poderão ser realizados em via aberta à circulação, mediante prévia autorização da autoridade de trânsito da circunscrição, preenchendo-se, ademais, determinados requisitos previstos no seu art. 67. Em complemento, prevê como infração administrativa de natureza gravíssima a *disputa de corrida* (art. 173, CTB); a *promoção desse tipo de disputa*, sem a devida autorização (art. 174, CTB), assim como a *demonstração ou exibição e manobra perigosa, mediante arrancada brusca, derrapagem, frenagem, deslizamento ou arrastamento de pneus* (art. 175, CTB).

Assim, considerando o evidente perigo concreto de dano à vida, integridade física, segurança e patrimônio de todos os envolvidos no trânsito viário, tipificou-se a conduta de *participação em corrida, disputa, competição ou exibição ou demonstração de perícia em manobra de veículo automotor não autorizada*, tutelando-se, por consequência, a segurança viária – interesse transindividual (art. 1º, §2º, CTB) –, assim como os bens jurídicos da incolumidade pública e privada.

O tipo objetivo prevê o verbo nuclear "participar", empregado de forma genérica com o sentido de tomar parte de alguma coisa. Assim, incorre na prática do crime em questão aquele que, juntamente com terceiros e na direção de veículo automotor, participa desse tipo de eventos não autorizados, em via pública, assim considerada como a "superfície por onde transitam veículos, pessoas e animais, compreendendo a pista, o acostamento, ilha e canteiro central".[93]

Conceitua-se a **corrida** como ato de correr dentro de um percurso predeterminado. Nesse caso, pressupõe-se um desafio anterior, com a adesão entre os participantes. No caso da **disputa**, o desafio entre os participantes é tácito, dependendo de provocação anterior, que pode ser igualmente tácita ou expressa. O termo **competição**, por sua vez, sugere um evento previamente organizado, que depende de adesão prévia por parte dos competidores, podendo haver organizadores e público envolvido.

Percebe-se inicialmente que essas três primeiras condutas caracterizam crime de concurso necessário (plurissubjetivo). Em uma "corrida", assim como em "disputa" ou "competição" há um enfrentamento, uma rivalidade entre participantes, razão pela qual não se concebe a sua caracterização quando o agente, de forma isolada, simplesmente trafega em velocidade excessiva, hipótese em que incorrerá simplesmente em contravenção penal de direção perigosa (art. 34, Decreto Lei nº 3.688/41) ou mesmo na prática do delito previsto no art. 311, CTB, conforme o caso. De outro lado, o verbo nuclear acrescentado ao art. 308 do CTB pela Lei nº 13.546/17[94] encerra crime de concurso eventual (unissubjetivo), na medida em que é perfeitamente possível a "demonstração de perícia em manobra" (ex. cavalo de pau, ziguezague, acrobacias, empinamento de motocicletas) por um único indivíduo.

A consumação da figura típica, em quaisquer de suas modalidades, pressupõe a existência de veículos em movimento, fato este capaz de gerar perigo de dano concreto. A redação original do Código de Trânsito condicionava o aperfeiçoamento do delito à prova de "*dano potencial* à incolumidade pública ou privada". Por ocasião da primeira alteração ao art. 308 do CTB empreendida pela Lei nº 12.971/14, introduziu-se a necessidade de que a conduta do agente participante de corrida, disputa ou competição automobilística não autorizada em via pública gerasse "situação de risco à incolumidade pública ou privada". A Lei nº 13.546/17, muito embora tenha alterado a redação do dispositivo, conservou sua parte final, preservando a menção ao "risco de dano" como fator condicionante da tipificação penal.

A despeito da alteração da redação original do art. 308, CTB, substituindo-se a expressão "dano potencial"[95] por "risco de dano", entende-se que o legislador manteve a indicação no sentido de que ambas preservam a exigência da demonstração de uma possibilidade ou

---

[93] Cf. Anexo I do Código de Trânsito Brasileiro.

[94] A Lei nº 13.546/17, que incluiu a "exibição ou demonstração de manobra de veículo automotor" ao texto do art. 308 do CTB entrou em vigor em 19 de abril de 2018, de modo que, somente após essa data pode ser incriminadas as condutas de exibição de perícia por condutor, dissociada de competições, disputas ou corridas, sob pena de ofensa ao princípio que veda a retroatividade de lei penal mais gravosa.

[95] Durante a vigência da redação original do art. 308, CTB, o STJ decidiu que o delito de "racha", por ser de perigo concreto, necessita, para a sua configuração, da demonstração de potencialidade lesiva. (STJ, 5ª Turma, REsp nº 585.345/PB, Rel. Min. Felix Fischer).

probabilidade de lesão ao bem jurídico protegido, conservando a natureza de crime de perigo concreto. Assim, há que se comprovar a potencialidade lesiva da conduta praticada pelo agente para que haja a possibilidade de responsabilização criminal pelo art. 308, CTB. Caso não realizada essa prova, responderá o agente unicamente pelas infrações administrativas previstas nos arts. 173, 174 e 175 do CTB.[96]

Qualquer pessoa pode ser sujeito ativo do crime previsto no art. 308, CTB, sendo que respondem por ele, em concurso de agentes, tanto o condutor que incide diretamente em alguma das condutas típicas, quanto aqueles que concorrem de qualquer modo para a prática delituosa, como passageiro, organizador da corrida clandestina, etc. Caso não seja o agente habilitado para a condução de veículos automotores, acrescenta-se a agravante do art. 298, III, CTB.

A coletividade ou, no caso concreto, um único titular, pode ser vítima delitiva. Questão controvertida diz respeito à condição de vítimas por parte dos espectadores da competição ilegal, porquanto funcionariam como intervenientes diretos no evento. Sob o ponto de vista da Teoria da Imputação Objetiva, a heterocolocação em perigo consentida por parte do espectador o excluiria desse rol. Discorda-se, contudo, desse tipo de conclusão, na medida em que os espectadores não participam efetivamente da "prova de velocidade ou de destreza", limitando-se a observá-la de determinado local, razão pela qual se encontram sujeitos ao risco decorrente da conduta delituosa. Em complemento, há que considerar que a vida é bem jurídico indisponível, sendo vedado ao Direito Penal relativizar o seu valor para efeito de afastar essa modalidade de vitimização.

Pune-se o crime a título de dolo (direto e eventual), dolo este de perigo consistente na vontade livre e consciente de participar de corrida, disputa ou competição automobilística, ou de realizar exibição ou demonstração de perícia em manobra, que sabe não autorizada, vontade e consciência estas que devem alcançar a provocação de um risco à incolumidade pública ou privada, ou mesmo assumindo o risco de provocar esse mesmo perigo de lesão ao bem jurídico tutelado.

Considera-se consumado o delito do art. 308 do CTB com a efetiva participação do agente em algum dos eventos envolvendo disputas ou exibições de perícia relacionados no tipo e desde que gerada alguma situação de risco à incolumidade pública ou privada. Cuida-se, de outro lado, de crime plurissubsistente que permite o fracionamento da conduta em diversas ações, contemplando-se, pois, a possibilidade de tentativa.

Os dois parágrafos acrescentados pela Lei nº 12.971/14 encerram figuras preterdolosas, qualificadas pela lesão corporal grave e pela morte. Em ambos os casos, haverá dolo (de perigo) no tocante à participação no "racha" ou exibição de perícia, sendo o resultado "lesão grave" ou "morte" decorrentes de culpa. Para a configuração dessas modalidades preterdolosas, as circunstâncias em que ocorreram os fatos devem demonstrar que o agente não quis o resultado e nem mesmo assumiu, com sua conduta, o risco de produzi-lo, caso em que se exclui a aplicação do art. 302, CTB, norma geral.

Logicamente, a previsão legislativa das referidas figuras preterdolosas não afasta, de forma absoluta, a possibilidade de imputação do resultado lesão/morte por dolo eventual. Isso porque os próprios §§1º e 2º do art. 308 ressalvam que a qualificadora não se aplica se houver elementos do dolo direto ou do dolo eventual, caso em que deverá o agente

---

[96] Já decidiu o Superior Tribunal de Justiça, contudo, que "a alteração promovida pelo Lei nº 12.971/14, que substituiu a expressão 'dano potencial' por 'situação de risco', teve como objetivo esclarecer que o crime do artigo 308 do CTB é de perigo abstrato" (STJ, 5ª Turma, AgRg no REsp nº 1.852.303/ES, j.18.02.2020, *DJe* 28.02.2020).

responder, conforme o caso, pelo crime de lesão corporal dolosa (art. 129, CP) ou homicídio doloso (art. 121, CP).

Na hipótese em que a participação em competição ilegal culminar na produção de lesões corporais de natureza leve à vítima, emergem duas possibilidades: 1) caso demonstrado que o condutor quis ou assumiu o risco de produzir o resultado, responderá pelo crime previsto no art. 308, CTB, em concurso com o delito do art. 129, CP. Há quem entenda que nessa hipótese o dolo de dano absorve o dolo de perigo, de modo que o agente responderá unicamente pelo art. 129, CP; 2) caso a lesão corporal seja fruto de violação do dever de cuidado objetivo, parte da doutrina entende que o crime de dano (art. 303, CTB) deve absorver o crime de perigo (art. 308, CTB), prevalecendo, assim, o desvalor do resultado sobre o desvalor da conduta, ainda que contraditoriamente mais branda a punição cominada ao primeiro delito. No entanto, entendemos inviável a aplicação do Princípio da Consunção ao caso, notadamente diante dos desígnios autônomos que animam a prática de dois delitos diversos. Isso quer dizer que não há como ignorar o dolo anterior de perigo, para simplesmente englobá-lo em um resultado posterior, fruto de culpa e, portanto, não desejado pelo agente. Assim, ou se considera a lesão culposa leve como irrelevante penal – a ser valorada como circunstância judicial negativa na primeira fase da dosimetria da pena –, diante da omissão legislativa em tipificar o resultado em uma das qualificadoras; ou então responde o agente pelo art. 308, CTB, em concurso com o art. 303, CTB.

Ao crime previsto no art. 308, *caput*, CTB, desde o início da vigência da Lei nº 12.971/14,[97] se comina a pena de detenção, de seis meses a três anos, multa e suspensão ou proibição de se obter permissão ou habilitação para dirigir veículo automotor (art. 292, CTB). A ação penal é pública incondicionada (art. 100, *caput*, CP) e, por força da pena máxima superior a dois anos, não é considerado infração de menor potencial ofensivo, excluindo-se a competência do Juizado Especial Criminal (art. 61 da Lei nº 9.099/05). Nesse sentido e desde que preenchidos os requisitos legais, comporta a concessão de acordo de não persecução penal, nos termos do art. 28-A do Código de Processo Penal, bem como a suspensão condicional do processo (art. 89 da Lei nº 9.099/95).

À modalidade qualificada preterdolosa do art. 308, §1º, do CTB comina-se a pena de reclusão de três a seis anos, sem prejuízo das outras penas referidas no *caput*. A ação penal é pública incondicionada (art. 100, *caput*, CP), excluindo-se, por força da pena cominada em abstrato, a competência do Juizado Especial Criminal (art. 61 da Lei nº 9.099/05), bem como a possibilidade de concessão do benefício da suspensão condicional do processo (art. 89 da Lei nº 9.099/95). Desde que preenchidos os requisitos legais, comporta apenas e tão somente a concessão de acordo de não persecução penal, nos termos do art. 28-A do Código de Processo Penal.

Muito embora disponha o art. 28-A do CPP sobre a possibilidade de formalização de acordo apenas para as infrações penais cometidas "sem violência ou grave ameaça", entende-se que a violência inibidora do ajuste deve ser analisada no âmbito da conduta, e não do resultado do delito. Assim, uma vez demonstrado que o resultado violento (no caso a lesão corporal), muito embora previsível, não foi desejado e nem mesmo aceito pelo agente, cabe ao Ministério Público analisar as particularidades do caso concreto, de modo a apurar a (im)possibilidade de formalização do acordo.

---

[97] A Lei nº 12.971/14 entrou em vigor no dia 1º de novembro de 2014. Assim, os fatos anteriores a essa data devem ser tratados com base na pena anteriormente prevista, de detenção de seis meses a dois anos, multa e suspensão ou proibição de se obter a permissão ou habilitação para dirigir veículo automotor, que permitia a classificação do dispositivo como infração de menor potencial ofensivo, de competência do Juizado Especial Criminal e suscetível de aplicação do instituto da transação penal.

Já no que diz respeito à figura do art. 308, §2º, CTB, nem mesmo se mostra possível o acordo de não persecução penal, reservado exclusivamente aos delitos cuja pena mínima prevista em abstrato seja inferior a 04 (quatro) anos.

> **Art. 309.** Dirigir veículo automotor, em via pública, sem a devida Permissão para Dirigir ou Habilitação ou, ainda, se cassado o direito de dirigir, gerando perigo de dano:
> Penas – detenção, de seis meses a um ano, ou multa.

A direção sem habilitação, assim considerada como a conduta de conduzir veículo automotor sem possuir, ou tendo cassada sua carteira nacional de habilitação ou permissão para dirigir, é considerada infração administrativa de natureza gravíssima pelo Código de Trânsito Brasileiro (art. 162, I e II, CTB). Nesse sentido, difere-se a infração administrativa do tipo penal previsto no art. 309 do CTB pela circunstância deste último exigir, para a sua configuração, que a conduta correlata gere perigo de dano.

Inabilitado para efeito de configuração do delito é considerado aquele indivíduo que: a) não tenha permissão para dirigir (art. 148, CTB); b) não tenha habilitação para dirigir, isto é, não seja detentor de carteira nacional de habilitação conferida ao condutor detentor de permissão para dirigir, desde que este não incorra, no prazo de um ano, em infração de natureza grave, gravíssima ou seja reincidente em infração administrativa de natureza média; c) tenha sua habilitação cassada, nos termos do art. 263 do CTB.[98]

Não se confunde a permissão ou a habilitação com a simples autorização regulamentada pelo art. 141, §1º, CTB, destinada à condução de veículos movidos a propulsão humana e tração animal, assim como ao ciclomotor, definido pelo Anexo I do CTB como "veículo de duas ou três rodas, provido de um motor de combustão interna, cuja cilindrada não exceda a cinquenta centímetros cúbicos e cuja velocidade máxima de fabricação não exceda a cinquenta quilômetros por hora".[99] Assim, aquele que for surpreendido na condução de ciclomotores com essa característica sem portar a devida autorização (ACC) não incorrerá na prática do crime previsto no art. 309 do CTB.

O agente que, muito embora habilitado, dirige veículo automotor sem portar documento de habilitação pratica a infração administrativa prevista no art. 232 do CTB. Isso porque o art. 309 do CTB exige que o condutor não seja habilitado para a tipificação da conduta. Com base no mesmo raciocínio, o Superior Tribunal de Justiça decidiu que não incorre em crime de direção sem habilitação o condutor cuja habilitação esteja vencida, na medida em que a limitação temporal constante da CNH se presta unicamente a firmar a "transitoriedade dos atestados de aptidão física e mental que pressupõe o exercício legal dos direitos de dirigir".[100] Nessa medida, não se pode equiparar o condutor que nunca obteve habilitação para conduzir veículo automotor com aquele que simplesmente deixou escoar o prazo para a renovação de seu exame médico.[101]

---

[98] Cf. comentários às hipóteses de cassação ao longo do texto relacionado ao art. 291, CTB.
[99] Segundo o art. 141, *caput*, CTB, a autorização para conduzir ciclomotores deve ser regulamentada pelo CONTRAN, que o faz por meio da Resolução 347, de 29 de abril de 2010.
[100] STJ, 1ª T., REsp nº 1.805.381/AL, Min. Gurgel de Faria, *DJe* 06.06.2019.
[101] STJ, Rel. 5ª T., REsp nº 1.188.333/SC, Rel. Min. Gilson Dipp, j. 16.12.2010, *DJe* 01.02.2011.

Entende-se igualmente inviável a imputação do delito previsto no art. 309 do CTB ao motorista que cumpre pena administrativa de suspensão do direito de dirigir (art. 261, CTB). Isso porque o tipo penal refere-se expressamente ao motorista que não seja habilitado, não tenha permissão para dirigir ou tenha a sua habilitação cassada, vedando-se, pois, a interpretação extensiva para a compreensão do tipo penal ao arrepio do Princípio da legalidade estrita que rege o Direito Penal.

Cuida-se de crime de perigo concreto, que exclui da imputação criminal a conduta do inabilitado que conduza veículo automotor de maneira normal e diligente, sem colocar em risco a segurança viária, assim como os demais usuários da via pública. Para a sua configuração, portanto, deve restar comprovado o risco de dano à vida, saúde, integridade física ou patrimônio de terceiros.[102]

Em uma primeira análise, o bem jurídico tutelado pela norma penal incriminadora é a segurança viária, tutelando-se de forma secundária a incolumidade pública, que tem como sentido o estado de segurança ou tranquilidade.[103] Isso porque um número indefinido de pessoas usuárias das vias públicas, assim como um único particular, conforme o caso, tem o direito de se sentir seguro no tocante à preservação de sua vida, integridade e patrimônio.

Trata-se de crime comum, cujo sujeito ativo pode ser qualquer pessoa, ao passo que, por se tratar de crime vago, tem como sujeito passivo a coletividade, assim, como de forma concreta, tem o condão de atingir pessoas determinadas eventualmente atingidas pela conduta. Isso porque um número indefinido de pessoas usuárias das vias públicas têm por interesse a preservação da segurança viária, assim como um único particular, conforme o caso, pode vir a ser exposto a perigo de dano, no que tange à vida, integridade e patrimônio.

O crime de direção sem habilitação tem por verbo nuclear *dirigir,* entendido como o ato de manejar veículo automotor, de forma a colocá-lo em movimento. No mais, entende-se que a direção efetiva do veículo ocorra em via pública e seja capaz de gerar perigo de dano. Assim, exclui-se a possibilidade de imputação de crime ao indivíduo inabilitado que se encontre estacionado na via pública,[104] ou mesmo que conduza o veículo no interior de uma garagem.

Trata-se de conduta dolosa, não havendo previsão legal da possibilidade de inocorrência de crime de direção sem habilitação na forma culposa. O tipo subjetivo, portanto, diz respeito à vontade livre e consciente de conduzir veículo automotor sem a devida Permissão para Dirigir ou Habilitação ou, ainda, tendo o direito de dirigir cassado, gerando perigo de dano.

O delito se consuma no instante em que o agente, pessoa inabilitada, coloca em movimento o veículo automotor em via pública, em situação que gere perigo concreto de dano, tal como ocorre, por exemplo, na condução em ziguezague, excesso de velocidade, etc. Em se tratando de crime plurissubsistente, no plano fático, concebe-se a tentativa, como no caso em que o motorista comece a acelerar o veículo em velocidade excessiva para o local, mas seja impedido por terceiro.[105]

---

[102] Nesse sentido decidiu o Supremo Tribunal Federal: STF, 1ª T., HC nº 80.422/MG, Rel. Min. Ilmar Galvão, j.28.11.2000, DJ 02.03.2001.

[103] JESUS, Damásio de. *Código penal anotado*. 10. ed. São Paulo: Saraiva, 2000, p. 783.

[104] Cf. comentários sobre o conceito de via pública no texto destinado à análise do art. 308, CTB.

[105] Nesse ponto, endossamos o posicionamento de Pierangeli e Zaffaroni e Magalhães Noronha, diante da possibilidade de fracionamento do *iter criminis* nos delitos de perigo. ZAFFARONI, Eugenio Raúl; PIERANGELLI, José Henrique. *Da tentativa*. São Paulo: Revista dos Tribunais, 1995, p. 20. NORONHA, Edgard Magalhães. *Direito Penal*. v. II, Saraiva, 1973, p. 83. No sentido contrário o posicionamento de Delmanto, para o qual a simples qualidade de crime de perigo concreto do art. 309, CTB inviabiliza a tentativa. DELMANTO, Fabio Machado de Almeida. *Medidas substitutivas e alternativas à prisão cautelar*. Rio de Janeiro: Renovar, 2008, p. 485.

O concurso de agentes é admissível na modalidade participação, que pode ocorrer na hipótese em que se induz ou instiga o autor, sabidamente inabilitado, a dirigir veículo automotor.

A condução de veículo sem habilitação constitui causa especial de aumento de pena dos crimes de homicídio e lesão corporal culposa (arts. 302 e 303, CTB). Por essa razão, aplica-se o princípio da consunção ao caso em que tais resultados culposos sejam decorrentes de conduta praticada por condutor inabilitado.

Na hipótese de concurso entre os crimes de direção sem habilitação e embriaguez ao volante, entende o Superior Tribunal de Justiça que se trata de crimes autônomos, na medida em que um deles não é meio necessário, fase de preparação ou meio de execução do outro. Ademais, são ambos dotados de objetividades jurídicas diversas, o que afasta a possibilidade de aplicação do Princípio da Consunção.[106] [107]

Comina-se a pena de detenção, de seis meses a um ano ao delito previsto no art. 309 do CTB. Nesse sentido e por força do art. 61 da Lei nº 9.099/95, é considerado crime de menor potencial ofensivo, a determinar a possibilidade de aplicação do instituto da transação penal. Processa-se por meio de ação penal pública incondicionada, sujeita ao procedimento comum sumaríssimo. Possível, ainda a aplicação do benefício da suspensão condicional do processo, excluindo-se a possibilidade de oferta de acordo de não persecução penal, por força da vedação contida no art. 28-A, §2º, I, CPP.

> **Art. 310.** Permitir, confiar ou entregar a direção de veículo automotor a pessoa não habilitada, com habilitação cassada ou com o direito de dirigir suspenso, ou, ainda, a quem, por seu estado de saúde, física ou mental, ou por embriaguez, não esteja em condições de conduzi-lo com segurança:
>
> Penas – detenção, de seis meses a um ano, ou multa.
>
> **Art. 310-A.** (VETADO) (Incluído pela Lei nº 12.619, de 2012)

O crime do art. 310 do CTB tem por objetivo punir a conduta de quem entrega, permite ou confia a direção de veículo automotor a pessoa não habilitada ou com o direito de dirigir suspenso ou cassado. Pune-se, ainda, aquele que confia a condução do veículo a quem, por seu estado físico ou mental, ou por embriaguez, não se encontre em condições de fazê-lo com a devida segurança. Trata-se de crime doloso, a demandar do agente o prévio conhecimento dessa circunstância, para o exercício de sua vontade livre e consciente de praticar a conduta descrita no tipo penal.

O tipo penal contempla três verbos nucleares: *permitir, confiar* e *entregar*. A permissão deve ser entendida como autorização, concessão de algo. Por *confiar*, entende-se a entrega de algo aos cuidados de alguém, ao passo que a *entrega* guarda a ideia de transmissão de um veículo que estava sob a responsabilidade do agente. A partir dessas definições, o crime do art. 310 do CTB é considerado de ação múltipla ou conteúdo variado, razão pela

---

[106] Superior Tribunal de Justiça, 5ª Turma, AgRg no REsp nº 1898458/PR, Rel. Min. Felix Fischer, j.05.12.2020, *DJe* 17.12.2020.

[107] No sentido contrário, pela aplicabilidade do Princípio da Consunção na hipótese de concurso entre os delitos previstos nos arts. 306 e 309, CTB: GOMES, Luiz Flávio; CUNHA, Rogério Sanches. *Legislação Criminal Especial*. 2. ed. São Paulo: Revista dos Tribunais, 2010, p. 1109.

qual a execução de mais de um dos núcleos típicos no mesmo contexto implica a prática de crime único.

Necessário que a direção do veículo automotor seja permitida, confiada ou cedida para pessoa sem condições de conduzi-lo, assim considerada: *a) pessoa não habilitada*, isto é, que não seja detentora de carteira nacional de habilitação conferida ao condutor detentor de permissão para dirigir, desde que este não incorra, no prazo de um ano, em infração de natureza grave, gravíssima ou seja reincidente em infração administrativa de natureza média; *b) pessoa que tenha sua habilitação cassada*, nos termos do art. 263, CTB; *c) pessoa que cumpra pena de suspensão do direito de dirigir* (art. 261, I e II, CTB); e *d) pessoa que não tenha condições de conduzir o veículo em segurança, seja por força de embriaguez, seja por força de seu estado de saúde, física ou mental*, ressalvando-se que, para a caracterização dessa última hipótese legal, há que se verificar, caso a caso, o prejuízo da capacidade psicomotora do condutor.

O art. 310 do CTB tem correlação com infrações previstas no Código de Trânsito Brasileiro, a ensejar a possibilidade de punição em ambas as esferas (penal e administrativa para a entrega de veículo [art. 163] e permissão de direção [art. 164, CTB]). Ressalva-se, contudo, que nem todas as situações de infração dos artigos 163 e 164 do CTB implicam a prática de crime, na medida em que este somente ocorrerá na hipótese de entrega ou permissão de condução a alguém que não possui Carteira Nacional de Habilitação, ou esteja com o direito de dirigir suspenso ou CNH cassada (respectivamente, infrações dos incisos I e II do artigo 162), sendo atípica a entrega ou permissão do veículo a pessoa com CNH de categoria diferente, com exame médico vencido ou sem observar as restrições da CNH (incisos III, V e VI do artigo 162), circunstâncias que caracterizam unicamente infrações de trânsito.

Tutela-se, de forma direta, a segurança viária, interesse este pertencente a toda a coletividade que participa, seja como condutor ou pedestre, do trânsito pelas vias terrestres. No plano individual, protege-se a vida e a integridade física da própria pessoa não habilitada ou que tenha o direito de dirigir suspenso ou cassado, ou mesmo que, por embriaguez ou condição física ou mental, não disponha de condições de dirigir em segurança e, portanto, possa vir a se envolver em provável acidente de trânsito.

Divide-se a doutrina a respeito da classificação do delito. Para quem entende que se trata de crime de mera conduta, o simples fato de entregar o veículo a pessoa inabilitada ou sem condições para conduzi-lo é o suficiente para a consumação do crime.[108] Para quem entende que se trata de crime de perigo concreto, não basta a mera entrega, exigindo-se a comprovação de que o autor, com sua conduta, colocou em risco a segurança de terceiros.[109] É certo, contudo, que o Superior Tribunal de Justiça, por meio da Súmula nº 575 sufraga o primeiro entendimento, dispondo que "Constitui crime a conduta de permitir, confiar ou entregar a direção de veículo automotor a pessoa que não seja habilitada, ou que se encontre em qualquer das situações previstas no art. 310 do CTB, independentemente da ocorrência de lesão ou de perigo de dano concreto na condução do veículo".

Trata-se de crime comum e que, portanto, pode ser praticado por qualquer pessoa, desde que possuidora ou detentora de um veículo automotor, a qualquer título e que o entregue a terceira pessoa nas condições descritas no art. 310 do CTB. Já o agente que recebe o veículo e o conduz sem habilitação ou permissão incorre no art. 309, CTB, ao passo que o

---

[108] STOCO, Rui. Código de Trânsito Brasileiro: disposições penais e suas incongruências. *Boletim IBCCrim*, São Paulo, n. 61, p. 8/10, dez. 1997.

[109] CALLEGARI, André Luis. Delitos de perigo concreto no Código de Trânsito Brasileiro. *Boletim IBCCrim*, n. 76, v. 6, São Paulo, mar. 1999, p. 7/8; RIZZARDO, Arnaldo. Comentários ao Código de Trânsito Brasileiro. 10. ed. São Paulo: Revista dos Tribunais, 2019, p. 784.

condutor embriagado incide na prática do art. 306, CTB. Por essa razão, o art. 310 do CTB é considerado exceção à Teoria Monista, segundo a qual todo aquele que concorre para um mesmo crime incide nas penas a ele cominadas (art. 29, CP). O sujeito passivo, de outro lado, é a coletividade, razão pela qual se classifica como crime vago.

Caso o agente nas condições previstas no art. 310 do CTB venha a práticar crime de lesão corporal ou homicídio culposo na condução do veículo automotor, aquele que lhe entregou o veículo responderá pelo crime culposo em coautoria com o motorista, caso seja ele imputável. Caso inimputável o condutor, o responsável pela entrega do veículo responderá pelo crime culposo, de forma isolada.

O momento consumativo ocorre com a colocação do veículo automotor em movimento por parte da pessoa sem habilitação, embriagada ou que não disponha de condições físicas e mentais. Desse modo, clara a conclusão no sentido de que o genitor que entrega as chaves do carro ao filho adolescente, que não o coloca em movimento, pratica fato atípico.

Embora teoricamente possível a tentativa – caso em que, por exemplo, o condutor não habilitado aciona o motor do veículo, mas é impedido de deixar a garagem em que ele se encontrava estacionado –, acredita-se que, por razões de política criminal, não deve ser passível de punição, notadamente pela ausência de nocividade social da conduta.[110]

No art. 310 do CTB é cominada a pena de detenção, de seis meses a um ano, ou multa. A multa, no caso, não corresponde à prevista no art. 297 do CTB em função da natureza do crime, que não enseja dano. Em função da pena máxima cominada em abstrato – não superior a dois anos – cuida-se de crime de menor potencial ofensivo (art. 61 da Lei nº 9.099/95), a determinar a possibilidade de aplicação do instituto da transação penal. Processa-se por meio de ação penal pública incondicionada, sujeita ao procedimento comum sumaríssimo. Possível ainda a aplicação do benefício da suspensão condicional do processo, excluindo-se a possibilidade de oferta de acordo de não persecução penal, por força da vedação contida no art. 28-A, §2º, I, CPP.

> **Art. 311.** Trafegar em velocidade incompatível com a segurança nas proximidades de escolas, hospitais, estações de embarque e desembarque de passageiros, logradouros estreitos, ou onde haja grande movimentação ou concentração de pessoas, gerando perigo de dano:
> Penas – detenção, de seis meses a um ano, ou multa.

O art. 311 do CTB tem por objetivo punir o agente que trafega em velocidade incompatível por locais com grande concentração de pessoas, onde o risco de dano à saúde ou integridade física é evidentemente acentuado. Exemplifica o legislador tais locais, relacionando expressamente as proximidades de escolas, hospitais, estações de embarque e desembarque de passageiros ou logradouros estreitos, lançando mão, no desfecho, de expressão genérica, que permite abarcar quaisquer outros lugares "onde haja grande movimentação ou concentração de pessoas".

---

[110] FUKASSAWA, Fernando. *Crimes de Trânsito* (Lei nº 9.503, de 23 de setembro de 1997, alterada até a Lei nº 12.971, de 09 de maio de 2014). 3. ed. São Paulo: APMP – Associação Paulista do Ministério Público, 2015, p. 327.

O tipo exige expressamente que a conduta do agente seja apta a gerar perigo de dano. Desse modo, trata-se de crime de perigo concreto, não bastando que o agente trafegue em velocidade incompatível com o local, mas que sua conduta gere a probabilidade de gerar lesão à vida, saúde ou integridade de terceiros, sejam eles pedestres ou motoristas de outros veículos.

Atípica, portanto, a conduta daquele que trafega com excesso de velocidade em frente a uma escola durante a madrugada, período em que não existe circulação e pessoas, ressalvando-se a possibilidade de incidência única de infração administrativa (art. 220, XIV, ou art. 218, CTB).

É crime comum, na medida em que qualquer pessoa pode figurar como sujeito ativo, seja habilitada ou não, ressalvando-se que, na segunda hipótese, deve incidir igualmente a agravante prevista no art. 298, III, CTB. A coletividade, de outro lado, figura como sujeito passivo, ensejando a classificação do tipo penal como crime vago.

O verbo nuclear do tipo é "trafegar", isto é, conduzir ou dirigir o veículo, em velocidade incompatível com o local.

Via de regra, os limites de velocidade para as vias públicas são indicados pela sinalização instalada no local, disciplinando o art. 61 do CTB que, na ausência de sinalização regulamentadora, a velocidade máxima corresponderá: I – nas vias urbanas: a) oitenta quilômetros por hora, nas vias de trânsito rápido; b) sessenta quilômetros por hora, nas vias arteriais; c) quarenta quilômetros por hora, nas vias coletoras; d) trinta quilômetros por hora, nas vias locais; II – nas vias rurais: a) nas rodovias de pista dupla: a.1) 110 km/h (cento e dez quilômetros por hora) para automóveis, camionetas e motocicletas; a.2) 90 km/h (noventa quilômetros por hora) para os demais veículos; b) nas rodovias de pista simples: b.1) 100 km/h (cem quilômetros por hora) para automóveis, camionetas e motocicletas; b.2) 90 km/h (noventa quilômetros por hora) para os demais veículos; c) nas estradas: 60 km/h (sessenta quilômetros por hora).

Contudo, ressalva o legislador que o referido tráfego deve ocorrer em velocidade incompatível, expressão que difere do conceito de velocidade superior à permitida para o local. Isso quer dizer que mesmo a velocidade permitida pode se revelar inadequada, a depender da situação em concreto. Gomes e Sanchez exemplificam a situação ao citar um estádio de futebol situado em uma via arterial, cuja velocidade máxima corresponderia a 60 km/h. A fixação dessa velocidade máxima logicamente é aplicável para um dia de trânsito normal, hipótese em que não há trafego intenso e nem mesmo saída de torcedores do local. No entanto, em um momento de grande aglomeração de torcedores, na saída de um jogo, a velocidade compatível não pode corresponder ao limite fixado no art. 61, I, "b", do CTB, por razões lógicas e ínsitas ao próprio dever de cuidado que rege o tráfego de veículos automotores.[111] Desse modo, deve a "velocidade incompatível" prevista no dispositivo penal incriminador ser aferida pelo Juiz de Direito, frente às peculiaridades de cada caso.

Trata-se de crime essencialmente doloso, excluindo-se, por falta de previsão legal, a modalidade culposa. Nesse sentido, deve o condutor agir com vontade livre e consciente de trafegar em velocidade incompatível com a segurança em quaisquer dos lugares relacionados no tipo penal, ou em quaisquer outros logradouros em que haja concentração de pessoas. Havendo erro de tipo relacionado a quaisquer dessas circunstâncias, aplica-se a solução prevista no art. 20, CP, de modo que o erro invencível afasta o dolo e a culpa, ao passo

---

[111] GOMES, Luiz Flávio; CUNHA, Rogério Sanches. *Legislação Criminal Especial*. 2. ed. São Paulo: Revista dos Tribunais, 2010, p. 115.

que o erro vencível afasta apenas o dolo. Inexistindo previsão legal expressa de punição da conduta culposa, deve o agente responder unicamente pela infração administrativa correlata.

Critica-se a redação do art. 310, CTB, posto que, ao restringir a sua incidência ao desenvolvimento de velocidade incompatível nas proximidades de locais com concentração de pessoas, deixou o legislador de abranger outras situações potencialmente perigosas, como a realização de "manobras perigosas", nessas mesmas circunstâncias.[112] Assim, aquele que trafegando com velocidade compatível, avança o semáforo fechado ou a faixa de travessia defronte a uma escola no horário de saída dos estudantes, não incide na prática do crime previsto no art. 310, CTB, cometendo apenas contravenção penal de direção perigosa (art. 34, Decreto Lei nº 3.688/41).

É certo, ainda, que ao contrário dos demais tipos penais, deixou o legislador de empregar o termo "veículo automotor", restringindo-se a mencionar o tráfego de "veículo". Por essa razão, há quem entenda que o delito seja praticado por quem conduz veículo elétrico ou movido por tração humana ou propulsão animal.[113] Diverge-se, contudo, desse posicionamento, na medida em que o art. 310 do CTB encontra-se inserido no Capítulo XIX, Seção II, do Código de Trânsito Brasileiro, que trata de forma exclusiva dos Crimes de Trânsito, assim definidos pelo art. 291 do CTB como aqueles "cometidos na direção de veículos automotores".

Consuma-se o crime no instante em que o agente, trafegando com veículo automotor, desenvolve velocidade incompatível nos locais indicados, gerando perigo de dano, isto é, no momento em que se evidenciar a concreta exposição a dano à vida, saúde, integridade física ou ao patrimônio de pessoas.

Trata-se de crime plurissubsistente, de modo que, ainda que no plano teórico, afigura-se possível a tentativa. Assim, em tese, no caso em que o motorista imprima alta velocidade, mas seja impedido de chegar ao local com alta concentração de pessoas por terceiro, configurada estaria a tentativa.

Ao art. 311 do CTB é cominada a pena de detenção, de seis meses a um ano, ou multa. Em função da pena máxima cominada em abstrato – não superior a dois anos – cuida-se de crime de menor potencial ofensivo (art. 61 da Lei nº 9.099/95), a determinar a possibilidade de aplicação do instituto da transação penal. Processa-se por meio de ação penal pública incondicionada, sujeita ao procedimento comum sumaríssimo. Possível, ainda a aplicação do benefício da suspensão condicional do processo, excluindo-se a possibilidade de oferta de acordo de não persecução penal, por força da vedação contida no art. 28-A, §2º, I, CPP.

> **Art. 312.** Inovar artificiosamente, em caso de acidente automobilístico com vítima, na pendência do respectivo procedimento policial preparatório, inquérito policial ou processo penal, o estado de lugar, de coisa ou de pessoa, a fim de induzir a erro o agente policial, o perito, ou juiz:
>
> Penas – detenção, de seis meses a um ano, ou multa.
>
> Parágrafo único. Aplica-se o disposto neste artigo, ainda que não iniciados, quando da inovação, o procedimento preparatório, o inquérito ou o processo aos quais se refere.

---

[112] GONÇALVES, Victor Eduardo Rios. p. 224
[113] SALES, Sheila Jorge Selim. *Crimes de trânsito na Lei 9.503/97*, p. 248; PIRES, Ariosvaldo de Campos, p. 424.

Encerra o art. 312 do CTB o crime de fraude processual em acidente automobilístico com vítima, o qual guarda similitude com o delito de fraude processual previsto no art. 347 do Código Penal. Por força do princípio da especialidade, contudo, à fraude processual relacionada a crime de trânsito aplica-se o Código de Trânsito Brasileiro, muito embora preveja o tipo penal geral pena superior, de três meses a dois anos, e multa.

O bem jurídico tutelado é a Administração da Justiça, no que diz respeito à correta aplicação da lei.

Trata-se de crime comum e que, portanto, pode ser praticado por qualquer pessoa, tenha ela interesse ou não no acidente de trânsito em que se envolveu a vítima. A fraude, portanto, pode ser praticada pelas partes envolvidas no acidente, seus procuradores, mas também por terceiros que não possuam relação direta com os fatos, como, por exemplo, familiares ou amigos do autor do fato. É possível, ainda, que o sujeito ativo seja um funcionário público, ressalvando-se que, caso receba este vantagem ilícita para empreender a fraude, deverá ser responsabilizado por crime de corrupção passiva (art. 317, CP).

A fraude empregada pelo agente deve ser sempre superveniente ao fato, isto é, ao acidente automobilístico com vítima. Assim, pode ser praticado o crime previsto no art. 312 do CTB na pendência de procedimento policial preparatório, inquérito policial ou processo penal, mas também antes do início da correspondente investigação, conforme ressalva expressamente o parágrafo único do tipo penal incriminador. Nesse sentido, é típica a conduta daquele que, mesmo antes da chegada dos peritos ao local do acidente, remove sinalização de trânsito ou altera o posicionamento dos veículos envolvidos no acidente, como forma de impedir a apuração de sua responsabilidade no resultado danoso.

O verbo nuclear do tipo é *inovar*, ou seja, modificar ou alterar algo, de modo a produzir uma realidade diferente, algo novo. A inovação artificiosa, a qual deve recair sobre "o estado de lugar, de coisa ou de pessoa", indica a fraude destinada a enganar o agente policial, o perito judicial, ou mesmo o juiz. Assim, deve a conduta praticada pelo autor ser dotada de potencialidade para enganar, restando atípica a inovação artificiosa grosseira, inapta a promover a alteração da prova.

O delito somente se caracteriza no caso de acidente automobilístico do qual resulte vítima. Assim, caso se envolva o agente em crime de embriaguez ao volante e, fraudando o exame pericial de sangue, troca a sua amostra de sangue coletada pela de um terceiro, não incorre na prática do crime previsto no art. 312, CTB, respondendo pelo crime do art. 347, *caput*, do CP.

O crime é doloso, ressalvando-se o elemento subjetivo específico de induzir a erro o agente policial, o perito ou juiz. Silenciando o tipo penal, não se admite a modalidade culposa.

Consuma-se o crime de fraude processual em acidente automobilístico no exato momento em que o agente inova artificiosamente, em caso de acidente automobilístico com vítima, o estado de lugar, de coisa ou de pessoa, com o fim de induzir a erro o agente policial, o perito, ou juiz. Trata-se de crime formal, na medida em que se mostra irrelevante para o seu aperfeiçoamento que o agente policial, o perito ou o juiz sejam, de fato, enganados por conta da fraude empregada, bastando apenas que o ardil tenha potencialidade para induzi-los a erro. Possível, de outro lado, a caracterização da modalidade tentada, por se cuidar de crime plurissubsistente.

Ao art. 311 do CTB é cominada a pena de detenção, de seis meses a um ano, ou multa. Em função da pena máxima cominada em abstrato – não superior a dois anos – cuida-se de crime de menor potencial ofensivo (art. 61 da Lei nº 9.099/95), a determinar a possibilidade de aplicação do instituto da transação penal. Processa-se por meio de ação penal pública incondicionada, sujeita ao procedimento comum sumaríssimo. Possível ainda a aplicação do benefício da suspensão condicional do processo, excluindo-se a possibilidade de oferta de acordo de não persecução penal, por força da vedação contida no art. 28-A, §2º, I, CPP.

> **Art. 312-A.** Para os crimes relacionados nos arts. 302 a 312 deste Código, nas situações em que o juiz aplicar a substituição de pena privativa de liberdade por pena restritiva de direitos, esta deverá ser de prestação de serviço à comunidade ou a entidades públicas, em uma das seguintes atividades: (Incluído pela Lei nº 13.281, de 2016)
>
> I – trabalho, aos fins de semana, em equipes de resgate dos corpos de bombeiros e em outras unidades móveis especializadas no atendimento a vítimas de trânsito; (Incluído pela Lei nº 13.281, de 2016)
>
> II – trabalho em unidades de pronto-socorro de hospitais da rede pública que recebem vítimas de acidente de trânsito e politraumatizados; (Incluído pela Lei nº 13.281, de 2016)
>
> III – trabalho em clínicas ou instituições especializadas na recuperação de acidentados de trânsito; (Incluído pela Lei nº 13.281, de 2016)
>
> IV – outras atividades relacionadas ao resgate, atendimento e recuperação de vítimas de acidentes de trânsito. (Incluído pela Lei nº 13.281, de 2016)

Em uma primeira análise, a redação do art. 312-A, CTB, incluído pela Lei nº 13.282/2016, parece clara no sentido do dever judicial de aplicação da pena de prestação de serviços à comunidade ou à entidade pública, observando-se a especificidade de cada um dos seus incisos, no caso de substituição da pena privativa de liberdade por restritiva de direitos (art. 44, CP), por força de condenação por crime de trânsito.

Muito embora referido dispositivo deixe clara a preocupação legislativa com a fixação de pena pedagogicamente adequada aos crimes de trânsito, evitando-se, dessa forma, a fixação de sanções demasiado desproporcionais ou divorciadas do espírito preventivo do Código de Trânsito Brasileiro, merece ressalva a omissão no que tange à menção expressa à pena restritiva de direitos consistente na prestação pecuniária em favor da vítima e dependentes (art. 43, I, e art. 45, §1º, do CP, introduzidos pela Lei nº 9.714/98),[114] dispositivo este que encerra semelhança à terceira via alemã, contemplando a reparação do dano como sanção penal.[115]

Assim, muito embora exista diretriz normativa no sentido da prevalência da pena alternativa de prestação de serviços à comunidade ou à entidade pública, há que se ressalvar que, na hipótese legal de substituição da pena privativa de liberdade superior a um ano (art. 44, §2º, segunda parte, CP), cabe ao julgador, dentro do exercício de seu poder discricionário,

---

[114] A prestação pecuniária é considerada uma sanção alternativa de cunho reparatório, aplicada em substituição à pena privativa de liberdade, consiste no pagamento em valor a ser revertido em favor do ofendido ou de seus familiares ou de entidade pública ou privada com destinação social, de importância fixada pelo juiz, não inferior a 1 (um) salário-mínimo nem superior a 360 (trezentos e sessenta) salários-mínimos. A lei fixou a prioridade de destinação do valor reparatório à vítima (ou seus dependentes), de modo que, somente na ausência deles, deve figurar como beneficiário uma entidade assistencial. Nesse sentido também dispõe o artigo 5º, III, da Resolução nº 253/2018 do CNJ. BRASIL. CNJ. Resolução nº 253, de 04 de setembro de 2018. Define a política institucional do Poder Judiciário de atenção e apoio às vítimas de crimes e atos infracionais.

[115] DEMERCIAN, Pedro Henrique; MALULY, Jorge Assaf. *Curso de processo penal*. 9. ed. Rio de Janeiro: Forense, 2014, p. 164.

a escolha entre outra das diversas penas restritivas de direitos previstas em lei para aplicação ao caso concreto, ou mesmo pela cominação de pena de multa. Nessa circunstância, considera-se que a "escolha judicial" encerra o exercício de discricionariedade regrada, na medida em que, na fixação de uma pena proporcional e verdadeiramente voltada à efetiva responsabilização, que não pode descuidar da preponderância dos interesses reparatórios da vítima, em especial no que diz respeito aos crimes de trânsito, que sabidamente deixam tantas vítimas inválidas, desprovidas de assistência ou mesmo dependentes órfãos.

Assim, revela-se insuficiente a pena superior a um ano que, uma vez convertida em prestação de serviços à comunidade, seja cumulada com simples multa, na medida em que a cumulação com a pena de prestação pecuniária em favor da vítima é a única que revela potencial promoção da paz social a que se destina o processo penal. A reparação do dano sofrido, não apenas como indenização a ser executada no Juízo Cível, mas como verdadeira sanção penal, encerra a ideia de resolução do conflito como meta orientadora da atividade jurisdicional por atender a prevenção geral positiva, enquanto função da pena.

> **Art. 312-B.** Aos crimes previstos no §3º do art. 302 e no §2º do art. 303 deste Código não se aplica o disposto no inciso I do *caput* do art. 44 do Decreto-Lei nº 2.848, de 7 de dezembro de 1940 (Código Penal). (Incluído pela Lei nº 14.071, de 2020)

De forma geral, as denominadas "penas alternativas" ou "penas substitutivas" são aplicáveis, segundo disposto no art. 44, I, parte final, do CP, a todos os crimes culposos, independentemente da quantidade de pena privativa de liberdade aplicada em concreto. Difere-se, portanto, do regime adotado aos delitos dolosos, os quais admitem a conversão da pena apenas para delitos cuja pena final apurada em dosimetria não seja superior a quatro anos.

A Lei nº 14.071/2020, que acrescentou o art. 312-B ao Código de Trânsito Brasileiro, contudo, propõe a alteração desse regime previsto na Parte Geral do Código Penal, passando a dispor que, na hipótese dos crimes de homicídio culposo e lesão corporal de natureza grave ou gravíssima cometidos em estado de embriaguez ou, no segundo caso, resulte em lesões corporais de natureza grave à vítima, não se aplica o artigo 44, inciso I, do Código Penal (CP).

Muito embora exista quem entenda que o legislador procurou introduzir norma mais benéfica aos delitos de trânsito mencionados, deixando simplesmente de exigir os requisitos previstos na parte geral do Código Penal para a concessão de penas alternativas, é certo que, a despeito da deficiência da redação, o art. 312,-B do CTB busca introduzir norma vedando, de forma absoluta, a substituição de penas privativas de liberdade por restritivas de direito em casos de crimes de homicídio culposo e lesão corporal culposa de trânsito quando qualificados nos termos dos artigos 302, §3º, e 303, §2º, CTB.

A Lei nº 14.071/20 entrou em vigor no dia, razão pela qual a restrição legal prevista no art. 312-B, CTB, não pode retroagir para alcançar crimes cometidos anteriormente a essa data, por se tratar de *novatio legis in pejus*. Nesse sentido, inclusive, já decidiu o Superior Tribunal de Justiça, em decisão da relatoria da Min. Laurita Vaz.[116]

Ressalva-se que a vedação legislativa absoluta à conversão da pena privativa de liberdade por restritiva de direitos já foi objeto de análise e decisões reiteradas pelo

---
[116] Superior Tribunal de Justiça, HC nº 673.337/SP, Rel. Min. Laurita Vaz.

Supremo Tribunal Federal, sempre no sentido de sua inconstitucionalidade, diante da violação ao Princípio da Individualização da Pena (artigo 5º, XLVI, CF). Nessas decisões, o STF ponderou que as sanções alternativas cumprem perfeitamente as mesmas finalidades de retribuição-prevenção-ressocialização atribuídas às penas privativas de liberdade, de modo que somente caberia ao juiz sentenciante a avaliação, caso a caso, do tipo de reprimenda adequada e suficiente.[117]

O mesmo entendimento é perfeitamente aplicável ao novo artigo 312-B do Código de Trânsito Brasileiro, já que este introduz vedação absoluta à conversão da pena privativa de liberdade por restritiva de direitos para determinados crimes.[118] Questionável, ainda, a proibição legal em debate sob o ponto de vista da proporcionalidade, na medida em que ao referido delito se mostra aplicável, ao menos em tese, o acordo de não persecução penal (art. 28-A, CPP), benefício de maior amplitude e que implica a exclusão do processo penal. E mais, se permitida a substituição da pena privativa de liberdade para os crimes hediondos – de especial gravidade em função de definição legal – seria um contrassenso vedá-la nos casos de crimes de trânsito – aos quais a própria legislação atribui menor gravidade.

Referências

CONTADOR, Claudio R.; OLIVEIRA, Natalia. *Estatísticas da dor e da perda do futuro*: novas estimativas. Rio de Janeiro: Funenseg, 2016.

BATISTA, Nilo. *Introdução crítica ao Direito Penal brasileiro*. 11. ed. Rio de Janeiro: Revan, 2007.

BITENCOURT, Cezar Roberto. *Teoria Geral do Delito*: uma visão panorâmica da dogmática penal brasileira. Coimbra: Ed. Almedina, 2007.

BITENCOURT, Cezar Roberto. *Tratado de Direito Pena*. 20. ed. São Paulo: Saraiva, 2020. v. 02.

CALLEGARI, André Luis. Delitos de perigo concreto no Código de Trânsito Brasileiro. *Boletim IBCCrim*, n. 76, v. 6, São Paulo, mar. 1999.

DELMANTO, Fabio Machado de Almeida. *Medidas substitutivas e alternativas à prisão cautelar*. Rio de Janeiro: Renovar, 2008.

DEMERCIAN, Pedro Henrique; MALULY, Jorge Assaf. *Curso de processo penal*. 9. ed. Rio de Janeiro: Forense, 2014.

FUKASSAWA, Fernando. *Crimes de trânsito* (Lei nº 9.503, de 23 de setembro de 1997, alterada até a Lei nº 12.971, de 09 de maio de 2014). 3. ed. São Paulo: APMP – Associação Paulista do Ministério Público, 2015.

GOMES, Luiz Flávio; CUNHA, Rogério Sanches. *Legislação Criminal Especial*. 2. ed. São Paulo: Revista dos Tribunais, 2010.

JESUS, Damásio de. *Código penal anotado*. 10. ed. São Paulo: Saraiva, 2000.

---

[117] STF, HC nº 97256, j. em set/10 Me ARE nº 663261, j. jan/13; HC nº 109.135/PI, Rel. Ministro CELSO DE MELLO, SEGUNDA TURMA, j. em 14.05.2013, *DJe* 23.09.2014).

[118] Nessa mesma linha posicionou-se a Min. Laurita Vaz, em recente decisão proferida no HC nº 673.337/SP: "Em suma, na hipótese, a Jurisdição ordinária, ao deduzir que a substituição da reclusão por sanções restritivas de direitos não era socialmente recomendável pelo mero fato de que o Paciente ingeriu bebida alcoólica, sem declinar conjuntura extraordinária, esvaziou o permissivo legal que garantia a referida substituição a condenados pelo delito do art. 302, §3.º, do Código de Trânsito Brasileiro, de forma apriorística – ou seja, sob fundamento que constituiria igual óbice a todos os réus nessa situação, indistintamente. Ocorre que, conforme já decidiu a Suprema Corte, a vedação, a priori, da conversão da pena corporal por sanções restritivas de direitos 'não pode ser admitida, eis que se revela manifestamente incompatível com o princípio da individualização da pena, entre outros postulados consagrados pela Constituição da República, independentemente da gravidade objetiva do delito'" (HC nº 109.135/PI, Rel. Ministro CELSO DE MELLO, SEGUNDA TURMA, julgado em 14.05.2013, *DJe* 23.09.2014).

LIMA, Renato Brasileiro de. *Legislação Especial Comentada*. 8. ed. Salvador: Juspodivm, 2020.

MORAES, Alexandre Rocha Almeida de. *Direito penal racional*: propostas para a construção de uma teoria da legislação para uma atuação criminal preventiva. Curitiba: Juruá, 2016.

MORAN, Fabiola. *Ingerência penal e proteção integral à vítima*. Belo Horizonte: D'Placido, 2020.

NORONHA, Edgard Magalhães. *Direito Penal*. São Paulo: Saraiva, 1973. v. II.

NUCCI, Guilherme de Souza. *Leis penais e processuais penais comentadas*. 11. ed. Rio de Janeiro: Forense, 2018. v. 02.

OMS. World Health Organization. *Global Status Report on Road Safety*, 2018.

PIERANGELLI, José Henrique; ZAFFARONI, Eugenio Raúl. *Da tentativa*. São Paulo: Revista dos Tribunais, 1995.

RIZZARDO, Arnaldo. *Comentários ao Código de Trânsito Brasileiro*. 10. ed. São Paulo: Revista dos Tribunais, 2019.

SANTIN, Valter Foleto. *Controle judicial da segurança pública*: eficiência do serviço na prevenção e repressão do crime. São Paulo: Revista dos Tribunais, 2004.

SILVA, Pablo Rodrigo Aflen da. *Leis penais em branco e o direito penal do risco*: aspectos críticos e fundamentais. Rio de Janeiro: Lumen Juris, 2004.

STOCO, Rui. Código de Trânsito Brasileiro: disposições penais e suas incongruências. *Boletim IBCCrim*, n. 61, São Paulo, dez. 1997.

ZAFFARONI, Eugenio Raúl; PIERANGELLI, José Henrique. *Da tentativa*. XX Ed. Revista dos Tribunais, 1995.

CRIMES DO ESTATUTO DE DEFESA DO TORCEDOR – LEI Nº 10.671, DE 15 DE MAIO DE 2003

Bruno Nazih Nehme Nassar

1 Origem e espírito da tutela jurídica do torcedor

A lacônica fórmula da teoria tridimensional do Direito, de Miguel Reale, sustenta ser o fato social a base fundante do ordenamento jurídico. O Direito se caracteriza por uma dialética entre fatos e valores, que dão ensejo à criação de normas jurídicas. Assim, foi metodologicamente pesquisado por Reale como a sucessão de fatos, que consolidam valores que, quando caros, demandam a existência de norma jurídica.[1] Quando muito caros, esses valores demandam a proteção de norma jurídica penal. Tal como coloca Silva Sánchez: "el Derecho penal es un instrumento cualificado de protección de bienes jurídicos especialmente importantes".[2] Portanto, o Código Penal reúne os maiores receios da sociedade, seus medos e esperanças de melhora, a partir do diagnóstico do fato típico, aplicação da sanção penal como consequência, retribuição pelo mal causado e correção do comportamento para que ele não se repita.

Se a sistemática penal estuda sentimentos tão potentes quanto o medo, a raiva, a esperança e a tristeza dos indivíduos, especialmente os vitimados por crimes, é aparentemente paradoxal como o campo que acaba por trazer fortes ilustrações concretas da tragédia criminal seja justamente o esportivo. Os eventos esportivos, que deveriam ser palco de celebração, disputas amistosas e regradas, são historicamente cenários de marcantes episódios de violência, mormente no âmbito do futebol.

O grande protagonista do esporte, bem como a maior vítima da violência perpetrada em seu contexto, é o próprio torcedor. O torcedor, imbuído da emoção e paixão que carrega

---

[1] REALE, Miguel. *Teoria tridimensional do direito*. 5. ed. São Paulo: Saraiva, 2012.
[2] SILVA SÁNCHEZ, Jesús-María. *La expansión del Derecho Penal*: aspectos de la política criminal de las sociedades posindustriales. 3. ed. Buenos Aires: Editora B de f, 2011, p. 11.

para dentro da arena, dá sentido à partida.[3] Por isso que, mesmo diante da retomada da realização de partidas em diversas modalidades esportivas ao longo dos anos de 2020 e 2021, durante a pandemia global ocasionada pela covid-19, houve um inevitável desalento ao perceber as arquibancadas vazias, os estádios silentes e as aglomerações saudosas. Nas palavras de Galeano, "(...) jogar sem torcida é como dançar sem música".[4]

Nada obstante, a relação energética do torcedor com o evento, a aglomeração de pessoas, a rivalidade geracional entre certos times e a embriaguez (literal e figurativa), tornam o esporte uma fonte de risco inegável. O esporte, a princípio, é um fenômeno social de integração cultural, que une as pessoas. No entanto, atos de violência são absolutamente esperados nesse contexto, até porque a catarse emocional também tende a despertar o pior que há nos indivíduos. O torcedor brasileiro é o apaixonado efervescente e alguns dão vazão a esse sentimento na forma de vil.

No Brasil, como em outros países, a manifestação concreta desse risco se dá especialmente no futebol. De fato, a violência no futebol não é uma novidade para o Brasil. Por exemplo, em virtude da organização do campeonato sul-americano de 1922, o então Presidente da República Epitácio Pessoa editou o Decreto nº 14.529/1920, com a finalidade de regulamentar as "casas de diversões e espetáculos públicos". Todo o tom do decreto tem uma clara preocupação com atos de violência, mas é interessante voltar os olhos ao art. 33, que cuida dos deveres dos espectadores, exigindo deles um conjunto de atitudes ordeiras, dentre elas "não arrojar ao palco objectos que molestam as pessoas ou danificar as cousas, nem fazer motim, assuada ou tumulto com gritos, assobios ou outros quesquer actos que interrompam o espectaculo ou sejam contrarios á ordem, socego e decencia no recinto do edifício". 100 anos se passaram e Epitácio Pessoa ficaria surpreso com como pouco mudou.

Ante essa já secular violência, os principais países nos quais o futebol é uma prática cultural proeminente tentaram solucionar o problema se socorrendo, em maior ou menor medida, ao aparato penal, pendendo ora a um direito penal mais preventivo-policialesco, ora a um direito penal mais preciosista com os princípios individuais, embora nunca se abandone completamente o viés preventivo.[5] Assim, há fortes tons daquilo que o Jakobs identifica como um Direito Penal do inimigo no âmbito da tutela penal do esporte.[6]

No Brasil, a Constituição da República de 1988 foi a primeira a contemplar expressamente a proteção do esporte em seu texto. O art. 6º menciona o "lazer" como direito social, porém, para ser enfático, o constituinte originário tratou especificamente do desporto como forma de lazer no art. 217, segundo o qual "é dever do Estado fomentar práticas desportivas formais e não-formais, como direito de cada um", sendo certo que o lazer é reconhecido como "forma de promoção social".

---

[3] MALAIA, João Manuel Casquinha. Torcer, torcedores, torcedoras, torcida (bras.): 1910-1950. In: HOLLANDA, Bernardo Borges Buarque de; MELO, Victor Andrade de (org.). *A torcida brasileira*. Rio de Janeiro: 7 Letras, 2012, p. 53-85.

[4] GALEANO, Eduardo. *Futebol ao sol e à sombra*. Porto Alegre: L&PM, 2020, p. 15.

[5] PASCOLATI JUNIOR, Ulisses Augusto. *Delito e torcedor: esporte, violência e direito penal*. São Paulo: D'Plácido, 2020, p. 104-141. Alguns optam por criar tipificações novas, específicas ao ambiente do esporte, e outros preferem adaptar os dispositivos legais existentes no respectivo Código Penal (como fizeram Alemanha e Espanha). A Alemanha e a Inglaterra, por exemplo, possuem instrumentos jurídicos severos, que chegam a autorizar que o evento esportivo impeça a entrada do torcedor nos estádios de futebol pela simples suspeita de ter a intenção de se comportar de modo violento, o que se desprenderia pelo seu histórico e outras informações constantes em bancos de dados criados especialmente para este fim.

[6] CANCIO MELIÁ, Manuel; JAKOBS, Günther. *Direito Penal do inimigo*. 6. ed. Porto Alegre: Livraria do Advogado, 2015.

No entanto, apenas em 2003 foi editada a Lei nº 10.671, conhecida como Estatuto de Defesa do Torcedor, como marco protetivo para essa peça fundamental ao esporte profissional,[7] sua verdadeira razão de ser. Trata-se de microssistema jurídico complexo no tratamento do esporte, cuidando dos mais diversos temas: torcedores, torcidas organizadas, entidades de administração do desporto, ligas desportivas, arbitragem, alimentação, transporte, segurança do torcedor etc., despontando como um dos poucos diplomas legislativos do gênero, no mundo, a tratar do tema de maneira tão completa.[8] Ocorre que essa norma ingressou no ordenamento jurídico, incialmente, protegendo os direitos do torcedor, na qualidade de consumidor, unicamente de um ponto de vista civil e administrativo, sem conter disposições penais. Apenas com a Lei nº 12.299/2010, 7 anos após a sua entrada em vigor, que o Estatuto passou a contemplar normas penais, em evidente atraso quando comparado com outros países que enfrentam a violência no esporte.[9] Nada obstante, os ilícitos penais ulteriormente introduzidos são corolários aos direitos civis já contemplados, conferindo ao torcedor proteção integral aos olhos da lei.[10]

Em síntese, Pascolati Júnior elenca como finalidades da alteração no Estatuto de Defesa do Torcedor: (i) preencher lacunas normativas no que diz respeito às infrações penais; (ii) reprimir condutas especificamente relacionadas ao futebol; e (iii) permitir uma atuação preventiva do Estado (como Estado de polícia).[11] Vale ressaltar, porém, que a parte penal do Estatuto cuida apenas da violência exógena no esporte, ou seja, não intrajogo. Já a violência endógena, como um jogador que se excede e lesiona gravemente seu adversário, é tutelada pelas disposições penais comuns e pelas regras administrativas do esporte.

Com a prevenção e a segurança como motes, embora a parte penal, tal como o restante do Estatuto, se volte genericamente para todas as modalidades esportivas, não é forçoso concluir que a mira do legislador foi a violência no futebol, até pela dimensão e popularidade desse esporte no País e raridade de episódios violentos em outras modalidades.[12] Assim,

---

[7] O art. 43 aduz que essa lei se aplica apenas ao desporto profissional, de modo que se há tumulto em um jogo amador entre amigos na quadra de basquete do bairro, por exemplo, não serão aplicadas as disposições do Estatuto, inclusive no que toca seus crimes. Eventuais lesões a bens jurídicos ocorridas no esporte amador serão regidas pelo Código Penal e outras leis penais extravagantes.

[8] ANDREUCCI, Ricardo Antonio. *Legislação Penal especial*. 13. ed. São Paulo: Saraiva, 2018, p. 192.

[9] A bem da verdade, provavelmente essa inércia foi quebrada em razão dos maiores eventos esportivos do mundo no horizonte do Brasil como sede (Copa do Mundo de Futebol, em 2014, e Olimpíadas no Rio de Janeiro, em 2016), levando o legislador, até por pressão internacional e da Fifa, a se sensibilizar com a necessidade de criar disposições penais específicas ao mundo do esporte.

[10] Juridicamente, o torcedor é considerado consumidor, se enquadrando perfeitamente ao conceito do art. 2º, CDC: é pessoas física que consume um serviço de entretenimento ou lazer, chamado esporte. Nas palavras da exposição de motivos do PL 7.262/2002, que mais tarde se tornaria a Lei 10.671/2003, o torcedor é o "verdadeiro financiador desse patrimônio" que é o esporte. No art. 40, o legislador aduziu que a defesa do torcedor em juízo observará, no que couber, as disposições do Código de Defesa do Consumidor. Inclusive, no art. 3º, o Estatuto expressamente equipara a fornecedor, para todos os efeitos legais, a entidade responsável pela organização da competição, bem como a entidade de prática desportiva detentora do mando de jogo. E é a percepção de que o torcedor é um consumidor que deve ter seus direitos respeitados enquanto consome um produto (o esporte), especialmente o direito à segurança no interior e arredores do local de realização do evento, que provê não só a tônica da tutela civilista e administrativa do Estatuto, como também da subsequente tutela penal, introduzida em 2010.

[11] PASCOLATI JUNIOR, Ulisses Augusto. *Delito e torcedor*: esporte, violência e direito penal. São Paulo: D'Plácido, 2020, p. 152.

[12] Historicamente, desde o hooliganismo, o futebol é esporte densamente politizado no fenômeno das torcidas. Em meio a altos índices de desemprego, os socialmente excluídos encontravam (como ainda encontram) uma válvula de escape no futebol, onde podiam extravasar energias, frustrações e encontrar algum reconhecimento externo. Ademais, no plano internacional, na década de 80, os estádios de futebol foram palco de eventos marcantes que despertaram consciência para a violência no esporte: na Bélgica, Haysel (1985 – 39 mortes); e, na Inglaterra, Valley Parade (1985 – 56 mortes) e Hillsborough (1989 – 96 mortes). Pouco antes, no vizinho argentino, em

os tipos foram visivelmente arquitetados pensando nos hábitos do torcedor-consumidor do futebol, mormente do torcedor organizado.[13]

2 Tipologias

Em panorama geral, o Estatuto de Defesa do Torcedor contempla seis tipos penais (arts. 41-B a 41-G), sendo certo que tão somente a pena do art. 41-B, *caput*, se desdobra em mais duas condutas típicas, no seu §1º, I e II.

Quanto ao sujeito passivo, em todos os tipos o torcedor individual vulnerável e a coletividade figuram como vítimas. O conceito de torcedor consta no art. 2º, segundo o qual "(...) é toda pessoa que aprecie, apoie ou se associe a qualquer entidade de prática desportiva do País e acompanhe a prática de determinada modalidade esportiva", sendo certo que, salvo prova em contrário, "(...) presumem-se a apreciação, o apoio ou o acompanhamento de que trata o *caput* deste artigo". Tal conceito é pilar na compreensão da parte penal do Estatuto, porquanto auxilia na delimitação do seu âmbito de incidência no aspecto subjetivo, de modo que um transeunte que se locomove próximo a uma arena de basquete, em dia de jogo, e se envolve em ato de violência não relacionado ao esporte, não responderá pelo fato a partir das disposições penais dessa norma. Tudo se reduz a uma questão de contexto, conforme se perceberá.

Dos seis dispositivos penais, apenas dois, os arts. 41-B e 41-F, são infrações de menor potencial ofensivo (ambos com pena de reclusão, de 1 a 2 anos, e multa), ou seja, de competência do Juizado Especial Criminal, admitindo os institutos da transação penal e suspensão condicional do processo. Todos os demais não se sujeitam ao procedimento especial da Lei nº 9.099 (os arts. 41-C a 41-E, com pena de reclusão, de 2 a 6 anos, e multa, e o art. 41-G, com pena de 2 a 4 anos, e multa). No entanto, esses outros tipos, em tese, estão sujeitos à celebração de acordo de não persecução penal (art. 28-A, CPP), na medida em que todos têm pena mínima inferior a 4 anos e não carregam intrinsicamente violência ou grave ameaça em seu cometimento

Todos são crimes de elemento subjetivo doloso. A forma culposa não é contemplada nessa lei.

A ação penal de todos os tipos é pública incondicionada.

A seguir, serão tecidas breves considerações a respeito de cada tipologia, porém, deixando a análise do art. 41-B para momento derradeiro, porquanto se cuida do estudo mais denso.

2.1 Corrupção passiva e ativa no âmbito esportivo (arts. 41-C e 41-D)

Duas faces da mesma moeda, tal como os arts. 317 e 333 do Código Penal, os arts. 41-C e 41-D do Estatuto têm como objetividade jurídica a lisura dos resultados, a moralidade e a regularidade das partidas desportivas, bem como a própria relação econômica e jurídica entre o torcedor (como consumidor) e os clubes, atletas e dirigentes desportivos (como fornecedores

---

partida entre River Plate e Boca Júnior, em 1968, um confronto resulta em 73 mortos e 150 feridos. PASCOLATI JUNIOR, Ulisses Augusto. *Delito e torcedor*: esporte, violência e direito penal. São Paulo: D'Plácido, 2020, p. 72-76; BARRETO MUÑOZ, José. *Protagonistas contra la violencia en el deporte*. Madri: Editorial Fragua, 2009.

[13] No entanto, não há um aumento da pena relacionado especificamente ao fato de o torcedor pertencer a torcida organizada, restando possível reprovação maior na fixação da pena base, com fulcro no art. 59, CP. Já a torcida organizada como pessoa jurídica, será sancionada administrativamente com base no art. 39-A do Estatuto de Defesa do Torcedor, sem prejuízo da responsabilidade civil, de forma objetiva e solidária.

nessa cadeia de consumo).[14] São dispositivos que dão concretude aos capítulos II e III dessa mesma lei, nos quais o legislador visou garantir ao torcedor o direito à informação acerca do produto que está consumindo. Porém, é tipificação singular no ordenamento brasileiro, porquanto não há outro registro de corrupção no âmbito privado, equiparada ao sentido da corrupção pública como a mercancia espúria de um interesse coletivo.[15]

Os torcedores comparecem ao evento com a expectativa de ver uma disputa séria e honesta, não pré-determinada por negociatas. Sendo a essência do Estatuto a tutela aos direitos dos torcedores como consumidores, deve-se primar pela exposição de um produto livre de farsas e artifícios.[16] Assim, esses dispositivos se aproximam dos crimes do Código de Defesa do Consumidor que prezam pela transparência e publicidade honesta dos fornecedores perante consumidores (tal como os arts. 66 a 69 do CDC). Porém, há mais aqui. A corrupção privada no esporte é foco de risco também porque cria um sentimento de desconfiança sobre a arbitragem e os competidores, de maneira que o resultado da partida não é aceito com bons humores pela turba. O sentimento de mal perdedor, que já é intenso, evolui para o sentimento de perdedor injustiçado, o que pode culminar em tumultos e atos de violência.

Nesse diapasão, conforme Nucci, o objeto material dos crimes é "(...) a vantagem ou promessa de vantagem" e o objetivo jurídico é "(...) a lisura e moralidade no âmbito das competições esportivas, além do resguardo ao aspecto econômico decorrente do resultado dos jogos".[17]

O art. 41-C criminaliza as condutas daquele que solicita ou aceita, para si ou para outrem, vantagem ou promessa de vantagem patrimonial ou não patrimonial para qualquer ato ou omissão destinado a alterar ou falsear o resultado de competição esportiva ou evento a ela associado, por exemplo, alterando o placar ou a contagem de pontos. Já o art. 41-D criminaliza as condutas de dar ou prometer vantagem da mesma natureza que de seu dispositivo corolário. Os dois tipos são mistos alternativos.

É de se notar, no art. 41-D, uma diferença substancial quando comparado ao art. 333, CP, na medida em que, no Código Penal, não há menção à conduta de "dar" (tornando, em tese, atípica a conduta do particular que apenas dá vantagem indevida a funcionário público com os fins descritos no tipo, sem antes ter oferecido ou prometido a vantagem). Em compensação, no art. 41-D do Estatuto não há menção ao verbo "oferecer". Outra

---

[14] Inclusive, segundo o art. 3º do Estatuto, para todos os efeitos legais, equiparam-se a fornecedor, do Código de Defesa do Torcedor, a entidade responsável pela organização da competição, bem como a entidade de prática desportiva detentora do mando de jogo.

[15] Para aprofundamento sobre a corrupção no âmbito privado, vale a leitura de: SALVADOR NETTO, Almiro Velludo. Breves anotações sobre os crimes de corrupção passiva e corrupção privada na legislação penal espanhola. In: PASCHOAL, Janaína Conceição; SILVEIRA, Renato de Mello Jorge (coord.). *Livro em homenagem a Miguel Reale Junior*. Rio de Janeiro: G/Z, 2014, p. 1-16. E especificamente sobre a corrupção desportiva: BECHIARELLI, Emilio Cortés. *El delito de corrupción desportiva*. Valência: Tirant lo Blanch, 2012.

[16] A corrupção no esporte é um velho problema no mundo. Conforme Gomes: "O futebol conhece muitíssimo este assunto. Em 1982, a seleção italiana foi para a Copa do Mundo, realizada na Espanha, abalada com notícias de que seus principais clubes e jogadores estariam envoltos em esquemas de facilitação em determinadas partidas para atender a anseios de apostadores. Este episódio se repetiu na temporada 2004-2005, no famoso *calciopoli*, quando, inclusive, a maior agremiação italiana, a Juventus '*La Vecchia Signora*', foi condenada ao descenso e viu o bicampeonato do *scudetto* ir para em mãos *azzurreni* da Internacionale de Milão". GOMES, Milton Jordão de Freitas Pinheiro. Direito Penal e Legislação Desportiva: Comentários aos crimes definidos na Lei Geral da Copa e Estatuto do Torcedor. Salvador: MJ Editora, Edição de Kindle, 2013. Já no contexto nacional, esse tipo certamente foi inspirado pela famigerada "máfia do apito", fato que atraiu grande atenção midiática à época. A respeito: http://globoesporte.globo.com/sp/futebol/noticia/2015/09/ha-10-anos-futebol-era-abalado-pelo-escandalo-da-mafia-do-apito-relembre.html>. Acesso em: 04 fev. 2021.

[17] NUCCI, Guilherme de Souza. *Leis penais e processuais penais comentadas*. v. 1. 10. ed. Rio de Janeiro: Gen, versão *ibook*, 2017.

diferença em relação à corrupção no Código Penal é que há menção expressa ao fato de que a vantagem ou promessa de vantagem pode ser patrimonial ou não patrimonial. É um destaque relevante, que não é feito na corrupção pública regrada pelo Código Penal, na qual consta apenas a "vantagem indevida".

O elemento subjetivo é o dolo, no entanto, há duas finalidades específicas: as condutas devem ser praticadas em favor de si ou para outrem e para alterar ou falsear o resultado da competição específica. A conduta é atípica se não presente esse especial fim de agir.

O sujeito ativo dos dois crimes é comum, podendo ser qualquer pessoa. Contudo, na corrupção passiva no esporte (art. 41-C), na prática, é de se esperar que sejam capazes de cometer concretamente esse crime apenas personagens-chave no desenvolvimento da partida ou evento, como competidor, árbitro, dirigente esportivo etc. Ou seja, o sujeito ativo será alguém que tenha capacidade e possibilidade de, concretamente, alterar o resultado da competição esportiva ou evento a ela associado.[18] Para além dessas figuras, provavelmente se tratará de crime impossível.

Ambos são crimes formais, ou seja, para sua consumação, basta que a solicitação ou promessa chegue a conhecimento de terceiro, ou que o aceite ou entrega da vantagem ocorra, independentemente da ulterior prática de ação ou omissão efetivamente destinada a alterar ou falsear o resultado da competição desportiva ou evento a ela associado.

Por fim, embora os tipos penais abranjam negociações espúrias voltadas a alterar ou falsear o resultado de uma competição desportiva, não parece adequado considerar que alcancem também as chamadas "malas brancas" ou "*doping* financeiro" no mundo do futebol, práticas moralmente dúbias consistentes em terceiro oferecer incentivo financeiro a algum clube cuja vitória, embora não tenha perspectiva de avançá-lo no campeonato, prejudicaria a classificação da equipe adversária ou impediria o rebaixamento de outro clube. Certamente, é bastante concreto o receio dos times em cair para Série B no Campeonato Brasileiro de Futebol, mais conhecido como Brasileirão, mormente porque isso gera prejuízos econômicos, com perda de patrocínios, e porque a cota de transmissão de jogos da Série A é bem maior. Eis que, nas rodadas mais importantes da competição, passam a surgir as vulgarmente chamadas "malas brancas". Afinal, no caso de uma equipe, ameaçada pela "degola", dar ou prometer incentivos financeiros para outras equipes (muitas que não têm muito interesse na competição, porque longe da zona de descenso, da luta pelo título ou classificação para alguma competição sul-americana), a conduta se enquadraria no tipo penal em comento? Parece que não, porque o tipo tem por finalidade punir o ato de corromper alguém a falsear o resultado da competição, ou, conforme Gomes, "(...) atuar em desconformidade com o espírito esportivo, para com isso, produzir um resultado que, em condições normais, não se produziria da forma e maneira como produzido".[19] Um "incentivo" econômico para que uma equipe se esforce na partida não se enquadraria nessa desvirtuação do evento, até porque em qualquer esporte se espera que a meta do atleta seja vencer. É romântico aquele que ignora a influência do dinheiro no esporte profissional. Por isso, uma influência externa com bons argumentos (em forma de cifra), para que a equipe seja estimulada a fazer aquilo que, a princípio, já se esperava que fizesse no contexto do torneio, não poderia ser tido como prática ilícita em termos penais. O mesmo não se poderia dizer no aporte financeiro para

---

[18] PASCOLATI JUNIOR, Ulisses Augusto. *Delito e torcedor:* esporte, violência e direito penal. São Paulo: D'Plácido, 2020, p. 155.

[19] GOMES, Milton Jordão de Freitas Pinheiro. *Direito Penal e Legislação Desportiva*: Comentários aos crimes definidos na Lei Geral da Copa e Estatuto do Torcedor. Salvador: MJ Editora, Edição de Kindle, 2013.

que a equipe deliberadamente perca, na medida em que esse cenário efetivamente vulnera o intuito do espetáculo e a própria lógica do campeonato.

2.2 Fraude esportiva ou estelionato esportivo (art. 41-E)

Na esteira dos dispositivos anteriores, o art. 41-E, conhecido doutrinariamente como "estelionato esportivo", visa assegurar a lisura dos resultados, a moralidade e a regularidade das partidas desportivas, ou evento a elas associado, no particular aspecto da igualdade e competitividade entre os participantes. O faz por meio da criminalização das condutas de fraudar ou contribuir para que se fraude, de qualquer forma, o resultado de competição esportiva ou evento a ela associado.[20] Por exemplo, frauda a competição o goleiro que propositadamente recebe um gol que poderia ter facilmente evitado, o árbitro que marca lances inexistentes para favorecer uma das equipes ou o atleta que ingere substância que aumenta seu desempenho físico (aqui o chamado *doping*).

Concomitantemente, o legislador foi um passo além da corrupção privada esportiva, porquanto amplia o leque de punições para quaisquer outras influências fraudulentas ao resultado da competição, que deixaria de ser determinada pela habilidade e mérito do melhor competidor ou equipe, senão por uma vantagem não autorizada pelas regras da competição, como ocorre com a prática de *doping* por um atleta.[21]

Trata-se de crime formal, se consumando quando efetivamente houve a fraude. No entanto, se a ação do agente não for capaz de afetar a lisura da competição, não haverá crime, porque a fraude não se concretizou. Por exemplo, se o goleiro tentou receber gols para que o time perdesse, mas seus colegas de equipe foram talentosos demais e fizeram uma defesa e ataque mais eficientes, de modo que ganharam a partida.

O sujeito ativo é comum, podendo ser qualquer pessoa. No entanto, vale a mesma consideração feita em relação ao art. 41-C, porquanto o agente logicamente deve ter alguma relação com o evento esportivo, como sendo dirigente, árbitro, jogador, técnico etc., além de ser efetivamente capaz de fraudar a competição esportiva.

O elemento subjetivo é o dolo, mas finalisticamente voltado ao objetivo de fraudar ou contribuir para a fraude da competição ou evento a ela associado. Se a vontade não for esse escopo especial, não se configura o tipo. Por exemplo, não incorre especificamente nesse crime o piloto de Fórmula 1 que, durante torneio, colide seu veículo com a parede de proteção simplesmente porque, desalentado com o esporte, se cansou de competir.

Porém, o tipo não requer, para sua consumação, a obtenção de qualquer vantagem para o agente ou para terceiro. Então é de se notar que esse delito pode ser mero exaurimento dos crimes previstos nos arts. 41-C e 41-D, tal como aponta Nucci, tendo em vista que se o agente solicita ou aceita vantagem (art. 41-C) e, em sequência, frauda o resultado (art. 41-E),

---

[20] É de se notar que o comportamento de "contribuir", associado ao instituto da participação no concurso de pessoas, é aqui alçado à redação do tipo, de modo que quem auxilia materialmente não será mero partícipe, senão autor desse crime. Por exemplo, se o treinador do nadador profissional o instiga ou induz a não se esforçar, facilitando que seu competidor ganhe a disputa, incorre nesse crime como autor.

[21] Sobre a fraude por meio de *doping*, se trata de comportamento pelo qual "(...) o atleta faz uso de substâncias naturais ou sintéticas consideradas proibidas, aumentando, com isto, seu desempenho físico ou mental na competição, conseguindo se sobressair em relação aos demais. Influencia, assim, o resultado final, já que este não teria sido alcançado de modo natural, ou seja, apenas e tão somente com a destreza e desempenho do esportista". PASCOLATI JUNIOR, Ulisses Augusto. *Delito e torcedor*: esporte, violência e direito penal. São Paulo: D'Plácido, 2020, p. 157-158. Ver também: GRECO, Luís; LEITE, Alaor; ROXIN, Claus. *Doping e direito penal*. São Paulo: Atlas, 2011.

pune-se apenas a conduta primária. Da mesma forma, se o agente dá ou promete vantagem (art. 41-D) e, após, contribui para a fraude (art. 41-E), responde apenas pela figura primária.[22] Em outras palavras, logicamente, para responder simplesmente pelo art. 41-E, espera-se que o agente atue livremente, sem que lhe seja dado ou prometido nada a título de vantagem.

2.3 Cambismo e favorecimento ao cambismo (arts. 41-F e 41-G)

O vulgarmente chamado "cambista"[23] é o vendedor de ingressos em espetáculos esportivos e culturais, por preços mais caros aos estampados nos bilhetes,[24] não raras vezes abusivos. É alguém que, explorando o entusiasmo dos consumidores sobre um evento, se aproveita da oferta limitada e alta procura para cobrar preços acima do mercado daqueles que não conseguiram obter ingressos, por vezes, inclusive, porque os próprios cambistas adquiriram ingressos em excesso com essa finalidade.

Mesmo antes da alteração do Estatuto de Defesa do Torcedor pela Lei nº 12.299/10, a ocupação do cambista no âmbito esportivo era criminosa, mas sob outra tipificação. Era crime contra a economia popular (art. 2º, IX, Lei nº 1.521/51). Esse dispositivo continua em vigor, abrangendo o cambismo relacionado a outros eventos que não os ligados ao esporte, como ingressos para shows de música.

Os arts. 41-F e 41-G do Estatuto se propõem a quebrar a cadeia de eventos que levam ao cambismo, punindo o cambismo em si e condutas que lhe viabilizam. Seguem lógica semelhante à dos tipos penais do CDC, em que "a penalização da violação dos deveres que os fornecedores têm para com os consumidores assegurar a intangibilidade/credibilidade da ordem econômica voltada para a regulação do consumo".[25]

No art. 41-F, o legislador se preocupou com o cambista individual, aquele que vende ingressos de evento esportivo, por preço superior ao estampado no bilhete. Foi sutil, porém preciso, ao utilizar a palavra "ingressos", no plural. Expressou que o alvo da norma são aqueles indivíduos que fazem da compra e revenda de ingressos um negócio, não alcançando um torcedor que genuinamente pretendia assistir à partida e, por uma eventualidade, não conseguirá comparecer ao evento. Porém, poderia ter ido além, exigindo também o afã de obtenção de lucro.[26]

Mas mais relevante que a punição do cambista individual é o fato de que o legislador se preocupou com toda a cadeia de negócios, punindo de maneira ainda mais severa, no art. 41-G, a pessoa que dá suporte ao cambista, fornecendo (propiciando, provendo, abastecendo), desviando (desencaminhando) ou facilitando a distribuição de ingressos para a venda por preço superior ao estampado no bilhete.[27] Denota-se uma clara lógica prevencionista: o

---

[22] NUCCI, Guilherme de Souza. *Leis Penais e Processuais Penais Comentadas.* Vol. 1. 10. ed. Rio de Janeiro: Gen, versão *ibook*, 2017.

[23] O termo "cambista" é expressão que tem origem da palavra "câmbio", que significa troca, permuta, escambo ou barganha.

[24] Segundo o art. 24 do Estatuto, deve constar no ingresso o valor por ele pago. Como o valor estampado no bilhete é elemento integrante no tipo penal do art. 41-F, esse trecho é essencial (a ausência do valor no bilhete impediria a subsunção do fato ao tipo).

[25] GUIMARÃES, Sérgio Chastinet Duarte. *Tutela penal do consumo.* Rio de Janeiro: Revan, 2004, p. 45.

[26] GUARAGNI, Fábio André. Aspectos penais do cambismo nos espetáculos esportivos: A lei de economia popular e o Estatuto do Torcedor. *In:* BEM, Leonardo Schmitt; VICENTE MARTÍNEZ, Rosario de (coord.). *Direito desportivo e conexões com o direito penal.* São Paulo: Juruá, 2014, p. 397.

[27] Fato é que o cambista, geralmente, não é uma pessoa de posses, capaz de investir considerável soma de dinheiro se arriscando a não conseguir recuperar esse aporte em um dia de jogo. Na realidade, costuma representar uma simples engrenagem, parte de uma estrutura maior violadora dos direitos dos torcedores. Nas palavras de Aidar e Borges: "Os cambistas são, via de regra, a ponta final e mais frágil de uma situação complexa que

legislador rechaça tanto o cambismo que direciona a força da espada penal mais sobre as condutas anteriores que dão ensejo a ele.[28]

O fornecedor é o agente que abastece o cambista com ingressos, que podem ter sido adquiridos licitamente inclusive. Já o desviante é aquele que dá destinação diversa à coisa entregue ou confiada, tendo o agente posse momentânea de ingressos que lhe foram confiados e lhes dá destinação diversa da planejada. Por fim, o facilitador é aquele que não impede que ingressos sejam vendidos a preços superiores aos estampados nos bilhetes, sendo que isso pode ser feito de forma comissiva (por exemplo, se o vendedor no guichê não cumpre determinação de limitação de ingressos por pessoa e vende-os ilimitadamente ao cambista) ou omissiva (caso de omissão imprópria, considerando-se o agente garantidor do torcedor, ao passo que é responsável por fiscalizar a correção das vendas. São exemplo os fiscais da entidade de administração do esporte que têm por função zelar pelo cumprimento das normas inerentes à venda de ingressos). Todas as modalidades podem ocorrer de maneira onerosa ou gratuita.

O art. 41-G se consuma com o fornecimento, desvio ou facilitação da distribuição dos ingressos, independentemente da efetiva venda ulterior por preço superior neles estampados. Ou seja, trata-se de crime formal e, por ser plurissubsistente, se admite tentativa. Já o art. 41-F é crime material, dependendo do resultado naturalístico, ou seja, da perda patrimonial do torcedor (consistente na diferença entre o preço adequado do bilhete e o valor a maior cobrado), para sua consumação, o que ocorre com a efetiva tradição do bilhete e aferimento do valor pelo cambista.

Qualquer pessoa, salvo o cambista (que é o beneficiário da ilicitude), pode ser autor do crime estampado no art. 41-G, desde que tenha acesso aos ingressos e seja capaz de fornecê-los, desviá-los ou facilitar a distribuição às pessoas que os comercializarão.

De fato, a leitura do art. 41-G, *caput*, poderia equivocadamente sugerir que o crime é próprio, podendo cometê-lo apenas aquelas pessoas autorizadas a fabricar e vender ingressos. Porém, a causa de aumento do parágrafo único deixa claro que é crime comum, sendo o *caput* reservado para quaisquer outras pessoas que não aquelas arroladas no parágrafo único. De acordo com o parágrafo único, a pena do crime é aumentada se o sujeito ativo for servidor público, dirigente ou funcionário de entidade de prática desportiva, entidade responsável pela organização da competição, empresa contratada para o processo de emissão, distribuição e venda de ingresso ou torcida organizada. O aumento da pena será de 1/3 a 1/2. Ou seja, pessoas que, pela posição que ocupam, têm acesso facilitado aos ingressos, mas ferem essa confiança, respondem com uma pena maior, dada a maior reprovabilidade da conduta.

Porém, no art. 41-G, há, como elemento subjetivo específico, que o fornecimento, desvio ou facilitação da distribuição dos ingressos se dê com a finalidade de venda por preço superior ao estampado no bilhete. Nesse esteio, se o funcionário do guichê desvia um único ingresso para entregá-lo ao seu sobrinho, como presente de aniversário, não se estará diante

---

envolve a venda e facilitação na obtenção de ingressos. Se alguma pessoa dispõe de quantidade expressiva de ingressos para revender, é porque os obteve de alguma forma. Constatado isso, deve-se perguntar como se deu tal aquisição, isto é, quem forneceu os ingressos aos cambistas". AIDAR, Carlos Miguel Cástex; BORGES, Maurício Ferrão Pereira. Será o fim do cambismo? Disponível em: https://migalhas.uol.com.br/depeso/249780/sera-o-fim-do-cambismo. Acesso em 05 fev. 2021.

[28] Em contrapartida, Guaragni é crítico à existência e severidade desse dispositivo, porquanto, se ele não existisse, a pessoa que desviasse, fornecesse ou facilitasse a venda do ingresso acima do valor estampado no bilhete seria simplesmente partícipe do crime do art. 41-F. Assim, haveria um ilógico penal, uma desproporcionalidade. GUARAGNI, Fábio André. Aspectos penais do cambismo nos espetáculos esportivos: A lei de economia popular e o Estatuto do Torcedor. In: BEM, Leonardo Schmitt; VICENTE MARTÍNEZ, Rosario de (coord.). *Direito desportivo e conexões com o direito penal*. São Paulo: Juruá, 2014, p. 401.

desse crime, até porque não se trata de conduta que fere o mercado de consumo em escala transindividual. Outrossim, o fornecimento, desvio ou facilitação para que os ingressos sejam gratuitamente entregues a torcedores, e não vendidos por cambistas, não configura esse crime. Porém, essas outras situações podem se enquadrar no art. 155, CP.

2.4 Tumulto e injusto de posse (art. 41-B)

Deveras, todos os ilícitos do Estatuto funcionam como reforço aos dispositivos civis previstos no resto desse diploma normativo, contudo, esse é talvez o mais relevante. Trata-se da coroa da parte penal do Estatuto de Defesa do Torcedor, sendo o dispositivo com a sistemática mais extensa e com o escopo direto de prevenir e reprimir a violência no esporte, que foi o ensejo a toda a movimentação do legislador para propiciar mais paz pública no desporte profissional.[29] Nada obstante, tem uma pena relativamente pequena, de reclusão, de 1 a 2 anos, e multa.

É inexorável que o dispositivo foi raciocinado para crimes praticados em contextos de multidões (os chamados de crimes multitudinários),[30] que ordinariamente atrairiam a tipificação da rixa na parte especial do Código Penal, mas cuja pena ínfima trazia o gosto amargo de uma tutela penal insuficiente em brigas generalizadas envolvendo torcedores. Nada obstante, os verbos escolhidos pelo legislador levam o dispositivo a abranger qualquer tipo de violência, mesmo a individualizada.

O art. 41-B se desdobra em três tipos: o do *caput* e as condutas equiparadas nos dois incisos do §1º. A objetividade jurídica das três formas, porém, é a mesma, qual seja, a paz pública no âmbito esportivo, prevenindo a violência nele. Destarte, tal como ocorre nos demais dispositivos penais analisados, o bem jurídico tutelado é de cunho transindividual, funcionando também como um crime de perigo.

Quanto ao sujeito ativo, embora sejam crimes comuns, há duas peculiaridades quanto às figuras do §1º. Primeiro, que necessariamente o agente deve ser torcedor em seu conceito jurídico, nos moldes do art. 2º do Estatuto. Segundo, que o episódio de violência deve manter alguma relação com o evento esportivo.[31] É dizer que se X, logo em frente a um estádio de futebol em dia de jogo, desfere soco no rosto de Y, seu desafeto, por ter descoberto que este manteve relações sexuais com seu namorado, não incidirão as disposições do Estatuto de Defesa do Torcedor, senão apenas normas penais de outros diplomas legislativos. É essa sistemática que permite distinguir episódios de violência que representam um incremento de risco ao esporte como expressão transindividual e outros fatos violentos não ligados ao esporte. Já no que se refere ao *caput*, esse rigor nos critérios subjetivos e nos motivos não é presente, porquanto, estando o indivíduo no interior do local de realização do evento esportivo, seus atos violentos sempre vulneram a objetividade jurídica do tipo, que é proteger a paz pública ligada a eventos esportivos, independentemente de ele ser torcedor ou não (poderia, por exemplo, o segurança do estádio se envolver em uma briga e incorrer nesse tipo penal).

---

[29] Sob essa ótica, os demais tipos penais do Estatuto têm função complementar ao art. 41-B, porquanto situações externas à partida em si são focos de risco que podem desencadear atos de violência, como a presença de cambistas ou a notícia de corrupção ou fraude no evento esportivo. Esses fatos são capazes de acirrar os ânimos da massa, elevando-os a níveis perigosos que ameaçam o desencadeamento da violência contra pessoas e coisas.

[30] Para estudo aprofundado a respeito de crimes multitudinários: CARVALHO, Mário Augusto Friggi de. *Crimes multitudinários*: homicídio perpetrado por agentes em multidão. Curitiba: Juruá, 2006.

[31] PASCOLATI JUNIOR, Ulisses Augusto. *Delito e torcedor*: esporte, violência e direito penal. São Paulo: D'Plácido, 2020, p. 162.

O *caput* criminaliza as condutas de "promover tumulto, praticar ou incitar a violência, ou invadir local restrito aos competidores em eventos esportivos". Quatro verbos que, dada sua amplitude, alcançam um enorme leque de situações concretas: promover tumulto (dar impulso à desordem, à confusão, envolvendo necessariamente várias pessoas), praticar violência (levar a efeito violência contra uma ou mais pessoas), incitar violência (instigar ou induzir condutas que possam lesionar pessoas ou causar danos a coisas) ou invadir local restrito aos competidores. Cuida-se de crime material nas modalidades provocar tumulto e praticar violência, e crime formal nas modalidades incitar violência e invadir local restrito aos competidores.

Por contraste com o §1º, I, do mesmo dispositivo, forçoso concluir que o *caput* tem como elemento espacial da norma o interior do local de realização do evento esportivo. Já o art. 41-B, §1º, I, se apresenta com os mesmos três primeiros verbos do *caput* (promover tumulto e praticar ou incitar violência), porém, com elemento espacial diverso: se o fato for praticado no raio de 5.000 metros ao redor do local de realização do evento esportivo, ou durante o trajeto de ida e volta do local da realização do evento. É um dispositivo relevante, porque revela a atenção do legislador aos hábitos dos torcedores em dias de evento, que costumam se locomover aos estádios de futebol em grandes grupos e, chegando ao local, permanecem ao redor até que inicie o espetáculo. No entanto, a expressa menção ao elemento especial pode gerar problemas concretos, por exemplo, se um imenso tumulto envolvendo torcidas organizadas ocorrer a 5.500 metros do estádio de futebol, caso que estaria fora do âmbito de incidência da norma. Fora desse âmbito de aplicação, o tumulto ou a violência podem se encaixar em outros tipos previstos no Código Penal ou em outra legislação penal extravagante. Não houve um critério claro para o legislador ter escolhido os cinco quilômetros como limite, para além de que precisaria haver algum limite.

Porém, se, de um lado, os 5.000 metros podem ser fator de limitação da tipicidade, de outro, o legislador também criminaliza os mesmos fatos caso ocorram "no trajeto de ida e volta" do local da realização do evento, sem fixar qualquer limite de distância. Ou seja, em tese, se X, que mora em Curitiba, no dia do evento, estiver a caminho de São Paulo para assistir um jogo de futebol, viagem de cerca de 7 horas de duração, e, no início do trajeto, ao parar em um posto de gasolina para abastecer o veículo, se envolve em briga relacionada ao jogo com Y, que torce para o time adversário, haveria incidência do art. 41-B, §1º, I.

Ou seja, é um tipo penal curioso, se não incoerente, porque se de um lado o legislador limitou sua incidência imprimindo em sua redação distância aparentemente aleatória do evento esportivo, sem clara razão de ser, concomitantemente, abriu margem para distâncias ilimitadas, desde que o agente esteja no trajeto de ida ou volta da realização do evento.

Deveras, não faltam críticas doutrinárias à maneira que o legislador optou por criminalizar a violência no esporte, sendo a vagueza nos termos sintomática daquilo que se considera um Direito Penal de emergência.[32] Nucci, em especial, reputa que há lesão à taxatividade, proporcionalidade e intervenção mínima em todas as condutas típicas do *caput*.[33] Dentre

---

[32] MORAES Alexandre Rocha Almeida de. O Direito Penal de Emergência. *In*: MORAES, Alexandre Rocha Almeida de; SANTORO, Luciano de Freiras (coord.); GRECO, Alessandra Orcesi Pedro (org.). *Direito Penal avançado*: homenagem ao Professor Dirceu de Mello. Curitiba: Juruá 2015, p. 21-39.

[33] Crítica especialmente que, dada a vagueza dos termos, a tipificação ficaria ao alvedrio da autoridade policial, o que gera uma inaceitável insegurança jurídica. Por exemplo, na promoção de tumulto, o fato poderia ser fato relevante ou indiferente penal, em situações limítrofes, como no caso de uma desavença em virtude da numeração e local do assento. Também dentro do próprio tipo haveria desproporcionalidades, na medida em que o legislador não deixou claro se a violência punida é contra pessoa ou coisa, tampouco se a violência é física ou moral, de modo que o tipo abrange toda e qualquer forma de violência. No entanto, seria irrazoável punir com a mesma pena todas essas formas de violência. Por exemplo, quebrar uma cadeira seria tão reprovável quanto socar um

as provocações do autor, merece destaque aquela que tece ao verbo "praticar" violência, questionando: havendo lesão corporal leve dentro de estádio de futebol, perfeitamente adequada ao art. 129, *caput*, CP, se aplicaria o Código Penal ou o art. 41-B do Estatuto do Torcedor, cuja pena é significativamente maior?[34] Dada a abrangência das terminologias escolhidas pelo legislador, é dúvida incontornável, até porque difícil pensar em uma forma de violência que já não foi tipificada pelo Código Penal ou por lei penal extravagante. Trata-se de conflito aparente de normas ou inconstitucionalidade?

De fato, esses tipos penais são a adaptação especial feita do crime de rixa, previsto no Código Penal, ao contexto esportivo, sendo os mecanismos de sancionamento penal adequados às brigas generalizadas travadas entre torcidas organizadas. Assim, em sua matriz, são crimes de contexto multitudinário, embora possam ser cometidos com a lesão individual de um torcedor a outro em um episódio concentrado de violência, tendo em vista a escolha dos verbos "praticar" ou "incitar" violência. Como bem sabido, para aquele participante da rixa que concorreu, com dolo ou culpa, para a prática de violência em seu contexto, como lesão corporal ou homicídio, responde pela rixa simples em concurso com o tipo penal da violência. A figura qualificada da rixa (art. 137, parágrafo único, CP) só é possível ser imputada àquele que não contribuiu dolosa ou culposamente ao evento morte ou lesão à integridade física. Porém, o art. 41-B do Estatuto difere bastante da rixa no que tange ao escopo, não só porque suas tipologias são crimes de perigo, primando pela criminalização em estágio prévio, como também, corolário ao perigo, porque elas tutelam três bens jurídicos diferentes: a incolumidade física da pessoa humana, a paz pública e a paz da ordem desportiva. Em síntese desses bens jurídicos, têm-se o direito à segurança do torcedor na qualidade de consumidor do esporte profissional. Ou seja, mesmo quando for um caso de violência atomizada de um torcedor contra outro, se ocorrida dentro do estádio de futebol em dia de evento, têm-se uma situação que lesa interesses difusos e coletivos também.

Ocorre que, historicamente, a doutrina tolera que crimes de dano absorvam crimes de perigo, mesmo que os bens jurídicos tutelados pelos crimes em conflito sejam distintos.[35] Essa solução, entretanto, torna-se impossível à luz do art. 41-B do Estatuto de Defesa do Torcedor, porque, em última medida, tornaria sua existência inócua. Caso todo crime de dano cuja matriz típica é um ato de violência absorvesse o art. 41-B no que toca à violência, jamais seria possível aplicar esse dispositivo. Destarte, a única resposta razoável é aceitar o concurso de crimes entre o art. 41-B, *caput,* e §1º, I, e outros crimes praticados no contexto do tumulto ou violência perpetrados, como dano, lesão ou homicídio. Não há que se falar em *bis in idem*, porquanto os bens jurídicos tutelados são diversos. Eis, então, que o concurso de crimes não só é viável, como a única saída deontologicamente coerente, não sendo possível falar em princípio da especialidade, consunção ou subsidiariedade, sem fulminar os desideratos do legislador ao criar a figura típica autônoma, crime de perigo, do art. 41-B.

---

colega torcedor? NUCCI, Guilherme de Souza. *Leis Penais e Processuais Penais Comentadas*. Vol. 1. 10. ed. Rio de Janeiro: Gen, versão *ibook*, 2017.

[34] NUCCI, Guilherme de Souza. *Leis penais e processuais penais comentadas*. v. 1. 10. ed. Rio de Janeiro: Gen, versão *ibook*, 2017.

[35] É o que ocorre, por exemplo, com dano qualificado pelo emprego de substância inflamável ou explosiva (art. 163, parágrafo único, II, CP) sendo absorvido pelo homicídio qualificado pelo emprego de fogo ou explosivo (art. 121, §2º, III, CP).

2.4.1 Delitos de posse (art. 41-B, §1º, II)

A sociedade de riscos despertou nos legisladores mundo afora um afã pela criminalização. Deveras, um Direito Penal de emergência, movido pelo anseio de prevenir delitos e neutralizar riscos à paz pública. Antecipando-se à prática do dano, o legislador criminaliza estágios prévios. É essa a matriz genética do art. 41-B, §2º, II, que criminaliza a simples posse do objeto que, pelo contexto, provavelmente será utilizado para fins violentos, contra coisas e/ou pessoas. Sob os núcleos de portar (carregar consigo), deter (conservar em seu poder) e transportar (levar algo de um local a outro), o objeto material do art. 41-B, §2º, II, é "quaisquer instrumentos que possam servir a prática de violência".

Quanto ao elemento espacial, embora o tipo especifique que sua incidência se restringe ao dia da realização do evento, abrange os fatos ocorridos no interior do estádio, suas imediações (na vizinhança ou arredores) ou seu trajeto (no percurso, em direção ao evento). Conforme já aludido, ao contrário do inciso que lhe precede, que definiu o raio de 5.000 metros como limite de incidência da norma, o inciso II poderia ser esticado indefinidamente ao empregar um termo tão vago quanto "imediações". Por essa razão, a doutrina especializada, tal como Pascolati Júnior, como analogia *in bonan partem*, considera na leitura do termo "imediações" o raio de 5.000 metros ao redor do local de desenvolvimento da partida, tal como exige o inciso I.[36] Já no que se refere ao trajeto do evento, e essa consideração vale também para o inciso I do mesmo parágrafo, independentemente da distância pode restar configurado o delito.[37]

E no que se refere aos verbos nucleares, Nucci é bastante crítico à sua amplitude, argumentando que, ao final, a tipificação penal ficaria ao alvedrio da polícia, de modo que a insegurança jurídica e o arbítrio reinariam. No limite, qualquer objeto poderia ser interpretado como "instrumento que serve para a prática de violência", o que feriria inclusive a taxatividade.[38] Ante as críticas, o exame das palavras escolhidas pelo legislador merece aprofundamento.

Em seus confins, os injustos possessórios são movidos pela punição da mera posse de determinado objeto, sem que ele seja efetivamente utilizado, em fase anterior à lesão de bem jurídico. Categorizando os injustos possessórios, tendo em vista o objeto utilizado, a doutrina aponta duas subdivisões:[39] (i) posse de objeto *per se* perigoso (por exemplo, drogas, armas, materiais radioativos etc.); ou (ii) posse de objeto neutro ou inócuo, ou que não traz

---

[36] PASCOLATI JUNIOR, Ulisses Augusto. *Delito e torcedor*: esporte, violência e direito penal. São Paulo: D'Plácido, 2020, p. 165.

[37] Nas palavras de Habib: "Assim como não é raro vermos torcedores indo a outros Estados da Federação para assistir ao jogo do seu time de futebol, se o trajeto contiver 500 km, ainda assim esse delito poderá estar configurado". HABIB, Gabriel. *Leis especiais*: volume único. 10. ed. Salvador: Juspodivm, 2018, p. 411. Porém, logicamente, é importante repisar que apenas restará configurado o delito se a conduta tiver relação com o evento esportivo.

[38] "(...) Qualquer objeto, ao alvedrio da polícia, pode ser assim considerado (desde um revólver até um casco de refrigerante). Não se definiu que tipo de violência, se física ou moral. O instrumento apto a desencadear qualquer violência é de caracterização potencialmente infinita. Carregar consigo, nas imediações do estádio, um martelo, um prego, um alicate, uma faca, um pedaço de pau, uma haste com bandeira do time, uma tesoura, um cortador de grama, um balde de alumínio, um pedaço de telha, um abajur, uma tábua de passar roupa, um ferro elétrico, um garfo etc., pode constituir crime, segundo a aberta redação do art. 41-B, § 1.º, II, desta Lei. Não cabe ao agente da autoridade definir o que é delito, mas ao legislador. (...)". NUCCI, Guilherme de Souza. *Leis penais e processuais penais comentadas*. v. 1. 10. ed. Rio de Janeiro: Gen, versão *ibook*, 2017. Gomes, por exemplo, também vai nesse sentido, sugerindo inclusive que talvez fosse mais adequado o legislador ter optado por uma norma penal em branco, deixando a critério de norma administrativa quais objetos e pertences estariam vedados no âmbito da praça esportiva. GOMES, Milton Jordão de Freitas Pinheiro. *Direito Penal e legislação desportiva*: comentários aos crimes definidos na Lei Geral da Copa e Estatuto do Torcedor. Salvador: MJ Editora/Edição de Kindle, 2013.

[39] PASCOLATI JUNIOR, Ulisses Augusto. *Delito e torcedor*: esporte, violência e direito penal. São Paulo: D'Plácido, 2020, p. 293.

periculosidade própria (por exemplo, ferramentas regularmente utilizadas para fins lícitos, mas que podem ser empregadas para um propósito criminoso). Em geral, objetos *per se* perigosos já possuem tipificação penal especial, de maneira que o art. 41-B, §1º, II, serve como tipo penal subsidiário e tem como alvo o porte ou posse de objetos neutros ou inócuos.[40]

Fato é que o ordenamento jurídico tem ojeriza à insegurança jurídica, de maneira que injustos possessórios que punem a posse de objetos cotidianos, lícitos, mas que, porventura, podem ser utilizados para fins ilícitos, não poderiam ser tolerados se esse fosse o único elemento considerado pelo aplicador do direito. Do contrário, seria impossível distinguir entre focos de perigo e indivíduos exercendo regularmente o direito de portar um objeto lícito. De outro lado, tornar esse tipo uma norma penal em branco engessaria a repressão desses delitos, tendo em vista que nenhum rol taxativo de objetos poderia contemplar todas as possibilidades que essa norma carrega.[41] Portanto, como coloca Pascolati Junior, a tipificação da posse desses objetos depende de um "algo a mais", ou seja, "(...) a dogmática e o aplicador da lei devem voltar seus olhos não apenas para o objeto, mas também à pessoa e/ou ao contexto".[42] Da mesma maneira, não se tolera que o referencial seja apenas a pessoa, sem considerar o objeto, porquanto isso seria abraçar um direito penal de suspeita, o que também se rechaça. É apenas da conjugação dos dois elementos, pessoa e objeto, que se pode extrair a verdadeira valoração do contexto, revelando se o bem jurídico tutelado está em perigo ou não. Nesse esteio, deve haver critérios seguros para aferir a inequívoca periculosidade do indivíduo, nos casos em que o objeto empossado não é especificamente destinado à prática de delitos. Em síntese, contexto importa, e é essa a tese de Pascolati Júnior:

> (...) a interpretação teleológica que deve ser levada a efeito é aquela que considera a antinatural inserção do instrumento em relação ao contexto e que, por conseguinte, sua posse transmite um significado de possível agressão Outrossim, a interpretação deve levar em consideração elementos factuais conexos com a realidade esportiva, motivo pelo qual dificilmente se consideraria como instrumento destinado à prática deste delito "balde de alumínio", "abajur", "tábua de passar roupa" ou mesmo "ferro elétrico", como aludido por Nucci (...). Diferentemente é a situação, dentro do universo possível dos instrumentos utilizados, do injusto praticado com: paus, pedras, bastões de madeira, tijolos, espetos de churrasco, soco inglês, pedaços de madeira, garrafas semi-quebradas, barras de ferro etc. Esses objetos, de fato, a despeito de não guardarem relação com o evento esportivo, como é o caso das hastes de bandeiras, instrumento percussão ou baquetas, até mesmo rojões, incrementam o risco no ambiente esportivo.[43]

Assim, carregar um pedaço de madeira em frente ao estádio de futebol durante um dia sem jogo, por si só, não configurará qualquer ilícito penal, enquanto que um torcedor que carrega um pedaço de madeira em dia de evento esportivo e nos arredores do estádio

---

[40] De outro lado, é tipo é especial em relação ao art. 19 da Lei das Contravenções Penais, que foi derrogado pelo art. 14 do Estatuto do Desarmamento em relação às armas de fogo, porém, permanece em vigor no que toca a armas brancas.

[41] Aliás, ao não tornar tipificar essa conduta como norma penal em branco, o legislador pátrio seguiu tendência mundial. PASCOLATI JUNIOR, Ulisses Augusto. *Delito e torcedor*: esporte, violência e direito penal. São Paulo: D'Plácido, 2020.

[42] PASCOLATI JUNIOR, Ulisses Augusto. *Delito e torcedor*: esporte, violência e direito penal. São Paulo: D'Plácido, 2020, p. 293. Nesse sentido, também: AMBOS, Kai. Posse como delito e a função do elemento subjetivo. Reflexões desde uma perspectiva comparada. *In*: AMBOS, Kai. *Ensaios de Direito Penal e Processual Penal*. São Paulo: Marcial Pons Brasil, Cedpal, 2016, p. 72.

[43] PASCOLATI JUNIOR, Ulisses Augusto. *Delito e torcedor*: esporte, violência e direito penal. São Paulo: D'Plácido, 2020, p. 167.

certamente é um foco de risco que não pode ser ignorado pelas autoridades policiais. Ademais, a antinaturalidade ou anormalidade do objeto no contexto (objetos que não pertencem ao cenário esportivo e não são socialmente adequados às festividades do esporte) é critério que atribui significado à posse e pode elevá-la à categoria de materialmente típica.[44] Em síntese, segundo Pascolati Júnior, seriam três os critérios que podem elevar a posse à categoria de materialmente típica:[45] (i) antinaturalidade ou anormalidade do objeto no contexto; (ii) sentido contravencional de "arma" (objeto ou utensílio que, independentemente da forma ou destino principal, serve para matar, ferir ou ameaçar alguém); e (iii) ausência de justo motivo para presença dos objetos no cenário esportivo ou no espectro de alcance fixado pelo legislador (interior, cercanias ou trajeto de ida e volta dos estádios).

Destarte, o teor literal do preceito penal não deve ser causa imediata ao clamor pela sua inconstitucionalidade, porque a norma real é produto de um labor exegético que considera a teleologia da sanção em questão, o contexto do caso concreto e toda a sistemática do Estatuto do Torcedor, o que inequivocamente deságua em uma contenção de um modelo de Estado prevencionista e policialesco irracional. Apenas condutas que atentam contra o conteúdo material do injusto serão seu alvo, não quaisquer comportamentos que em termos formais e gramaticais se subsumiriam, em tese, ao tipo. O aplicador da norma, ao se deparar com um caso concreto, não se reduz a uma mera máquina de fazer silogismos.

2.4.2 Art. 41-B, §§2º a 5º

Como medida de verdadeiro afastamento ou neutralização de torcedores com histórico de violência no contexto desportivo, o legislador criou uma forma especial de pena restritiva de direitos, como alternativa à reclusão. Houve certa redundância, porquanto o art. 43, V, do Código Penal já contempla a interdição temporária de direitos, que, esmiuçada pelo art. 47, inclui a proibição de frequentar determinados lugares. Dessarte, na prática forense, a pena impeditiva de comparecimento às proximidades do estádio, bem como a qualquer local em que se realize evento esportivo, já era aplicada pelo Judiciário antes de 2010 em casos que envolviam violência praticada por torcedores no contexto do desporte. No entanto, a peculiaridade do art. 41-B, §2º, do Estatuto de Defesa do Torcedor, é que a conversão da pena privativa de liberdade em restritiva de direitos é compulsória para o juiz, o que se desprende do termo "deverá", de modo que, na sentença penal condenatória referente ao art. 41-B, o juiz está vinculado a converter a pena de reclusão em pena impeditiva de comparecimento às proximidades do estádio, bem como a qualquer local em que se realize evento esportivo, pelo prazo de 3 meses a 3 anos,[46] de acordo com a gravidade da conduta, na hipótese de o agente ser primário (não reincidente), ter bons antecedentes (não possuir

---

[44] Por exemplo, as bandeiras e baquetas dos instrumentos de percussão utilizadas pelas torcidas organizadas no interior do estádio estão, em princípio, dentro do risco tolerável e permitido do contexto esportivo, porque são inerentes a esse ambiente cultural. Já fogos de artifício, como rojões ou sinalizadores, quando dentro do recinto esportivo, não são socialmente aceitos e representam um foco de perigo (e o próprio art. 13-A do Estatuto do Torcedor não admite que torcedor ingresse no recinto esportivo com esses objetos), uma incrementação indevida do risco que já é próprio desses ambientes, de maneira que acabam entrando no campo de incidência do injusto penal (do art. 41-B, §1º, II). Da mesma forma, não pertencem ao esperado no contexto esportivo bastões de madeira, barras de ferro, soco-inglês, pedras, espeto de churrasco, fogos de artifício etc. PASCOLATI JUNIOR, Ulisses Augusto. *Delito e torcedor*: esporte, violência e direito penal. São Paulo: D'Plácido, 2020, p. 317.

[45] PASCOLATI JUNIOR, Ulisses Augusto. *Delito e torcedor*: esporte, violência e direito penal. São Paulo: D'Plácido, 2020, p. 333-334.

[46] O prazo da medida foi um descuido do legislador. O magistrado pode converter, ao seu arbítrio, uma pena de reclusão, de 1 a 2 anos, para de 3 meses a 3 anos de interdição temporária de direitos. Gera estranheza que a restrição de direitos possa ter um prazo maior do que a reclusão que substituiu.

condenações criminais anteriores, em qualquer época, desde que com trânsito em julgado) e não ter sido punido anteriormente pela prática de condutas previstas nesse artigo (esse terceiro requisito, aparentemente, não tem lógica, porque já estaria abrangido pelo primeiro e pelo segundo, de modo que deve ser desconsiderado). Em outras palavras, a lei tornou a substituição verdadeiro direito subjetivo do condenado, uma vez cumpridos os requisitos legais. Na prática, essa obrigatoriedade afeta inclusive a discricionariedade do Ministério Público, na medida em que, segundo o §5º do mesmo dispositivo, "na hipótese de o representante do Ministério Público propor aplicação da pena restritiva de direito prevista no art. 76 da Lei nº 9.099, de 26 de setembro de 1995, o juiz aplicará a sanção prevista no §2º". Ou seja, nem mesmo a transação penal, que é de oferecimento discricionário pelo *Parquet*, pode fugir dessa pena restritiva de direitos.[47]

Destarte, na prática, apenas haverá a imposição da pena privativa de liberdade se a restritiva de direitos for descumprida, conforme aduz o art. 41-B, §3º. Descumprida injustificadamente a restrição de direitos de frequentar os locais, nos moldes apontados na sentença, a consequência será a reconversão da pena em privativa de liberdade.[48]

O art. 41-B, §2º, é uma das ferramentas mais relevantes do Estatuto como forma de coibir a violência em eventos esportivos, porém, no conteúdo da pena em si, excessos na sua aplicação devem ser coibidos. Isso porque há certo grau de indeterminação na redação da norma, que fala genericamente em "estádio" e "qualquer local em que se realize evento esportivo". Não se especifica qual estádio, se aquele relacionado à violência ou tumulto que originou a condenação ou se qualquer estádio no Brasil. E a qual distância do estádio? Poderia o jurisdicionado visitar um parente que mora em frente a um estádio de futebol, em dia de jogo? Qual o horário da limitação? Apenas durante o jogo ou em qualquer hora do dia? E quando fala em "qualquer local em que se realize evento esportivo", isso incluiria mesmo eventos esportivos não profissionais? Por exemplo, poderia o pai assistir ao campeonato mirim de basquete na escola de seu filho? Esses questionamentos são levantados por Nucci com certa acidez,[49] porém, embora a norma realmente não seja clara, é de se esperar que apenas o juiz no caso concreto poderia delimitar essas especificidades, o que seria impossível exigir do legislador abstratamente. Então, a decisão judicial que fixará os exatos termos da restrição da liberdade, de forma inteligível ao jurisdicionado, incluindo o horário, local proibido de frequentar, distância etc. E, dado que o art. 43 do Estatuto aduz que "esta Lei aplica-se

---

[47] Nada obstante seja uma determinação absolutamente razoável para se incluir nos termos de acordo do MP, essa diretriz deveria partir de normas internas da instituição, não da lei. Assim, de solar evidência que há violação ao princípio constitucional da individualização da pena nesse dispositivo, até porque nem todo caso recomenda a conversão da privação da liberdade. Mas curiosamente, o §5º não faz menção à suspensão condicional do processo e, mais modernamente, ao acordo de não persecução penal, como parte dessa obrigatoriedade. De outro lado, o art. 5º, §3º, do Estatuto, aduz que o juiz deve comunicar as entidades da administração do desporto de sua decisão judicial ou aceitação de proposta de transação penal ou suspensão do processo quando implicar o impedimento do torcedor frequentar estádios desportivos. Desse modo, por uma questão de analogia *in bonan partem*, não declarada a inconstitucionalidade do dispositivo, é certo que qualquer espécie de acordo como alternativa à restrição da liberdade teria de vir acompanhado de impedimento de comparecer às proximidades de estádio ou de qualquer local em que se realize evento esportivo, devendo, claro, ser indicadas a respectiva duração da medida, o local em que o autor do fato deverá permanecer, antes, durante e depois da realização do evento desportivo, e quais as partidas ou competições restringidas.

[48] De fato, O Estatuto não traz um dispositivo semelhante do art. 44, §4º, do CP, para calcular os casos de reconversão, abatendo da pena privativa de liberdade o tempo de restritiva de direitos cumprido, logo, o adequado é considerar que a reconversão deve se dar de forma proporcional. Por exemplo, se o agente foi condenado a 3 meses de impedimento de comparecer às proximidades do estádio, em conversão de uma pena de 1 ano de reclusão, sendo certo que cumpriu 1 mês e 15 dias da pena, na reconversão, serão 6 meses de reclusão a cumprir.

[49] NUCCI, Guilherme de Souza. *Leis penais e processuais penais comentadas*. v. 1. 10. ed. Rio de Janeiro: Gen, versão *ibook*, 2017.

apenas ao desporto profissional", por óbvio que o magistrado está impossibilitado de impedir que o pai frequente o campeonato mirim do filho. Ademais, com a leitura conjunta do §4º do art. 41-B, forçoso concluir que o intuito do legislador foi afastar o torcedor do local do evento em dias com partidas marcadas, não em qualquer dia. Por fim, quanto a se a restrição pode abranger qualquer estádio ou local onde se desenvolve evento esportivo ou apenas ao local onde foi cometido o ilícito, parece adequado concluir que essa amplitude também fica sob discricionariedade do magistrado, que avaliará as necessidades do caso concreto.[50] Em verdade, portanto, não há lesão ao princípio da legalidade nessa norma, bastando que ela seja aplicada sob as balizas da razoabilidade e proporcionalidade.

Em derradeiro, para dar executoriedade e efetividade à pena restritiva de direitos acima, o art. 41-B, §4º, determina que o juiz, obrigatoriamente, fixará na decisão o dever suplementar de o agente permanecer em estabelecimento indicado pelo magistrado,[51] no período compreendido entre as 2 horas antecedentes e as 2 horas posteriores à realização de partidas de entidade de prática desportiva ou de competição determinada. Poder-se-ia dizer, tal como faz Nucci, que se trata de uma pena privativa de liberdade travestida de restritiva de direitos.[52] Até seria assim, se o Código Penal já não previsse situação semelhante desde 1984, com a limitação de fim de semana, que consiste na obrigação de permanecer, aos sábados e domingos, por 5 horas diárias, em casa de albergado ou outro estabelecimento adequado (art. 48, CP). Em realidade, o art. 41-B, §4º, do Estatuto é um dos acertos do legislador e adição bem-vinda ao ordenamento, até porque racionaliza a aplicação do §2º.

3 O torcedor no manicômio e os rumos da política criminal no esporte

Desde sua edição, o Estatuto de Defesa do Torcedor se pautou em uma lógica de segurança e prevenção de riscos, porém, originalmente, acreditava que esses objetivos poderiam ser alcançados unicamente por meio de institutos do Direito Civil, do Direito do Consumidor e do Direito Administrativo. Apenas em 2010 cedeu à necessidade de tipificação penal específica de certos comportamentos no contexto esportivo para auxiliar nessa tarefa. Assim, atualmente, o Estatuto de Defesa do Torcedor é uma norma jurídica de caráter híbrido, mas que em todas suas frentes se preocupa com o bem-estar e segurança do espectador-torcedor. Como já obtemperado, outrossim, não é direcionado unicamente ao ambiente do futebol profissional, mas é evidente que as escolhas de política-criminal do legislador foram inspiradas em episódios de violência ocorridos no âmbito desse esporte que,

---

[50] Nesse sentido, Habib: "(...) Não houve especificação do estádio a que o condenado fica proibido de aproximar-se, se o estádio em que o agente praticou o delito ou se qualquer estádio. A resposta a essa questão passa pela interpretação sistemática do dispositivo legal. Interpretando-se a primeira proibição em conjunto com a segunda – a de comparecer a qualquer local em que se realize evento esportivo – é possível concluir que a proibição é de aproximar-se de qualquer estádio. Isso porque, se é verdade que as duas proibições têm a mesma finalidade, e a segunda é genérica, estendendo-se a qualquer local em que se realize evento esportivo, também é verdade que a primeira proibição deve ter caráter genérico também. O legislador quis afastar o condenado de qualquer evento esportivo e não faria sentido proibi-lo de frequentar qualquer local em que se realize evento esportivo e permitir que o agente aproxime-se de qualquer outro estádio que não seja aquele em que praticou o delito". HABIB, Gabriel. *Leis especiais*: volume único. 10. ed. Salvador: Juspodivm, 2018, p. 413.

[51] Normalmente, tal como já revelava a prática forense mesmo antes de 2010, o magistrado indica como estabelecimento adequado para cumprir essa determinação delegacias de polícia, batalhões ou destacamentos da Polícia Militar, postos da guarda civil ou qualquer outra repartição pública adequada, que são locais aptos para manter a devida vigilância sobre o condenado e assegurar o cumprimento da interdição temporária de direitos.

[52] NUCCI, Guilherme de Souza. *Leis penais e processuais penais comentadas*. v. 1. 10. ed. Rio de Janeiro: Gen, versão *ibook*, 2017.

aliás, é o que mais atrai a incidência do Estatuto. A sensação de insegurança nos estádios futebolísticos,[53] aliada à sensação de impunidade dos responsáveis pela violência exógena no esporte, formaram a mistura volátil que, tardiamente, concebeu a tutela penal no Estatuto.

O suprassumo dessa violência se encontra na figura do torcedor organizado, que é o mais propenso a evoluir para aquele que Galeano chamou de "fanático".[54] O fenômeno da torcida organizada originariamente não passava de um grupo de torcedores unidos com a finalidade de incentivar determinado clube. O desvirtuamento dessas congregações foi gradual, desaguando em um caldo de subculturas formadas, majoritariamente, por jovens do sexo masculino, que têm a prática da violência como uma de suas marcas características. Isso desde 1988, em que há no Brasil o registro da primeira morte de um integrante de torcida organizada por membros de outra torcida organizada (o presidente da Mancha Verde, Cléo Sóstenes Dantas da Silva, que foi assassinado por torcedores corinthianos).

O torcedor organizado é visto pelo legislador como um foco de risco e, embora o art. 41-B do Estatuto fale genericamente em "torcedor", é certo que o torcedor organizado foi a verdadeira razão pela inclusão desse dispositivo, cujo espectro de incidência é o maior em comparação com seus tipos penais vizinhos. E a prática forense confirma essa realidade. Pascolati Júnior, como juiz de direito pioneiro na atuação do Anexo de Defesa do Torcedor do Tribunal de Justiça de São Paulo,[55] conduziu rico levantamento jurimétrico[56] a respeito dos processos criminais que tramitaram em sua vara. Foram analisados 238 processos, correspondentes ao período de janeiro de 2015 a maio de 2018, com enfoque especial ao

---

[53] Insegurança essa que, não raro, é mais acentuada em termos subjetivos do que sua existência ontológica, formando assim o combustível da política criminal da pós-modernidade. SILVA SÁNCHEZ, Jesús-María. *La expansión del Derecho Penal*: aspectos de la política criminal de las sociedades posindustriales. 3. ed. Buenos Aires: Editora B de f, 2011.

[54] Com a licença poética do autor uruguaio, que descreveu o fanático como o torcedor no manicômio, tem-se um retrato literário perfeito da atmosfera violenta que lhe imbui: "O fanático chega ao estádio embrulhado na bandeira do time, a cara pintada com as cores da camisa adorada, cravado de objetos estridentes e contundentes, e no caminho já vem fazendo muito barulho e armando muita confusão. Nunca vem sozinho. Metido numa turma barra-pesada, centopeia perigosa, o humilhado se torna humilhante e o medroso mete medo. A onipotência do domingo exorciza a vida obediente do resto da semana, a cama sem desejo, o emprego sem vocação ou emprego nenhum: liberado por um dia, o fanático tem muito de que se vingar. Em estado de epilepsia, olha a partida, mas não vê nada. Seu caso é com a arquibancada. Ali está seu campo de batalha. A simples existência da torcida do outro time constitui uma provocação inadmissível. O Bem não é violento, mas o Mal obriga. O inimigo, sempre culpado, merece que alguém torça seu pescoço. O fanático não pode se distrair, porque o inimigo espreita por todos os lados. Também está dentro do espectador calado, que a qualquer momento pode chegar a dizer que o rival está jogando corretamente, e então levará o castigo merecido". GALEANO, Eduardo. *Futebol ao sol e à sombra*. Porto Alegre: L&PM, 2020, p. 15-16.

[55] O TJ/SP, por meio do Provimento 1.838/2010, do Conselho Superior da Magistratura, criou o Juizado Especial de Defesa do Torcedor do Estado de São Paulo, com competência para processar, julgar e executar as infrações de menor potencial ofensivo e certos crimes previstos no Estatuto do Torcedor (art. 4º). Ulteriormente, através do Provimento 2.258/2015, o já instalado Juizado Especial de Defesa do Torcedor do Estado de São Paulo foi reformulado e, assim, criado o Anexo Judicial de Defesa do Torcedor, com competência para processar e julgar, no âmbito da comarca de São Paulo, as infrações de menor potencial ofensivo, todos os crimes do Estatuto do Torcedor e outros crimes praticados no contexto de eventos futebolísticos ou em decorrência deles (art. 36).

[56] Trata-se do casamento da Estatística com o Direito. "A pressão pela utilização da estatística no estudo do Direito está dando origem a uma nova área do conhecimento: a Jurimetria. A Jurimetria parte da premissa de que o Direito não se esgota no estudo teórico das leis. Temos de estudar também os processos de decisão através dos quais todas as normas, gerais e individuais, são formuladas. A Jurimetria também assume que este estudo precisa ser concreto, ou seja, deve situar seu objeto no tempo e no espaço e investigar os principais fatores capazes de interferir nos seus resultados. E a Jurimetria acredita que o estudo dos processos de decisão deve abandonar pretensões deterministas e admitir no ambiente acadêmico aquilo que sempre se admitiu no ambiente profissional: que a complexidade da ordem jurídica não permite afirmações absolutas e que o Direito, como tudo que envolve a vontade humana, é variável e incerto. Portanto, compreender o Direito é, antes de tudo, descrever suas variabilidades e controlar (não extirpar) suas incertezas". NUNES, Marcelo Guedes. *Jurimetria*. São Paulo: Revista dos Tribunais, 2016, p. 30.

art. 41-B, considerando apenas pessoas imputáveis maiores de 18 anos. As conclusões falam por si só:[57]

(i) sobre a divisão de torcedores de acordo com o pertencimento ou não a torcida organizada: 84% (407 pessoas) eram integrantes de subgrupo e 16% (77 pessoas) não integravam subgrupo (eram torcedores "comuns"). No que se refere especificamente aos indivíduos que incorram no injusto de posse do art. 41-B, §1º, II, esses números aumentam para 90% participantes de subgrupo e 10% não integrantes de subgrupo;

(ii) sobre os objetos apreendidos nos processos envolvendo o injusto da posse, denota diversas categorias, com destaque a bastões de madeira (29,70%), barras de ferro (20,54%), rojões (25,74%) e sinalizadores (5,44%);

(iii) faixa etária dos membros do subgrupo: a) de 18 a 23 anos: 31,44%; b) de 24 a 29 anos: 37,83%; c) de 30 a 35 anos: 19,41%; d) de 26 a 54 anos: 11,05%; e) não consta: 0,24%;

(iv) grau de escolaridade dos membros de subgrupos: a) 1º grau completo: 17,44%; b) 1º grau incompleto: 1,71%; c) 2º grau completo: 49,63%; d) 2º grau incompleto: 6,87%; e) superior completo: 5,65%; f) superior incompleto: 6,38%; g) não consta: 12,28%.

Em síntese, os integrantes da torcida organizada que incorrem em práticas criminosas previstas no Estatuto são, na sua maioria, jovens, de até 29 anos de idade (média de 70%), com média e baixa escolaridade (em torno de 75%), e do sexo masculino.[58]

Os dados confirmam, primeiro, que o Estatuto está efetivamente atingindo a demografia que inspirou a criação de sua parte penal. Segundo, porém, reforçam que o Direito Penal como instrumento de pacificação social, embora instrumentalmente indispensável, não se basta, porquanto o pano de fundo da tipificação penal, que deságua em um jovem rapaz com baixa escolaridade ocupando o banco dos réus após arremessar uma cadeira de estádio contra torcedor da equipe rival, é um complexo emaranhado de problemas sociais em ebulição.

Apesar dos defeitos pontuais, a maioria deles endereçados ao longo do item 2, os tipos penais introduzidos no Estatuto foram adição bastante necessária ao ordenamento brasileiro, seguindo tendência global não só na criminalização, como também na sistemática que preza a proteção integral da coletividade de torcedores na qualidade de consumidores e no isolamento temporário do meio esportivo daqueles torcedores nocivos. E dado o impacto social que tumultos agressivos de torcidas geram na confiança pública na segurança no esporte, especialmente quando eles resultam em mortes, foi imprescindível que o legislador optasse por medidas de política criminal preventivas, criminalizando com certa severidade estágios prévios à violência contra coisas e pessoas de modo a obstar e desencorajar sua ocorrência.

Concomitantemente, o legislador força a conversão da pena de reclusão em pena impeditiva de comparecimento às proximidades do estádio, bem como a qualquer local em que se realize evento esportivo, para tornar incontornável uma alternativa à pena de prisão conjugada à política de neutralização de torcedores que se revelaram como fonte de perigo

---

[57] PASCOLATI JUNIOR, Ulisses Augusto. *Delito e torcedor*: esporte, violência e direito penal. São Paulo: D'Plácido, 2020, p. 389-399.

[58] Reis bem ressalta que o futebol foi criado sob valores de masculinidade, exacerbando a virilidade, força e sobrepujança. REIS, Heloisa Helena Baldy dos. *Futebol e violência*. São Paulo: Armazém do Ipê, 2006, p. 14. E, conforme pontua Duning, apear do êxito do futebol feminino em todo o mundo, essa modalidade esportiva ainda é imbuída de valores patriarcais. DUNNING, Eric. *El fenómeno deportivo*: estudios sociológicos en torno al deporte, la violencia y civilización. Barcelona: Paidotribo, p. 183-184. É apenas um passo para que esses valores evoluam para um ideal de masculinidade tóxica, que, pensando pequeno, cultua a violência como mecanismo de solução de conflitos.

à segurança no esporte.[59] Ao fim e ao cabo, essa sanção ao torcedor organizado é a mais efetiva, tirando dele o que lhe é mais caro: seu acesso ao evento esportivo.

Portanto, a sistemática penal do Estatuto de Defesa do Torcedor não é excessiva ou supérflua. Seu maior pecado foi ter tardado a chegar. Deveras, o Direito Penal deve ser poroso para assimilar os valores sociais mais contemporâneos enquanto eles surgem. Conforme Alcântara e Moraes: "a norma (penal) não cria valores, senão que, alinhada à metodologia de controle social – por intermédio da qual o Direito Penal está conectado a outros mecanismos –, os absorve, por meio de sua positivação, como forma de protegê-los".[60] Foi esse o movimento do legislador ao criminalizar as condutas esmiuçadas acima, que funcionam como opulentos complementos aos direitos já contemplados no restante do Estatuto, conferindo à tutela difusa e coletiva dos interesses consumeristas ligados ao esporte, e ao sentimento de amor pelo esporte em si, a mais plena proteção normativa possível.

Referências

AIDAR, Carlos Miguel Cástex; BORGES, Maurício Ferrão Pereira. Será o fim do cambismo? Disponível em: https://migalhas.uol.com.br/depeso/249780/sera-o-fim-do-cambismo. Acesso em: 05 fev. 2021.

ALCÂNTARA, Guilherme Gonçalves; MORAES, Alexandre Rocha Almeida de. *Minority Report* e as "Novas Leis" Penais: Limites para a Prevenção da Prevenção. *Revista Jurídica da Toledo de Presidente Prudente*, São Paulo, v. 21, 2016.

AMBOS, Kai. Posse como delito e a função do elemento subjetivo. Reflexões desde uma perspectiva comparada. In: AMBOS, Kai. *Ensaios de Direito Penal e Processual Penal*. São Paulo: Marcial Pons Brasil, Cedpal, 2016.

ANDREUCCI, Ricardo Antonio. *Legislação penal especial*. 13. ed. São Paulo: Saraiva, 2018.

BARRETO MUÑOZ, José. *Protagonistas contra la violencia en el deporte*. Madri: Editorial Fragua, 2009.

BECHIARELLI, Emilio Cortés. *El delito de corrupción desportiva*. Valência: Tirant lo Blanch, 2012.

CANCIO MELIÁ, Manuel; JAKOBS, Günther. *Direito Penal do inimigo*. 6. ed. Porto Alegre: Livraria do Advogado, 2015.

CARVALHO, Mário Augusto Friggi de. *Crimes multitudinários:* homicídio perpetrado por agentes em multidão. Curitiba: Juruá, 2006.

DUNNING, Eric. *El fenómeno deportivo*: estudios sociológicos en torno al deporte, la violencia y civilización. Barcelona: Paidotribo.

GALEANO, Eduardo. *Futebol ao sol e à sombra*. Porto Alegre: L&PM, 2020.

GOMES, Milton Jordão de Freitas Pinheiro. *Direito Penal e legislação desportiva*: comentários aos crimes definidos na Lei Geral da Copa e Estatuto do Torcedor. Salvador: MJ Editora/Edição de Kindle, 2013.

GUARAGNI, Fábio André. Aspectos penais do cambismo nos espetáculos esportivos: A lei de economia popular e o Estatuto do Torcedor. In: BEM, Leonardo Schmitt; VICENTE MARTÍNEZ, Rosario de (coord.). *Direito desportivo e conexões com o direito penal*. São Paulo: Juruá, 2014.

GUIMARÃES, Sérgio Chastinet Duarte. *Tutela penal do consumo*. Rio de Janeiro: Revan, 2004.

HABIB, Gabriel. *Leis especiais:* volume único. 10. ed. Salvador: Juspodivm, 2018.

---

[59] Conjuga elementos tanto daquilo que Silva Sánchez batizou de segunda velocidade do Direito Penal, com mitigação à pena privativa de liberdade, quanto daquilo que Jakobs chama de Direito Penal do inimigo. SILVA SÁNCHEZ, Jesús-María. *La expansión del Derecho Penal*: aspectos de la Política criminal de las sociedades posindustriales. 3. ed. Buenos Aires: Edisofer e BdeF, 2011; CANCIO MELIÁ, Manuel; JAKOBS, Günther. *Direito Penal do Inimigo*. 6. ed. Porto Alegre: Livraria do Advogado, 2015.

[60] ALCÂNTARA, Guilherme Gonçalves; MORAES, Alexandre Rocha Almeida de. *Minority Report* e as "novas leis" penais: limites para a prevenção da prevenção. *Revista Jurídica da Toledo de Presidente Prudente*, São Paulo, v. 21, 2016, p. 52-78.

MALAIA, João Manuel Casquinha. Torcer, torcedores, torcedoras, torcida (bras.): 1910-1950. *In*: HOLLANDA, Bernardo Borges Buarque de; MELO, Victor Andrade de (org.). A *torcida brasileira*. Rio de Janeiro: 7 Letras, 2012.

MORAES Alexandre Rocha Almeida de. O Direito Penal de emergência. *In*: MORAES, Alexandre Rocha Almeida de; SANTORO, Luciano de Freiras (coord.); GRECO, Alessandra Orcesi Pedro (org.). *Direito Penal Avançado*: homenagem ao Professor Dirceu de Mello. Curitiba: Juruá Editora, 2015.

NUCCI, Guilherme de Souza. *Leis penais e processuais penais comentadas*. v. 1. 10. ed. Rio de Janeiro: Gen, versão *ibook*, 2017.

NUNES, Marcelo Guedes. *Jurimetria*. São Paulo: Revista dos Tribunais, 2016.

PASCOLATI JUNIOR, Ulisses Augusto. *Delito e torcedor*: esporte, violência e direito penal. São Paulo: D'Plácido, 2020.

REALE, Miguel. *Teoria tridimensional do direito*. 5. ed. São Paulo: Saraiva, 2012.

REIS, Heloisa Helena Baldy dos. *Futebol e violência*. São Paulo: Armazém do Ipê, 2006.

GRECO, Luís; LEITE, Alaor; ROXIN, Claus. *Doping* e direito penal. São Paulo: Atlas, 2011.

SALVADOR NETTO, Almiro Velludo. Breves anotações sobre os crimes de corrupção passiva e corrupção privada na legislação penal espanhola. *In:* PASCHOAL, Janaína Conceição; SILVEIRA, Renato de Mello Jorge (coord.). *Livro em homenagem a Miguel Reale Junior*. Rio de Janeiro: G/Z, 2014.

SILVA SÁNCHEZ, Jesús-María. *La expansión del Derecho Penal:* Aspectos de la Política criminal de las sociedades posindustriales. 3. ed. Buenos Aires: Editora B de f, 2011.

CRIMES FALIMENTARES – ASPECTOS PENAIS DA LEI Nº 11.101, DE 9 DE FEVEREIRO DE 2005

Tallita Juliana Ramos de Oliveira

Introdução e precedentes históricos

O Direito Falimentar tem como objetivo atuar nas empresas que estão em crise econômico-financeira, as quais podem ser tratadas por intermédio dos institutos da falência, recuperação judicial e extrajudicial.

Nota-se que os referidos institutos visam à preservação de empresas economicamente viáveis, por meio da recuperação judicial e extrajudicial, bem como a extinção das inviáveis, garantindo aos credores o recebimento de seus passivos, mediante o instituto da falência.[1]

Historicamente o crime falimentar enfrentou, ao longo dos anos, inúmeras mudanças. Nos tempos de outrora, o empresário devedor era tratado como criminoso, sendo escravizado, torturado e preso. À vista disso, por conta de sua bancarrota, a falência e o crime eram considerados uma única conduta.

Ainda, de acordo com Alexandre Demetrius Pereira: "Instituto tão antigo quanto a história do direito comercial, a falência surgiu de forma incipiente já a partir do século XII, inspirado no *concursum creditorum* do Direito Romano, que, justamente com os agregados do Direito Canônico, formava o direito comum, aplicável a devedores comuns e aos comerciantes – absorvendo os usos e costumes derivados das decisões dos juízes consulares, das corporações de mercadores. Veio assim timbrado pelo rigorismo e por sanções penais severas, que buscavam reprimir os abusos perpetrados por devedores desonestos, maculados pela infâmia traduzida na sentença *decoctor ergo fraudator*". [2]

Não obstante, Álvaro Mayrink da Costa salienta que no ano de 1807, no período napoleônico, o Código Comercial Francês trocou a pena de morte por trabalhos forçados,

---

[1] SOUZA, Renee do Ó. *Leis Penais Especiais Comentadas, Falências*. 3. ed. Salvador: Juspodivm, 2020, p. 1.564.
[2] PEREIRA, Alexandre Demetrius. *Crimes falimentares*. São Paulo: Malheiros, 2010, p. 53.

colocando a falência simples sancionada a título culposo, e a fraudulenta eleita à categoria de ilícito penal, que seguia o Código Penal de 1791.[3]

Da mesma forma que o sistema francês, no Brasil Colonial temos como primeiro exemplo a Lei da Boa Razão, de 1769, punindo os crimes falimentares da mesma forma como ocorria nas Ordenações do Reino, que já previa esse tipo de delito, mas de forma precária.[4]

No ano de 1830, o Código Criminal do Império, em seu Capítulo II, *Título Bancarrota, Estellionato, e Outros Crimes Contra a Propriedade*, previa, no seu artigo 263, o crime falimentar.[5] Já em 1890, o Código Penal (Decreto nº 847, 11 de outubro de 1890), tratou dos crimes falimentares em seus artigos 336 e 337, no Título III, Capítulo *Da Fallencia*.[6]

Por sua vez, a Lei nº 2.024 de 1908 (Lei sobre *Fallencias*) foi o marco de mudança para os crimes falimentares, introduzindo os tipos penais no corpo da legislação, inserindo uma natureza híbrida, tratando dos delitos em seus artigos 167 a 173.[7] Justamente por já fazer parte da Lei nº 2.024 de 1908, os Códigos Penais de 1940 e 1969 não trataram dos crimes falimentares.

Em 1945 foi sancionado o Decreto-Lei nº 7.661, conhecido como Lei de Falências, que não tratou sobre a falência culposa e a falência fraudulenta.

A Lei nº 11.101, de 9 de fevereiro de 2005, trata das disposições penais em seus artigos 168 a 188, no Capítulo VII, Dos Crimes em Espécie, sendo evidenciada a sua natureza híbrida.

E, por fim, a Lei nº 14.112/2020 alterou alguns artigos da atual Lei nº 11.101/2005, entre os quais, nas disposições penais, o §2º do art. 168, que trata da contabilidade paralela, acrescentando a hipótese de violação do disposto no art. 6º-A dessa lei.[8]

A atual Lei nº 11.101/2005 busca a preservação e recuperação de empresas que estão em crise financeira, visto a importância delas no mercado econômico, refletindo seus efeitos na função social da sociedade, garantindo assim uma menor desigualdade social e redução da pobreza.

Crime falimentar no direito comparado

No Direito Comparado, o crime falimentar recebeu várias conceituações e inserções na legislação de vários países.

Em Portugal, os crimes falimentares estão inseridos no Código Penal, no Capítulo IV, intitulado de "Dos crimes contra direitos patrimoniais", nos arts. 227, 227-A, 228, e 229, punindo condutas de insolvência dolosa, frustração de créditos, insolvência negligente e favorecimento de credores. Aqui, admite-se os delitos falimentares na modalidade culposa e dolosa, inclusive, descreve a modalidade de insolvência por negligência (culposa) e dolosa.[9]

Na Espanha, os delitos falimentares também foram inseridos no Código Penal Espanhol, no Título XIII, Capítulo VII, intitulado como "De las insolvencias punibles", em seus artigos 258, 259, 260, 261 e 261-BIS.[10]

---

[3] COSTA, Álvaro Mayrink da. *Revista da EMERJ*, v. 3, n.º 12, 2000, p. 146.
[4] JÚNIOR, Arthur Migliari. Os Crimes Falenciais no Direito Intertemporal, *Revista da EMERJ*, v. 8, n. 31, 2005, p. 304.
[5] BRASIL. *Código Criminal de 16 de dezembro de 1830*.
[6] BRASIL. *Decreto 847*, 11 de outubro de 1890.
[7] BRASIL. *Lei 2.024 de 1908*.
[8] BRASIL. *Lei 14.112/2020*.
[9] PORTUGAL. *Código Penal Português*.
[10] ESPANHA. *Código Penal Espanhol*.

Na Alemanha, os delitos falimentares estão definidos no Código Penal Alemão, na vigésima quarta seção, prevendo hipóteses de crimes falimentares praticados por imprudência (culposa).[11]

Por sua vez, nos Estados Unidos, os crimes falimentares integram parte do Código Criminal norte-americano, Título 18, Parte 1, Capítulo 9, tipificando os delitos de ocultação de ativos, declarações e proposições falsas, suborno, apropriação de bens, conflito de interesses e condutas oficiais, acordo de rendimentos, desconsideração voluntária da legislação falimentar e fraude falimentar. Assim como no Brasil, não é admitida a modalidade de delitos falimentares culposos.[12]

Em contrapartida, na Itália, os delitos falimentares estão definidos no *Regio Decreto, 16 marzo e 1942, nº 267,* criminalizando as condutas falimentares no Capítulo VI, da respectiva lei. A legislação italiana prevê a bancarrota simples ou culposa, bem como a bancarrota fraudulenta ou dolosa.[13]

Na mesma linha, os crimes falimentares franceses estão contidos no *Code de Commerce,* Capítulo IV, do Livro V, título "De la Banqueroute et des Autres Infractions". Lá, no seu artigo L654-3, a falência fraudulenta é punida com cinco anos de prisão e multa de ☐ 75.000.[14]

Seguindo mesma diretriz francesa e italiana, o Brasil tratou todos os artigos envolvendo a falência (dentre eles, os delitos) em um único ordenamento, que é a Lei nº 11.101 de 2005. Aqui, diferentemente das antigas legislações falimentares nacionais, há apenas a forma fraudulenta (dolosa) de crime falimentar, inexistindo a forma culposa.

Bem jurídico e classificação dos crimes

Os diferentes objetos tutelados pelos tipos penais falimentares evidenciam a sua natureza pluriofensiva (viola vários bens jurídicos), visto que sua conduta pode ofender o patrimônio da massa falida, os credores, a administração da justiça e a fé pública.[15]

Os delitos falimentares podem ser classificados *conforme o momento,* sendo *pré-falimentar,* quando a conduta delitiva ocorre antes da sentença que decreta a falência ou concessão e homologação de recuperação judicial e extrajudicial, e pós-falimentar, quando a infração penal ocorrer após decretação de falência ou concessão de recuperação judicial e extrajudicial.[16] Um exemplo de crime pré-falimentar é o art. 169, que trata sobre a violação de sigilo empresarial, uma vez que a conduta de quem comete o crime leva o devedor ao estado de inviabilidade econômica, ou seja, ocorre antes da falência ou recuperação judicial.

No crime pós-falimentar o exemplo é o art. 173, que trata do desvio, ocultação ou apropriação de bens pertencentes ao devedor em recuperação judicial ou à massa falida. Dessa forma, o desvio do bem precisa ser após a decretação de falência ou da recuperação judicial.

Eles também podem ser classificados *conforme características pessoais do agente,* sendo crime próprio quando o agente necessita de alguma qualidade especial exigida pela lei, e os crimes comuns (impróprios), em que o delito falimentar pode ser cometido por qualquer pessoa, de modo que a lei não exige nenhuma qualidade especial do sujeito ativo.

---

[11] ALEMANHA. *Código Penal Alemão (StGB – Strafgesetzbuch).*
[12] ESTADOS UNIDOS. *Código Criminal Norte-Americano* (US Code, title 18, part 1, chapter 9).
[13] ITÁLIA. R.D. 267, de 16.3.1942, arts. 216 e ss.
[14] FRANÇA. *Code de Commerce.* Livro V, Capítulo IV.
[15] SOUZA, Renee do Ó. *Leis Penais Especiais Comentadas, Falências.* 3. ed. Salvador: Juspodivm, 2020, p. 1.565
[16] PEREIRA, Alexandre Demetrius. *Crimes falimentares.* São Paulo: Malheiros, 2010, p. 95.67-69.

Temos como exemplo de crime próprio na *Lei nº 11.101/2005* os artigos *168, 172, 176, 177, 178*. Como crime comum ou impróprio, temos o artigo 169 (violação de sigilo empresarial), podendo ser o autor qualquer pessoa.

Elemento subjetivo do tipo

A Lei nº 2.024/1908 trazia a classificação das modalidades de falência culposa e dolosa (fraudulenta). Entretanto, com a entrada em vigor da Lei nº 7.661/1945, a classificação (culposa e dolosa) foi suprimida, razão pela qual subsistiu apenas o dolo nos delitos falimentares.[17]

Constata-se, pois, o mesmo entendimento na atual Lei nº 11.101/2005, *não havendo a classificação na modalidade culposa.*

Dessa forma, o elemento subjetivo do tipo será tão somente o dolo, que poderá ser genérico ou específico, como no crime de divulgação de informações falsas, o dolo é específico, em que o agente (sujeito ativo) realiza a propagação de informações falsas sobre o devedor, com o objetivo específico de levá-lo à falência ou obter qualquer vantagem.

Dos crimes em espécie

Fraude a credores

> **Art. 168.** Praticar, antes ou depois da sentença que decretar a falência, conceder a recuperação judicial ou homologar a recuperação extrajudicial, ato fraudulento de que resulte ou possa resultar prejuízo aos credores, com o fim de obter ou assegurar vantagem indevida para si ou para outrem.
>
> Pena – reclusão, de 3 (três) a 6 (seis) anos, e multa.

Bem jurídico tutelado

O bem jurídico tutelado é *o patrimônio dos credores*, bem como a administração da justiça, cujo interesse é a correta prestação jurisdicional, ameaçada pela fraude. É também conhecido como "estelionato falimentar".

Sujeitos do crime

Configura *crime próprio*, eis que o sujeito ativo precisa ser o devedor (o empresário em situação de dificuldade financeira) ou quem detenha a administração da empresa.

Da mesma forma, o §3º do mesmo artigo elenca o rol de concurso de agentes (contadores, técnicos contábeis, etc.), dispondo que eles, do mesmo modo que o devedor, concorrerão para as condutas criminosas descritas no artigo, na medida da sua culpabilidade.

Sujeito passivo é a coletividade de credores, e de forma secundária, a administração da justiça.

---

[17] PEREIRA, Alexandre Demetrius. *Crimes falimentares.* São Paulo: Malheiros, 2010, p. 95.

Conduta

É a prática (realizar) de um ato fraudulento, com o intuito de enganar, lesar, proporcionando uma vantagem indevida para si ou para outrem, gerando um prejuízo aos credores. Pode ser pré-falimentar ou pós-falimentar.

Observa Guilherme de Souza Nucci que o ato fraudulento somente se torna relevante penal no contexto da Lei nº 11.101/2005 se houver a sentença declaratória de falência, da concessão de recuperação judicial ou extrajudicial, sendo condições objetivas de punibilidade (art. 180 da Lei nº 11.101/2005).[18] Ou seja, o empresário que comete atos fraudulentos, mas não leva a empresa à falência, recuperação judicial ou extrajudicial, não estará incidindo na tipificação do art. 168, mas sim em outro delito.

Por outro lado, o artigo também dispõe que as fraudes poderão ocorrer após a sentença de decretação de falência, concessão da recuperação judicial e extrajudicial (pós-falimentar). Nesses casos, não se fala em condição objetiva de punibilidade, mas sim de mera fraude cometida contra os credores.

Ou seja, nessa hipótese, como a fraude foi cometida após a sentença de falência, recuperação judicial e extrajudicial (pós-falimentar), o delito ocorreu automaticamente, não necessitando da condição objetiva de punibilidade do art. 180.

Elemento subjetivo do tipo

É o dolo, específico para causar prejuízo aos credores, mesmo que seja em potencial, bem como de obter vantagem indevida e manter o já obtido, para si ou para outrem.

Consumação

A prática delitiva se consuma no momento do ato fraudulento, desde que seja potencialmente capaz de enganar ou causar prejuízo aos credores. Independe da constatação de dano (prejuízo) ou vantagem indevida, razão pela qual é um *crime formal*, bem como de *perigo*, visto que se consuma com a mera conduta fraudulenta. *Admite-se a tentativa, como quando o agente, por circunstâncias alheias à sua vontade, não consegue enganar a vítima.*

Exemplo: Devedor que, pouco antes de falir, liquida todo o patrimônio, transferindo-o para outra empresa, beneficiando terceiros em detrimento de credores. Outro exemplo de fraude a credor é o aumento expressivo de estoque, através de crédito, para, a seguir, pedir falência, desaparecendo com os bens.

---

[18] NUCCI, Guilherme de Souza. *Leis penais e processuais penais comentadas*. 13. ed. Rio de Janeiro: Forense, 2020, v. 1. p. 485.

Aumento da pena

> §1º A pena aumenta-se de 1/6 (um sexto) a 1/3 (um terço), se o agente:
> I – elabora escrituração contábil ou balanço com dados inexatos;
> II – omite, na escrituração contábil ou no balanço, lançamento que deles deveria constar, ou altera escrituração ou balanço verdadeiros;
> III – destrói, apaga ou corrompe dados contábeis ou negociais armazenados em computador ou sistema informatizado;
> IV – simula a composição do capital social;
> V – destrói, oculta ou inutiliza, total ou parcialmente, os documentos de escrituração contábil obrigatórios.

Nas causas de aumento de pena, todos os incisos estão ligados aos procedimentos contábeis, protegendo a regularidade contábil da empresa. Esse tipo de fraude acaba privando o credor de saber a real regularidade patrimonial do devedor, sendo especialmente danosas ao processo de recuperação judicial, extrajudicial e falência.

Protege-se, no **inciso I**, a regularidade da informação contábil, que dá base aos credores quanto à real e regular informação da situação financeira e patrimonial da empresa em crise econômico-financeira. Dessa forma, por exemplo, a escrituração contábil e balanços inexatos podem dar ensejo para que a empresa consiga incentivos fiscais irregulares.

No **inciso II**, a fraude se dá pela omissão do devedor ao realizar a escrituração contábil, não inserindo todas as informações importantes relativas à empresa.

No **inciso III**, o devedor realiza a fraude eliminando (apagando) os dados contábeis inseridos em computador. Ainda, tais condutas se assemelham ao crime de falsidade ideológica e material, pois o agente oculta e altera informações.[19]

Na simulação da composição do capital social, em seu **inciso IV**, a fraude é concretizada por meio do capital social da empresa (valor investido por cada um dos sócios ou empresário individual) "mentiroso", falso. Dessa forma, o fraudador poderá conseguir realizar empréstimos de valores elevados, sem que a outra parte saiba do recurso escasso da empresa.

Por fim, no **inciso V**, conforme Guilherme de Souza Nucci, a destruição pode ser total ou parcial, representando o ato fraudulento a "cortina" que se impõe sobre a movimentação dos negócios e do caixa da empresa.[20]

---

[19] SOUZA, Renee do Ó. *Leis penais especiais comentadas, falências.* 3. ed. Salvador: Juspodivm, 2020, p. 1.572.
[20] NUCCI, Guilherme de Souza. *Leis penais e processuais penais comentadas.* 13. ed. Rio de Janeiro: Forense, 2020, v. 1. p. 490.

Contabilidade paralela e distribuição de lucros ou dividendos a sócios e acionistas até a aprovação do plano de recuperação judicial

> §2º A pena é aumentada de 1/3 (um terço) até metade se o devedor manteve ou movimentou recursos ou valores paralelamente à contabilidade exigida pela legislação, inclusive na hipótese de violação do disposto no art. 6º-A desta Lei.

A Lei nº 14.112 de 2020 alterou a redação, acrescentando também a hipótese da violação do artigo 6º-A, que dispõe ser vedado ao devedor, até a aprovação do plano de recuperação judicial, distribuir lucros ou dividendos a sócios e acionistas, sujeitando-se o infrator ao disposto no art. 168 dessa lei. Dessa forma, ensejará na contabilidade paralela, vulgarmente chamada de "caixa dois" ou contabilidade não oficial. O verbo manter, do artigo, atribui que seja um crime permanente. A modificação legislativa reforçou a proibição legal, que de fato exige uma maior cautela na gestão de seus ativos.

Aqui, credores são enganados com um falso modelo de empresa, podendo, inclusive, gerar a falência de outras empresas, inadimplência de obrigações, bem como o enriquecimento ilícito do empresário devedor.

Concurso de pessoas

> §3º Nas mesmas penas incidem os contadores, técnicos contábeis, auditores e outros profissionais que, de qualquer modo, concorrerem para as condutas criminosas descritas neste artigo, na medida de sua culpabilidade.

O §3º do artigo 168 traz consigo que serão responsabilizados com o mesmo rigor que o empresário devedor os contadores, técnicos contábeis, auditores e outros profissionais que participaram do delito, na medida da sua culpabilidade.

Sendo assim, analisando o supracitado parágrafo, o magistrado, quando do momento da dosimetria da pena, deverá levar em conta a culpabilidade de cada um dos envolvidos, tendo em vista que ela é tida como fator de gradação da pena (juízo de reprovação que recai sobre a conduta).

Redução ou substituição da pena

> §4º Tratando-se de falência de microempresa ou de empresa de pequeno porte, e não se constatando prática habitual de condutas fraudulentas por parte do falido, poderá o juiz reduzir a pena de reclusão de 1/3 (um terço) a 2/3 (dois terços) ou substituí-la pelas penas restritivas de direitos, pelas de perda de bens e valores ou pelas de prestação de serviços à comunidade ou a entidades públicas.

Aqui, a microempresa ou empresário de pequeno porte sofreu uma discriminação positiva, tendo em vista a redução de 1/3 (um terço) a 2/3 (dois terços), podendo ser substituída, também, pelas penas restritivas de direito, caso não exista habitualidade na conduta fraudulenta.

A habitualidade retratada não quer dizer crime habitual, mas apenas como uma reiteração, tratando-se de um elemento normativo do tipo (necessita da aplicação do juízo de valor, feita pelo magistrado).[21]

Portanto, se o microempresário, por reiteradas vezes, cometeu atos fraudulentos que geraram a sua falência, não terá direito ao disposto no §4º.

Violação de sigilo empresarial

> **Art. 169.** Violar, explorar ou divulgar, sem justa causa, sigilo empresarial ou dados confidenciais sobre operações ou serviços, contribuindo para a condução do devedor a estado de inviabilidade econômica ou financeira:
>
> Pena – reclusão, de 2 (dois) a 4 (quatro) anos, e multa.

A violação de sigilo empresarial é uma *novatio legis* incriminadora, pois a legislação falimentar anterior não previa esse tipo de delito. Assim sendo, não retroagirá para punir fatos anteriores à vigência da Lei nº 11.101/2005, tendo em vista ser prejudicial ao réu. No caso, é cabível a substituição da pena privativa de liberdade por restritiva de direitos, bem como a suspensão condicional da pena, a depender da aplicação dada pelo juiz.

Bem jurídico tutelado

É a inviolabilidade/manutenção das informações sigilosas empresariais, bem como a confidencialidade das operações e serviços da empresa. Resguarda-se, também, o patrimônio do devedor e do credor.

Sujeitos do crime

O sujeito ativo pode ser qualquer pessoa, sendo assim, um **crime comum**. Por sua vez, o sujeito passivo é o empresário falido ou em recuperação judicial, bem como os credores e a administração da justiça.

Núcleo do tipo

A conduta é violar (infringir), explorar (beneficiar-se) e divulgar (propalar, publicar, disseminar) quaisquer informações sigilosas relativas à empresa, caso contrário, se as informações vazadas não forem de cunho empresarial, não há que se falar em crime falimentar.

Perante o *núcleo explorar*, verifica-se que não há necessidade de propagar (passar para terceiros as informações sigilosas), mas apenas a execução do verbo.

---

[21] CUNHA, Rogério Sanches. *Manual de direito penal*: parte geral, 4. ed. Salvador: Juspodivm, 2016, p. 169.

Nota-se, ademais, que para se configurar o delito falimentar, além da divulgação, exploração e violação das informações referentes à empresa em crise financeira, também há a necessidade de sua decretação de falência ou concessão da recuperação judicial e extrajudicial, sendo condições objetivas para sua configuração, não bastando apenas que o empresário seja devedor.

Consumação

A doutrina diverge no quesito consumação e tentativa. Parte da doutrina, como Arthur Migliari Júnior, afirma que basta a violação, a exploração ou divulgação dos dados sigilosos, independentemente da ocorrência de inviabilidade econômico-financeira do devedor, tratando-se de um crime de mera conduta, não admitindo a tentativa.[22]

Outra parte da doutrina defende que o crime é material e só estará consumado quando decretada a falência do empresário. Nesse caso, admite-se a tentativa, já que mesmo com a divulgação, exploração ou violação do sigilo empresarial, pode ocorrer que não haja a decretação de falência.[23]

Entendemos que não basta a violação, exploração ou divulgação do sigilo da empresa, bem como o seu estado de inviabilidade financeira, sendo indispensável a condição objetiva de punibilidade, que é a falência, recuperação judicial ou extrajudicial.

Exemplo: Funcionário de uma empresa que, ao abrir uma correspondência endereçada à diretoria, revela dados empresariais sigilosos.

Divulgação de informações falsas

> **Art. 170.** Divulgar ou propalar, por qualquer meio, informação falsa sobre devedor em recuperação judicial, com o fim de levá-lo à falência ou de obter vantagem:
> Pena – reclusão, de 2 (dois) a 4 (quatro) anos, e multa.

Da mesma forma que o delito anterior, a divulgação de informações falsas é uma *novatio legis* incriminadora, razão pela qual não retroagirá para fatos anteriores à sua vigência.

Bem jurídico tutelado

O *bem jurídico* tutelado no art. 170 da Lei nº 11.101/2005 é a veracidade das informações do empresário devedor que está em recuperação judicial.

Sujeitos do tipo

Nesse tipo de delito, qualquer pessoa pode praticar o crime de divulgação de informações falsas, razão pela qual é um *crime comum*.

---

[22] JÚNIOR, Arthur Migliari. *Crimes de recuperação de empresas e de falências*. São Paulo: Quartier Latin, 2006, p. 135.
[23] SOUZA, Renee do Ó. *Leis penais especiais comentadas, falências*. 3. ed. Salvador: Juspodivm, 2020, p. 1.576.

Já o *sujeito passivo* é o empresário devedor que está em recuperação judicial, os credores, bem como a administração da justiça, tendo em vista que a recuperação judicial pode ser afetada de forma prejudicial, ocasionando a sua falência. De forma secundária também são sujeitos passivos os credores e o Estado.

Conduta

A conduta é *divulgar e propalar* informações falsas sobre o devedor que está em recuperação judicial, com a finalidade de levá-lo à falência ou de obter alguma vantagem para si, ainda que ilícita. Entretanto, a sentença de falência do devedor em recuperação não precisa ocorrer em todos os casos, admitindo-se a tentativa.

É um crime pós-recuperação, pois só se configura com a concessão da recuperação judicial e durante o seu processo.

Tem-se, ainda, caso a informação falsa seja tola, incapaz de gerar a falência, torna-se crime impossível.[24]

Elemento subjetivo do tipo

O elemento subjetivo do tipo é dolo específico, com a finalidade de levar o devedor à falência ou de obter alguma vantagem.

Consumação

A consumação do delito é o momento em que o agente divulga a informação falsa. Ou seja, basta apenas que se divulgue a informação inverídica que possa causar prejuízos ao empresário em recuperação judicial, independentemente de resultado naturalístico, da ciência de terceiros. Trata-se, portanto, de um crime formal.

A tentativa é possível na hipótese de quando o agente inicia o ato de divulgação, mas, por circunstâncias alheias à sua vontade, não consegue concluir o ato.

Exemplo: Quando um contador divulga dados *falsos* sobre o balanço anual de uma empresa, com o objetivo de levá-la à falência ou recuperação judicial.

Indução a erro

> **Art. 171.** Sonegar ou omitir informações ou prestar informações falsas no processo de falência, de recuperação judicial ou de recuperação extrajudicial, com o fim de induzir a erro o juiz, o Ministério Público, os credores, a assembleia-geral de credores, o Comitê ou o administrador judicial:
>
> Pena – reclusão, de 2 (dois) a 4 (quatro) anos, e multa.

Trata-se de outra *novatio legis* incriminadora, não retroagindo para fatos anteriores à sua vigência.

---

[24] NUCCI, Guilherme de Souza. *Leis penais e processuais penais comentadas*. 13. ed. Rio de Janeiro: Forense, 2020, v. 1. p. 495.

Bem jurídico tutelado

O bem jurídico tutelado é a integridade/veracidade das informações prestadas no processo de falência, recuperação judicial ou extrajudicial. Entende-se também que há a proteção da administração da justiça.

Sujeitos do tipo

O *sujeito ativo* pode ser qualquer pessoa que venha a ter alguma atuação no processo de falência, recuperação judicial ou extrajudicial. Portanto, trata-se de crime *comum*. O *sujeito passivo* é o Estado, bem como a coletividade de credores.

Conduta

O *núcleo do tipo* são três verbos: *sonegar* (ocultar, encobrir), *omitir* (deixar de dizer) informações ou *prestar* informações falsas no processo de falência ou de recuperação judicial e extrajudicial.

É um crime que pode ser considerado como *pré-falimentar* ou *pós-falimentar*, pois não há exigência da lei de que a conduta seja cometida após a falência ou concessão e homologação da recuperação judicial.

Elemento subjetivo do tipo

O elemento subjetivo do tipo é o *dolo, específico em induzir a erro* "o juiz, o Ministério Público, os credores, a assembleia geral de credores, o Comitê ou o administrador judicial".

Consumação

O crime irá se *consumar* com a simples sonegação, omissão ou prestação de informações falsas, portanto, considerado um crime formal. Não há a necessidade do resultado concreto, ou seja, que os destinatários do delito sejam efetivamente induzidos a erro.

Admite-se *tentativa* apenas em relação à conduta de prestar informações falsas, tendo em vista ser comissiva, podendo ser impedida por circunstâncias alheias à sua vontade.

Exemplo: O devedor que, durante o processo de recuperação judicial, apresenta balanço contábil fraudulento, induzindo a erro o juiz. Outra hipótese é o devedor que no curso do processo de falência reconhece como verdadeiro um crédito falso.

Favorecimento de credores

> **Art. 172.** Praticar, antes ou depois da sentença que decretar a falência, conceder a recuperação judicial ou homologar plano de recuperação extrajudicial, ato de disposição ou oneração patrimonial ou gerador de obrigação, destinado a favorecer um ou mais credores em prejuízo dos demais:
>
> Pena – reclusão, de 2 (dois) a 5 (cinco) anos, e multa.
>
> Parágrafo único. Nas mesmas penas incorre o credor que, em conluio, possa beneficiar-se de ato previsto no *caput* deste artigo.

Bem jurídico tutelado

O *bem jurídico tutelado* é a paridade entre credores (os credores devem ser tratados de forma igualitária). A legislação falimentar anterior, Lei nº 7.661/45, em seu art. 188, inciso II, tratava do mesmo delito, mas de uma forma mais restrita e com uma pena menos gravosa.

Sujeitos do tipo

É um *crime próprio*, ou seja, o *sujeito ativo* é o empresário devedor. Da mesma forma, conforme o parágrafo único do dispositivo, o credor que se beneficiou do favorecimento também incorre nas mesmas penas.

O *sujeito passivo* é a coletividade de credores, pois são prejudicados pelo favorecimento, bem como a administração da justiça.

Conduta

A conduta é praticar (executar) ato de disposição ou oneração patrimonial (gravar com ônus) ou gerar obrigação, com o objetivo de favorecer um ou mais credores, podendo ocorrer antes (pré-falimentar) ou depois (pós-falimentar) da sentença que decretar a falência e concessão da recuperação judicial ou extrajudicial.

Temos como exemplo de *oneração patrimonial a hipoteca, penhor e usufruto*. Já o *ato de gerar obrigação* seria a emissão de títulos de créditos, como também realização de contratos de financiamentos.

Enfim, *praticar ato de disposição é a alienação* a título gratuito ou oneroso, sendo o contrato particular de compra e venda um exemplo.

Elemento subjetivo do tipo

O *elemento subjetivo é o dolo, específico* em favorecer determinados credores, prejudicando os demais.

Consumação

É um *crime formal*, não havendo necessidade do prejuízo efetivo aos demais credores, bastando apenas a efetiva oneração ou disposição do patrimônio para a sua configuração, admitindo *a tentativa*.

Exemplo: O devedor que, para realizar o pagamento antecipado de um credor, em detrimento de outros, vende maquinários da empresa falida, beneficiando-o.

Desvio, ocultação ou apropriação de bens

> Art. 173. Apropriar-se, desviar ou ocultar bens pertencentes ao devedor sob recuperação judicial ou à massa falida, inclusive por meio da aquisição por interposta pessoa:
> Pena – reclusão, de 2 (dois) a 4 (quatro) anos, e multa.

Bem jurídico tutelado

O *bem jurídico protegido* é o patrimônio do devedor ou da massa falida, sendo de interesse dos credores.

Sujeitos do tipo

É um *crime comum*, podendo ser cometido por qualquer pessoa. Nas formas de deslocamento dos bens dos destinatários legítimos – credores – para outros pontos, abrange, inclusive, a venda simulada. Advirte Guilherme de Souza Nucci que a parte final do tipo penal demonstra que pode ocorrer a aquisição dos bens pelo famoso "laranja", e caso esteja ciente da conduta delituosa, responderá como partícipe.[25]

O *sujeito passivo* são os credores e a administração da justiça.

Conduta

Aqui, *o núcleo do tipo é* apropriar-se (apossar para si coisa de outrem), desviar (afastar) e ocultar (esconder). Trata-se de um tipo misto alternativo por conta das diversas condutas permitidas.

Verifica-se através da análise do delito que os bens precisam pertencer à massa falida ou ao devedor em recuperação judicial, caracterizando, dessa forma, um crime *pós-falimentar*.

Um exemplo de desviar é quando o empresário devedor desloca equipamentos de uma empresa para outra. Ao se apoderar de um televisor da empresa falida, o empresário comete a conduta de apropriar-se. E por fim, caso ele esconda um ônibus da empresa para que este não seja arrecadado, praticará a conduta de ocultar.

Em razão do princípio da legalidade, não incide nas penas do art. 173 os bens pertencentes ao devedor em recuperação *extrajudicial*.

Elemento subjetivo do tipo

O elemento subjetivo do tipo *é o dolo genérico*.

Consumação

A maior parte da doutrina entende que a *consumação do crime é formal*, bastando o desvio, ocultação ou apropriação do bem.[26] Por ser possível o fracionamento do *inter criminis*, admite-se *a tentativa*.

Exemplo: O empresário falido que esconde (oculta) o ônibus de sua empresa para que ele não seja arrecadado.

---

[25] NUCCI, Guilherme de Souza. *Leis penais e processuais penais comentadas*. 13. ed. Rio de Janeiro: Forense, 2020, v. 1. p. 499.

[26] BEZERRA FILHO, Manoel Justino. *Lei de Recuperação de Empresas e Falências comentada*. São Paulo: Revista dos Tribunais, 2008, p. 394.

Aquisição, recebimento ou uso ilegal de bens

> **Art. 174.** Adquirir, receber, usar, ilicitamente, bem que sabe pertencer à massa falida ou influir para que terceiro, de boa-fé, o adquira, receba ou use:
> Pena – reclusão, de 2 (dois) a 4 (quatro) anos, e multa.

O antigo Decreto-lei nº 7.661/1945 não tipificava esse delito, razão pela qual estamos diante de uma *novatio legis* incriminadora, de aplicação irretroativa aos fatos ocorridos anteriores à sua vigência.

Bem jurídico tutelado

O *bem jurídico tutelado* é o patrimônio pertencente à massa falida, que é de interesse dos credores, bem como a lisura do procedimento falimentar.

Sujeitos do tipo

Por se tratar de um *crime comum*, pode ser praticado por qualquer pessoa. Para Alexandre Demetrius Pereira, aquele que adquire, recebe ou usa o bem diretamente do devedor falido, bem como o adquirente sucessivo, desde que, de má-fé, receba, adquira ou use o bem recebido de terceiro que antes obteve o bem da massa falida, responde também pelo delito.[27]

Por seu turno, o *sujeito passivo* pode ser tanto os credores como também a administração da justiça.

Conduta

O *núcleo do tipo* são os verbos *adquirir* (comprar, pegar para si), *receber* (aceitar a coisa para si) e *usar* (utilizar algo, servir-se de algo), que são as primeiras condutas alternativas, cujo objeto de proteção é o bem pertencente à massa falida. Já a segunda parte, que é o verbo *influir* (induzir, persuadir), o agente induz uma terceira pessoa de boa-fé para que ela use, adquira ou receba o bem da massa falida.

Ainda, conforme Guilherme de Souza Nucci, o agente pode vir a praticar dois crimes em concurso material nas hipóteses de adquirir bem da massa falida, bem como influenciar terceiro de boa-fé a fazer o mesmo.[28]

Elemento normativo do tipo

O elemento normativo do tipo, acrescentado pelo legislador, no caso, "ilicitamente", remetendo a antijuridicidade ao artigo 111 da Lei nº 11.101/2005, que prevê: "O juiz poderá autorizar os credores, de forma individual ou coletiva, em razão dos custos e no interesse

---

[27] PEREIRA, Alexandre Demetrius. *Crimes falimentares*. São Paulo: Malheiros, 2010, p. 180.
[28] NUCCI, Guilherme de Souza. *Leis penais e processuais penais comentadas*. 13. ed. Rio de Janeiro: Forense, 2020, v. 1. p. 500.

da massa falida, a adquirir ou adjudicar, de imediato, os bens arrecadados, pelo valor da avaliação, atendida a regra de classificação e preferência entre eles, ouvido o Comitê".

Elemento subjetivo do tipo

O elemento subjetivo do tipo é o *dolo direto*, pois o agente sabe que o bem pertence à massa falida, sendo este o entendimento de Guilherme de Souza Nucci e Cézar Roberto Bitencourt.[29]

Consumação

É *crime material*, pois a lei exige o resultado naturalístico nas condutas de *aquisição, recebimento ou uso, específico em gerar um prejuízo aos credores, administração da justiça e demais terceiros de boa-fé*. No caso do verbo *influenciar*, basta que o agente tente induzir o terceiro de boa-fé para restar caracterizado o crime, não havendo a necessidade de que o influenciado pratique qualquer ato.

Sobre a tentativa, o autor Guilherme de Souza Nucci defende que há a tentativa em todos os verbos do núcleo do tipo, inclusive no verbo influir, visto que o mero palpite não perfaz o suficiente para tipificar a conduta, sendo possível que o agente seja interrompido por circunstâncias alheias à sua vontade.[30] De forma contrária, Renne do Ó Souza justifica que por ser crime formal é inadmissível a tentativa em relação à conduta de influenciar.[31] Por sua vez, sem expor o motivo, o autor Antônio Sérgio Altieri de Moraes Pitombo não admite a tentativa na conduta de influenciar.[32]

Exemplo: O administrador judicial que utiliza e usufrui os bens da massa falida. O indivíduo que compra um veículo sabendo que ele pertence à massa falida.

Habilitação ilegal de crédito

> **Art. 175.** Apresentar, em falência, recuperação judicial ou recuperação extrajudicial, relação de créditos, habilitação de créditos ou reclamação falsas, ou juntar a elas título falso ou simulado:
> Pena – reclusão, de 2 (dois) a 4 (quatro) anos, e multa.

Bem jurídico tutelado

O *bem jurídico tutelado* é a lisura do procedimento falimentar, recuperação judicial e extrajudicial, bem como o interesse dos credores e da administração da justiça.

---

[29] BITENCOURT, Cézar Roberto. *Tratado de Direito Penal Econômico*. São Paulo: Saraiva, 2016 v. 2., p. 616.
[30] NUCCI, Guilherme de Souza. *Leis penais e processuais penais comentadas*. 13. ed. Rio de Janeiro: Forense, 2020, v. 1. p. 501.
[31] SOUZA, Renee do Ó. *Leis penais especiais comentadas, falências*. 3. ed. Salvador: Juspodivm, 2020, p. 1.585.
[32] PITOMBO, Sérgio Altieri de Moraes. *Comentários à lei de recuperação de empresas e falência*. São Paulo: Revista dos Tribunais, 2007, p. 549.

Sujeitos do tipo

O crime pode ser praticado por qualquer pessoa (comum), nas condutas de apresentação de habilitação de créditos e reclamação falsa, mas ele é próprio em relação à conduta de apresentação da relação de credores, pois demanda uma qualidade especial, que é ser administrador judicial.

O *sujeito passivo* é o credor, bem como a administração da justiça.

Conduta

A *conduta típica do núcleo* apresentar (mostrar, exibir) é a primeira do tipo, tendo como objeto a relação de créditos, habilitação de créditos ou reclamação falsa, forjada. Há também a segunda conduta, que é juntar (anexar) a elas título falso, forjado.

Dessa forma, será punido aquele (credor, devedor, administrador judicial) que, durante o processo de falência, recuperação judicial e extrajudicial, apresentar documentação forjada, falsa. Vale lembrar que a falsidade exigida no tipo deve ter capacidade para induzir o destinatário a erro, razão pela qual a falsidade grosseira, que é incapaz de ludibriar, acaba sendo crime impossível, nos termos do art. 17 do Código Penal. A falsidade pode ser tanto material quanto ideológica.

Logo, entende-se que o crime é *pós-falimentar,* não se aplicando o disposto no art. 180 dessa lei.

Elemento subjetivo do tipo

O elemento subjetivo do tipo é *o dolo,* sem elemento subjetivo específico.

Consumação

O crime de habilitação ilegal de crédito *é formal e de perigo*, portanto, terá a sua consumação com a apresentação da relação de crédito, habilitação de créditos ou reclamação falsa, ou juntando título falso, ainda que não consiga efetivar o prejuízo desejado. Para Renne do Ó Souza, não admite tentativa.[33]

Exemplo: Empresário, em processo de recuperação judicial, apresenta relação de créditos falsos, juntando títulos simulados.

Exercício ilegal de atividade

> **Art. 176**. Exercer atividade para a qual foi inabilitado ou incapacitado por decisão judicial, nos termos desta Lei:
> Pena – reclusão, de 1 (um) a 4 (quatro) anos, e multa.

---

[33] SOUZA, Renee do Ó. *Leis penais especiais comentadas, falências*. 3. ed. Salvador: Juspodivm, 2020, p. 1.587.

O crime de exercício ilegal de atividade não era previsto na lei anterior, sendo assim uma *novatio legis* incriminadora, de aplicação irretroativa. É semelhante ao artigo 359 do Código Penal (desobediência a decisão judicial).

Verifica-se que em virtude da pena mínima de 1 (um) ano, admite-se a suspensão condicional do processo, conforme o art. 89 da Lei nº 9.099/95.

Bem jurídico tutelado

O *bem jurídico protegido* é a autoridade da decisão judicial que decretou a inabilitação ou incapacitação do agente falido.

Sujeitos do tipo

É um *crime próprio*, visto que exige qualidade específica do sujeito ativo, que é a inabilitação ou incapacitação por decisão judicial. Ainda, conforme Alexandre Demetrius Pereira, pode ocorrer que o agente inabilitado use terceira pessoa (como, por exemplo, seu cônjuge). Nesses casos, havendo dolo por parte do terceiro, haverá concurso de agentes.[34]

O *sujeito passivo*, por sua vez, é a administração da justiça, bem como, de forma subsidiária, os credores que possivelmente possam ser prejudicados pelo exercício ilegal da atividade.

Conduta

O núcleo do tipo é o verbo exercer (desempenhar) a atividade que o agente foi inabilitado ou incapacitado por decisão judicial. Os artigos 102 e 103 da Lei nº 11.105/2005 prevê as hipóteses de inabilitação, e no art. 181, os efeitos da condenação do falido. Dessa forma, caso o agente venha a descumprir o impedimento judicialmente imposto, incidirá nas penas do art. 176.

É um crime *pós-falimentar*, ou seja, a conduta típica é realizada depois da sentença de quebra, ou da concessão da recuperação judicial ou de homologação da sentença extrajudicial. É também uma norma penal em branco, cujo preceito primário é incompleto.

Elemento subjetivo do tipo

O elemento subjetivo é o dolo, não havendo elemento subjetivo específico.

Consumação

Há divergência doutrinária. Parte dela defende que o crime se consuma com apenas um ato relativo ao exercício da atividade que o agente foi inabilitado (suspenso) por decisão judicial, sendo assim, um crime formal e, portanto, a tentativa é admitida.[35]

---

[34] PEREIRA, Alexandre Demetrius. *Crimes falimentares*. São Paulo: Malheiros, 2010, p. 187.

[35] SOUZA, Renee do Ó. *Leis penais especiais comentadas, falências*. 3. ed. Salvador: Juspodivm, 2020, p. 1.588.

Noutra, autores como Guilherme de Souza Nucci[36] e Alexandre Demetrius Pereira[37] defendem que o crime é habitual, plurissubsistente (praticado em vários atos) e, portanto, não é admissível a tentativa, sendo esse o nosso entendimento.

Como a pena mínima é de 1 (um) ano, admite-se a suspensão condicional do processo, conforme o disposto no art. 89 da Lei nº 8.099/95. Caso a condenação for superior a um ano, poderá ocorrer a substituição da pena privativa de liberdade por restritiva de direitos (art. 44, CP).

Exemplo: Mesmo após declaração de falência da empresa "X", o falido continuou como sócio administrador, ou seja, exercendo a atividade empresarial para a qual estava inabilitado.

Violação de impedimento

> **Art. 177.** Adquirir o juiz, o representante do Ministério Público, o administrador judicial, o gestor judicial, o perito, o avaliador, o escrivão, o oficial de justiça ou o leiloeiro, por si ou por interposta pessoa, bens de massa falida ou de devedor em recuperação judicial, ou, em relação a estes, entrar em alguma especulação de lucro, quando tenham atuado nos respectivos processos:
>
> Pena – reclusão, de 2 (dois) a 4 (quatro) anos, e multa.

O delito de violação de impedimento já existia na antiga Lei de Falências, porém, com uma pena mais branda (de um a dois anos de detenção). Entretanto, com o advento da Lei nº 11.101/2005, a pena ficou mais gravosa, passando para reclusão de dois a quatro anos. Logo, estamos diante de uma *novatio legis in pejus*, não retroagindo para fatos anteriores à sua vigência.

Bem jurídico tutelado

O *bem jurídico protegido* é a lisura da justiça, honradez do processo falimentar ou de recuperação judicial, bem como a proteção do objeto material, que é o patrimônio da massa falida ou da recuperação judicial.

Sujeitos do crime

O *crime é próprio*, qualificando seu *sujeito ativo* como quaisquer dos agentes descritos no art. 177, podendo ser o juiz, o representante do Ministério Público, o administrador judicial, o gestor judicial, perito, avaliador, escrivão, oficial de justiça ou leiloeiro.

O *sujeito passivo*, primeiramente, é o Estado. De forma secundária, a comunidade de credores, tendo em vista o risco de prejuízo, caso haja a aquisição.

---

[36] NUCCI, Guilherme de Souza. *Leis penais e processuais penais comentadas*. 13. ed. Rio de Janeiro: Forense, 2020, v. 1. p. 504.

[37] PEREIRA, Alexandre Demetrius. *Crimes falimentares*. São Paulo: Malheiros, 2010, p. 188.

Conduta

A *primeira conduta do tipo* é o impedimento, expresso no art. 177, de determinadas pessoas para a aquisição de bens pertencentes à massa falida, bem como da recuperação judicial, ficando de fora a recuperação extrajudicial. O verbo *adquirir é obter*, comprar para si o bem da massa falida (compra e venda, se oneroso) ou até mesmo receber como doação.

A *segunda conduta*, como explica Guilherme de Souza Nucci, não se deve tolerar que os impedidos ingressem em qualquer *especulação de lucro* (negócios produtores de ganho ou vantagem). Por mais idôneo que possa tentar ser, jamais poderá vencer a barreira ética e da moralidade nesse caso existente.[38]

No caso, as condutas são alternativas, de modo que a prática de ambas configurará apenas um crime.

O objeto material desse delito é o bem da massa falida ou do devedor em recuperação judicial adquirido, ou qualquer outro negócio que propicie ganho ou vantagem (lucro) que esteja vinculado ao devedor em recuperação ou à massa falida.

Elemento subjetivo do tipo

O elemento subjetivo é o dolo, não havendo elemento subjetivo específico.

Consumação

É um crime formal, pois independe de efetivo prejuízo causado aos credores ou à lisura do Estado. De perigo abstrato (potencialidade presumida de lesão). Admite-se tentativa. Um exemplo é quando o agente ativo (ex.: o juiz) realiza o pagamento, mas por circunstâncias alheias à sua vontade acaba por não receber o objeto.

Exemplo: Promotor de Justiça que atua no processo de falência adquire, por meio de uma interposta pessoa, o imóvel pertencente à massa falida, quando legalmente impedido.

Omissão dos documentos contábeis obrigatórios

> **Art. 178.** Deixar de elaborar, escriturar ou autenticar, antes ou depois da sentença que decretar a falência, conceder a recuperação judicial ou homologar o plano de recuperação extrajudicial, os documentos de escrituração contábil obrigatórios:
>
> Pena – detenção, de 1 (um) a 2 (dois) anos, e multa, se o fato não constitui crime mais grave.

De todos os crimes falimentares, esse é o único em que a punição é com pena de detenção de 1 (um) a 2 (dois) anos, tendo em vista os outros serem punidos com pena de reclusão. Dessa forma, será aplicada as disposições da Lei nº 9.099/95, por ser um crime de menor potencial ofensivo, cabendo transação penal (art. 61 da Lei nº 9.099/95), bem como a suspensão condicional do processo (art. 89 da Lei nº 9.099/95).

---

[38] NUCCI, Guilherme de Souza. *Leis penais e processuais penais comentadas*. 13. ed. Rio de Janeiro: Forense, 2020, v. 1. p. 505

Bem jurídico tutelado

O *bem jurídico tutelado* é o patrimônio do devedor, que é de interesse da coletividade de credores, a administração da justiça, bem como a atividade fiscalizadora estatal.

O *objeto material*, no caso, é a escrituração contábil, que não é realizada (deixar de elaborar, escriturar, autenticar os documentos de escrituração contábil).

Sujeitos do tipo

Trata-se de *crime próprio*, uma vez que só pode ser cometido pela pessoa obrigada a manter em ordem os livros obrigatórios, ou seja, pelo *empresário devedor*.

O *sujeito passivo* é a coletividade de credores, bem como a administração da justiça.

Conduta

O art. 178 possui três núcleos: deixar de elaborar, deixar de escriturar e deixar de autenticar documentos de escrituração contábil. Por serem condutas propriamente omissivas, não admite tentativa.

Essas condutas podem ser realizadas antes ou depois da sentença que decretar a falência, conceder a recuperação judicial ou homologar a extrajudicial (pré-falimentar ou pós-falimentar).

Ademais, é norma penal em branco, sendo complementada, conforme Alexandre Demetrius Pereira, pelo Código Civil (CC, art. 1.180), legislação empresarial e tributária (CTN, art. 14, III, e 195, parágrafo único).[39]

Elemento subjetivo do tipo

O elemento subjetivo caracterizado é o *dolo*, não existindo elemento subjetivo específico.

Consumação

O crime se consuma com a conduta omissiva do agente, quando a lei impõe a escrituração contábil, quando necessária. É um crime formal, pois independe da ocorrência de resultado (como por exemplo, prejuízo advindo da omissão de escrituração). Não admite tentativa, já que estamos diante de um tipo omissivo.

Exemplo: O empresário "Y", antes da decretação de falência, deixou de realizar a escrituração contábil diária do livro de registro de duplicatas. A escrituração mercantil é essencial para se ter uma ideia de condução da sociedade e da destinação patrimonial.

---

[39] PEREIRA, Alexandre Demetrius. *Crimes falimentares*. São Paulo: Malheiros, 2010, p. 199.

Disposições comuns

> **Art. 179.** Na falência, na recuperação judicial e na recuperação extrajudicial de sociedades, os seus sócios, diretores, gerentes, administradores e conselheiros, de fato ou de direito, bem como o administrador judicial, equiparam-se ao devedor ou falido para todos os efeitos penais decorrentes desta Lei, na medida de sua culpabilidade.

O art. 179 é uma norma de extensão explicativa, responsabilizando aquele que de qualquer modo participou da conduta delitiva, tendo em vista se tratar de uma estrutura complexa, pois geralmente a autoria delitiva é coletiva.

Como exemplo, temos o crime de fraude a credores. Caso o sócio "X" realize um ato fraudulento, obtendo vantagem indevida para si, sem o conhecimento do sócio "Y", gerando a falência da empresa, será ele ("X") o único a responder pelo crime de fraude a credores (art. 168).

Por outro lado, dispomos do delito do art. 178, que é a omissão dos documentos contábeis obrigatórios. Dessa forma, poderá ter concurso de agentes, sendo sujeito ativo tanto o empresário devedor, como também o contabilista (que é o responsável pela escrituração contábil obrigatória).

Guilherme de Souza Nucci não vê utilidade no preceituado art. 179 dessa lei por duas razões: a responsabilidade penal advinda da Lei nº 11.101/2005 é pessoal e não envolve a pessoa jurídica, e existe o art. 29, *caput*, do Código Penal, como norma genérica em relação ao concurso de pessoas ("quem, de qualquer modo, concorre para o crime incide nas penas a ele cominadas, na medida da sua culpabilidade"), razão pela qual o art. 179 não trouxe nada de inovador.[40]

Em regra, continua a prevalecer a tese de crime único dos crimes falimentares (unicidade dos crimes falimentares), aplicando-se apenas a pena do mais grave deles. Como bem explica Trajano de Miranda Valverde: "Sendo, como é, na hipótese, única a condição de punibilidade, converte ela em unidade a pluralidade dos atos praticados pelo devedor anteriores à declaração da falência. O evento ofensivo é um só, ainda que haja o concurso de vários fatos mencionados na lei, já que estes não constituem crimes por si mesmos (...). Isto posto, verificando-se a existência de diversos fatos mencionados na lei, dá-se uma só ação punível, e não uma pluralidade de ações puníveis".[41]

> **Art. 180.** A sentença que decreta a falência, concede a recuperação judicial ou concede a recuperação extrajudicial de que trata o art. 163 desta Lei é condição objetiva de punibilidade das infrações penais descritas nesta Lei.

A grande maioria dos crimes é incondicionada, pois sua existência não depende de fatores externos à conduta delituosa. Entretanto, existem os crimes condicionados, em que a

---

[40] NUCCI, Guilherme de Souza. *Leis penais e processuais penais comentadas*. 13. ed. Rio de Janeiro: Forense, 2020, v. 1. p. 508.
[41] VALVERDE, Trajano de Miranda. *Comentários à Lei de Falências*. Rio de Janeiro: Forense, 1962, p. 44-45.

lei exige alguma condição objetiva de punibilidade, sendo este o caso dos crimes falimentares (art. 180, desta lei). Verifica-se, desse modo, que ela é uma circunstância externa ao fato típico, condicionando o direito do Estado de punir.

Mesmo assim, ainda de acordo com Guilherme de Souza Nucci, a generalidade do art. 180 não se aplica para todos os tipos penais (art. 168 ao 178). Temos como exemplo o contexto do art. 168. Caso o empresário falido, portanto, com sentença de falência já existente, pratica ato fraudulento, em prejuízo de credores, comete de forma automática o crime de fraude a credores, sem necessidade de nenhuma condição objetiva de punibilidade.[42]

A consequência importante desse artigo é nos casos de prescrição, visto que, enquanto não surgir a condição objetiva (a decretação judicial da falência, concessão da recuperação judicial e extrajudicial), não ocorrerá a prescrição nos crimes pré-falimentares, permanecendo suspensa.

Por fim, caso a sentença de falência seja revogada, não há mais justa causa para a ação penal, de acordo com a jurisprudência prevalente.[43]

> **Art. 181.** São efeitos da condenação por crime previsto nesta Lei:
> I – a inabilitação para o exercício de atividade empresarial;
> II – o impedimento para o exercício de cargo ou função em conselho de administração, diretoria ou gerência das sociedades sujeitas a esta Lei;
> III – a impossibilidade de gerir empresa por mandato ou por gestão de negócio.
> §1º Os efeitos de que trata este artigo não são automáticos, devendo ser motivadamente declarados na sentença, e perdurarão até 5 (cinco) anos após a extinção da punibilidade, podendo, contudo, cessar antes pela reabilitação penal.
> §2º Transitada em julgado a sentença penal condenatória, será notificado o Registro Público de Empresas para que tome as medidas necessárias para impedir novo registro em nome dos inabilitados.

Toda sentença condenatória criminal gera efeitos de ordem penal e extrapenal. De ordem penal temos como exemplo o cumprimento de pena (ex.: o réu foi condenado com pena restritiva de direito). O art. 181 da Lei nº 11.101/2005 diz que os efeitos extrapenais não são automáticos e precisam ser devidamente motivados na sentença pelo julgador. É na dosimetria da pena que o magistrado verificará se irá ou não aplicar os efeitos extrapenais.

A atual lei trouxe previsão mais gravosa a respeito do tema, bem como ampliou os efeitos da condenação, tendo em vista que o antigo Decreto-Lei nº 7.661/1945 previa apenas, como efeito da condenação por crime falimentar, a interdição do exercício de comércio. Dessa forma, não retroagirá para fatos anteriores à sua vigência.

A *inabilitação* (é um dos efeitos extrapenais) torna o empresário e todos os relacionados no art. 179 da Lei nº 11.101/2005 impedidos de exercerem quaisquer atividades referentes ou equiparadas ao empresário, seja como sócio-proprietário, gerente, para que não influenciem na saúde financeira da empresa. Não pode também ser contratado como gerente, mormente se tiver atividade relevante.

---

[42] NUCCI, Guilherme de Souza. *Leis penais e processuais penais comentadas.* 13. ed. Rio de Janeiro: Forense, 2020, v. 1. p. 509.

[43] TJ-SC-HC: 2013.062255-2, 1.ª Câm. Criminal, rel. José Everaldo Silva, j. 30.09.2013.

O período de vigência dos efeitos (exemplo: inabilitação para exercer determinada atividade) *permanecerá por até cinco anos, após a extinção da pena*. Ou seja, caso o magistrado entenda que o delito cometido foi de pouca gravidade, poderá fixar um prazo menor.[44]

Ademais, o magistrado, na sentença penal condenatória por crime falimentar, fixará um valor mínimo da condenação para reparação dos danos patrimoniais causados, que deverá ser comprovado, pelo condenado, o seu pagamento, para então conseguir o benefício da *reabilitação*.[45]

Outro efeito da sentença é a imediata informação para o Registro Público de Empresas, de modo que o falido condenado não torne a ser empresário novamente, desrespeitando a determinação imposta pelo juiz. Dessa forma, o falido é impedido de realizar novos registros de empresas em seu nome.

> **Art. 182.** A prescrição dos crimes previstos nesta Lei reger-se-á pelas disposições do Decreto-Lei nº 2.848, de 7 de dezembro de 1940 – Código Penal, começando a correr do dia da decretação da falência, da concessão da recuperação judicial ou da homologação do plano de recuperação extrajudicial.
>
> Parágrafo único. A decretação da falência do devedor interrompe a prescrição cuja contagem tenha iniciado com a concessão da recuperação judicial ou com a homologação do plano de recuperação extrajudicial.

A prescrição nos crimes falimentares segue as regras do art. 109 do Código Penal. Logo, o prazo começará a correr desde o dia da sentença de decretação de falência, da concessão de recuperação judicial ou homologação de recuperação extrajudicial.

Como o prazo da prescrição começa a contar com a decretação da sentença de falência, de concessão da recuperação judicial ou homologação extrajudicial, o crime ocorrido antes da condição objetiva de punibilidade (pré-falimentares) terá o seu prazo suspenso. Da mesma forma, permanecerá suspensa a prescrição quando houver recurso contra sentença de decretação de falência, conforme o disposto no art. 116, inciso I, do Código Penal.

Nos casos de crimes concretizados após o advento da sentença de falência, recuperação judicial ou homologação extrajudicial (pós-falimentar), o prazo de prescrição iniciará na data da conduta típica. Nesse caso, terá como regra o disposto no art. 111, incisos I e II, do Código Penal (dia em que o crime se consumou e, no caso de tentativa, no dia em que cessou a atividade criminosa).

Como estamos diante de uma *novatio legis in pejus* (é uma nova lei mais gravosa), não retroagirá para alcançar crimes anteriores à vigência da Lei nº 11.101/2005.

---

[44] NUCCI, Guilherme de Souza. *Leis penais e processuais penais comentadas*. 13. ed. Rio de Janeiro: Forense, 2020, v. 1. p. 510.

[45] PEREIRA, Alexandre Demetrius. *Crimes falimentares*. São Paulo: Malheiros, 2010, p. 275.

Do procedimento penal

> **Art. 183.** Compete ao juiz criminal da jurisdição onde tenha sido decretada a falência, concedida a recuperação judicial ou homologado o plano de recuperação extrajudicial, conhecer da ação penal pelos crimes previstos nesta Lei.

A Lei nº 11.101/2005, em seu art. 183, excepciona a regra de competência do art. 70 do Código de Processo Penal, ao dispor que a competência para julgar os crimes falimentares será do juízo criminal da jurisdição que decretar a falência, a concessão da recuperação judicial e a homologação da recuperação extrajudicial, conforme o disposto no art. 3º da referida lei, que dispõe ser competente para homologar o plano de recuperação extrajudicial, deferir a recuperação judicial ou decretar a falência o juízo do local do principal estabelecimento do devedor ou da filial de empresa que tenha sede fora do Brasil.[46] Isso seria para unificar todas as questões da falência, garantindo-lhes mais exatidão.

Há uma questão suscitada na doutrina quanto à constitucionalidade do art. 183, já que a organização judiciária é tema de competência legislativa estadual, conforme o disposto no §3º do art. 125 da Constituição Federal. Autores como Fábio Ulhoa Coelho seguem o entendimento do supracitado artigo constitucional.

Verifica-se pacífico o entendimento da jurisprudência para reconhecer que compete ao Estado-membro legislar sobre as normas de organização judiciária. O Supremo Tribunal Federal já decidiu que a autoridade judiciária investida de jurisdição penal para julgar os crimes falimentares é conforme a organização judiciária de cada Estado, sem qualquer vício constitucional (HC nº 93.730, rel. min. Celso de Mello, j. 25.5.2013, 2ª T, *DJe* de 30.10.2014). Ou seja, em estados como o de São Paulo, foi atribuída ao juízo da falência (cível) a competência para apreciação dos crimes falimentares, de acordo com o disposto na Lei nº 3.947/84.

Contrário ao entendimento firmado, Guilherme de Souza Nucci defende que o correto e ideal é o juízo criminal ser o competente para processar e julgar os crimes falimentares, tendo em vista possuir a melhor técnica e instrução penal especializada suficiente para analisar os elementos do tipo penal (objetivo e subjetivo), aplicando e individualizando corretamente a pena.[47]

A Lei nº 11.101/2005, em seu artigo 99, VII, prevê que o juiz, ao proferir a sentença de falência, poderá decretar a prisão preventiva do devedor e do administrador. Ressalta-se que a prisão preventiva aqui não é prisão civil, porquanto foi decretada diante de um crime falimentar.

Por fim, a justiça estadual comum é a detentora da competência para julgar os crimes falimentares, mesmo que a empresa falida seja concessionária de serviço público federal, em consonância com o disposto no art. 109 da Constituição Federal.

---

[46] Art. 3, da Lei nº 11.101/2005.
[47] NUCCI, Guilherme de Souza. *Leis penais e processuais penais comentadas*. 13. ed. Rio de Janeiro: Forense, 2020, v. 1. p. 511-512.

> **Art. 184.** Os crimes previstos nesta Lei são de ação penal pública incondicionada.
> Parágrafo único. Decorrido o prazo a que se refere o art. 187, §1º, sem que o representante do Ministério Público ofereça denúncia, qualquer credor habilitado ou o administrador judicial poderá oferecer ação penal privada subsidiária da pública, observado o prazo decadencial de 6 (seis) meses.

Os crimes falimentares são todos de ação penal pública incondicionada. Portanto, o titular da ação é o Ministério Público, uma vez que atinge bens jurídicos de toda a sociedade, não apenas de vítimas determinadas.

Ademais, caso o representante do Ministério Público não cumpra com o prazo estipulado para o oferecimento da ação penal (inércia), os credores habilitados, bem como o administrador judicial poderão oferecer ação penal privada subsidiária da pública, no prazo decadencial de seis meses, contados da data em que termina o prazo do Ministério Público (5 dias para réu preso e 15 dias para réu solto), aplicando-se o disposto no art. 29 do Código de Processo Penal.

Cézar Roberto Bitencourt entende ser cabível que, nos crimes da Lei nº 11.101/2005, o credor habilitado e o administrador judicial exerçam a função de assistente de acusação, mesmo sem disposição expressa na lei.[48]

> **Art. 185.** Recebida a denúncia ou a queixa, observar-se-á o rito previsto nos arts. 531 a 540 do Decreto-Lei nº 3.689, de 3 de outubro de 1941 – Código de Processo Penal

O Decreto-Lei nº 7.661/45 previa um rito especial, exigindo-se a fundamentação do recebimento da denúncia ou queixa, conforme art. 109, §2º. Por consequência, surgiu a Súmula nº 596 do STF, dispondo que: "A ausência de fundamentação do despacho de recebimento de denúncia por crime falimentar enseja nulidade processual, salvo se já houver sentença condenatória".

Com o advento da Lei nº 11.101/2005, não há mais a necessidade de fundamentar o recebimento de denúncia, tendo em vista que o Código de Processo Penal não faz essa exigência, estando, assim, superada a Súmula nº 564 do STF.

Em relação ao rito, o procedimento aplicado será o sumário, independentemente da pena aplicada, consoante o art. 185 da estudada lei, dispondo expressamente que o rito a ser seguido nos crimes falimentares será o mesmo dos arts. 531 a 540 do Código de Processo Penal (processo sumário).

---

[48] BITENTOURT, Cézar Roberto. *Tratado de Direito Penal Econômico.* v. 2. São Paulo: Saraiva, 2016, p. 518.

> **Art. 186.** No relatório previsto na alínea e do inciso III do *caput* do art. 22 desta Lei, o administrador judicial apresentará ao juiz da falência exposição circunstanciada, considerando as causas da falência, o procedimento do devedor, antes e depois da sentença, e outras informações detalhadas a respeito da conduta do devedor e de outros responsáveis, se houver, por atos que possam constituir crime relacionado com a recuperação judicial ou com a falência, ou outro delito conexo a estes.
>
> Parágrafo único. A exposição circunstanciada será instruída com laudo do contador encarregado do exame da escrituração do devedor.

O administrador judicial é o responsável por apresentar relatório sobre as possíveis causas e circunstâncias que levaram à situação de falência da empresa, no qual apontará as possíveis responsabilidades civis e penais de cada responsável.

O relatório não vincula o Ministério Público, servindo apenas para que este forme a sua *opinio delict,* que, tendo-o como base, pode imediatamente ofertar a denúncia contra o falido, dispensando o inquérito policial.[49]

O laudo do contador é um conteúdo informativo, mas necessário para o relatório do administrador judicial. Outros documentos também podem ser acostados ao relatório, bem como poderá ser solicitada outra perícia que julgar necessária.

> **Art. 187.** Intimado da sentença que decreta a falência ou concede a recuperação judicial, o Ministério Público, verificando a ocorrência de qualquer crime previsto nesta Lei, promoverá imediatamente a competente ação penal ou, se entender necessário, requisitará a abertura de inquérito policial.
>
> §1º O prazo para oferecimento da denúncia regula-se pelo art. 46 do Decreto-Lei nº 3.689, de 3 de outubro de 1941 – Código de Processo Penal, salvo se o Ministério Público, estando o réu solto ou afiançado, decidir aguardar a apresentação da exposição circunstanciada de que trata o art. 186 desta Lei, devendo, em seguida, oferecer a denúncia em 15 (quinze) dias.
>
> §2º Em qualquer fase processual, surgindo indícios da prática dos crimes previstos nesta Lei, o juiz da falência ou da recuperação judicial ou da recuperação extrajudicial cientificará o Ministério Público.

Resumidamente, *após decisão judicial que decretar a falência, a concessão da recuperação judicial e homologação da recuperação extrajudicial, o Ministério Público poderá:* requisitar a instauração de inquérito policial ou qualquer outra diligência para a formação de sua *opinio delict;* poderá aguardar o relatório do administrador judicial, tendo um prazo de 15 (quinze) dias para oferecer a denúncia; caso já possuir os elementos necessários, poderá oferecer a denúncia em 5 (cinco) dias, se o réu estiver preso e 15 (quinze) dias, para o caso de réu solto ou afiançado, conforme o disposto no art. 46 do Código Penal.

---

[49] NUCCI, Guilherme de Souza. *Leis penais e processuais penais comentadas.* 13. ed. Rio de Janeiro: Forense, 2020, v. 1. p. 515.

O §2º não trouxe nenhuma novidade, apenas repetindo o disposto no art. 40 do Código de Processo Penal. Inclusive, o descumprimento do dever de atuação do magistrado incide em contravenção penal (art. 66, I, Decreto-Lei nº 3.688/41), bem como em infração funcional.

> **Art. 188.** Aplicam-se subsidiariamente as disposições do Código de Processo Penal, no que não forem incompatíveis com esta Lei.

Norma desnecessária, pois, é regra prevista em todos os procedimentos especiais.

O acordo de não persecução penal nos crimes falimentares

Por meio da Lei Anticrime (Lei nº 13.964/2019) foi inserido no Código de Processo Penal, em seu artigo 28-A, o chamado Acordo de não Persecução Penal, tratando-se de medida extrajudicial de natureza negocial, que flexibiliza a obrigatoriedade da ação penal pública, facultando ao Ministério Público que deixe de oferecer denúncia diante de delitos praticados sem o emprego de violência ou grave ameaça à pessoa, de pena mínima inferior a 4 (quatro) anos.

Não há nenhum impedimento para a realização do Acordo de não Persecução Penal nos crimes falimentares. Isso significa que havendo confissão formal nos autos, não sendo cometidos com violência ou grave ameaça, bem como a pena mínima cominada seja inferior a 4 (quatro) anos, é possível celebrar o acordo, gerando uma maior celeridade, eficácia e efetividade à resposta estatal.

Contudo, a aplicação do ANPP em relação ao crime de fraude a credores na sua forma qualificada (art. 168, §2º, da Lei nº 11.101/2005) não é possível, visto que a pena mínima é acima de 4 (quatro) anos.

Ressalta-se, também, que no crime de omissão de documentos obrigatórios (art. 178 da Lei nº 11.101/2005) não será possível a realização do acordo, pois a pena máxima cominada é inferior a dois anos, sendo aplicável o instituto da transação penal, previsto na Lei nº 9.099/95, em seu art. 76, uma vez que o ANPP tem natureza subsidiária.

Considerações finais

Atualmente, verifica-se que esta categoria de delito não recebe a devida importância dos órgãos de persecução penal, comparando-se a outros crimes. Ademais, a deficiência para o entendimento da realidade empresarial, bem como a ausência de políticas de ação conjunta dos órgãos estatais dificultam a investigação e constatação dos crimes falimentares.

Contrariando a realidade jurídica no Brasil, nos Estados Unidos a repressão ao crime falimentar encontra amplo resguardo, sendo tratado com prioridade pelos órgãos estatais responsáveis por sua investigação e punição, visando coibir o aumento dos delitos, tendo como consequência a confiança pública.[50]

Todavia, dar uma maior importância aos crimes falimentares não é impossibilitar a continuidade da empresa, devendo, em determinados casos, preservá-la, desassociando-a do criminoso falimentar.

---

50 PEREIRA, Alexandre Demetrius. *Crimes falimentares*. São Paulo: Malheiros, 2010, p. 43.

Consigne-se que o ordenamento pátrio, com o intuito de proteger o sistema falimentar e punir o empresário, ainda conserva disposições que acabam inviabilizando a empresa. É, pois, equívoco de política criminal no que se refere à inviabilização da empresa, associando-a à figura da pessoa física do empresário, sujeito às sanções criminais. Veja-se, por exemplo, o condicionamento do deferimento de benefícios legais de preservação da empresa, no instituto da recuperação judicial, à inexistência de condenação, como administrador ou sócio controlador, por qualquer dos crimes previstos na Lei nº 11.101/2005.[51] Não há dúvidas que se trata de um claro problema de política criminal que nunca foi resolvido, visto que havia o mesmo vício na legislação falimentar anterior (Decreto-Lei nº 7.661/1945).

Dessa forma, é necessário que haja uma reforma legislativa da Lei nº 11.101/2005, de modo que a pena imposta ao administrador ou sócio controlador não provoque consequências na credibilidade das instituições de mercado, bem como não prejudique empresas que ainda possuem viabilidade, conservando empregos diretos e indiretos.

Referências

ALEMANHA, Código Penal Alemão – Strafgesetzbuch in der Fassung der Bekanntmachung vom 13. November 1998. Disponível em: https://www.gesetze-im-internet.de/englisch_stgb/englisch_stgb.pdf. Acesso em: 15 ago. 2020.

BEZERRA FILHO, Manoel Justino. *Lei de Recuperação de Empresas e Falências comentada*. São Paulo: Revista dos Tribunais, 2008.

BITENCOURT, Cézar Roberto. *Tratado de Direito Penal Econômico*. São Paulo: Saraiva, 2016. v. 2.

BRASIL. *Código Criminal do Império*. de 16 de dezembro de 1830. Disponível em: http://www.planalto.gov.br/ccivil_03/leis/lim/lim-16-12-1830.htm. Acesso em: 18 ago. 2020.

BRASIL. *Código Penal*. Decreto nº 847, 11 de outubro de 1890. Disponível em: http://planalto.gov.br/CCiViL_03/decreto/1851-1899/D847.htm. Acesso em: 18 ago. 2020.

BRASIL. Lei sobre fallencias. Lei nº 2.024 de 1908. Disponível em: https://www2.camara.leg.br/legin/fed/lei/1900-1909/lei-2024-17-dezembro-1908-582169-publicacaooriginal-104926-pl.html. Acesso em: 19 ago. 2020.

BRASIL. Lei nº 11.101 de 9 de fevereiro de 2005. Regula a recuperação judicial, a extrajudicial e a falência do empresário e da sociedade empresária. Disponível em: http://www.planalto.gov.br/ccivil_03/_ato2004-2006/2005/lei/l11101.htm. Acesso em: 25 jul. 2020.

BRASIL. *Lei nº 14.11 de 24 de dezembro de 2020*. Altera as Leis n os 11.101, de 9 de fevereiro de 2005, 10.522, de 19 de julho de 2002, e 8.929, de 22 ago. 1994, para atualizar a legislação referente à recuperação judicial, à recuperação extrajudicial e à falência do empresário e da sociedade empresária. Disponível em: http://www.planalto.gov.br/ccivil_03/_ato2019-2022/2020/lei/L14112.htm. Acesso em: 05 jan. 2021.

COSTA, Álvaro Mayrink da. Crimes Falimentar. *Revista da EMERJ*, v. 3, n. 12, 2000. Disponível em https://www.emerj.tjrj.jus.br/revistaemerj_online/edicoes/revista12/revista12_143.pdf. Acesso em: 23 jul. 2020.

CUNHA, Rogério Sanches. *Manual de Direito Penal*: parte geral. 4. ed. Salvador: Juspodivm, 2016.

ESTADOS UNIDOS. *Código Criminal Norte-Americano* – US Code, Title 18, Part 1, Chapter 9. Disponível em: https://www.law.cornell.edu/uscode/text/18. Acesso em: 15 set. 2020.

ESPANHA. Código Penal Espanhol – Ley Orgánica 10/1995, de 23 de noviembre, del Código Penal. Disponível em: https://www.boe.es/buscar/pdf/1995/BOE-A-1995-25444-consolidado.pdf. Acesso em: 16 set. 2020.

FRANÇA. *Code de Commerce*. Livre V, Chapitre IV – Disponível em: https://www.legifrance.gouv.fr/codes/id/LEGITEXT000005634379/. Acesso em: 16 set. 2020.

---

[51] BRASIL. Lei 11.101 de 9 de fevereiro de 2005. Art. 48, inciso IV.

ITÁLIA. *Regio Decreto, 16 marzo 1942, nº 267* – Disciplina del fallimento, del concordato preventivo, dell'amministrazione controllata e della liquidazione coatta amministrativa, arts. 216 e ss – Disponível em: https://www.normattiva.it/uri-res/N2Ls?urn:nir:stato:regio.decreto:1942-03-16;267!vig=. Acesso em: 16 set. 2020.

JÚNIOR, Arthur Migliari. Os crimes falenciais no direito intertemporal. *Revista da EMERJ*, v. 8, n. 31, 2005. Disponível em: https://www.emerj.tjrj.jus.br/revistaemerj_online/edicoes/revista31/Revista31_300.pdf. Acesso em: 23 jul. 2020.

JÚNIOR, Arthur Migliari. *Crimes de recuperação de empresas e de falências*. São Paulo: Quartier Latin, 2006.

NUCCI, Guilherme de Souza. *Leis penais e processuais penais comentadas*. 8. ed. Rio de Janeiro: Forense. v. 2.

NUCCI, Guilherme de Souza. *Leis penais e processuais penais comentadas*. 13. ed. Rio de Janeiro: Forense, 2020. v. 1.

OLIVEIRA, Celso Marcelo de. Direito falimentar brasileiro. *Revista da EMERJ*, v. 8, n. 29, 2005. Disponível em: https://www.emerj.tjrj.jus.br/revistaemerj_online/edicoes/revista29/Revista29_241.pdf. Acesso em: 24 jul. 2020.

PEREIRA, Alexandre Demetrius. *Crimes falimentares*. São Paulo: Malheiros, 2010.

PITOMBO, Sérgio Altieri de Moraes. *Comentários à lei de recuperação de empresas e falência*. São Paulo: Revista dos Tribunais, 2007.

PORTUGAL. *Código Penal Português*. Disponível em: https://dre.pt/legislacao-consolidada/-/lc/107981223/201708230100/indice. Acesso em: 16 set. 2020.

SOUZA, Renee do Ó. *Leis penais especiais comentadas*. Falências. 3. ed. Salvador: Juspodivm, 2020.

TJ-SC-HC: 2013.062255-2, 1.ª Câm. Criminal, rel. José Everaldo Silva, j. 30.09.2013.

VALVERDE, Trajano de Miranda. *Comentários à lei de falências*. Rio de Janeiro: Forense, 1962.

PATRIMÔNIO GENÉTICO – CRIMES DA LEI Nº 11.105, DE 24 DE MARÇO DE 2005

Eudes Quintino de Oliveira Júnior

1 Estrutura organizacional da Lei nº 11.105/2005

A Lei nº 11.105, de 24 de março de 2005, veio regulamentar os incisos II, IV e V do parágrafo 1º do artigo 225 da Constituição Federal, além do que criou o Conselho Nacional de Biossegurança, deu nova dimensão à Comissão Técnica Nacional de Biossegurança e introduziu as boas práticas da Política Nacional de Biossegurança.

Referida lei inicialmente teve em mira viabilizar a segurança da biotecnologia voltada para aplicação da engenharia genética, responsável pela atividade que envolve organismos geneticamente modificados, com a consequente liberação dos alimentos transgênicos.

Nos últimos tempos, o desenvolvimento científico vem apresentando uma enorme gama de conquistas que, no mundo globalizado, representam benefícios para a saúde humana, além de divisas econômicas e políticas. Tanto é que, dada a preferência para a via construída pela tecnologia, tudo indica que ocorrerá cada vez mais progressão, contando sempre com a atualização de novas práticas para a efetivação da sua implantação. A tecnologia não compreende o retorno às práticas superadas, por isso que a humanidade deve se amoldar a tamanha e cada vez mais surpreendente evolução. É o caso, por exemplo, da abissal diferença entre a agricultura orgânica e a que incorpora o conhecimento científico.

Para tanto, várias reuniões e audiências públicas foram realizadas, com a finalidade de equalizar as questões éticas, impactos e riscos à segurança alimentar, até mesmo da rotulagem dos alimentos derivados de produtos transgênicos, identificando-os aos consumidores para exercerem o direito de escolha.

E a ciência se apresenta como fato gerador a impulsionar cada vez mais a alternativa tecnológica da agricultura, representada em grande parte pela disseminação das sementes transgênicas. Lacey, em brilhante trabalho apresentado no caderno de estudos filosóficos *Debates*, assim definiu tais sementes:

> As sementes transgênicas contêm genes tirados de organismos de diferentes espécies e inseridos diretamente em seus próprios materiais genéticos com a finalidade de gerar plantas com as específicas qualidades "desejadas", tais como capacidades de resistir

a inseticidas. Para seus criadores, as sementes transgênicas incorporam conhecimento científico; trazem a marca da ciência.[1]

Nítida, portanto, a interferência da ciência – agora com a motivação voltada para garantir a alimentação da humanidade, porém jamais devem ser abandonadas as diretrizes reguladoras do princípio da precaução. A produção de alimento transgênico pode não apresentar risco imediato para a humanidade, porém, com o passar do tempo, sequelas danosas podem causar danos à saúde humana. A ciência deve ser, sim, estimulada e privilegiada e o resultado científico perquirido, proveniente de uma dose exacerbada de bom senso, sem perder a censura correta da ciência, expressará a proteção conferida ao ser humano. Se determinado medicamento apresentar algum risco previsto e não corresponder a um determinado grau de segurança, será rejeitado.

Além dessa intrincada questão, o relator do Projeto de Lei nº 2.401/2003, deputado Aldo Rebelo (PC do B/SP), incluiu um dispositivo legal autorizando a realização de estudos científicos relacionados com células-tronco embrionárias, para fins de pesquisa e terapia. Isso porque, pela natureza e desenvolvimento de pesquisas com referidas células, abre-se um caminho de esperança para pessoas portadoras de doenças degenerativas.

Assim, referida lei resume os dois enfoques, bifurcando-os. Um relacionado diretamente com a capacidade produtiva alimentar conjugada com um empreendimento científico de larga escala e o outro relacionado com a biotecnologia celular com a intenção de descobrir a iniludível realidade do patrimônio genético humano e, conhecendo toda sua potencialidade e perspectiva ética, buscar a erradicação de doenças evitáveis e envidar esforços para a cura daquelas que ainda continuam afligindo a humanidade, conferindo, portanto, uma qualidade de vida mais ajustável à determinação constitucional da dignidade da pessoa humana.

É exatamente em torno do segundo enfoque que passará a ser discutida a temática escolhida, compreendendo até mesmo os tipos penais descritos na Lei nº 11.105/2005, relacionados exclusivamente com o tema.

2 Patrimônio genético

O patrimônio genético é aquele que assegura a própria sobrevivência da espécie, por isso rotulado de patrimônio genético da humanidade. O Conselho da Europa, preocupado com os procedimentos inescrupulosos, recomendou a intangibilidade da herança genética levando em consideração as intervenções artificiais. Oliveira Júnior elucida:

> O patrimônio genético, como o próprio nome diz, é a somatória das conquistas do homem no plano físico, psíquico e cultural, que o acompanha através de seus registros biológicos, faz parte de sua história e evolução e, como tal, merece a proteção legal. É o relato e o retrato da raça humana, desde o homem de Neandertal. Passa a ser objeto de tutela pessoal e estatal e qualquer ofensa a ele é desrespeito à própria humanidade. A proteção desloca-se da individualidade do ser humano já formado, com personalidade própria, para aquele que ainda vem a ser, com personalidade jurídica.[2]

---

[1] LACEY, Hugh. Ética, produção agroindustrial e biotecnologia. MIRANDA, Danilo Santos de (org.). *Ética e cultura*. São Paulo: Edições SESC/SP, 2011, p. 222.

[2] OLIVEIRA JÚNIOR, Eudes Quintino de. *As condutas e responsabilidades médicas em face do princípio da autonomia do paciente*. Tese de Doutorado. Faculdade de Medicina de São José do Rio Preto – Famerp – São José do Rio Preto, 2010, p. 120.

A decifração do Código Genético é uma das maiores conquistas da humanidade. Conhecer a função que cada gene exerce no interior do DNA significa ler a informação genética e descobrir o código da vida. O homem, no entanto, não é apenas resultado do mapeamento genético, mas também dotado de potencialidade genética que, em sintonia com o meio onde vive, poderá diferenciá-lo dos demais, formando uma unidade exclusiva. Daí que a ciência se inclina atualmente em desvendar os genes responsáveis por determinadas moléstias que angustiam a humanidade, com a intenção de alterar o código genético e buscar sua erradicação definitiva.

O DNA – ácido desoxirribonucleico que traz as informações genéticas – é a molécula hereditária nos gametas. Explicam didaticamente Sanders e Bowman:

> Em seu cerne, a transmissão hereditária é o processo de dispersão genética dos pais para a prole. Nos organismos que se reproduzem sexualmente, esse processo é obtido pela criação de gametas masculinos (espermatozoides ou pólen) e gametas femininos (óvulos), seguido pela união dos gametas para formar um óvulo fertilizado (embrião) que se desenvolve em um organismo.[3]

Comercialmente é possível fazer a leitura do DNA, não completa, mas que garimpa informações importantes para que a pessoa conheça seu código genético e, principalmente, para evitar a ocorrência de doenças de que tenha predisposição genética.

Merece relevo, neste espaço, o projeto "DNA do Brasil".

O projeto "DNA do Brasil", assim conhecido, liderado pela geneticista Lygia da Veiga Pereira, da USP, congrega uma pesquisa envolvendo cerca de 15 mil brasileiros, na faixa de 35 a 74 anos de idade, que participarão voluntariamente, ofertando o Termo de Consentimento Livre e Esclarecido (TCLE) para tanto, cujos dados serão anonimizados, observando que já participam de um outro projeto denominado Estudo Longitudinal de Saúde do Adulto (ELSA).[4]

O objetivo da pesquisa, como sói acontecer nos países que aderiram rapidamente à iniciativa, é conhecer os fatores genéticos do povo brasileiro para compreender as doenças mais prevalentes e atuar preventivamente, formando uma verdadeira arquitetura do genoma pátrio onde serão encontrados indicadores clínicos que detectarão os prováveis grupos de risco e as recomendadas ações que devem ser tomadas para combatê-los. A leitura do DNA, dessa forma, irá oferecer condições para garimpar informações importantes para que seja feito o reconhecimento do código genético da população e, a partir desse marco, possa ser feita a prevenção contra as doenças com predisposição genética localizada.

Com a ponderação costumeira, Lora Alarcón foi incisivo em esclarecer:

> A relação entre patrimônio genético e País, sua intimidade original com o meio ambiente, induz a pensar que, simplesmente, o patrimônio, entenda-se, o conjunto de bens e recursos que contém material genético, protegidos pelo constituinte, está localizado no território nacional, na plataforma continental e na zona econômica, geográfica e

---

[3] SANDERS, Mark; Bowman, John. *Análise genética*: uma abordagem integrada. Tradução de Luiz Cláudio Queiroz e Daniel Vieira. São Paulo: Pearson Education do Brasil, 2014, p. 5.

[4] JORNAL NACIONAL. Projeto DNA Brasil pretende mapear genética populacional. 10 dez. 2019. Disponível em: https://g1.globo.com/jornal-nacional/noticia/2019/12/10/projeto-dna-brasil-pretende-mapear-genetica-populacional-brasileira.ghtml. Acesso em: 12 ago. 2020.

cultural, o hábitat brasileiro. O sentido, como fica evidente, é de propriedade do povo brasileiro sobre estes recursos.[5]

3 Clonagem humana

O homem, em razão da sua aguçada inteligência, quer penetrar nos mistérios que rondam seu mundo exterior e não se satisfaz com o ciclo natural estabelecido. Já enveredou pelos desafios dos mares, ares, da terra, dos animais e tudo que se apresenta na natureza. Nem sempre saiu vitorioso. Um terremoto, um *tsunami*, uma tempestade, uma erupção vulcânica, sem falar de uma pandemia como a decretada em razão do coronavírus e outras doenças que ainda não foram desvendadas e muitas delas consideradas irreversíveis, são circunstâncias que, propositadamente, demonstram sua fragilidade e inconsistência científica. Mas, mesmo assim, invocando um novo grito de guerra, em nome da ciência, em desabalada carreira, lançam-se estudos e pesquisas para avançar o *post mortem* e ofertar uma nova realidade, que seja conveniente e apropriada para a humanidade ou, pelo menos, que a satisfaça emocionalmente.

O avanço científico nas diversas áreas não é tão exigido como o relacionado com as ciências da saúde:

> O próprio caminho histórico da ciência, sublima Demo, tem mostrado recorrentemente que cada novo resultado não coloca qualquer ponto final. Ao contrário, abre novas fronteiras. Na trajetória de sua emancipação, o ser humano precisa lançar mão de todos os meios aptos. A ciência merece aí, com certeza, grande destaque. Mas, em vista de sua marcante dubiedade, de um lado, mas sobretudo por conta da própria contradição performativa, de outro, é mister conduzi-la com rédea curta.[6]

Com o refinamento cada vez mais acelerado do conhecimento, o homem pretende ser um desbravador de si mesmo e buscar técnicas revolucionárias na biotecnologia e biotecnociência, que possam preencher os hiatos científicos existentes. Tal pensamento ultrapassa, e em muito, o "Humano, demasiado humano" de Nietzsche. Em tese, são conquistas que pretendem trazer benefícios ou até mesmo um aperfeiçoamento para sua vida, porém passam a trilhar a contramão da ética e tentam fazer um acordo com as células para ter conhecimento de seu universo, assim como saber manejar os comandos genéticos, com a correta distribuição dos genes.

As execuções das funções naturais do homem, em todas as suas etapas, desenvolvem-se como meio e fim em si mesmas: a fecundação, o nascimento, a infância, a puberdade, a fase adulta e a idosa. Durante os percursos o homem vai acumulando conceitos morais e éticos, de forma espontânea. Esse processo vincula-se diretamente à razão do próprio desenvolvimento do ser humano, fazendo com que, obedecidos os ritos vitais, possa encontrar a realização almejada, que nada mais é do que o encontro da felicidade. "Nós podemos, adverte Aristóteles, escolher tudo como um meio para um fim, exceto a felicidade. Ela própria é o fim último".[7]

---

[5] LORA ALARCÓN, Pietro de Jesús. *Patrimônio genético humano e sua proteção na Constituição Federal de 1988*. São Paulo: Método, 2004, p. 226.

[6] DEMO, Pedro. *Conhecimento moderno*: sobre ética e intervenção do conhecimento. Rio de Janeiro: Vozes, 1997, p. 94.

[7] ARISTÓTELES. *Ética a Nicômaco*. Tradução Antonio de Castro Caeiro. Portugal: Quetzal Editores, 2012, p. 266.

Logo após a divulgação da clonagem da ovelha Dolly, em fevereiro de 1997, nascida após 277 tentativas, criou-se a expectativa da clonagem reprodutiva, isto é, criar outra pessoa com as mesmas características e carga genética do doador do núcleo, apesar de abafada por inúmeros organismos internacionais. Mas, em razão da própria curiosidade, que é inerente ao ser humano, vozes isoladas, como a do médico italiano Severino Antinori, anunciaram que tinham condições de utilizar a mesma técnica com os humanos. Foi contido e pouco se ouviu falar a respeito da realização de algum procedimento reprodutivo. A comunidade médica internacional, além de repudiar a nova técnica, lançou por terra qualquer esperança de dar continuidade ao projeto.

Mas a clonagem, vista sob o prisma científico, carrega uma falsa impressão no sentido de conseguir fazer a transferência da bagagem genética para outra pessoa, com sucesso absoluto, tornando-a sucessora do doador. Engano que a própria ciência consegue comprovar com a segurança necessária. O homem não é resultado única e exclusivamente do desenvolvimento de seus genes. Neri, com a autoridade que lhe é peculiar, salientou que "a primeira razão é que cada um de nós, como indivíduo com seu caráter e as suas qualidades físicas, psíquicas e intelectuais, não é simplesmente o produto de seus genes; mas é o produto de uma complexa e inextricável interação no desenvolvimento entre os genes e o ambiente".[8]

Impossível, dessa forma, recriar outro Steve Jobs, responsável pela computação pessoal em *tablet*, cinema de animação, telefonia celular, além de ser o cofundador da empresa Apple® e sócio de muitos outros empreendimentos que provocaram uma verdadeira revolução no campo da informática. Pode até ser que guardasse alguma semelhança física, a exemplo do que ocorre com os gêmeos monozigóticos, mas afirmar que teria o mesmo conhecimento científico, o mesmo cérebro privilegiado, seria uma falácia no mundo científico.

A própria etimologia da palavra clonagem já reproduz a dimensão de seu significado. Originária do vocábulo grego *klón*, significa novo broto, rebento, ramo pequeno, uma réplica, cópia, no sentido de derivação de um ente originário. Pode-se dizer que a clonagem é uma forma de reprodução assexuada, agâmica, sem a intervenção dos gametas masculino e feminino visando conseguir uma réplica da pessoa que cedeu seu material procriativo. Houaiss, em uma definição concisa de clone, assim conceituou: "indivíduo geneticamente idêntico a outro, produzido por manipulação genética".[9] Já em uma definição mais técnica apresentada pelo *Dicionário de Bioética*:

> [...] a clonagem, em sentido próprio, consiste em tomar um ovócito, privá-lo do seu núcleo e substituí-lo pelo núcleo de uma célula somática, quer dizer, pertencente a qualquer tecido do organismo, induzindo a multiplicação e diferenciação embrional.[10]

A primeira leitura que se faz da "feitura" do ser humano vem do relato bíblico Gênesis (Gn 2:21-22):

---

[8] NERI, Demetrio. *A bioética em laboratório*. Tradução de Orlando Soares Moreira. São Paulo: Edições Loyola, 2010, p. 67.

[9] HOUAISS, Antônio. *Dicionário eletrônico Houaiss da língua portuguesa*. São Paulo: Objetiva, 2010.

[10] LEONE, Salvino; PRIVITERA, Salvatore; CUNHA, Jorge Teixeira da (coord.). *Dicionário de bioética*. Vila Nova de Gaia, Portugal: Editorial Perpétuo Socorro.

> Então o Senhor Deus fez cair um sono pesado sobre o homem, e este adormeceu; tomou-lhe, então, uma das costelas, e fechou a carne em seu lugar e da costela que o Senhor Deus lhe tomara, formou a mulher e a trouxe ao homem.[11]

O verbo "formar", empregado no verso bíblico, chega a ser um pouco severo, assim como, sem explicação científica a utilização da costela para fazer nascer outro ser humano, mas, por ser uma obra divina, a aceitação é indiscutível. A explicação provável foi dada por Krauss:

> Na utilização de 'costela' como matéria-prima ocorre, possivelmente, um trocadilho que se perdeu já na língua hebraica (e nas línguas modernas), mas na forma primitiva da história foi mantida. Na escrita cuneiforme suméria, o sinal para 'costela' é idêntico ao da 'vida'.[12]

A sempre arguta Diniz faz ver que:

> O ser humano tem direito a ser geneticamente uno e irrepetível; o clonado perderia esse direito, por ser o clone de uma cópia física idêntica do clonado no que atina a sua informação genética nuclear. Admitir o clone não seria negar o próprio eu, levando à destruição da identidade? O clone teria as mesmas características somáticas e a mesma suscetibilidade a certas enfermidades daquele que lhe cedeu o DNA. Mas será preciso esclarecer, mais uma vez, que a identidade genética não acarreta a dos caracteres comportamentais, oriundos da influência ambiental e do condicionamento social das ideias, ante os fatos de que viver é, forçosamente, um conviver e de que a sociedade nos cerca de todos os lados, socializando-nos e enculturando-nos.[13]

E arremata Kottow, professor chileno e bioeticista de referência:

> La forma más radical de interferir en la estructura genética, acentua o médico e professor chileno Kottow, es la clonación, técnica que duplica los gametos de una línea germinal de modo que todos los genes son alelos o réplicas de si mismos. La reproducción así lograda es asexuada, ya que no se utiliza el material genético de dos indivíduos sino que se duplica el de uno de ellos.[14]

A humanidade toma a frente e lança seu repúdio contra a realização da clonagem. Sua legitimidade é indiscutível, pois se trata de um patrimônio que lhe pertence e afeta a todos os seres do planeta. Há, dessa forma, necessidade da manifestação dos povos a respeito da liberação ou proibição do procedimento procriativo assexuado. As vozes levantadas indicam a total reprovação.

Coerente e bem dimensionada a conceituação de clone elaborada por Perelson, psicóloga colaboradora do Setor de Reprodução do Instituto de Ginecologia da Universidade Federal do Rio de Janeiro (UFRJ):

---

[11] BÍBLIA SAGRADA. Disponível em: https://www.bibliaonline.com.br/acf/gn/2. Acesso em: 12 ago. 2020.
[12] KRAUSS, Heinrich. *O paraíso*: de Adão e Eva às utopias contemporâneas. Tradução Viaro M. E. São Paulo: Globo; 2006.
[13] DINIZ, Maria Helena. *O estado atual do biodireito*. São Paulo: Saraiva, 2011, p. 587.
[14] KOTTOW, Miguel H. *Introducción a la bioética*. Santiago, Chile: Editorial Mediterrâneo, 2005, p. 179.

O clone é, de fato, a expressão da busca da harmonia, da beleza, da imortalidade, da perfeição, da absoluta identidade. Realizando o mito do duplo, o clone conforma-se (imaginariamente, é lógico) ao ideal, ele está referido ao ideal. Além disso, a clonagem, ao viabilizar a passagem da reprodução fora do sexo para a reprodução assexuada, realiza ainda (também imaginariamente, é sempre bom lembrar), o ideal de autonomia. Aqui não se depende mais do sexo, e nem tampouco do material reprodutivo alheio; não se está mais submetido às agruras do acaso, e com isso tampouco da diferença. Seguindo esta lógica, podemos afirmar que é o ideal de pureza que se busca com a clonagem: como dizem alguns, a clonagem seria a realização da "paternidade sem rosto".[15]

Pois bem. Nessa linha de pensamento, percebe-se claramente que há uma restrição com relação à clonagem. Por várias razões éticas. É sabido, pelas experiências realizadas em animais, que são necessárias muitas tentativas seguidas e destruição de inúmeros embriões para se conseguir atingir o objetivo, que vem se mostrando de pouca eficiência, com reiterados abortos de fetos malformados e com morte em curto espaço de tempo. Scott, em cálculos objetivos, assim anunciou: "by one count, out of 17.500 attempts at reproductive cloning in at least five mammalian species, 99.2 percent of the implanted embryos died in utero. Of those mammals that were born, many died soon after".[16]

Basta ver que a Declaração Universal do Genoma Humano e dos Direitos Humanos, em seu artigo 11, enfatiza:

> Práticas contrárias à dignidade humana, tais como a clonagem de seres humanos, não devem ser permitidas. Estados e organizações internacionais competentes são chamados a cooperar na identificação de tais práticas e a tomar, em nível nacional ou internacional, as medidas necessárias para assegurar o respeito aos princípios estabelecidos na presente Declaração.[17]

No mesmo sentido, a Organização das Nações Unidas (ONU) expediu documento com total repúdio à clonagem, por contrariar a dignidade da vida humana, e exortou todos os países a proibi-la, mesmo quando destinada para fins terapêuticos.[18]

O Código de Ética Médica, por sua vez, em seu artigo 15, §2º, incisos I, II e III, expressa taxativamente:

> [...] o médico não deve realizar a procriação medicamente assistida com nenhum dos seguintes objetivos: criar seres humanos geneticamente modificados; criar embriões

---

[15] PERELSON, Simone. Os embriões congelados: da falta ao excesso. Revista Mal Estar e Subjetividade. Fortaleza, v. 9, n. 3, set. 2009. Disponível em: http://pepsic.bvsalud.org/scielo.php?script=sci_arttext&pid=S1518-61482009000300004. Acesso em: 12 ago. 2020.

[16] SCOTT, Cristopher Thomas. *Stem cell now*: from the experiment that shook the world to the new politics of life. Pearson Education: New York, 2006; p. 99.

[17] UNESCO. Declaração Universal do Genoma Humano e dos Direitos Humanos. Adotada pela 29ª Sessão da Conferência Geral em 1977. Disponível em: https://unesdoc.unesco.org/images/0012/001229/122990por.pdf.%20Acessado%20em%2014/2/2013. Acesso em: 14 fev.2013.

[18] O GLOBO. ONU recomenda proibição de clonagem humana. 11 nov. 2007. Disponível em: https://oglobo.globo.com/sociedade/ciencia/onu-recomenda-proibicao-da-clonagem-humana-4141294. Acesso em 15 ago. 2020.

para investigação; criar embriões com finalidades de escolha de sexo, eugenia ou para originar híbridos ou quimeras.[19]

4   Clonagem terapêutica e reprodutiva

A clonagem pode ser terapêutica, com o intuito de não reproduzir um ser humano e sim de criar embriões com a finalidade de extrair deles as chamadas células-tronco para combater doenças degenerativas, como Mal de Alzheimer, Parkinson, diabetes e outras. Há inúmeras linhas de pesquisas voltadas para as hematopoéticas, com apresentação de resultados animadores. Discute-se, no entanto, a respeito da utilização das células-tronco embrionárias, embate esse que atinge o próprio conceito de início da vida humana, que durante muito tempo ficou oscilando entre convicções médicas, religiosas, científicas, filosóficas, éticas e jurídicas, conforme já mencionado no presente trabalho.

A clonagem reprodutiva é diferenciada da terapêutica e dela guarda uma abissal distância. Trata-se de se obter com a manipulação genética, em procedimento de reprodução assexuada, a criação de um ser idêntico a outro já existente, conservando o mesmo código genético. A prática é condenada universalmente, tanto pelo senso ético como pela legislação.

O romancista e dramaturgo tcheco Tchápek narra o drama que experimentou a humanidade em razão do avanço indiscriminado da ciência, em que um pesquisador consegue dar vida à máquina com aparência humana, que se incumbe da realização de todas as tarefas e atividades do homem, desprovida, no entanto, de qualquer sentimento. Em um determinado diálogo, o diretor da fábrica, quando indagado a respeito da produção em série de seres humanos, assim se manifestou diante de uma compradora:

> Mas o velho Rossum tinha a intenção de fazê-lo literalmente. Você sabe, ele queria depor Deus de uma maneira científica. Era um grande materialista e por esse motivo fazia tudo isso. Ele queria simplesmente provar que não havia a necessidade de um Deus. Por isso ele cismou de fazer um homem tim-tim por tim-tim como nós.

E, em seguida, arremata com ironia: "Imagine que ele inventou de fabricar tudo até a última glândula, como no corpo humano. Apêndice, amídalas, barriga, coisas sem necessidade. Até... hum... glândulas sexuais".[20]

A humanidade toma a frente e lança seu repúdio contra a realização da clonagem. Sua legitimidade é indiscutível, pois trata-se de um patrimônio que lhe pertence e afeta todos os seres do planeta. Há, dessa forma, necessidade da manifestação dos povos a respeito da liberação ou proibição do procedimento procriativo assexuado. As vozes levantadas indicam a total reprovação. É conclusiva a manifestação do Conselho de Bioética dos Estados Unidos a respeito:

> Beneath the current debate about human cloning lie major questions about the relation between science and technology and the larger society. Valuing freedom and innovation, our society allows scientists to inquire as they wish, to explore freely, and to develop

---

[19]   CONSELHO FEDERAL DE MEDICINA. Resolução CFM nº 2.217/2018, que aprova o Código de Ética Médica. Disponível em: https://www.legisweb.com.br/legislacao/?id=368893. Acesso em: 13 ago. 2020.

[20]   THCÁPEK, Karel. *A fábrica de robôs*. Tradução de Vera Machac. São Paulo: Hedra, 2010, p. 37.

techniques and technologies based on the knowledge they find, and on the whole we all benefit greatly as a result.[21]

Indiscutivelmente, a imaginação toma conta dos pensamentos, alça voo e vai se abrigar nas vantagens apresentadas pelo criador da Dolly. Aparentemente o procedimento não é carregado de complexidade e, por incrível que pareça, fica acessível a criação de um ser humano. A ovelha reproduzida é o demonstrativo que a pesquisa científica é dotada de uma potencialidade até então inimaginável. Enquanto o homem, com a cautela necessária, se debruça sobre as técnicas de reprodução humana assistida, ainda com razoável margem de sucesso, num repente, como um tsunami, surge a possibilidade de se clonar um ser humano. Além de o mundo não estar ainda preparado para um horizonte interrogativo desse porte, pois continua a respirar as desoladoras experiências dos campos de concentração, o salto da ciência ultrapassou não só as expectativas acadêmicas, como as barreiras do senso ético.

Aqui e acolá, eventualmente, tem-se notícia da replicação humana, mas nenhum cientista assume a prática com receio de ser recriminado pela comunidade científica e pela própria humanidade, que se definiu contrária a tal investida. Não se pode deixar de acreditar que o procedimento vem sendo realizado às escondidas, de forma marginalizada. Embora não se saiba qual a finalidade específica do ato, pode-se concluir que há inúmeros interesses envolvidos.

Seria até mesmo hilariante, pelo menos no pensamento do homem deste início de século, defrontar-se com sua cópia e a ela se mesclar de tal forma que não se sabe mais qual o original e qual o derivado. A personalidade humana é única, exclusiva e não se estende além da pessoa. Assim, explicita Venosa: "[...] ao conjunto de poderes conferidos ao ser humano para figurar nas relações jurídicas, dá-se o nome de personalidade. A capacidade é elemento desse conceito; ela confere o limite da personalidade".[22]

Observa Oliveira Júnior:

> Foi negativamente impactante no mundo científico alardeamento da notícia anunciada pelo biólogo chinês He Jiankui de que teria conseguido a proeza de produzir embriões com DNA modificado em laboratório, utilizando, para tanto, a técnica denominada Crispr-Cas9. O inusitado e inesperado procedimento, que não seguiu o protocolo científico preconizado, promoveu o nascimento de duas irmãs gêmeas que estariam imunizadas do vírus da aids, de que o pai era portador. Pelo que consta das informações das agências de notícias, não há qualquer demonstrativo de que os responsáveis pelas gêmeas tenham concordado com o procedimento e, muito menos que tenham sido informados a respeito dos prováveis riscos, observando que, com a edição de genes diferenciados, poderia ocorrer uma quebra no mapeamento genômico das gerações futuras.[23]

A proteção ampliada ao direito de personalidade fica evidenciada quando o legislador civil prescreve (art. 11): "Com exceção dos casos previstos em lei, os direitos da personalidade são intransmissíveis e irrenunciáveis, não podendo seu exercício sofrer limitação voluntária".[24]

---

[21] KASS, Leon R. *Human cloninng and human dignity:* the report of the President's Concil on Bioethics. Public Affairs, 2002, p. 17.
[22] VENOSA, Sílvio de Salvo. *Código Civil interpretado*. São Paulo: Atlas, 2010, p. 2.
[23] OLIVEIRA JÚNIOR, Eudes Quintino de. Edição genética humana. Migalhas. 9 dez. 2018. Disponível em: https://migalhas.uol.com.br/depeso/292555/edicao-genetica-humana Acesso em: 20 nov. 2020.
[24] BRASIL. *Código Civil*. Disponível em: http://www.planalto.gov.br/ccivil_03/leis/2002/l10406compilada.htm. Acesso em: 22 nov. 2020.

Esse conceito deixa acentuado que o detentor do conjunto de direitos que formatam a personalidade humana não pode renunciar a eles ou transferi-los, e seu exercício não pode sofrer qualquer limitação, quer por parte de seu titular ou de outra pessoa qualquer. Seria uma deferência legal *intuitu personnae*. O direito de personalidade, dessa forma, nasce com o homem, com ele permanece por toda a vida e depois com ele fenece.

Nem Aldous Huxley, na obra publicada em 1932, que narra o futuro hipotético em que as pessoas são pré-condicionadas biologicamente, chegou a cogitar a respeito da utilização de órgãos humanos para atingir a perfeição de seus personagens. Vislumbrava naquela época uma engenharia genética reprodutiva avançada, em que os genes de uma terceira pessoa são implantados no ovo fecundado ou no embrião. Com tal expediente, a criança carregará os genes do pai, da mãe e de uma terceira pessoa superdotada, com a finalidade de "aprimorar" a raça humana.

Assim é que, cessado o período biológico de cada um, não se admite a perpetuidade, a renovação do mesmo ser humano. A morte leva a vida física ou, como diziam os romanos, *mors omnia solvit,* mas deixa a história da pessoa para que seja contada a título de exemplo ou afeto para outros viventes. Seria um contrassenso alguém ser copiado e retornar ao convívio daqueles com quem compartilhou a existência. O primeiro questionamento é se se trata da mesma pessoa realmente e o segundo é que nada se sabe a respeito da vida anterior do proprietário do chamado corpo humano. A conclusão a se chegar, sem muita dificuldade, é que a pessoa copiada nada carrega a respeito da entidade psíquica, volitiva e cognitiva daquele primeiro ocupante do instrumento deambulatório e dele titular absoluto. É até um abuso à dignidade do ser humano olhar para um ente que carrega a identidade física indiscutível de outro, porém, não se trata do outro e, pior, nem dele próprio. A identidade que lhe for atribuída, obrigatoriamente diferenciada, será relacionada com o ocupante originário do corpo. Os laços familiares e afetivos sofrerão um abalo incomensurável, porque o clone, embora guardando indiscutíveis semelhanças, não corresponde à verdadeira expressão da realidade. O amor e o afeto devotado a uma pessoa adquirem caráter personalíssimo, intransferível. Não se trata de aquisição *prêt-à-porter*, com entrega em domicílio. São anos de convivência, de mútuo conhecimento até se atingir o ponto em que se começa a antecipar a vontade do outro.

5 Tipos penais previstos na lei de biossegurança

5.1 Clonagem humana

O Direito Penal, num repente, carregando um pesado código que data ainda de 1940, apesar de inúmeras alterações em seu corpo, se vê diante de fatos até então inusitados porque oriundos justamente de pesquisas científicas embaladas pela nova era da biotecnologia. Na *novatio legis* ora em comento, já não se perquirem mais as condutas externas tradicionais, e sim atos pertinentes à própria estrutura celular do ente humano. Pode-se até dizer que se trata da primeira e exclusiva iniciativa do legislador em visitar um *locus delicti* tão diferenciado fazendo com que caiba uma nova janela para o Direito Penal, relacionada com a genética humana.

A Lei de Biossegurança, também de forma incisiva, construiu um tipo penal próprio e específico, quando proíbe a realização da clonagem humana e estabelece pena de reclusão de 2 (dois) a 5 (cinco) anos e multa para o responsável pela conduta ilícita, conforme descreve o artigo 26, *in verbis*: "Realizar clonagem humana".

A descrição da conduta penal do agente é incisiva e objetiva. O legislador não emprega vários verbos para tipificar a conduta. O núcleo da ação é o verbo realizar, que deve ser interpretado com o seu significado literal, no sentido de tornar real, criar, produzir, lançar mão de todos os meios técnicos e científicos para conceber um ser humano idêntico a outro já existente, independentemente dos objetivos. A simples ação de quebrar a regra da procriação e inverter seu procedimento para se obter artificialmente um clone é uma conduta demonstrativa de dolo intenso, uma vez que é social e penalmente relevante e reprovável. Por essa razão, Moser de forma magistral esclarece que: "Pela clonagem os seres humanos "enganam" a natureza, trocando a "receita" original por outra estranha, oriunda da mesma espécie, ou então de espécie diferente".[25]

Tal dispositivo encerra, numa só vez, conteúdos ético, moral e legal, todos proibitivos, a exemplo de inúmeros outros diplomas mundiais referidos. Já não é o homem e sim a humanidade que se une para coibir qualquer investigação científica na área da clonagem, por entender que não é lícito ao homem contrariar as leis da própria natureza. Se a determinação biológica vem previamente determinada pelo histórico genético, que confere a cada pessoa um tempo limitado de vida, não é plausível que seja dada continuidade a uma vida em curso ou que já se expirou, substituindo-a por outra. A individualidade é fator que determina e especifica o cidadão no meio social, com seus predicados, virtudes e caráter. O substituto artificial jamais conseguirá ocupar o mesmo espaço e receber a mesma avaliação. E, juridicamente, será outra pessoa.

O princípio da beneficência (*primum non nocere*), recomendado pela Bioética, adverte que toda pesquisa realizada com seres humanos deve, obrigatoriamente, carregar dividendos de saúde, quer dizer, patrocinar uma vida com mais qualidade com a consequente longevidade saudável. E, quando de sua execução, fazer todo o esforço para diminuir qualquer incidente que venha provocar uma situação pior do que a anterior (*malum non facere*). Não se vê, conforme constatação atual da humanidade, nenhum benefício que possa ofertar, de forma conveniente e oportuna, melhores condições para a vida do homem. Pelo contrário. O intento repetitivo acarretará somente inconvenientes para a vida harmônica idealizada pelo homem.

Mesmo socialmente não se vislumbra nenhum benefício com a replicação do ser humano. Todo procedimento tecnológico tem que carregar benefícios para a saúde e vida do homem, pois não poderia se pensar em um trabalho de pesquisa que não objetivasse tais metas. O princípio da justiça social apregoado também pela bioética divulga a mesma recomendação. Maienschein, em arguta observação, assim concluiu:

> Others raised important issues of social justice, many of which had been raised about genomics. If we invest so much public funding in a scientific project, how will it serve the public? What else should we doing with that money instead? This is one argument against funding such research but not against the research in itself. Others noted that once we have developed technologies and medical procedures that are very expensive and must necessarily be limited to only a few, there will be unequal access to those "goods".[26]

Sem se olvidar, ainda, da possível ocorrência de incesto. Um aspecto da família reinventada que, todavia, assusta é a possibilidade de relações incestuosas totalmente novas. Como isso se daria? Se a mulher se clonar, por exemplo, não haveria impedimento biológico por parte do pai social em se apaixonar e se casar com a filha social, já que o

---

[25] MOSER, Antônio. *Biotecnologia e bioética*: para onde vamos? Petrópolis: Vozes, 2004, p. 171.
[26] MAIENSCHEIN, Jane. *Whose view of live*? embryos, cloning, and stem cells. London, England: First Harvard University Press paperbach, edition, 2005, p. 237.

material genético é o da esposa. O mesmo se daria entre irmãos, no caso de um clone da mãe e outro clone do pai. Se não há problemas de ordem biológica, quem pode impedir que um pai olhe sua filha (clone da esposa, idêntica a esta) crescer e se apaixone novamente por essa imagem reeditada da esposa?

Com relação à ação penal, é pública e incondicionada. Não se permite o benefício da suspensão condicional do processo previsto no artigo 89 da Lei nº 9.099/95, em razão da pena cominada.

Ocorre que o artigo 28-A do Código de Processo penal, incluído na Reforma Anticrime (Lei nº 13.964/2019) prevê o acordo de não persecução penal, *in verbis*:

> Não sendo caso de arquivamento e tendo o investigado confessado formal e circunstancialmente a prática de infração penal sem violência ou grave ameaça e com pena mínima inferior a 4 (quatro) anos, o Ministério Público poderá propor acordo de não persecução penal, desde que necessário e suficiente para reprovação e prevenção do crime, mediante as seguintes condições ajustadas cumulativa e alternativamente.

Assim, se o investigado tiver confessado a prática do crime cometido sem violência ou grave ameaça, cuja pena mínima seja inferior a quatro anos, o representante do Ministério Público, satisfeitos outros requisitos previstos, poderá propor o acordo.

No caso da inovação legal acima referida, apesar de se tratar de condição anterior ao início do processo, aplica-se, como é cediço, a retroatividade penal da lei mais benigna ao réu, alcançando, dessa forma, o processo que se encontra em curso.

Assim decidiu o Supremo Tribunal Federal (STF) no julgamento da Ação Direta de Inconstitucionalidade (ADI), em caso compreendendo instituto semelhante:

> EMENTA: PENAL E PROCESSO PENAL. JUIZADOS ESPECIAIS. ART. 90 DA LEI 9.099/1995. APLICABILIDADE. INTERPRETAÇÃO CONFORME PARA EXCLUIR AS NORMAS DE DIREITO PENAL MAIS FAVORÁVEIS AO RÉU. O art. 90 da lei 9.099/1995 determina que as disposições da lei dos Juizados Especiais não são aplicáveis aos processos penais nos quais a fase de instrução já tenha sido iniciada. Em se tratando de normas de natureza processual, a exceção estabelecida por lei à regra geral contida no art. 2º do CPP não padece de vício de inconstitucionalidade. Contudo, as normas de direito penal que tenham conteúdo mais benéfico aos réus devem retroagir para beneficiá-los, à luz do que determina o art. 5º, XL da Constituição federal. Interpretação conforme ao art. 90 da Lei 9.099/1995 para excluir de sua abrangência as normas de direito penal mais favoráveis aos réus contidos nessa lei.[27]

5.2 Artigo 24 da Lei de Biossegurança

> **Art. 24.** Utilizar embrião humano em desacordo com o que dispõe o art. 5º desta Lei:
> Pena – detenção de 1 (um) a 3 (três) anos e multa.

---

[27] BRASIL. Superior Tribunal de Justiça (Pleno). ADI/DF 1719, rel. Min. Joaquim Barbosa, j. 18.06.2007, *DJe* 02.08.2007.

O homem, pela sua natureza de perscrutador, cada vez mais vai ganhando espaço no interior do corpo humano e abrindo largos horizontes para pesquisas nesse imensurável latifúndio. Assim, é notório que a medicina de pesquisa experimentou considerável crescimento e veio a se alojar ao lado das células-tronco, observando reiteradamente sua potencialidade. Como se seguisse o aconselhamento do Oráculo de Delfos: *Nosce te ipsum*. No momento em que for desvendado o interior do homem, aflorará a realidade da humanidade, que poderá ser submetida à adequada intervenção com o intuito de produzir dividendos para a saúde humana.

O homem passa a ser o epicentro das atenções do próprio homem e não mais sua cobaia ou seu lobo. Não se caminhará cegamente para transformar o corpo humano em linha de montagem, e sim de buscar os mecanismos valiosos para lhe dar sustentação de saúde, bem-estar, equilíbrio e felicidade. Faz lembrar o inesquecível Pitigrilli, quando profetizava que tanto a medicina como o direito têm necessidade de montanhas de vítimas para progredir uns poucos metros.[28]

É certo que nesse campo específico ainda se caminha pela via experimental, mas já há sinais reveladores de que a medicina regenerativa carrega uma promessa terapêutica de grande importância. Pereira, com a arguta observação, declara:

> Depois de 20 anos investindo em transformar as células-tronco embrionárias em neurônios, células do pâncreas, da retina e do coração, essas células estão agora sendo testadas em pacientes com Parkinson, diabetes, degeneração muscular e insuficiência cardíaca, respectivamente. Os primeiros resultados indicam que as terapias são seguras.[29]

A principal descoberta revelada pelas células-tronco embrionárias – conhecidas também como pluripotentes e derivadas da massa celular de um embrião – reside na capacidade de se transformarem em diferentes tipos de tecidos, proporcionando um manancial renovável de saúde. Mas, por outro lado, sua utilização vinha cercada de entraves éticos, religiosos e legais. De um lado há a corrente contrária, pois entende que a vida começa a partir da concepção e seria moralmente condenável a destruição de um embrião. De outro, há o pensamento favorável de que a ciência não pode ficar à mercê de objeções religiosas ou ideológicas se as pesquisas conduzidas a bom termo podem trazer tratamento e cura para doenças ainda não extirpadas do cenário médico.

Tal óbice, no entanto, caiu por terra em razão da permissibilidade contida no artigo 5º da Lei de Biossegurança, que disciplina, *in verbis*:

> É permitida, para fins de pesquisa e terapia, a utilização de células-tronco embrionárias obtidas de embriões humanos produzidos por fertilização *in vitro* e não utilizados no respectivo procedimento, atendidas as seguintes condições:
>
> I – sejam embriões inviáveis; ou
>
> II – sejam embriões congelados há 3 (três) anos ou mais, na data da publicação desta Lei, ou que, já congelados na data da publicação desta Lei, depois de completarem 3 (três) anos, contados a partir da data de congelamento.
>
> §1º Em qualquer caso, é necessário o consentimento dos genitores.

---

[28] PITIGRILLI. *O Homem que inventou o amor*. Vecchi, 1959.
[29] PEREIRA, Lygia Veiga. Os dividendos da ciência. *Jornal Folha de S.Paulo*, folha A3. 09 ago. 2020.

§2º Instituições de pesquisa e serviços de saúde que realizem pesquisa ou terapia com células-tronco embrionárias humanas deverão submeter seus projetos à apreciação e aprovação dos respectivos comitês de ética em pesquisa.

§3º É vedada a comercialização do material biológico a que se refere este artigo e sua prática implica o crime tipificado no art. 15 da Lei nº 9.434, de 4 de fevereiro de 1997.

A Procuradoria-Geral da República intentou Ação Direta de Inconstitucionalidade[30] voltada para contrapor a todos os dispositivos do referido artigo. A ação, em resumo, abraçava a tese de que o embrião, desde sua concepção, é representativo de vida e, como tal, goza do privilégio e direito de ter preservada sua dignidade. Dessa forma, a liberalidade legislativa conferida no artigo guerreado da Lei de Biossegurança, que possibilita a utilização de embriões inviáveis para fins de pesquisa e terapia, seria uma forma de contrariar a ordem jurídica e colidir com o princípio da dignidade humana, que é um dos fundamentos basilares do Estado Democrático de Direito.

O brilhante e didático voto do Ministro relator Carlos Ayres Brito, fundamentado de forma magistral, obliquamente definiu o início da vida humana, como sendo *in ventre* e não *in vitro*. O *locus* definidor passou a ser intraútero, casulo acolhedor do embrião, proporcionando a ele todas as condições para seu desenvolvimento. Extraútero, como é o caso da fertilização *in vitro*, não há vida e sim um conjunto de células procriativas.

O relator decidiu que a vida humana é confinada a duas etapas: entre o nascimento com vida e a morte encefálica, período em que a pessoa é revestida de personalidade jurídica, que a ela confere direitos e obrigações na vida civil. Evidenciou ainda o ministro julgador que o *thema probandum* estava ligado aos embriões congelados e que não serão utilizados.

> O único futuro, sentenciou ele, é o congelamento permanente e descarte com a pesquisa científica. Nascituro é quem já está concebido e que se encontra dentro do ventre materno. Não em placa de petri". Enfatizou, finalmente, que "embrião é embrião, pessoa humana é pessoa humana e feto é feto. Apenas quando se transforma em feto este recebe tutela jurisdicional. Donde não existir pessoa humana embrionária, mas embrião de pessoa humana. O embrião referido na Lei de Biossegurança ("in vitro" apenas) não é uma vida a caminho de outra vida virginalmente nova, porquanto lhe faltam possibilidades de ganhar as primeiras terminações nervosas, sem as quais o ser humano não tem factibilidade como projeto de vida autônoma e irrepetível.[31]

O embrião produzido artificialmente em placa de *Petri*, acomodado no interior de tubo de nitrogênio, guarda profunda diferença daquele fecundado naturalmente. A falta do *locus* apropriado ou do *hábitat* natural para o alojamento demonstra, por si só, a impossibilidade de se atingir a *spes hominis* e, no gélido interior que habita, não há qualquer chance de progressão reprodutiva.

Dessa forma, foi julgada improcedente a ação que buscava invalidar a utilização de células-tronco para fins de pesquisa e terapia. Em razão de tal decisão, novos conceitos serão construídos em busca de uma normatização que seja ética e legal. Tudo para se fazer

---

[30] BRASIL. Supremo Tribunal Federal (Pleno). ADI nº 3.510/DF, rel. Min. Ayres Britto, *DJe* 27.05.2010. Disponível em: https://stf.jusbrasil.com.br/jurisprudencia/14720566/acao-direta-de-inconstitucionalidade-adi-3510-df. Acesso 20 nov. 2020.

[31] BRASIL. Supremo Tribunal Federal (Pleno). ADI nº 3.510/DF, rel. Min. Ayres Britto, *DJe* 27.05.2010. Disponível em: https://stf.jusbrasil.com.br/jurisprudencia/14720566/acao-direta-de-inconstitucionalidade-adi-3510-df. Acesso 20 nov. 2020.

a correta convivência da tecnologia com os anseios do homem, desde que toda produção seja adequada, oportuna e coerente com a dignidade proclamada constitucionalmente.

A Lei de Biossegurança determina também que as instituições de pesquisa que realizarem pesquisas ou terapias com células-tronco embrionárias deverão submeter seus projetos à apreciação dos Comitês de Ética em Pesquisa (CEPs). São órgãos colegiados interdisciplinares e independentes, de relevância pública, de caráter consultivo, deliberativo e educativo, criados para defender os interesses dos participantes da pesquisa em sua integridade e dignidade, e para contribuir com o desenvolvimento da pesquisa dentro dos padrões éticos. Os CEPs procuram agregar os mais diferentes segmentos da comunidade, recrutando médicos, psicólogos, juristas, professores, religiosos, bioeticistas, cientistas, pessoas que exerçam lideranças na comunidade, pacientes e quaisquer outros que tenham condições de fazer uma leitura ética atrelada à participação do ser humano em pesquisas.

A Comissão Nacional de Ética em Pesquisa (CONEP), por sua vez, é um órgão colegiado, multidisciplinar, vinculado ao Conselho Nacional de Saúde, e tem como tarefa principal considerar o indivíduo sempre em primeiro plano, examinar os aspectos éticos de pesquisas envolvendo seres humanos em áreas temáticas especiais, encaminhadas pelos CEPs das instituições e trabalhar principalmente na elaboração de normas específicas para essas áreas, entre elas: genética humana, reprodução humana, alterações da estrutura genética de células humanas, organismos geneticamente modificados, funcionamento de biobancos para pesquisa, novos dispositivos para a saúde, pesquisas em populações indígenas, pesquisas conduzidas do exterior e aquelas que envolvam aspectos de biossegurança. Tem também função consultiva, deliberativa, normativa e educativa, atuando conjuntamente com a rede de Comitês de Ética em Pesquisa organizados nas instituições onde as pesquisas se realizam.

O Conselho Federal de Medicina permite a utilização das técnicas de Reprodução Assistida (RA), considerando que a infertilidade humana é problema de saúde. Estabelece, no entanto, que o número de embriões gerados em laboratório será comunicado aos pacientes (genitores) para que possam decidir, dentro da permissão legal, quantos serão transferidos a fresco e quantos criopreservados. Determina no capítulo que trata da criopreservação de gametas ou embriões:

> No momento da criopreservação, os pacientes devem manifestar sua vontade, por escrito, quanto ao destino a ser dado aos embriões criopreservados em caso de divórcio ou dissolução de união estável, doenças graves ou falecimento de um deles ou de ambos, e quando desejam doá-los.[32]

Acrescenta, ainda, situações que comportam o descarte embrionário: a) os embriões criopreservados com três anos ou mais poderão ser descartados se esta for a vontade expressa dos pacientes; b) os embriões criopreservados e abandonados por três anos ou mais poderão ser descartados; c) embrião abandonado é aquele em que os responsáveis descumpriram o contrato pré-estabelecido e não foram localizados pela clínica.

Mesmo no caso de ausência de embriões, mas com a reserva de sêmen do marido falecido, a mulher poderá utilizá-lo e se submeter a uma das técnicas de reprodução humana,

---

[32] CONSELHO FEDERAL DE MEDICINA. Resolução nº 2.294/2021 que adota as normas éticas para a utilização das técnicas de reprodução assistida. Disponível em: https://sistemas.cfm.org.br/normas/visualizar/resolucoes/BR/2017/2168 . Acesso 31.08.21.

desde que haja documento expresso autorizando o procedimento, visando à realização de um projeto parental *post mortem*.[33] Nos termos do inciso III do art. 1.597 do Código Civil.

Dessa forma, é de se concluir que a regra para a reprodução assistida com a produção de embriões *in vitro* tem por finalidade exclusiva a procriação, tanto que a referida lei menciona os genitores como os responsáveis, isto é, aqueles que procuraram o procedimento auxiliar para atingir a reprodução. Os embriões excedentes, aqueles que não serão mais utilizados, poderão ser doados para fins de pesquisa e terapia ou até mesmo descartados nas modalidades apontadas na Resolução que trata da RA, desde que haja a indispensável concordância dos genitores.

Assim, o responsável por qualquer destinação embrionária que não sejam as legalmente permitidas responderá pelo tipo penal ora discutido. É interessante observar que o sujeito ativo de tal ilícito, em razão da expertise exigida, deverá ser uma pessoa altamente qualificada nos procedimentos de pesquisa ou até mesmo de protocolos médicos.

Prado, a respeito da volição do agente, assim se manifesta:

> O tipo subjetivo do delito em apreço é composto pelo dolo (direto ou eventual) – vontade e consciência de praticar o tipo objetivo. Sua consumação se opera com a utilização do embrião humano em desacordo com o que dispõe o artigo 5.º da Lei de Biossegurança. Trata-se de delito de mera atividade e de perigo abstrato. A tentativa, em tese, não é admissível.[34]

A ação penal é de natureza pública incondicionada. A pena cominada na lei – levando-se em consideração o dano causado ao patrimônio genético ofendido – é de natureza branda e admite a suspensão condicional do processo prevista na Lei nº 9.099/95, em razão do patamar mínimo nela anunciado. Se não for feita, em caso de condenação, permite-se a substituição da pena privativa de liberdade por restritiva de direito, nos moldes previstos no artigo 44 do Código Penal.

5.3 Artigo 25 da Lei de Biossegurança

> **Art. 25.** Praticar engenharia genética em célula germinal humana, zigoto humano ou embrião humano.
> Pena: reclusão de 1 (um) a 4 (quatro) anos e multa.

Pode-se dizer que a genética não é só o desafio da medicina atual, como também afirmar que é o farol da que vem pela frente. A concentração de estudos nessa área é tão intensa que, com seu constante aprofundamento, vão se abrindo novos caminhos no conhecimento genético com impactos diretos na possibilidade de uma medicina mais eficaz e revolucionária na área da reprodução.

---

[33] BRASIL. Código Civil. Disponível em: http://www.planalto.gov.br/ccivil_03/leis/2002/l10406compilada.htm. Acesso em: 22 nov. 2020.
Nos termos do inciso III do art. 1597 do Código Civil.

[34] PRADO, Luiz Régis. Biossegurança e Direito Penal. Doutrinas Essenciais de Direito Penal Econômico e da Empresa. v. 3, p. 1139-1164, jul. 2011. Disponível em: http://www.regisprado.com/Artigos/Luiz%20Regis%20Prado/Biosseguran%E7a%20e%20Direito%20Penal.pdf . Acesso em: 22 nov. 2020.

Com tal verniz, ela se apresenta como uma das áreas de maior importância para o ser humano descobrir sua própria essência celular, assim como é o território que habitará pesquisas de várias tendências, visando encontrar as informações que são éticas e que possam trazer dividendos de saúde para a descoberta das mais sérias e imbatíveis doenças que cercam a humanidade. Mas é interessante observar que grande maioria dos questionamentos feitos atualmente foi lançada no passado, porém, em razão da precariedade existente, não evoluiu e, no presente, encontra respaldo tecnológico para seguir em frente. Luna, em previsão otimista, antecipa:

> El optimista y entusiasta ve a la genética bajo una luz promisora y predice que se pasará de testear enfermedades raras y de poca frecuencia a un paradigma diagnóstico que ampliará el testeo de personas afectadas y suscptibles en pocos años, y brindará la posibilidat de diagnosticar enfermidade comunes. Éstos ven en la genômica una nueva medicina preventiva y en la farmacogenómica una posibilitad terapêutica muy eficaz y revolucionaria.[35]

A Lei de Biossegurança, inaugurando uma nova formatação em seus dispositivos, traz em seu bojo definições a respeito dos temas tratados. Assim é que no art. 3º, inciso IV, define a Engenharia Genética como a atividade de produção e manipulação de moléculas ADN/ARN recombinante. Merece, no entanto, uma explicação mais detalhada, principalmente para o leitor que não frequenta a intimidade biológica do homem. Em outras palavras, engenharia genética tem por objetivo realizar a alteração genética de um organismo por meio de técnicas que retiram o material hereditário original para formar novas combinações e variações nos mais diversos seres. Assim, aquilo que até então tramitava pelo campo do imaginário, da especulação científica em diversas obras literárias, como, por exemplo, Eu Robô, de Isaac Asimov; Neuromancer, de William Gibson e Cibor, de Martins Caidin, hoje se torna mais próximo e visível em razão dos avançados conhecimentos genéticos. Pode-se dizer, copiando em parte a mitologia grega, que se faz a abertura da "Caixa de Pandora", mas para dela extrair somente as boas e necessárias informações para o conhecimento do ser humano. Como poeticamente anuncia Nicolelis: "A perspectiva dessa maravilhosa alforria, que hoje ainda pode soar para alguns como magia, milagre ou alquimia, não mais pertence ao domínio da ficção científica. Esse mundo do futuro está começando a se delinear, diante de nossos olhos, aqui e agora".[36]

A introdução de novos tipos penais na Lei de Biossegurança faz ver que o desenvolvimento da biotecnologia é certo e cada vez mais produz resultados que criam, modificam ou alteram situações ligadas à genética e que interferem diretamente no ser humano, podendo, quando mal direcionada e contra a ética recomendada, acarretar danos irreparáveis. O campo é novo e os passos iniciais foram dados com a inclusão de condutas consideradas criminosas, mas não é de se admirar que, em razão do desenvolvimento espetacular, novas figuras delituosas sejam inseridas. A mola propulsora da engenharia genética faz-se constantemente presente, pois é responsável cientificamente pela "atividade de produção e manipulação de moléculas de ADN/ARN recombinante", conforme disciplina o artigo 3º, IV, da referida lei.

---

[35] LUNA, Florencia. *Bioética*: nuevas reflexiones sobre debates clasicos. Buenos Aires: Fondo de Cultura Economica, 2008. p. 341.

[36] NICOLELIS, Miguel. *Muito além do nosso eu: a nova neurociência que une cérebros e máquinas:* e como ela pode mudar nossas vidas. Tradução do autor. Revisão Giselda Laporta Nicolelis. São Paulo: Companhia das Letras, 2011, p. 26.

Prado, com precisão, definiu a extensão do conteúdo de engenharia genética:

> Em verdade, a engenharia genética propriamente dita compreende a totalidade de procedimentos dirigidos a alterar o patrimônio hereditário de uma espécie – seja com o fim de superar enfermidade de origem genética, seja com o propósito de produzir modificações com finalidade experimental. Desse modo, a noção de engenharia genética envolve as técnicas de manipulação genética, de clonagem e de sondagem de ADN.[37]

A lei definiu a célula germinal humana como sendo a célula-mãe "responsável pela formação de gametas presentes nas glândulas sexuais femininas e masculinas e suas descendentes diretas em qualquer grau de ploidia" (artigo 3º, VII).

Zigoto humano, por sua vez, pode ser considerado a primeira célula do novo ser, com a fusão e a fertilização do óvulo pelo espermatozoide.

Hoje são aconselhadas medidas de cautelas para analisar o material procriativo dos pretendentes pais visando descobrir eventuais "defeitos genéticos", com a consequente correção.

O homem, pela sua própria natureza, quando aliado à ciência, procura, de todas as formas, construir novas realidades a respeito das várias etapas da sua vida, compreendendo desde o nascimento até a morte. Assim é que a biotecnologia eclode de forma espetacular, trazendo inovações científicas que podem proporcionar uma vida com mais qualidade e uma longevidade que seja condizente com a dignidade apregoada constitucionalmente. Mas o progresso científico não caminha isoladamente.

Há necessidade de que as novas práticas sejam compartilhadas e avaliadas pela própria humanidade para verificar se são convenientes, oportunas e adequadas para o ser humano, não só do aspecto tecnológico, mas também sob o ponto de vista ético e até mesmo bioético. O avanço é sempre bem-vindo, porém, em muitos casos, quando são apontadas situações que traduzem colidência entre a postura científica e a ética, há necessidade da filtragem humana para que seja feita a pertinente avaliação. Nem sempre um procedimento que conta com a aceitação do meio científico terá a aprovação popular, se não for adequado para a ética recomendada.

Recentemente, pesquisadores americanos obtiveram significativo sucesso quando conseguiram eliminar uma doença hereditária em embriões criados por meio de fertilização *in vitro*, corrigindo a mutação do DNA responsável pela doença. O fato foi noticiado mundialmente e fincará o marco de novas pesquisas no campo da engenharia genética.

Parte-se para uma medicina preventiva, estruturada no genoma para garantir a saúde humana.

O princípio da intocabilidade do embrião, é bom que se diga, já não tem aplicação plena, em razão dos avanços científicos na seleção dos embriões. Permanece sim a proibição de selecionar sexo ou qualquer outra característica biológica do futuro filho, mas já não se questiona a realização do exame para diagnóstico pré-implantatório e testes genéticos visando verificar se o embrião é portador de alterações cromossômicas ou genéticas. Se a constatação for positiva, admite-se o procedimento corretivo.

A esse respeito, a Convenção sobre os Direitos do Homem e da Dignidade do Ser Humano Face às Aplicações da Biologia e da Medicina esclarece sobre as intervenções com o genoma humano, em seu artigo 13:

---

[37] PRADO, Luiz Regis. *op. cit.*

Uma intervenção que tenha por objeto modificar o genoma humano não pode ser levada a efeito senão por razões preventivas, de diagnóstico ou terapêuticas e somente se não tiver por finalidade introduzir uma modificação no genoma da descendência.

Sem dúvidas que o gigantesco passo agora dado trará novos horizontes para a humanidade, mas o questionamento ético a respeito da intervenção começa a ecoar com mais intensidade quando vem à tona a tão indesejada eugenia, além de eventuais outros riscos de manipulação embrionária. Quer dizer, o homem ficaria tentado a utilizar a fertilização *in vitro* para produzir uma prole inteligente e livre de doenças, pois será descartado o embrião se apresentar mutações indesejadas ou for portador de doença genética fatal.

Faz até lembrar Harari quando se manifesta a respeito da elevação do *Homo sapiens* a um nível superior ao que ele se encontra hoje: "Na busca da saúde, felicidade e poder, os humanos modificarão primeiro uma de suas características, depois outra, e outra, até não serem mais humanos".[38]

O crime é perquirido mediante ação penal pública incondicionada e permite a proposta de suspensão condicional do processo prevista no artigo 89 da Lei nº 9.099/95. Se vingar o processo e, em caso de condenação, é possível a substituição da pena privativa de liberdade por restritiva de direitos, nos moldes previstos do artigo 44 do Código Penal.

5.4 Artigo 27 da Lei de Biossegurança

> **Art. 27.** Liberar ou descartar OGM no meio ambiente, em desacordo com as normas estabelecidas pela CTNBio e pelos órgãos e entidades de registro e fiscalização:
> Pena – reclusão, de 1 (um) a 4 (quatro) anos, e multa.
> §2º Agrava-se a pena:
> I – de 1/6 (um sexto) a 1/3 (um terço), se resultar dano à propriedade alheia;
> II – de 1/3 (um terço) até a metade, se resultar dano ao meio ambiente;
> III – da metade até 2/3 (dois terços), se resultar lesão corporal de natureza grave em outrem;
> IV – de 2/3 (dois terços) até o dobro, se resultar a morte de outrem.

A natureza, pelo seu equilíbrio e destinação, é uma dádiva que foi entregue ao homem para utilizá-la com responsabilidade, inclusive para cultivo de alimentos para a humanidade, seguindo rigorosamente os aconselhamentos estabelecidos. A defesa ambiental, dessa forma, deve ser exercida por cada indivíduo e, principalmente, pelos gestores administrativos. Esse respeito compreende a proteção à vida e à saúde do homem, dos animais, do solo, das plantas e de todo o cenário ambiental.

As leis editadas após a Constituição Federal de 1988 carregam um comprometimento diferenciado, não só na sua estrutura legislativa como também nas tutelas anunciadas. As proteções são as mais variadas dentro da esfera dos direitos fundamentais. Assim é que a Lei nº 11.105/2005, como se fosse um preâmbulo explicitando as definições dos temas nela tratados, conceituou no artigo 3º, inciso I: "Organismo é toda entidade biológica capaz

---

[38] HARARI, Yuval Noah. *Homo Deus*: uma breve história do amanhã. São Paulo: Companhia das Letras, 2016, p. 57.

de reproduzir ou transferir material genético, inclusive vírus e outras classes que venham a ser conhecidas". Em continuidade, no inciso V, definiu OGM (organismo geneticamente modificado) como organismo cujo material genético – ADN/ARN – tenha sido modificado por qualquer técnica de engenharia genética.

Os alimentos transgênicos, quando implantados, causaram uma grande preocupação mundial em relação ao cultivo e consumo dos produtos. Tratava-se de uma inovação para a qual a humanidade ainda não estava preparada. Somente após muitas discussões, contando com a participação da Organização Mundial da Saúde, é que veio a aceitação por não oferecerem danos ao meio ambiente ou à saúde humana, com base no princípio da precaução. O Brasil hoje é considerado um dos maiores produtores de soja do mundo.

A Lei nº 11.105/2005, em seu inciso V, veda de forma peremptória a:

> [...] destruição ou descarte no meio ambiente de OGM e seus derivados em desacordo com as normas estabelecidas pela CTNBio, pelos órgãos e entidades de registro e fiscalização, referidos no art. 16 desta Lei, e as constantes desta Lei e de sua regulamentação.

Liberar vem a ser a livre conduta do poder público em dar trânsito livre, colocar o material não recomendado na natureza. Descartar significa desconsiderar aquilo que vinha sendo utilizado para uma determinada finalidade e abandoná-lo no meio ambiente, consciente de sua prejudicialidade. Em ambos os casos, deve ficar evidenciado o dolo de causar perigo que orienta a vontade do agente, consistente em colocar em perigo as pessoas e o meio ambiente, contrariando as normas da Comissão Técnica Nacional de Biossegurança (CTNB).

A Comissão Técnica Nacional de Biossegurança, que foi reestruturada pela Lei de Biossegurança, tem não só a função de estabelecer as normas técnicas de segurança e os pareceres técnicos referentes à autorização para atividades que envolvam pesquisa e uso comercial de OGM e seus derivados, com base na avaliação de seu risco zoofitossanitário, à saúde humana e ao meio ambiente, como também acompanhar o desenvolvimento e o progresso técnico e científico nas áreas de biossegurança, biotecnologia, bioética e afins, com o objetivo de aumentar sua capacitação para a proteção da saúde humana, dos animais e das plantas e do meio ambiente.

Para tanto, tal comissão deverá, entre outras competências, estabelecer normas para as pesquisas com OGM e derivados de OGM (art. 14, I); estabelecer normas relativamente às atividades e aos projetos relacionados à OGM e seus derivados (art. 14, II); estabelecer, no âmbito de suas competências, critérios de avaliação e monitoramento de risco de OGM e seus derivados (art. 14, III); proceder à análise da avaliação de risco, caso a caso, relativamente a atividades e projetos que envolvam OGM e seus derivados (art. 14, IV); definir o nível de biossegurança a ser aplicado ao OGM e seus usos, e os respectivos procedimentos e medidas de segurança quanto ao seu uso, conforme as normas estabelecidas na regulamentação dessa lei, bem como quanto aos seus derivados (art. 14, XIII); emitir resoluções, de natureza normativa, sobre as matérias de sua competência (art. 14, XVI).

Daí que a conduta criminosa fica vinculada a uma norma penal em branco heterogênea, pois os órgãos administrativos já referidos é que se encarregarão de complementar a norma. Os órgãos encarregados da fiscalização estão previstos no art. 16 da referida lei:

> Caberá aos órgãos e entidades de registro e fiscalização do Ministério da Saúde, do Ministério da Agricultura, Pecuária e Abastecimento e do Ministério do Meio Ambiente, e da Secretaria Especial de Agricultura e Pesca da Presidência da República entre

outras atribuições, no campo de suas competências, observadas a decisão técnica da CTNBio, as deliberações do CNBS e os mecanismos estabelecidos nesta Lei e na sua regulamentação.

Nesse ponto, tem-se verdadeira expressão do princípio da precaução (ou princípio da cautela), que exige a adoção de medidas antecipatórias, quando constatadas a incerteza científica da hipótese e/ou a eventual produção de danos graves e irreparáveis.

Eventual crime será intentado mediante ação penal pública de iniciativa incondicionada. Abre-se espaço para a suspensão condicional do processo consoante permissivo do artigo 89 da Lei nº 9.099/95, quando se tratar de crime definido no *caput* do artigo 27. Nos demais casos previstos nos incisos do parágrafo segundo não tem cabimento o benefício.

Ocorre que o artigo 28-A do Código de Processo penal, incluído na Reforma Anticrime (Lei nº 13.964/2019), prevê o acordo de não persecução penal, *in verbis*:

> Não sendo caso de arquivamento e tendo o investigado confessado formal e circunstancialmente a prática de infração penal sem violência ou grave ameaça e com pena mínima inferior a 4 (quatro) anos, o Ministério Público poderá propor acordo de não persecução penal, desde que necessário e suficiente para reprovação e prevenção do crime, mediante as seguintes condições ajustadas cumulativa e alternativamente.

Assim, se o investigado tiver confessado a prática do crime cometido sem violência ou grave ameaça, cuja pena mínima seja inferior a quatro anos, o representante do Ministério Público, satisfeitos outros requisitos previstos, poderá propor o acordo, uma vez que inexiste direito subjetivo à propositura do Acordo de Não Persecução Penal (ANPP).[39]

Discussão doutrinária relevante emerge quanto aos processos já em andamento: é possível propor o ANPP para processos que já estão em curso? Vale dizer: a novidade legislativa trazida pelo "Pacote Anticrime" (Lei nº 19.964/2019) retroage?

Esse debate chegou até o Supremo Tribunal Federal, sendo que a 2ª Turma, em julgamento datado de 10 de novembro de 2020, fixou a seguinte tese: "o acordo de não persecução penal (ANPP) aplica-se a fatos ocorridos antes da Lei nº 13.964/2019, desde que não recebida a denúncia".[40]

Portanto, o ANPP somente poderá ser proposto para casos anteriores à vigência da Lei nº 13.964/2019, caso ainda não tenha sido recebida a denúncia.

5.5 Artigo 28 da Lei de Biossegurança

> **Art. 28** – Utilizar, comercializar, registrar, patentear e licenciar tecnologias de restrição de uso:
> Pena: reclusão, de 2 (dois) a 5 (cinco) anos, e multa.

Pelo núcleo do tipo que o legislador inseriu, percebem-se vários verbos de conteúdo variado com a finalidade de ofertar segurança e proteção ao meio ambiente, ao patrimônio genético e à comercialização indevida que, além de acarretar danos, também influenciará na prática de beneficiar interesses econômicos de alguns grupos em prejuízo dos demais.

---

[39] BRASIL. Superior Tribunal de Justiça (5ª Turma). AgRg no HC nº 130.587/SP, rel. Min. Felix Fisher. j. em 17.11.2020.
[40] BRASIL. Supremo Tribunal Federal (2ª Turma). HC nº 191464 AGR/SC, rel. Min. Roberto Barroso, j. em 10.11.2020.

É interessante observar que o foco do artigo está voltado para as tecnologias de restrição de uso. A Lei de Biossegurança, por sua vez, define tais tecnologias no artigo 6º, parágrafo único, da seguinte forma:

> Para os efeitos desta Lei, entende-se por tecnologias genéticas de restrição do uso qualquer processo de intervenção humana para geração ou multiplicação de plantas geneticamente modificadas para produzir estruturas reprodutivas estéreis, bem como qualquer forma de manipulação genética que vise à ativação ou desativação de genes relacionados à fertilidade das plantas por indutores químicos externos.

As condutas típicas vêm definidas na mesma lei, no artigo 6º, VII, que proíbe "a utilização, a comercialização, o registro, o patenteamento e o licenciamento de tecnologias genéticas de restrição do uso". O meio ambiente está consagrado como direito de terceira geração, assim inserido em nossa Constituição, que a ele reservou o Capítulo VI, proclamando no artigo 225:

> Todos têm direito ao meio ambiente ecologicamente equilibrado, bem de uso comum do povo e essencial à sadia qualidade de vida, impondo-se ao Poder Público e à coletividade o dever de defendê-lo e preservá-lo para as presentes e futuras gerações.

A Organização Mundial da Saúde, por sua vez em 1993, fazendo ver da necessidade do saudável ambiente para a humanidade, assim definiu: "Saúde Ambiental são todos aqueles aspectos da saúde humana, incluindo a qualidade de vida, que estão determinados por fatores físicos, químicos, biológicos, sociais e psicológicos no meio ambiente. Também se refere à teoria e prática de prevenir ou controlar tais fatores de risco que, potencialmente, possam prejudicar a saúde de gerações atuais e futuras".

Assim, na esteira protetiva da Lei de Biossegurança, quando o texto examinado enumera diversas condutas e em ocorrendo mais de uma delas, será computada somente a prática de um delito. Mas todo o cuidado é direcionado para a proteção genética no sentido de impedir a manipulação humana na criação de plantas modificadas geneticamente, como diz a presente lei:

> [...] para produzir estruturas reprodutivas estéreis, bem como qualquer forma de manipulação genética que vise à ativação ou desativação de genes relacionados à fertilidade das plantas por indutores químicos externos.

A proteção que se busca é evitar a manipulação social e, consequentemente, a dependência tecnológica e econômica das nações mais pobres com relação às mais ricas. Com toda razão afirma o bioeticista Moser:

> Acontece que, justamente na produção de alimentos, acaba-se por vender todo o "pacote tecnológico", desde a produção das sementes até a comercialização dos produtos. Curiosamente as sementes híbridas impedem a reprodução de sementes capazes de ser aproveitadas em novas plantações. Assim, os agricultores se veem obrigados a comprar, anualmente, novas sementes.

A pena imposta ao presente crime, em comparação com as demais, é rigorosa e corresponde à mesma da clonagem humana. Trata-se de crime de ação penal pública incondicionada. Não se admite a transação penal e a suspensão condicional do processo, previstas na Lei nº 9.099/95.

Ocorre que o artigo 28-A do Código de Processo Penal, incluído na Reforma Anticrime (Lei nº 13.964/2019) prevê o acordo de não persecução penal, *in verbis*:

> Não sendo caso de arquivamento e tendo o investigado confessado formal e circunstancialmente a prática de infração penal sem violência ou grave ameaça e com pena mínima inferior a 4 (quatro) anos, o Ministério Público poderá propor acordo de não persecução penal, desde que necessário e suficiente para reprovação e prevenção do crime, mediante as seguintes condições ajustadas cumulativa e alternativamente.

Assim, se o investigado tiver confessado a prática do crime cometido sem violência ou grave ameaça, cuja pena mínima seja inferior a quatro anos, o representante do Ministério Público, satisfeitos outros requisitos previstos, poderá propor o acordo, uma vez que inexiste direito subjetivo à propositura do ANPP.[41]

Discussão doutrinária relevante emerge quanto aos processos já em andamento: é possível propor o ANPP para processos que já estão em curso? Vale dizer: a novidade legislativa, trazida pelo "Pacote Anticrime" (Lei nº 19.964/2019), retroage?

Este debate chegou até o Supremo Tribunal Federal, sendo que a 2ª Turma, em julgamento datado de 10 de novembro de 2020, fixou a seguinte tese: "o acordo de não persecução penal (ANPP) aplica-se a fatos ocorridos antes da Lei nº 13.964/2019, desde que não recebida a denúncia".[42]

Portanto, o ANPP somente poderá ser proposto para casos anteriores à vigência da Lei nº 13.964/2019, caso ainda não tenha sido recebida a denúncia.

5.6 Artigo 29 da Lei de Biossegurança

> **Art. 29.** Produzir, armazenar, transportar, comercializar, importar ou exportar OGM ou seus derivados, sem autorização ou em desacordo com as normas estabelecidas pela CTNBio e pelos órgãos e entidades de registro e fiscalização:
> Pena – reclusão, de 1 (um) a 2 (dois) anos, e multa.

Ainda na mesma senda protetiva do meio ambiente e do patrimônio genético, o legislador abandona o campo interno e cuida das atividades externas lançando mão de um tipo penal de conteúdo variado. Assim, praticadas mais de uma delas no mesmo conteúdo fático, tem-se a prática de um único crime. A intenção é proibir a circulação interna no país ou até mesmo a externa de organismos modificados geneticamente, a não ser quando haja a autorização expressa nas normas da CTNBio ou pelos órgãos ou entidades de registro e fiscalização. Daí que, por tais circunstâncias, tem lugar a norma penal em branco, cabendo à autoridade administrativa competente fixar a incidência da norma.

Produzir vem a significar o ato de fabricar, desenvolver, operar, manipular. Armazenar corresponde ao ato de guardar aquilo que já foi produzido e se encontra em depósito, à

---

[41] BRASIL. Superior Tribunal de Justiça (5ª Turma). AgRg no HC nº 130.587/SP, rel. Min. Felix Fisher, j. em 17.1.2020
[42] BRASIL. Supremo Tribunal Federal (2ª Turma). HC nº 191464 AGR/SC, rel. Min. Roberto Barroso, j. em 10.11.2020.

disposição para comercializar. Transportar é o ato que corresponde a uma operação de levar de um local para o outro, por qualquer meio de transporte. Comercializar é o ato praticado para fazer circular a mercadoria produzida e estocada, mediante atos de comércio, com a finalidade de obter lucro. Importar significa na linguagem comercial trazer do exterior determinada substância ou insumo para dentro do país com a intenção de comércio. Exportar já tem o significado de remeter para o exterior OGM e seus derivados, praticando comércio ilícito sem a autorização das autoridades competentes.

É crime doloso por natureza, formal e de perigo. A ação penal prevista é a pública de natureza incondicionada. Tem total aplicação da Lei nº 9.099/95 tanto para a transação penal como para a suspensão condicional do processo.

COMENTÁRIOS À LEI MARIA DA PENHA – LEI Nº 11.340, DE 7 DE AGOSTO DE 2006

Alexandre Rocha Almeida de Moraes

Maria Carvalho

Introdução

O Direito é um raio-x da ética social[1] e a lei certamente "não é entidade espontaneamente gerada ou *"sine matre creata"*.[2]

A norma é filha de uma decisão política, de um contexto social e de um modelo de Estado. De certa forma essa conjuntura revela os valores da moral média coletiva e aquilo que vai ser alçado à Política Criminal como objeto de tutela, inclusive através da dogmática legal.

Sabe-se que não é tarefa singela definir, com precisão, quais valores devam ser efetivamente protegidos, máxime nos dias de hoje em que as relações sociais são extremamente variáveis, complexas e mutáveis, eis que derivam das variadas concepções culturais que compõem a sociedade que, como é cediço, passa por diversos rompimentos de paradigmas.

Com efeito, o que poderíamos considerar como bem jurídico valioso a ponto de receber proteção penal? Quais valores seriam objeto legítimo de tutela? Por que em uma determinada época da existência humana se elegeu certo bem e, tempos depois, abandonou-se a respectiva proteção? Quais os critérios norteadores dessa seleção? Enfim, o que é realmente importante na atualidade para fins de tutela penal?[3]

As respostas não são exatas, nem simples.

---

[1] MORAES, Alexandre Rocha Almeida de. *Direito Penal do inimigo*: a terceira velocidade do Direito Penal. Curitiba: Juruá, 2008.
[2] HUNGRIA Hoffbauer, Nélson. *Comentários ao Código Penal*. 3. ed. Rio de Janeiro: Forense, v. I, Tomo 1', 1955, p. 72-73
[3] MORAES, Alexandre Rocha Almeida de; SANTOS, Silvia Chakian de Toledo. Novas perspectivas de atuação criminal do Ministério Público no controle social da criminalidade. *Revista Jurídica da Escola Superior do Ministério Público de São Paulo*, v. 10, n. 2, 2016. Disponível em: http://www.esmp.sp.gov.br/revista_esmp/index.php/RJESMPSP/article/view/321/152. Acesso em: 11 jun. 2020.

Fato é, contudo, que o Direito Penal deixou de exercer o papel de controle subsidiário da vida em sociedade. A busca da subsidiariedade e fragmentariedade pregada na academia deu lugar, no contexto de crise das demais formas de controle social, à dogmática como única instância de controle social.

Ao mesmo tempo em que a hipertrofia legislativa tornou-se prática corrente em todo o planeta, o Direito Penal, por se tratar de um retrato da moral média de um povo, escancara déficits sociais, axiológicos e valorativos que foram insuficientemente tratados na família, na escola, pela religião e pelas demais agências formais e informais de controle social.

Nesse esteio, fica ainda mais complexa a atividade de se responder qual bem merece tutela jurídico-penal e até mesmo se a proteção é suficiente.

É evidente que o Direito, como produto da cultura humana para a tutela de interesses particulares,[4] elevou-se à defesa e à conservação da sociedade. É, pois, inegável que houve contundente transformação subjetiva e objetiva na política criminal e, por consequência lógica, na dogmática penal.

Em termos subjetivos, novos gestores da moral, novas demandas e a incessante preocupação de proteger interesses difusos passaram a legitimar um modelo de direito penal que, em consonância com as novas cartas dirigentes, procuram reduzir desigualdades, tornar concreta a tolerância e todo abuso de poder que implique a desigualdade entre pessoas e o desrespeito ao direito universal de respeito à dignidade humana.

A Constituição Federal de 1988, com índole comunitarista e analítica, buscou conferir um matiz constitucional ao Direito Penal. Mais que isso, procurou demonstrar a necessidade de tutela e proteção de outros interesses que já vinham demonstrando ser demandas da sociedade contemporânea.

O respeito à dignidade da pessoa humana (art. 1º), redução das desigualdades sociais (art. 3º) e a realização de justiça social são, evidentemente, questões prioritárias ao Estado brasileiro e, pois, combater aquilo que ofende tais valores implica combater o que mais lesa a sociedade, ou seja, implica reconhecer a prioridade de proteção de bens jurídicos que digam respeito a tais princípios.

Em outras palavras, ao se proteger, por exemplo, os personagens do núcleo mais importante da sociedade – a família –, o legislador, se de um lado evidencia a crise de valores na proteção da infância e juventude, do idoso e da mulher (todos em condição de risco ou vulnerabilidade), de outro fornece instrumentos de proteção, medidas cautelares e preventivas que reforçam a ideia da premente necessidade de aperfeiçoamento profissional e do aprendizado sobre as novas práticas pelo tradicional criminalista.

Os Estatutos presentes nas Leis nº 8.069/90, nº 10.741/03 e nº 11.340/06, por exemplo, transformam a ideia de assistencialismo em responsabilidade social. Da caridade, da postura assistencialista, altruísta e da faculdade pessoal, institucionaliza-se o espírito cívico do dever de todos.

O Estatuto da Criança e do Adolescente, em seu art. 4º, por exemplo, diz ser dever, dentre outros, da sociedade em geral, assegurar, com absoluta prioridade, a efetivação dos direitos referentes à vida, à saúde, à alimentação, à educação, ao esporte, ao lazer, à profissionalização, à cultura, à dignidade, ao respeito, à liberdade e à convivência familiar e comunitária, ressaltando no art. 98, inciso I, que as medidas de proteção à criança e ao adolescente são aplicáveis sempre que os direitos reconhecidos nessa lei forem ameaçados ou violados por ação ou omissão da própria sociedade.

---

[4] BARRETO. *Introdução ao estudo do Direito:* política brasileira. São Paulo: Landy, 2001, p. 31.

Tal redação é repetida pelo art. 3º do Estatuto do Idoso, que prega ser obrigação, dentre outros, da sociedade assegurar ao idoso, com absoluta prioridade, a efetivação do direito à vida, à saúde, à alimentação, à educação, à cultura, ao esporte, ao lazer, ao trabalho, à cidadania, à liberdade, à dignidade, ao respeito e à convivência familiar e comunitária.

No mesmo sentido, a festejada Lei Maria da Penha em seu art. 2º, §3º c/c o art. 3º preceitua que cabe também à sociedade criar as condições necessárias para o efetivo exercício dos direitos enunciados na lei, em especial, criar mecanismos para coibir e prevenir a violência doméstica e familiar contra a mulher, nos termos do §8º do art. 226 da Constituição Federal, da Convenção sobre a Eliminação de Todas as Formas de Violência contra a Mulher, da Convenção Interamericana para Prevenir, Punir e Erradicar a Violência contra a Mulher e de outros tratados internacionais ratificados pela República Federativa do Brasil;[5] dispõe sobre a criação dos Juizados de Violência Doméstica e Familiar contra a Mulher; e estabelece medidas de assistência e proteção às mulheres em situação de violência doméstica e familiar.

> Art. 2º Toda mulher, independentemente de classe, raça, etnia, orientação sexual, renda, cultura, nível educacional, idade e religião, goza dos direitos fundamentais inerentes à pessoa humana, sendo-lhe asseguradas as oportunidades e facilidades para viver sem violência, preservar sua saúde física e mental e seu aperfeiçoamento moral, intelectual e social.
>
> Art. 3º Serão asseguradas às mulheres as condições para o exercício efetivo dos direitos à vida, à segurança, à saúde, à alimentação, à educação, à cultura, à moradia, ao acesso à justiça, ao esporte, ao lazer, ao trabalho, à cidadania, à liberdade, à dignidade, ao respeito e à convivência familiar e comunitária.
>
> §1º O poder público desenvolverá políticas que visem garantir os direitos humanos das mulheres no âmbito das relações domésticas e familiares no sentido de resguardá-las de toda forma de negligência, discriminação, exploração, violência, crueldade e opressão.
>
> §2º Cabe à família, à sociedade e ao poder público criar as condições necessárias para o efetivo exercício dos direitos enunciados no *caput*.

Nesse sentido, a proteção integral da mulher em todas as suas circunstâncias, evitar qualquer tipo de violência e a construção de uma dogmática penal, processual penal e de políticas públicas voltadas a reduzir a histórica desigualdade de gênero, o machismo estruturante, a cultura patriarcal que pautou boa parte da cultura, costumes e da própria legislação brasileira, constitui uma tarefa em aberto e de contínua prática e aperfeiçoamento.

1 Histórico da violência contra a mulher

Ao tratarmos da violência contra a mulher é indispensável compreender os antecedentes históricos que norteiam a fragilidade e a submissão imposta à mulher em todos os períodos da humanidade.

Quando se fala em machismo patriarcado tratamos do sistema em que os homens detêm os poderes e predominam em funções de liderança, sendo uma forma de controle social exercido pelos homens no ambiente familiar.

---

[5] Respaldado na Declaração dos Direitos Humanos (1948), na Convenção sobre a Eliminação de Todas as Formas de Violência contra a Mulher (1980 e 1984), na Convenção Interamericana para Prevenir, Punir e Erradicar a Violência contra a Mulher (1995), no Modelo de Leyes y Políticas sobre Violência Intra-familiar contra las Mujeres da OPS/OMS (2004) e no art. 226, §8º, da Constituição Federal, o legislador brasileiro instituiu a Lei nº 11.340, de 7 de agosto de 2006, visando combater a violência doméstica e familiar contra a mulher.

Dentro desse panorama familiar, os papéis são determinados com a atribuição do homem à figura de provedor da família, enquanto à mulher é imposto o papel de reprodução dos afazeres domésticos e a submissão ao marido.

O sistema patriarcal foi fortalecido na revolução industrial com a burguesia de modo hierárquico, através da cultura do "dote". Era enfatizado o poder masculino com *status* de proprietário da mulher quando o pretendente se apresentava ao pai da noiva, a família do futuro noivo recebia um valor pecuniário, chamado de dote.

A cultura machista, em detrimento a submissão aceita como comportamento padrão pela sociedade, exclui a liberdade feminina do pacto social, se tornando vulnerável a todos os tipos de violência contra a mulher, seja ela física, moral ou psíquica.

O Brasil é o 5º país do mundo com maior número de feminicídios e ainda possui uma cultura que alimenta o machismo arraigado na sociedade ao apresentar o homem como proprietário da esposa, namorada, filha, neta e demais laços de parentescos, o que acarreta em intolerância, contribuindo com os expressivos números da violência de gênero.[6]

No panorama feminista, a violência de gênero é de extrema importância no combate às desigualdades sociais decorrentes do gênero, principalmente na prevenção de situações de violência contra a mulher e surgiu a partir de um movimento feminista brasileiro e internacional.

E no contexto estruturante, o histórico do machismo patriarcado e a violência de gênero explicam a motivação da violência física e psicológica contra a mulher. Nesse sentido insere-se a Lei de nº 11.340/2006, que se enquadra no que popularmente chamou-se de direito das mulheres.

A misoginia existe desde a época de Freud. O pai da psicanálise era contra a mulher sair para trabalhar e considerava o fim do mundo que uma mulher ganhasse mais que o marido. No Brasil, o direito ao voto feminino foi garantido em lei a partir de 1932. O direito ao trabalho, recebimento de herança e requerimento de guarda dos filhos, o direito de desquite sem autorização do marido foram conquistas do ano de 1962 e o direito ao divórcio foi garantido em 1977. Tais direitos foram conquistados pelos homens há muito mais tempo, e apenas em 1988 veio a Constituição Federal reconhecer a igualdade entre homens e mulheres.

Os direitos das mulheres têm se evidenciado mais divergentes dos direitos dos homens em face aos crimes sexuais que atentam contra a dignidade da pessoa humana. E a dignidade da mulher vítima de violência é humana e genérica. Porém, os dados nos mostram que as vítimas, em sua grande maioria, não são vítimas genéricas, são mulheres e a maioria de seus agressores são homens e expressivamente companheiros, ex-companheiros e familiares. Daí esse tipo de violência ter se inserido na esfera da chamada violência doméstica e de gênero.

> Art. 5º Para os efeitos desta Lei, configura violência doméstica e familiar contra a mulher qualquer ação ou omissão baseada no gênero que lhe cause morte, lesão, sofrimento físico, sexual ou psicológico e dano moral ou patrimonial: (Vide Lei complementar nº 150, de 2015)
>
> I – no âmbito da unidade doméstica, compreendida como o espaço de convívio permanente de pessoas, com ou sem vínculo familiar, inclusive as esporadicamente agregadas;

---

[6] Segundo o Alto Comissariado das Nações Unidas para os Direitos Humanos (ACNUDH), em comparação com países desenvolvidos, aqui se mata 48 vezes mais mulheres que o Reino Unido, 24 vezes mais que a Dinamarca e 16 vezes mais que o Japão ou Escócia. O Mapa da Violência do Conselho Nacional de Justiça (CNJ) mostra que o número de mulheres assassinadas aumentou no Brasil. Entre nº 2003 e 2013, passou de 3.937 casos para 4.762 mortes. Em 2016, uma mulher foi assassinada a cada duas horas no país.

II – no âmbito da família, compreendida como a comunidade formada por indivíduos que são ou se consideram aparentados, unidos por laços naturais, por afinidade ou por vontade expressa;

III – em qualquer relação íntima de afeto, na qual o agressor conviva ou tenha convivido com a ofendida, independentemente de coabitação.

Parágrafo único. As relações pessoais enunciadas neste artigo independem de orientação sexual.

Art. 6º A violência doméstica e familiar contra a mulher constitui uma das formas de violação dos direitos humanos.

Art. 7º São formas de violência doméstica e familiar contra a mulher, entre outras:

I – a violência física, entendida como qualquer conduta que ofenda sua integridade ou saúde corporal;

II – a violência psicológica, entendida como qualquer conduta que lhe cause dano emocional e diminuição da autoestima ou que lhe prejudique e perturbe o pleno desenvolvimento ou que vise degradar ou controlar suas ações, comportamentos, crenças e decisões, mediante ameaça, constrangimento, humilhação, manipulação, isolamento, vigilância constante, perseguição contumaz, insulto, chantagem, violação de sua intimidade, ridicularização, exploração e limitação do direito de ir e vir ou qualquer outro meio que lhe cause prejuízo à saúde psicológica e à autodeterminação; (Redação dada pela Lei nº 13.772, de 2018)

III – a violência sexual, entendida como qualquer conduta que a constranja a presenciar, a manter ou a participar de relação sexual não desejada, mediante intimidação, ameaça, coação ou uso da força; que a induza a comercializar ou a utilizar, de qualquer modo, a sua sexualidade, que a impeça de usar qualquer método contraceptivo ou que a force ao matrimônio, à gravidez, ao aborto ou à prostituição, mediante coação, chantagem, suborno ou manipulação; ou que limite ou anule o exercício de seus direitos sexuais e reprodutivos;

IV – a violência patrimonial, entendida como qualquer conduta que configure retenção, subtração, destruição parcial ou total de seus objetos, instrumentos de trabalho, documentos pessoais, bens, valores e direitos ou recursos econômicos, incluindo os destinados a satisfazer suas necessidades;

V – a violência moral, entendida como qualquer conduta que configure calúnia, difamação ou injúria.

O direito das mulheres são reflexos de lutas históricas por equidade, e a Lei Maria da Penha surgiu como reflexo social, mas ainda não tem sido suficiente para assegurar a dignidade humana das mulheres contra a violência sofrida em relacionamentos abusivos. A Lei nº 11.340/2006 fora criada numa sociedade que ainda trata a mulher como propriedade do homem e apesar de ter sido promulgada com falhas, deve ser celebrada, uma vez que sua existência é necessária e reflete uma história de combate à violência doméstica, tão recorrente em nossa sociedade patriarcal.

2 Sistema jurídico de proteção da mulher vítima de violência

A violência sexual contra meninas e mulheres constitui uma das formas mais graves de violação aos direitos humanos e é responsável por devastar a vida de uma vítima a cada 11 minutos em nosso país.[7]

A Organização Mundial da Saúde[8] definiu violência sexual no Informe Mundial sobre Violência e Saúde de 2005 como sendo todo ato sexual, tentativa de consumar um ato sexual, comentários ou insinuações sexuais não desejadas, ou ações para comercializar ou utilizar qualquer outro modo da sexualidade de uma pessoa mediante coação por outra, independentemente da relação com a vítima, em qualquer âmbito, incluído o doméstico, o do lar ou do trabalho.

Sabe-se que a violência sexual pode causar consequências físicas e psicológicas nas vítimas, algumas reveladas imediatamente após o trauma e outras em longo prazo. Essas consequências podem resultar em gravidez, em doenças sexualmente transmissíveis, até depressão, pânico, ideação suicida, distúrbios relativos à própria sexualidade e abuso de substâncias psicoativas.

Não por outra razão, são diversas as legislações e normas técnicas que garantem os serviços para vítimas de violência sexual, dentre elas: a Convenção Interamericana para Prevenir, Punir e Erradicar a Violência Contra a Mulher, ratificada pelo Brasil em 1995; a Lei nº 11.340/06 – Maria da Penha; a Lei nº 12.845/13, que prevê atendimento imediato e obrigatório no Sistema de Saúde; a Norma Técnica para o tratamento dos agravos da violência sexual de 1999; a Portaria Interministerial nº 288/15 e as Portarias nºs 1.508/05 e 485/14 do Ministério da Saúde.

De fato, o acolhimento humanizado e o atendimento por equipe multidisciplinar (ginecologia, enfermagem, psicologia e serviço social) previstos nessas normativas são fundamentais para evitar que a vítima tenha que passar por diversos locais e repetir por muitas vezes a mesma narrativa, sempre dolorosa.

Além disso, o serviço de saúde deve fornecer à vítima tratamento adequado para prevenir as doenças sexualmente transmissíveis e HIV, bem como para prevenir a gravidez decorrente de estupro, o que significa fornecimento de medicamentos preventivos e contraceptivos. Na hipótese de gravidez decorrente de estupro, a vítima tem direito à interrupção da gestação, caso seja essa sua decisão.

A Lei nº 11.340, sancionada em 7 de agosto de 2006, passou a ser chamada Lei Maria da Penha em homenagem à mulher cujo marido tentou matá-la duas vezes e que desde então se dedica à causa do combate à violência contra as mulheres.

O texto legal foi resultado de um longo processo de discussão a partir de proposta elaborada por um conjunto de ONGs (Advocacy, Agende, Cepia, Cfemea, Claden/IPÊ e Themis). Essa proposta foi discutida e reformulada por um grupo de trabalho interministerial, coordenado pela Secretaria Especial de Políticas para as Mulheres (SPM), e enviada pelo Governo Federal ao Congresso Nacional.

A Lei Maria da Penha estabelece que todo caso de violência doméstica e intrafamiliar é crime, deve ser apurado através de inquérito policial e ser remetido ao Ministério Público.

---

[7] Conforme 10º Anuário Brasileiro de Segurança Pública, produzido pelo Fórum Brasileiro de Segurança Pública (FBSP) e divulgado em 03 de novembro de 2016, mais de cinco pessoas registram casos de estupro por hora no Brasil.

[8] Agência especializada em saúde, fundada em 1948 e subordinada à Organização das Nações Unidas, com sede em Genebra, Suíça.

A lei também tipifica as situações de violência doméstica, proíbe a aplicação de penas pecuniárias aos agressores, amplia a pena de um para até três anos de prisão e determina o encaminhamento das mulheres em situação de violência, assim como de seus dependentes, a programas e serviços de proteção e de assistência social.

Além de tipificar e definir a violência doméstica e familiar contra a mulher, a lei estabelece as formas da violência doméstica contra a mulher como física, psicológica, sexual, patrimonial e moral.

2.1 Comentários à Lei Maria da Penha

Respaldado na Declaração dos Direitos Humanos (1948), na Convenção sobre a Eliminação de Todas as Formas de Violência contra a Mulher (1980 e 1984), na Convenção Interamericana para Prevenir, Punir e Erradicar a Violência contra a Mulher (1995), no Modelo de Leyes y Políticas sobre Violência Intra-familiar contra las Mujeres da OPS/OMS (2004) e no art. 226, §8º, da Constituição Federal, o legislador instituiu a Lei nº 11.340, de 7 de agosto de 2006, visando combater a violência doméstica e familiar contra a mulher. Trouxe, citada lei, um conjunto de regras penais e extrapenais, princípios, objetivos e diretrizes com vistas à prevenção de eventuais violências no seio doméstico e familiar, protegendo-se especialmente a mulher – vítima das mais diversas formas de violência.

Trata-se de um programa que deverá ser gradativamente implantado pelos Poderes Públicos constituídos ao longo do tempo, sob pena de torná-la ineficaz.

Essa lei conhecida como "Lei Maria da Penha" em referência à vítima de um notório caso de violência doméstica e a sua luta em tribunais internacionais pela responsabilização da inércia do Estado brasileiro, concretiza o comando insculpido ao art. 226, §8º, da Constituição Federal: "o Estado assegurará a assistência à família na pessoa de cada um dos que a integram, criando mecanismos para coibir a violência no âmbito de suas relações".

Trata-se de diploma vocacionado à proteção integral da mulher vítima de violência de gênero, doméstica e familiar, abarcando diversos ramos do direito e introduzindo novos institutos legais, como as medidas protetivas de urgência, em nítido caráter de tutela a um grupo de reconhecida vulnerabilidade.

Para incidência da Lei Maria da Penha, é necessário que a violência doméstica e familiar contra a mulher decorra de: (a) ação ou omissão baseada no gênero; (b) no âmbito da unidade doméstica, familiar ou relação de afeto; decorrendo daí (c) morte, lesão, sofrimento físico, sexual ou psicológico e dano moral ou patrimonial. A norma se destina às hipóteses em que a "violência doméstica e familiar contra a mulher" é praticada, obrigatoriamente, seja no âmbito da unidade doméstica, seja familiar ou em qualquer relação íntima de afeto (art. 5º, I, II e III, da Lei nº 11.340/2006)[9]. Aliás, já se decidiu que a Lei Maria da Penha pode incidir na agressão perpetrada pelo irmão contra a irmã na hipótese de violência praticada no âmbito familiar.[10]

A lei protege a mulher contra todas as formas de violência doméstica e familiar, a saber: a) física – quando o agressor ofende a integridade ou a saúde corporal da mulher; b) psicológica – quando o agressor causa dano emocional e diminuição da autoestima ou que vise prejudicar e perturbar o pleno desenvolvimento ou que vise degradar ou controlar suas ações, comportamentos, crenças e decisões, mediante ameaça, constrangimento, humilhação, manipulação, isolamento, vigilância constante, perseguição contumaz, insulto,

---

[9] Neste sentido: STJ, HC nº 500.627/DF, *DJe* 13.08.2019.
[10] STJ, AgRg no AREsp nº 1437852/MG, *DJe* 28.02.2020.

chantagem, ridicularização, exploração e limitação do direito de ir e vir ou qualquer outro meio que lhe cause prejuízo à saúde psicológica e à autodeterminação; c) sexual – quando o agressor constrange a mulher a presenciar, a manter ou a participar de relação sexual não desejada, mediante intimidação, ameaça, coação ou uso da força; induza a comercialização ou a utilização, de qualquer modo, da sua sexualidade, que a impeça de usar qualquer método contraceptivo ou que a force a matrimônio, a gravidez ou aborto ou a prostituição, mediante coação, chantagem, suborno ou manipulação; ou que limite ou anule o exercício de seus direitos sexuais e reprodutivos; d) patrimonial – quando o agressor retém, subtrai, destrói parcial ou totalmente seus objetos, instrumentos de trabalho, documentos pessoais, bens, valores e direitos ou recursos econômicos, incluindo os destinados a satisfazer suas necessidades; e) moral – quando o agressor ofende a honra da mulher (calúnia, difamação ou injúria); e f) psicológica – qualquer conduta que cause danos emocionais e diminuição da autoestima da vítima ou que lhe prejudique e perturbe o pleno desenvolvimento ou que vise degradar ou controlar suas ações, comportamentos, crenças e decisões, mediante ameaça, constrangimento, humilhação, manipulação, isolamento, vigilância constante, perseguição contumaz, insulto, chantagem, violação de sua intimidade, ridicularização, exploração e limitação do direito de ir e vir ou qualquer outro meio que lhe cause prejuízo à saúde psicológica e à autodeterminação.

Para tanto, institui programa de assistência à mulher, disciplinando incumbir ao Poder Público (União, Estados, Distrito Federal e Municípios) instituir políticas públicas tendentes a coibir a violência doméstica e familiar contra a mulher (art. 8º). A lei instituiu um programa de assistência à mulher, abrangendo a participação articulada dos Poderes Públicos (Poder Judiciário, Ministério Público, Defensoria Pública, Equipe Multidisciplinar, etc.), da família, da sociedade e da OGN(s).

Cabe, desse modo, não só ao Poder Público, mas também à família e à sociedade criar condições necessárias para o efetivo exercício dos direitos contidos na lei (art. 3º, §2º).

O magistrado deve adotar, constatada que a mulher encontra-se em situação de violência, as seguintes providências: a) inseri-la no cadastro de programas assistenciais do governo federal, estadual e municipal por determinado tempo; b) assegurar sua integridade física e psicológica; c) assegurar acesso prioritário à remoção quando servidora pública, integrante da Administração Pública direta ou indireta; d) assegurar a manutenção do vínculo trabalhista, quando necessário o afastamento do local do trabalho por até seis meses; e) assistência médica com todos os benefícios decorrentes do desenvolvimento científico e tecnológico.

Havendo a ocorrência de um crime proveniente de violência doméstica e familiar contra a mulher, a *notitia criminis* deverá ser levada ao conhecimento da autoridade policial pela mulher para a lavratura do boletim de ocorrência (art. 6º do CPP), adotando-se as seguintes providências: a) garantir a integridade física da mulher, no tempo que for necessário para que não venha a ser novamente agredida, comunicando de imediato ao Ministério Público e ao Poder Judiciário; b) encaminhar a mulher para tratamento médico, se o caso; c) em havendo risco de vida, deverá ser proporcionado transporte à mulher e aos seus familiares a abrigo ou local seguro; d) proporcionar segurança policial para a mulher retirar seus pertences da residência, garantindo-lhe segurança inclusive dentro da residência; e) informar à mulher dos seus direitos contidos na lei (art. 11).

> Art. 10. Na hipótese da iminência ou da prática de violência doméstica e familiar contra a mulher, a autoridade policial que tomar conhecimento da ocorrência adotará, de imediato, as providências legais cabíveis.

Parágrafo único. Aplica-se o disposto no *caput* deste artigo ao descumprimento de medida protetiva de urgência deferida.

Art. 10-A. É direito da mulher em situação de violência doméstica e familiar o atendimento policial e pericial especializado, ininterrupto e prestado por servidores – preferencialmente do sexo feminino – previamente capacitados. (Incluído pela Lei nº 13.505, de 2017)

§1º A inquirição de mulher em situação de violência doméstica e familiar ou de testemunha de violência doméstica, quando se tratar de crime contra a mulher, obedecerá às seguintes diretrizes: (Incluído pela Lei nº 13.505, de 2017)

I – salvaguarda da integridade física, psíquica e emocional da depoente, considerada a sua condição peculiar de pessoa em situação de violência doméstica e familiar; (Incluído pela Lei nº 13.505, de 2017)

II – garantia de que, em nenhuma hipótese, a mulher em situação de violência doméstica e familiar, familiares e testemunhas terão contato direto com investigados ou suspeitos e pessoas a eles relacionadas; (Incluído pela Lei nº 13.505, de 2017)

III – não revitimização da depoente, evitando sucessivas inquirições sobre o mesmo fato nos âmbitos criminal, cível e administrativo, bem como questionamentos sobre a vida privada. (Incluído pela Lei nº 13.505, de 2017)

§2º Na inquirição de mulher em situação de violência doméstica e familiar ou de testemunha de delitos de que trata esta Lei, adotar-se-á, preferencialmente, o seguinte procedimento: (Incluído pela Lei nº 13.505, de 2017)

I – a inquirição será feita em recinto especialmente projetado para esse fim, o qual conterá os equipamentos próprios e adequados à idade da mulher em situação de violência doméstica e familiar ou testemunha e ao tipo e à gravidade da violência sofrida; (Incluído pela Lei nº 13.505, de 2017)

II – quando for o caso, a inquirição será intermediada por profissional especializado em violência doméstica e familiar designado pela autoridade judiciária ou policial; (Incluído pela Lei nº 13.505, de 2017)

III – o depoimento será registrado em meio eletrônico ou magnético, devendo a degravação e a mídia integrar o inquérito. (Incluído pela Lei nº 13.505, de 2017)

Art. 11. No atendimento à mulher em situação de violência doméstica e familiar, a autoridade policial deverá, entre outras providências:

I – garantir proteção policial, quando necessário, comunicando de imediato ao Ministério Público e ao Poder Judiciário;

II – encaminhar a ofendida ao hospital ou posto de saúde e ao Instituto Médico Legal;

III – fornecer transporte para a ofendida e seus dependentes para abrigo ou local seguro, quando houver risco de vida;

IV – se necessário, acompanhar a ofendida para assegurar a retirada de seus pertences do local da ocorrência ou do domicílio familiar;

V – informar à ofendida os direitos a ela conferidos nesta Lei e os serviços disponíveis, inclusive os de assistência judiciária para o eventual ajuizamento perante o juízo competente da ação de separação judicial, de divórcio, de anulação de casamento ou de dissolução de união estável. (Redação dada pela Lei nº 13.894, de 2019)

Art. 12. Em todos os casos de violência doméstica e familiar contra a mulher, feito o registro da ocorrência, deverá a autoridade policial adotar, de imediato, os seguintes procedimentos, sem prejuízo daqueles previstos no Código de Processo Penal:

I – ouvir a ofendida, lavrar o boletim de ocorrência e tomar a representação a termo, se apresentada;

II – colher todas as provas que servirem para o esclarecimento do fato e de suas circunstâncias;

III – remeter, no prazo de 48 (quarenta e oito) horas, expediente apartado ao juiz com o pedido da ofendida, para a concessão de medidas protetivas de urgência;

IV – determinar que se proceda ao exame de corpo de delito da ofendida e requisitar outros exames periciais necessários;

V – ouvir o agressor e as testemunhas;

VI – ordenar a identificação do agressor e fazer juntar aos autos sua folha de antecedentes criminais, indicando a existência de mandado de prisão ou registro de outras ocorrências policiais contra ele;

VI-A – verificar se o agressor possui registro de porte ou posse de arma de fogo e, na hipótese de existência, juntar aos autos essa informação, bem como notificar a ocorrência à instituição responsável pela concessão do registro ou da emissão do porte, nos termos da Lei nº 10.826, de 22 de dezembro de 2003 (Estatuto do Desarmamento); (Incluído pela Lei nº 13.880, de 2019)

VII – remeter, no prazo legal, os autos do inquérito policial ao juiz e ao Ministério Público.

§1º O pedido da ofendida será tomado a termo pela autoridade policial e deverá conter:

I – qualificação da ofendida e do agressor;

II – nome e idade dos dependentes;

III – descrição sucinta do fato e das medidas protetivas solicitadas pela ofendida.

IV – informação sobre a condição de a ofendida ser pessoa com deficiência e se da violência sofrida resultou deficiência ou agravamento de deficiência preexistente. (Incluído pela Lei nº 13.836, de 2019)

§2º A autoridade policial deverá anexar ao documento referido no §1º o boletim de ocorrência e cópia de todos os documentos disponíveis em posse da ofendida.

§3º Serão admitidos como meios de prova os laudos ou prontuários médicos fornecidos por hospitais e postos de saúde.

Art. 12-A. Os Estados e o Distrito Federal, na formulação de suas políticas e planos de atendimento à mulher em situação de violência doméstica e familiar, darão prioridade, no âmbito da Polícia Civil, à criação de Delegacias Especializadas de Atendimento à Mulher (Deams), de Núcleos Investigativos de Feminicídio e de equipes especializadas para o atendimento e a investigação das violências graves contra a mulher.

Art. 12-B. (VETADO).

§1º (VETADO).

§2º (VETADO.

§3º A autoridade policial poderá requisitar os serviços públicos necessários à defesa da mulher em situação de violência doméstica e familiar e de seus dependentes. (Incluído pela Lei nº 13.505, de 2017)

Art. 12-C. Verificada a existência de risco atual ou iminente à vida ou à integridade física ou psicológica da mulher em situação de violência doméstica e familiar, ou de seus dependentes, o agressor será imediatamente afastado do lar, domicílio ou local de convivência com a ofendida: (Redação dada pela Lei nº 14.188, de 2021)

I – pela autoridade judicial; (Incluído pela Lei nº 13.827, de 2019)

II – pelo delegado de polícia, quando o Município não for sede de comarca; ou (Incluído pela Lei nº 13.827, de 2019)

III – pelo policial, quando o Município não for sede de comarca e não houver delegado disponível no momento da denúncia. (Incluído pela Lei nº 13.827, de 2019)

§1º Nas hipóteses dos incisos II e III do *caput* deste artigo, o juiz será comunicado no prazo máximo de 24 (vinte e quatro) horas e decidirá, em igual prazo, sobre a manutenção ou a revogação da medida aplicada, devendo dar ciência ao Ministério Público concomitantemente. (Incluído pela Lei nº 13.827, de 2019)

§2º Nos casos de risco à integridade física da ofendida ou à efetividade da medida protetiva de urgência, não será concedida liberdade provisória ao preso.

A competência para processar, julgar e executar as causas cíveis relacionadas à violência doméstica e familiar contra a mulher fica a critério da ofendida. Ela poderá escolher qual juízo pretende propor a ação cível: a) no seu domicílio ou de sua residência; b) do lugar do fato em que se baseou a demanda; e c) do domicílio do agressor (art. 15).

Esse artigo, em rigor, não altera a competência prevista no Código de Processo Penal, pois se eventualmente a violência ocorrer em Comarca diversa da residência da ofendida, por exemplo, na Cidade de Bertioga, ela poderá optar em propor a ação cível em sua residência situada na Capital de São Paulo, por exemplo, enquanto o inquérito policial prosseguirá no Juízo de Comarca da Bertioga.

> Art. 13. Ao processo, ao julgamento e à execução das causas cíveis e criminais decorrentes da prática de violência doméstica e familiar contra a mulher aplicar-se-ão as normas dos Códigos de Processo Penal e Processo Civil e da legislação específica relativa à criança, ao adolescente e ao idoso que não conflitarem com o estabelecido nesta Lei.
>
> Art. 14. Os Juizados de Violência Doméstica e Familiar contra a Mulher, órgãos da Justiça Ordinária com competência cível e criminal, poderão ser criados pela União, no Distrito Federal e nos Territórios, e pelos Estados, para o processo, o julgamento e a execução das causas decorrentes da prática de violência doméstica e familiar contra a mulher.
>
> Parágrafo único. Os atos processuais poderão realizar-se em horário noturno, conforme dispuserem as normas de organização judiciária.
>
> Art. 14-A. A ofendida tem a opção de propor ação de divórcio ou de dissolução de união estável no Juizado de Violência Doméstica e Familiar contra a Mulher. (Incluído pela Lei nº 13.894, de 2019)
>
> §1º Exclui-se da competência dos Juizados de Violência Doméstica e Familiar contra a Mulher a pretensão relacionada à partilha de bens. (Incluído pela Lei nº 13.894, de 2019)
>
> §2º Iniciada a situação de violência doméstica e familiar após o ajuizamento da ação de divórcio ou de dissolução de união estável, a ação terá preferência no juízo onde estiver. (Incluído pela Lei nº 13.894, de 2019)
>
> Art. 15. É competente, por opção da ofendida, para os processos cíveis regidos por esta Lei, o Juizado:
>
> I – do seu domicílio ou de sua residência;
>
> II – do lugar do fato em que se baseou a demanda;
>
> III – do domicílio do agressor.

A lei também disciplina as medidas, de natureza cautelar, denominadas de "protetivas de urgência". Constatada a violência doméstica e familiar contra a mulher, o juiz poderá conceder, em conjunto ou separadamente, as seguintes *medidas protetivas de urgência que obrigam o agressor* previamente arroladas no art. 22 da Lei nº 11.340, de 7 de agosto de 2006, quais sejam:

I – suspensão da posse ou restrição do porte de armas, como comunicação ao órgão competente, nos termos da Lei n. 10.826, de 22 de dezembro de 2003;

II – afastar do lar, domicílio ou local de convivência com a ofendida (esta medida havia sido inserida no art. 69, parágrafo único, da Lei n. 9.099/95, com redação dada pela Lei n. 10.455/2002);

III – proibição de determinadas condutas, entre as quais: a) aproximação da ofendida, de seus familiares e das testemunhas, fixando o limite mínimo de distância entre estes e o agressor; b) contato com a ofendida, seus familiares e testemunhas por qualquer meio de comunicação; c) frequentação de determinados lugares a fim de preservar a integridade física e psicológica da ofendida;

IV – restrição ou suspensão de visitas aos dependentes menores, ouvida a equipe de atendimento multidisciplinar ou serviço similar;

V – prestação de alimentos provisionais ou provisórios. Para se garantir tais medidas de natureza cautelar, aplicam-se as hipóteses, no que couber;

VI – comparecimento do agressor a programas de recuperação e reeducação; e (Incluído pela Lei nº 13.984, de 2020); e

VII – acompanhamento psicossocial do agressor, por meio de atendimento individual e/ou em grupo de apoio. (Incluído pela Lei nº 13.984, de 2020)

Há, ademais, também as *medidas protetivas de urgência à ofendida* que estão arroladas no art. 23 da Lei nº 11.340/06, que também poderão ser concedidas: I – encaminhar a ofendida e seus dependentes a programa oficial ou comunitário de proteção ou de atendimento; II – determinar a recondução da ofendida e a de seus dependentes ao respectivo domicílio, após afastamento do agressor; III – determinar o afastamento da ofendida do lar, sem prejuízo dos direitos relativos a bens, guarda dos filhos e alimentos; IV – determinar a separação de corpos; V – determinar a matrícula dos dependentes da ofendida em instituição de educação básica mais próxima do seu domicílio, ou a transferência deles para essa instituição, independentemente da existência de vaga (inciso incluído pela Lei nº 13.882, de 2019).

Outrossim, para *proteger o patrimônio dos bens da sociedade conjugal ou daqueles de propriedade particular da ofendida*, poderão ser concedidas as seguintes medidas: I – restituição de bens indevidamente subtraídos pelo agressor à ofendida; II – proibição temporária para a celebração de atos e contratos de compra, venda e locação de propriedade em comum, salvo expressa autorização judicial, oficiando-se o cartório competente; III – suspensão das procurações conferidas pela ofendida ao agressor, oficiando-se o cartório competente; IV – prestação de caução provisória,[11] mediante depósito judicial, por perdas e danos materiais decorrentes da prática de violência doméstica e familiar contra a ofendida (art. 24, I, II, III e IV, e parágrafo único).

Importante, ressaltar, ademais, que foi, inclusive, tipificado o crime de "Descumprimento de Medidas Protetivas de Urgência Descumprimento de Medidas Protetivas de Urgência" no art. 24-A, com redação dada pela Lei nº 13.641/2018, como mais um instrumento para

---

[11] Estas medidas já tinham previsão no Código de Processo Civil, nos seguintes dispositivos: "Art. 798. Além dos procedimentos cautelares específicos, que este Código regula no Capítulo II deste Livro, poderá o juiz determinar as medidas provisórias que julgar adequadas, quando houver fundado receio de que uma parte, antes do julgamento da lide, cause ao direito da outra lesão grave e de difícil reparação. Art. 799. No caso do artigo anterior, poderá o juiz, para evitar o dano, autorizar ou vedar a prática de determinados atos, ordenar a guarda judicial de pessoas e depósito de bens e impor a prestação de caução. Art. 800. As medidas cautelares serão requeridas ao juiz da causa; e, quando preparatórias, ao juiz competente para conhecer da ação principal."

tornar efetiva a proteção integral às mulheres, máxime no contexto de medidas protetivas de urgência:

> Art. 24-A. Descumprir decisão judicial que defere medidas protetivas de urgência previstas nesta Lei:
> Pena – detenção, de 3 (três) meses a 2 (dois) anos.
> §1º A configuração do crime independe da competência civil ou criminal do juiz que deferiu as medidas.
> §2º Na hipótese de prisão em flagrante, apenas a autoridade judicial poderá conceder fiança.
> §3º O disposto neste artigo não exclui a aplicação de outras sanções cabíveis.

A Lei Maria da Penha cria mecanismos para coibir e resguardar a violência doméstica e familiar contra a mulher, sendo a sociedade, a família e o Estado como maior responsável para assegurar esta assistência, criando condições necessárias para o efetivo exercício dos direitos das mulheres vítimas de violência doméstica e familiar desenvolvendo políticas públicas para resguardá-las. Para coibir a violência haverá um conjunto articulado de ações integradas entre os poderes da União, Estados, Distrito Federal e Municípios e ações não governamentais.

Ademais, o advento da lei implicou inúmeras alterações no ordenamento jurídico nacional: o Código de Processo Penal passou, por exemplo, a possibilitar ao juiz a decretação da prisão preventiva quando houver riscos à integridade física ou psicológica da mulher.

A prisão preventiva segue as regras do Código de Processo Penal, e seus requisitos estão contidos no art. 312, quais sejam: a) para garantir a ordem pública; b) para garantir a ordem econômica; c) por conveniência da instrução criminal; e d) para assegurar a aplicação da lei penal.

Além das hipóteses contidas no art. 313, a Lei nº 11.340/06 acrescentou mais um requisito para a prisão preventiva no inciso IV que diz: "se o crime envolver violência doméstica e familiar contra a mulher, nos termos da lei específica, para garantir a execução das medidas protetivas de urgência".

A prisão preventiva poderá ser decretada pelo juiz, requerida pelo Ministério Público e representada pelo delegado de polícia, e, como se vê, é para garantir a execução das medidas protetivas de urgência, podendo o juiz requisitar, inclusive, força policial para tanto. Tal inciso deveria ter sido inserido no art. 312 como mais uma hipótese para a prisão preventiva, e não no art. 313, que trata das hipóteses de prisão, e é cabível em qualquer fase.

O art. 43 da lei dá nova redação à circunstância obrigatória e agravante genérica da pena prevista no art. 61, II, "f", do Código Penal: f) com abuso de autoridade ou prevalecendo-se de relações domésticas, de coabitação ou de *hospitalidade, ou com violência contra a mulher na forma da lei específica.*

Aliás, já decidiu o STJ que a aplicação da agravante prevista no art. 61, II, "f", do Código Penal, de modo conjunto com outras disposições da Lei nº 11.340/2006, não acarreta *bis in idem*;[12] assim como que não há ilegalidade na incidência da aludida agravante, aplicada

---

[12] STJ, AgRg no AREsp nº 1363157/SP, *DJe* 17.12.2019.

em relação ao crime de ameaça, ainda que em conjunto com outras disposições da Lei nº 11.340/2006.[13]

O art. 44 da lei dá nova redação ao art. 129, §9º, do Código Penal, e eleva a pena, de 6 meses a 1 ano de detenção, para 3 meses a 3 anos de detenção, e acrescenta o parágrafo 11, que estabelece causa de aumento da pena de 1/3 se o crime for praticado contra pessoa portadora de deficiência.

Nos termos do art. 45 da lei, o art. 152 da Lei de Execuções Penais passa a ter um parágrafo único que prevê a possibilidade de o juiz, nos casos de violência doméstica contra a mulher, determinar o comparecimento obrigatório do agressor a programas de recuperação e reeducação.

Com alteração da lei, a autoridade policial deverá conceder a medida protetiva de urgência de imediato, independentemente de audiência ou do Ministério Público, e o magistrado terá 24 horas para manter ou reajustar e em todos os casos deve enviar ao parquet a sua decisão. Essa evolução veio com alteração que antes o requerimento era enviado em apartado no prazo de até 48 horas para o juiz determinar as medidas protetivas de urgência.

Apenas em 2019, foram seis novas normas legislativas. A Lei nº 13.827/19 permitiu a adoção de medidas protetivas de urgência e o afastamento do agressor do lar pelo delegado. O dispositivo também determinou que o registro da medida protetiva de urgência seja feito em banco de dados mantido pelo Conselho Nacional de Justiça; já a Lei nº 13.836/19 tornou obrigatório informar quando a mulher vítima de agressão doméstica ou familiar é pessoa com deficiência. A Lei nº 13.871/19 determinou a responsabilidade do agressor pelo ressarcimento dos serviços prestados pelo Sistema Único de Saúde (SUS) no atendimento às vítimas de violência doméstica e familiar e aos dispositivos de segurança por elas utilizados; enquanto as Leis nºs 13.882/19 e 13.880/19 abrangeram, respectivamente: a garantia de matrícula dos dependentes da mulher vítima de violência doméstica e familiar em instituição de educação básica mais próxima de seu domicílio; e a apreensão de arma de fogo sob posse de agressor em casos de violência doméstica.

Já em 2020, a Lei nº 13.984/20 estabeleceu obrigatoriedade referente ao agressor, que deve frequentar centros de educação e reabilitação e fazer acompanhamento psicossocial. Recentemente, através da Lei nº 14.188/21, foi explicitamente incluída a violência psicológica como item para o afastamento do lar.

Não bastasse isso, a Lei nº 14.149/21 instituiu o Formulário Nacional de Avaliação de Risco, com o intuito de prevenir feminicídios; já a Lei nº 14.164/21 alterou a Lei de Diretrizes e Bases da Educação Nacional para incluir conteúdo sobre a prevenção à violência contra a mulher nos currículos da educação básica, além de instituir a Semana Escolar de Combate à violência contra a Mulher, a ser celebrada todos os anos no mês de março.

2.2 Inaplicabilidade da Lei nº 9.099/95 e do ANPP (art. 28-A, CPP)

Uma das polêmicas iniciais trazidas com a entrada em vigor do texto legal foi a representação da ofendida e eventual renúncia em juízo contemplada no art. 16.

> Art. 16. Nas ações penais públicas condicionadas à representação da ofendida de que trata esta Lei, só será admitida a renúncia à representação perante o juiz, em audiência

---

[13] HC nº 525.597/SC, julgado em 17.10.2019. Ao julgar o HC nº 520.681/RJ, em 22.10.2019, a Turma considerou, todavia, que há *bis in idem* se houver cumulação da agravante do art. 61, II, "f" com a qualificadora do art. 121, §2º, VI c/c §2º-A, praticado no contexto da violência doméstica.

especialmente designada com tal finalidade, antes do recebimento da denúncia e ouvido o Ministério Público.

O art. 41 afastou integralmente a aplicação da Lei nº 9.099/95 aos delitos cometidos nesse contexto, ao passo que os artigos 12, inciso I, e 16 mencionam expressamente o conceito de representação da ofendida. Consequentemente, a aplicação conjunta desses dispositivos motivou divergências quanto à necessidade de representação para o processamento de lesões corporais leves ou culposas, uma vez que o caráter de ação pública condicionada à representação advém do art. 88 da Lei dos Juizados.

> Art. 41. Aos crimes praticados com violência doméstica e familiar contra a mulher, independentemente da pena prevista, não se aplica a Lei nº 9.099, de 26 de setembro de 1995

Quando o Supremo Tribunal Federal se debruçou sobre a constitucionalidade da Lei Maria da Penha, desenvolveu interpretação similar à observada no Estatuto do Idoso. Isso porque, no que pese a Corte ter declarado o maior alcance do art. 41 da Lei nº 11.340/06, não o restringindo como fez com o art. 94 da Lei nº 10.741/03, tem-se que o raciocínio empregado para atingir tais conclusões foi o mesmo: sobre delitos que protegem bens jurídicos ligados a grupos vulneráveis, a aplicação dos institutos despenalizadores pode se revelar desproporcional e atentar contra a isonomia e a igualdade material.

A diferença é que, no caso da Lei Maria da Penha, essa premissa reforçou o conteúdo da norma que afastava a Lei nº 9.099/95, ao invés de restringir regra que ampliava sua incidência. Esse foi o entendimento extraído da Ação Direta de Inconstitucionalidade de nº 4.424/DF:

> AÇÃO PENAL – VIOLÊNCIA DOMÉSTICA CONTRA A MULHER – LESÃO CORPORAL – NATUREZA. A ação penal relativa a lesão corporal resultante de violência doméstica contra a mulher é pública incondicionada – considerações. [...]
> DECISÃO: O Tribunal, por maioria e nos termos do voto do Relator, julgou procedente a ação direta para, dando interpretação conforme aos artigos 12, inciso I, e 16, ambos da Lei nº 11.340/2006, assentar a natureza incondicionada da ação penal em caso de crime de lesão, pouco importando a extensão desta, praticado contra a mulher no ambiente doméstico, contra o voto do Senhor Ministro Cezar Peluso (Presidente).[14]

Pretendia a Procuradoria-Geral da República ver atribuída interpretação conforme a Constituição nos artigos 12, inciso I, 16 e 41 da Lei Maria da Penha para declarar inaplicável a Lei nº 9.099/95 aos crimes a que aquele diploma se refere, consequentemente asseverando que o delito de lesão corporal leve ou culposa praticado contra a mulher em ambiente doméstico é processado mediante ação penal pública incondicionada, e restringir a aplicação dos artigos 12, inciso I, e 16 da Lei nº 11.340/06 às ações penais cujos crimes estejam previstos em leis diversas da Lei dos Juizados.

Logo, a celeuma consistia em entender se a vedação ao emprego dos dispositivos da Lei nº 9.099/95 acarretaria a desnecessidade de representação para o processamento

---

[14] BRASIL. Supremo Tribunal Federal. Tribunal Pleno. Ação Direta de Inconstitucionalidade nº 4.424/DF. Relator Ministro Marco Aurélio. Julgado em 09.02.2012. Publicado no DJ de 01.08.2014. Disponível em: http://www.stf.jus.br. Acesso em: 30 set. 2017.

dos crimes de lesões corporais leves e culposas. Isto é, para além da impossibilidade de transação penal, composição civil e suspensão condicional do processo, buscava-se declarar o afastamento de todo e qualquer reflexo da Lei dos Juizados, uma vez que essa lei, em seu art. 88, tornou tais delitos passíveis de ação penal pública condicionada à representação.

Anote-se que agora a lesão corporal dolosa leve contra a mulher, com violência doméstica ou familiar (art. 129, §9º, CP), deixa de ser infração penal de menor potencial ofensivo (pena máxima de 3 anos de detenção). Não bastasse a vedação do art. 41, não caberá mais a transação penal (art. 76 da Lei nº 9.099/95), também por não se cuidar mais de infração de menor potencial e, nem tampouco a composição civil (art. 74 da Lei nº 9.099/95), estes por proibição contida no art. 41 da Lei nº 11.340/06, c/c arts. 16 e 17 da mesma lei.

Há interpretações entendendo cabível a suspensão do processo (art. 89), por conta dos princípios constitucionais da razoabilidade e proporcionalidade, máxime porque, no caso concreto, o cumprimento do período de prova com condições além do mero comparecimento em juízo pode implicar algo mais efetivo e protetivo à vítima, do que uma simples condenação em regime inicial aberto.

Não se aplicará a Lei nº 9.099/95, mas se, ao contrário, for a mulher quem tenha cometido o crime contra o marido, ela será beneficiada pela Lei nº 9.099/95 (composição civil, transação penal e eventual suspensão do processo). Trata-se de discriminação positiva que constitui uma decorrência lógica do princípio da isonomia ou igualdade material.

Como já aludido, a Corte julgou procedente a ADI, dando interpretação conforme aos artigos mencionados e assentando a natureza incondicionada da ação penal nos delitos em comento. Para tal, empregou não somente o mesmo mecanismo, a interpretação conforme, mas também se valeu de argumentos muito similares à fundamentação da ADI nº 3.096.

De início, ressalta-se que a temática da isonomia foi bastante destacada na fundamentação dos votos, de forma análoga à ADI nº 3.096. Entretanto, se no caso da Lei nº 10.741/03 considerou-se a ampliação do alcance dos institutos despenalizadores privilégio desproporcional e injustificado a grupo de infratores, também acarretando violação à igualdade entre idosos e os demais segmentos da sociedade, considerou-se o afastamento por completo da Lei nº 9.099/95 um reflexo da busca por igualdade material.

É dizer, considerando a situação de hipossuficiência e reconhecida vulnerabilidade da mulher quando sujeita a qualquer tipo de violência, a verdadeira isonomia entre essa vítima e as demais só pode ser alcançada por meio de medidas que ampliam a proteção estatal, inclusive por meio da política criminal. Logo, o legislador, ao afastar a incidência da Lei dos Juizados aos delitos de violência doméstica, agiu em conformidade com o princípio constitucional da isonomia, atendendo à necessidade de concretização da igualdade material.[15]

Nesse sentido, se destaca excerto do voto da Ministra Rosa Weber:

> Condicionar a instauração da ação penal à representação da ofendida, no caso de lesão corporal leve praticada com violência doméstica contra a mulher, afronta o princípio da isonomia (art. 5º, I, da Lei Maior). A situação especial da mulher vítima de violência exige uma resposta especial do Estado, consistindo, a ação penal condicionada à representação, na espécie, em proteção insuficiente do Estado à vítima desse tipo de violência, uma vez inócua a remediar a situação de desequilíbrio de fato da mulher,

---

[15] GERMANO, Guilherme de Castro; MORAES, Alexandre Rocha Almeida de. Dignidade humana e a proteção penal suficiente aos grupos vulneráveis: a impossibilidade da adoção de institutos despenalizadores. In: 1948/2018: 70 anos da Declaração Universal dos Direitos Humanos. São Paulo: Imprensa Oficial/ESMP, Coord. Eloisa de Sousa Arruda e Flávio de Leão B. Pereira, 2018, pp. 24-56.

em relação a outras vítimas do mesmo tipo penal, com delineamento, inclusive, de situação de discriminação indireta (art. 5º, XLI, da CF).[16]

Note-se também a parábola de que se vale o ministro Ayres Britto para ilustrar a temática: "Bem, assim como Lacordaire disse que entre fracos e fortes, ou seja, entre hipossuficientes e hiperssuficientes, a liberdade é que escraviza e a lei é que liberta, há uma fábula conhecidíssima: a mesma liberdade para lobos e cordeiros é excelente para os lobos".[17]

Ainda como paralelo com o Estatuto do Idoso, evoca-se a noção de proporcionalidade na fixação do *discrímen*, pois se no caso da Lei nº 10.741/03 ele era desproporcional, nessa hipótese ele é plenamente justificado, considerando que resulta na concretização da isonomia diante de uma situação de evidente desigualdade. Nesse esteio:

> Ofensa ao princípio da igualdade, ao lhe ser conferido, tomada a pessoa da vítima como critério, tratamento processual penal diferenciado, respondeu esta Corte, à primeira, que não haveria falar em ofensa ao postulado isonômico. A situação de desequilíbrio de fato enfrentada pela mulher, e que a Lei Maria da Penha veio enfrentar, justifica o discrímen.[18]

Se, de um lado, o Estado-legislador deve proteger o cidadão contra os excessos e arbítrios (garantismo no sentido negativo ou proibição de excesso – *Übermassverbot*), esse mesmo Estado não deve pecar por eventual proteção deficiente (garantismo no sentido positivo, representado pelo princípio da proporcionalidade como proibição de proteção deficiente – *Untermassverbot*), nos exatos termos em que fez, de modo vanguardista, o Tribunal Constitucional da Alemanha no acórdão BverfGE 88, 203.[19]

A proporcionalidade passa, assim, a ser vista não somente como limite material ao direito de punir, mas também como a proibição da proteção deficiente do bem jurídico.[20]

---

[16] GERMANO, Guilherme de Castro; MORAES, Alexandre Rocha Almeida de. Dignidade humana e a proteção penal suficiente aos grupos vulneráveis: a impossibilidade da adoção de institutos despenalizadores. *In: 1948/2018*: 70 anos da Declaração Universal dos Direitos Humanos. São Paulo: Imprensa Oficial/ESMP, Coord. Eloisa de Sousa Arruda e Flávio de Leão B. Pereira, 2018., p. 34.

[17] GERMANO, Guilherme de Castro; MORAES, Alexandre Rocha Almeida de. Dignidade humana e a proteção penal suficiente aos grupos vulneráveis: a impossibilidade da adoção de institutos despenalizadores. *In: 1948/2018*: 70 anos da Declaração Universal dos Direitos Humanos. São Paulo: Imprensa Oficial/ESMP, Coord. Eloisa de Sousa Arruda e Flávio de Leão B. Pereira, 2018, p. 79.

[18] GERMANO, Guilherme de Castro; MORAES, Alexandre Rocha Almeida de. Dignidade humana e a proteção penal suficiente aos grupos vulneráveis: a impossibilidade da adoção de institutos despenalizadores. *In: 1948/2018*: 70 anos da Declaração Universal dos Direitos Humanos. São Paulo: Imprensa Oficial/ESMP, Coord. Eloisa de Sousa Arruda e Flávio de Leão B. Pereira, 2018, p. 38.

[19] Na Alemanha, a decisão paradigmática foi a "Schwangerschaftsabbruch I" (ALEMANHA, 2005, p. 266 ss.), do Tribunal Constitucional Alemão, em 25.02.1975. Nela, julgou-se inconstitucional o §218a, introduzido ao Código Penal Alemão pela 5ª Lei de Reforma do direito penal de 1974 (5. StrRG), o qual criava uma dirimente especial no aborto, sempre que realizado por um médico, com a concordância da grávida e desde que não tivessem passado doze semanas desde a concepção (se estivesse assim configurado, estaria excluída a antijuridicidade da conduta dos eventuais agentes. Quando questionada a constitucionalidade da "Solução de Prazo" (a denominação faz menção ao período de 12 semanas a partir da gravidez em que seria lícito abortar) por 193 membros da Câmara Federal e por certos governos estaduais, o Tribunal Constitucional Federal Alemão (BverfG) passou à sua análise, sustentando, de forma inaugural, a existência de mandados constitucionais implícitos de criminalização.

[20] MORAES, Alexandre Rocha Almeida de. A Política Criminal pós-88: O Ministério Público e a Dualidade entre Garantismos Positivo e Negativo. *In*: SABELLA, Walter Paulo; DAL POZZO, Antônio Araldo Ferraz; BURLE FILHO, José Emmanuel (coord.). *Ministério Público*: Vinte e cinco anos do novo perfil constitucional. Malheiros, 2013, p. 750-791.

A vedação da proteção deficiente encerra, nesse contexto, uma aptidão operacional que permite ao intérprete determinar se um ato estatal – eventualmente retratado em uma omissão, total ou parcial – vulnera um direito fundamental.[21]

É justamente nesse aspecto que a observação dos mandados de criminalização constantes em Tratados Internacionais de caráter rigorista implica, no caso brasileiro, a passagem do art. 5º para o art. 6º da Constituição, isto é, na proteção dos direitos sociais, entre os quais a segurança pública.[22]

Esse garantismo denominado 'positivo' já encontra, aliás, ilustração no próprio Supremo Tribunal Federal:

> Quanto à proibição de proteção insuficiente, a doutrina vem apontando para uma espécie de garantismo positivo, ao contrário do garantismo negativo (que se consubstancia na proteção contra os excessos do Estado) já consagrado pelo princípio da proporcionalidade. A proibição de proteção insuficiente adquire importância na aplicação dos direitos fundamentais de casos em que o Estado não pode abrir mão da proteção do direito penal para garantir a proteção de um direito fundamental.[23]

Essa dupla face do princípio da proporcionalidade também é ressaltada por Sarlet:

> A noção de proporcionalidade não se esgota na categoria da proibição de excesso, já que abrange, [...], um dever de proteção por parte do Estado, inclusive quanto a agressões contra direitos fundamentais provenientes de terceiros, de tal sorte que se está diante de dimensões que reclamam maior densificação, notadamente no que diz com os desdobramentos da assim chamada proibição de insuficiência no campo jurídico-penal e, por conseguinte, na esfera da política criminal, onde encontramos um elenco significativo de exemplos a serem explorados.[24]

Em sentido similar, aduz Streck:

> É preciso ampliar a visão do direito penal da Constituição na perspectiva de uma *política integral de proteção dos direitos,* o que significa entender o garantismo não somente no sentido negativo como limite do sistema punitivo (proteção contra o Estado), mas, sim, também, como garantismo positivo. [...] Dizendo de outro modo, depois de sua fase absenteísta, em que o Direito tinha uma função meramente ordenadora, o estado pode/deve ser visto, hoje, como, "amigo dos direitos humanos-fundamentais". Afinal, é no Estado – mormente em países de modernidade tardia – que encontramos as possibilidades do resgate das promessas da modernidade. E, a partir da busca desse desiderato, previsto amplamente no texto compromissário e dirigente da Constituição, é que podem ser encontrados os limites do sentido e os sentidos do limite do direito

---

[21] Nesse sentido: FELDENS, Luciano. Deveres de Proteção Penal na Perspectiva dos Tribunais Internacionais de Direitos Humanos. *Revista Brasileira de Direitos Fundamentais e Justiça,* v. 01, 2007, p. 222.

[22] MOARES, *Direito Penal Racional...,* p. 151.

[23] O STF posicionou-se, pela primeira vez, acerca do tema, quando do julgamento do Recurso Extraordinário nº 418.376/MS16. Discutia-se, em síntese, se a negativa de equiparação do instituto da união estável ao casamento, para fins de incidência da hipótese especial de extinção de punibilidade nos tipos penais componentes dos "crimes contra os costumes", consubstanciada no art. 107, inc. VII do CP, ocasionava uma violação ao art. 226, §3º, da CRFB de 1988.

[24] SARLET, Ingo Wolfgang. Constituição e proporcionalidade: o direito penal e os direitos fundamentais entre a proibição de excesso e de insuficiência. *Revista da Ajuris,* ano XXXII, nº 98, junho/2005, p. 107.

penal, através do teorema da proporcionalidade que sustenta (ess)a sua (nova) função no Estado Democrático (e Social) de Direito, em dois pilares: a (ampla) possibilidade de sindicância de índole constitucional não somente de normas penais violadoras da cláusula de proibição do excesso (Ubermassverbot), como também das normas penais que violam o princípio da proporcionalidade por proteção deficiente (Untermassverbot).[25]

Associa-se à concepção de garantismo sob um viés social e integral, reconhecendo que a preservação de direitos constitucionalmente previstos também demanda a devida repressão de ações que contra eles atentem. Se essa premissa é válida para todos os mandados constitucionais de criminalização, não cabendo ao legislador optar por tipificar ou não, mas sim garantir que a concretização dessa tipificação constitucionalmente ordenada seja adequada e proteja o bem jurídico em questão, mais certa ainda a sua aplicação quando a criminalização se dá em favor de grupos sociais vulneráveis, aptos a receber proteção integral.[26]

É dizer, o comando constitucional de que se protejam determinados bens jurídicos de forma suficiente fundamenta a possibilidade de que o legislador afaste a aplicação da Lei nº 9.099/95 para delitos cometidos contra grupos vulneráveis, como fez na Lei Maria Penha.

Também reconhecendo expressamente a incidência do princípio da vedação da proteção deficiente, afirmou o Ministro Luiz Fux que

> Uma Constituição que assegura a dignidade humana (art. 1º, III) e que dispõe que o Estado assegurará a assistência à família na pessoa de cada um dos que a integram, criando mecanismos para coibir a violência no âmbito das suas relações (art. 226, §8º), não se compadece com a realidade da sociedade brasileira, em que salta aos olhos a alarmante cultura de subjugação da mulher. A impunidade dos agressores acabava por deixar ao desalento os mais básicos direitos das mulheres, submetendo-as a todo tipo de sevícias, em clara afronta ao princípio da proteção deficiente (*Untermassverbot*). Longe de afrontar o princípio da igualdade entre homens e mulheres (art. 5º, I, da Constituição), a Lei nº 11.340/06 estabelece mecanismos de equiparação entre os sexos, em legítima discriminação positiva que busca, em última análise, corrigir um grave problema social. Ao contrário do que se imagina, a mulher ainda é subjugada pelas mais variegadas formas no mundo ocidental [,,,] Por óbvio, todo *discrímen* positivo deve se basear em parâmetros razoáveis, que evitem o desvio de propósitos legítimos para opressões inconstitucionais, desbordando do estritamente necessário para a promoção da igualdade de fato. Isso porque somente é possível tratar desigualmente os desiguais na exata medida dessa desigualdade.[27]

Outrossim, e em mais uma similaridade com o julgamento da ADI nº 3.096, depreende-se dos fundamentos lançados ao acórdão que a vulnerabilidade das mulheres em situação de violência doméstica e familiar resta exacerbada no meio familiar e comunitário. Portanto, os

---

[25] STRECK, Lenio Luiz. Da proibição de excesso (übermassverbot) à proibição de proteção deficiente (untermassverbot): de como não há blindagem contra normas penais inconstitucionais. *Revista do Instituto de Hermenêutica Jurídica*, Porto Alegre, n. 2, 2004, p. 283.

[26] GERMANO, Guilherme de Castro; MORAES, Alexandre Rocha Almeida de. Dignidade humana e a proteção penal suficiente aos grupos vulneráveis: a impossibilidade da adoção de institutos despenalizadores. *In: 1948/2018: 70 anos da Declaração Universal dos Direitos Humanos*. São Paulo: Imprensa Oficial/ESMP, Coord. Eloisa de Sousa Arruda e Flávio de Leão B. Pereira, 2018, pp. 24-56.

[27] BRASIL. Supremo Tribunal Federal. Tribunal Pleno. Ação Direta de Inconstitucionalidade nº 4.424/DF. Relator Ministro Marco Aurélio. Julgado em 09.02.2012. Publicado no *DJ* de 01.08.2014. Disponível em: http://www.stf.jus.br. Acesso em: 30 set. 2017, p. 58.

benefícios à coletividade que adviriam da aplicação dos institutos despenalizadores devem ser vistos com cautela, visto que não superam os potenciais malefícios ao grupo fragilizado.[28]

Nesse sentido, foi o posicionamento do Relator e Ministro Marco Aurélio:

> Sob o ponto de vista feminino, a ameaça e as agressões físicas não vêm, na maioria dos casos, de fora. Estão em casa, não na rua. Consubstanciam evento decorrente de dinâmicas privadas, o que, evidentemente, não reduz a gravidade do problema, mas a aprofunda, no que acirra a situação de invisibilidade social. Na maior parte dos assassinatos de mulheres, o ato é praticado por homens com quem elas mantiveram ou mantêm relacionamentos amorosos.[29]
>
> (...) Não se coaduna com a razoabilidade, não se coaduna com a proporcionalidade, deixar a atuação estatal a critério da vítima, a critério da mulher, cuja espontânea manifestação de vontade é cerceada por diversos fatores da convivência no lar, inclusive a violência a provocar o receio, o temor, o medo de represálias.[30]

Nesse mesmo sentido, restou finalmente pacificado e sumulado junto ao Superior Tribunal de Justiça ser inaplicável a Lei nº 9.099/1995 às condutas delituosas praticadas em âmbito doméstico ou familiar, inclusive as contravenções,[31] até no que diz respeito à suspensão condicional do processo[32] e aplicabilidade da regra do art. 88 da Lei nº 9.099/95[33]

Posteriormente, e por coerência lógica, aliás, o Superior Tribunal de Justiça, pacificou o entendimento de que "a prática de crime ou contravenção penal contra a mulher com violência ou grave ameaça no ambiente doméstico impossibilita a substituição da pena privativa de liberdade por restritiva de direitos".[34]

O Código Penal, por sua vez, na Parte Especial, dispõe em seu Título VI sobre os "Crimes contra a dignidade sexual", a abranger os Capítulos relativos aos "Crimes contra a liberdade sexual"; "Crimes sexuais contra vulnerável"; "Do lenocínio e do tráfico de pessoa para fim de prostituição ou outra forma de exploração sexual"; "Do ultraje público ao pudor" e "Disposições gerais".

Quando dispõe sobre a forma mais comum de violência sexual praticada contra meninas e mulheres, traduzida no Código Penal como estupro, prevê que o tipo penal do artigo 217-A (estupro de vítima vulnerável) se configura toda vez que o autor mantiver conjunção carnal ou outro ato libidinoso com menor de 14 anos; com alguém que por enfermidade ou deficiência mental não tiver o necessário discernimento para a prática do ato, ou que, por qualquer outra causa, não puder oferecer resistência.

---

[28] GERMANO, Guilherme de Castro; MORAES, Alexandre Rocha Almeida de. Dignidade humana e a proteção penal suficiente aos grupos vulneráveis: a impossibilidade da adoção de institutos despenalizadores. In: 1948/2018: 70 anos da Declaração Universal dos Direitos Humanos. São Paulo: Imprensa Oficial/ESMP, Coord. Eloisa de Sousa Arruda e Flávio de Leão B. Pereira, 2018, p. 24-56.

[29] BRASIL. Supremo Tribunal Federal. Tribunal Pleno. Ação Direta de Inconstitucionalidade nº 4.424/DF. Relator Ministro Marco Aurélio. Julgado em 09.02.2012. Publicado no DJ de 01.08.2014. Disponível em: http://www.stf.jus.br. Acesso em: 30 set. 2017, p. 9.

[30] BRASIL. Supremo Tribunal Federal. Tribunal Pleno. Ação Direta de Inconstitucionalidade nº 4.424/DF. Relator Ministro Marco Aurélio. Julgado em 09.02.2012. Publicado no DJ de 01.08.2014. Disponível em: http://www.stf.jus.br. Acesso em: 30 set. 2017, p. 12.

[31] STJ, AgRg no REsp nº 1795888/DF, DJe 12.12.2019.

[32] Súmula nº 536, TERCEIRA SEÇÃO, julgado em 10.06.2015, DJe 15.06.2015.

[33] A ação penal relativa ao crime de lesão corporal resultante de violência doméstica contra a mulher é pública incondicionada (Súmula nº 542 do STJ).

[34] Súmula nº 588, TERCEIRA SEÇÃO, julgado em 13.09.2017, DJe 18.09.2017.

Nesses casos, a violência é presumida pelo legislador, porque a vítima não tinha capacidade de consentir. Já quando a vítima é maior de 14 anos e não se enquadra nas circunstâncias de vulnerabilidade acima citadas, a figura típica é a do artigo 213, *caput* (estupro), sempre que o ato sexual tenha sido praticado mediante emprego de violência (física) ou grave ameaça. Portanto, a lei exige que haja prova dessa violência ou ameaça, muitas vezes externada na própria reação, resistência da vítima, para a configuração do delito de estupro.[35]

Nesse aspecto, em muitos casos de violência sexual contra mulheres maiores de 14 anos, especialmente aqueles envolvendo autores conhecidos (parceiros, ex-parceiros, familiares, amigos, colegas de trabalho ou estudo[36]) a investigação acaba se concentrando, em primeiro lugar, em torno da materialidade do delito, esta nem sempre passível de comprovação por laudo pericial de exame de corpo de delito sexológico, em razão da dificuldade de identificação de vestígios. A comprovação da materialidade passa, então, a depender, nesses casos, de prova testemunhal (quase sempre inexistente) e, sobretudo, do depoimento da vítima.

Há ainda a hipótese de o autor do delito não negar o ato sexual, mas alegar que a relação teria ocorrido com a concordância da vítima, ou seja, sem emprego de violência, grave ameaça ou sem que ela estivesse impossibilitada de consentir – argumento bastante utilizado em sede de defesa. Nessa hipótese, a investigação se direciona para a análise desse consentimento (ou ausência dele) que culminou com o ato sexual e, também aqui, a palavra da vítima se mantém como elemento mais importante do processo.

É de se reparar que todas as mudanças legislativas – mulher honesta, fim do rapto consensual, mudança do título de costumes para dignidade sexual, qualificadora do feminicídio, fim da extinção da punibilidade para o estuprador que se casasse com a vítima, criminalização da pornografia e da divulgação de material de cunho sexual não autorizado (*revenge porn*), mudança na natureza da ação penal para os crimes contra a dignidade sexual, sem prejuízo das mudanças dos crimes envolvendo vulneráveis (CP e ECA), significaram profunda modificação do direito material, em consonância com os tratados e convenções internacionais.

Mas a mudança da lei penal seria insuficiente sem o sistema de proteção e cautelar trazidos pela lei Maria da Penha.

E todo o ordenamento – Direito Penal e Processual – também se revela insuficiente sem uma condizente e harmônica mudança das práticas dos operadores do sistema de justiça e de segurança, como exemplificado nos acórdãos já mencionados.

A mudança de comportamento pressupõe reconhecer o machismo estruturante que permeiam ainda hábitos, costumes e, por consequência, práticas que reforçam, infelizmente, vitimizações secundárias, melindres, constrangimentos e o aumento da violência doméstica e violência de gênero sem o consequente aumento dos registros de casos a serem apurados e, pois, reprimidos, por conta das enormes taxas ainda existentes de vitimização.

De qualquer sorte, é preciso dizer, o novo instituto do acordo de não persecução penal, que muito se assemelha à transação penal, já entrou em vigor com a vedação de seu cabimento em casos de violência doméstica: Art. 28-A, §2º: "O disposto no *caput* deste artigo não se aplica nas seguintes hipóteses: IV – nos crimes praticados no âmbito de violência doméstica ou familiar, ou praticados contra a mulher por razões da condição de sexo feminino, em favor do agressor".

---

[35] De se ressaltar que, sobre o tema, o Código Penal veio de ser modificado pela Lei nº 12.015/09 que rebatizou o Título VI, até então intitulado "Dos crimes contra os costumes".

[36] Súmula nº 600, STJ: Para a configuração da violência doméstica e familiar prevista no artigo 5º da Lei nº 11.340/2006 (Lei Maria da Penha) não se exige a coabitação entre autor e vítima. (Súmula nº 600, TERCEIRA SEÇÃO, julgado em 22.11.2017, *DJe* 27.11.2017).

No mesmo diapasão, aliás, já sumulou o E. Superior Tribunal de Justiça ser inaplicável o princípio da insignificância nos crimes ou contravenções penais praticados contra a mulher no âmbito das relações domésticas.[37]

3 Revitimização e despreparo das instâncias formais

De acordo com a Nota Técnica Estupro no Brasil: uma radiografia segundo os dados da Saúde (IPEA, 2014), estima-se que no mínimo 527 mil pessoas são estupradas por ano no Brasil e apenas 10% desses casos sejam noticiados à polícia. Os registros do Sinam mostram que 89% das vítimas são do sexo feminino e que 70% dos estupros são cometidos por parentes, namorados ou conhecidos da vítima. "A violência sexual masculina é determinada social e culturalmente e muito pouco denunciada, porque se apoia em condições de vantagem que o sistema patriarcal oferece".[38]

As vítimas ainda tendem a suportar por muito tempo caladas a violência que sofreram, até conseguirem romper o silêncio. O silêncio é ainda maior quando a violência é praticada por pessoas conhecidas da vítima, que fazem parte do seu convívio. De fato, não se revela incomum que, quando ocorre a denúncia, a vítima já tenha sofrido outros episódios de violência.

E infelizmente são vários os fatores que contribuem para a vítima não denunciar a violência sexual sofrida, dentre os quais se destaca a falta de compreensão de que está sendo ou foi vítima de um crime, já que, em vários casos, o comportamento abusador não chega a ser por ela identificado como um estupro (muito comum na hipótese de vítimas menores ou violência praticada pelo companheiro ou marido).

Também contribuem para o silêncio o medo do estigma, do isolamento social, da discriminação social, além do receio de expor a privacidade para conhecidos ou agentes públicos.

Não raras vezes, a vítima é tomada por sentimento de culpa, acreditando que, de alguma forma, tenha contribuído para aquela situação, colocando-se "em risco" por ter se comportado de forma tida como inadequada para os padrões de nossa sociedade patriarcal e de expressões machistas.

E tudo isso aliado à falta de acolhimento e compreensão por parte do próprio círculo social da vítima ou de instituições que deveriam apoiar, assim como à ignorância da própria vítima quanto aos direitos assegurados na nossa legislação ou dos serviços de proteção e apoio disponíveis.

Não bastassem todos esses entraves, é incontroverso que o receio de não merecer credibilidade no momento da denúncia e o temor do julgamento moral que essas vítimas manifestam são circunstâncias que têm contribuído sobremaneira para a cifra oculta, o que nos impõe redobrada atenção.

O medo de não ser acreditada tem relação com a dificuldade de demonstração desse tipo de violência, que pela sua própria natureza, ocorre às escondidas, quase sempre na clandestinidade, longe do olhar de testemunhas e que nem sempre deixa vestígios físicos.

E essa é uma realidade imposta não somente às mulheres brasileiras. "Since four out of five rapes go unreported, it is fair to say categorically that women do not find rape 'an

---

[37] Súmula nº 589, TERCEIRA SEÇÃO, julgado em 13.09.2017, *DJe* 18.09.2017.
[38] BAKER, Milena Gordon. *A tutela penal da mulher no direito penal brasileiro*: a violência física contra o gênero feminino. Rio de Janeiro: Lumen Juris, 2015, p. 80.

accusation easily to be made.' Those who do report their rape soon find, however, that it is indeed "hard to be proved."[39]

Se de um lado a vítima se vê sozinha ao alegar ter sofrido violência sexual, de outro é comum se enquadre o investigado em estereótipo que não corresponde àquele imaginário do que deve ser um criminoso comum, contumaz, com vasta folha de antecedentes, que pratica o crime em local ermo e público.

Nesse aspecto, ganha relevância a mística de que autores de crimes dessa natureza seriam "anormais", "monstros", "depravados" ou portadores de distúrbios mentais. Quando não é possível identificar essas características no autor da violência, imediatamente a análise das circunstâncias do crime é deslocada para o comportamento (social ou sexual) da vítima, como forma de se buscar justificativa para o ocorrido.

Esse perfil de investigado, aliado à frequente impossibilidade de comprovação da materialidade do ato sexual por perícia, ou alegação defensiva de que este tenha ocorrido de forma consentida, juntamente com a necessária observância do princípio de presunção de inocência, são circunstâncias que reservam à mulher que relata ter sofrido violência sexual posição desvantajosa no processo de responsabilização de seu algoz e, muitas vezes, cruel.

A violência física contra a mulher veio descortinar outros tipos de violência sofrida por mulheres. Há, e isso é fato, um machismo institucional arraigado no meio jurídico que tenta colocar a mulher e a profissional em situações de inferioridade e constrangimento. Desqualificar faz parte de um escopo institucional contra a mulher que aceita sua culpabilização como justificativa para o crime.

Portanto, aviltar a vítima como se ela não tivesse credibilidade, usando argumentos comuns na sociedade para culpá-la pelo abuso sofrido é um tipo de violência institucional já difundida no Judiciário. Humilhar, vexar, agredir, impor dor e sofrimento, infelizmente já está no DNA do processo. E a doutrina dá o nome de revitimização. Dizer que a mulher é desequilibrada, prostituta, usuária de drogas é uma estratégia desleal que está fora do jogo processual.

Com o advento da Lei nº 14.188, de 28 de julho de 2021, foi criado o tipo do art. 147-B no Código Penal, com pena de 06 meses a dois anos, com título "violência psicológica contra a mulher":

> Art. 147-B. Causar dano emocional à mulher que a prejudique e perturbe seu pleno desenvolvimento ou que vise a degradar ou a controlar suas ações, comportamentos, crenças e decisões, mediante ameaça, constrangimento, humilhação, manipulação, isolamento, chantagem, ridicularização, limitação do direito de ir e vir ou qualquer outro meio que cause prejuízo à sua saúde psicológica e autodeterminação:
> Pena – reclusão, de 6 (seis) meses a 2 (dois) anos, e multa, se a conduta não constitui crime mais grave.

Outrossim, a recente Lei nº 14.321, de 31 de março de 2022, alterou a Lei de Abuso de Autoridade (Lei nº 13.869/19), para criar o tipo de "violência institucional" no art. 15-A, dispondo:

---

[39] BROWNMILLER, Susan. *Against our will*. Men, women and rape. New York: Ed. Fawcett Books, First Ballantine Books Edition, 1993, p. 369.

Art. 15-A. Submeter a vítima de infração penal ou a testemunha de crimes violentos a procedimentos desnecessários, repetitivos ou invasivos, que a leve a reviver, sem estrita necessidade:

I - a situação de violência; ou

II - outras situações potencialmente geradoras de sofrimento ou estigmatização:

Pena - detenção, de 3 (três) meses a 1 (um) ano, e multa.

§1º Se o agente público permitir que terceiro intimide a vítima de crimes violentos, gerando indevida revitimização, aplica-se a pena aumentada de 2/3 (dois terços).

§2º Se o agente público intimidar a vítima de crimes violentos, gerando indevida revitimização, aplica-se a pena em dobro.

O novo crime de violência institucional, praticado por agentes públicos contra vítimas ou testemunhas de crimes violentos é fruto do PL nº 5.091/2020, contemplando a possibilidade de crime em hipóteses de abusos que geram indevida revitimização.

Ademais, o *caput* do art. 12-C da Lei Maria da Penha passou a prever que "verificada a existência de risco atual ou iminente à vida ou à integridade física ou psicológica da mulher em situação de violência doméstica e familiar, ou de seus dependentes, o agressor será imediatamente afastado do lar, domicílio ou local de convivência com a ofendida".

Vale, ademais, ressaltar que se tem ainda verificado, com certa frequência no âmbito judiciário, uso do "*gueslainting*" para desqualificar a investigação como estratégia para que a vítima desista da denúncia.

Trata-se de forma de abuso psicológico no qual as informações são distorcidas ou omitidas para favorecer o abusador, fazendo com que a vítima duvide de sua própria memória. Esse tipo de manobra não pode ser tolerado, e deve-se lutar contra, em todas as esferas, esses ilícitos disfarçados que são perpetrados por aqueles que deveriam zelar pela aplicação da lei.

A Lei nº 14.245/21 (batizada de Lei "Mariana Ferrer") traz o zelo pela integridade física e psicológica da mulher durante a instrução processual, mas é mister observar que nesse caso há a limitação da urbanidade não devendo confundir os princípios da ampla defesa e o contraditório com o princípio da amplitude da defesa no plenário do júri. A nova lei é clara e limitada à instrução processual.

De qualquer sorte, a violência de gênero utilizada como estratégia processual ainda é algo sutil por sua própria natureza estratégica. Mas deve ser vista e enfrentada e reconhecida como litigância de má-fé e nulidade processual todas as estratégias usadas para desestabilizar ou desqualificar a mulher advogada ou vítima.

Afastar-se de todo esse arcabouço é tomar distância da dignidade humana. É violar a Constituição. É desrespeitar a convencionalidade e é, por consequência, macular com a nulidade absoluta todo o processo. É preciso que os atores da justiça, no exercício de suas funções, respeitem e garantam essa regra de ouro do jogo.

Isso porque a construção de uma doutrina de proteção integral da mulher vítima de violência doméstica vai além da existência de instrumentos normativos que permitam uma efetiva repressão: exigem um atuar multidisciplinar, também preventivo e, acima de tudo, resolutivo. É preciso conscientizar agressores, vítimas, potenciais vítimas e os filhos da violência doméstica para que se evite a propagação da violência e a repetição dos modelos e escolha de parceiros violentos e submissão passiva à violência.

É preciso, pois, agir preventivamente. É preciso compreender os limites do próprio operador do direito e recorrer a intervenções transversais e interdisciplinares.

É fundamental compreender as causas da violência e, não obstante a imperiosa necessidade da tradicional repressão, agir preventivamente com o agressor, com as vítimas diretas e mediatas e com as circunstâncias periféricas que podem, por exemplo, contribuir para o incremento da violência e para o alto índice de feminicídios no país.[40]

Nesse contexto, o enfrentamento à violência de gênero, essa atuação mais voltada à prevenção da criminalidade tem sido realizada a partir de estratégias de sensibilização, orientação e empoderamento da vítima, para que compreenda o complexo fenômeno do ciclo da violência e as razões que a levam à dificuldade de rompê-lo. Informar a mulher em situação de violência sobre os direitos que lhe são assegurados na legislação e, em especial, os serviços disponíveis na rede de atendimento constitui providência indispensável para minimizar as consequências da violência e evitar a ocorrência de novos episódios.[41]

Como salienta Bianchini, "toda mulher pode ser vítima de violência doméstica, porém o risco de sofrer tal violência não é distribuído igualmente entre as mulheres. A principal determinante para afastar o risco é a forma como a mulher se relaciona consigo mesma. A mulher deve compreender-se como um sujeito de direito, e não como objeto de uma tradição que a subjuga".[42]

Exige também a constante capacitação jurídica sob a perspectiva de gênero de todos os agentes que atuam de alguma forma, no atendimento à mulher vítima de violência, desde assistentes sociais, psicólogos, profissionais da área da saúde, educadores, policiais militares e civis, além de guardas civis metropolitanos. Muito além, portanto, dos tradicionais protagonistas da ação penal.[43]

Envolve, ainda, o incremento da formação interna, da constante reciclagem dos próprios operadores do direito que ingressam nas carreiras, sob essa perspectiva de gênero, como forma de fomentar o despertar de uma consciência institucional sobre a relevância de atuar de forma mais ampla no enfrentamento dessa espécie delitiva, evitando com isso que circunstâncias que dificultam naturalmente a atuação, como a dificuldade na obtenção de provas, a subnotificação e a constante mudança de disposição da vítima em ver o autor da violência processado, seja motivo de frustração ou injustificado preconceito.[44]

Não bastasse, considerando a parcial fragilidade do caráter intimidativo das penas cominadas aos delitos de violência doméstica, para os autores desse tipo de criminalidade, uma vez que embasado em questões culturais, imprescindível também recorrer aos serviços de conscientização/reflexão dos homens agressores, com vistas à mudança desse padrão de comportamento.[45]

---

[40] Com uma taxa de 4,4 assassinatos em 100 mil mulheres, o Brasil está entre os países com maior índice de homicídios femininos: ocupa a sétima posição em um *ranking* de 84 nações, segundo dados do Mapa da Violência 2012 (Cebela/Flacso).

[41] MORAES, Alexandre Rocha Almeida de; SANTOS, Silvia Chakian de Toledo. Novas perspectivas de atuação criminal do Ministério Público no controle social da criminalidade. *Revista Jurídica da Escola Superior do Ministério Público de São Paulo*, v. 10, n. 2, 2016. Disponível em: http://www.esmp.sp.gov.br/revista_esmp/index.php/RJESMPSP/article/view/321/152. Acesso em: 11 jun. 2021.

[42] BIANCHINI, ALICE. Lei *Maria da Penha*: Lei nº 11.340/2006: aspectos assistenciais, protetivos e criminais da violência de gênero. Ed. Saraiva. 2. ed., p. 23.

[43] MORAES, Alexandre Rocha Almeida de; SANTOS, Silvia Chakian de Toledo. Novas perspectivas de atuação criminal do Ministério Público no controle social da criminalidade. *Revista Jurídica da Escola Superior do Ministério Público de São Paulo*, v. 10, n. 2, 2016. Disponível em: http://www.esmp.sp.gov.br/revista_esmp/index.php/RJESMPSP/article/view/321/152. Acesso em: 11 jun. 2021.

[44] MORAES, Alexandre Rocha Almeida de; SANTOS, Silvia Chakian de Toledo. Novas perspectivas de atuação criminal do Ministério Público no controle social da criminalidade. *Revista Jurídica da Escola Superior do Ministério Público de São Paulo*, v. 10, n. 2, 2016. Disponível em: http://www.esmp.sp.gov.br/revista_esmp/index.php/RJESMPSP/article/view/321/152. Acesso em: 11 jun. 2021.

[45] MORAES, Alexandre Rocha Almeida de; SANTOS, Silvia Chakian de Toledo. Novas perspectivas de atuação criminal do Ministério Público no controle social da criminalidade. *Revista Jurídica da Escola Superior do Ministério Público*

A experiência tem demonstrado que a análise dessas causas sociais de criminalidade exige uma maior aproximação do operador do direito com todos os envolvidos no conflito e com os integrantes da chamada "rede de atendimento à vítima de violência".[46]

O trabalho empírico aprofundado sobre o perfil do criminoso, aliado à assistência contínua da vítima (sobretudo após a prática delituosa), a capacitação perene dos agentes de contenção da violência, bem como a aproximação com a sociedade e com as organizações civis tornarão a instituição mais dinâmica e consentânea com a realidade atual, transformando sua forma de atuação, para adequá-la a um modelo mais amplo, preventivo e multidisciplinar de responsabilidade e, com isso, perscrutar as condições determinantes do fenômeno criminal que assola a sociedade.[47]

---

de São Paulo, v. 10, n. 2, 2016. Disponível em: http://www.esmp.sp.gov.br/revista_esmp/index.php/RJESMPSP/article/view/321/152. Acesso em: 11 jun. 2021.

[46] MORAES, Alexandre Rocha Almeida de; SANTOS, Silvia Chakian de Toledo. Novas perspectivas de atuação criminal do Ministério Público no controle social da criminalidade. *Revista Jurídica da Escola Superior do Ministério Público de São Paulo*, v. 10, n. 2, 2016. Disponível em: http://www.esmp.sp.gov.br/revista_esmp/index.php/RJESMPSP/article/view/321/152. Acesso em: 11 jun. 2021.

[47] MORAES, Alexandre Rocha Almeida de; SANTOS, Silvia Chakian de Toledo. Novas perspectivas de atuação criminal do Ministério Público no controle social da criminalidade. *Revista Jurídica da Escola Superior do Ministério Público de São Paulo*, v. 10, n. 2, 2016. Disponível em: http://www.esmp.sp.gov.br/revista_esmp/index.php/RJESMPSP/article/view/321/152. Acesso em: 11 jun. 2021.

SOBRE OS AUTORES

Alexandre Rocha Almeida de Moraes
Promotor de Justiça (MPSP). Mestre e Doutor em Direito Penal (PUC-SP). Professor de Direito Penal. Autor de obras jurídicas, entre as quais *Direito Penal – Parte Geral* (Ed. Fórum).

Annunziata Alves Iulianello
Graduada em Direito pela Faculdade Nacional de Direito da Universidade Federal do Rio de Janeiro (UFRJ). Especialista em Direito pela Escola da Magistratura do Estado do Rio de Janeiro (EMERJ). Mestre em Direito Processual Penal pela Pontifícia Universidade Católica de São Paulo (PUC-SP). Promotora de Justiça no Ministério Público do Estado de São Paulo.

Bruno Nazih Nehme Nassar
Advogado. Bacharel em Direito pela Pontifícia Universidade Católica de São Paulo (PUC-SP). Especialista em Direito Penal pela Escola Superior do Ministério Público de São Paulo (ESMP-SP).

Daniel Magalhães Albuquerque Silva
Promotor de Justiça do Estado de São Paulo. Doutorando em Direito pela Faculdade Autônoma de Direito. Mestre em Direito pela UNIMAR. Professor Universitário e de cursos preparatórios. Ex-Delegado de Polícia do Estado de Minas Gerais.

Eudes Quintino de Oliveira Júnior
Pós-graduado em Direito Penal e Processo Penal (PUC-SP). Pós-graduação em Direito Civil e Processual Civil (PUC-SP). Mestre em Direito Público pela Universidade de Franca/SP. Doutor e Pós-Doutorado em Ciências da Saúde pela Faculdade de Medicina de São José do Rio Preto/SP (FAMERP).

Fabíola Moran
Promotora de Justiça. Mestre em Direito Penal PUC-SP.

José Antonio Apparecido Júnior
Especialista em Direito Público pela Escola Superior do Ministério Público do Estado de São Paulo. Mestre em Direito do Estado, com concentração em Direito Urbanístico pela PUC-SP. Doutor em Direito do Estado pela Universidade de São Paulo. Procurador do Município de São Paulo. Consultor em Direito Urbanístico. Prestou serviços em projetos financiados pelo Banco Interamericano de Desenvolvimento (BID) e pela International Finance Corporation (IFC). Professor universitário e de escolas superiores e cursos especializados. Membro da Comissão de Direito Urbanístico da OAB/SP e do IBRADIM.

Maria Carvalho
Advogada Criminalista. Mestranda em Direito e Justiça Social pela Universidade Federal de Rio Grande. Membro Consultora da Comissão Nacional de Defesa da República e da Democracia do Conselho Federal da OAB. Membro da Comissão de Direito Penal OAB/PE e Líder do Comitê Jurídico do Grupo Mulheres do Brasil, núcleo Recife-PE.

Maurício Salvadori
Promotor de Justiça Criminal em São Paulo. Ex-Promotor de Justiça. Assessor do Centro de Apoio Operacional Criminal. Assessor da Assessoria de Crimes Praticados por Prefeitos da PGJ/SP. Especialista em Direito Penal pela Escola Paulista da Magistratura.

Tallita Juliana Ramos de Oliveira
Especialista em Direito Penal e Processual Penal pela Universidade Federal de Mato Grosso. Advogada e mediadora judicial do Tribunal de Justiça de Mato Grosso.

Tiago Caruso
Doutorando em Direito na Pontifícia Universidade Católica de São Paulo (PUC-SP), na modalidade doutorado-sanduíche na Humboldt-Universität zu Berlin. Mestre e Graduado em Direito pela Pontifícia Universidade Católica de São Paulo (PUC-SP). Pós-graduado em *Compliance* pela Fundação Getulio Vargas (GVLaw). Realizou breve período de pesquisa na Ludwig-Maximilians Universität, em Munique, Alemanha (LMU), durante a realização mestrado. Participou da Escola de Ciências Criminais (CEDPAL) na Georg-August-Universität, em Göttingen, Alemanha (GAU). Assistente docente no Mestrado em Direito e na Graduação da Pontifícia Universidade Católica de São Paulo (PUC-SP). Advogado atuante principalmente na subárea de Direito Penal Econômico e Empresarial.

Esta obra foi composta em fonte Frankfrut, corpo 9,5
e impressa em papel Offset 75g (miolo) e Supremo 250g (capa)
pela Gráfica Forma Certa.